本书的出版得到2022年度兰州大学中央高校基本科研业务费重点研究基地项目"大国中亚政策调整与'一带一路'建设"(2022jbkyjd001)的资助

中亚研究
理论基础与研究议题

Central Asian Studies:
Theoretical Foundations and Research Topics

曾向红 ◎ 著

CENTRAL ASIAN STUDIES

中国社会科学出版社

图书在版编目（CIP）数据

中亚研究：理论基础与研究议题／曾向红著 .—北京：中国社会科学出版社，2023.8
ISBN 978 - 7 - 5227 - 2138 - 5

Ⅰ.①中… Ⅱ.①曾… Ⅲ.①中亚—研究 Ⅳ.①D736

中国国家版本馆 CIP 数据核字（2023）第 118052 号

出 版 人	赵剑英
责任编辑	赵 丽
责任校对	王 晗
责任印制	王 超

出　　版	中国社会科学出版社
社　　址	北京鼓楼西大街甲 158 号
邮　　编	100720
网　　址	http://www.csspw.cn
发 行 部	010 - 84083685
门 市 部	010 - 84029450
经　　销	新华书店及其他书店

印刷装订	三河市华骏印务包装有限公司
版　　次	2023 年 8 月第 1 版
印　　次	2023 年 8 月第 1 次印刷
开　　本	710×1000　1/16
印　　张	28
字　　数	458 千字
定　　价	148.00 元

凡购买中国社会科学出版社图书，如有质量问题请与本社营销中心联系调换
电话：010 - 84083683
版权所有　侵权必究

前　言

1991年中亚五国（哈萨克斯坦、吉尔吉斯斯坦、乌兹别克斯坦、塔吉克斯坦、土库曼斯坦）独立，自此开启了艰难的国家转型之路。由于中亚国家在历史上并未建立现代意义上的民族国家，经验的缺乏和基础的薄弱，难免让中亚各国的国家转型进程历经艰难和曲折。不过，中亚各国30年的转型进程取得的成效也是显而易见的，如五国有效地维护了各自的国家主权、在转型过程中避免了重大破坏性事件威胁国家和社会稳定、通过开展对外交往较好地融入了国际社会、实现了各国经济社会的稳步发展等。2021年，中亚五国迎来独立30周年，值此机会，我们有必要全面回顾中亚各国转型的经验教训，同时对国内中亚研究的进展和未来方向进行总结并作出反思。

（一）本书的研究背景

在中亚国家独立30周年之际，回顾国内外（尤其是国内）中亚研究状况并展望其未来，同时就涉中亚研究的一些重要议题尝试进行具有一定意义的创新性研究之所以必要，主要有以下三个方面的理由：

首先，中亚五国在中国外交中具有重要地位。作为中亚国家的近邻，中国不仅密切关注中亚国家的转型过程，而且通过发展与中亚国家之间的友好合作，为中国国家转型的顺利推进作出了应有的贡献。事实上，由于中亚国家涉及中国整体外交布局"大国是关键，周边是首要，发展中国家是基础，多边是舞台"中的四个要点——美国和俄罗斯等大国积极介入中亚事务、哈萨克斯坦、吉尔吉斯斯坦、塔吉克斯坦三国毗邻中国、中亚五国均为发展中国家、中亚五国中哈萨克斯坦、吉尔吉斯斯坦、乌兹别克斯坦、塔吉克斯坦四国与中国同属上海合作组织，故中亚地区在中国外交中的重要性不言而喻。再加上2013年中国提出了"一带一路"倡议，中亚地区被明确视为首倡之地和倡议必经之地。2020年中国与中亚五国启动了中国加中亚五国外长会晤机制，并于2022年决定升级为中国加中亚五国元首会晤机制。尽管上海合作组织实现了两轮扩员，但该组织始终将中亚视为优先合作区域。诸如此类的种种迹象表明，中国对中亚地区的重视有增无减。而自2021年8月30日美国撤军阿富汗和2022年2月24日俄乌冲突爆发之后，美西方出于遏制俄罗斯和中国的需要，进一步加大了对中亚地区的关注和投入。在某种意义上，中亚已成为美西方对俄中进行双重遏制的前沿阵地。从整个中国周边来看，美国通过纠集其盟友，在很大程度上已完成了从东北、东面、东南、南面对中国的"围堵"态势，而基于中俄面向21世纪的全面战略协作伙伴关系和中国同中亚五国全部建立了战略伙伴关系，中亚地区在很大程度上已成为中国应对美国遏制的战略后方。就此而言，了解中亚国家三十年来推进国家建设的成败得失和域外行为体参与中亚事务的基本模式，对于中国更好地发展与中亚国家之间的关系、推进中国—中亚命运共同体的构建有所启发。

其次，借中亚国家独立30周年的契机，我们也有必要回顾和反思中亚研究的学理基础及其发展方向。中亚国家自1991年独立以来，中国学术界即积极投身到中亚问题的研究中来。在某种程度上，中国当代的中亚研究实现了与国外中亚研究的同步。为把握和了解中亚国家推进国家建设的进展，中国的中亚研究者付出了艰巨的努力，使国内中亚研究实现了从无到有的发展，取得了丰硕的研究成果，为人们提供了丰富的中亚信息和知识。不过，也需要承认，由于中亚研究毕竟在区域国别研究中属于较为边缘的研究领域，国内涉及中亚研究的成果数量和质量，相较于区域国别研究中的热门研究领域——美国研究、欧洲研究、东南亚研究等——仍有广阔的提升空间。其中尤其需要注意的，是国内中亚研究与相关学科的融合度不高，这导致其学理基础的问题尚未得到有效的澄清。而推进这一工作取得切实的进展，是促进中亚研究融合区域国别学学科建设之中并促进其走上良性发展轨道的重要前提。据2021年年底国务院学位委员会下发的《博士、硕士学位授予和人才培养学科专业目录（征求意见稿）》，国家有意在交叉学科门类下设置6个一级学科，其中"区域国别学"赫然在列。一旦正式获批，这将是区域和国别研究在学科体制化和规范化建设上迈出的一大步，也将进一步激发学界参与区域和国别研究的热情。尽管中亚研究的推进和区域国别学的构建并不能完全等同，但在后者已成为一级交叉学科的背景下，推动中亚构建更为坚实的学理基础、推进中亚研究与相关学科实现更好的融合，在某种意义上也有助于为区域国别学的建设贡献力量。对此，中亚研究者责无旁贷。这也是繁荣中亚研究、提高其学科地位的必由之路。这些工作的推进，离不开学者们对中亚研究的历程进行深入的回顾和对未来的发展进行合理的谋划。

最后，有别于前两个理由有浓郁的"为我所用"的色彩，回顾和展望中亚研究状况的第三个理由，则涉及了解"他者"，即中亚地区民众的生活世界。无论基于中亚地缘重要性对该地区的关注，还是出于学科建设的目的讨论加强中亚研究，其实主要还是顺应了国家的相关战略需要，如维护中国在中亚地区的利益、加快构建具有中国特色的哲学社会科学学术、学科与话语体系等。然而，区域国别研究还承载着一个非常重要的使命，即了解研究区域民众的生活世界。从这个角度来说，区域国别研究与人类学的使命有些接近，即促进人们对研究对象生活世界的认知和欣赏，如此才能做到各文化、各文明之间的"美人之美、美美与共"和"将心比心、心心相印"。正因如此，区域国别研究长期以来一直主要采用文化人类学视角去研究各地区民众的生活世界。不过，随着全球化进程的推进，人们对特定区域的了解不再局限于对特定地区人群的文化的研究，而是拓展到了政治、经济、社会和对外交往等诸多领域，故需要越来越多的社会科学学科介入区域研究中。当明确区域国别研究的一个重要使命在于了解研究对象的生活，自然也要求我们在研究方法方面做出改变，不同于出于"为我所用"的目的开展的研究。大体而言，"为我所用"的研究多数采用"客位"研究方法，包括主流社会科学所使用的形式模型、统计分析等定量研究方法，以及文本分析（这里的文本指学术界针对特定区域的研究成果或资料）、比较研究、案例分析、过程追踪等质性研究方法等。而"美人之美"的研究则偏好"主位"研究方法，包括田野调查、参与观察、深度访谈、文本分析（这里的文本指特定区域民众自身记录的文本或相关研究成果）等。客观而言，目前国内中亚研究多采取的是客位视角，这在一定程度上限制了人们的研究视野，且缺乏对中亚民众生活世界的研究，对于其实现前两种使命也是不利的。因此，如何在研究中充分凸显中亚民众生活的真实性和能动性，需要研究者在研究过程中着重思考。

毋庸置疑，对中亚研究进行评估的理由和意义远不止以上三个方面。它还能为国内其他区域或国别的研究提供镜鉴、为国内中亚人才的培养带来相应启发、为对中亚感兴趣的专业人士或普通民众了解中亚提供部分背景知识等等。就此而言，本书是有其价值和必要性的。尤其在中亚各国独立三十周年的特殊时刻，本研究在一定程度上可鉴往知来，有助于人们把握中亚研究的发展轨迹及其前进方向。

（二）本书的主要目标

中亚研究近年来发展势头强劲。这在很大程度上得益于近年来区域国别研究的兴起，而这股研究热潮的兴起，虽然有学术界主动了解域外世界并贡献创新性地方性知识的内在需要和智识追求，但更离不开国家或政策界对区域国别研究的重视和着力引导。如果说前者是区域和国别研究成为一门"显学"的内在动力，那么，后者则是一种外在动力。毋庸置疑，相较于内生动力，外生动力在助推区域和国别研究热潮出现的过程中扮演了更为重要的角色。如为了推进区域和国别研究取得进展，教育部于2011年推出"国别和区域研究培育基地"项目，2012年正式批准设立37个区域和国别研究培育基地，其中区域研究基地23个，国别研究基地14个。[①] 2015年，教育部又印发了《国别和区域研究基地培育和建设暂行办法》，鼓励并引导国内高校加大对区域和国别研究的重视与支持。[②] 2017年年初，教育部下发有关通知，明确国别与区域研究对于服务国家和外交大局、全面推进"一带一路"建设所具有的重要意义。[③] 截至2019年12月，获得教育部批准立项建设的区域和国别研究培育基地共42个，区域和国别研究备案中心395个，两类研究基地共计437个，初步完成了对世界各个国家

[①] 安刚：《对中国区域国别研究的几点思考——访北京大学副教授牛可、云南大学教授卢光盛》，《世界知识》2018年第12期。

[②] 教育部：《教育部关于印发＜国别和区域研究基地培育和建设暂行办法＞的通知》，2015年1月26日，http://www.moe.gov.cn/srcsite/A20/s7068/201501/t20150126_189316.html。

[③] 教育部：《教育部办公厅关于做好2017年度国别和区域研究有关工作的通知》，2017年2月23日，http://www.moe.gov.cn/srcsite/A20/s7068/201703/t20170314_299521.html。

和地区专门开展研究的全面覆盖。① 不仅如此，国家民委等部门也设立了"一带一路"区域国别研究基地培育计划。而随着区域国别学有望成为一级学科交叉学科学位授权点，包括中亚研究在内的区域国别研究无疑会获得更大的发展动力。

国家对区域和国别研究的重视，得到了学术界的积极响应和热情参与，从而助推了区域和国别研究成为一门"显学"。尤其是新兴大国理念、"一带一路"倡议等国家重大方略提出以来，国内学术界不仅身体力行地投入加强区域和国别研究的浪潮中来，产生了丰富的相关研究成果，而且对攸关区域和国别研究的历史演进、研究意义、学科属性、研究路径、理论视角等理性问题作了诸多思考和探索，极大地促进了人们对区域和国别研究性质与内涵的理解。② 这些思考在肯定中国的区域和国别研究取得了明显进展的同时，也指出了其在目前仍然面临的诸多有待于继续努力或完善的不足之处，如区域国别研究与学科理论之间的对话和互相借鉴不足；研究方法的科学性与多元性严重不足；区域国别研究者在研究中主要求助于文本分析，而采用田野调查、深度访谈、参与观察等"在场"研究方式的成果非常有限；研究对象分布严重不均，如主要关注美、欧、英、日等少数大国，而对欠发达地区的研究严重缺乏；区域国别开展跨学科或多学科的研究对研究人员学科背景和研究视野的要求极高，目前未能取得切实的进展；培养一批具有扎实背景知识、掌握科学研究方法且具有严谨、敏锐、视野恢宏等学术特质的优秀区域国别研究人才绝非朝夕之功，而且这涉及人才培养的修订与教育机制的改革或调整，耗时耗力，导致相关后备人才的培养和供给跟不上国家外交实践的进展等等。令人遗憾的是，上述问题在区域国别研究中早已存在，当前区域国别研究热潮的出现，有望促

---

① 北京大学：《北京大学区域与国别国际研讨会举行》，2019年4月14日，http://news.pku.edu.cn/xwzh/45599d4f691d4cf783b0791c36adcdf0.html。

② 可参见程多闻《比较政治学和区域研究在中国的发展：互鉴与融合》，《国际关系研究》2017年第2期；程多闻《区域研究与学科之间的争论与融合》，《国际观察》2018年第6期；程多闻《国际学界对区域研究的反思与再定位》，《国际论坛》2019年第2期；任晓《本土知识的全球意义——论地区研究与21世纪中国社会科学的追求》，《北京大学学报》2008年第5期；任晓《再论区域国别研究》，《世界经济与政治》2019年第1期；任晓、孙志强《区域国别研究的发展历程、趋势和方向——任晓教授访谈》，《国际政治研究》2020年第1期；李晨阳《关于新时代中国特色国别与区域研究范式的思考》，《世界经济与政治》2019年第10期，等。

使学者们救过补阙。

在区域国别研究发展的过程中，中亚研究同样得到迅速发展，不过面临的不足同样明显。事实上，学术界针对中国区域国别研究所指出的不足，在中亚研究中或多或少的存在。因此，在回顾和展望中亚研究状况的过程中，我们不能对此加以回避，而应尝试通过研究尽力改进这些不足之处。不过，推进这些工作有赖于中亚研究者的长期努力和持续付出，远非一人朝夕之功可以完成。故本书的目标较为有限，主要尝试在梳理中亚研究的部分学理基础上，就促进中亚研究加强相关学科之间的对话、提高中亚研究的学理水平、从研究得出部分具有普遍意义的观点提出一些方法论层面的建议，与此同时就中亚国家建设和地区秩序相关的部分议题稍作讨论，以期为当前和未来中亚研究提供些许启示。需要明确的是，本书的研究对象是自1991年以来中亚国家的国家建设和地区发展，主要涉及的是中亚五国与积极参与中亚事务的部分外部行为体。不过，即便缩小研究范围，深入探讨中亚研究的学理基础与涉及各国发展的主要议题依旧是一个庞杂的研究课题，远超作者能力。因此，本书将基于自身国际关系学的学术背景，讨论有助于提高中亚研究学理水平的研究路径和相关议题，尝试以此抛砖引玉，希望激励志同道合者开展更多这方面的探索，共同促进中亚研究取得更多更好的成果，从而为中国促进区域国别学的发展和构建具有中国特色的哲学社会科学话语、学术、学科体系作出必要贡献。

具体而言，本书致力于探讨涉及中亚研究的学理基础和部分议题，以实现三个方面的结合：理论与实践的结合、历史与现实的结合、"内""外"互动的结合。

就理论与实践的结合而言，本书尽力在梳理国内中亚研究状况的进展、中亚国家建设的得失、中亚各国推进地区治理的经历、域外大国参与中亚事务的模式等问题时，首先尝试给出一种鸟瞰式的图景，以增进人们对涉及中亚国家转型相关重大问题的理解；其次需要明确，本书并非一种纯粹描述性的研究，而是希望尽可能多地引入人文社会科学的理论视角和运用具有一定科学性的研究方法，对上述问题进行探索性的分析，争取提出一些具有创新性的观点。比如对中亚各国维护社会稳定构成严峻挑战的"颜色革命"，尽管学术界对此问题的研究成果已相当丰富，但本书通过尝试将其纳入社会运动、非正式政治力量、历史制度主义的理论视角中予以分析。这不仅有助于我们把握"颜色革命"浪潮衰退的路径与机制，也可以解释中亚国家"颜色革命"——比较典型的是2005年吉尔吉斯斯坦的"郁金香革命"——的动员基础，还可以解答为何"颜色革命"在不同的中亚国家会产生截然相反的政治后果。最后，有关域外行为体在中亚地区的互动，国内外学术界倾向于从"新大博弈"的角度进行解读。然而，这些行为体同样在欧亚地区的中亚、高加索、东欧次区域进行博弈，为何这三个次区域的稳定程度有所不同？为何俄欧在东欧次区域的互动模式截然不同于俄中在中亚地区形成的互动模式？通过将域外大国在欧亚，尤其是中亚地区的互动，置于大国互动这一普遍性的分析框架中，本书尝试提炼出它们在欧亚地区内不同次区域互动的特殊性与普遍性特征。尽管理论视角的引入，并不能确保研究结论的科学性，但有理由想象，这种尝试或许能令我们对一些习以为常的现象产生新的认知、得到一些新的观点。

谈及历史与现实方面的结合，从今天的角度来看，中亚国家独立以来的发展过程均可被视为历史。不过，历史不会断裂，它延续至今，并对现在产生持久地影响。中亚各国独立才30多年，这在人类历史的长河中不过弹指一瞬，然而，这段事件却持久地改变了中亚地区的历史面貌和发展轨迹。研究最近30年的相关事件，从历史学的视角来看，因研究者身处其间或许难以做到对事态发展洞若观火，但从"参与观察"的角度——研究者的研究本身或许在不经意间会对涉及中亚的相关议题产生一定影响——来看，研究者们往往能够获得参与者和亲历者独有的视角或观点，而不完全符合科学研究所需要的"客观中立"。而就本书的研究来说，无论是对国内外中亚研究状态的评估，亦或对特定议题（如"颜色革命"的动员与衰退、中亚地区治理的状况与模式、中亚地区秩序的演变及其动力等）的讨论，从某种意义上来说，都是从历史的角度来进行回顾和分析的。然而，这些所评估与讨论的主题或议题，同时又形塑了人们对中亚地区的研究或中亚地区及各国的发展状况，很难说它们是纯粹的历史，相反它们与当前的现实之间存在难分难解的关系。如以当前仍激战正酣的俄乌冲突为例，由于冲突久拖不决，欧亚秩序的稳定受到了严重冲击，甚至整个国际局势因此而发生了激变。当前的冲突本身是现实，然而，其产生和出现自有其历史。本书从俄中在中亚这一共同周边地区与俄欧在乌克兰等共同周边地区的互动模式入手，尝试解释为何不同行为体在共同周边的互动会衍生出不同的结果。这种尝试，或许有助于衔接历史与现实，并为历史的发展动力和现实的来龙去脉提出新的见解。当然，并非所有的历史都能线性地推演到现在，也并非所有的现实能追踪到单一、确切的历史根源。不过，本书尽可能地通过比较研究、过程追踪等研究方法，以说明时间对于历史事件所产生的影响。

至于"内""外"结合，根据本书的理解，至少包含了两层意思，其一是指"中亚内外"，其二是指"中国内外"。就"中亚内外"而言，本书集中讨论的中亚研究的理论基础和部分研究议题，其涉及的均为关于中亚这一地区的研究或影响各国或整个地区的部分关键问题。显而易见，中亚构成本书聚焦的场域，要么是研究的对象，要么是相关事件发生的场所。然而，中亚并非孤立的存在，它通过人员、信息、资本和知识等方面的流动，与世界其他地区相关联。换言之，中亚不过是世界这一广大场域中的一个较小场域。因此，要对中亚进行研究，既需要关注该场域内五个国家及彼此间的关系，同时也需要分析该地区与域外世界的互动。后者尤其体现在前述有关中亚研究的诸多"新大博弈"话语中。当然，中亚各国并非博弈方任人摆布的"棋子"，它们具有丰富的能动性和主导性；中亚作为一个区域本身并无能动性，但基于具有家族相似性的中亚五国对彼此共属一个区域的认知和行为，尤其是基于民众跨越区域内外的"流动"和"关联"，中亚区域本身似乎也获得了某种主体地位。因此，对中亚地区及各国的研究，既离不开对各国发展的关注，也离不开对它们及其域外行为体之间互动的分析，这就是本书所涉及的"中亚内外"。其二是"中国内外"。如前所述，本书研究的意义具有浓郁的"为我所用"的色彩。事实上，本书一个重要初衷在于力图促进中亚研究的学理性、为中国区域国别学的构建贡献部分力量。在研究的过程中，不可避免地需要参考或参照国内外相关的中亚研究成果，甚至需要对此进行相对集中的比较；而在对策层面，本书不仅关注中国的中亚政策，而且也会讨论其他国家的中亚政策及其与中国在中亚地区的竞合。总而言之，本书研究的落脚点始终在中国。而对中国与国外——包括中亚和其他域外大国——研究状况和参与中亚事务状况的比较，均涉及中国"内""外"的比较，以达到"他山之石、可以攻玉"的目标。

除了以上三种结合，在具体的研究过程中，本书采取了定量与定性的结合、案例研究与比较分析的结合、因素分析与机制分析的结合等研究路径或方法。这些方面的结合,有的涉及的是研究目标(历史与现实、理论与实践、"内""外"之间的结合),有的涉及的是研究路径(定性与定量的结合等)。不过,本书最重要的初衷,在于通过理论探讨和议题分析,致力于为提高中亚研究的学理水平做一些尝试性的探索。

(三) 本书的主要内容

基于本书研究的意义和致力于实现的有限目标,本书的核心研究内容为两个部分:一个部分为尝试简要探讨中亚研究的学理基础,另一个部分为对涉及中亚国家稳定和中亚地区秩序的部分重要议题择要进行分析。前一个部分为后一个部分做必要铺垫,后一个部分在很大程度上是对前一个部分的实践和"演练"。具体而言,第一部分对中亚理论基础的探讨包括三章内容,分别对30年来中亚研究的基本状况进行初步评估,然后讨论提高中亚研究学理水平的两种可能路径:比较区域研究的运用和中层概念的创新。而后一个部分讨论研究议题,拓展讨论三个具有一定重要性且能衍生出一定学理价值的研究议题:"颜色革命"、地区治理和地区秩序,每个议题同样分别包含三章。如此一来,本书将区分为四个部分:第一部分为中亚研究的学理基础;第二部分为反思对中亚国家转型产生重要影响的"颜色革命";第三部分为探讨作为一项研究议程的中亚地区治理;第四部分则通过比较研究欧亚地区不同次区域稳定与动荡的差异,探寻影响中亚地区稳定的相关动力或模式。

为了明显各章之间的内在逻辑关系,兹举各章之间的基本内容和彼此之间的逻辑关系进行简要讨论。第一章尝试基于研究者在区域研究中采取的观察视角和主要关注的研究议题,构建一个能适用于评估区域研究成果的分析框架,以此对30年来的国内中亚研究状况进行评估。基于观察视角,可将区域研究的成果区分为主位研究与客位研究;基于研究议题,可将区域研究成果区分为区域内部研究与区域关联研究。基于这一分析框架,可将区域研究成果区分为基于主位视角的区域内部研究、基于主位视角的区域关联研究、基于客位视角的区域内部研究和基于客位视角的区域关联研究四类。运用这一分析框架对中国国内在1991—2019年授予的中亚博士学位论文进行评估后可以发现,基于客位视角的博士学位论文较为丰富，其中基于客位观察视角的区域关联研究成果占到了全部博士学位论文的大多数；而基于主位视角的研究——无论是区域内还是区域关联的博士学位论文——极为有限。基于此，本章就如何提高中亚研究的学理水平提供了相应的建议。

基于第一章对国内中亚研究现状的整体诊断，第二章具体讨论了近年来兴起的比较区域研究对于提高中亚研究学理水平可能带来的启示。本章认为，近年来兴起的比较区域研究，或许是提高中亚研究学理水平的有效路径。比较区域研究包括区域内比较、区域间比较、跨区域比较三种方式。由于中亚五国共享相似的国家发展历程，这为学者们对中亚五国的内政外交开展区域内比较提供了机遇；中亚地区与高加索地区同属一个地区安全复合体且面临相似的地区结构环境，它们是开展地区间比较的理想案例；中亚地区与中东地区均发生过"颜色革命"，且这两个地区伊斯兰文化均具有较大的影响，为人们围绕这两个地区开展跨区域比较提供了条件。通过在中亚地区中运用比较区域研究路径，中亚研究者不仅可有效拓展中亚研究的研究议题，而且还可以推进中亚研究与政治学等学科之间的学术对话。

第三章则直面中亚研究与主流学科之间融合度不高的问题。本章认为，作为一种知识生产形式，区域和国别研究始终面临着一种探索情境化知识与构建普适性理论之间的内在张力。而要克服这种张力，则需要推进区域研究与学科理论之间的相互借鉴和协同合作，以实现这两种知识生产方式之间的分工合作、共同发展。其中，在区域研究中推进中层概念的创新，是推进这项工作的重要方式之一。大体而言，修正或改造学科理论中的学术概念、类比学科研究中的概念、根据特定区域的独特经验提炼新的学术概念，是创新区域研究中中层概念的三种主要路径。鉴于中亚五国是苏联解体之后才开展国家建构的，该地区构成区域研究的"天然实验室"，故可通过考察中亚五国的转型历程展示在区域研究中创新中层概念的具体方式。

第四章至第十二章则讨论了中亚研究中的三个关键议题，每个议题涵盖三章。其中，第四章至第六章具体分析了"颜色革命"在中亚地区的动员基础、政治影响及其衰老机制。第四章先分析了后苏联空间中"颜色革命"的衰落条件与机制。通过借助"清晰集定性比较分析"的方法研究

"颜色革命"的十一个案例，第四章认为促成"颜色革命"衰退的路径有四层内涵：其一，以资源、地缘的利益契合顺应外部压力的影响；其二，国家政权当局利用寻租关系加强对国内精英集团的控制，并体现为"资源—经济"、权力分享、精英胁迫这三种寻租模式；其三，团结国际国内，坚决抵抗外部压力；其四，构建防范"颜色革命"风险的整体防线。第五章的视角则回落到吉尔吉斯斯坦，通过对其发生的三次"革命"进行分析，以揭示该国反复发生"革命"的动员基础，即非正式政治力量所扮演的重要作用。第六章则对吉尔吉斯斯坦与乌兹别克斯坦发生的"颜色革命"为何遭遇不同的命运进行比较研究，进而发现不同国家应对"颜色革命"的不同策略，将形成存在差异明显的社会运动动员类型，这种差异经由路径依赖机制而得到固化，最终在特定国家形成导致"颜色革命"或中断或反复的不同互动模式。通过对"颜色革命"进行宏观、中观和微观的研究，或许有助于人们反思"颜色革命"的成败得失提供新的视角或观点。

第七章至第九章则将视野集中在整个中亚地区，尝试从多个角度来讨论中亚地区治理的状况。其中，第七章首先从理论层面上探讨了将中亚地区治理构建为一个研究议题的必要性及其依据。本章认为，空间重塑、治理实践、互动规则、象征政治四个方面是中亚地区治理及其变迁研究中需要特别予以注意的四个维度；而涉及的相关议题则包括中亚地区治理模式的演进及其动力、中亚地区秩序的特征及其变迁、中亚地区治理的主要领域及对地区秩序形成和维持的影响、各治理主体在中亚地区秩序形成中所扮演的角色及其策略。这四个方面的维度有助于勾勒出中亚地区治理的经纬，或许有助于人们把握中亚地区治理的基本状况、变迁轨迹及其发展方向。第八章则探讨了30年中亚地区治理模式的变迁。本章认为，中亚的地区治理模式经历从了"规则治理"为主到"关系治理"为主的演进。这种变迁不仅有相应的表现，而且有其独特的发展独立，并对中亚地区的治理规模和国家间关系产生了相应的影响。在关注中亚地区治理与该地区各行为体之间的关联之外，影响其状况与变迁的另外一个不容忽视的因素是域外行为体对中亚地区治理的参与。故第九章以欧盟为例，讨论了域外行为体参与中亚地区治理面临的三重困境：欧盟自身面临的规范绩效不佳、俄罗斯针对欧盟提出的规范竞争激烈，以及中亚国家对欧盟规范议程产生的共鸣不高。基于此，域外行为体要想在中亚地区治理中扮演积极角色，有必要从这三个方面开展相应的工作。

本书最后一部分，即本书尝试研究的第三个具体议题是中亚地区秩序的特点、动力与模式，具体涵盖第十章至第十二章。为了解释为何同为欧亚地区，中亚的稳定程度要高于高加索和东欧次区域，本章提出了一种涉及欧亚地区秩序的"套娃模式"，进而发现，不同次区域中行为体的互动模式不同，从而导致行为体之间关系的稳定程度迥然有异。由于实力对比的差异，中亚次区域出现的更多是各方行为体之间的摩擦或龃龉，很少上升到集团对抗的高度，从而保障了套娃秩序的稳定。第十一章则考察了大国在欧亚不同次区域所形成的不同的大国互动模式，尝试解释为何俄欧在乌克兰等东欧次区域形成了对抗的互动模式，而俄中在中亚这一共同周边地区形成了合作的互动模式。本章认为，大国在参与共同周边地区事务时，是否恪守相互尊重（需要尊重他国利益与身份）的精神至关重要，这对它们形成什么样的互动模式能产生决定性的影响。第十二章则超越了两个大国之间的互动，致力于研究诸多大国，包括俄罗斯、美国、中国、欧盟等在中亚形成何种整体性的互动模式，并尝试解释为何诸多大国在中亚竞合并未导致该地区发生严重的冲突与对抗。本章认为，大国在中亚经由长期摸索形成一种"无声的协调"的互动模式，该模式具有遵循"潜规则"而形成具有一定默契的"合作"这一特点。域外大国在中亚开展"无声的协调"有其特殊的原因。但至少就目前来看，其影响是比较积极的，不仅有助于阻止大国在中亚爆发激烈的冲突，而且客观上有利于中亚地区秩序的稳定和维系。

以上四个方面的内容即构成本书的主要内容及其核心观点。毋庸置疑，对于中亚五国独立30年来所经历的坎坷历程和中亚地区所面临的复杂内外形势而言，本书所讨论的议题无疑是挂一漏万。这是因为，本书并未涉及其他许多同样对中亚五国国家建设和地区转型至关重要的议题，如中亚五国对于族群关系的处理、中亚国家外交决策过程和机制的异同、中亚各国独立以来经济社会人口结构的变迁，以及涉及中亚地区稳定的环境危机、水资源分配、"三股势力"活动情况等等。而这些问题或许才是涉及中亚各国国家建设或地区稳定的内生议题。然而，一来由于笔者能力有限，故只能结合自身的能力和积累就自身感兴趣的议题作初步探讨；二来本书所确立的目标是致力于实现"三个结合"——理论与实践的结合、历史与现实的结合、"内""外"之间的结合,如此一来,理论部分的探讨与后续三个研究议题的选取之间依旧存在一定的关联。如第一部分三章对中亚研究理论基础的粗浅探讨,如基于对国内中亚研究 30 年成果的评估而提出的建议、倡导在中亚研究中运用比较区域研究的方法、主张需要注意在中亚研究中尝试进行中层概念的创新等,在后续三个主要议题的研究均有所体现。这种理论探讨与议题研究之间的关联,在一定程度上为本书的完整性和连贯性奠定了一定的基础,这或许可算是本书的些许创新之处。至于本书是否实现了预期目标,是否真的实现了观点的创新和研究议题的拓展,是否真的为提高中亚研究的学理水平作出了点滴贡献,还请读者诸君批判并不吝赐教。

目　录

第一部分
中亚研究的理论探讨

第一章　中国中亚研究 30 年来进展评估 ………………………… (3)
　　第一节　国内现有对中亚研究状况的评估及其问题 …………… (4)
　　第二节　构建新的区域研究成果评估框架 …………………… (10)
　　第三节　中国中亚研究成果评估
　　　　　　——以 1996—2019 年的博士学位论文为中心 ……… (17)
　　第四节　中亚研究需要努力的方向 …………………………… (30)
　　第五节　结论 …………………………………………………… (37)

第二章　比较区域研究视域下的中亚研究 ……………………… (40)
　　第一节　比较区域研究的类型及其异同 ……………………… (40)
　　第二节　中亚研究中的区域内比较 …………………………… (45)
　　第三节　中亚研究中的跨区域比较 …………………………… (53)
　　第四节　中亚研究中的区域间比较 …………………………… (59)
　　第五节　结论 …………………………………………………… (66)

第三章　中亚研究中中层概念的创新 …………………………… (69)
　　第一节　区域研究中中层概念创新的具体路径 ……………… (69)
　　第二节　中亚研究中层概念创新的基本状况 ………………… (76)
　　第三节　结论 …………………………………………………… (87)

第二部分
中亚研究议题之一："颜色革命"

第四章 "颜色革命"衰退的路径与机制 (93)
- 第一节 "颜色革命"既有研究的回顾与总结 (95)
- 第二节 研究假设、案例选择与数据分析 (101)
- 第三节 "颜色革命"衰退的路径分析 (109)
- 第四节 消解与阻遏："颜色革命"衰退的机制探究 (131)
- 第五节 结论 (135)

第五章 吉尔吉斯斯坦"革命"反对派的动员基础 (139)
- 第一节 吉尔吉斯斯坦"革命"动员的独特性 (139)
- 第二节 反对派政治动员的基础
  ——三种非正式政治力量 (143)
- 第三节 反对派利用三种非正式政治力量进行政治动员的过程 (159)
- 第四节 吉尔吉斯斯坦非正式政治力量动员的机制 (167)
- 第五节 结论 (169)

第六章 "颜色革命"中的路径依赖 (172)
- 第一节 研究背景："颜色革命"与吉尔吉斯斯坦的三次政权更迭 (172)
- 第二节 文献回顾与案例选择 (174)
- 第三节 理解"反复"：路径依赖机制中的关键节点与正反馈 (179)
- 第四节 关键节点：2005年吉尔吉斯斯坦、乌兹别克斯坦两国对"颜色革命"的应对 (183)
- 第五节 正反馈："政权—社会运动"互动模式的形成与固化 (192)
- 第六节 结论 (201)

第三部分
中亚研究议题之二：地区治理

第七章 作为研究议程的中亚地区治理 ……………………… (205)
 第一节 深入研究中亚地区治理的必要性及其意义 ……… (206)
 第二节 考察中亚地区治理变迁需要重点关注的
     四个维度 ………………………………………………… (207)
 第三节 中亚地区治理变迁研究涉及的四个主要
     研究议题 ………………………………………………… (219)
 第四节 结论 ……………………………………………………… (227)

第八章 中亚地区治理模式的变迁 ……………………………… (231)
 第一节 2005 年之前中亚地区治理中的规则治理 ………… (234)
 第二节 2005 年之后中亚地区治理中的关系治理 ………… (240)
 第三节 中亚地区治理模式转变的动力与影响 …………… (248)
 第四节 中亚地区治理模式转变的影响 …………………… (257)
 第五节 结论 ……………………………………………………… (271)

第九章 外部行为体参与中亚地区治理的困境
    ——以欧盟为例 ……………………………………… (273)
 第一节 欧盟在特定地区践行"规范性力量"身份
     成效的分析框架 ……………………………………… (275)
 第二节 欧盟在中亚地区的民主推进计划与实践 ………… (281)
 第三节 欧盟民主推进计划面临的第一重困境：规范绩效
     不佳 ……………………………………………………… (286)
 第四节 欧盟民主推进计划面临的第二重困境：规范竞争
     激烈 ……………………………………………………… (292)
 第五节 欧盟民主推进计划面临的第三重困境：规范共鸣
     不高 ……………………………………………………… (298)
 第六节 结论 ……………………………………………………… (302)

第四部分
中亚研究议题之三：地区秩序

第十章　欧亚秩序的套娃模式 …………………………………………（309）
　第一节　欧亚秩序的套娃模式：内涵及其组成 ………………………（310）
　第二节　套娃秩序在欧亚地区的运作及分异 …………………………（315）
　第三节　套娃秩序与高加索、东欧次区域的动荡
　　　　　——俄格冲突和乌克兰危机 ………………………………（321）
　第四节　套娃秩序与中亚次区域的大致稳定
　　　　　——"颜色革命"和"安集延事件" ……………………（331）
　第五节　结论 ……………………………………………………………（342）

第十一章　相互尊重与大国互动 …………………………………………（346）
　第一节　问题的提出与文献回顾 ………………………………………（347）
　第二节　俄罗斯在其"近邻"地区追求尊重与承认 …………………（353）
　第三节　蔑视与反抗：俄罗斯与欧盟在共同周边地区的互动
　　　　　模式 …………………………………………………………（360）
　第四节　尊重与合作：俄罗斯与中国在共同周边地区的互动
　　　　　模式 …………………………………………………………（370）
　第五节　结论 ……………………………………………………………（381）

第十二章　大国在中亚的互动模式 ………………………………………（388）
　第一节　域外大国在中亚进行"无声的协调" ………………………（388）
　第二节　大国在中亚进行"无声的协调"的具体体现 ………………（393）
　第三节　大国在中亚开展"无声的协调"的主要原因 ………………（406）
　第四节　结论 ……………………………………………………………（417）

结　语 ………………………………………………………………………（420）

后　记 ………………………………………………………………………（426）

第一部分

中亚研究的理论探讨

第一章　中国中亚研究30年来进展评估

作为一种特殊类型的知识生产方式，区域研究近年来得到了人们的广泛关注和热烈讨论。尤其是随着2013年"一带一路"倡议的提出，国内学术界明显加大了对区域研究的关注力度。学术界的基本共识是，我们有必要借助"一带一路"倡议等国家战略实施之机，推进区域国别研究的均衡布局和全面谋划，加强区域国别研究与比较政治学、国际关系学等主流学科的沟通与融合，加速推动"新时代中国特色国别与区域研究范式"的构建。在这些吁求中，加强区域研究与学科之间的争论和融合，不仅得到了大家的广泛认可，而且也被视为推动区域问题研究摆脱低水平重复和"例外论"、借助丰富的区域"在地"知识实现理论或范式创新的重要途径。[1] 区域研究由于集中关注特定的地区或区域，导致其所产生的知识具有"在地化""语境化""褊狭性"等特征，而学科知识具有"普遍性""抽象化""通则化"等特征。两者虽然对于丰富人类社会的认识均至关重要，但区域国别研究生产的知识如果无法上升为学科知识，难免会被认为具有"自说自话""画地为牢"的嫌疑，不具备充分的科学性。[2] 西方学

---

[1] 可参见程多闻《比较政治学和区域研究在中国的发展：互鉴与融合》，《国际关系研究》2017年第2期；程多闻：《区域研究与学科之间的争论与融合》，《国际观察》2018年第6期；程多闻：《国际学界对区域研究的反思与再定位》，《国际论坛》2019年第2期；任晓：《本土知识的全球意义——论地区研究与21世纪中国社会科学的追求》，《北京大学学报》（社会科学版）2008年第5期；任晓：《再论区域国别研究》，《世界经济与政治》2019年第1期；任晓、孙志强：《区域国别研究的发展历程、趋势和方向——任晓教授访谈》，《国际政治研究》2020年第1期；李晨阳：《关于新时代中国特色国别与区域研究范式的思考》，《世界经济与政治》2019年第10期，等。

[2] 尽管这种观点在很大程度上反映了现代西方世界居于统治地位以来对地方性知识的蔑视和西方所具有的权力与知识霸权，但不容否认的是，在当前的知识谱系中，对普遍性知识的推崇已成为学术界的基本共识。

术界基于此提出了文化研究（Cultural Studies）、后殖民主义研究（Postcolonial Studies）、文明研究（Civilizational Studies）、土著研究（Indigenous Studies）、亚太研究（Asia – Pacific Studies）、海洋研究（Oceanic Studies）、散居民族研究（Diaspora Studies）等名目繁多的研究类型，尝试以此替代声名不佳的区域研究。[①] 然而，经过争论后人们发现，作为一门有助于了解特定地区或国家民众生活的学问，区域研究仍有其存在的重要价值。这也是为什么区域研究近年来重新得到西方学术界重视的重要原因。对于中国区域研究者而言，当务之急似乎是从区域研究的性质入手，尽可能提高其生产原创性、情境性知识的能力，并通过与学科对话，贡献尽可能多的普遍性知识，同时提高其资政建言的水平，这也是人们对国内中亚研究的期待。本章的主要目的在于尝试将中亚研究视为区域研究的一部分，在此基础上评估中亚研究三十年来所取得的进展及未来需要努力的方向。

第一节　国内现有对中亚研究状况的评估及其问题

近几年来，已有不少成果对国内中亚研究的状况做了回顾和梳理。如中国现代国际关系研究院许涛研究员与其合作者于 2016 年发表了《中国中亚问题研究概览：回顾、问题与前景》一文，将中国的中亚研究置于苏联解体以来的时空背景中，讨论了中亚研究的学科归属、机构设置、人才培养、代表性人物、代表性成果，以及值得关注的重要议题等内容。经过对中国中亚研究自中亚国家独立以来 30 年发展状况的梳理，该文一方面充分肯定了我国中亚研究者从无到有开展中亚研究的艰辛，以及其为促进中亚研究取得进展付出的辛勤耕耘和无私奉献；另一方面也指出了中亚研究有待进一步加强的研究方向：一是加强后备人才的培养，完善研究人才年龄结构和学术梯队；二是改善中亚研究的全面布局，解决研究力量地域分配失衡的问题；三是更新知识结构，完善研究方法。[②] 再例如，中国社科

---

① Vincent Houben, "New Area Studies, Translation and Mid – Range Concepts", in Katja Mielke and Anna – Katharina Hornidge, eds., *Area Studies at the Crossroads*: *Knowledge Production after the Mobility Turn*, New York: Palgrave Macmillan, 2017, pp. 196 – 200.

② 许涛、梁泽：《中国中亚问题研究概览：回顾、问题与前景》，《俄罗斯东欧中亚研究》2016 年第 4 期。

院俄罗斯东欧中亚研究所所长孙壮志研究员 2019 年先后刊发的《21 世纪以来的中国的中亚研究：进展与不足——孙壮志研究员访谈》与《中国中亚研究 70 年：成就与问题》两篇文章，同样对中国中亚研究的状况做了全面盘点。孙壮志与许涛等人一样，在对中国研究取得的丰硕成果予以充分肯定的同时，也指出了中亚研究中存在的问题并给出了改进之道。孙壮志指出的主要问题包括以下几个方面：一是人才成长缓慢；二是后继乏人；三是一味追踪热点，但缺乏对特定领域或议题的持续关注，成果缺乏深度；四是科研机构之间的合作力度有限，而且动力不足；五是对中亚五国的分国别研究不充分；六是研究方法单一，而且创新程度不高。[①] 与许涛、孙壮志主要基于公开发表的代表性著作对中亚研究的进展状况进行分析不同，同为中国社科院俄罗斯东欧中亚研究所的肖斌副研究员则从学术论文入手，通过对近 30 年（1992 年 1 月至 2018 年 12 月）里涉及中亚研究的公开发表学术论文进行收集和整理，对中国中亚研究中的主要关注议题、认可度高的人物与观点做了较为全面的梳理。他认为，中国中亚研究存在的问题主要集中在三个方面：一是重政策取向，轻基础研究；二是主要关注宏观议题，原创性知识较少；三是研究队伍青黄不接，地域分配集中。针对这些不足，他从学术交流、人才培养、概念创新、学科建设、关注议题等方面提出了改进建议。[②]

尽管国内学术界就中亚研究的进展和不足做了盘点，但并未就中亚研究涉及的几个重要问题达成共识，也未构建一个契合中亚研究且能对其他区域研究状况进行全面评估的分析框架。大体而言，学术界对国内中亚研究状况的现有评估具有以下几个特点：

其一，现有的评估具有浓郁的经验主义色彩，不一定能保证研究过程与结论的科学性。上述对中亚研究状况进行分析的成果之所以富有价值，是因为这些研究者本身就是亲历者，他们见证和参与了中亚国家独立以后国内中亚研究的发展进程。亲身参与的研究经历和丰富的人脉关系，使研

---

① 孙壮志、王海媚：《21 世纪以来中国的中亚研究：进展与不足——孙壮志研究员访谈》，《国际政治研究》2019 年第 2 期；孙壮志：《中国中亚研究 70 年：成就与问题》，《辽宁大学学报》2019 年第 5 期。

② 肖斌：《中国中亚研究：知识增长、知识发现和努力方向》，《俄罗斯东欧中亚研究》2019 年第 5 期。

究者在总结中亚研究成效的过程中对诸多研究者、研究机构、代表性作品及它们之间的关系耳熟能详。换言之,目前对中亚研究发展成效的评估,虽然也有与美国、俄罗斯等大国中亚研究状况的横向比较,但更多的是一种历时性的评估,即对当前成效的分析是以中亚国家独立之时几近从零开始为参照的。显而易见,这种评估方式具有重要的经验主义特征。研究者的阅读所及与自身体验,在很大程度上决定了评估的准确性。尽管这种评估具有明显的人文关怀,但美中不足是其科学性可能难以保证。不过,需要指出的是,肖斌博士的评估在一定程度上摆脱了经验主义模式。在主要以国内的中亚研究论文为样本的分析中,他明确根据研究议题对这些论文进行分类,并在此基础上讨论各议题研究取得的进展、主要的代表性观点及相应的代表人物、议题研究中存在的不足等。这一评估方式相对于只是纵向地罗列中亚研究中的主要论著或许具有更多的科学性。诚如作者所言,其开展中亚研究成果评估的初衷是"通过回顾中国中亚研究 30 年的发展历程,分析知识增长和知识发展的贡献及未来需要努力的方向"。[①] 中亚研究构成区域研究的组成部分,而区域研究的主要目的是围绕特定地区产生情境性知识,故"分析知识增长与知识发展"的进展,的确契合区域研究状况评估的基本精神。

其二,现有研究成果在中亚研究的性质及能否作为一门学科的问题上存在明显分歧。国内中亚研究的评估者意识到中亚研究与学科之间存在着复杂的关联,而且也意识到了在未来的研究中有必要从学科高度来推进中亚研究。然而,在此共识之下,评估者对于中亚研究学科性质的认识却存在明显分歧。许涛等认为中亚研究本身即构成一门学科,即"中亚学"。他们认为:"中亚学作为国际学术体系的一部分,至今在中国还应算是一门年轻的学科,它的起步应该是在苏联学术制度影响下始于 20 世纪 70 年代末到 80 年代初"。[②] 这一观点借鉴了知名中亚研究专家赵常庆的观点,但修正了其有关中国"中亚学"是在苏联解体、中亚五国独立后起步的判断。[③] 孙壮志大体上也认可中亚研究应该成为一门学

[①] 肖斌:《中国中亚研究:知识增长、知识发现和努力方向》,第 2 页。
[②] 许涛、梁泽:《中国中亚问题研究概览:回顾、问题与前景》,《俄罗斯东欧中亚研究》2016 年第 4 期。
[③] 常庆:《中国"当代中亚学"的形成与现状》,《俄罗斯东欧中亚研究》2002 年第 4 期。

科的看法,认为我们"应该加强中亚研究的学科建设。要规划好中亚研究的学科布局和学科发展方向,如果总是跟在别的学科后面走,体现不出来自身的学术价值和特点,这一学科的重要性就无法凸显……中亚研究也很容易被其他学科影响,比如,受到俄罗斯研究的影响、美国研究的影响等。中国的中亚研究应该有独立的学科设计和科学的研究方法,这方面工作需要加强。"[1] 而肖斌不认同中亚研究构成一门学科的观点,认为"中国中亚研究需要与学科建设共同发展。作为区域国别研究,中国中亚研究涵盖多个一级学科,但覆盖学科广并不代表中国中亚研究属于成熟的学科体系,相反,中国中亚学科体系并不成熟。因为成熟的学科体系不但是科学知识的基本的单元,而且能够在研究上形成涵盖整个中亚研究的宏观、中观和微观理论体系,在具体的问题上需通过持续不断地证伪形成'理论饱和'。"[2] 他对中亚研究与学科之间关系的判断,更契合西方学术界和当前中国从事社会科学理论相关研究的学者对区域研究之学科性质的理解。按照这种观点,无论是美国研究、俄罗斯研究,还是中亚研究,亦或针对其他区域——如中东、东南亚等——的研究,均是区域研究的一部分,它们本身不能构成一个学科。这是因为,区域研究的主要目标往往被认为是生产情境性知识,而学科则追求普遍性知识,致力于构建一般化的理论。就此而言,认为中亚研究是"中亚学"或者可成为一门独立学科,正如对中国周边地区开展研究可以构建"周边学"、对中国边疆地区的研究可以构建"边疆学"一样,实际上是对学科性质的一种误解。当然,我们这里并不是否认区域研究可以产生普遍性知识的可能性,但至少针对某个特定国家或地区的研究而言,由此生产丰富的普遍性知识是非常困难的,否则西方学术界也不会就两者之间的紧张关系进行长时间的争论。[3] 换言之,区域研究本身可成为一门

---

[1] 孙壮志、王海娟:《21世纪以来中国的中亚研究:进展与不足——孙壮志研究员访谈》,第158页。

[2] 肖斌:《中国中亚研究:知识增长、知识发现和努力方向》,第26页。

[3] 可参见 David L. Szanton, *The Politics of Knowledge. Area Studies and the Disciplines*, Berkeley: University of California Press, 2004; James D. Sidaway, "Geography, Globalization and the Problematic of Area Studies", *Annals of the Association of American Geographers*, Vol. 103, No. 4, 2010, pp. 984 – 1002; Terence Wesley – Smith, Jon D. Goss, eds., *Remaking Area Studies: Teaching and Learning across Asia and the Pacific*, Honolulu: University of Hawai'I Press, 2010, 等。

学科，但构成其组成部分的俄罗斯研究、美国研究、中亚研究、东南亚研究和东亚研究等地区研究则难以成为独立的学科。

其三，现有成果尚未尝试构建一种具有一定适用性的区域研究成果评估框架。尽管中亚研究本身不足以成为一门单独的学科，但这并不意味着我们不可以构建一个具有一定普遍性的区域研究成果分析框架。首先需要明确的是，对特定研究成果的评估可以从非常多的角度切入，如代表性人物的影响或学术共同体的成熟程度、原创性理论或概念的多寡、研究方法的进步亦或停滞、人才培养的成效（包括数量和质量）、知名研究机构的演进及相互关联，甚至相应领域教材的有无等，均可作为衡量一个区域研究领域是否取得进步的评估指标。运用这些指标来评估区域研究成果均有必要性和合理性，如许涛、孙壮志、肖斌等对国内中亚研究状况的评估就是从以上角度切入的，而且这种评估属于"内生评估"。"内生评估"有别于"外生评估"，"外生评估"是将围绕特定区域产生的成果置于比较研究的光谱上，将该区域与其他区域的研究状况，或者其他国家的同一区域研究状况进行横向比较。显而易见，中亚研究与美国、欧盟、日本、东南亚等区域研究相比不占优势，孙壮志甚至认为中亚研究在一定程度上是附属于俄罗斯研究的。另外，基于某个维度将特定时间段内美国与中国的中亚研究状况进行比较，也属于横向比较。[1] 尽管这两种横向比较同样能带来重要启示，但客观而言，横向比较得出的结论可能会遭遇可比性方面的质疑，如不同区域的研究和不同国家对同一区域的研究会存在或多或少的差异，这意味着由此得出的结论虽有借鉴意义，但参考价值有限。故我们更应该对区域研究进行"内生评估"，如此才可真正明晰特定区域研究成果取得的进展和存在的不足。"内生评估"的第一种方式是纵向比较，即将目前与特定时间前的研究状况进行比较，然后讨论进展和差距等问题。现有关于中亚研究的评估方式大都属于内生评估，这种评估的确能为人们了解中亚研究的进展和不足提供丰富的洞见和独特的启示。不过，历时性的纵向比较问题如第一点所述，它具有一定的主观性和经验主义特征，难以保障其评估的科学性。另一种"内生评估"的方式是依据区域研究本身所

---

[1] 基于中、美两国在 1996—2011 年授予的关于中文问题博士学位论文的比较，可参见曾向红《遏制、整合与塑造：美国中亚政策二十年》，兰州大学出版社 2014 年版，第 311—345 页。

具有的一般性特征进行评估。鉴于区域研究的首要使命在于提供丰富的情景性知识,其次是在此基础上通过加强与学科理论之间的对话,尽可能把情境性知识上升为普遍性知识,这意味着我们在对区域研究成果的评估时需要紧紧围绕区域研究的这两重使命来进行。

基于上文对中亚研究评估中存在的三点争议或困惑,我们或许可以对中亚研究的整体状况重新进行评估。新的评估,首先需要尽可能地摆脱经验主义的束缚,尝试提高评估的客观性与科学性。尽管纯粹客观、中立的评估很难做到,但我们仍有必要通过各种方式令评估尽可能地接近科学。其次,我们需要明确中亚研究很难成为一门独立的学科,这是由其研究对象所决定的。尽管我们很难就中亚研究的具体范畴达成共识,但中亚研究的范围主要是指研究中亚五国及附属地区应无疑问。鉴于此,根据社会学科主要针对某一类型社会现象构建普遍性知识这一特征,我们很难说中亚研究产生的均是普遍性知识。正如复旦大学任晓教授在评估中国区域研究中存在的问题时所指出的那样:"中国的地区研究与社会科学基本上是互相脱离的。地区研究学者的学科意识相当淡薄,对相关学科的理论问题所知不多。与美国相较,中国社会科学没有强烈的寻找'普遍规律'的思维方式和冲动,因而也就没有美国式的学科和地区研究之关系的激烈辩论。"[①] 这一区域研究与学科理论对话不够甚至缺失的状态,在中亚研究中不仅存在,事实上还比较明显。在此基础上,我们不如暂缓将中亚研究视为一门学科,而是着力推进区域研究与学科理论之间的对话和互鉴,以实现两者之间的相互促进和共同进步。最后,对区域研究成果的评估可采用"内生评估"或"外生评估"两种不同的方式。相对而言,"内生评估"可以更准确地把握区域研究的整体状况。基于以上三个原则,本章将基于中亚研究构成区域研究的一部分的认知,构建一个具有一定普遍性的区域研究成果评估框架,对30年来中亚研究的状况进行内生性评估,后简要讨论学术界未来应该努力的方向。

---

① 任晓:《本土知识的全球意义——论地区研究与21世纪中国社会科学的追求》,《北京大学学报(哲学社会科学版)》2008年第5期。

第二节　构建新的区域研究成果评估框架

　　区域研究的主要使命是提供情境性知识，这是我们对一个具体区域研究成果进行评估的基础。在人们的传统理解中，区域研究中的区域主要指的是"地球表面的特定区域，居住其上的人口所承载的文化既有充分的同质性（sufficiently homogenous）和独特性，足以构成一个具体民族志研究（ethnological studies）的目标，同时也能够显著地揭示出足够的内部差异（sufficient local）面向，以致对内部差异开展比较是值当的"。[①] 显而易见，由于对地理或文化范围的理解有所不同，人们对区域研究中特定区域的认知往往难以达成共识，这意味着区域研究具有重要的话语建构的特征。在研究方法上，区域研究特别强调的是民族志研究，即通过田野调查、参与观察等方式获得关于特定区域的第一手信息或知识；与此同时，区域研究还强调区域内比较的重要意义和价值，以把握同属一个区域内国家之间的异同。[②] 此外，区域研究还特别重视对特定区域人群生活世界的研究。如有学者指出："一个'区域'不过是一个跨学科的集体体验单位（cross-disciplinary unit of collective experience），该单位能通过在经济、社会、政治、宗教及其他生活领域的复杂互动而得到识别"。[③] 这也是为何区域研究长期以来一直主要采用文化人类学视角的主要原因。不过，随着全球化进程的推进，人们对特定区域的了解不再局限于对特定地区人群的文化的研

[①] Josselin de Jong, J. D., *De Maleische Archipel als ethnologisch studieveld*, Leiden: J. Ginsberg, 1935, pp. 20 – 22, Quoted from Christoph Antweiler, "Area Studies @ Southeast Asia: Alternative Areas versus Alternatives to Areas", in Katja Mielke and Anna-Katharina Hornidge, eds., *Area Studies at the Crossroads: Knowledge Production after the Mobility Turn*, p. 68.

[②] 除了区域内比较，近年来国外学术界开始突出区域间比较、跨区域比较的重要性，这三种比较方式统称为比较区域研究。可参见 Ariel I. Ahram, "The Theory and Method of Comparative Area Studies", *Qualitative Research*, Vol. 11, No. 1, 2011, pp. 69 – 90; Matthias Basedau and Patrick Köllner, "Area Studies, Comparative Area Studies, and the Study of Politics: Context, Substance, and Methodological Challenges", *Zeitschrift für Vergleichende Politikwissenschaft*, Vol. 1, No. 1, 2007, pp. 105 – 124; Ariel I. Ahram, Patrick Köllner and Rudra Sil, eds., *Comparative Area Studies Methodological Rationales and Cross Regional Applications*, New York: Oxford University Press, 2018.

[③] Benjamin I. Schwartz, "Presidential Address: Area Studies as a Critical Discipline", *Journal of Asian Studies*, Vol. 40, No. 1, 1980, p. 15.

究，而是拓展到了政治、经济、社会和对外交往等诸多领域，这也是为何越来越多社会科学学科介入区域研究中的重要原因。换言之，区域研究内在地要求跨学科或多学科研究。如荷兰莱顿区域研究所认为区域研究实际上是"一种知识生产路径……它是区域专长和人类学与社会科学的动态综合，依赖于对学者所处方位的敏感性和批判性反思，强调区域研究不仅是数据的来源，而且是理论和方法的来源，并对学科所宣称的普适性提出挑战。区域研究本质上是多学科性的，以此来检验学科之间的边界，而且也是比较性的，以此把为何、如何以及进行哪种比较视为理所当然之事"。[1] 尽管区域研究者们都希望能将其生产的情境化知识上升为普遍性知识，但客观而言，实现这种转变非常困难。[2]

基于对区域研究性质与研究议题的上述判断，我们大致可以明确用来评估区域研究成果的相应参数。著名区域研究者、柏林洪堡大学亚洲与非洲研究所教授文森特·霍朋（Vincent Houben）结合莱顿区域研究所对区域研究性质所作的界定，提出一种"新区域研究（new Area Studies）"的范式。该范式认为，区域研究应该以一种系统方式回答涉及区域研究的四个基本问题：一是主体（who），即研究主题；二是地点（where），即研究区域；三是方式（how），即研究方法；四是原因（why），即研究依据。[3] 研究主题涉及"什么或谁"的问题，研究区域回答的是"哪里"的问题，研究方法针对的是"如何"的问题，而研究依据则尝试解答"为什么"的问题。当我们在研究特定区域的过程中，研究区域是指"一种灵活性的语义工具，可以允许基于空间的分析，而不再像传统的区域研究一样对区域所持有的理解"，即将区域视为一个有明确边界

---

[1] Leiden Institute of Area Studies, "Where is Here?", https://www.universiteitleiden.nl/binaries/content/assets/geesteswetenschappen/lias/where-is-here---leiden-university-institute-for-area-studies-lias---2012-and-updates.pdf, 2012.

[2] David Ludden, "Why Area Studies?", in Ali Mirsepassi, Amrita Basu, Frederick Weaver, eds., *Localizing Knowledge in a Globalizing World: Recasting the Area Studies Debate*, New York: Syracuse University Press, 2003, pp. 131-137.

[3] 引言可参见 Vincent Houben, "New Area Studies, Translation and Mid-Range Concepts", in Katja Mielke and Anna-Katharina Hornidge, eds., *Area Studies at the Crossroads: Knowledge Production after the Mobility Turn*, pp. 200-204.

的"空间容器",① 而且还可以根据研究议题的需要,从地方、跨地方、区域、跨区域、国家、跨国家甚至全球等多个层面切入对所关注的区域展开研究。就研究主题而言,区域中的研究主题"是开放的,因为区域研究在原则上涉及人类体验的方方面面,而不局限于现实的某个特定方面"。就观察视角而言,霍朋认为"观察视角对于任何科学探索和使区域研究区分于其他学科而言均至关重要。其他学科对研究对象往往采取一种由外而内的视角,运用有限或确证的理论与方法进行客观分析。区域研究则采用自内而外的视角,因为其研究过程始于对现实和特定空间人类的再现"。就认识论而言,霍朋区分了追求普遍知识与特殊知识两种不同的认识论路径。基于这两种理想类型,不同的学科在认识论上居于特殊一段、普遍一段的连续谱上。如"各学科寻求多样性中的普遍性,而区域研究则强调全球普遍性中的特殊性"。具体而言,"从普遍性一端开始,基于研究领域存在一个立场序列(sequential range),即从普遍性一端的政治学和经济学,再到社会学,然后到历史学,再到人类学,最后到位于特殊性一端的区域研究。就此而言,各学科与区域研究所处位置有异,但经由认识论链条仍然联系在一起。"②

　　文森特·霍朋提出的由研究主题、研究区域、研究方法与研究依据所构成的"新区域研究"范式,能为我们构建一个具有一定普遍性的区域研究成果评估框架提供必要基础。这是因为"新区域研究"范式涵盖的四方面主要内容,涉及区域研究的主要一般性问题。不过,为了对学术界围绕特定区域特定时间段内研究成果进行评估,我们有必要对霍朋的"新区域研究"范式进行必要的改造。显而易见,如果我们要评估的区域研究成果对象是明确的,那么研究区域的指向也就被限定了。如我们要评估东南亚研究或中亚研究的成果,研究区域就是东南亚或中亚。再者,就方法论而言,如霍朋所言,区域研究所采用的认识论往往居于"普遍—特殊连续谱"中的特殊一端。虽然不同的成果在具体认识论上有或多或少的区别,

---

① Katja Mielke and Anna‐Katharina Hornidge, "Crossroads Studies: From Spatial Containers to Interactions in Differentiated Spatialities", *Crossroads Asia Working Paper*, No.15, 2014.

② Vincent Houben, "New Area Studies, Translation and Mid‐Range Concepts", in Katja Mielke and Anna‐Katharina Hornidge, eds., *Area Studies at the Crossroads: Knowledge Production after the Mobility Turn*, pp. 203 - 204.

但即使是具有普遍性知识贡献的成果，由于是基于特定区域的特殊案例，依旧有不少的特殊成分。故在评估时，成果在认识论上的区分度不会太大，如此似乎也没有太多必要将研究认识论作为评估的重要依据。如此一来，在评估特定区域研究成果的进展状况时，可将观察视角和研究主题作为评估的两个基本维度。根据研究主题，可将区域研究成果区分为政治、经济、社会、文化、外交等不同的领域，也可较为粗略地划分为区域内研究与区域关联研究。所谓区域关联研究，实质上是考虑随着全球化进程的推进，当今这个世界已是"地区构成的世界"，[①] 地区与地区之间、区域内部与外部之间的联系不仅越来越频繁，而且强度越来越高，这种联系甚至构成影响任何区域发展的重要动力。基于此，自21世纪重新兴起对区域国别研究的反思以来，学术界有越来越多的声音开始呼吁要对区域国别问题开展流动、跨界、关联、跨区域、"十字路口"之类强调区域之间联动的研究。[②] 这些呼吁反映了全球化或区域化力量的强大，以及人们对区域内外流动性增强的敏锐意识。不过，出于评估的便利，本章根据研究主题将区域研究成果区分为区域内（包括区域内各国别）成果与区域关联成果（主要涉及外交及该区域与外部世界的关联）。

除了研究主题，事实上还可以从观察视角的角度来对区域研究成果进行区分。不过，按照霍朋对区域观察视角的阐述，区域研究仅采用一种"自内而外"的视角，而其他学科则采用"由外而内"的视角。显然，霍朋的这一判断过于武断。这是因为，区域研究既可以采用"自内而外"的视角，也可以采取"由外而内"的视角。用人类学研究、跨文化研究或跨文化心理学的术语来讲，"自内而外"与"由外而内"的视角分别被称之为主位研究（emic）与客位（etic）研究，前者"致力于用本地人自身的视角来描述特定文化"，而后者则"尝试用一种外部的、一般化的标准来

[①] ［美］彼得·卡赞斯坦：《地区构成的世界美国帝权中的亚洲和欧洲》，秦亚青、魏玲译，北京大学出版社2007年版。

[②] 可参见 Saskia Sassen, *Territory, Authority, Rights: From Medieval to Global Assemblages*, Princeton: Princeton University Press, 2006; Ulrike Freitag and Achim von Oppen, *Translocality: The Study of Globalising Processes from a Southern Perspective*, Leiden: Brill, 2010; Katja Mielke and Anna-Katharina Hornidge, eds., *Area Studies at the Crossroads: Knowledge Production after the Mobility Turn*, New York: Palgrave Macmillan, 2017, 等。

表述文化之间的差异"。① 主位研究与客位研究的区别在一定程度上反映了区域研究与主流学科在认识论上的差异:主位研究强调对被研究对象对自身世界观、文化、理解、解释和话语等方面的重视与尊重;客位研究则突出研究者自身的感悟,尤其重视研究者基于自身研究能力和研究素养开展的理论构建和经验解释工作。换言之,主位研究"旨在记录能对任何一种被研究文化中的行为进行描述的有效原则,包括将人们自己视为有效和重要的东西纳入考虑";客位研究则"在考虑所有人类行为的基础上提出跨文化的一般性通则,其目标是理论构建"。② 正如各学科在认识论上是一个连续统一样,作为观察视角的主位研究与客位研究也"可以被视为一个连续统,从较为重视文化主位到较为看重文化客位,其间存在一系列中间状态"。具体来说,"我们可以将那些趋向文化主位的研究者称为'发现型',趋向文化客位的研究者称为'验证型'。前者认为,研究者的任务就是了解被研究者的行为和想法,并对其进行描述和主位的解释;后者则更加看重研究者本人的观点和分析视角,从自己的理论假设出发对原始资料进行论证"。③ 由此可见,主位研究与客位研究的区分是比较清楚的,它们承担不同的功能:前者重在如实反映特定地域人群的自身认知;后者则是研究者出于追求普遍性知识而对特定区域所作的具有客观、中立等特性的分析。

至少就区域研究而言,因其具有浓厚的人类学或文化人类学的特征,故区域研究内在地与主位研究具有亲缘性,这尤其体现在研究方法上。为了真切和深入地了解特定区域民众的生活世界,主位研究倡导在研究区域时采用田野调查、参与观察、深度访谈、文本分析(特定区域民众自身记录的文本或相关研究成果)等质性研究方法;而客位研究方法,则涉及主流社会科学所使用的形式模型、统计分析等定量研究方法,以及文本分析(学术界针对特定区域的研究成果或资料)、比较研究、案例分析、过程追踪等质性研究方法。当然,在具体的研究中,这两类观察视角所对应的研

---

① Michael W. Morris, Kwok Leung, Daniel Ames and Brian Lickel, "Views from Inside and Outside: Integrating Emic and Etic Insights about Culture and Justice Judgment", *Academy of Management Review*, Vol. 24, No. 4, 1999, p. 781.

② Richard W. Brislin, "Comparative Research Methodology: Cross - cultural Studies", *International Journal of Psychology*, Vol. 11, No. 3, 1976, p. 217.

③ 陈向明:《文化主位的限度与研究结果的"真实"》,《社会学研究》2001 年第 2 期。

究方法并非泾渭分明。不仅如此,无论主位还是客位研究方法均有自身的缺陷,如"主位说明由于基于民族志观察(ethnographic observation),因此往往因为不同报告之间的矛盾且易接受文化局内人的误导(misconceptions)而影响到其可信性;而基于调查数据的客位说明,往往因为研究者与被研究者之间的距离而易遭到弃用,这种距离会导致被研究者对研究者所提问题不敏感"。① 两种观察视角各有短板,意味着在实际的研究过程中需要综合运用主位研究与客位研究,诚如陈向明所言,"在主位和客位之间(可以表现为研究者与被研究者之间、文本与读者之间、理论与实践之间、意识与经验之间)的互动和协调是产生理解和生成解释的必然途径"。② 实际上,任何高明和有影响力的研究成果,均是研究者与被研究者相互"合作"、协同"创造"的产物,既离不开研究者对区域研究对象生活世界的敏锐把握,也离不开研究者自身的学术素养、知识积累、研究技巧、研究方法等能力的运用。不过,就对于区域研究成果的评估而言,我们依旧可以大致识别出相关研究成果所主要使用的观察视角,并将之作为评估区域研究成果的区分依据(见表1.1)。

表1.1　　基于主客位观察视角的假设及其研究方法

特点	主位/局内人视角	客位/局外人视角
界定性的假定与目标	从文化局内人的角度描述行为,基于他们自身的理解开展(假设)建构; 将文化系统视为一个有机整体。	从便利于局外人的视角出发对行为进行描述,开展能运用于其他文化的(假定)建构; 描述将文化变量嵌入到有关特定行为的一般化因果模式中的各种模式。
相关研究方法的典型特点	以翔实的文本形式将观察所得记录在册,避免将观察者的建构强加于人; 对某种或某几种情景进行长期、广泛的观察。	对不同文化场景进行同样的评估,以此观察外部的、可测量的特征; 对不止一个,通常是大量的情景进行简略、有限的观察。

---

① Richard W. Brislin, "Comparative Research Methodology: Cross-cultural Studies", pp. 782 – 783.

② 陈向明:《文化主位的限度与研究结果的"真实"》,第3页。

续表

特点	主位/局内人视角	客位/局外人视角
典型研究案例	人类学的田野调查；参与观察和访谈；开展文本分析，以了解本土文化关于"正义"的理解。	多点调查；横向比较对"正义认知"测量指标及相关变量的不同反应；将文化视为类似实验操作的比较实验，以评估不同文化中特定因素的影响。

资料来源：Michael W. Morris, Kwok Leung, Daniel Ames and Brian Lickel, "Views from Inside and Outside: Integrating Emic and Etic Insights about Culture and Justice Judgment", *Academy of Management Review*, Vol. 24, No. 4, 1999, p. 783.

根据研究主题可区分为区域内研究和区域关联研究成果、观察视角可区分为主位研究和客位研究，我们可以构建一个新的区域研究成果评估框架。大体而言，区域研究成果可区分为四类，即基于主位视角的区域内研究成果、基于主位视角的区域关联研究成果、基于客位视角的区域内研究成果、基于客位视角的区域关联研究成果。在区域研究中，这四类研究成果均不可或缺。首先，基于主位视角的区域内研究成果有助于较好地把握特定地区国家或人群的生活状态，以及国家构建的历程与得失、民族政策的演变与影响、人们对社会变迁的感知等重要问题，尤其有助于研究者深入考察该地区民众对这些问题的自身感受和认知；其次，基于主位视角的区域关联研究成果可以分析特定区域国家民众对国家对外交往情况的感知，尤其是各国精英与民众在涉外问题上的认知情况和决策过程；再次，基于客位视角的区域内研究成果则涉及研究者如何认识特定区域国家或民众的生活状况，它可以涵盖政治、经济、社会、文化、外交、历史等诸多领域；最后，基于客位视角的区域关联研究成果主要从研究者的立场出发，考察区域内国家与区域外国家之间的关联，包括人员、资源、信息、资本、劳动力、观念等方面内容的交流和互动情况。大体而言，相对于人们主要从历史的角度梳理和分析涉及特定区域的既有文献而言，本章提出的分析框架不仅有助于全面把握区域研究成果的成效和不足，而且还可以顾及区域研究非常重视的基于主位视角的研究成果，这体现了区域研究同时负有生产情境性知识和普遍性知识的双重使命但优先贡献情境性知识的特征，从而使其满足成为一种"内生评估"的要求（见表1.2）。

表1.2　　　　基于观察视角和研究主题的区域研究评估框架

		观察视角	
		主位研究	客位研究
研究主题	区域内议题研究	基于主位视角的区域内研究成果	基于客位视角的区域内研究成果
	区域关联研究	基于主位视角的区域关联研究成果	基于客位视角的区域关联研究成果

资料来源：笔者自制。

需要强调的是，这四类研究成果的区分均属于理想类型，因为不同成果在观察视角和研究主题上很难进行非黑即白的区隔。正如主位研究和客位研究难以区分一样，区域内研究与区域关联研究同样难解难分。不过，出于评估的需要，我们依旧需要识别区域研究成果主要采取的观察视角及研究者关注的主要研究主题，这是为了评估不得不作出的妥协。下文我们将运用这一分析框架对国内的中亚研究成果进行评估，以明晰这些成果取得的成效及存在的不足。

第三节　中国中亚研究成果评估
——以1996—2019年的博士学位论文为中心

经过30多年的努力，中国中亚研究成果丰硕。对此，许涛、孙壮志、肖斌等诸位研究者已对此做了深入的考察。这里运用上文构建的区域研究成果评估框架，对中亚国家独立以来30年国内生产的区域研究成果进行简要评估。根据笔者的初步观察，截至目前，国内学术界涉及中亚研究的成果主要采用了客位视角，故下文的评估就优先考察采用客位视角的研究成果，然后再对基于主位视角的研究成果进行分析。

由于中亚区域研究成果甚多，本章对中亚研究成果的评估将选取1996—2019年国内通过的中亚研究博士学位论文作为样本。之所以选择博士毕业论文作为评估的样本，主要是因为博士学位论文作为博士生培养的最终成果，其构成是对博士生的基础知识、理论水平、科研能力、学术规范、学术道德、写作功底等素质的综合检阅。经过至少3年时间的钻研和写作，再经过评审专家的考察，已获通过的博士学位论文一般具有较高的学术水准。博士论文不仅需要借鉴国内外已有的研究成果，从而反映出学术界已有研究成果的积累程度，而且还体现了各自国家中亚问题研究的最新发展动向，往往代表着学术界研究某一问题的较高水平。其次，现有对中亚研究状况进行评估的成果，所选取的样本要么是公开发表的学术专著，要么是发表在学术期刊上的学术论文。为避免重复，本章选择博士毕业论文作为考察样本，一方面可与现有评估进行区别，另一方面也可验证此前评估得出的观点或结论是否正确；最后，现有评估研究成果均注意到了中亚研究未来发展的一个严重问题是后继乏人。如孙壮志指出，国内"年轻的中亚问题专家储备比较匮乏，目前的中亚问题研究领军人物依然是以20世纪90年代成名的专家为主，普遍年龄偏大，被国内、国际都认可的年轻学者比较少"[1]；而许涛等则指出："中亚问题研究学术梯队建设尚难满足国家层面的需求。随着中亚地区在我国对外关系中地位的提升，专门从事中亚问题研究的人员的数量和政策研究需求不相匹配"。[2] 而肖斌通过翔实的数据总结到："从学术期刊和博硕士论文的数量来看，自1992年至2018年中国中亚研究人员相对数量虽然呈倍数增长，但只有191名研究者的成果认可度高，其中长期从事中亚研究的仅占56.5%"。根据这一统计，国内专事中亚问题研究的学者仅为约108人。[3] 从博士论文的角度来分析这一问题，我们可以再次审视和验证上述观点。[4]

（一）国内授予的中亚研究博士学位论文整体状况

经过对"中国知网硕博士学位论文数据库"的梳理，本章共收集到国内在1991年至2019年年间通过的190篇涉中亚议题博士学位论文。这190篇博士学位论文，主要通过在"中国知网硕博士学位论文数据库"中查询以"中亚""里海""上海合作组织""哈萨克斯坦""乌兹别克斯坦""吉尔吉斯斯坦""塔吉克斯坦""土库曼斯坦"等作为关键词搜索得来，

---

[1] 孙壮志：《中国中亚研究70年：成就与问题》，第6页。
[2] 许涛、梁泽：《中国中亚问题研究概览：回顾、问题与前景》，第91页。
[3] 肖斌：《中国中亚研究：知识增长、知识发现和努力方向》，第25页。
[4] 事实上，肖斌博士并未全面梳理和分析中亚博士学位论文，而这构成本文的考察对象。

但剔除了其中属于自然科学领域中的相关学位论文。① 尽管我们将检索时间限定为 1991 年至 2019 年，但国内通过的中亚相关博士论文实际上迟至 2000 年才开始出现，② 这主要是因为 1991 年中亚五国才获得独立。尽管 1991 年之前国内就有不少中亚史的研究成果，但将中亚五国视为独立主权国家并对各国内政外交开展系统的介绍和研究，则是在 1992 年之后才开始出现的。③ 不仅如此，这些早期成果在介绍独立后中亚五国的状况时，往往将它们置于与苏联延续的历史框架中进行讨论。真正对中亚五国独立后状况进行研究或集中梳理的成果，大约到 1996、1997 年才密集出现，④ 而且开展这些研究工作的大多是此前研究苏联问题或中亚史的知名学者。此前的积累，为他们介入苏联解体后的中亚研究提供了良好的知识储备和学以致用的历史机遇。在此背景下，国内早期的中亚研究成果具有以下几个特征："一是各自为战，还未形成学术体系和研究梯队，研究的方向和领域大多取决于研究者的特长和兴趣；二是多数集中于历史、文化等纯学术领域，尚难形成基本的实用研究面；三是对中亚当代问题几乎没有涉足，对中亚各共和国政治、经济和文化的研究似乎还难以从对苏联的整体研究中独立出来"。⑤ 显而易见，早已成名的研究者尚且较少系统研究独立后的中亚国家状况，考虑人才培养的周期为 3—5 年，因此，直到 1997 年左右才有学生将中亚问题作为博士论文的选题并于 2000 年获得博士学位也就变得容易理解。至于截至时间设为 2019 年，主要考虑到 2020 年国内授予的学位论文尚未上网，所以无法获得相关信息。

---

① 毋庸置疑，这一统计数字没有完全统计，肯定会存在偏差。比如说，有些博士学位论文并未放在中国知网上，而且有些也包含了部分涉及阿富汗的论文。因此，严格来说，这些均不属于本书所指的"中亚五国"的中亚范畴，也意味着真正涉及中亚五国研究的成果数量要少一些。

② 孙壮志：《国际新格局中的中亚五国》，博士学位论文，中国社会科学院研究生院。

③ 张永庆：《面向中亚：中国西北地区的向西开放》，宁夏人民出版社 1992 年版；新疆维吾尔自治区科学技术委员会编：《中亚五国手册》，新疆科技卫生出版社 1992 年版；邢广程：《崛起的中亚》，香港三联书店有限公司 1993 年版；安维华、张振国主编：《新形势下的中亚研究》，北京大学亚非研究所 1993 年版；王沛主编：《中亚四国概况》，新疆人民出版社 1993 年版，等。

④ 谢文庆、李越：《中亚五国：哈萨克斯坦世界最大内陆之国》，军事谊文出版社 1995 年版；马曼丽等著：《中亚研究：中亚与中国同源跨国民族研究》，民族出版社 1995 年版；赵乃斌、姜士林主编：《东欧中亚国家私有化问题》，当代世界出版社 1995 年版；邢广程：《中国和新独立的中亚国家的关系》，哈尔滨：黑龙江教育出版社 1996 年版；赵常庆主编：《中亚五国概论》，经济日报出版社 1999 年版；王沛主编：《中亚五国概况》，新疆人民出版社 1997 年版，等。

⑤ 许涛、梁泽：《中国中亚问题研究概览：回顾、问题与前景》，第 84 页。

通过使用 Ucinet 软件对 1996—2019 年国内通过的中亚研究博士学位论文的关键词进行整理,可以发现这些论文主要关注议题的大致分布状况(见图 1.1)。整体而言,大国(包括俄罗斯、美国、中国、印度等)的中亚政策、各大国在中亚地区的竞合关系及由此形成的地缘政治格局、中亚国家的对外交往及其对地区合作机制的态度及参与状况、上海合作组织的发展历程和演变趋势、中亚各国的治理模式及其对外部威胁(如西方推行的"民主推进计划"、西方支持的"颜色革命"等)的应对、中亚的宗教形势和恐怖主义、中亚矿产资源的开发(尤其是里海石油、天然气)及与中国的能源合作、中亚国家与其周边国家开展的经贸合作关系、"一带一路"提出后中国与中亚国家之间所开展的合作等议题,在中亚博士生选题过程中尤其受到青睐,相关主题的博士学位论文总量占据了样本总量的80%左右。国内通过的中亚博士学位论文选题集中的状况,总体上符合研究者通过对公开发表的著作和学术论文选题特征的总结。如孙壮志总结到:"学者们更多研究中亚政治、安全与外交问题,特别是和中国的关系以及大国在中亚的竞争、合作等。对中亚的社会、经济发展

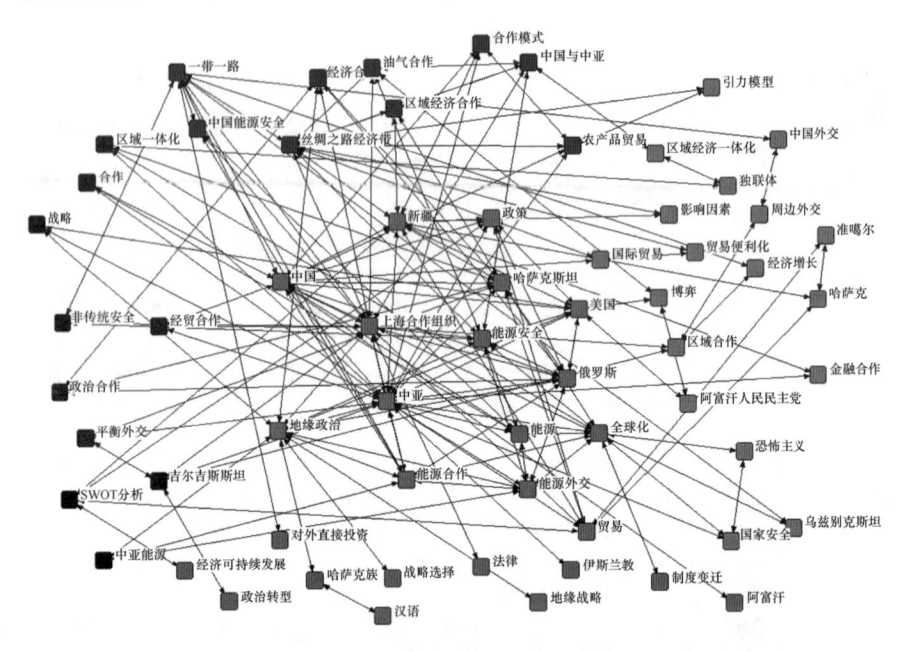

图 1.1 国内 1991—2019 年通过的中亚研究博士学位论文关键词分布

图片来源:笔者自制。

和历史文化传统等深层的问题关注较少"。① 肖斌也认为，中国中亚研究在议题上存在的首要特征是"重政策趋向，轻基础性研究"。② 由此可见，博士学位论文的写作同样受到学术界公开发表成果选题倾向的影响，由此导致中亚研究具有重政策需要、轻基础研究的明显倾向。下文将从本章提出的分析框架入手，简要分析这些博士学位论文在观察视角和研究主题上的表现。

（二）基于客位视角的中亚区域内博士学位论文

所谓中亚区域内的研究成果，本章特指对中亚五国国内与涵盖这五个国家的中亚区域状况的研究成果。这类成果在1991—2019年国内通过的中亚研究博士学位论文中大约占到了10%，其中大多数成果采取的观察视角是客位视角，即研究者以一种局外人的角度考察中亚国家的转型进程及相关具体议题。大体而言，此类成果关注的主要议题包括：中亚五国的政治转型及对个别国家探索建立自身特色治理模式（如乌兹别克斯坦的"卡里莫夫模式"）的评析、各国在政治转型过程中可能遭遇的挑战（如面临来自西方要求其建立西方式"自由民主"政体的压力，以及西方国家对可能带来政权非正常更迭的"颜色革命"的支持等）；③ 中亚国家的经济与社会发展状况及其演变趋势（如特定国家的贫困问题、对不同中亚国家面临的社会问题及其采取的社会政策之间进行比较分析等）；④ 苏联解体后中亚地区的宗教复兴情况（如伊斯兰教的政治化问题等）或特定地区的宗教信仰

---

① 孙壮志：《中国中亚研究70年：成就与问题》，第6页。
② 肖斌：《中国中亚研究：知识增长、知识发现和努力方向》，第24页。
③ 焦一强：《吉尔吉斯斯坦政治转型研究》，博士学位论文，华东师范大学，2009年；李兰：《独联体国家"颜色革命"研究》，博士学位论文，南开大学，2013年；宋耀辉：《资源环境约束下的塔吉克斯坦经济可持续发展研究》，博士学位论文，新疆农业大学，2014年；董和平：《中亚地区宪法体制变迁研究》，博士学位论文，武汉大学，2015年；赵彩燕：《政治转型中的国家分裂风险研究——苏东剧变再解读》，博士学位论文，山东大学，2016年；朱倍德：《卡里莫夫执政模式研究》，博士学位论文，上海外国语大学，2018年。
④ 顾锋锋：《经济转轨国家银行业危机问题研究——以20世纪90年代欧亚转轨国家为例》，博士学位论文，华东师范大学，2006年；汪金国：《现代中亚社会发展状况与趋势研究》，博士学位论文，兰州大学，2003年；张树昌：《中亚五国和中国社会政策与社会问题的比较研究》，博士学位论文，中国社会科学院研究生院，2003年；杨进：《中亚五国贫困问题研究》，中国社会科学院研究生院，2009年。

文化情况（如帕米尔地区的宗教文化等）；① 中亚地区的民族问题（如吉尔吉斯斯坦 2010 年发生的族群冲突）、特定国家实施的民族政策（如塔吉克斯坦的汉语教学状况，哈萨克斯坦电影与民族构建之间的联系等）、特定国家中某些民族的语言问题；② 部分中亚国家的外交战略和外交决策机制，③ 等等。毋庸置疑，这些学术论文对于人们了解中亚五国的转型进程及其中涉及的诸多重大问题均有重要的启示和价值。事实上，作为一篇学位论文，研究者基于"局外人"的视角将其所研究的议题能论述清楚且有一定的学术创新，即符合一篇合格博士学位论文的基本要求。不过，当我们结合中亚五国转型过程的复杂性和现实进程来看，国内涉及中亚问题的博士学位论文整体上存在明显缺失。我们可以从研究主题和观察视角两方面进行简要分析。

从研究主题来看，中亚五国的转型是一个非常复杂的系统工程，涉及政治、经济、社会、文化、外交等诸多领域，远远超出了目前国内中亚研究博士学位论文所包含的内容。例如，就政治领域的研究而言，需要关注的议题包括：中亚五国在政治转轨路径存在哪些差异，以及为何会出现这些差异？各国所确立的政治模式有何异同，以及为何有这些异同？中亚五国政治模式与西方"自由民主"模式和苏联时期的政治治理模式之间有哪些延续，又有哪些变化？中亚五国的统治者和政权是如何确立起自身的合法性的，这种合法性与各国之间的意识形态之间存在什么样的联系？为何有的中亚国家发生了内战（如塔吉克斯坦），而有的国家多次濒临内战的

---

① 张来仪：《帕米尔宗教文化初探》，博士学位论文，暨南大学，2005 年；顾德警：《马克思主义宗教观视域下的当代中亚伊斯兰政治化研究》，博士学位论文，新疆大学，2014 年。

② 张娜：《中亚现代民族过程研究》，博士学位论文，中央民族大学，2007 年；王超：《跨国民族文化适应与传承研究》，博士学位论文，陕西师范大学，2010 年；司俊琴：《中亚东干文学与俄罗斯文化》，博士学位论文，兰州大学，2011 年；张丽娟：《地缘政治视野下中亚民族问题对中国新疆民族关系的影响》，博士学位论文，中央民族大学，2011 年；刘睿：《历史叙事和民族寓言的影像化呈现——哈萨克斯坦电影研究》，博士学位论文，西北大学，2016 年；贺婷：《萨法维王朝时期土库曼部落与国家关系研究》，博士学位论文，西北大学，2016 年；蒋海蛟：《民族冲突及应对研究——以吉尔吉斯斯坦南部民族冲突为例》，博士学位论文，兰州大学，2017 年；杨景：《东干语借词研究》，博士学位论文，中国社会科学院研究生院，2015 年。

③ 舒景林：《哈萨克斯坦国家需求与对外战略研究》，博士学位论文，上海外国语大学，2014 年；月亮（Aibekova Aibiike）：《后苏联时期吉尔吉斯斯坦对外关系评析（1991—2017）》，博士学位论文，上海外国语大学，2018 年；Orazalina Korlan：《哈萨克斯坦的中俄平衡外交战略研究》，博士学位论文，山东大学，2019 年。

边缘但能成功避免内战（如吉尔吉斯斯坦1990、2010年两次发生了族群冲突但未滑入内战的深渊），而有的国家在30年的时间里较好地维持了政权稳定？在这些国家的政治转型进程中，部族、毛拉等非正式制度因素在各国政治生活中到底扮演了什么样的角色？这些因素在不同的中亚国家是否有不同的体现或影响？各国如何应对国内兴起的可能挑战政府权威的社会运动或暴力行为，它们的举措是否有差异，差异又源自何方？为何在中亚五国中只有吉尔吉斯斯坦两次受到"颜色革命"的冲击，而其他中亚国家则有效维持了稳定？对于人们普遍关注的中亚国家权力交接的问题，中亚五国形成了几种权力交接模式？为何在权力交接之前出现各种围绕权力交接可能发生严重动荡的预言或推测最终大多以失败告终？中亚国家如何保障权力交接的稳定？中亚各国一致推进的民族国家建构事业举措和成效是否有差异？导致这些差异出现的原因又是什么？既有研究成果在解释世界各国民族政策过程中所作的公民民族主义与族群民族主义两分法能否准确地把握中亚五国的民族政策并有效地解释中亚五国民族政策的异同？等等。诸如此类的议题，亟需中亚学术界通过深入研究予以回答。事实上，这些问题中的许多议题均是很好的博士学位论文选题。当然，当我们将目光转向国际学术界，可以发现其中部分问题已经得到了很好的解决。然而，这里只是浮光掠影式地简单提炼了数个攸关中亚国家政治转型的重要研究议题。与此类似，其他领域——如经济、社会、文化等——中同样有许多迫切希望得到人们关注的议题。而就目前国内通过的中亚博士学位论文而言，这些丰富多样的议题尚未进入博士研究生的选题视野。这令人感到遗憾。

而就观察视角而言，目前有关中亚区域内状况的研究成果大多采用客位观察视角。毫无疑问，采用客位观察视角对于相对"客观"地把握中亚各国的发展状况和转型历程是非常必要的。事实上，作为中国的博士研究生在研究中亚问题的过程中本来就是"外人"，故他们在观察各国的转型进程时采用客位视角具有不容否认的合理性。此外，中亚五国对外开放程度不同，整体而言对域外研究者开展研究不太友好，如土库曼斯坦较为封闭，这意味着我们在开展中亚研究或对中亚五国进行分国别研究时仍面临不少障碍。这种障碍首先是来自于资料获取的困难。诚如孙壮志指出的，中亚研究之所以对中亚国家的社会、经济发展和历史文化传统等问题关注较少,其"原因主要是中亚国家公布的数据不完整,到中亚进行实地调研和资料搜集存在不少困难和障碍"。① 尽管如此,相较于2000年才通过2篇中亚问题的博士学位论文而言,2018年国内通过了18篇。因此,从纵向的角度来看,国内博士研究生对中亚问题关注增多的趋势的确比较明显。然而,当我们进行横向比较时,这一进步的显著性就会遭遇质疑。同样面临实地调研和资料搜集的困难,美国在1996—2017年共通过了341篇涉及中亚研究的博士学位论文。② 美国的中亚博士学位论文虽然在关注议题上更为广泛和具体,但就观察视角而言,其使用客观观察视角的论文所占比例要远低于国内通过的博士论文。③ 本书认为,过多地采用客位视角研究中亚各国的转型和五国的内部互动,很容易产生先入为主的看法,长此以往,很有可能形成对中亚地区的偏见和误解,正如西方研究者基于其自身的意识形态偏见,习惯地构建起一套有关中亚地区的"危险话语"一样。④

(三) 基于客位视角的中亚区域关联博士学位论文

此类成果是研究者以一种冷静客观的姿态分析和讨论中亚国家与域外国家的互动和关联。苏联解体之后,中亚五国以独立的主权国家身份走向世界舞台,迫切需要通过融入国际体系以促进民族国家的建构,树立良好的国际形象,增强自身在国际社会中的影响力。而对于国际社会,尤其是域外大国而言,无论是由于受到英国地缘政治学家哈尔福德·麦金德关于中亚构成欧亚"心脏地带"等相似观点的影响,⑤ 还是为了中亚地区存在丰富的石油、天然气等能源资源,或者是为了可以牵制其他大国拓展在欧

---

① 孙壮志:《中国中亚研究70年:成就与问题》,第6页。
② 该数据为作者搜集整理所得。
③ 有关1996—2011年美国与中国通过的中亚博士学位论文之间的比较,可参见曾向红《遏制、整合与塑造:美国中亚政策二十年》,兰州大学出版社2014年版,第311—345页。
④ "危险话语"是西方政界和学术界在描述和分析中亚地区形势时所构建的一整套话语体系,这些话语动辄认定该地区发展前景危险重重,从而留下了一种该地区既遥远又充满风险的意象。可参见 John Heathershaw and Nick Megoran, "Contesting Danger: A New Agenda for Policy and Scholarship on Central Asia", *International Affairs*, Vol. 87, No. 3, 2011, pp. 589–612;曾向红:《美国中亚研究中的"危险话语"及其政治效应》,《世界经济与政治》2014年第1期。
⑤ Nick Megoran and Sevara Sharapova, *Central Asia in International Relations: The Legacies of Halford Mackinder*, Oxford: Oxford University Press, 2013.

亚大陆的影响力，它们均积极地介入中亚地区的事务，并致力于发展与中亚各国之间的友好关系。中亚国家渴望加强国际联系的需要，与大国希望通过必要的投入以提升在中亚地区的地位两相结合，共同促成了在中亚地区形成一种大国在该地区开展激烈竞争的"新大博弈（the New Great Game）"局面。对于"新大博弈"的研究，自20世纪90年代中后期已开始，迄今相关成果层出不穷。[①] 国内外学术界对"新大博弈"的广泛关注，自然会反映到中外博士学位论文的选题之中。当然，大国之间的"新大博弈"只是中亚区域关联研究的一个方面，与后者相关的其他议题包括：大国（如俄罗斯、美国、中国、印度、日本、韩国）或超国家行为体（如欧盟、欧安组织、上海合作组织等）实施的中亚政策、这些行为体彼此间的竞争与合作态势、中亚国家与这些行为体的互动、中亚国家对域外国家提出的合作倡议所作的反应、域外大国主导的地区合作机制发展状况及中亚国家对这些机制的参与等。

可以发现，基于客位视角的中亚区域关联博士学位论文占到全部学位论文的约80%。[②] 这是一个相当高的比例，意味着国内相当多的博士生将研究大国与中亚国家之间的互动作为博士学位论文的选题。具体而言，这些博士学位论文讨论了大国之间的争夺与合作（如中俄之间、中俄美之间、美俄之间、中韩之间等）及不同国家之间中亚政策的比较（如中美俄），美国的中亚政策（包括战略、援助、民主推进、地缘政治等），俄罗斯的中亚政策（涵盖单边、双边、多边等多个维度，包含政治、经济、军事、外交等领域），中亚国家与国际社会中的行为体或机制

---

① 英语世界中关于"新大博弈"的主要研究成果参见 Amy Myers Jaffe and Robert Manning, "The Myth of the Caspian 'Great Game': The Real Geopolitics of Energy", *Survival*, Vol. 40, No. 4, 1998—1999, pp. 112 – 131; Ahmed Rashid, *Taliban: Islam, Oil and the New Great Game in Central Asia*, London: I. B. Tauris, 2000; Kleveman Lutz, *The New Great Game: Blood and Oil in Central Asia*. New York: Atlantic Monthly Press, 2003; Rajan Menon, "The New Great Game in Central Asia", *Survival*, Vol. 45, No. 2, 2003; Dianne Smith, "Central Asia: A New Great Game?", *Asian Affairs*, Vol. 23, No. 3, 1996, pp. 147 – 175; Rajan Menon, "The New Great Game in Central Asia", *Survival*, Vol. 45, No. 2, 2003, pp. 187 – 204; Subodh Atal, "The New Great Game", *The National Interest*, Vol. 81, Fall 2005, pp. 101 – 105; Michael T. Klare, *Blood and Oil: The Dangers and Consequences of America's Growing Dependency on Imported Petroleum*, New York: Metropolitan Books 2004, 等等。

② 由于此类文献太多，本书不对相关博士学位论文进行罗列。有兴趣的读者可联系作者索要博士学位论文目录。

之间的合作（包括中亚国家的能源输出战略和能源管线政策，国际规范与国内规范的互动[①]等），大国围绕中亚能源能开展的博弈，历史上和现实中中亚国家与其邻国在文化、民族、语言、经济、宗教等方面开展的互动，涵盖中亚国家的地区性合作机制（如独联体、欧亚经济联盟、上海合作组织、欧洲安全与合作组织等）与中亚成员国的参与（如哈萨克斯坦在区域一体化进程中的地位与作用，吉尔吉斯斯坦参与上合组织的过程与动机），中亚在中国外交布局中的地位（如周边外交、多边外交、发展中国家外交、西部大开发、"一带一路"倡议、油气合作、中国对外直接投资、边疆安全治理、打击"三股势力"、区域经济一体化合作、知识产权合作、"软实力"外交、跨文化传播、汉语推广、互联互通、跨界民族问题等）及中亚形势演变对中国发展产生的影响（包括对外直接投资、边境贸易、能源金融合作、高等教育合作、农业经贸合作、金融合作、矿产资源开发合作等），重点探讨了中亚国家对上合组织的参与情况（如哈萨克斯坦、吉尔吉斯斯坦等）及上合组织本身的发展进程和前景（如上合组织框架内的贸易便利化、上合组织的非传统安全功能、上合组织的扩员进程、能源合作的法律建构、上合组织所推崇的区域合作观念的演变等）。

　　显而易见，同样是基于客位视角，国内博士学位论文对中亚国家对外交往的关注，要远远超过对中亚国家内部转型进程的关注。而就这些博士学位论文的成效而言，由于研究者从不同的角度切入了中亚国家对外交往的过程，关注的议题也相当广泛，故这些成果所带来的成效也是相当明显的。而博士研究生之所以热衷于研究中亚国家的对外关联议题，主要有三个原因：首先，国内外学术界或多或少地受到中亚研究中"新大博弈"话语的影响，此类公开发表的学术成果相当丰富，这为年轻人才开展此类研究提供了较好的资料基础。此外，学术界的成名人物较多地介入中亚区域关联议题的研究，也容易在青年人那里产生示范效应。其次，中亚研究在中国的政治学，尤其是国际关系学界那里得到了更多的关注，两者之间的联系也更为紧密。而中亚国家的对外交往和域外行为体介入中亚事务的相

---

　　① 诺迪拉：《乌兹别克斯坦的国际和国内投资法规范的互动研究》，博士学位论文，大连海事大学，2012年。

关议题，较好地契合了国际关系学主要研究国家间互动模式这一学科特征，由此带来的结果就是大量从事国际关系研习的青年学子选择从该学科的角度探讨中亚国家与国际社会的互动关系。最后，中国在中亚地区拥有多方面的利益关切，如涉及中国外交布局中的发展中国家外交、周边外交、多边外交、大国外交等元素。而中国学者历来具有浓厚的家国情怀和立志为决策者提供政策建言的使命感，这激励着研究者采用客位视角从多个维度对中国与中亚国家之间的关系进行考察。为了更好地实现这一目标，前提是需要对中亚国家本身的外交政策和其他行为体介入中亚事务的举动和成效有较为深入和全面的了解，由此带来的结果是人们同样乐于讨论美国、俄罗斯、欧盟、印度等行为体在中亚地区的活动情况。无论如何，基于客位视角对中亚区域关联进行研究的博士学位论文数量既丰，理论视角也较为多元，有效地厘清了中亚国家对外交往和中国与中亚国家进行合作时的诸多方面或问题。

（四）基于主位视角的中亚研究成果

在讨论了基于客位视角的中亚区域内、中亚区域关联的博士学位论文后，按理说应该分别讨论基于主位视角的区域内、区域关联的中亚博士学位论文，然而，令人非常遗憾的是，在目前通过的博士学位论文中，鲜有学术论文采用主位观察视角，兹举两例加以说明：一例是留学生完成的对吉尔吉斯斯坦大学生价值观的研究，这属于基于主位视角的中亚区域内研究成果。[1] 另一例为国内学生对新疆维吾尔族跨国布料商人生意困境的研究——《新疆维吾尔族跨国布料商人生意困境研究——以阿图什市大肖鲁克村布料商人为例》，属于基于主位视角的中亚区域关联成果。[2] 尤其值得关注的是后者。相较于其他中亚博士学位论文，该文的独特之处在于明确

---

[1] 白娜（Baisalova Nargiza）：《吉尔吉斯斯坦大学生价值观教育研究》，博士学位论文，广西师范大学，2017年。

[2] 尽管严格来说该文并非中亚研究成果，因为其出发点和落脚点均在于讨论中国新疆维吾尔族跨国布料商人面临的生意困境。然而，考虑该文考察的新疆跨国布料商人主要来往于中国与中亚，故我们将其视为属于中亚区域研究范畴的成果。如该文指出："在大肖鲁克村381家跨国布料商户中，吉尔吉斯斯坦比什凯克市'玛蒂娜巴扎'经营布料的大肖鲁克商户共325家，占总体数量的92%以上"。参见杨亚雄《新疆维吾尔族跨国布料商人生意困境研究——以阿图什市大肖鲁克村布料商人为例》，博士学位论文，兰州大学，2017年，第100页。

采用主位观察视角来探讨涉及中亚的关联议题。诚如作者所说,"本章以生意困境为论题研究的切入点,以跨国布料商人的生意过程为研究维度,采用实证分析和人文研究相结合的方法,运用文化人类学、经济人类学、生态经济学、历史学等多种学科的视角,通过深入田野调查和参与观察,对阿图什市大肖鲁克村维吾尔族跨国布料商贸的历史与现状进行专题研究,尤其是对目前布料商人所面临的生意困境作了调查研究"。① 事实上,该文是属于比较典型的民族人类学研究成果,而田野调查与参与观察等研究方法的使用,使该文成为了为数不多采用主位视角的区域关联学术论文。如果说区域研究的首要使命是提供关于特定区域人群认识其生活世界的"情境化知识",那么此文同样属于典型的区域研究成果。采用主位视角研究中亚问题的博士学位论文之稀少,从一个侧面说明了中国的中亚研究仍任重道远。与之相反,美国通过的中亚博士学位论文在采用主位视角上却是常态,其中既有集中关注中亚区域内问题的学位论文,也有集中研究中亚区域关联的研究成果。即使是涉及中亚各国外交决策如此高度敏感的外交议题,也不乏采用主位视角的论文。② 基于此,我们不得不承认,中美两国的中亚研究至少在观察视角上仍有相当大的差距。

不可否认的是,在中亚研究中采用主位视角的确存在不少障碍。一是中亚国家的开放程度有限,中亚各国在社会转型过程中面临的问题相当繁杂,各国政府为了维护自身的国际形象和致力于垄断知识而不欢迎学者开展田野调查;二是中亚各国尚未形成开放式的研究文化,通行的研究伦理在中亚开展田野调查的过程中得不到普及,这些因素共同导致了研究者在采用主位研究方法时面临一系列障碍。③ 然而,客观条件的局限不应成为我们回避采用主位视角研究中亚问题的理由。正如孙壮志指出的那样:

---

① 杨亚雄:《新疆维吾尔族跨国布料商人生意困境研究——以阿图什市大肖鲁克村布料商人为例》,博士学位论文,兰州大学,2017年。

② Alisher Khamidov, *The Base of Contention*: *Kyrgyzstan*, *Russia and The U. S. in Central Asia* (2001—2010), Ph. D. Dissertation, John Hopkins University, 2011; Thomas J. C. Wood, *The Formation of Kyrgyz Foreign Policy 1991—2004*, Ph. D. Dissertation, Tufts University, 2005.

③ Nurbek Bekmurzaev, Philipp Lottholz and Joshua Meyer, "Navigating the Safety Implications of Doing Research and being Researched in Kyrgyzstan: Cooperation, Networks and Framing", *Central Asian Survey*, Vol. 37, No. 1, 2018, pp. 100 – 118; Dilrabo Jonbekova, "Educational Research in Central Asia: Methodological and Ethical Dilemmas in Kazakhstan, Kyrgyzstan and Tajikistan", *Compare*: *A Journal of Comparative and International Education*, Vol. 50, No. 3, 2020, pp. 352 – 370.

"研究中亚问题只靠第二手材料是不行的,要想成为真正的专家,一定要去实地调研。中亚地区有很强的特殊性和复杂性,这不仅体现在政治制度方面,当地的经济、社会、民族、宗教情况都很复杂,中亚各国独立后的政治进程、经济进程、人文领域的变化,需要学者去当地亲身感受和深入调研,不是看一两本书,去一两个中亚城市就可以成为专家的"。① 这实际上是呼吁青年学子和学者在研究中更多地采用主位观察视角,更多地学会透过当地人的眼光去看世界,无论是涉及中亚区域内各国的复杂转型进程,还是攸关中亚各国的对外交往或外部行为体对该地区事务的参与。而在当前诸多博士学位论文仅使用客位视角研究中亚问题的背景下,我们在研究中亚问题的过程中所得到的结论即使不是一厢情愿,至少是不够全面或不够准确的。因为缺少对中亚地区民众有关国家转型、外交关系等重大议题自我认知的深入了解和精准把握,我们充其量只是按照自己的认知和意愿搭建了一个有关中亚地区形势发展和外部行为体参与该地区事务的理想场景,不免带来隔靴搔痒的无力感和逼仄感。既然美国通过的博士学位论文中采用主位观察视角的不在少数,那么在倡导构建具有中国特色哲学社会科学理论和"一带一路"倡议提出后极大地激发了区域研究热情的当下,国内的年轻学子应更有动力和压力在学术研究中采用主位研究视角,以生产出更多具有原创性的中亚情境化知识和普遍性知识。

  更重要的是,采用主位视角及相对应的研究方法,对于一篇创新的博士学位论文而言是不可或缺的。一篇优秀博士毕业论文的首要衡量标准是知识创新的程度或多寡,而不是重复或佐证学术界习以为常的观点,或者只是对公开发表的学术成果进行观点的扩充或结论的证实。这里绝对不是否认国内通过的中亚博士学位论文,其或多或少提出了一些创新性的观点;然而,至少就 1991—2019 年中亚博士学位论文在研究主题和观察视角上的分布来看,它们仍与人们对区域研究的预期有不小的差距。国内涉及中亚问题的博士学位论文主要关注区域关联议题,尤其是大国在中亚地区的竞合关系及中国—中亚国家之间的合作,但较少系统、全面地研究中亚

---

① 孙壮志、王海媚:《21 世纪以来中国的中亚研究:进展与不足——孙壮志研究员访谈》,第 155 页。

区域内部的议题，如各国的转型进程及彼此间的差异与关系等，这意味着我们对中亚内部复杂性和中亚国家转型进程艰巨性的把握仍有许多不足；更严重的是，研究中主位视角的缺失，意味着我们对中亚问题的了解在很大程度上是"缺位"的，而不是"在场"的。[①] 这种局面的出现，除了资料获取的困难和前往中亚地区开展田野调查面临的不少障碍之外，中国学术界在苏联解体之后集中关注大国在该地区的博弈的学术"路径依赖"、苏联解体后俄语人才相对缺乏、原本具有良好积淀的中亚史研究后继乏人、国际关系学逐渐成为人们研究中亚问题的主导性学科视角、学科评价和人才评价机制存在"重量不重质"的缺陷、研究者（即使是首先以获得博士学位为第一要务的青年学子）本身怀有为国家对外决策服务和提供智力支持的热切期盼等因素，均为国内中亚研究的"缺位"作了各自的"贡献"。以上这些趋势如果不能从根本上得以扭转，中国的中亚研究（包括博士学位论文）很有可能将持续维持"缺位"状态，很难"在场"。

第四节 中亚研究需要努力的方向

过多地关注中亚地区的大国博弈与中亚国家的对外交往，不仅是国内中亚博士学位论文的特点，也是国内学术界公开发表学术成果的特点。本章基于对国内中亚研究博士学位论文的评估，确证了其他研究者对中亚研究进展和问题上普遍持有的基本观点。与此同时，本章还通过构建一个具有一定普遍适用性的区域研究成果评估框架，更为明确地指出了中亚研究所取得的进展与存在的不足。当前，随着"一带一路"倡议、人类命运共同体理念、周边命运共同体、上海合作组织命运共同体等诸多具有中国特色的区域合作倡议和世界合作方案的提出，国内的区域国别研究获得了空前的发展动力，同时也获得了来自政府的前所未有的重视和支持，我们有理由期待，中亚问题研究在此过程中将涌现出更多基于主位视角的研究成果。这种局面的出现，一方面可为人们了解复杂、多面的中亚地区提供更

[①] 即使美国中亚研究也面临类似指控，可参见 Sarah Kendzior, "The Future of Central Asian Studies: A Eulogy", March 8, 2015, https://centralasiaprogram.org/archives/7663。

多的情境化知识，从而为国家在该地区推进"一带一路"建设、上海合作组织命运共同体的构建以及为中国在中亚地区维护和拓展自身的利益提供更多具有前瞻性的智力支持；另一方面也有助于通过积极参与和政治学、经济学、人类学、民族学、社会学、国际关系等学科的主流理论进行对话，从而提供更多涉及中亚地区的创新性中层概念（Mid – Range Concepts）①或原创性理论。而无论是实现贡献更多情境化知识的目标，还是创新中层概念或相关理论，均需要研究者"贴着地皮看世界"②或"透过本地人看世界"，即更多地在研究中采用主位视角。

在讨论促进中亚研究取得更大成效的途径之前，还需要进行两点澄清。其一，以往对中亚研究成果的评估是在国际关系学科内进行的，笔者明确将中亚研究视为区域国别研究的一部分，这自然会导致评估标准存在差异。如果从国际关系的角度来评估中亚研究成果，那么，中亚研究者集中关注大国的中亚政策及其在该地区的互动是顺理成章的；不过从区域研究的角度进行评价，这种关注存在明显的短板，即在很大程度上忽视了中亚国家转型的复杂性和多样性，进而可能导致对大国在中亚地区的互动动力和机制产生误解。就此而言，对于中亚研究成果的评估，我们可以而且也应该从区域研究的角度进行分析，如此可更为清晰地看出其进展与不足。其二，鉴于当前国内兴起的区域研究热潮是政策驱动而非学术自觉，在此背景下，还需从智力支持的角度来分析中亚研究的进展和不足的问题。然而，由于区域研究对于政府涉及特定区域政策的决策过程所提供的智力支持往往以比较隐蔽的方式——如决策部门通过召集区域研究专家参加内部咨询会议，研究者主动通过成果要报、决策咨询的方式向决策部门建言献策等——进行，故评估者很难或者不便公开对区域研究成果的成效进行深入评估。此外，还有一种可行的方式，即参照公开成果与实际政策

---

① Anna – Katharina Hornidge, "Mid – Range Concepts—The Lego Bricks of Meaning – Making: An Example from Khorezm, Uzbekistan", in Katja Mielke and Anna – Katharina Hornidge, eds., *Area Studies at the Crossroads: Knowledge Production after the Mobility Turn*, New York: Palgrave Macmillan, 2017, pp. 213 – 230; Katja Mielke and Andreas Wilde, "The Role of Area Studies in Theory Production: A Differentiation of Mid – Range Concepts and the Example of Social Order", in Katja Mielke and Anna – Katharina Hornidge, eds., *Area Studies at the Crossroads: Knowledge Production after the Mobility Turn*, pp. 159 – 176.

② 项飙：《贴着地皮看世界》，《南风窗》第 10 期，2015 年 5 月 19 日。

之间的异同以判断区域研究者在政策制定中所产生的影响。然而，这种评估一来难以操作，甚至涉及国家机密，二来评估者也很难确定是政策影响了研究，还是研究在佐证政策。正因如此，我们虽然承认区域研究的一个重要功能在于服务于国家的区域外交决策，但由于这种评估操作起来面临诸多障碍，因此，通过公开发表的学术成果评估区域研究的进展和不足，似乎是一种更为常用也更为稳妥的评估方法。

具体来说，为了促进国内中亚研究水平的提升，学术界还可以从研究主题和观察视角这两个方面着手开展以下四项工作：

其一，拓展研究主题。如前所述，无论是公开发表的学术成果，还是本章集中加以考察的博士学位论文，中亚研究均存在关注议题有限的情况。如孙壮志通过对中亚国家独立以来公开发表成果的梳理指出：国内涉及中亚的"研究成果缺乏深度，缺乏针对某一领域或者某一议题的持续关注和一系列研究……受到重大热点事件的影响，国内学者研究中亚问题更多选择宏观视角，对一个问题的持续研究变少"。[1] 用本章建构的评估框架加以表达，这一现象是指国内学术界集中关注的是基于客位视角的区域关联成果，但基于主位视角的区域内、区域关联成果与基于客位视角的区域内研究成果均较为有限。姑且不论基于主位视角成果的缺失可能带来严重的问题，基于客位视角的区域研究成果远逊于基于同一视角的区域关联成果同样是不太理想的。这一局面亟待纠正。我们开展中亚研究的确有为中国中亚外交及相关国家对外发展战略或倡议服务的考虑，然而，这一目标并不应成为每个中亚研究者的奋斗目标。这是因为：首先，不可能每个研究都有必要或有能力成为政策建言者和智库建设者，而且大国介入只是影响中亚国家转型的部分因素，即使是种非常重要的因素。作为区域研究的一部分，中亚研究最重要的使命，仍是为学术界提供关于该地区国家，尤其是"当地人"对外部环境和自身生活世界的切身认识。中亚国家的转型进程涵盖领域非常广泛，涉及议题繁多，研究者迫切需要对那些此前未得到关注的议题——如费尔干纳盆地的冲突潜力与外部介入情况；苏联解体后中亚各国边界划分纠纷的进展及民众对此的感知；各国民族政策的差异

---

[1] 孙壮志、王海媚：《21世纪以来中国的中亚研究：进展与不足——孙壮志研究员访谈》，第156页。

及其影响；各国在历史领域所构建的国家叙事及其意义；中亚各国独立后在社会领域——比如教育、公共卫生、社会结构、公民社会、人口结构、社会治理、国外援助等——的发展状况；各国实现社会动员机制的异同及其与各国稳定状况之间的联系；"三股势力"在中亚五国的发展状况、真实影响及各国应对策略的异同；中亚各国的外交决策过程究竟如何，影响中亚国家外交决策的主要国内行为体及内外部因素有哪些；中亚国家的中央—地方关系经历了怎么样的变迁，尤其是各国部族势力、地区认同等在影响中亚国家构建的过程中到底扮演了什么样的角色；中亚各国对外部行为体介入该地区事务所作出的具体反应；中亚各国民众对域外行为体认知的变迁，及影响中亚各国对地区合作机制参与程度的主要因素等。诸如此类的问题，与中亚国家的转型和该地区的稳定息息相关。其中部分议题已经得到了西方学术界的深入研究，但也有不少议题要么得到的关注比较有限，要么仍有广阔的探索空间。总之，中亚研究者惟有不畏困难，针对这些涉及中亚国家转型的重大问题开展深入研究，我们才能对该地区形成较为全面的认识。

其二，鼓励理论创新。中国学者在中亚研究的过程中，尚未出现得到主流学界关注的原创性理论。当与西方国家的中亚研究进行比较后可以发现，中国中亚研究者在理论创新方面进展不大的事实暴露无遗。正如肖斌所指出的："中国中亚研究创新成果并不多见，距离国际先进水平还有巨大差距"。[1] 事实上，中亚研究实际上是具备进行概念或理论创新的良好条件的。中亚国家转型的背景是，苏联的解体带来了十五个加盟共和国国家的独立，在社会科学的研究中，十五个国家最初具有诸多相似性、后来走上不同发展道路的转型过程，是一个检验并构建各种社会科学理论的"天然实验室（natural laboratories）"。[2] 这对于中亚五国的研究来说同样是适用的。中亚五国此前并未建立过现代意义上的主权国家，它们在独立前长期处于一个主权国家框架内的历史，导致它们在独立后仍在各方面存在密切的联系；然而，独立后，由于五国采取的内政和外交政策有所差异，导

---

[1] 肖斌：《中国中亚研究：知识增长、知识发现和努力方向》，第25页。
[2] Jan Kubik, "Between Contextualization and Comparison: A Thorny Relationship between East European Studies and Disciplinary 'Mainstreams'", *East European Politics and Societies: and Cultures*, Vol. 29, No. 2, 2015, p. 361.

致这些国家走上了或多或少具有差异的发展道路。这些国家异中有同、同中有异的发展状况，为国内学术界检验相关理论、提出新的学术命题提供了一种不可多得的机遇。中亚国家"并不像俄罗斯，也不像中东，它们并不像其他任何区域，因为中亚地区的历史和政治学倾向于挑战主导性的知识范式（dominant intellectual paradigms），中亚在学科里居于一个艰难的位置。我们可以认为，这为人们开发新的知识范式提供了机遇，学术界应该对这种可能保持兴奋，然而，这并非学术界正在开展的工作。许多学科仍相当保守，并倾向于维持现状，中亚研究者应有所不同。我们应该打破常规（echo chamber）。"① 当然，过于突出中亚研究的独特性与过于强调中亚地区的普遍性一样会有失偏颇，但我们迫切需要在中亚研究中破除偏见、创新理论，以提高中亚研究的学理化水平。我们可以通过创新中层概念、开展"语境化分析"、推进比较区域研究、增加多学科或跨学科对话、关注区域研究的"关联转向"和"流动性转向"等方式，走出一条新的区域研究理论创新路径。②

其三，创新人才培养模式。人们已经充分意识到培养能有效满足国家战略需求的区域国别后备人才的重要性，并加大了投入力度。然而，目前的人才培养模式似乎不足以满足这种需要，其中最主要的问题在于区域研究的学科归属存在模糊之处。诚如荷兰莱顿区域研究所指出的"区域研究内在地要求跨学科或多学科研究"。然而，在目前国内人才培养的学科设置中，区域研究更多的是附属于政治学和外国语言文学等一级学科，虽然也有个别学校将其设置为相对独立的二级学科，但绝大多数高校只是将区域国别研究视为国际关系学或国际政治学等二级学科下的一个研究方向。从政治学、外国语言文学或国际关系的学科视角培养区域国别人才有其必要性，事实也证明这带来了区域国别研究的繁荣。正如本章经过对中亚博

---

① Sarah Kendzior, "The Future of Central Asian Studies: A Eulogy".
② 囿于篇幅，本书无法对此专门展开讨论，可参见 Saskia Sassen, *Territoriy, Authority, Rights: From Medieval to Global Assemblages*, Princeton: Princeton University Press, 2006; Adele E. Clarke, Carrie Friese, Rachel Washburn, *Situational Analysis in Practice: Mapping Research with Grounded Theory*, Walnut Creek: Left Coast Press, 2015; Katja Mielke and Anna‑Katharina Hornidge, eds., *Area Studies at the Crossroads: Knowledge Production after the Mobility Turn*, New York: Palgrave Macmillan, 2017; Ariel I. Ahram, Patrick Köllner and Rudra Sil, eds., *Comparative Area Studies Methodological Rationales and Cross Regional Applications*, New York: Oxford University Press, 2018, 等。

士学位论文的考察可以发现,从国际政治学或国际关系学的角度研究中亚问题的学位论文占到了论文总数的近4/5。然而,从某个单一的学科,即便是一级学科培养区域国别研究人才,并不能满足区域国别研究需要从多学科或跨学科的角度开展研究的实际需要。事实上,无论是政治学、经济学、社会学、民族学、历史学、世界史、外国语言文学、法学等中国学科设置中的一级学科,均与区域研究存在或多或少的关联。尤其是人类学,其与区域研究之间更具有天然的亲缘性。这意味着,要成为一名优秀的区域国别研究人才,他应该至少受到过两门及以上学科的系统训练,但这显然与国内人才培养侧重从特定学科入手训练学生的学术思维有不小的差距。再加上区域国别研究还需掌握对象国或区域的语言,这自然给研究者提出了相当高的要求。或许正因如此,青年学者从事区域国别研究的热心或信心会受到一定的打击。不过,值得庆幸的是,国家相关政府部门对区域国别研究的重视和投入,各人才培养单位对培养高层次区域国别研究人才的热情和支持,客观上为区域国别后备人才的培养提供了重要契机。①事实上,国内已经开始了从多学科角度培养区域国别人才的尝试,如清华大学国际关系研究院于2011年启动的"发展中国家研究博士项目"、北京大学区域与国别研究院在探索新的区域国别研究课程体系与教学模式方面所作的尝试、上海外国语大学于2018年推出"上海外国语大学欧亚文明研究特色研究生班"等,均有望在培养创新型区域国别研究人才上走出一条新路。但要使区域国别研究真正臻于繁荣,我们仍需在人才培养上投入更多的精力、进行更多富有创造性的探索。

其四,推进与中亚研究者之间的合作研究。在国内中亚研究严重缺乏基于主位观察视角的成果且在中亚国家开展深入田野调查和参与观察等面临一定障碍的背景下,改善这一局面的替代性选择是与中亚研究者开展合作研究。如美国一位知名的中亚研究者指出的:"社交媒体的发展,使中亚地区在一定程度上向世界开放,且使得研究与合作比以往要变得更为容易。当在许多国家和地区开展田野工作不太现实的情况下,社交媒体是研究者与中亚人,即便不是中亚本身,保持联系的另一种方式……作为西方

---

① 中国当前对区域国别研究的热情,恰与美国区域国别研究热潮的消退构成对比。可参见 Sarah Kendzior, "The Future of Central Asian Studies: A Eulogy"。

人，我们必须与中亚的学者和作家平等地合作，将他们视为合作伙伴而不是研究对象，并帮助他们让他们的才华被更广阔的世界所重视"。① 事实上，在区域研究中开展互惠型的互作研究，近年来已经得到了西方区域研究者的大力提倡。不过，西方学者提出这一倡议，主要是为了打破西方在区域研究中的知识霸权，以修正西方理论的"欧美中心主义"倾向，因为"联合研究项目是形成一种新的和更具包容性的知识共同体的第一步，从长期来看将具有转化西方观点的潜力"。② 基于西方区域研究者的这种自我反思，他们认为具有互惠性特征的合作研究是推进区域研究知识摆脱西方视角和认识偏见的重要手段，而"互惠意味着拒绝基于市场的、功利主义的知识生产模式，以及等级式的再分配知识生产模式（redistributive hierarchical model of knowledge production）"。③ 然而，对于中国的中亚研究而言，推动与中亚地区的研究者之间的合作并不存在所谓的"知识霸权"的包袱，而是致力于实现两个方面的目的：其一是通过与中亚研究者合作，可以有效地将中亚国家"本地人"的视野纳入研究过程中，从而在一定程度上推动国内中亚研究成果更多地运用主位视角研究问题；其二，将中亚研究者或中亚普通民众的观点、看法、价值观等体现到中亚研究成果中，由此产生的研究成果可在一定程度上实现双方之间"视域的融合"，这不仅是人类学研究的重要目标，而且也是区域研究生产创新性情境化知识的重要途径。在中国与中亚国家之间的人文交流渐趋密集的当下，研究推动与中亚的民众和研究者开展合作研究，不仅具有紧迫的必要性，而且也有现实的可行性。一旦合作研究有效地开展和推广起来，那么公开发表的学术成果很有可能在主位视角的采用上出现一个明显飞跃，进而有助于推进中亚研究在生产情境化知识和为国家战略提供智力支持方面取得重要进展。

当然，除了以上改善路径，人们还可以从加大对中亚研究的资助、打造更多的中亚研究高水平合作平台、加快国内中亚研究资源的整合与

---

① Sarah Kendzior, "The Future of Central Asian Studies: A Eulogy".

② Katja Mielke and Anna-Katharina Hornidge, "Crossroads Studies: From Spatial Containers to Interactions in Differentiated Spatialities", p. 33.

③ Olaf Kaltmeier, "Doing Area Studies in the Americas and Beyond: Towards Reciprocal Methodologies and Decolonization of Knowledge", in Katja Mielke and Anna-Katharina Hornidge, eds., *Area Studies at the Crossroads: Knowledge Production after the Mobility Turn*, p. 52.

协调、加强政策研究者和基础研究者之间的分工合作、在决策过程中设立机制化的专家参与和建言渠道等方面入手,以提高中亚研究的学理水平和资政建言能力。事实上,这些举措要么得到了许多中亚研究专家的大声疾呼,要么相关措施正在开展,故本章未对上述改进路径进行集中论述。总而言之,特定区域成果的学术研究水平和政策建言能力的提高并非朝夕之功,事实上也很难找到一种立竿见影的改善之道。无论如何,区域研究水平的提高,其核心在于是否涌现出一大批对某个特定区域具有浓厚兴趣的研究骨干,并在他们之间形成一个较为成熟、可以切磋学问的学术共同体。对于中亚研究来说,成果数量的增多虽然的确是衡量其成效的一个重要指标,但标志性或原创性重大研究成果的推出是否直接带来启发或限定了国家区域外交政策的调整方向,才是评估其影响的终极标准。正如美国约翰霍普金斯大学中亚与高加索研究所和丝绸之路项目主席弗里德里克·斯塔尔(S. Frederick Starr)之所以被中亚研究界视为权威,一方面源自于其对中亚地区形势的熟悉、研究成果的丰富,且具有较高的学术水平,另一方面也是因为其研究成果直接影响美国中亚政策的制定和规划。[1] 我们期待的是,随着国家对区域研究投入力度的加大,国内或许能产生更多既具有良好学术声誉又能为国家区域政策提供诸多前瞻性启发的区域研究专家。

第五节 结论

本章以1991—2019年中国通过的博士学位论文作为样本,对国内中亚30年所取得的进展做了简要的评估。为了与现有评估成果相区别、明确中亚研究构成区域研究的一部分并尽量使评估能摆脱研究者主观经验的影响,本章通过借鉴霍朋的"新区域研究"范式构建了一个新的区域研究成果评估框架。由于这一评估框架考虑了区域研究所包含的主要元素,因此具有一定的普遍性,不仅可用来评估中亚研究成果的进展和缺失,也适用于对其他区域国别研究的成果进行评估。通过运用这一评估框架对国内

---

[1] The Central Asia – Caucasus Institute and the Silk Road Studies Program, John Hopkins University, https://www.silkroadstudies.org/staff/item/13029 – s – frederick – starr.html.

1991—2019年通过的博士学位论文进行分析后可以发现，中亚相关问题已成为国内青年学子选题的重要对象。从纵向上看，目前国内通过的中亚博士学位论文，从2000年才通过2篇学位论文，增加到2018年的18篇论文。就论文的数量而言，国内中亚研究的进展是极为显著的。不过，当我们运用由四种区域研究成果类型组成的评估框架对190篇中亚博士学位论文进行考察时却发现，目前中亚研究的学位论文仍存在着几个方面的缺陷：基于客位视角的学位论文占到论文总数的90%以上，其中基于客位视角的区域内关联学位论文又占到其中的绝大多数；而基于主位视角的学位论文，无论是区域内研究还是区域关联研究均屈指可数。考虑到区域研究的主要使命在于提供关于特定区域民众认识自身和世界的情境性知识，然后再提供能适用于其他区域的普遍性知识，就此而言，国内的中亚研究仍有明显的短板。

为了使国内的中亚研究成果在研究视角和观察视角上取得突破，本章从四个方面讨论了改进的路径。其中，拓展中亚研究议题的研究范围、鼓励研究者进行理论创新，主要与中亚研究的研究主题有关，而完善人才培养模式、推进与中亚研究者之间的合作研究，则与中亚研究的观察视角密切联系。就中亚研究在研究主题上的表现而言，尽管数批研究者的艰辛努力使得中亚研究成果丰富，使中亚研究成为国内区域研究中的重要组成部分，但是，中亚研究者关注的议题仍存在明显偏颇，即过于重视大国在中亚地区的博弈，而较少深入研究中亚国家在转型过程中遭遇的各种问题及各国之间的异同。这意味着在研究主题上，中亚研究者仍需作出诸多努力以促进研究议题的丰富。当然，更需要中亚研究者关注的，是如何促进观察视角的转化，即更多地采用主位视角而不是客位视角来研究中亚问题。这也是当前国内中亚研究的主要不足之处。为了使中亚研究能较好地履行其首要使命，即提供关于中亚地区及其民众认识自身或世界的语境化知识，这要求教育界或学术界迫切需要调整和改善人才培养模式，从后备人才的培养入手改变这一局面，注意使青年人才具备多学科的知识背景、科学的方法论意识、高超的外语水平和敏锐的问题意识。与此同时，研究者们还可以利用中亚国家与中国人文交流日益密切提供的契机，设法推进与中亚研究之间的合作研究。须知，一个区域研究的繁荣，不能仅仅表现在相关政府部门的重视及具体研究成果数量的增多,更要紧的是用以描述特定区域及其民众生活世界的原创性知识能否得到极大的丰富和不断地涌现。根据这一标准,国内的中亚研究仍任重道远。第二章和第三章分别讨论两种有助于促进中亚研究学理化水平的途径：比较区域研究与中层概念创新,尝试为促进中亚研究与主流学科知识的融合作些许贡献。

第二章 比较区域研究视域下的中亚研究

第一章对中亚独立30年以来国内中亚研究的基本状况做了简要评估，本章则尝试从比较区域研究这一分析路径出发，探讨提高中亚研究学理化水平的具体方式及操作方法。为此，本章将首先对比较区域研究进行简要介绍；然后分别从区域内比较、区域间比较、跨区域比较三个方面出发，讨论将中亚与其他地区进行比较分析所能带来的启示；最后对本章的发现进行简要总结。在讨论比较区域研究对中亚研究的启示的同时，本章将根据笔者在研究中亚问题中积累的经验，同时参考国内外有关中亚问题研究的相关成果，通过运用文本分析、案例研究、比较研究、事实归纳、逻辑演绎、反事实推理等研究方法，简要讨论在中亚研究中如何运用比较区域研究这一分析路径，并扼要分析其可能带来的学术意义与价值。然而，由于这种讨论主要基于笔者的研究经历和感悟，故这种分析不可避免的具有主观性和经验性的特征；而且，笔者阅读范围有限也会限制本章的视野，观点甚至可能存在一定偏颇之处。故需要指出，本章的讨论只是启发性而非结论性的，这是读者在阅读过程中需要加以注意的。

第一节 比较区域研究的类型及其异同

关于如何实现区域研究与学科间的争论和融合，学术界提出了多种研究路径。例如，哈佛大学非洲问题专家罗伯特·贝茨（Robert H. Bates）教授提出了"分析性叙述"研究路径。该路径关注区域研究的地方性知识，同时强调地方行为体在特定的地方环境中作出具有普遍解释能力的战略选择，正因如此，博弈论是"分析性叙述"中非常重要的研究工具。[①] 而作为国际关系理论家的美利坚大学阿米塔·阿查亚教授，一方面呼吁构建新的全球国际关系理论，强调对世界各地区理解国际关系的独特视角给予尊重；[②] 另一方面，为了提高东南亚研究的学理化水平，他提出了两种有助于推进区域研究和国际关系等学科融合的具体路径，即"跨国区域研究（transnational area studies）"与"学科地区研究（disciplinary regional studies）"。[③] 前者主要基于区域研究的传统对区域间的异同进行比较分析，而后者则倡导运用相关学科（如国际关系学等）的理论视角和方法，对涉及区域研究的议题进行深度考察。就研究主体而言，前一种路径有赖于熟稔地区事务的区域研究者参与，但要求他们超越对特定地区的关注，将研究视界置于更广阔的区域或国际环境中；后者则呼吁受过扎实学科训练的学者扎根到特定地区，去检验、修正、构建兼具地区性和普遍性的学科知识。这两种研究路径均反映了阿查亚希望加强区域研究与学科理论之间融合的态度。此外，罗格斯大学政治学教授简·库别克（Jan Kubik）则呼吁采取跨学科的研究路径，既强调运用大样本数据分析和基于博弈论模型的研究方法，又强调关注社会过程的社会学分析，既关注区域内或区域间意义生产、传递与解构的诠释学过程，又注重考究历史过程与细节。[④]

近年来，在对区域研究的反思、重构与再定位的过程中，比较区域研究（comparative area studies）得到越来越多的关注，其也被认为是弥合区域研究与主流学科之间鸿沟的研究路径之一。较早讨论比较区域研究的代表性成果是 2007 年马蒂亚斯·巴斯杜与帕特里克·科内尔发表的一篇题为

[①] Robert H. Bates, "Area Studies and Political Science: Rupture and Possible Synthesis", *Africa Today*, Vol. 44, No. 2, 1997, pp. 123 – 131.

[②] Amitav Acharya and Barry Buzan, eds., *Non – Western International Relations Theory: Perspectives On and Beyond Asia*, New York: Routledge, 2010;［加］阿米塔·阿查亚、［英］巴里·布赞：《迈向全球国际关系学：国际关系学科百年反思》，张发林译，《中国社会科学评价》2019 年第 4 期。

[③] Amitav Acharya, "Remaking Southeast Asian Studies: Doubt, Desire and the Promise of Comparisons", *Pacific Affairs*, Vol. 87, No. 3, 2014, pp. 383 – 463.

[④] Jan Kubik, "Between Contextualization and Comparison: A Thorny Relationship between East European Studies and Disciplinary 'Mainstreams'", *East European Politics and Societies: and Cultures*, Vol. 29, No. 2, 2015, p. 362.

《区域研究、比较区域研究与政治学研究》的论文。① 此后,比较区域研究在政治学研究,包括比较政治学以及有关政治学研究方法的讨论中得到普遍运用。其中,2018年牛津大学出版的论文集《比较区域研究:方法理由与跨区域运用》便是讨论并运用这一路径的代表作。② 根据推广比较区域研究路径的重镇——"德国全球与区域研究所"的界定,所谓的"比较区域研究"是"结合情景敏感性并将比较方法作为合适的区域知识手段所生产的知识,这些知识既有助于学科和理论争鸣,也可以为具体案例提供洞见"。③ 换言之,比较区域研究同时强调区域研究的通则性与具体性,即一方面致力于通过运用比较研究方法促进区域研究与学科理论之间的融合,另一方面又强调研究者需要意识到区域研究过程中的比较有其局限性——"受限比较",④ 因此需要研究者对区域内或区域间的具体情景给予更充分的关注。

比较区域研究作为一种研究路径,在研究实践中可分为区域内比较、跨区域比较与区域间比较三种理想类型。首先,区域内比较是指"就给定区域的不同地理实体之间的不同层面或不同现象进行研究,比如拉美的劳工运动及其与政治体制之间的关系或苏联时期中亚的选举体系"。区域内比较是区域研究中较为传统和常见的比较方式,在比较区域研究兴起之前即已得到普遍使用。其次是跨区域比较,是指"比较不同区域的各种分析单位",这种分析单位既可以是指民族国家,也可以是国家内部的社会制度、社会各部门或其他次国家单位(包括政党、地方行政当局、社会力量等)等。虽然这种比较方法在传统的比较政治研究中得到一定程度的运用,但在案例选择上,跨区域比较更青睐的是西方国家,非西方国家本身或其与西方国家之间的比较尚不多见。最后是区域间比较,比较对象

---

① Matthias Basedau and Patrick Köllner, "Area Studies, Comparative Area Studies, and the Study of Politics: Context, Substance, and Methodological Challenges", *Zeitschrift für Vergleichende Politikwissenschaft*, Vol. 1, No. 1, 2007, pp. 105 – 124.

② Ariel I. Ahram, Patrick Köllner and Rudra Sil, eds., *Comparative Area Studies Methodological Rationales and Cross Regional Applications*, New York: Oxford University Press, 2018.

③ German Institute of Global and Area Studies, "Idea", https://www.giga-hamburg.de/en/idea, 2020 – 07 – 02.

④ 可参见 Mikko Huotari and Jürgen Rüland, "Context, Concepts, and Comparison in Southeast Asian Studies", in Ariel I. Ahram, Patrick Köllner and Rudra Sil, eds., *Comparative Area Studies Methodological Rationales and Cross Regional Applications*, pp. 85 – 102.

是以区域作为整体"识别各地区的模式并进行相互比较"。在既有的研究中,有关民主化浪潮、工业化、全球化、区域化等波及各个地区的发展思潮或浪潮,均有意或无意地使用了区域间比较的研究路径。[①] 在具体的研究实践中,区域内比较、跨区域比较与区域间比较之间的异同如表2.1 所示。

表2.1　　　　　比较区域研究三种比较路径之间的异同

比较策略	描述	分析单位	比较模式	区域内聚性(cohesion of regional)
区域内比较	考察同一区域中的个别国家	国家	有限通则化(bounded generalization)	区域具有内聚力,但分析上不能一概而论
跨区域比较	考察不同区域的不同国家	国家或其他单元	情境化比较(contextualized comparison)	在分析上区域让位于其他情境性因素
区域间比较	将整个区域作为单元进行考察	作为整体性系统的区域	情境化比较	区域具有内聚力,分析上被视为具有同一性

资料来源：Ariel I. Ahram, "Comparative Area Studies and the Analytical Challenge of Diffusion: Explaining Outcomes in the Arab Spring and Beyond", in Ariel I. Ahram, Patrick Köllner and Rudra Sil, eds., *Comparative Area Studies Methodological Rationales and Cross Regional Applications*, p. 157.

相对于传统区域研究中所使用的比较研究方法,比较区域研究具有几个方面的特色与优势。例如,促进学科(如政治学、社会学等)和区域研究在概念、理论、分析、框架等方面的相互借鉴；通过比较以考察和验证特定理论、概念的适用范围,明确它们的使用界限；在对具有丰富情境敏感性特征的多个案例进行比较的基础上,形成并发展新的概念或理念；在一定程度上摆脱或超越区域研究中存在的西方中心主义局限；改善区域研究者在关注某个特定区域时存在"视野受限的问题（restricted – horizons

---

① 可参见 Matthias Basedau and Patrick Köllner, "Area Studies, Comparative Area Studies, and the Study of Politics: Context, Substance, and Methodological Challenges", pp. 110 – 112.

problem)";① 揭示或提炼地区内或地区间各种社会现象相互关联或彼此影响的机制（如扩散、模仿、竞争等）② 等。尽管比较区域研究也面临着不同区域的类似现象是否具有可比性，具体化与通则化之间能否达到适当平衡，通过比较研究提炼的机制可能存在"过度决定"和"重要性多变"等问题。③ 但考虑到比较区域研究具有弥合区域研究与学科知识之间鸿沟的丰富潜力，而且其带来的附加值超过了可能存在的风险，故近年来比较区域研究得到人们日益增多的关注也就容易理解。

本章尝试通过运用比较区域研究这一分析路径以探讨提高中亚研究学理化水平的具体方式。毋庸置疑，提高中亚研究学理化水平的具体方式多种多样，但比较区域研究似乎是弥合中亚研究与政治学等学科之间学术鸿沟的有效路径，这主要是因为中亚地区是运用该研究路径的"完美案例"。苏联的解体带来了十五个加盟共和国的独立，并开启了"人类历史上最大规模的社会与政治实验"，这为学术界提供了一个用以检验并构建社会科学理论的"天然实验室（natural laboratories）"。④ 由于苏联的十五个加盟共和国长期处于一个主权国家的框架内，因此各国独立初期的制度和政策大同小异，而且彼此间存在着紧密联系。然而，各国获得完全独立之后逐渐走上了差异化的发展道路。这些国家异中有同、同中有异的发展状况，为国内学术界检验相关理论和提出新的学术命题提供了难得的机遇。中亚五国相对于其他新独立国家的独特之处在于它们在苏联出现之前并无建立现代民族国家的经历。这种经历的缺失和独立后有同有异的发展轨迹，为

---

① 参考程多闻《区域研究与学科之间的争论与融合》，第 148—152 页；Patrick Köllner, Rudra Sil, and Ariel I. Ahram, "Comparative Area Studies: What It Is, What It Can Do", in Ariel I. Ahram, Patrick Köllner and Rudra Sil, eds., *Comparative Area Studies Methodological Rationales and Cross Regional Applications*, pp. 3 – 26; Christian von Soest and Alexander Stroh, "Comparisons across World Regions, Managing Conceptual, Methodological, and Practical Challenges", in Ariel I. Ahram, Patrick Köllner and Rudra Sil, eds., *Comparative Area Studies Methodological Rationales and Cross Regional Applications*, pp. 66 – 84.

② 阿查亚特别强调区域间比较中扩散机制的重要性，并认为基于"学科地区研究"的比较有助于"为地区间扩散的因果机制提供理论与方法工具箱，并使得比较更为系统，也更富普遍价值"。参见 Amitav Acharya, "Remaking Southeast Asian Studies: Doubt, Desire and the Promise of Comparisons", p. 483.

③ 赵鼎新:《论机制解释在社会学中的地位及其局限》，《社会学研究》2020 年第 2 期。

④ Jan Kubik, "Between Contextualization and Comparison: A Thorny Relationship between East European Studies and Disciplinary 'Mainstreams'", p. 361.

人们对中亚五国进行内部比较以及与其他区域进行外部比较提供了较为罕见的案例。鉴于此，本章将比较区域研究的三条具体路径运用到中亚研究中，探讨不同研究路径为我们开展中亚研究所能带来的启示。需要强调的是，本章的讨论仅仅是提示性和启发性的，无意也不可能穷尽在中亚研究中运用比较研究方法的所有对象和方式。

第二节 中亚研究中的区域内比较

中亚五国自独立之后，在内政外交等领域的发展既有相似性，也有明显差异。我们这里所指的中亚地区仅涵盖中亚五国，样本量虽小，但由于中亚五国独立30年走过了较长的道路，各国在政治、经济、社会、文化、外交等诸多领域既有相似之处，也有差异，故针对中亚国家开展区域内比较涉及的议题非常广泛。相较而言，由于国家建设和民族构建是各国独立后面临的最重要的工作，因此各国在内政上的差异远比各国在外交政策领域的差异更加繁杂，故整体而言，在中亚研究中运用区域内比较大致可以从内政与外交两个方面入手。

在内政领域，中亚五国之间既有诸多相似之处，也有不少差异。国内外不少研究成果均注意到中亚五国在政治体制上具有"家族相似性"，即各国均确立相似的"强总统、弱议会、小社会"的政治模式，以维护统治精英的政治生存和既得利益为优先目标。对于中亚各国确立的政治体制，国外研究者通常冠以"竞争性威权主义（Competitive Authoritarianism）""半威权主义（Semi-authoritarianism）""混合型体制（Hybrid Regimes）""虚拟民主国家（virtual democracy）""世袭威权体制（Patrimonial Authoritarian Regimes）"等名称，意思是中亚国家的民主只是徒有其表，实际上追求的是威权体制。[1]对于西方学界以西方自由民主模式作为样板来评估中亚各国的政治发展状况，我们需要予以批判，因为这些术语的背后承载

---

[1] Steven Levitsky and Lucan A. Way, *Competitive Authoritarianism: Hybrid Regimes after the Cold War*, Cambridge: Cambridge University Press, 2010; Marina Ottaway, *Democracy Challenged: The Rise of Semi-authoritarianism*, Washington, D. C.: Carnegie Endowment for International Peace, 2003; Payam Foroughi and Uguloy Mukhtorova, "Helsinki's Counterintuitive Effect? OSCE/ODIHR's Election Observation Missions And Solidification of Virtual Democracy in Post-Communist Central Asia: The Case of Tajikistan, 2000—2013", *Central Asian Survey*, Vol. 36, No. 3, 2017, pp. 373–390; Kathleen Collins, "Economic and Security Regionalism among Patrimonial Authoritarian Regimes: The Case of Central Asia", *Europe-Asia Studies*, Vol. 61, No. 2, 2009, pp. 249–281.

着西方研究者的意识形态偏见和学术研究中的西方中心主义。对于中亚各国确立的政治治理模式，可称为"可控民主"模式，① 也可将其提炼为"秩序优先"的政治模式。这种模式的一个重要特征是中亚五国都将强有力的总统视为保障国家秩序和社会稳定的重要力量。至于在政治民主与社会开放程度上，五国之间存在明显差别，其中吉尔吉斯斯坦相对于其他中亚国家开放程度更高，社会力量也更为强大。由于积极配合实施欧盟、美国等西方行为体在中亚地区推进民主的规范议程，吉尔吉斯斯坦曾得到西方的颇多赞誉，甚至被称之为"中亚的瑞士"。② 土库曼斯坦则奉行"积极中立"的外交政策，其与外界的交往联系程度、国内对社会力量的开放程度均是中亚五国中最低的。哈萨克斯坦、乌兹别克斯坦、塔吉克斯坦三国则介于吉尔吉斯斯坦与土库曼斯坦之间。③

对于国家稳定而言，各国权力分配或制度设置的差异无疑会产生巨大影响。例如，尽管吉尔吉斯斯坦社会开放程度和民主自由程度较高，但其国家稳定程度却是中亚五国中最为脆弱的。④ 该国曾于2005年与2010年两次发生导致政权非正常更迭的"颜色革命"，且在2010年6月在吉尔吉斯斯坦南部地区出现了族群冲突，几乎重演了1990年吉尔吉斯斯坦独立前在南部地区出现的族群冲突。⑤ 按照西方的评价标准，吉尔吉斯斯坦的民主程度最高，但为何吉尔吉斯斯坦政局却最不稳定？对于这一问题，纯粹从吉尔吉斯斯坦的角度进行分析是远远不够的。要找出影响吉尔吉斯

---

① 朱新光、苏萍：《"可控民主"：中亚民主化道路的理性选择》，《现代国际关系》2008年第1期；马超：《中亚"可控民主"的路径依赖分析》，《西伯利亚研究》2010年第5期。

② 1992年，美国国务院斯特普·塔尔博特用"中亚的瑞士"一词描述吉尔吉斯斯坦，此后该类比不胫而走。此外，吉尔吉斯斯坦也被称之为"民主之岛"。Christian Boehm, "Democracy as a Project: Perceptions of Democracy within the World of Projects in Former Soviet Kyrgyzstan", *The Anthropology of East Europe Review*, Vol. 17, No. 1, 1999, pp. 49–58; John Anderson, *Kyrgyzstan: Central Asia's Island of Democracy?*, Amsterdam: Harwood Academic, 1999.

③ Pauline Jones Luong, *Institutional Change and Political Continuity in Post–Soviet Central Asia: Power, Perceptions, and Pacts*, Cambridge, U. K.: Cambridge University Press, 2002.

④ Edward Schatz, "The Soft Authoritarian Tool Kit: Agenda–Setting Power in Kazakhstan and Kyrgyzstan", *Comparative Politics*, Vol. 41, No. 2, 2009, pp. 203–222.

⑤ Valery Tishkov, "'Don't Kill Me, I'm a Kyrgyz!': An Anthropological Analysis of Violence in the Osh Ethnic Conflict", *Journal of Peace Research*, Vol. 32, No. 2, 1995, pp. 133–149; David Gullette and John Heathershaw, "The Affective Politics of Sovereignty: Reflecting on the 2010 Conflict in Kyrgyzstan", *Nationalities Papers*, Vol. 43, No. 1, 2015, pp. 122–139.

斯坦政局稳定的原因与机制，还有必要进行区域内比较，以尽可能控制住影响中亚国家政局稳定的因素。从区域内比较的视角出发，可以从政治体制或政治文化、[①] 资源禀赋、国家能力、[②] 族群政策与民族关系、[③] 中央—地方关系、[④] 边界政策等角度入手[⑤]对吉尔吉斯斯坦与其他中亚国家进行比较研究。与吉尔吉斯斯坦政局稳定相关的另一个值得深思的问题是，尽管吉尔吉斯斯坦国内稳定往往较为脆弱，但无论是两次族群冲突还是两次"颜色革命"，以及其他大大小小的社会危机，均未导致吉尔吉斯斯坦滑向内战。然而，塔吉克斯坦却没有那么幸运。塔吉克斯坦独立后不久便爆发了一场持续五年（1992—1997年）的残酷内战。其他三个中亚国家则未出现将整个国家拖入内战深渊的严重危机。为何会出现这种局面，同样有赖于研究者运用区域内比较的研究路径对此进行比较分析，[⑥] 如此才能提炼出影响中亚各国政局稳定的有效因素或作用机制。

当然，对中亚五国内政问题进行区域内比较，不应局限于对各国政治

---

① Mariya Y. Omelicheva, "Authoritarian Legitimation: Assessing Discourses of Legitimacy in Kazakhstan and Uzbekistan", *Central Asian Survey*, Vol. 35, No. 4, 2016, pp. 481 – 500; Erica Marat, "Imagined Past, Uncertain Future: The Creation of National Ideologies in Kyrgyzstan and Tajikistan", *Problems of Post – Communism*, Vol. 55, No. 1, 2008, pp. 12 – 24.

② Sally N. Cummings and Ole Nørgaard, "Conceptualising State Capacity: Comparing Kazakhstan and Kyrgyzstan", *Political Studies*, Vol. 52, No. 4, 2004, pp. 685 – 708.

③ Matteo Fumagalli, "Framing Ethnic Minority Mobilisation in Central Asia: The Cases of Uzbeks in Kyrgyzstan and Tajikistan", *Europe – Asia Studies*, Vol. 59, No. 4, 2007, pp. 567 – 590.

④ Neil J. Melvin, "Patterns of Centre – Regional Relations in Central Asia: The Cases of Kazakhstan, the Kyrgyz Republic and Uzbekistan", *Regional & Federal Studies*, Vol. 11, No. 3, 2001, pp. 165 – 193.

⑤ 对吉尔吉斯斯坦与乌兹别克斯坦在边界问题上态度或政策的深入比较，可参见 Nick Megoran, "Rethinking the Study of International Boundaries: A Biography of the Kyrgyzstan – Uzbekistan Boundary", *Annals of the Association of American Geographers*, Vol. 102, No. 2, 2012, pp. 464 – 481; Nick Megoran, "The Critical Geopolitics of the Uzbekistan – Kyrgyzstan Ferghana Valley Boundary Dispute, 1999—2000", *Political Geography*, Vol. 23, No. 6, 2004, pp. 731 – 764; Nick Megoran, "The Critical Geopolitics of Danger in Uzbekistan and Kyrgyzstan", *Environment and Planning D: Society and Space*, Vol. 23, No. 4, 2005, pp. 555 – 580.

⑥ 现有相关研究成果，可参见曾向红、陈一一《为何爆发内战：塔吉克斯坦与吉尔吉斯斯坦之比较》，《国际政治科学》2012 年第 4 期；Idil Tunçer – Kilavuz, "Understanding Civil War: A Comparison of Tajikistan and Uzbekistan", *Europe – Asia Studies*, Vol. 63, No. 2, 2011, pp. 263 – 290; Idil Tunçer – Kilavuz, *Power, Networks and Violent Conflict in Central Asia: A Comparison of Tajikistan and Uzbekistan*, New York: Routledge, 2014.

体制或稳定程度的分析。事实上，中亚各国在转型和发展过程中出现的各类现象均可纳入区域内比较的研究视野。例如，在中亚各国政治生活中，"部族（clan）"均扮演了至关重要的角色，涉及政治动员、资源分配、权力争夺等。然而，在此大背景下，中亚五国国内具体产生作用的部族类型、区分依据、历史演进、动员模式等既有相似性也有差异，故要明晰部族在中亚五国的真正意义，既需要对不同国家部族传承与运作情况有深入的情境化理解，也需要对这些问题进行相似性与差异性方面的比较分析。① 就学科角度而言，这种研究还需要与比较政治研究中的政治文化、象征政治或历史制度主义研究中的非正式制度联系起来，通过这种区域内比较，或可促进中亚研究与学科研究之间的相互融合和彼此借鉴。② 另外，对中亚地区恐怖主义的研究同样可采取区域内比较的方式。现有的研究成果较多地着眼于中亚地区恐怖主义的发展态势、经济社会根源、政治效应、各国政府的应对举措等议题，其中多数属于描述性研究，但疏于对这些议题进行区域内比较，由此导致现有成果学理化程度不高，存在较为明显的重复研究。③ 事实上，将中亚五国的恐怖主义问题进行区域内比较，可有效提高中亚地区恐怖主义研究议题的研究深度。如堪萨斯大学的副教授、中亚安全问题研究专家玛丽亚·奥梅丽切娃（Mariya Y. Omelicheva）从政治心理学、社会运动理论等角度出发，对中亚各国在反恐政策和反恐国际合作方面的异同进行了比较研究，极大地深化了对中亚地区恐怖主义现象的

---

① İdil Tunçer - Kılavuz, "Political and Social Networks in Tajikistan and Uzbekistan: 'Clan', Region and Beyond", *Central Asian Survey*, Vol. 28, No. 3, 2009, pp. 323 - 334; Kathleen Collins, *Clan Politics and Regime Transition in Central Asia*, New York: Cambridge University Press, 2006; S. Frederick Starr, *Clans, Authoritarian Rulers, and Parliaments in Central Asia*, Washington, D. C.: Central Asia - Caucasus Institute and Silk Road Studies Program, June 2006; Melissa M. Burn, *Loyalty and Order: Clan Identity and Political Preference in Kyrgyzstan and Kazakhstan*, Ph. D. dissertation, George Mason University, 2006.

② Sally N. Cummings, *Symbolism and Power in Central Asia: Politics of the Spectacular*, New York: Routledge, 2010; Charles E. Ziegler, "Civil Society, Political Stability, and State Power in Central Asia: Cooperation and Contestation", *Democratization*, Vol. 17, No. 5, 2010, pp. 795 - 825; Rico Isaacs, "Nur Otan, Informal Networks and the Countering of Elite Instability in Kazakhstan: Bringing the 'Formal' Back In", *Europe - Asia Studies*, Vol. 65, No. 6, 2013, pp. 1055 - 1079.

③ 可参见 Jessica N. Trisko, "Coping with the Islamist Threat: Analysing Repression in Kazakhstan, Kyrgyzstan and Uzbekistan", *Central Asian Survey*, Vol. 24, No. 4, 2005, pp. 373 - 389.

理解，也有助于促进中亚安全问题与相关社会科学理论之间的对话。①

此外，中亚国家在其他方面同样存在不少差异。如中亚五国在经济领域采取的政策存在明显差异：有的国家采取了激进自由化的改革路径（如哈吉），也有的采取了渐进式改革路径（如乌土）；② 针对外部经济刺激，如外来直接投资、2008 年经济危机、2014 年乌克兰危机等外部事件带来的经济影响，中亚国家的反应也存在明显差异；③ 在国家民族构建路径上，存在公民民族主义（一定程度上的哈吉）与族群民族主义（其他三个中亚国家）的分野；在权力继承过程中，除了正常的权力交接方式，五个国家还经历了四种"特殊"的权力交接方式：内战（塔吉克斯坦，1992—1997 年）、"街头革命"（吉 2005 年和 2010 年两次"颜色革命"）、领导人突然逝世后政权精英之间的博弈与妥协（土库曼斯坦和乌兹别克斯坦前总统年尼亚佐夫和卡里莫夫分别于 2006 年和 2016 年突然逝世后采取的模式）、前任领导人精心选择后继者并为其巩固权力作出适当安排（2019 年哈总统纳扎尔巴耶夫先是辞职，再通过提前布局的方式把政权交接到托卡耶夫之手属于这种模式）；④ 此外，中亚国家还在管理改革、教育、社会、文化、卫生、⑤

---

① Mariya Y. Omelicheva, "Combating Terrorism in Central Asia: Explaining Differences in States' Responses to Terror", *Terrorism and Political Violence*, Vol. 19, No. 3, 2007, pp. 369 – 393; Mariya Y. Omelicheva, "Convergence of Counterterrorism Policies: A Case Study of Kyrgyzstan and Central Asia", *Studies in Conflict & Terrorism*, Vol. 32, No. 10, 2009, pp. 893 – 908; Mariya Y. Omelicheva, *Counterterrorism Policies in Central Asia*, New York: Routledge, 2011.

② Pamela Blackmon, "Back to the USSR: Why the Past does Matter in Explaining Differences in the Economic Reform Processes of Kazakhstan and Uzbekistan", *Central Asian Survey*, Vol. 24, No. 4, 2005, pp. 391 – 404; Aijan Sharshenova, "In the Shadow of Russia: Reform in Kazakhstan and Uzbekistan", *Europe – Asia Studies*, Vol. 65, No. 7, 2013, pp. 1483 – 1485.

③ Kobil Ruziev and Toshtemir Majidov, "Differing Effects of the Global Financial Crisis on the Central Asian Countries: Kazakhstan, the Kyrgyz Republic and Uzbekistan", *Europe – Asia Studies*, Vol. 65, No. 4, 2013, pp. 682 – 716; Pamela Blackmon, "Divergent Paths, Divergent Outcomes: Linking Differences in Economic Reform to Levels of US Foreign Direct Investment and Business in Kazakhstan and Uzbekistan", *Central Asian Survey*, Vol. 26, No. 3, 2007, pp. 355 – 372.

④ Bruce J. Perlman and Gregory Gleason, "Cultural Determinism versus Administrative Logic: Asian Values and Administrative Reform in Kazakhstan and Uzbekistan", *International Journal of Public Administration*, Vol. 30, No. 12 – 14, 2007, pp. 1327 – 1342.

⑤ Erica Johnson, "Non – State Health Care Provision in Kazakhstan and Uzbekistan: Is Politicisation a Model?", *Europe – Asia Studies*, Vol. 66, No. 5, 2014, pp. 735 – 758.

旅游、①土地改革②等一系列领域存在发展与政策上的差异，这些差异均可通过运用区域内比较的方式进行研究。

在外交领域，中亚五国的外交政策既有相似性，也有一定的差异。就差异而言，中亚五国在国情方面有着众多差异（如资源禀赋、国力大小、政党结构、经济发展道路、国家意识形态的选择，等等）、领导人性格与经历的区别、国家构建路径的不同，甚至独立时各国有异的族群构成及发展轨迹、权力在中央与地方的不同分配、在国内政治生活中发挥主导作用的非正式制度（如家族政治、部族政治、地区政治、裙带关系等）等因素，均对各国外交政策产生了影响，③ 由此导致各国在不同时期实施的整体外交政策和针对不同国家采取的外交政策均有一定差异。不过，各国实施的外交政策也有明显的家族相似性，即将"多边平衡外交政策"（foreign policy diversification/ balanced foreign policy）或"多角度外交政策"（multi - vector foreign policy）作为各国外交政策的基本原则。"多边平衡外交政策"或"多角度外交政策"在不同中亚国家的表述有所不同。其中比较典型的是哈萨克斯坦。北达科他州立大学政治学教授托马斯·安布罗西奥（Thomas Ambrosio）等人认为，纳扎尔巴耶夫"推行的是一种双重政策，一种是多角度的外交政策，另一种是全球经济整合政策，以此加强和保障哈萨克斯坦的独立及其长期发展"。④ 而土库曼斯坦虽然奉行名义上的"积极中立"政策，但其初衷同样是为了积极发展与世界上主要大国的友

---

① Kemal Kantarci, "Perceptions of Central Asia Travel Conditions: Kyrgyzstan, Kazakhstan, Uzbekistan, and Turkmenistan", *Journal of Hospitality & Leisure Marketing*, Vol. 15, No. 2, 2007, pp. 55 – 71.

② Brent Hierman and Navruz Nekbakhtshoev, "Whose land is it? Land Reform, Minorities, and the Titular 'Nation' in Kazakhstan, Kyrgyzstan, and Tajikistan", *Nationalities Papers*, Vol. 42, No. 2, 2014, pp. 336 – 354.

③ Kathleen Collins, *Clan Politics and Regime Transition in Central Asia*, New York: Cambridge University Press, 2006; Rico Isaacs, *Party System Formation in Kazakhstan: Between Formal and Informal Politics*, London: Routledge, 2011; Bhavna Dave, *Kazakhstan: Ethnicity, Language and Power*, New York: Routledge, 2007; Barbara Junisbai, "A Tale of Two Kazakhstans: Sources of Political Cleavage and Conflict in the Post – Soviet Period", *Europe – Asia Studies*, Vol. 62, No. 2, 2010, pp. 235 – 269. etc.

④ Thomas Ambrosio and William A. Lange, "Mapping Kazakhstan's Geopolitical Code: An Analysis of Nazarbayev's Presidential Addresses, 1997—2014", *Eurasian Geography and Economics*, Vol. 55, No. 5, 2014, p. 538.

好关系，避免因与这些大国产生重大矛盾而威胁到其政权生存。①

尽管中亚国家在外交政策上具有明显的相似之处，但它们之间也存在一定的差异。例如，相对于哈萨克斯坦、吉尔吉斯斯坦、塔吉克斯坦、土库曼斯坦四国的外交政策相对稳定且体现出较多的亲俄倾向，乌兹别克斯坦的大国外交却经历了明显的反复。乌兹别克斯坦自独立之初至20世纪90年代后期的优先外交伙伴是俄罗斯；20世纪90年代末至2005年则与美国发展出一种类似"准盟友"的关系；2005年"安集延事件"后乌兹别克斯坦与美国等西方国家之间的关系急剧趋冷，而与俄罗斯的关系迅速回暖；至21世纪第二个十年，乌兹别克斯坦又退出集体安全条约组织和欧亚经济共同体，并拒绝加入俄罗斯于2015年启动的欧亚经济联盟。与此同时，乌兹别克斯坦与西方之间的冷淡关系逐渐回升，美国又成为乌兹别克斯坦的重要合作伙伴。② 随着米尔济约耶夫于2016年9月继任乌兹别克斯坦总统，乌兹别克斯坦外交政策又重新回到了主张独立自主、以中亚邻国优先、针对大国采取"多元平衡"外交政策的轨道上。③ 此外，中亚五国在外交政策领域还有需要解释的差异，如乌兹别克斯坦为何在"安集延事件"后将美军从汉纳巴德基地驱逐出去，但未收回租赁给德国的铁尔梅兹军事基地；④ 为何吉尔吉斯斯坦加入了欧亚经济联盟，而与之相似的塔吉

---

① Luca Anceschi, *Turkmenistan's Foreign Policy: Positive Neutrality and the Consolidation of the Turkmen Regime*, New York: Routledge, 2009; Utku Yapıcı, "From Positive Neutrality to Silk Road Activism? The Continuities and Changes in Turkmenistan's Foreign Policy", *Journal of Balkan and Near Eastern Studies*, Vol. 20, No. 3, 2018, pp. 293–310.

② 关于乌兹别克斯坦外交政策的研究，参见赵会荣《大国博弈：乌兹别克斯坦外交战略设计》，香港：光大出版社2010年版；Leila Kazemi, "Domestic Sources of Uzbekistan's Foreign Policy, 1991 to the Present", *Journal of International Affairs*, Vol. 56, No. 2, 2003, pp. 205–216; Matteo Fumagalli, "Ethnicity, State Formation and Foreign Policy: Uzbekistan and 'Uzbeks abroad'", *Central Asian Survey*, Vol. 26, No. 1, 2007, pp. 105–122; Dina Rome Spechlera and Martin C. Spechler, "The Foreign Policy of Uzbekistan: Sources, Objectives and Outcomes: 1991—2009", *Central Asian Survey*, Vol. 29, No. 2, 2010, pp. 159–170.

③ Richard Weitz, *Uzbekistan's New Foreign Policy: Change and Continuity under New Leadership*, Washington, D. C.: Central Asia–Caucasus Institute & Silk Road Program, January 2018.

④ Edward Schatz, "Transnational Image Making and Soft Authoritarian Kazakhstan", *Slavic Review*, Vol. 67, No. 1, 2008, pp. 50–62; Bernardo da Silva Relva Teles Fazendeiro, "Keeping Face in the Public Sphere: Recognition, Discretion and Uzbekistan's Relations with the United States and Germany, 1991—2006", *Central Asian Survey*, Vol. 34, No. 3, 2015, pp. 341–356.

克斯坦迄今未加入；为何哈萨克斯坦对国际舆论极其敏感，[①] 而土库曼斯坦面对国际压力时却坦然自若？对于上述问题，均需要遵循严格的比较研究方法才能予以解答。然而，除了少数例外，现有研究成果很少对这些问题开展深入研究。[②] 更值得关注的是，中亚研究者对中亚各国外交政策的分析很少参照或借鉴国际关系理论或外交政策分析中的概念工具和分析路径，由此导致对各国外交政策的分析很大程度上停留在"只见树木不见森林"的状态。这导致人们对中亚各国外交决策的过程、机制、模式和影响因素等问题的了解非常有限，也难以根据中亚国家的外交实践对既有相关理论提出修正，更遑论提出新的外交分析路径。

总而言之，对中亚五国在内政领域的相似性与差异性进行区域内比较，不仅是深入了解中亚地区和各国发展动力的必由之路，也是促进中亚研究与政治学理论、比较政治学、社会学、政治心理学、民族学和人类学等学科相互借鉴与融合的重要路径。事实上，中亚五国相似的历史经验能为人们开展区域内比较提供诸多便利，再加上各国独立时间尚短，研究门槛相对较低，这使得中亚研究成为了区域研究的理想研究对象。就外交政策领域的研究而言，对中亚五国外交政策开展比较研究，同样可以深化对中亚五国外交政策的认识。不仅如此，相较于中亚五国内政的研究，外交研究是一个需要投入更多学术精力和资源的领域。在运用比较区域研究的基础上，研究者通过吸收国际关系理论研究中的新古典现实主义、外交决策模式、地区安全复合体理论、小国外交理论、前景理论、对冲理论、分析折中主义、政治心理学相关视角、批判安全理论、批判话语分析，以及社会学中的架构视角、承认理论等视角，可为推进中亚国家外交政策研究提供重要借鉴。鉴于目前国内外关于中亚外交的研究成果较为有限，这也是一个发展前景良好、可作出创新性贡献的研究领域。一言以蔽之，运用比较区域研究的分析路径剖析中亚五国内政与外交方面的转型，既有可行性，也有必要性。

---

① Adrien Fauve, "Global Astana: Nation Branding as a Legitimization Tool for Authoritarian Regimes", *Central Asian Survey*, Vol. 34, No. 1, 2015, pp. 110 – 124.

② Ahad Abdurahmonov, *The Role of Energy Resources in Foreign Policy Behavior of Small States: A Comparative Study of Kyrgyzstan and Turkmenistan*, Master Dissertation, University of Wyoming, 2009.

第三节　中亚研究中的跨区域比较

对中亚地区与其他地区开展跨区域比较的相关成果虽然较少，但并不罕见。如前所述，开展跨区域研究的对象是不同区域的不同国家或其他次国家行为体，主要目的在于提炼影响不同地区的国家或其他行为体在某一议题上表现的具体因素、因果机制或比较对象之间的关联性。显而易见，由于跨区域比较的主要对象是不同区域的国家，故这些国家是否具有充分的可比性就成为了能否运用跨区域比较研究路径的重要前提。正因如此，跨区域比较特别强调情境化比较，要求研究者对不同区域尤其是比较对象有较为深入和准确的了解，否则很容易出现"错置的比较"。[1] 如果以中亚地区作为比较的对象或参照对象，那么与之共享诸多结构性特征的首选比较对象是由苏联加盟共和国组成的后苏联空间（post-Soviet space），或除波罗的海三国（立陶宛、爱沙尼亚、拉脱维亚）外的"欧亚地区（Eurasia）"或"独联体区域"。从地区安全复合体的角度观之，中亚地区与高加索地区以及欧亚地区其他国家（如乌克兰、摩尔多瓦、白俄罗斯等），均可被视为俄罗斯主导的地区安全复合体。[2] 从地区安全复合体的角度出发，中亚地区与其他欧亚地区有诸多相似性，如共享苏联遗留的政治遗产、不可避免地受到"地区霸权（regional hegemony）"国家——俄罗斯——的影响，并且各国在转型进程面临的难度具有相似性等。[3] 就此而言，尽管可将中亚国家与世界上其他区域的国家进行跨区域比较，但欧亚空间中的其他国家是最为合适的跨区域比较对象。

在将中亚国家与其他欧亚国家开展跨区域比较的过程中，最合适的比较方式是根据研究主题确定比较对象。例如，在能源政策方面，哈萨克斯坦与阿塞拜疆就是合适的比较对象。这不仅因为两国均拥有丰富的石油和

---

[1] 赵鼎新：《在西方比较历史方法的阴影下——评许田波〈古代中国和近现代欧洲的战争及国家形成〉》，《社会学研究》2006年第5期。

[2] ［英］巴里·布赞、［丹］奥利·维夫：《地区安全复合体与国际安全结构》，潘忠岐等译，上海人民出版社2010年版。

[3] Bertil Nygren, *The Rebuilding of Greater Russia Putin's Foreign Policy towards the CIS Countries*, New York: Routledge, 2008; Gerard Toal, *Near Abroad: Putin, the West and the Contest over Ukraine and the Caucasus*, New York: Oxford University Press, 2017.

天然气资源，而且也因为两国均属于里海沿岸国家，它们在里海划分问题上的立场有异同。事实上，无论是探讨能源资源对国家发展的影响，还是两国针对外国投资采取的政策立场，哈萨克斯坦与阿塞拜疆均是研究者青睐的比较对象。① 但是如果要比较外交政策，那么哈萨克斯坦与阿塞拜疆将不再是合适的比较对象，因为阿塞拜疆在对待俄罗斯与西方国家的政策立场上更接近于乌兹别克斯坦而不是哈萨克斯坦。事实上，在俄罗斯的"近邻"国家中，阿塞拜疆、乌兹别克斯坦与格鲁吉亚、乌克兰、摩尔多瓦在一定时间内具有类似的亲西方倾向，它们甚至组建过具有反俄倾向的"古阿姆联盟"。② 不过，迄今为止，学术界对后苏联空间国家外交政策进行全面、深入跨区域比较的研究成果仍不丰富。缺乏跨区域比较研究在一定程度上限制了学者们对欧亚国家外交政策理解的深度，包括欧亚地区的中亚、高加索、东欧三个次区域的地区发展动力有何异同，各国外交政策的动机和具体政策为何呈现出相似或不同的特点，影响各国外交政策的主要因素和行为体有哪些等。③ 尽管一般意义上的欧亚空间仅包含12个国家，难以开展大样本统计分析，但除俄罗斯外的11个国家在对俄、对西方态度上的整体差异为跨区域比较提供了良好的研究机遇。在政治发展方面，由于中亚国家与其他后苏联空间中的国家一样，并不属于西方意义上的自由民主国家，故它们或多或少均被置于"竞争性威权主义""半威权主义""混合型体

---

① Meruert Makhmutova, "The Budget Process in Caspian Countries: The Experience of Kazakhstan and Azerbaijan", *Problems of Economic Transition*, Vol. 50, No. 4, 2007, pp. 24 – 65; Anja Franke, Andrea Gawrich and Gurban Alakbarov, "Kazakhstan and Azerbaijan as Post – Soviet Rentier States: Resource Incomes and Autocracy as a Double 'Curse' in Post – Soviet Regimes", *Europe – Asia Studies*, Vol. 61, No. 1, 2009, pp. 109 – 140; Andrea Kendall – Taylor, "Purchasing Power: Oil, Elections and Regime Durability in Azerbaijan and Kazakhstan", *Europe – Asia Studies*, Vol. 64, No. 4, 2012, pp. 737 – 760; Rachel Vanderhill, Sandra F. Joireman and Roza Tulepbayeva, "Do Economic Linkages through FDI Lead to Institutional Change? Assessing Outcomes in Kazakhstan, Azerbaijan and Kyrgyzstan", *Europe – Asia Studies*, Vol. 71, No. 4, 2019, pp. 648 – 670.

② "古阿姆联盟（GUAM）"于1997年成立，1999年乌兹别克斯坦加入后英文缩写更改为"GUUAM"。2005年5月发生"安集延事件"之后，乌兹别克斯坦退出了该组织。2006年5月，该组织改组为"古阿姆民主与经济发展"组织。该组织的演变过程在很大程度上是"近邻"国家疏俄倾向的晴雨表。关于"古阿姆联盟"的相关情况，可参见 Taras Kuzio, "Geopolitical Pluralism in the CIS: The Emergence of GUUAM", *European Security*, Vol. 9, No. 2, 2000, pp. 81 – 114.

③ 比较典型的体现是知名刊物《欧亚研究》2018年第5期刊发了一组探讨欧亚国家外交政策的专题文章，探讨了俄罗斯、阿塞拜疆、哈萨克斯坦、格鲁吉亚几个国家的外交政策及欧盟等外交行为体在该地区的介入情况，但依旧没有全面对中亚国家与其他原苏联国家的外交政策进行比较分析。参见 Europe – Asia Studies, Vol. 70, No. 5, 2018, pp. 685 – 850.

制"等框架中予以理解和研究,分析它们之间的异同自然不是西方研究者们关注的重点。不过,正如中亚各国在权力交接方面存在多种模式一样,中亚国家与其他后苏联国家在此方面存在的差异也不令人意外。[①] 2003—2005 年波及原苏联空间数个国家的"颜色革命"对此做了鲜明的注脚。

"颜色革命"在格鲁吉亚、乌克兰与吉尔吉斯斯坦的相继发生,呼吁研究者们对欧亚地区的各个国家开展跨区域比较。在学术研究中,"颜色革命"是一个约定俗成的词汇,专指 21 世纪前后发生在东欧与苏联地区的通过大规模社会运动实现政权更迭的政治现象。这一波大规模的抗议浪潮波及格鲁吉亚(2003 年)、乌克兰(2004 年)、吉尔吉斯斯坦(2005 年)等国,并导致这些国家的政权实现了非正常更迭。如果将中亚、高加索、东欧这三个欧亚空间的次区域视为三个相对独立的地区,那么,"颜色革命"显然是一种跨区域的政治现象。尽管"颜色革命"主要发生在 21 世纪初,但其影响延续至今,并在某种程度上成为了 21 世纪以来跨国抗议浪潮的滥觞。[②] 迄今为止,国内外学术界对"颜色革命"的研究成果非常丰富,对"颜色革命"的一般性特征以及具体案例——如格鲁吉亚的"玫瑰革命"、乌克兰的"橙色革命"、吉尔吉斯斯坦的"郁金香革命"——的成因、扩散、影响和治理等问题作了深入的分析。[③] 然而,既有研究也

[①] John T. Ishiyama and Ryan Kennedy, "Superpresidentialism and Political Party Development in Russia, Ukraine, Armenia and Kyrgyzstan", *Europe - Asia Studies*, Vol. 53, No. 8, 2001, pp. 1177 - 1191; Steve Hess, "Protests, Parties, and Presidential Succession: Competing Theories of Color Revolutions in Armenia and Kyrgyzstan", *Europe - Asia Studies*, Vol. 53, No. 8, 2001, pp. 28 - 39.

[②] Sidney G. Tarrow, *The New Transnational Activism*, Cambridge: Cambridge University Press, 2005.

[③] 孙壮志主编:《独联体国家"颜色革命"研究》,中国社会科学出版社 2011 年版;赵常庆主编:《"颜色革命"在中亚:兼论与执政能力的关系》,社会科学文献出版社 2011 年版;焦一强:《从"民主岛"到"郁金香革命":吉尔吉斯斯坦政治转型研究》,兰州大学出版社 2010 年版;陈达:《颜色革命:中亚面临的现实抉择》,兰州大学出版社 2007 年版;Steven Levitsky and Lucan Way, "International Linkage and Democratization", *Journal of Democracy*, Vol. 16, No. 3, 2005, pp. 20 - 34; Joshua Tucker, "Enough! Electoral Fraud, Collective Action Problems, and Post - Communist Colored Revolutions", *Perspectives on Politics*, Vol. 5, No. 3, 2007, pp. 537 - 553; David Lewis, "The Dynamics of Regime Change: Domestic and International Factors in the 'Tulip Revolution'", *Central Asian Survey*, Vol. 27, No. 3 - 4, 2008, pp. 265 - 277; Lucan Way, "The Real Causes of the Color Revolutions", *Journal of Democracy*, Vol. 19, No. 3, 2008, pp. 55 - 69; David Lane, " 'Coloured Revolution' as a Political Phenomenon", *Journal of Communist Studies and Transition Politics*, Vol. 25, No. 2 - 3, 2009, pp. 113 - 135; Vlad Mykhnenko, "Class Voting and the Orange Revolution: A Cultural Political Economy Perspective on Ukraine's Electoral Geography", *Journal of Communist Studies and Transition Politics*, Vol. 25, No. 2 - 3, 2009, pp. 278 - 296; Susan Stewart, eds., *Democracy Promotion and the "Colour Revolutions"*, Abingdon: Routledge, 2012.

存在一些盲点。例如，虽有部分成果尝试提炼导致"颜色革命"的一般性因素——如"颜色革命"的六个特征、[1] 五种因素、[2] 五点框架等[3]。但是，这些成果大多是对某个国家发生的特定"革命"进行"浓描"，缺乏对"颜色革命"普遍特征的比较研究和整体提炼。[4] 与此同时，国外学术界往往将"颜色革命"纳入"转型学"框架中进行研究，并据此认为"颜色革命"是苏联国家走向西方自由民主式国家的必经过程，具有明显的目的论色彩。不仅如此，西方学术界的研究还过分强调精英背叛这一变量对于"革命"成功与否的影响，因而有忽视抗议者在这些"革命"中具有丰富能动性的倾向。[5] 而从"新大博弈"角度对"颜色革命"的解读，又存在对各国"颜色革命"的内部因素关注不足，简化了大国对"颜色革命"持有非常复杂甚至相互矛盾认知等局限。[6]

学术界在研究"颜色革命"中存在的不足，可部分通过跨区域比较加以弥补。跨区域比较的价值在于，它既需要解释"颜色革命"为何在格鲁吉亚、乌克兰与吉尔吉斯斯坦带来了政权更迭等后果，也需要回答为何具有众多相似性的其他后苏联空间国家避免了政权非正常更迭。[7] 甚至对以下事实困惑，如受到"颜色革命"波及的国家其反对派动员能力有大有小（格乌较强，吉较弱）、外部介入有强有弱（西方在"颜色革命"中对格

---

[1] Mark R. Beissinger, "Structure and Example in Modular Political Phenomena: The Diffusion of Bulldozer/Rose/Orange/Tulip Revolutions", *Perspectives on Politics*, Vol. 5, No. 2, 2007, pp. 259 – 276.

[2] Valerie Bunce and Sharon L. Wolchik, "Favorable Conditions and Electoral Revolutions", *Journal of Democracy*, Vo. 17, No. 4, 2006, pp. 5 – 18; Valerie Bunce and Sharon L. Wolchik, *Defeating Authoritarian Leaders in Postcommunist Countries*, New York: Cambridge University Press, 2011.

[3] Taras Kuzio, "Civil Society, Youth and Societal Mobilization in Democratic Revolutions", *Communist and Post – Communist Studies*, Vol. 39, No. 3, 2006, pp. 365 – 386.

[4] John Heathershaw, "Rethinking the International Diffusion of Coloured Revolutions: The Power of Representation in Kyrgyzstan", *Journal of Communist Studies and Transition Politics*, Vol. 25, No. 2 – 3, 2009, pp. 297 – 323.

[5] Maksym Zherebkin, "In Search of a Theoretical Approach to the Analysis of the 'Colour Revolutions': Transition Studies and Discourse Theory", *Communist and Post – Communist Studies*, Vol. 4, No. 2, 2009, pp. 199 – 216.

[6] Stefanie Ortmann, "Diffusion as Discourse of Danger: Russian Self – representations and the Framing of the Tulip Revolution", *Central Asian Survey*, Vol. 27, No. 3 – 4, 2008, pp. 363 – 378.

[7] Donnacha Ó Beacháin and Abel Polese, *The Color Revolutions in the Former Soviet Republics: Successes and Failures*, London and New York: Routledge, 2010.

乌反对派的支持力度较大、对吉局势演变则持观望态度）等，同样要求研究者采用跨区域比较的研究路径开展更为精细和深入的比较研究。同样地，对于那些成功避免"颜色革命"带来政权更迭后果的苏联国家，如乌兹别克斯坦、俄罗斯、哈萨克斯坦、阿塞拜疆等，它们在面对"颜色革命"可能扩散到本国时采取的应对策略或治理能力也有一定差异。例如，乌兹别克斯坦通过强力手段处置了 2005 年 5 月的"安集延事件"，① 而俄罗斯则主要从理念层面（如提出"主权民主"或"管理民主"概念）、立法层面（通过了处置诸如"颜色革命"之类非正常事件的法案，代表性的如 2005 年通过了《非营利组织法》《社会联合组织法》等法律法规以加强对俄境内各类非政府组织的管理）以及组织层面（成立了一个青年政治组织"纳什"以吸引青年人支持现政府）等采取措施，以应对和防范"颜色革命"的扩散。② 对于这些差异，同样可从跨区域比较的角度开展研究，以提炼出相关经验教训。

在上述涉及"颜色革命"的许多议题中，现有成果的努力方向和研究进展参差不齐。整体而言，取得明显研究进展的是"颜色革命"跨区域传播的机制。例如，现有成果使用"跨国影响""示范效应""革命传染""榜样的力量"等机制，解释"颜色革命"从一个国家向另一个国家、从一个次区域向另一个次区域传播和扩散。③ 这一研究取向意义重大，它一

---

① 乌兹别克斯坦政府对"安集延事件"的应对和描述，可参见 Fiona Hill and Kevin Jones, "Fear of Democracy or Revolution: The Reaction to Andijon", *The Washington Quarterly*, Vol. 29, No. 3, 2006, pp. 109 – 125; Nick Megoran, "Framing Andijon, Narrating the Nation: Islam Karimov's Account of the Events of 13 May 2005", *Central Asian Survey*, Vol. 27, No. 1, 2008, pp. 15 – 31.

② Peter J. S. Duncan, "Russia, the West and the 2007—2008 Electoral Cycle: Did the Kremlin Really Fear a 'Coloured Revolution'?", *Europe – Asia Studies*, Vol. 65, No. 1, 2013, pp. 1 – 25; Derek Averre, "'Sovereign Democracy' and Russia's Relations with the European Union", *Demokratizatsiya*, Vol. 15, No. 2, 2007, pp. 173 – 190; Graeme P. Herd, "Colorful Revolutions and the CIS: 'Manufactured' Versus 'Managed' Democracy?", *Problems of Post – Communism*, Vol. 52, No. 2, 2005, pp. 3 – 18; Pavel K. Baev, "Turning Counter – Terrorism into Counter – Revolution: Russia Focuses on Kazakhstan and Engages Turkmenistan", *European Security*, Vol. 15, No. 1, 2006, pp. 3 – 22.

③ Henry Hale, "Regime Cycles: Democracy, Autocracy, and Revolution in Post – Soviet Eurasia", *World Politics*, Vol. 58, No. 1, 2005, pp. 133 – 165; Mark R. Beissinger, "Structure and Example in Modular Political Phenomena: The Diffusion of Bulldozer/Rose/Orange/Tulip Revolutions", *Perspectives on Politics*, Vol. 5, No. 2, 2007, pp. 259 – 276; Steven Levitsky and Lucan A. Way, "Linkage versus Leverage: Rethinking the International Dimension of Regime Change", *Comparative Politics*, Vol. 38, No. 4, 2006, pp. 379 – 400.

方面有助于深化人们对"颜色革命"选择性"传染"到特定原苏联国家的认识,另一方面也有助于实现"颜色革命"与国际规范扩散等主流国际关系研究议程之间的衔接。但对于其他议题,相关研究尚未充分展开。此外,根据阿查亚对"跨国区域研究"与"学科地区研究"所作的区分,即便是对"颜色革命"所作的跨区域比较,也仍属于"跨国区域研究"的范畴。因为相关研究者具有较多的区域研究者色彩,而基于学科角度——包括社会运动理论、比较政治学、政治心理学、批评话语分析、国际传播学等——对"颜色革命"所作的跨地区比较仍不常见,尤其是上述学科的主流学者较少介入"颜色革命"的研究中。就此而言,运用跨区域比较研究路径对"颜色革命"进行"学科地区研究",或许是学术界未来需要着力之处,这也是提高中亚研究甚至欧亚研究学理化水平的重要契机。

当然,"颜色革命"只是学术界在研究中亚问题过程中运用跨地区比较路径的一个突破点,研究者也可选择对特定中亚国家与其他地区相关国家进行跨区域比较。如有的研究成果尝试比较哈萨克斯坦与沙特阿拉伯精英教育的国际化程度,[1] 也有成果比较特定中亚国家与其他国家在国家身份、工作伦理、社会价值观和管理风格等方面的异同。[2] 当然,由于共享多年的历史遗产,学术界仍然更乐意对特定的中亚国家和其他原苏联国家进行跨区域比较。如学术界有不少成果将俄罗斯、哈萨克斯坦、吉尔吉斯斯坦、格鲁吉亚等国一并置于比较框架之中,以探讨苏联解体后这些国家在特定领域出现的异同。[3] 整体而言,对特定中亚国家与其他地区国家开

---

[1] Natalie Koch, "The Shifting Geopolitics of Higher Education: Inter/nationalizing Elite Universities in Kazakhstan, Saudi Arabia, and beyond", *Geoforum*, Vol. 56, September 2014, pp. 46 – 54.

[2] K. Peter Kuchinke and Alexander Ardichvili, "Work – Related Values of Managers and Subordinates in Manufacturing Companies in Germany, Georgia, Kazakhstan, the Kyrgyz Republic, Russia, and the US", *Journal of Transnational Management Development*, Vol. 7, No. 1, 2002, pp. 3 – 25; Alexander Ardichvili and Alexander Gasparishvili, "Socio – Cultural Values, Internal Work Culture and Leadership Styles in Four Post – Communist Countries: Russia, Georgia, Kazakhstan and the Kyrgyz Republic", *International Journal of Cross Cultural Management*, Vol. 227, No. 1, 2001, pp. 227 – 242; Büşra Ersanlı, "History Textbooks as Reflections of The Political Self: Turkey (1930S and 1990S) and Uzbekistan (1990S)", *International Journal of Middle East Studies*, Vol. 34, No. 2, 2002, pp. 337 – 349.

[3] Maral Muratbekova – Touron, "Working in Kazakhstan and Russia: Perception of French managers", *The International Journal of Human Resource Management*, Vol. 13, No. 2, 2002, pp. 213 – 231; Trevor Duke, et al., "Quality of Hospital Care for Children in Kazakhstan, Republic of Moldova, and Russia: Systematic Observational Assessment", *Lancet*, Vol. 367, March 18, 2006, pp. 919 – 925; Paul Domjan and Matt Stone, "A Comparative Study of Resource Nationalism in Russia and Kazakhstan 2004—2008", *Europe – Asia Studies*, Vol. 62, No. 1, 2010, pp. 35 – 62.

展跨区域比较的研究成果仍相当有限，至少不如进行中亚区域内比较的成果丰富。这一方面反映了比较区域研究倡导者所指出的，跨区域比较研究仍主要集中于发达国家内部的比较，尚未充分拓展到发展中国家之间或发达国家与发展中国家之间的比较。[①] 另一方面也说明跨区域比较存在较高难度，不仅需要对不同区域内的国家及其地方性知识有深入的把握，还需要耗费大量的人力财力开展精细的田野调查或进行广泛的阅读以夯实比较的基础，更关键的是较难找到不同区域国家具有可比性的案例。显而易见，跨区域比较需要同时吸引"跨国区域研究"与"学科地区研究"两类研究者进行密切合作和协同攻关，否则很容易陷入案例和议题不可比、比较方式失当、比较结论偏颇等陷阱之中。这一判断对于中亚研究同样适用。

第四节　中亚研究中的区域间比较

不同于跨区域比较的比较对象为不同区域中的不同国家，区域间比较的比较对象是作为整体的两个或多个区域。与跨区域比较相比，区域间比较的视野更为宏大，比较的难度也更高。因为这需要对两个或多个具有内在差异性和多元性的地区分别进行宏观提炼和总结，然后再与其他地区进行对照和比较，以发现这些地区在发展动力、机制和模式等方面的异同及彼此间可能存在的关联。按照这一比较思路，在中亚研究中，这意味着应首先将中亚视为一个相对独立的区域，然后根据研究议题选择另一个特定区域进行比较。然而，在实际操作中，将中亚与其他区域进行区域间比较的尝试并不多见。这主要是因为，尽管中亚五国在世界地缘政治格局中具有重要地位，并由此吸引了世界上各主要行为体积极介入该地区事务，但客观而言，除了地理位置和能源资源等因素外，中亚在国际关系学等学科研究者的视野中仍然作为一种异域的形象而存在，甚至其对该地区的认知往往与充满威胁的形象联系在一起。研究者对中亚地区的陌生感和距离

---

① Matthias Basedau and Patrick Köllner, "Area Studies, Comparative Area Studies, and the Study of Politics: Context, Substance, and Methodological Challenges", p. 112.

感，降低了他们对中亚与其他地区进行区域间比较的兴趣与热情。[1] 然而，从提高中亚研究的学理化程度这一目标出发，为明晰该地区在"地区构成的世界"[2] 中的地位与意义，特别是为了深化对该地区的认识，包括中亚相对于世界其他地区所具有的特殊性和普遍意义，学界有必要对中亚地区开展区域间比较研究。

在对中亚开展区域间比较研究之前，首先需要明确的是比较对象的选择。从比较的历史基础和现实条件出发，高加索和中东是两个与中亚地区具有较大可比性的地区。就中亚与高加索地区而言，这两个地区的国家在苏联时期共存于一个国家，在独立之后走上各自的发展道路，两个地区均属于内陆地区，独立后仍受到俄罗斯在各自地区享有结构性优势地位和诸多历史联系的影响，并且各国在面临的国家建设任务等方面也有诸多相似性。至于中亚与中东地区，则是基于两个地区传统上均受到伊斯兰文化的影响。中亚国家独立后，中东地区的大国，如土耳其、伊朗等积极介入中亚事务以拓展影响力，客观上增进了这两个地区之间的联系，如宗教因素在中亚的上升以及恐怖主义等非传统安全威胁的相互扩散等。此外，中亚地区蕴藏着较为丰富的能源资源，还曾让研究者们产生过中亚很可能是"第二个波斯湾"的预期或联想。[3] 尽管事实证明，中亚地区的能源储存量和开采量与中东存在较大差距，但这种预期客观上助推过学术界对中亚与中东进行跨区域比较。[4] 此外，自美国于2001年在阿富汗开展持久自由行动且先后推出"大中亚伙伴关系"计划和"新丝绸之路"战略之后，推动

---

[1] 关于东西方对中亚地区的认知，可参见袁剑《区域、文明，还是历史连续体？——中国的中亚叙述及其话语分类》，《西北民族研究》2019年第1期；袁剑：《从"西域"到"中亚"——中国的中亚认知及其历史变迁》，《文化纵横》2018年第2期；John Heathershaw and Nick Megoran, "Contesting Danger: A New Agenda for Policy and Scholarship on Central Asia", *International Affairs*, Vol. 87, No. 3, 2011, pp. 589 – 612。

[2] [美] 彼得·卡赞斯坦：《地区构成的世界：美国帝权中的亚洲和欧洲》，秦亚青、魏玲译，北京大学出版社2007年版。

[3] Robert A. Manning, "The Myth of the Caspian Great Game and the 'New Persian Gulf'", *The Brown Journal of World Affairs*, Vol. 7, No. 2, 2000, pp. 15 – 33.

[4] David Menashri, eds., *Central Asia Meets the Middle East*, London: Frank Cass & Co. Ltd, 1998; Juan R. I. Cole and Deniz Kandiyoti, "Nationalism and the Colonial Legacy in the Middle East and Central Asia: Introduction", *International Journal of Middle East Studies*, Vol. 34, No. 2, 2002, pp. 189 – 203.

中亚与南亚之间的地区一体化进程成为美国中亚政策的重要目标。① 在此背景下，中亚与南亚也偶尔被西方研究者置于跨区域比较的分析框架中。② 除此之外，也有部分成果尝试将中亚与中东欧、东亚、东南亚放在一起进行比较，其中东欧在一段时间内还曾构成中亚地区发展的重要参照对象。不过，随着中东欧逐渐走向亲近或加入欧盟的道路，该地区不再被视为中亚合适的比较对象。就此而言，高加索和中东是与中亚进行区域间比较的两个主要对象区域。

就中亚与高加索之间的关联而言，两个地区拥有诸多相似之处。中亚五国与高加索三国在独立之后均面临艰巨的转型任务，在政治、经济、社会和文化各领域面临诸多挑战。③ 为了应对挑战，同时也因受到苏联遗留的政治遗产与独立后各国渴望维系政治权力的影响，中亚与高加索各国确立的政治体制大同小异，均被西方视为不完全自由的"民主国家"。在经济、社会、文化领域，中亚五国与高加索三国在实现经济发展、社会转型和族群间关系稳定等方面面临诸多相似的挑战与风险，包括地理位置较为封闭、政治腐败、资源匮乏或管理不善、恐怖主义蔓延以及经济增长乏力等。在外交政策领域，由于各国国力相对于地区霸权国家俄罗斯而言较为弱小，各国均或多或少地奉行对冲战略——在中亚地区是"多元平衡外交"，在亚美尼亚是"互补性"外交政策，④ 各国都在试图安抚或抵御俄罗

---

① S. Frederick Starr, *A "Greater Central Asia Partnership" for Afghanistan and Its Neighbors*, Silk Road Paper, The Central Asia – Caucasus Institute in John Hopkins University, March 2005; Starr, S. Frederick, "A Partnership for Central Asia", *Foreign Affairs*, Vol. 84, No. 4, 2005, pp. 164 – 178; 赵华胜：《美国新丝绸之路战略探析》，《新疆师范大学学报》（哲学社会科学版）2012 年第 6 期。

② Magnus Marsden, "Southwest and Central Asia: Comparison, Integration or Beyond?", in Richard Fardon, et. al., eds., *The SAGE Handbook of Social Anthropology*, London: Sage, 2012.

③ Robert E. Ebel and Rajon Menon, eds., *Energy and Conflict in Central Asia and the Caucasus*, Oxford: Rowman & Littlefield 2000; Richard Giragosian, "The US Military Engagement in Central Asia and the Southern Caucasus: An Overview", *Journal of Slavic Military Studies*, Vol. 17, No. 1, 2004; Gawdat Bahgat, "The Geopolitics of Energy in Central Asia and the Caucasus", *The Journal of Social, Political and Economic Studies*, Vol. 34, No. 2, 2009, pp. 143 – 144; Amanda E. Wooden and Christoph H. Stefes, eds., *The Politics of Transition in Central Asia and the Caucasus: Enduring Legacies and Emerging Challenges*, New York: Routledge, 2009; Hooman Peimani, *Conflict and Security in Central Asia and the Caucasus*, California: ABC – CLIO, 2009.

④ Reuel R. Hanks, "'Multi – Vector Politics' and Kazakhstan's Emerging Role as a Geo – strategic Player in Central Asia", *Journal of Balkan and Near Eastern Studies*, Vol. 11, No. 3, 2009, pp. 257 – 267; Alla Mirzoyan, *Armenia, the Regional Powers, and the West: between History and Geopolitics*, New York: Palgrave and Macmillan, 2010; Gary K. Bertsch, et. al., eds., *Crossroads and Conflict: Security and Foreign Policy in the Caucasus and Central Asia*, New York: Routledge, 2000.

斯的同时积极寻求发展与其他域外大国之间的联系。就区域层面的整体特征而言，中亚国家与高加索国家为了保障国家独立以获得必要的外部支持，同时也为了尽可能迅速地融入国际社会和扩大本国的国际影响和声誉，除了土库曼斯坦，它们一般均乐意参与由域外大国所提出或主导的地区合作机制或倡议，如俄罗斯主导的独联体和集体安全条约组织、欧盟的东部伙伴关系计划以及北约的和平伙伴关系计划等。不过，由于对国家主权的珍视与国力弱小，中亚国家与高加索国家对各种地区合作机制或倡议的参与具有更多的工具性考虑，表现为长于加入但短于协调、长于搭便车但短于提供区域公共产品。就此而言，中亚国家与高加索国家参与的地区合作机制很难切实推动地区主义取得显著进展。

就差异而言，中亚与高加索地区作为具有一定独立性的区域，它们独立后的发展历程也呈现出明显的差异化特征。从内部挑战来看，中亚国家与高加索国家面临的主要挑战类型有所不同。在中亚，各国虽然也面临政局不稳、恐怖主义袭击、群体性事件、族群冲突、塔吉克斯坦内战与阿富汗局势持续动荡等问题带来的风险，此外各国间关系也曾因为边界与领土划分、水资源分配、领导人不和等出现过紧张，但整体而言，这些挑战并未导致中亚各国的国家主权遭遇严重挑战，更难得的是中亚国家间并未爆发直接的国家间冲突或战争。但高加索地区作为一个整体，其形势要更加复杂和严峻。相对于中亚五国，高加索三国面临的最严峻挑战来自分离主义，如亚美尼亚与阿塞拜疆围绕纳戈尔诺—卡拉巴赫的归属问题曾爆发激烈冲突，而格鲁吉亚则始终面临南奥塞梯与阿布哈兹的分离主义诉求，格鲁吉亚甚至因分离问题与俄罗斯在 2008 年 8 月爆发过俄格冲突。显而易见，面临的主要威胁类型差异影响着中亚与高加索地区的整体发展动力，并对各国的国家发展和次区域的地区格局，甚至对整个欧亚形势产生了不同影响。[①]

不仅如此，各国之间的关系错综复杂和地区发展动力迥异，两个次区域内部问题的演变轨迹与发展动力也有所差异。以恐怖主义为例，虽然中亚与高加索均面临恐袭威胁，但相对而言，高加索地区的恐怖主义在动员

---

① 孙超：《国际干预、强力国家与分离冲突的升级——基于欧亚地区的考察》，《俄罗斯东欧中亚研究》2018 年第 1 期。

资源（包括思想根源、组织网络等）方面比中亚地区更为"成功"。通过运用区域间比较的研究路径，可以发现恐怖主义在这两个地区的动员模式存在一定异同。① 此外，两个地区在族群政策、公民社会和就业市场等领域的差异，同样可以从区域间比较的角度予以研究。而就外交政策而言，内部威胁的差异也影响着中亚国家与高加索国家外交政策的优先方向。② 高加索地区虽只有三个国家，但在外交政策上分化明显。如格鲁吉亚整体奉行亲西方政策，而亚美尼亚则采取亲俄立场，阿塞拜疆则类似于乌兹别克斯坦，在外交领域具有明显的对俄对冲特征。整体而言，由于格鲁吉亚与阿塞拜疆在疏俄亲美方面比中亚国家走得更远，而俄罗斯又致力于捍卫自身在欧亚的地区霸权，故俄罗斯与西方在高加索地区屡屡发生争端，并导致该地区存在严重的"安全困境"。③ 而中亚国家虽致力于同时发展与中、俄、美等大国之间的关系，但由于各国不存在严重的分离主义威胁，故它们没有迫切的动机去制衡俄罗斯，使得大国在中亚地区的竞争维持在可控的范围内。如果将高加索和中亚分别视为西方（尤其是欧盟）与俄罗斯、中国与俄罗斯的"共享周边（Shared Neighbourhood）"或"共同周边（Common Neighbourhood）"，我们可以发现前者由于西方与俄罗斯均秉持零和博弈思维开展互动，从而导致高加索地区具有强烈的冲突潜力，而后者由于中俄保持了频繁和良好的互动态势，故较好地保障了该地区的稳定。不同行为体在共同周边地区形成的互动模式及其内在原因，同样是开展区域间比较的合适议题。④ 总而言之，对中亚与高加索这两个地区开展区域间比较，能有效深化人们对整个欧亚地区及各地区发展动力的认识。

---

① Kathleen Collins, "Ideas, Networks, and Islamist Movements: Evidence from Central Asia and the Caucasus", *World Politics*, Vol. 60, No. 1, 2007, pp. 64–96.

② 当然，由于历史记忆、地理位置、领导人性格、国内挑战等因素的不同，导致不同的"近邻"在亲西方与亲俄罗斯之间有所摇摆。Peter Duncan, "Westernism, Eurasianism and Pragmatism: The Foreign Policies of the Post-Soviet States, 1991—2001", in Wendy Slater and Andrew Wilson, eds., *The Legacy of the Soviet Union*, New York: Palgrave Macmillan, 2004, pp. 228–253; William E. Odom, "US Policy towards Central Asia and the South Caucasus", *Caspian Crossroads*, Vol. 3, No. 1, 1997.

③ 孙超：《南高加索安全复合体的生成困境探析》，《俄罗斯研究》2017年第2期。

④ 也可参见Vsevolod Samokhvalov, "Russia and its Shared Neighbourhoods: A Comparative Analysis of Russia-EU and Russia-China Relations in the EU's Eastern Neighbourhood and Central Asia", *Contemporary Politics*, Vol. 24, No. 1, 2018, pp. 30–45.

除了高加索，中东是另一个可与中亚地区进行区域间比较的对象区域。毋庸置疑，中东地区形势要比中亚复杂，故对这两个区域进行区域间比较时需要特别谨慎。由于这两个地区存在一定的历史和现实联系，故在研究中不乏对这两个地区进行区域间比较的努力。如有成果尝试比较公民社会在中亚与中东地区面临的发展机会和局限；也有对比两个地区政治社会生活中发挥重要作用的亲属机构与政治权威之间的异同；还有研究对这两个地区的能源资源出口对世界上主要能源消费国发展可能产生的影响进行比较。此外，由于这两个地区均有被殖民帝国长期统治的经历，而且独立后仍受到域外大国对地区事务的介入，因此也有对这两个地区捍卫自身主权的方式和路径进行并列研究的努力等。[①] 除了这些区域间比较的实践，还有学者致力于从学科性质的角度讨论对这两个区域进行区域间比较的可行性与具体路径。如有成果从后殖民主义的视角分析了帝国统治经历对两个地区国家发展产生的影响，以及这种分析可能带来的启示与存在的局限，甚至有成果尝试构建指导人们对中亚与中东地区进行区域间比较的分析框架。[②] 大体而言，随着中亚国家与中东地区的联系越来越密切，特别是小布什政府于2004年6月正式提出"大中东计划"后，中亚地区在美国和学术界曾在一段时间内被视为"大中东地区"的一部分，这激发了西方学术界对中亚与中东进行关联研究的兴趣。

"颜色革命"与"阿拉伯之春"两波抗议浪潮的相继出现，更为学术界围绕中亚与中东开展区域间比较提供了契机。事实上，"大中东计划"的主要对象是中东地区的阿拉伯国家，也包括伊朗、阿富汗和巴基斯坦等

---

① Olivier Roy, "The Predicament of 'Civil Society' in Central Asia and the 'Greater Middle East'", *International Affairs*, Vol. 81, No. 5, 2005, pp. 1001 – 1012; Charles Lindholm, "Kinship Structure and Political Authority: The Middle East and Central Asia", *Comparative Studies in Society and History*, Vol. 28, No. 2, 1986, pp. 334 – 355; Nazir Hussain, "The Dynamics of International Energy Dependence: A Comparative Analysis of the Gulf and Caspian Oil", *Strategic Studies*, Vol. 22, No. 2, 2002, pp. 100 – 124; Sally Cummings and Raymond Hinnebusch, eds., *Sovereignty after Empire: Comparing the Middle East and Central Asia*, Edinburgh: Edinburgh Univeristy Press Ltd, 2011, etc.

② Deniz Kandiyoti, "Post – Colonialism Compared: Potentials and Limitations in the Middle East and Central Asia", *International Journal of Middle East Studies*, Vol. 34, No. 2, 2002, pp. 279 – 297; Sally Cummings and Raymond Hinnebusch, "Empire and After: Toward a Framework for Comparing Empires and Their Consequences in the Post – Imperial Middle East and Central Asia", *Journal of Historical Sociology*, Vol. 27, No. 1, 2014, pp. 103 – 131.

国,严格来说中亚国家并不是"大中东计划"的主要对象。① 因为针对中亚地区,当时的美国小布什政府提出了以阿富汗为中心整合中亚与南亚地区的"大中亚计划"或"新丝绸之路战略"。"大中东计划"与"大中亚计划"有一个共同特征,即美国希望促进中东或中亚国家推进西方式的自由民主改革以铲除恐怖主义滋生和泛滥的土壤,主要路径是支持两个地区公民社会的发展。正是在此背景下,才有了中东研究者对中亚与中东两个地区公民社会发展状态的比较分析。② 而 2003—2005 年的"颜色革命"使包括中亚国家在内的原苏联国家成为美国推进民主的关键试验地。等到 2010 年年底波及突尼斯、埃及、利比亚、叙利亚和也门等西亚北非国家的"阿拉伯之春"发生后,对中亚与中东开展区域间比较不仅具有了可行性,甚至成为了一种必须。事实上,如果将"颜色革命"视为21 世纪的第一波抗议浪潮,那么"阿拉伯之春"与发生在发达国家的一系列"占领"(如影响甚广的美国"占领华尔街"运动)可被视为第二波国际抗议浪潮。这两波抗议浪潮之间具有重要的关联性,如后者受到了前者的重要影响。自"中东变局"以来,有不少成果尝试将"颜色革命"与"阿拉伯之春"纳入比较视野中,以探讨两者之间的异同、关联及对世界抗议浪潮的影响。③ 在此过程中,虽然多数成果采取的是区域内比较的路径,但也出现了部分区域间比较的成果。事实上,对"颜色革命"与"阿

---

① 何志龙:《美国新保守主义与"大中东计划"》,《现代国际关系》2006 年第 6 期;叶青:《美国在中东的民主困境——试析美国的大中东计划》,《阿拉伯世界》2005 年第 5 期;Flynt Leverett, eds., *The Road Ahead: Middle East Policy in the Bush Administration's Second Term*, Washington, D. C.: Brookings Institution Press, 2005.

② Olivier Roy, "The Predicament of 'Civil Society' in Central Asia and the 'Greater Middle East'".

③ Valerie Bunce and Sharon L. Wolchik, "Modes of Popular Mobilizations against Authoritarian Rulers: A Comparison of 1989, the Color Revolutions, and the MENA Uprisings", *Demokratizatsiya*, Vol. 26, No. 2, 2018, pp. 149 – 171; Laura K. Landolt and Paul Kubicek, "Opportunities and Constraints: Comparing Tunisia and Egypt to the Coloured Revolutions", *Democratization*, Vol. 21, No. 6, 2014, pp. 984 – 1006; Anastasiia Kudlenko, "From Colour Revolutions to the Arab Spring: The Role of Civil Society in Democracy Building and Transition Processes", *Journal of Contemporary Central and Eastern Europe*, Vol. 23, No. 2 – 3, 2015, pp. 167 – 179; Alanna C. Van Antwerp and Nathan J. Brown, "The Electoral Model without Elections? The Arab Uprisings of 2011 and the Color Revolutions in Comparative Perspective", *Demokratizatsiya*, Vol. 26, No. 2, 2018, pp. 195 – 226;释启鹏、韩冬临:《当代社会运动中的政权崩溃——"颜色革命"与"阿拉伯之春"的定性比较分析》,《国际政治科学》2017 年第 1 期。

拉伯之春"进行区域间比较,不仅可提炼出两个地区大规模社会运动在动力、机制和模式等方面的异同,而且还可以对大规模抗议浪潮之间的扩散以及关联方式进行创新性研究。

当然,除了运用区域间比较路径对中亚与中东的社会运动进行比较分析外,仍有其他议题可开展区域间比较。例如,积极介入中亚与中东的域外大国在参与这两个地区事务时的历程、方式、途径与后果,以及对地区权力格局演变的影响等有何异同;"伊斯兰国"等国际恐怖主义势力的扩散给两个地区造成的影响是否存在差异(如为何"伊斯兰国"对中亚各国造成的威胁并不像人们想象的那么严重);[1] 两个地区应对"伊斯兰国"参与者流出与回流的方式有什么样的区别(现有的研究主要着眼于特定的国家);"后社会运动"时期两个地区发展途径的共性与差异在哪里;为何中东能构建出具有一定自主性的内生性地区合作机制(如中东海湾合作委员会),而中亚却缺乏一个独立于域外大国的地区合作机制,均可通过开展区域间比较研究探寻答案。总而言之,在中亚研究中,区域间比较仍是一个相对较新、尝试较少且成果有限的研究路径。由于该路径可从整体上把握不同地区的发展动力及其与其他区域之间的关联,故其在中亚研究中仍有相当大的潜力,这也是在未来研究中可以进一步挖掘的领域。

第五节 结论

本章探讨了比较区域研究的三种具体路径及其对中亚研究的启示,并讨论了每种比较路径可以研究的具体议题。随着"一带一路"倡议的推进与上海合作组织命运共同体理念的提出,目前已有越来越多的研究者参与到中亚研究之中。在此背景下,如何利用当前区域国别研究进入研究热潮的契机,解决当前中亚研究中存在的过分追踪热点问题以及区域研究与学科对话明显不足等缺陷,从而提高中亚研究的学理化水平,已经成为中亚研究者亟需关注和努力解决的问题。在各种有助于实现中亚研究与学科

---

[1] 宛程、杨恕:《"伊斯兰国"对中亚地区的安全威胁:迷思还是现实?》,《国际安全研究》2017年第1期。

之间融合和互鉴的研究路径中，比较区域研究是一种较为新颖的研究路径，且能与比较政治学、区域国别研究和国际关系学等学科实现较好的融合。

考虑到比较区域研究涵盖了区域内比较、跨区域比较与区域间比较三种比较方式和路径，本章对如何在中亚研究中运用这三种研究路径作了初步探讨。在区域内比较方面，中亚五国相似的历史经历和独立后既有相似性又有差异性的发展历程，为人们开展区域内比较提供了难得的"天然实验室"。在跨区域比较方面，苏联解体后15个加盟共和国的独立（已加入欧盟的波罗的海三国除外），意味着位于不同次区域的国家——尤其是中亚五国与高加索三国——是运用跨区域比较研究路径的贴切对象，但在开展此类比较时需要注意研究对象的可比性。在区域间比较方面，需综合考虑地区演变历程、现实发展条件及不同地区之间的相互影响。对于中亚研究而言，较为合适的比较对象是高加索地区与中东地区。至于在中亚研究中具体运用哪条研究路径，则需要根据研究者的议题予以确定。

需要强调的是，区域比较研究只是提高中亚研究学理化程度的一种潜在研究路径，而非全部路径。事实上，跨学科研究、多学科研究、研究方法的创新、研究视野的拓展以及既有研究议题的深入等，同样是可能的方式和路径。与此同时，即使在中亚研究中运用区域比较研究，也不能保证一定会产出原创性研究成果。正如区域比较研究的倡导者所提醒的一样，比较区域研究要求甚高。它既要求研究者对多个国家或地区的历史与现状、语言与文化等有深入地了解，还需要研究者掌握相关的学科理论、知识和方法等，能针对特定的比较对象或议题提出富有解释力的答案或洞见。无论研究者是传统区域国别领域的"跨国区域研究"者，还是受训于传统学科后介入区域国别研究中的"学科地区研究"者，跨区域研究对研究者提出的要求相对于传统的区域研究者要求更高。正因如此，本章只是尝试性地讨论了将比较区域研究路径引入中亚研究的可行性、必要性以及可以着手开展此类研究的具体领域或议题，希望能吸引更多的研究者参与到这种研究中来。不仅如此，本章对在中亚研究中如何运用比较区域研究路径的讨论，仅参考了中英文的相关研究成果，并未参考俄语的相关文献。这不仅反映了笔者能力的局限，也意味着本章在不经意间巩固了西方的话语霸权与西方中心主义。尽管如此，我们仍有必要探讨有助于促进中亚研究学理化的各种路径。第三章则进一步讨论了如何在中亚研究中尝试推进中层概念的创新，这一路径或许同样有助于人们在研究中实现区域研究与主流学科之间的融合。

第三章 中亚研究中中层概念的创新

区域研究与学科理论之间存在的既极具张力又相互依存之间的关系，已经促使学术界开始重新讨论提高区域研究学理化水平的具体路径。至于如何实现区域研究与学科之间的争论和融合，学术界提出了多种研究路径。例如，为加强东南亚研究的学理化水平，著名的国际关系理论家和东南亚问题研究者阿米塔·阿查亚呼吁提出了两种有助于推进区域研究和国际关系等学科之间融合的具体路径，即"跨国区域研究（transnational area studies）"与"学科地区研究（disciplinary regional studies）"。① 此外，针对区域研究的研究路径，还有学者呼吁采取跨学科的研究方式，既运用大样本数据分析和基于博弈论模型的研究方法，又强调关注社会过程的社会学分析，既关注意义生产、传递与解构的诠释学过程，又注重考究历史过程与细节。② 比较区域研究的倡导者寄希望于通过不同类型的比较，以发现影响区域内、跨区域以及区域间不同或相似的发展动力，或提炼具有一定适用性的地区发展机制，从而为区域研究提供超越特殊、具体语境的一般化知识作出贡献。

第一节 区域研究中中层概念创新的具体路径

本章主要关注是中层概念（middle‐range concepts）创新对于提高区

---

① Amitav Acharya and Barry Buzan, eds., *Non‐Western International Relations Theory: Perspectives On and Beyond Asia*, New York: Routledge, 2010；［加］阿米塔·阿查亚、［英］巴里·布赞：《迈向全球国际关系学：国际关系学科百年反思》，张发林译，《中国社会科学评价》2019年第4期。

② Jan Kubik, "Between Contextualization and Comparison: A Thorny Relationship between East European Studies and Disciplinary 'Mainstreams'", p. 362.

域研究学理化所具有的意义及其具体路径。概念界定是解决研究问题的逻辑起点，也是理论构建的基础。关键概念甚至可能会成为特定学科区别于其他学科的标识。例如，"权力"之于政治学、"财富"之于经济学、"正义"之于法学以及"无政府状态"之于国际关系学等。[①] 尽管这些概念可能是实质上可争议的概念，即其具体内涵可能众说纷纭，未能达成有效共识，但提出一个核心概念并得到学界同仁的广泛认同，是学科内部甚至是学科间进行学术对话的基础，也是形成和团结一个学术共同体的标识。在区域研究中，概念创新同样至关重要。既然区域研究旨在提供有助于反映该地区民众"生活世界"的情境化知识，那么通过观察和与该地区人群的对话以发现他们的行为逻辑，进而提炼出相应的学术概念借此对他们的生活世界予以深入的把握，构成了区域研究的重要内容和研究前提。无论是克利福德·格尔茨在东南亚人类学研究过程中提出的"浓描（thick description，也译为"深描"）"概念，[②] 本尼迪克特·安德森在研究东南亚民族主义过程中提炼出的"想象的共同体（imagined community）"概念，[③] 阿米塔·阿查亚在研究东南亚区域主义过程中集中阐释的"安全共同体（security community）"或"规范地方化（norm localization）"概念，[④] 还是社会学学者在研究华人社会互动中提炼的"差序格局""儒家关系主义"和"关系本位"等概念，[⑤] 均为相关研究领域带来了重要启发，且已成为学术讨论的通用学术术语。

事实上，学术概念的创新是理论创新的重要组成部分，有时甚至是理

---

① Richard K. Ashley, "Untying the Sovereign State: A Double Reading of the Anarchy Problematique", Millennium: Journal of International Studies, Vol. 17, No. 2, 1988, pp. 227 – 262; Brian C. Schmidt, *The Political Discourse of Anarchy: A Disciplinary History of International Relations*, Albany, New York: State University of New York Press, 1998.

② ［美］克利福德·格尔茨：《文化的解释》，韩莉译，译林出版社 2014 年版。

③ ［美］本尼迪克特·安德森：《想象的共同体：民族主义的起源与散布（增订版）》，吴叡人译，上海人民出版社 2014 年版。

④ ［加］阿米塔·阿查亚：《建构安全共同体：东盟与地区秩序》，王正毅、冯怀信译，上海人民出版社 2004 年版；Amitav Acharya, "How Ideas Spread: Whose Norms Matter? Norm Localization and Institutional Change in Asian Regionalism", Vol. 58, No. 2, *International Organization*, 2004, pp. 239 – 275.

⑤ 费孝通：《乡土中国》，生活·读书·新知三联书店 2013 年版；黄光国：《儒家关系主义：文化反思与典范重建》，北京大学出版社 2006 年版；秦亚青：《关系与过程：中国国际关系理论的文化建构》，上海人民出版社 2012 年版。

论创新的前提。鉴于无论是在学科理论研究还是区域研究中，理论创新的难度要远远高于概念创新的难度，故从概念入手尝试进行创新，或许是较易取得突破的方式，也是提高两类研究学理化水平的重要路径。在区域研究中进行概念创新，近年来一种逐渐流行的趋势是强调"中层概念"创新的意义。"中层概念"这一术语衍生于著名的结构功能主义社会学家罗伯特·默顿（Robert Merton）提出的"中层理论（theories of middle range）"概念。所谓"中层理论"，是指"那些介于日常研究中随处可见的细微但必要的工作假定（working hypotheses），与尝试发展一种能解释所有观察到的社会行为、社会组织与社会变迁之间一致性的统一性理论之间的理论"。这种理论既不同于"有关社会体系的宏大理论（general theories of social systems），因为它们与特殊种类的社会行为、社会组织与社会变迁遥不可及"，又不同于"那些仅平铺直述观察到的现象、不厌其烦地描述特殊之处但无意进行通则化处理的说明"。[1] 如前所述，没有理论引导、事无巨细地描述特定区域人群"生活世界"的区域研究，往往具有"平铺直述观察到的现象、不厌其烦地描述特殊之处"的特点，这也是区域研究经常被学科理论研究者轻视甚至蔑视的重要原因。而在默顿看来，中层理论的独特之处在于，它们"无疑涉及抽象，不过它们与观察到的数据足够密切，如此可被纳入允许进行经验测试的假设之中（propositions）"。[2] 由于区域研究的研究对象主要涉及特定区域及其人群，而与将整个国际体系甚至全球视为研究对象的国际关系学或世界政治学有所不同，又与强调关注个体行为体决策行为的经济学有异，故区域研究非常适合通过构建中层理论来予以研究。

不过，在具体的区域研究中，区域研究者们认为难以在社会生活中确立起能经受严格经验检验的因果关系，此外构建中层理论更多地反映了北美学术界的学术取向，故区域研究者似乎不太愿意构建默顿所说的中层理论，而更乐于通过观察区域内人群的"生活世界"而提炼既具有情景解释力又具有一定普遍性的中层概念，这也被视为推进和系统化区域研究知识

---

[1] Robert Merton, *Social Theory and Social Structure: Toward the Codification of Theory and Research*, New York: Simon and Schuster, 1949, p. 39.

[2] Robert Merton, *Social Theory and Social Structure: Toward the Codification of Theory and Research*, p. 448.

的最为"可靠的"路径。① 具体而言，区域研究中的中层概念是指研究者通过观察和分析特定区域中人群在"生活世界"中的活动情况，能有效地对他们的思维方式、行为逻辑和互动模式进行清晰、准确把握的学术概念，无论这种概念是通过何种研究方法——统计分析、数学建模等定量研究方法，还是参与观察、田野调查、问卷调查、深度访谈、文本分析、逻辑推演、过程追踪、反事实推理等定性研究方法，亦或是综合使用定量与定性研究方法的混合研究方法——获得。如果这一定义成立，那么区域研究中的中层概念最主要的使命有两重：其一是中层概念能够较为准确地反映特定区域人群真实的"生活世界"，并对其中人的所思、所想、所为与互动提供必要的"解释"或"理解"；② 其二是中层概念同时具有一定的特殊性与普遍性，特殊性源自于所研究"区域"的独特性，无论这种独特性是原初的还是建构的，而普遍性是指中层概念可作适当的推广，能在一定程度上运用到其他区域的研究中去，至少有助于解释或理解其他区域研究中类似的社会现象。如此一来，区域研究中的中层概念因其具有一定的区域特色而与其他学科提出的宏大概念有所区别。以国际关系为例，它与国际秩序、国际无政府状态、国际格局、国际结构、全球治理、复合相互依赖、国际声誉和国际地位等宏大概念有所区别。当然也与政治学中仅着眼于特定国家的相关概念，如国家能力、社会结构等有一定差异。毋庸置疑，社会科学中的概念的理解和诠释很难做到如此泾渭分明，是否构成区域研究的中层概念，主要取决于该概念所尝试理解或解释的现象和研究者所持的视角，不能一概而论。

随之而来的问题是如何推进中层概念的创新。现有研究认为，区域研究中至少有三种创新或完善中层概念的路径或方式。③ 第一种方式是研究

---

① Katja Mielke and Andreas Wilde, "The Role of Area Studies in Theory Production: A Differentiation of Mid‑Range Concepts and the Example of Social Order", p. 164; Vincent Houben, "New Area Studies, Translation and Mid‑Range Concepts", p. 215.

② 解释与理解是国际关系研究的主要两种使命，不同国际关系理论对于这两种使命的侧重点有明显不同，如包括新现实主义、新自由制度主义在内的理性主义理论，侧重理论的解释功能；而包括建构主义、女性主义、批判主义等在内的反思主义学派则强调理论的理解功能，可参见 Martin Hollis and Steve Smith, *Explaining and Understanding International Relations*, Oxford: Clarendon Press, 1991.

③ 下文的讨论部分参考了以下两篇文献的相关讨论，不过笔者在此基础上做了进一步的思考。参见 Katja Mielke and Andreas Wilde, "The Role of Area Studies in Theory Production: A Differentiation of Mid‑Range Concepts and the Example of Social Order", pp. 164–166; Vincent Houben, "New Area Studies, Translation and Mid‑Range Concepts", p. 207.

者通过研究特定区域人群的生活世界所提炼出的学术概念，这主要得益于研究者在研究地区所作的跟踪研究。其中，人类学研究中的扎根理论方法（包括田野调查、参与观察等）是提出这类中层概念的主要方式。在区域研究中，詹姆斯·斯科特在东南亚研究中阐述的"弱者的武器（weapons of the weak）"概念、格尔茨提出的"剧场国家（theatre state）"概念以及①安德森用来形容民族主义之建构性的"想象的共同体"概念等，均属于此类研究路径所提出的中层概念类型。显而易见，这些概念原本是人类学学者在研究东南亚的过程中提出的具有浓郁东南亚特色的中层概念，但经由广泛传播，它们已经是社会科学研究中具有高度普遍性的学术概念，并且这些概念的涵义几乎到了耳熟能详的地步。而这些知名人类学家之所以能提出这些认可度颇高的中层概念，离不开他们在研究东南亚地区民众生活世界的过程中，能够敏锐地意识到"异文化"所具有的差异，以及基于该地区民众生活的独特性所开展的创造性智力活动。而这些概念所具有的普遍价值，又为这些概念的推广奠定了坚实的基础。由此可见，中层概念兼具特殊性与普遍性的双重价值是它们获得一般性知识地位的重要前提。

第二种提出或创新区域研究中中层概念的路径，是根据特定区域的独特经验改造或修正学科理论中已得到普遍认同的概念。有研究者指出，格尔茨在研究东南亚地区时提出的"浓描"概念和斯科特提出的"道德经济学"等概念，均属于人类学家在研究过程中根据所研究区域的特殊经验对既有主流概念所作的修正或改造。在国际关系地区一体化的研究过程中，国际关系学者根据东盟独特的发展经验而提出的地区合作"东盟模式"，同样是对主流国际关系理论所做的补充和完善，以更好的解释东盟国家不追求强制度约束而尽量照顾东盟国家地区合作舒适度的特殊经验。② 显而

---

① ［美］詹姆斯·C.斯科特：《弱者的武器》，郑广怀等译，译林出版社2011年版；［美］克利福德·格尔茨：《尼加拉 19世纪巴厘剧场国家》，赵丙祥译，商务印书馆2018年版。
② 相关讨论参见郑先武《区域间主义与"东盟模式"》，《现代国际关系》2008年第5期；Amitav Acharya, "Ideas, Identity, and Institution – Building: From the 'ASEAN way' to the 'Asia – Pacific way'？", *The Pacific Review*, Vol. 10, No. 3, 1997, pp. 319 – 346; Mely Caballero – Anthony, *Regional security in Southeast Asia: Beyond the ASEAN Way*, Singapore: Institute of Southeast Asian Studies, 2005; Mikio Oishi, eds., *Contemporary Conflicts in Southeast Asia: Towards a New ASEAN Way of Conflict Management*, New York: Springer Science + Business Media Singapore Pte Ltd, 2016, 等。

易见，地区研究中层概念的上述两种提出路径，在很大程度上对应于阿查亚在区域研究中倡导的"跨国区域研究"与"学科地区研究"路径。这是因为，第一种中层概念的提出方式遵循的是自下而上、自内而外的创新路径，其基础是鲜活的地区人群在生活世界中的实践，在学术逻辑上主要反映了归纳的思维方式；而第二种提出方式采取的是自上而下、自外而内的创新路径，概念的提出方式是在运用学科既有学术概念解释或理解区域实践时根据地区的具体经验进行概念的调整或修正，更多地体现了演绎的思维逻辑。

第三种中层概念的创新路径是直接采纳特定地区人群在生活世界中所使用的概念并进行必要的学理化处理，或基于社会科学概念的一般构建路径将特定地区的背景知识或行为模式塑造为正式的学术术语。例如，费孝通先生提出的"差序格局"概念就属于这类中层概念。"差序格局"这一概念主要用来描述中国人的行为模式，其提出虽有西方人的"团队格局"作为参照，但它更多的是基于对中国人行为模式的观察所作的学理归纳。受到费孝通先生的启发，人类学家与社会学家在研究中国社会或文化时所提炼出的"关系本位"[①]"伦理本位"[②]"儒家关系主义"等概念，均是经由第三种路径提出的中层概念。再如，在国际关系史或国别史研究中提出的某些概念，如古代中国在东亚地区所构建的"朝贡体系"[③]"天下体系"（或天下秩序）[④] 以及由此维持的"儒家长和平"，[⑤] 古代印度在其周边地

[①] 相关研究进展可参见翟学伟《儒家的社会理论建构——对偶生成理论及其命题》，《社会学研究》2020 年第 1 期。

[②] 梁漱溟：《中国文化要义》，上海人民出版社 2011 年版。

[③] 费正清：《中国的世界秩序：传统中国的对外关系》，杜继东译，中国社会科学出版社 2010 年版；滨下武志：《近代中国的国际契机：朝贡贸易体系与近代亚洲经济圈》，朱荫贵、欧阳菲译，中国社会科学出版社 1999 年版；康灿雄：《西方之前的东亚：朝贡贸易五百年》，陈昌煦译，社会科学文献出版社 2016 年版，等。Yuan‑kang Wang, "Explaining the Tribute System: Power, Confucianism, and War in Medieval East", *Asia Journal of East Asian Studies*, Vol. 13, No. 2, 2013, pp. 207–232，等。

[④] 赵汀阳：《天下体系：世界制度哲学导论》，江苏教育出版社 2005 年版；莫翔：《"天下—朝贡"体系及其世界秩序观》，中国社会科学出版社 2017 年版。

[⑤] David Kang, *China Rising: Peace, Power, and Order in East Asia*, New York: Columbia University Press, 2007; Robert E. Kelly, "A 'Confucian Long Peace' in Pre‑Western East Asia?", *European Journal of International Relations*, Vol. 18, No. 3, 2011, pp. 407–430.

区建立的"曼陀罗体系"等概念,① 均属于此类中层概念。显而易见,此类中层概念的提出方式离不开与西方相对应概念作为参照,但它们的提出在本质上反映了研究者对西方学术界宣称这些相对应的类似概念具有普适性的不满。而这些概念之所以能够提出,深层原因在于区域研究者或学科研究者敏锐地意识到非西方外的各区域具有自身独特的背景知识、行为逻辑或运作模式。而与第一种中层概念的提出方式主要采取自下而上、自内而外的方式,第二种路径主要采取自上而下、自外而内的路径有明显不同,第三种中层概念的提出方式同时具有前两种概念提出路径的成分,既需要研究者有对差异的敏锐意识,又需要研究者对学科知识或理论有娴熟的把握(见表3.1)。

表3.1　　区域研究中创新中层概念的三种路径及其异同

	创新方式	研究立场	思维方式	概念的参照对象	具体实例
第一种路径	基于对所研究区域人群生活世界的深入观察"发明"新概念	主要是自内而外	归纳	或隐或显的西方社会	詹姆斯·斯科特的"弱者的武器"、克利福德·格尔茨的"剧场国家"、本尼迪克特·安德森用的"想象的共同体"等
第二种路径	基于所研究区域人群生活世界的鲜活经历,以修正或调整既有的学科概念	主要是自外而内	演绎	显性的西方社会或既有的学科概念	克利福德·格尔茨的"浓描"、詹姆斯·斯科特的"道德经济学",国际关系研究中的"东盟模式"
第三种路径	将西方作为参照对象,基于对所研究区域人群生活世界的深入观察,提炼出对应于西方的相似概念	内外结合	归纳与演绎并重	显性的西方社会	"差序格局""关系本位""伦理本位""儒家关系主义""朝贡体系""天下体系"(或天下秩序)"儒家长和平""曼陀罗体系"

资料来源:笔者自制。

---

① 吕振纲:《朝贡体系、曼陀罗体系与殖民体系的碰撞——以1909年以前的暹罗曼谷王朝为中心的考察》,《东南亚研究》2017年第5期;吕振纲:《曼陀罗体系:古代东南亚的地区秩序研究》,《太平洋学报》2017年第8期。

表 3.1 简要地总结了创新区域研究中中层概念的三种具体路径及其异同。需要说明的是，其一，这三种概念创新路径均属于理想类型，在实际的研究过程中，它们之间的区分并非如此泾渭分明。尤其是第三种概念创新路径，由于同时糅合了第一种和第二种概念创新路径的部分成分，故经由此种创新路径提出的中层概念，有时较难与前两种路径提出的概念进行明确的区分。其二，由于目前西方学术界无论是在区域研究中还是在学科知识产出上均居于主导地位，故在区域研究中创新中层概念时，研究者不可避免地需要参照西方社会或西方社会科学中的概念来推进这种创新。即使区域研究者创新中层概念的初衷，是出于对西方在概念、理论、知识和学术等方面霸权的不满和批判，但现实是西方的知识霸权很难令研究者完全脱下"西方紧身衣"。正如表 3.1 所列的在一定程度上实现了概念创新的具体实例所表明的，这些概念要么直接由西方学者提出，要么是参照西方社会的经验，要么是基于对既有学科概念的修正而提出来的。由此可见，除非重新打造一套完全弃用西方学术话语体系的替代性体系，否则西方学科知识仍将对区域研究概念的创新产生影响或构成牵制。而破除这种学术尴尬处境的唯一办法，或许在于研究者秉持自强不息、独树一帜的科学精神，通过开展艰苦卓绝的研究工作，以尽可能减少"西方紧身衣"的束缚。正如有区域研究者所指出的，即使包括中国在内的非西方国家在开展区域研究的过程中依旧存在这样或那样的不足，但这"也可能意味着中国区域研究在面对既有的学科体系时更加灵活，同时也对强化中国区域研究的学科意识提出了更高的要求"。在梳理了推进区域研究中中层概念创新的三种路径之后，下文将以中亚研究为例，简要分析可以或者已经在哪些方面推进这种创新，进而提高中亚研究的学理化水平。

第二节　中亚研究中层概念创新的基本状况

之所以选择将中亚研究作为讨论推进区域研究的中层概念创新的案例，主要有三个方面的原因。其一，笔者主要开展中亚相关问题的研究，相对于世界上的其他区域，笔者对国内外中亚研究的基本状况有多一些的了解，这是不揣冒昧讨论中亚研究的中层概念创新的基础。其二，中亚国家是开展区域研究的"天然试验场"。中亚五国（哈萨克斯坦、吉尔吉斯斯坦、塔吉克斯坦、乌兹别克斯坦、土库曼斯坦）独立于1991年，此前并无独立开展现代民族国家建设的经验。由于中亚五国长期处于一个主权国家的框架内，因此它们在独立后仍在各方面存在非常紧密的联系，尤其是各国政治、经济、社会、文化诸领域的制度和政策大同小异。而各国获得独立的国家地位之后，由于采取的内政和外交政策有所差异，因此这些国家走上了或多或少具有差异的发展道路。中亚国家异中有同、同中有异的发展状况，为国内外学术界检验相关理论和提出新的学术命题提供了一种不可多得的机遇。正因如此，有学者认为，苏联解体带来了十五个加盟共和国独立的事实，开启了"人类历史上最大规模的社会与政治实验"。[①] 在研究中亚五国的过程中，能否推进中层概念的创新几乎成为一个衡量国内外界研究能力的标识。由于中亚国家此前并无独立建国的历程，这意味着国内外学术界是站在同一起跑线上开展相关研究的。其三，2021年是中亚国家独立30周年。在此特殊时刻回顾国内外中亚研究所取得的进展并分析其中存在的不足，将有助于明确此后中亚研究的努力方向。

　　对于中国中亚研究的基本状况，国内学术界在充分肯定其取得的诸多成就的同时，也指出了其存在的诸多不足。例如，有学者总结了目前中国中亚研究存在的五个方面的严重缺陷：其一，研究内容相对单一，研究议题有明显不平衡的特征；其二，中亚研究在一定程度上附属于对俄罗斯的研究，在学科体系建设中的地位不彰；其三，对中亚分国别的研究不足，尤其对土库曼斯坦的了解非常有限；其四，研究方法较为陈旧，缺乏创新；其五，青年人才的培养滞后，现有研究力量难以得到有效整合。[②] 除了以上不足，中国中亚研究还存在一个突出问题，即区域问题研究者很少参与到主流国际关系理论的构建与验证进程中，由此导致中亚研究的成果与政治学相关学科之间存在着明显且严重的脱节。随着"一带一路"倡议和上海合作组织命运共同体理念的提出，学科理论研究与中亚研究相脱节

---

① Jan Kubik, "Between Contextualization and Comparison: A Thorny Relationship between East European Studies and Disciplinary 'Mainstreams'", *East European Politics and Societies: and Cultures*, Vol. 29, No. 2, 2015, p. 361.

② 可参见孙壮志《中国中亚研究70年：成就与问题》，《辽宁大学学报》（哲学社会科学版）2019年第5期。

的状况有所改善,① 然而,中亚研究相关成果学理化程度较低依旧是一个亟待解决的问题。与本章讨论相关的是,笔者认为尝试推进中亚研究中中层概念的创新,或许是修正或完善现有中亚研究不足的一条可能途径。

虽然尚未取得突破性进展,但国内外学术界的确在创新中亚研究的中层概念方面作出了一些努力。根据上文提及的创新区域研究中层概念的三种路径,我们将现有成果所作的努力进行简要的梳理。为了方便整理,本章对经由三种路径创新中亚研究中中层概念的讨论将主要从内政和外交两个层面出发进行简要的介绍。毫无疑问,由于笔者阅读所及非常有限,再加上能力有限,下文的讨论只是初步分析,难免存在挂一漏万的问题,这是需要加以说明的。

其一,经由扎根理论研究方式创造的中层概念。这种概念主要是通过对中亚地区的发展历程——尤其是中亚五国独立的国家转型进程——及该地区与外部世界的互动进行仔细观察后所提出的概念,它们反映了研究者对中亚各国民众生活世界的敏锐体察。在分析中亚国家内政的过程中,研究者们提出了诸如"社会秩序""系谱学想象"和"颜色革命"等相关概念。其中,"社会秩序"概念是研究者为了阐述18—19世纪的中亚地区,即"两河(即阿姆河与锡尔河)地区"或"河间地区(Transoxania)"以及阿富汗北部地区所存在的秩序状态。这种状态截然不同于学科主流话语中用来说明秩序形成基础的相关术语,如"国家身份(statehood)""帝国缔造(empire building)""族群性(ethnicity)""部落主义(tribalism)"等。这一中层概念是通过采取深度访谈、参与观察、细致的文本分析等质性研究方法发现和提炼的。在河间地区和阿富汗北部地区缺失一个享有高度权威和能进行有效治理的国家治理机构的情况下,民众组成的社区及社区之间能够通过一系列非正式的社会实践和人际关系网络等,实现资源的收集、分配、调解和仲裁等活动,从而维持一种"有秩序的无政府状态(ordered anarchy)",即社会秩序(social order)状态。② 这一中层概念引导研究者在社会或历史研究中将研究重点置于实践和关系之上,而不是念

---

① 相关讨论可参见曾向红、陈亚州《上海合作组织命运共同体——一项研究议题》,《世界经济与政治》2020年第1期。

② Katja Mielke and Andreas Wilde, "The Role of Area Studies in Theory Production: A Differentiation of Mid-Range Concepts and the Example of Social Order", pp. 167–172.

念不忘诸如国家、国家间战争、族群或部族等实体性概念，从而体现并契合了当前社会科学研究的实践和关系转向。①

无独有偶，在研究中亚国家社会转型的过程中，有研究者对部分学者动辄以"部族""地区"等属于"宗派主义（factionalism）"范畴的概念来解释中亚国家的转型进程，尤其是政治领域的权力分配或斗争状况表示不满，强调对中亚国家民众的"日常生活"开展更为细致和深入的检视。在此基础上，有学者强调"部族""地区"等充满物化内涵的概念，实质上是民众通过各种"系谱学想象（genealogical imagination）"而构建起来的。具体"想象"方式是个体或群体通过各种记忆和历史呈现方式，将自己与祖先以及其他类型的团体关联起来，从而形成特定的群体身份，如部族、地区等。无论这种关联方式是出于工具性的目的，还是表达性地追求团结。"系谱学想象"这一中层概念突出了中亚民众在构建集体身份过程中的能动性，同样反映了社会学与人类学对关系或关联（relatedness）的强调。② 中亚研究者提出的"社会秩序"与"系谱学想象"的概念，都富有浓厚的人类学内涵，是经由研究者长期关注甚至在该地区进行深入调研后才提出的中层概念，它们反映了研究者在概念创新过程中所采取的自内而外的研究视角。③

相对于基于中亚各国内政而提出的中层概念，学术界针对中亚国家外交政策提出的中层概念较为罕见。毋庸置疑，由于外交政策的敏感性，研究者很难在研究主权国家外交政策的过程中采取参与观察等扎根理论所推崇的研究方法。即便有研究者在研究外交决策的过程中有特殊的渠道针对决策者采用深度访谈、阅读决策相关文件等研究方法，但是要基于这种研究体验提出新的中层概念依旧是比较困难的。不过，在中亚研究的过程

---

① Karin Knorr Cetina, Theodore R. Schatzki, Eike von Savigny, *The Practice Turn in Contemporary Theory*, New York: Rutledge, 2001; Mustafa Emirbayer, "Manifesto for a Relational Sociology", *American Journal of Sociology*, Vol. 103, No. 2, 1997, pp. 281 – 317; Pierpaolo Donati, *Relational Sociology: A New Paradigm for the Social Sciences*, New York: Rutledge, p. 201.

② David Gullette, "Theories on Central Asian Factionalism: The Debate in Political Science and its Wider Implications", *Central Asian Survey*, Vol. 26, No. 3, 2007, pp. 373 – 387.

③ 此外，"颜色革命"也是涉及中亚国家的中层概念。由于该概念已经流传甚广，远远超出了中亚甚至苏联地区的范畴，故这里不对概念进行集中分析。不过需要指出的是，相较于"社会秩序""系谱性想象"是自内而外提出来的，"颜色革命"更多的是西方学术界采取由外而内的角度来宣扬的。

中，似乎的确存在基于地方经验而出现的几个中层概念，如"积极中立的外交政策""多角度外交政策（multi – vector foreign policy）"等。其中，土库曼斯坦明确宣称奉行"积极中立的外交政策"，① 而其他国家则或明确或隐含地承认奉行"多角度外交政策"，即大国平衡外交政策。② 其中最为典型的是哈萨克斯坦。该国试图与俄罗斯、中国、美国等大国均保持和平友好的关系，以避免刺激任何一个大国，进而为维护哈萨克斯坦国家主权、赢得国际声誉和获得物质收益等提供良好的条件。③ 显而易见，无论是"积极中立的外交政策"还是"多角度外交政策"，虽然主要源自于对中亚国家对外交往经验的总结，但客观而言，这些概念的内涵往往缺乏明确的界定，提出的视角也并未完全吻合自内而外的研究立场，并且它们在学理化程度上也有待提高，是否具有更广泛的地区适用性更是值得商榷。就此而言，这些涉及中亚国家外交政策的概念是否能被称之为中层概念，还需作进一步的观察或者需要中亚研究者进行更深入的澄清。

其二，通过改造主流学科理论而提出的中层概念。如前所述，中亚研究存在较为明显的缺陷，即与学科主流理论之间较少开展学术对话，这严重制约了中亚研究者通过借鉴主流理论来对中亚民众在生活世界中的丰富经验进行理论提炼的能力。这种状况在国内外学术界均存在，不

---

① 关于土库曼斯坦外交政策的研究，参见 Luca Anceschi, *Turkmenistan's Foreign Policy: Positive Neutrality and the Consolidation of the Turkmen Regime*, New York: Routledge, 2009; U. Yapıcı, "From Positive Neutrality to Silk Road Activism? The Continuities and Changes in Turkmenistan's Foreign Policy", *Journal of Balkan and Near Eastern Studies*, Vol. 20, No. 3, 2018, pp. 293 – 310.

② 乌兹别克斯坦在卡里莫夫时代宣称奉行"自主自守的外交政策"，其实质依旧是平衡外交。米尔济约耶夫继承乌兹别克斯坦总统之后，其政策具有鲜明的大国平衡外交政策的色彩。可参见焦一强《"继承"还是"决裂"？——"后卡里莫夫时代"乌兹别克斯坦外交政策调整》，《俄罗斯研究》2017 年第 3 期；Bernardo Teles Fazendeiro, "Uzbekistan's Defensive Self – reliance: Karimov's Foreign Policy Legacy", *International Affairs*, Vol. 93, No. 2, 2017, pp. 409 – 427; 周明：《乌兹别克斯坦新政府与中亚地区一体化》，《俄罗斯研究》2018 年第 3 期。

③ 关于哈萨克斯坦外交政策的研究成果，可参见 Sally N. Cummings, "Eurasian Bridge or Murky Waters between East and West: Ideas, Identity and Output in Kazakhstan's Foreign Policy", *Journal of Communist Studies & Transition Politics*, Vol. 19, No. 3, 2003, pp. 139 – 156; Reuel R. Hanks, "Multi – Vector Politics' and Kazakhstan's Emerging Role as a Geo – strategic Player in Central Asia", *Journal of Balkan and Near Eastern Studies*, Vol. 11, No. 3, 2009, pp. 259 – 260; Thomas Ambrosio and William A. Lange, "Mapping Kazakhstan's Geopolitical Code: An Analysis of Nazarbayev's Presidential Addresses, 1997—2014", *Journal Eurasian Geography and Economics*, Vol. 55, No. 5, 2014, pp. 537 – 559.

过西方学术界的表现整体而言要"好"于国内学术界。例如，在研究中亚国家内政问题的过程中，西方学术界通过挪用或借鉴西方政治学等学科中的相关概念，积极地进行了中层概念的"创新"。这种创新，首先是基于他们对中亚国家将维护政权生存（主要是精英生存）作为内外政策的优先目标的认识。在西方学者看来，中亚国家之所以奉行多边平衡的外交政策，其动机与在国内建立威权政体的目标一致，主要是为了国家政权的生存。[1] 这一国家目标体现在国内政治生活中，即中亚各国基本上确立了"强总统—弱议会—小社会"的治理模式（吉尔吉斯斯坦有所偏离），而维护统治精英的政治生存和既得利益是采取这种政体模式的主要动机。由于中亚国家对待自由、民主、人权等价值观的态度截然不同于西方，故从事中亚问题研究的西方学术界从中发现了中亚国家政治体制或政治生活的"特殊性"，并尝试从学理层面上对这种特殊性进行经验总结。为此，西方学术界在介绍或分析中亚国家的政治体制时，提出了一系列令人眼花缭乱的中层概念。如"竞争性威权主义""半威权主义""混合型体制""虚拟民主国家"和"世袭威权体制"等。[2] 这些概念的意思大同小异，其意均是明确指出中亚国家并未采取西方式的自由民主政权形式，各国的所谓"民主"只是徒有其表，其实质仍是传统意义上的威权甚至集权体制。显而易见，这些中层概念充满偏见，主要反映了西方研究者对于自身自由民主政权模式的偏好甚至信仰，并据此来评判中亚国家在转型过程中走向自由民主道路的表现。这种通过借鉴西方比较政治学或美国政治学中的主流概念来裁定中亚国家政治生活的研究，反映的无疑是自外而内的研究视角，体现的是西方部分学者在苏联问题研究中所持有的目的论思

---

[1] 有关政权生存是中亚各国之所以采取大国平衡外交政策的相关研究，可参见 Leila Kazemi, "Domestic Sources of Uzbekistan's Foreign Policy, 1991 to the Present", *Journal of International Affairs*, Vol. 56, No. 2, 2003, pp. 258–259; Luca Anceschi, "Integrating Domestic Politics and Foreign Policy Making: The Cases of Turkmenistan and Uzbekistan", *Central Asian Survey*, Vol. 29, No. 2, 2010, p. 146; Kirill Nourzhanov, "Changing Security Threat Perceptions in Central Asia", *Australian Journal of International Affairs*, Vol. 63, No. 1, 2009, p. 85.

[2] Steven Levitsky and Lucan A. Way, *Competitive Authoritarianism: Hybrid Regimes after the Cold War*, Cambridge University Press, 2010; Marina Ottaway, *Democracy Challenged: The Rise of Semi-authoritarianism*, Carnegie Endowment for International Peace, 2003; Kathleen Collins, "Economic and Security Regionalism among Patrimonial Authoritarian Regimes: The Case of Central Asia", *Europe–Asia Studies*, Vol. 61, No. 2, 2009, pp. 249–281.

维方式。①

当然，也有西方研究者对在研究包括中亚国家在内的后苏联空间国家采取充满目的论色彩的"转型范式"（transition paradigm）表示不满，并在此过程中实现了中层概念创新的学术努力。例如，克里斯特恩·比奇塞（Christine Bichsel）在研究外部援助力量如何介入费尔干纳盆地以缓解该地区的冲突潜力时，创造性地提出了"冲突转型（conflict transformation）"这一中层概念。众所周知，费尔干纳盆地是中亚地区人口最为密集的地带，但该地区在领土划分上又被乌兹别克斯坦、吉尔吉斯斯坦、塔吉克斯坦三国所共有，资源的有限加上历史和现实积聚起来的各种矛盾导致研究者历来对该地区可能爆发冲突的问题高度关注且充满警惕。然而，西方公益性非政府组织以及主流西方冲突议题的研究者在讨论费尔干纳盆地的冲突潜力时，往往动辄从目的论的角度对此进行分析，并且不约而同地持有三个环环相扣的假定：资源稀缺引发矛盾甚至冲突，冲突主体为族群，族群体验到的怨恨会导致它们诉诸暴力。对于西方学术界、政策界和援助者所秉持的这种传统"冲突解决（conflict resolutions）"或"冲突处置（conflict settlement）"路径，比奇塞严重不满，进而提出了自己的"冲突转型"概念及基于此基础上的矛盾缓和路径。在比奇塞看来，要缓和甚至消除费尔干纳盆地的冲突，更需要着眼的是该地区错综复杂的社会关系。基于此，比奇塞认为，域内外行为体需要开展的关键工作是将该地区各族群之间矛盾初现的社会关系转化为富有建设性的合作关系。为此，比奇塞呼吁当地的利益攸关方和国际社会应共同参与到为各方解决各种问题或矛盾的进程中来，以促进该地区社会关系的"转型"。② 为了提出"冲突转型"这一中层概念，比奇塞使用了参与观察、结构性访谈等民族志研究方法，同时也使用了文本分析等质性研究方法。虽然这一中层概念同样具有第一种中层概念提出路径的特征，但是鉴于比奇塞提出该概念的部分初衷在于反驳和批判主流的冲突解决路径，故这里将其视为主要反映第二条创新路

---

① 可参见 Thomas Carothers, "The End of the Transition Paradigm", *Journal of Democracy*, Vol. 13, No. 1, 2002, pp. 5 – 21; Ghia Nodia, "Debating the Transition Paradigm: The Democratic Path", *Journal of Democracy*, Vol. 13, No. 3, 2002, pp. 13 – 19.

② Christine Bichsel, *Conflict Transformation in Central Asia: Irrigation Dispute in the Ferghana Valley*, New York: Routledge, 2009.

径所提出的中层概念。

相对于西方学术界在针对中亚国家内政过程中所进行的中层概念创新质量参差不齐，他们在中亚外交领域所作的创新具有更多的中立色彩。如前所述，中亚国家将政权生存作为主要的国家目标，并由此导致各国精英对于国家主权非常敏感。这主要体现在地区合作问题上，一方面，中亚各国往往会非常排斥甚至反对那些可能导致其国家主权遭到削弱的合作安排；另一方面，转型过程的艰难也让中亚各国决策者并不纯粹反对参与各种地区合作机制，无论这种机制是安全领域的，还是经济领域，亦或是政治领域的。因为参与这些机制，可为各国提供诸多切实的物质收益，此外还能通过参与地区合作组织带来自身国际地位提高的象征性收益。如此一来，在参与地区合作的过程中，中亚各国（土库曼斯坦除外）一方面积极参与各种能带来多种多样收益的地区合作机制，另一方面，对主权的珍视导致这些国家在多边机制框架内很难就具体的合作领域展开实质性的政策协调，结果就是中亚国家参与的各种地区合作机制很难在推进地区一体化进程上取得切切实实的进展。对于这种高声倡导合作但真实的合作难以落地的状况，西方学术界提出了一系列的中层概念对此进行描述，如"虚拟地区主义"（Virtual Regionalism）"保护性一体化"（Protective Integration）"威权国家之间的合作"（Authoritarian Cooperation）"再生产性地区一体化"（Reproductive Integration）等。[1] 除了部分概念蕴涵强烈的意识形态色彩，整体而言它们的内涵较为清晰，并产生了一定的学术影响。显而易见，这些概念反映的是研究者对中亚国家参与地区合作的观察和感受，其参照物主要为西方，尤其是欧盟的地区合作经验，所以体现了研究者基于自外而内的研究视角所进行的中层概念创新。

其三，基于中亚地区经验与学科理论对话而创造的中层概念。这类概念

---

[1] Roy Allison, "Virtual Regionalism, Regional Structures and Regime Security in Central Asia", *Central Asian Survey*, 2008, Vol. 27, No. 2, pp. 185 – 202; Roy Allison, "Virtual Regionalism and Protective Integration in Central Asia", in Anita Sengupta and Suchandana Chatterjee, eds., *Eurasian Perspectives: in Search of Alternatives*, Shipra Publications, Kolkata, India, 2010, pp. 29 – 48; Sean Roberts, "The Eurasian Economic Union: the Geopolitics of Authoritarian Cooperation", *Eurasian Geography and Economics*, 2017, Vol. 58, No. 4, pp. 418 – 441; Sean P. Roberts and Arkady Moshes, "The Eurasian Economic Union: A Case of Reproductive Integration?", *Post – Soviet Affairs*, Vol. 32, No. 6, 2016, pp. 542 – 565.

体现了自内而外、自外而内两种研究视角的结合。既经过了研究者将之与西方经验或话语之间的参照或比较,也反映了研究者对特定区域生活经验的反思。在中亚研究中,"主权民主""管理民主""危险话语""新大博弈""套娃霸权""套娃秩序"等中层概念属于经由这种创新路径产生的概念。

　　就攸关中亚国家的国家转型和国家建构而言,经由第三种路径阐释的中层概念主要包括"主权民主""管理民主""可控民主"等。其中,"主权民主""管理民主"是一种国家治理模式,尤其是指包括俄罗斯在内的原苏联国家所采取的政权形式。"主权民主"的概念大致出现于2005年春,这是俄罗斯为抵御欧盟和美国在独联体地区支持"颜色革命"所作的直接反应。① 针对欧盟、美国等行为体在独联体地区所展开的民主攻势,俄罗斯除了诉诸传统的主权观念以抵御压力外,还主动出击,构建了一种替代的"主权民主"模式。"主权民主"将外来的民主推进和移植计划建构为一种威胁,认为不符合历史传统和本国现实的政治体制带来的不是稳定,而是失序和混乱。西方的民主推进计划不仅是非法和危险的,而且反映了它们希望殖民化并且主导原苏联国家的企图。② 鉴于此,俄罗斯认为每个国家政治体制的发展均应该遵循本国独特的国情和历史传承,此外还尤其强调一个强大的国家是实施和启动任何政治、经济和社会改革的前提。③ 至于"可控民主",则是俄罗斯学者在参照西方自由民主模式对俄罗斯治理模式所作的理论提炼。研究者认为,俄罗斯的"可控民主"保留了西方民主的若干外部特征,同时受到国家政权和统治机构的严格控制和限制。④ 由于中亚国家同样面临来自西方要求各国建立自由民主的强大压力,再加上俄罗斯治理模式和经验对于中亚国家而言具有亲缘性和启发性,故"主权民主"与"可控民主"也被用来理解中亚国家的政治治理模式及应

---

① Stefanie Ortmann, "Diffusion as Discourse of Danger: Russian Self-representations and the Framing of the Tulip Revolution", *Central Asian Survey*, Vol. 27, No. 3-4, 2008, pp. 363-378.

② Derek Averre, "'Sovereign Democracy' and Russia's Relations with the European Union", *Demokratizatsiya*, Vol. 15, No. 2, 2007, pp. 173-190.

③ Mariya Y. Omelicheva, "Competing Perspectives on Democracy and Democratization", pp. 85-86.

④ 李兴耕:《关于俄罗斯"可控民主"的若干思考》,《俄罗斯中亚东欧研究》2004年第5期;白千文:《从"自由民主"到"可控民主":俄罗斯政治体制改革的经济学解析与启示》,《俄罗斯研究》2009年第4期,等。

对欧美民主推进计划所作的反应。

与前文提及的其他中层概念主要由西方学者提出不同,"管理民主"与"可控民主"这两个概念最初源自于俄罗斯学术界或政策界。不过,它们明显参照了西方的自由民主概念,并以此进行反驳或批判。而之所以将这两个概念视为区域研究中的中层概念,是因为它们得到了西方学术界的热烈讨论,并在一定程度上已经上升为具有一定学理意义的中层概念。另一个涉及中亚国家转型的中层话语是"危险话语"。这是西方学者对西方政界和学术界在描述和分析中亚地区形势时所构建的一整套话语体系。这些话语动辄认定该地区的发展前景危险重重,从而留下了一种该地区既遥远又充满风险的意象。尽管美国中亚研究中的"危险话语"自冷战结束以来的近30年里经历过变化,而且与美国中亚政策的演变阶段有一定的对应关系,但衍生"危险话语"的议题主要集中在以下问题上,如俄罗斯对中亚地区存在霸权或帝国雄心、该地区因各种原因面临的国家衰败、地区各国面临的冲突可能(尤其是费尔干纳盆地的复杂形势)等问题。"危险话语"建构并维持着美国决策者、学者与大众针对中亚地区的一种极富危险的意象,进而影响美国中亚政策的制定与实施。① 而就观察角度而言,这两个中层概念体现了当地政治话语与学科理论之间的对话,并同时混杂了自内而外、自外而内两种视角。

而就中亚地区的外交政策或区域合作而言,经由第三种概念创新路径提出的中层概念相对来说较为丰富,如"新大博弈""套娃霸权""套娃秩序"等均属于这种类型。在西方宣扬或传播"危险话语"的过程中,大国在中亚地区既竞争又合作的复杂态势是导致此类话语流传甚广的部分原因,也是"危险话语"关注的重要议题。对于大国在中亚地区的竞合态势,西方学术界习惯使用"新大博弈"加以描述。② "新大博弈"是与旧

---

① 可参见 John Heathershaw and Nick Megoran, "Contesting Danger: A New Agenda for Policy and Scholarship on Central Asia", *International Affairs*, Vol. 87, No. 3, 2011, pp. 589 – 612;曾向红、杨恕:《美国中亚研究中的"危险话语"及其政治效应》,《世界经济与政治》2014 年第 1 期。

② 参见 Kleveman Lutz, *The New Great Game: Blood and Oil in Central Asia*, New York: Atlantic Monthly Press, 2003; Maria Raquel Freire and Roger E. Kanet, eds., *Key Players and Regional Dynamics in Eurasia: The Return of the 'Great Game'*, New York: Palgrave Macmillan, 2010; Alexander Cooley, *Great Games, Local Rules: The New Great Power Contest for Central Asia*, Oxford: Oxford University Press, 2012;潘志平:《中亚的地缘政治:"大博弈"与"小博弈"》,《新疆社会科学》2009 年第 2 期,等等。

"大博弈"相对应的,后者是指19世纪沙俄帝国与大英帝国在中亚与阿富汗地区为争夺势力范围或殖民地所开展的博弈。显而易见,时代的变迁无疑会导致"新""旧"大博弈呈现出众多差别,这也导致了部分学者对中亚研究中"新大博弈"话语持批判态度。① 在西方"危险话语"得到广泛流传的舆论环境下,美国、欧盟、俄罗斯、中国等行为体与中亚五国作为"新大博弈"的行为主体通过复杂互动,导致中亚地区产生了一种"套娃霸权"的格局,并逐渐形成了一种"套娃秩序"。其中,所谓的"套娃霸权"是指作为全球霸权的美国、作为地区霸权的俄罗斯、具有次地区霸权抱负的乌兹别克斯坦,以及一个作为"崛起中的全球与地区霸权"的中国在该地区所开展的纵横捭阖的外交活动。② 而"套娃秩序"则是指在包括中亚在内的欧亚地区,域外行为体与本地行为体之间形成一种类似于俄罗斯玩具"套娃"的层层关联的秩序模式。其中最外层"套娃"具体是指俄美在全球层面进行竞争和合作;第二层"套娃"是俄美在欧亚地区的互动,以及该地区内国家与非国家行为体分别与俄美两国所形成的互动关系;第三层"套娃"则是国家与非国家行为体在国家层面上所形成的关系模式。欧亚地区三个层次的套娃是相互影响的,美俄在第一层次的互动会传导和影响第二、第三个层次,反之亦然(详见第十章)。大体而言,经由第三条路径提出的中亚研究中层概念,在很大程度上遵循了以类比或寓言的方式将特殊经验上升为学理概念的模式。而就概念提出者的观察视角而言,这些中层概念首先建立在对中亚国家和地区发展形势深入把握的基础之上,其次或参考或借鉴或修正了学术界学科主流理论对类似概念的讨论,它们经由了内外双重视角的相互检视和彼此印证(见表3.2)。

---

① 对于"新大博弈"的批判,参见 Richard Weitz, "Averting a New Great Game in Central Asia", *The Washington Quarterly*, Vol. 29, No. 3, 2006, pp. 155 – 167; Matthew Edwards, "The New Great Game and the New Great Gamers: Disciples of Kipling and Mackinder", *Central Asian Survey*, Vol. 22, No. 1, 2003, pp. 83 – 102; Anita Sengupta, "9/11 and Heartland Debate in Central Asia", *Central Asia and the Caucasus*, Vol. 4, No. 34, 2005, pp. 8 – 20; Igor Torbakov, "The West, Russia, and China in Central Asia: What Kind of Game is Being Played in the Region?", *Transition Studies Review*, Vol. 14, No. 1, 2007, pp. 152 – 162, 等等。

② Ruth Deyermond, "Matrioshka Hegemony? Multi – Levelled Hegemonic Competition and Security in Post – Soviet Central Asia", *Review of International Studies*, Vol. 35, No. 1, 2009, pp. 151 – 173.

表 3.2　　　　国际关系学界在中亚研究中提出的部分中层概念

创新路径	具体实例	
	涉及中亚国家的国家转型	有关中亚国家的对外交往
第一种路径	"社会秩序""系谱学想象"等	"积极中立的外交政策""多角度外交政策"等
第二种路径	"竞争性威权主义""半威权主义""混合型体制""虚拟民主国家""世袭威权体制""冲突转型"等	"虚拟地区主义""保护性一体化""威权国家之间的合作""再生产性地区一体化"等
第三种路径	"主权民主""管理民主""危险话语"	"新大博弈""套娃霸权""套娃秩序"

资料来源：笔者自制。

第三节　结论

在追求一般性知识仍属于社会科学研究核心目标的背景下，学科理论相较于区域研究仍处于更优先的知识等级之上，因为区域研究往往被认为主要产生的是情境性知识。尽管学术界倡导加强学科理论与区域研究之间相互借鉴的声音越来越大，但整体而言，至少在中国，当务之急似乎仍是努力提高区域研究的学理化水平。例如，尽管近年来国内兴起了一股区域研究的热潮，但区域研究与学科理论之间相互启发、彼此借鉴的局面尚未形成。事实上，区域研究仍面临学理化水平有限的问题。在此背景下，区域研究者倡导的在区域研究中创新中层概念，或许是提高国内区域研究的学理化水平、实现区域研究与学科主流理论之间携手共进的重要方式。为了实现这一目标，学术界提出了创新区域研究中层概念的三种具体路径。第一种是基于对所研究区域民众生活世界的深入观察，提炼出能够反映当地人如何看待世界的新概念。第二种是基于所研究区域人群生活世界的鲜活经历，修正或调整既有的学科概念。第三种是将西方作为参照对象，基于对所研究区域人群生活世界的深入观察而提炼出有别于学科主流话语的学术概念。这三条路径具有一定的差异，就观察视角而言，第一条路径采取的是自内而外的立场，第二条路径主要基于自外而内的立场，第三条路径则综合了自外而内、自内而外的视角；在思维方式层面，第一条路径主要基于归纳的思维逻辑，第二条路径则反映了理论演绎的逻辑，第三条路径则在归纳与演绎之间来回切换，以同时实现地区经验与学科理论之间的相互启发。

在明晰了中层概念对于区域研究的重要意义以及三种概念创新路径的异同之后，本章对中外学术界在中亚研究过程中创新中层概念的状况做了简要梳理。通过考察可以发现，中亚研究者虽然尝试提出或完善部分中层概念，但相对于东南亚研究者在中层概念创新上层出不穷且得到了学术界的广泛认可而言，中亚研究者在概念创新上虽有一定斩获，但除了个别概念，如主要涉及中亚国家政权性质的相关概念（"竞争性威权主义""半威权主义""混合型体制""虚拟民主国家""世袭威权体制"等），其他概念离对相关学科理论的建设和发展产生重要影响这一目标仍有不小的距离。当然，或许产生这样的期待本身对于中亚研究而言有些不太公平。这是因为，即使把中亚研究作为一个相对独立的研究领域，从中亚国家1991年成立时开始算起，其历史也不到30年，更何况一个初具规模且能就重要的中亚研究议题达成共识的学术共同体的形成也需要时间。更令人尴尬的是，中亚研究仍与更广泛的欧亚研究存在千丝万缕的联系，其作为一个相对独立的区域研究的地位仍需存疑。在此背景下，我们只能希望中亚研究者在创新能有效把握中亚民众生活世界又具有深刻学理涵义的中层概念方面不断取得进步。

另外，本章的考察另外还有几点启示或值得注意之处。其一，就目前中亚研究中具有一定创新性的中层概念而言，主要的概念提出者仍是来自西方的中亚研究者，另外也有源自中亚国家甚至俄罗斯政策界的实践性概念或政治话语。考虑到中国与西方学术界均是在中亚国家独立之后才开展较为系统的中亚研究的，相比之下西方学术界所取得的进展更值得效仿和借鉴。这也意味着中国的中亚研究者在中层概念创新方面，仍需要付出艰辛的努力才能达到学术界的自我期许。其二，根据区域研究中中层概念创新的三种路径可知，区域研究中中层概念的创新，主要源自于研究者对所研究地区人群生活世界的深入观察与对学科理论的娴熟掌握，两者缺一不可。在目前中亚研究在很大程度上仍处于区域研究与学科理论相互隔绝的状态下，首先需要学术界在人才培养模式和成果刊发等方面作出努力。就人才培养而言，需要更好地设置融通区域研究和政治学、历史学、社会学、人类学等主流学科基础知识的课程。而在成果刊发方面，则需要相关期刊对那些实现了两者结合的成果给予更多的发表机会，以激励年轻学子从事能有效融合区域研究与学科理论的研究，从而为中亚研究培养更多更优秀的后备人才。至于在创新路径的选择上，在当前学术界尚未形成在中亚研究过程中开展深入和广泛田野调查的学术传统这一背景下，可优先考虑采用第二种或第三种中层概念创新的路径，因为使用文本分析、理论演绎等质性研究方法同样可以使研究者在中亚概念创新方面取得一定突破。

最后，需要强调的是，本章出于提高区域研究学理化水平的初衷呼吁学术界加强中层概念的创新，但我们并不提倡为了概念创新而进行概念创新。事实上，当前学术界盛行生造概念的现象，并且这一现象已经严重威胁到学术界进行的正常学术研究。所以我们一定要明确，"造词≠学术创新"，[1] 因为概念创新的目标是为了推进对所研究区域民众生活世界的深入理解，同时也能超越学术界现有概念无法充分理解所研究的现象所带来的困境。就此而言，中层概念虽然对推进区域研究的学理化水平不可或缺，但概念创新需要同时满足必要性、可行性和科学性等要求，其难度不容低估。鉴于此，我们唯有寄希望于区域研究者能够通过扎实的研究，提出更多得到学术共同体广泛认可的中层概念，而不只是利用"一带一路"倡议提出以来区域研究出现的热潮，浮光掠影地对特定区域进行"扫描"式的研究，而忽视了区域研究要想取得切实进展，不仅有赖于研究者有"贴着地皮看世界"[2] 或"透过本地人看世界"的求真精神，也需要有"潜心研究、敢为人先"的创新意识。

---

[1] 阎学通：《主编寄语：造词≠学术创新》，《国际政治科学》2017年第4期。
[2] 项飙：《贴着地皮看世界》，《南风窗》2015年第10期。

第二部分

中亚研究议题之一:"颜色革命"

第四章 "颜色革命"衰退的路径与机制

2003—2005年波及后苏联空间的"颜色革命"浪潮，对中亚各国的国家建设产生了较为持久的影响。就此而言，对中亚国家转型的研究，需要关注此浪潮的兴起、发展、衰落和影响等问题。而就目前来看，学术界对此问题的讨论仍有不少可继续深入之处，因此，我们将对"颜色革命"的分析视为拓展中亚研究议题的第一个议题。为深化讨论，本部分专辟三章来讨论"颜色革命"。本章先从宏观和一般性的层面剖析"颜色革命"衰退的路径与机制，其中贯彻了第二章有关在中亚研究中应更多地使用比较区域研究路径的呼吁；第五章则从较为微观的层面剖析吉尔吉斯斯坦反复发生"颜色革命"的动员基础；第六章则比较了吉尔吉斯斯坦与乌兹别克斯坦发生的"颜色革命"为何会遭遇不同的政治命运，此章运用了区域内比较的研究路径，以提炼出影响"颜色革命"在不同国家遭遇不同命运的具体机制。通过这三章的讨论，我们或许可以对有关"颜色革命"在中亚地区的演变轨迹进行更富有学理意义的把握。

鉴于既有研究对"颜色革命"在后苏联空间的产生与发展轨迹做了诸多讨论，本章尝试集中研究"颜色革命"衰落的路径与机制。众所周知，20世纪80年代以后，以波兰、捷克斯洛伐克等苏联加盟共和国发生的"和平演变"为标志，亨廷顿所说的"第三波民主化浪潮"席卷世界，这波开始于1974年葡萄牙"康乃馨革命"的"民主化浪潮"不仅直接导致了苏联的解体，更成为之后"颜色革命"的渊源。[①] 对于"颜色革命"的

[①] 史澎海、彭凤玲：《美国和平演变战略与中东"颜色革命"》，《西安交通大学学报》（社会科学版）2014年第5期。

概念及内涵，学术界已经进行一定程度的讨论。一般来说，"颜色革命"被认为是21世纪前后发生在东欧与苏联地区，通过大规模社会运动或"街头政治"实现政权非正常更迭的政治现象。①"颜色革命"之火烧到的国家轻则政局动荡、社会不安，重则出现社会分裂甚至流血冲突。在此之后，以"安集延事件"的平息以及哈萨克斯坦国内选举平稳落幕为标志，中亚及独联体地区非正常的政权更迭活动就此阻遏，"颜色革命"也悄然退潮，并未出现西方学者预期的"第四波民主化浪潮"②的扩散。这其中原因何在？

2020年9月20日，在欧洲新冠疫情肆虐之际，数十万白俄罗斯民众却走上首都明斯克的街头，举行名为"团结大游行"的集会，抗议8月9日总统大选结果。俄罗斯联邦对外情报局局长在其声明中指出："美国粗暴地干涉着俄罗斯周边对俄友好国家的内政，比如在白俄罗斯和吉尔吉斯斯坦，美国影响了总统选举后的局势"③。疫情打击之下，国际局势复杂变化，欧亚国家内部抗议浪潮暗流涌动，美国煽动的"颜色革命"之火在独联体地区是否将会重燃？那些曾经成功抵御"颜色革命"的国家能否再次顺利过关？为了回答这个问题，有必要追根溯源，重新审视十年前那场"颜色革命"风暴下欧亚有关国家应对的态度与行动，并从中寻找成功抵御"颜色革命"的合理解释路径与有益防御机制。这不仅有助于理解曾经"颜色革命"为何退潮的历史问题，也有助于深层次地解决"颜色革命"扩散—衰退机制研究中的诸多疑惑。

为了探究十多年前那场"颜色革命"浪潮衰退的相关问题，完善"颜色革命"兴起—扩散—衰退的因果链条，本章将采用"定性比较分析"（Qualitative Comparative Analysis，简称QCA）作为主要的分析方法，以

---

① Lane David, "Coloured Revolution as a Political Phenomenon", *Journal of Communist Studies and Transition Politics*, Vol. 25, No. 3, 2009, pp. 113 – 135.

② 参见Steven Levitsky 与Lucan A. Way 的研究，二人在其研究中指出了"第四波民主化浪潮"的影响和国际体系变化对后苏联空间国家"民主化"的压力。Steven Levitsky and Lucan A. Way, "International Linkage and Democratization", *Journal of Democracy*, Vol. 16, No. 3, 2005, pp. 20 – 34; Lucan A. Way, "Authoritarian State Building and the Sources of Regime Competitiveness in the Fourth Wave", *World Politics*, Vol. 57, No. 2, pp. 231 – 261.

③《俄联邦对外情报局局长：美国正计划在摩尔多瓦掀起"颜色革命"》，中国新闻网，2020年10月21日，http://www.chinanews.com/gj/2020/10 – 21/9318945.shtml.

2005年前后"颜色革命"涉及的11个欧亚国家为案例,从政权当局行为、案例国家国际国内影响因素和民众态度三个主要方面出发,分析相关案例国家成功抵御"颜色革命"侵袭的原因,并在此基础上探究案例国家内"颜色革命"衰退的共性机制。国内已有不少研究尝试将QCA方法运用到国际关系领域之中,因此其原理方法在此不再赘述。[1] 在本章中,笔者采取的是"清晰集定性比较分析"(csQCA)的相关方法。

本章主体分为四个部分。第一部分着重对国内外现有关于"颜色革命"的代表性研究进行整合与总结;第二部分则以文献回顾为基础进行变量与案例的选择,通过QCA分析得出必要条件、核心条件与条件组合;第三部分则对"颜色革命"衰退的四条路径进行必要的论述,挖掘其中的共性特征;第四部分则通过必要条件与核心条件探究"颜色革命"的衰退机制。

第一节 "颜色革命"既有研究的回顾与总结

(一)研究内容不足与意识形态之争

在"颜色革命"的现有研究中,国内外学界的研究主要集中在"颜色革命"是什么、怎样发生的、其根源是什么、[2] 目的是什么,[3] 以及区域国家的反应与应对、"颜色革命""民主化"效果评估[4]等问题上。对于"颜色革命"为何衰退这一问题,虽然尚未出现足够丰富的研究成果,但已有

---

[1] 蒋建忠:《国际关系实证研究方法》,上海远东出版社2020年版,第147—148页;唐睿、唐世平:《历史遗产与原苏东国家的民主转型——基于26个国家的模糊集与多值QCA的双重检测》,《世界经济与政治》2013年第2期;刘丰:《定性比较分析与国际关系研究》,《世界经济与政治》2015年第1期。

[2] 徐振伟、张晓龙:《欧安会/欧安组织与"颜色革命"的起源》,《中共中央党校学报》2018年第2期。

[3] 吴大辉:《美国在独联体地区策动"颜色革命"的三重诉求——兼论中俄在上海合作组织架构下抵御"颜色革命"的当务之急》,《俄罗斯中亚东欧研究》2006年第2期。

[4] 具有代表性的研究有:Elena Korosteleva, "Questioning Democracy Promotion: Belarus' Response to the 'Colour Revolutions'", *Democratization*, Vol. 19, No. 1, 2012, pp. 37 – 59; Carothers Thomas, "The Backlash against Democracy Promotion", *Foreign Affairs*, Vol. 85, No. 2, 2006, pp. 55 – 68.

学者运用"精英背叛"和"精英学习"两种模型，① 解释"颜色革命"的成功与失败；也有学者对相关国家应对"颜色革命"的战略进行分类，包括孤立、边缘化、分配、镇压和说服，并希望借此说明政权当局抵制"颜色革命"成功的可能因素。② 这些研究虽然指出了"颜色革命"衰退的可能要素，但要素间的关系是孤立的，并没有将其整合成为一套整体性、理论性的衰退的过程路径或衰退的条件机制。

对于"颜色革命"的定性问题，中国的研究者普遍认为"颜色革命"不是真正的"革命"，而是国家内部一部分人为了实现其政治利益而发动的一场政变；外国学界则更侧重其"民主化"的一面。不过近年来外国研究者也逐渐改观了对"颜色革命"的认识，并认为"颜色革命"是"政治革命"，而非能够促进国家历史发展的"社会革命"。③ 这表明"颜色革命"爆发与否是一个政权是否稳定的问题，而非社会是否进步、政治是否发展的问题。正如亨廷顿所指出的，"各国之间最重要的政治分野，不在于它们政府的形式，而在于它们政府的有效程度"④。因此，本章在视角和变量的选择上将不再强调政府与政体类型的差异，而是从政府行为的角度出发，对"颜色革命"的衰退路径与机制问题进行研究与探讨。

（二）研究视角的多元化

国内外学界对于"颜色革命"的研究视角多元化，主要有以下三个研究视角。

第一，通过大历史、大叙事的视角全景呈现"颜色革命"从渗透、动

---

① 这方面的研究可参见 Mark R. Beissinger, "Structure and Example in Modular Political Phenomena: The Diffusion of Bulldozer/Rose/Orange/Tulip Revolutions", *Perspectives on Politics*, Vol. 5, No. 2, 2007, pp. 259 – 276.

② 参见 Evgeny Finkel and Yitzhak M. Brudny, "No More Colour! Authoritarian Regimes and Colour Revolutions in Eurasia", *Democratization*, Vol. 19, No. 1, 2012, pp. 1 – 14.

③ 关于"革命""社会革命""政治革命"与"颜色革命"的辨析，国内研究可参见陈达《颜色革命：中亚面临的现实抉择》，兰州大学出版社2007年版，第37—40页；国外研究可参见 Lincoln A. Mitchell, *The Color Revolution*, University of Pennsylvania Press, 2012, pp. 7 – 10；[美]西达·斯考切波：《国家与社会革命：对法国、俄国和中国的比较分析》，何俊志、王学东译，上海人民出版社2015年版。

④ [美]塞缪尔·P. 亨廷顿：《变化社会中的政治秩序》，王冠华、刘为译，沈宗美校，上海人民出版社2015年版，第1页。

员到组织、爆发的过程。这种研究视角在关于"颜色革命"专著中出现得比较多。① 目前所见著作的研究重点多集中在中亚及东欧有关国家发生"颜色革命"的过程描述上,并兼有一定的启示与对策评论。

第二,从社会运动理论的视角解释"颜色革命"发生、扩散、衰退的机制与原因。比如,笔者与杨恕教授曾以结构分析的宏观视角和政治机遇结构的微观视角进一步剖析"颜色革命"发生的各种因素。他们认为,包括"社会运动组织或团体参与国家政治生活的渠道、国家的政治生态、运动者的动员策略和政府对社会运动的反应以及社会运动所面临的国际环境"在内的政治机会结构的变化,导致了"颜色革命"的最终发生;② 尼亚孜科夫基于社会运动的视角,从政治机会结构、资源动员、集体行动的框架和相对剥夺感四个方面出发,阐明了哈萨克斯坦成功抵御"颜色革命"的原因。③ 此外,"阿拉伯之春"和系列"占领"运动虽然未被学界归入"颜色革命"的范畴,但由于它们与发生在苏联地区国家内的"颜色革命"同属社会运动,在策划、组织的手段和生成机制方面有一定的相似性,因而也有一些研究将这三者两两组合进行比较政治分析,进一步阐明了发生"颜色革命"的国家政权崩溃的原因④以及全球抗议浪潮框架转型的趋势与效果。⑤

第三,以比较政治学的视角研究"颜色革命"的发生机制。国内运用比较政治学的视角对"颜色革命"进行研究的是释启鹏、韩冬临、林治华

---

① 这方面的专著可参见潘志平《"颜色革命"袭击下的中亚》,新疆人民出版社 2006 年版;傅宝安等《"颜色革命":挑战与启示》,江西人民出版社 2006 年版;陈达《颜色革命:中亚面临的现实抉择》,兰州大学出版社 2007 年版;焦一强《从"民主岛"到"郁金香革命":吉尔吉斯斯坦政治转型研究》,兰州大学出版社 2010 年版;孙壮志主编《独联体国家"颜色革命"研究》,中国社会科学出版社 2011 年版。

② 曾向红、杨恕:《社会运动理论视角下的"颜色革命"》,《俄罗斯中亚东欧研究》2006 年第 2 期。

③ Nurseit Niyazbkov, "Is Kazakhstan Immune to Color Revolution? The Social Movements Perspective", *The Journal of Post-Soviet Democratization*, Vol. 26, No. 3, 2018, pp. 401-426.

④ 释启鹏、韩冬临:《当代社会运动中的政权崩溃——"颜色革命"与"阿拉伯之春"的定性比较分析》,《国际政治科学》2017 年第 1 期。

⑤ 曾向红、陈亚州:《从"阿拉伯之春"到"占领"运动——全球抗议周期中的框架转型及其效果》,《国际安全研究》2015 年第 5 期。

和赵华胜等人，他们分别从政权何以崩溃①、经济转型②和社会发展③等不同角度出发，对比遭受"颜色革命"打击的各国在国家能力、反对派、抗议人数和经济发展水平等方面的不同，从而构建出"颜色革命"中现代国家政权崩溃的若干路径，以此解释"颜色革命"爆发的政治、社会与经济层面原因。相较而言，国外学者运用比较政治学的方法研究"颜色革命"的成果相对丰富。唐纳查·奥·比查因等人通过对比不同国家政府对待"颜色革命"的差异后认为，"颜色革命"在缺乏国内因素的条件下不会发生作用，因而需要将国内政治因素纳入"颜色革命"的比较政治研究之中。④ 在此项研究问世之前，唐纳查还通过对比格鲁吉亚和吉尔吉斯斯坦两国政权更迭的动因，从国家政体、青年团体、媒体、反对派的联合以及西方援助等要素出发，解释上述两国爆发"颜色革命"的原因。⑤ 与唐纳查不同，瑞安·肯尼迪则将视角对准了不同国家反对派策动"颜色革命"的收益比较，希望从策动"颜色革命"所获收益的差异出发，解释"'颜色革命'为什么在一些国家爆发了，而在另一些国家却没有"这一问题。⑥

总的来看，上述研究视角各有特色，在拓展"颜色革命"研究的深度和广度方面也各有侧重。以大历史、大叙事的方式研究"颜色革命"，为重新了解"颜色革命"的历史事实提供了完备的资料，但这样的研究多为描述性而非解释性的研究。采用该视角进行研究的不足在于只能回答"'颜色革命'是什么"的问题，而不能回答"为什么"的问题。以社会运动理论视角研究"颜色革命"能够将复杂的"颜色革命"现象抽象为一

---

① 释启鹏、韩冬临：《当代社会运动中的政权崩溃——"颜色革命"与"阿拉伯之春"的定性比较分析》。

② 林治华：《"颜色革命"爆发的经济学分析——吉尔吉斯斯坦与乌兹别克斯坦转轨经济比较》，《俄罗斯中亚东欧研究》2006年第1期。

③ 赵华胜：《原苏联地区"颜色革命"浪潮的成因分析》，《国际观察》2005年第3期。

④ Donnacha Ó Beacháin and Abel Polese, "What Happened to the Colour Revolutions? Authoritarian Responses from Former Soviet Spaces", *Journal of International and Area Studies*, Vol. 17, No. 2, 2012, pp. 33 – 35.

⑤ Donnacha Ó Beacháin, "Roses and Tulips: Dynamics of Regime Change in Georgia and Kyrgyzstan", *Communist Studies and Transition Politics*, Vol. 25, No. 2 – 3, 2009, pp. 199 – 226.

⑥ Ryan Kennedy, "Fading Colours? A Synthetic Comparative Case Study of the Impact of 'Colour Revolutions'", *Comparative Politics*, Vol. 17, No. 2, 2014, pp. 273 – 292.

个简约的政治过程或社会运动过程,进而从主体、客体、目标、手段、框架等角度深刻剖析"颜色革命"发生、扩散的机制。但是,该视角的不足之处在于,只适用于个案内分析而不能进行跨个案分析。这是因为国家的不同可能导致同类社会运动中微观因素的差异。然而,就历史现实来看,"颜色革命"是一波浪潮而非单独个案,意味着对"颜色革命"的研究应该将重心放在"群案例分析"而非"寡案例分析"之上。因此,在分析"颜色革命"发生—扩散—衰退这类整体性问题时,应当注重跨个案的普遍性分析,而非个案内的特殊性分析。

(三) 解释变量的选择

"颜色革命"作为一种政治现象或者一种社会运动的过程,如何运用恰当的解释变量在"颜色革命"的研究中"成一家之言"是学者们主要关注的问题。这对本研究具有重要的启发意义。在现有关于"颜色革命"的研究中,学术界主要从以下几个方面构建解释变量。

第一,以国内政治的相关因素构建解释变量。张宁在其研究中着重考察了国内选举因素对于引爆"颜色革命"的重要作用;[1] 笔者曾研究过反对派与政府当局互动的差异对于"颜色革命"结果的重要性;[2] 亨利·黑尔通过政权周期和国内政治精英对政治权力的争夺来构建解释变量;[3] 唐纳查等人则将国内精英、反对派、公民社会以及民众作为重要的解释变量。[4] 另外,近期关于吉尔吉斯斯坦"颜色革命"的研究则指明了国家(宗教)身份对于接续"颜色革命"所发挥的中介作用。[5]

第二,以国际政治的相关因素构建解释变量。对"颜色革命"及其他国家政权更迭的国际因素的反思曾经一度成为国内外学者研究"民主化"

---

[1] 张宁:《吉尔吉斯斯坦"颜色革命"中的选举因素》,《俄罗斯中亚东欧研究》2005 年第 5 期。
[2] 曾向红、连小倩:《从反对派与政府互动差异看独联体国家"颜色革命"》,《阿拉伯世界研究》2020 年第 3 期。
[3] Henry Hale:《政体周期:前苏联地区各国的民主、专制与颜色革命》,王正绪、彭莉媛译,《开放时代》2009 年第 4 期。
[4] Donnacha Ó Beacháin and Abel Polese, "What Happened to the Colour Revolutions? Authoritarian Responses from Former Soviet Spaces", pp. 33 – 35.
[5] 周明、李嘉伟:《21 世纪初两次国际抗议浪潮的关联与比较——兼论作为中介的吉尔吉斯斯坦"革命"》,《俄罗斯研究》2021 年第 1 期。

和政权更迭的重要考虑因素。史蒂文·列维茨基等人引入西方国家建构的杠杆与联系等要素来构建新的分析框架。① 亚伯·珀斯则注意到西方非政府组织以及金融财团对于一国"颜色革命"发生的重要影响。② 除此以外，还有研究显示，西方构建的认同因素引诱相关国家进行"民主化"改革，从而引发了相关国家的"颜色革命"和政权更迭。③ 从美俄两国地缘政治争夺方面解释"颜色革命"发生的研究成果同样也有出现。④

第三，以传媒、通信技术等客观物质因素构建解释变量。路璐等人试图从传播学的角度研究"颜色革命"的生成机制，指明了新媒体和网络传播技术在构建集体身份、搭建叙事结构的"话语战争"中所发挥的显著作用。⑤ 国外一部分实证研究也专门论述了网络与新媒体在公民抗议动员与组织中的重要作用，⑥ 并注意到在策动"颜色革命"的过程中通信技术所发挥的重要作用。⑦

（四）小结

尽管有关"颜色革命"衰退方面的文献目前所见较少，但国内外学者对"颜色革命"发生、扩散方面的大量研究仍具有重大的启发意义。

---

① Steven Levitsky and Lucan A. Way, "Linkage versus Leverage: Rethinking the International Dimension of Regime Change", *Comparative Politics*, Vol. 38, No. 4, 2006, pp. 379 – 400.

② Abel Polese, "Russia, the US., the Others and the 101 Things to Do to Win a (Colour) Revolution: Reflections on Georgia and Ukraine", *Journal of Contemporary Central and Eastern Europe*, Vol. 19, No. 1 – 2, 2011, pp. 421 – 451.

③ Donnacha Ó Beacháin and Frederik Coene, "Go West: Georgia's European Identity and Its Role in Domestic Politics and Foreign Policy Objectives", *Nationalities Papers*, Vol. 42, No. 6, 2014, pp. 923 – 941.

④ 祖立超、谷迎秋：《从吉尔吉斯"颜色革命"看俄美博弈中亚》，《西伯利亚研究》2005年第6期。

⑤ 路璐：《话语、动员与主体——西方传播学界视域中的"颜色革命"研究》，《江海学刊》2016年第1期；党生翠：《"颜色革命"中的媒体乱象分析》，《西安交通大学学报》（社会科学版）2010年第4期。

⑥ Vasil Navumau, "Social Media as a Source of Counter – Hegemonic Discourses: Micro – level Analysis of The Belurusian Silent Action Protest Movement", *The Journal of Post – Soviet Democratization*, Vol. 27, No. 3, 2019, pp. 287 – 318.

⑦ 具有代表性的有 Volodymyr V. Lysenko and Kevin C. Desouza, "The Use of Information and Communication Technologies by Protesters and the Authorities in the Attempts at Colour Revolutions in Belarus 2001—2010", *Europe – Asia Studies*, Vol. 67, No. 4, 2015, pp. 624 – 651.

第一,"颜色革命"的现有研究主要集中在"颜色革命"的发生、扩散的机制研究方面,对于"颜色革命"衰退的研究还比较匮乏。因此,对"颜色革命"衰退机制进行研究是十分必要的,这有利于完善"颜色革命"发生—扩散—衰退的发生机制。

第二,作为一项整体性的研究,"颜色革命"衰退的条件与路径研究既需要在社会运动理论的视角下将单个案例过程化、细致化,也需要在比较政治的视角下进行多个案例的比较分析,从而实现整体案例的理论化、机制化。

第三,"颜色革命"衰退研究的变量选取必须要十分谨慎。反对派、精英团体、民众态度等国内政治的相关因素必须纳入变量选取的考虑范围内,而对于一些不适用于比较政治分析的变量应该选取新的变量对其进行覆盖。这些变量的选取必须要以案例研究的实际需要作为标准,而不能陷入西方"民主决定论"的话语陷阱。

第二节　研究假设、案例选择与数据分析

(一) 研究假设

前人的研究成果显示,在"颜色革命"产生与扩散的过程中,国内精英对"民主化"的态度是"颜色革命"能否成功发生的重要条件之一。换言之,由政治精英所组成的政府在"颜色革命"发生时的初始态度,对于"颜色革命"能否在本国发生是极其重要的。当精英们态度一致时,无论其对"民主化"的取向为何,都不会因为精英的立场分裂而使部分精英被排挤出政权阶层,从而导致政变。因此,当国内政治精英得到有效整合并团结一致时,"颜色革命"将面临衰退(假设1)。

马克思认为国家"在一切典型的时期毫无例外地都是统治阶级的国家,并且在一切场合在本质上都是镇压被压迫被剥削阶级的机器"[①]。故国家的首要职能是政治职能,或称其为"镇压职能"。当国家能够依靠国家机关实施其政治职能时,社会才会平稳运行。但是,当国家武装力量薄弱,暴力机关无法维护政权的稳定时,国家处理政治抗争时会

[①] 《马克思恩格斯文集》(第4卷),人民出版社2009年版,第195页。

面临困境。① 因此，当一国政权当局对"颜色革命"及其趋势采取遏制措施时，"颜色革命"将可能会面临衰退（假设2）。

"颜色革命"的本质仍然属于一场社会运动。"资源动员理论"认为，对于运动内部的资源动员是维持社会运动的重要条件，但随着社会运动的发展，外部资源在社会运动发生和发展过程中起到更加关键的作用，② 而这些资源往往来源于境外非政府组织。③ 因此，是否有外部势力对案例国家内的反对派进行有效的援助并对民众反政府运动施加持续压力，是"颜色革命"兴盛与衰退的重要条件（假设3）。

随着社会运动持续时间的延长，个人被动员的潜力可能会因为政权当局所作出的侧面妥协而下降。④ 斯考切波认为，"社会秩序基本上或大致上依赖于需求得到满足的多数人达成了共识"，如果在大众中充满了有意识的不满情绪，那么任何政权都难以存续。⑤ 鉴于此，可以认为，如果国内民众对政府表现出一种较高的容忍度，那么政权所面临的威胁就会变小；反之，现政权将会处于危险的境地。因此，无论出于何种原因，如果国内民众对政府采取容忍的态度，那么由反对势力所策划的"颜色革命"将会走向衰退（假设4）。

话语体系的构建在一场社会运动中的作用十分重要，它不仅能够体现这场社会运动的目标与诉求，也能够给予民众高度的动员潜力。除此以外，令人信服的话语体系将传统元素与新的含义框架融合在一起，从而引发民众在情感上或文化上产生与政治动员一致的倾向。⑥ 因此，在一场"颜色革命"中，反对派构建的典型抗议话语将推动"颜色革命"的发生；

---

① Lucan Way, "The Real Causes of the Color Revolutions", *Journal of Democracy*, Vol. 19, No. 3, 2008, pp. 55 – 69.

② 赵鼎新：《社会与政治运动讲义（第二版）》，社会科学文献出版社2012年版，第179—187页。

③ 王宏伟：《社会运动视角下西方NGO的民主输出与"颜色革命"》，《学术探索》2018年第5期。

④ "侧面妥协"是政府当局为了缓解民众的怨气而采取的隐蔽的不易被察觉的迂缓策略，其目的是在维护政府权威的同时消弭民众的抗议活动。参见 Sarah J. Hummel, "Sideways Concessions and Individual Decisions to Protest", *Comparative Politics*, Vol. 52, No. 1, 2019, p. 66.

⑤ [美] 西达·斯考切波：《国家与社会革命：对法国、俄国和中国的比较分析》，第17页。

⑥ 参见 Sidney G. Tarrow, *Power in Movement: Social Movements and Contentious Politics*, Cambridge University Press, 1994, p. 29.

反之,"颜色革命"将走向衰退(假设5)。

(二) 案例选择

本章"颜色革命"的范围限定遵从学界的主流定义,即考察后苏联空间国家在2005年前后所发生的以实现政权非正常更迭为目的(无论是否成功)的社会运动,同样具有"颜色革命"性质的"阿拉伯之春"则不在案例选择考虑的范围之内,这有利于案例范围的限定。需要指出的是,本章在案例选择的过程中有意识地忽略了靠近波兰的一些东欧及波罗的海国家,这是因为这些国家在东欧剧变、苏联解体后一直希望回归"传统欧洲"的怀抱。它们或寻求加入北约,或寻求加入欧盟,且国内各政治派别对"疏俄亲欧"的外交政策达成了较高的一致性。这些国家国内政权发展变化的路径已经不适用于"颜色革命"爆发的基本条件。故本章案例的选取为:其一,已经发生"颜色革命"欧亚三国,包括格鲁吉亚、乌克兰以及吉尔吉斯斯坦;其二,有发生"颜色革命"的趋势但未发生政权非正常更迭的八国,包括白俄罗斯、俄罗斯、乌兹别克斯坦、哈萨克斯坦、塔吉克斯坦、土库曼斯坦、亚美尼亚以及阿塞拜疆(具体研究案例见表4.1)。

表4.1 研究案例一览

国家	发生时间	事件名称	政权是否稳定
亚美尼亚	2005	"议会血案"	是
阿塞拜疆	2005	"紫罗兰革命"	是
白俄罗斯	2005	"3·27抗议"	是
格鲁吉亚	2003	"玫瑰革命"	否
哈萨克斯坦	2005	"黄色革命"	是
吉尔吉斯斯坦	2005	"郁金香革命"	否
俄罗斯	2005	"反福利改革抗议"	是
塔吉克斯坦	2006	"拉什特河谷事件"	是
土库曼斯坦	2005	"面粉革命"	是
乌克兰	2004	"橙色革命"	否
乌兹别克斯坦	2005	"安集延事件"	是

资料来源:笔者自制。

（三）变量赋值与数据分析

首先，根据前期文献综述得出的相关启示以及检验研究假设的需要，选择结果变量和条件变量。本章选取社会管控、外部压力、精英整合、当局态度、民众对政府的容忍度和反对派话语构建六个维度的因素作为条件变量。因"颜色革命"的衰退意味着现政权的稳定，故选取"政权稳定"作为结果变量。

其次，对条件变量与结果变量进行布尔赋值。根据 csQCA 的赋值规则，本章以客观上发生的"是（赋值为1）"或"否（赋值为0）"作为定类数据的赋值依据。为了确保分析的客观性，尽量选择客观数据作为变量操作化的依据。例如，民众对政府容忍度的衡量，将采取"透明国际"的"腐败感知指数"[①] 作为其衡量依据。这是因为腐败问题是苏联解体后影响后苏联空间国家的一个重要的社会和政治问题，乌克兰、格鲁吉亚、吉尔吉斯斯坦国内政局出现反复动荡的原因都在于政权当局的腐败。当国内腐败问题比较严重时，民众对政府的容忍度较低。根据 11 个案例国家"腐败感知指数"的平面数据分布，本章认为以均值 2.36 作为二分阈值能够达到合理划分案例的效果。如果该指数高于 2.36，说明该国民众认为政府相对廉洁，民众对政府的容忍度也相对较高，故赋值为"1"；反之，则赋值为"0"。"新闻自由数据"是"自由之家"在"年度新闻自由调查分析"中公布的有关世界各国新闻自由度的数据集。根据其衡量方法，该数据集主要将国内社会领域内的政治、经济、法律等方面的要素纳入考虑之中，并在此基础上得出综合总分。[②] 得分越高，说明政府对社会独立媒体、社会政治、法律等领域的监管较多，并被该组织认为是"不自由的"。但是，对于这项研究来说，这恰恰意味着该国政府对社会领域采取了有效的管控措施。依据案例国家的数据均值，本章将这个变量的二分阈值设定为 74。如果高于 74，说明该国政府对社会采取了较为严格的管控措施，赋值

[①] "Database of Corruption Perspective Index 2003—2010"，"透明国际"，https://www.transparency.org/en/cpi.

[②] 数据来源及其评价标准参见"Freedom of the Press（FOTP）Data：Editions 1980—2017"，"自由之家"，https://freedomhouse.org/sites/default/files/2020 - 02/FOTP1980 - FOTP2017_Public - Data.xlsx.

为"1";反之,则赋值为"0"。所有变量的赋值方法详见表4.2。

表4.2　　　　　　　　　　变量的赋值依据

	变量名称	赋值依据	数据来源
条件变量	社会管控	"新闻自由数据"值高于74,赋值为1	"自由之家"
	外部压力	有外部压力介入,赋值为1	作者整理
	精英整合	有效整合,赋值为1	作者整理
	当局态度	态度强硬,赋值为1	作者整理
	民众对政府的容忍度	"腐败感知指数"高于2.36,赋值为1	"透明国际"
	反对派话语构建	出现典型的抗议话语,赋值为1	作者整理
结果变量	政权稳定	政权保持稳定,赋值为1	作者整理

资料来源:笔者自制。

在此,有必要对其中变量的赋值进行一定的说明。对于可根据事实依据确定"是"或"否"的变量,本章对当时的历史文献资料和新闻报道进行过程追踪后,得出赋值。而对于"社会管控"和"民众对政府的容忍度"这两个变量,则是根据客观数据的均值作为二分阈值确定的依据。这是因为上述数据均来源于西方国家评价体系下的数据得分,对于欧亚国家来说,这些数据仅能充当反映国家间相对水平变化的依据,如果以西方的标准作为二分阈值的划分依据,则无法体现出案例间的特殊性,故选择数据均值作为划分依据。

最后,建立案例真值表,如表4.3所示。

表4.3　　　　　　　　　　案例真值表

案例/变量	社会管控	外部压力	精英整合	当局态度	民众对政府的容忍度	反对派话语构建	政权稳定
亚美尼亚	0	0	0	1	1	0	1
阿塞拜疆	0	0	0	1	0	0	1
白俄罗斯	1	1	1	1	1	0	1
格鲁吉亚	0	1	0	0	0	1	0
哈萨克斯坦	1	0	1	1	1	1	1
吉尔吉斯斯坦	0	1	0	0	0	1	0

续表

案例/变量	社会管控	外部压力	精英整合	当局态度	民众对政府的容忍度	反对派话语构建	政权稳定
俄罗斯	0	1	1	1	1	0	1
塔吉克斯坦	1	0	1	1	0	0	1
土库曼斯坦	1	0	1	0	0	0	1
乌克兰	0	1	0	0	0	1	0
乌兹别克斯坦	1	1	1	1	0	0	1

资料来源：笔者自制。

（四）必要条件、核心条件与条件组合

根据案例真值表，本章运用 fsQCA3.0 软件对条件变量进行必要条件的检测（如表4.4所示）。一般认为，当一致性大于0.8时，认为条件变量是结果变量的充分条件；当一致性大于0.9时，则认为条件变量是结果变量的必要条件。如果存在必要条件，那么将在下面的条件组合中将其排除，再进行充分条件组合。[①]

表4.4　　　　　　　　必要条件检测

	一致性（Consistency）	覆盖度（Coverage）
社会管控	0.625000	1.000000
外部压力	0.375000	0.500000
精英整合	0.750000	1.000000
当局态度	0.875000	1.000000
民众对政府的容忍度	0.500000	1.000000
反对派话语构建	0.125000	0.250000

资料来源：笔者自制。

由表4.4可知，虽然6个条件变量的一致性均未达到0.9，但是对于条件变量"当局态度"来说，其一致性已经达到了0.8750且覆盖度为1.0，具有较好的解释力。近似地，可以将"当局态度"看作结果变量的

[①] 参见迟永《美国介入领土争端的行为——基于模糊集定性比较分析的解释》，《世界经济与政治》2014年第10期。

必要条件。这说明，当案例国家的政权当局在面对"颜色革命"呈现的兴起之势时如果能够态度强硬，那么"颜色革命"将急剧走向衰退，政权也会维持稳定。政府高层的软弱是"颜色革命"中发生大规模群体活动的基本要求。[①] 例如，在"郁金香革命"中，吉尔吉斯斯坦首都比什凯克爆发大规模反政府抗议游行，受到反对派鼓动的示威者打砸商铺、杀害政府公务人员，其暴行令国际社会震惊。但时任总统阿卡耶夫仍然以"人道主义"为由不顾顾问的建议，纵容示威者在市内进行打砸抢烧等暴力犯罪活动，并声称"我不愿意忠实于我的法制力量和总统卫队的双手沾染鲜血，玷污良心"，[②] 最后阿卡耶夫失去对国内局势的掌控，被迫出走俄罗斯。与此相反，"安集延事件"发生后，乌兹别克斯坦总统卡里莫夫无惧西方制裁的威胁，迅速平息暴乱，最后赢得了国内局势的主动权。

为进一步探寻核心条件与可能的解释条件组合，将排除必要条件"当局态度"。在QCA的运算结果中，既出现在简单解又出现在中间解的条件被称为核心条件，这表明与解释结果之间具有很强的因果关系；出现在中间解但没有出现在简单解的条件被称为边缘条件，这表明与解释结果之间因果关系较弱。[③] 通过核心条件的组合可以突出不同解释中的共性条件（如表4.5所示），并易于将其组合成有益的解释机制。对于"颜色革命"衰退的可能路径，可基于中间解的条件组合对其进行分析，这是因为中间解能够通过加入逻辑余项对未发生的事件进行合理考虑，从而使分析结果更加符合现实情况。表4.6则显示了研究中可能的四种条件组合，在加入必要条件"当局态度"后，可以初步形成"颜色革命"衰退的四条路径。

表4.5　　案例分析中的核心条件（基于简单解与中间解的比较）

条件/变量	覆盖率 (raw coverage)	一致性 (consistency)
~外部压力	0.625	1

[①] 参见 Jane Leftwich Curry, "Mass Actions and Middleman of Communism and the Color Revolution", *The Journal of Post-Soviet Democratization*, Vol. 26, No. 2, 2018, p. 175.
[②] 参见杨心宇《吉尔吉斯"郁金香革命"的若干问题》，《俄罗斯研究》2006年第4期。
[③] 参见 Peer C. Fiss, "Building Better Causal Theories: A Fuzzy Set Approach to Typologies in Organization Research", *The Academy of Management Journal*, Vol. 54, No. 2, 2011, pp. 393-420.

续表

条件/变量	覆盖率 （raw coverage）	一致性 （consistency）
~反对派话语构建	0.875	1
精英整合	0.75	1
解的覆盖度（solution coverage）	1	
解的一致性（solution consistency）	1	

注："~"表示"非"。
资料来源：笔者自制。

表4.6　　　　条件组合分析结果（基于中间解）

条件组合	覆盖率 （raw coverage）	净覆盖率 （unique coverage）	一致性 （consistency）
~社会管控*~外部压力*~精英整合*~反对派话语构建	0.25	0.25	1
社会管控*精英整合*~民众对政府的容忍度*~反对派话语构建	0.375	0.375	1
外部压力*精英整合*民众对政府的容忍度*~反对派话语构建	0.25	0.25	1
社会管控*~外部压力*精英整合*民众对政府的容忍度*反对派话语构建	0.125	0.125	1
解的覆盖度（solution coverage）	1		
解的一致性（solution consistency）	1		

注："*"表示"且"，"~"表示"非"。
资料来源：笔者自制。

（五）稳健性检验

本章选择借鉴贝尔提出的稳健性检验方法对 QCA 运算结果进行稳健性检验，即对结果变量的相反值进行条件组合分析，查看相反值所造成的条件组合是否与先前得出的条件组合相同。如果两次得出的条件组合相同或具有极大的相似性，则无法通过稳健性检验；如果两次得出的条件组合完全对立，则说明结果变量的成因具有不对称性，这意味着 QCA 运算得出的结果具有较好的稳健性。①

如表4.7所示,在给定的变量中,导致国家政权崩溃的路径有且只有一条。通过与表4.6所得出的四组条件组合对比后,可以发现,导致政权稳定和政权崩溃的条件组合完全不同,并且具有完全的不对称性;结果变量相反值的条件组合所覆盖的三个案例(乌克兰、吉尔吉斯斯坦、格鲁吉亚)也从案例事实的角度佐证了检验结果。因此,有理由认为目前所得出的四条解释路径具有良好的稳健性。

表4.7　　　　　　　　结果变量相反值的条件组合

	覆盖度 (raw coverage)	净覆盖度 (unique coverage)	一致性 (consistency)
~社会管控 * 外部压力 * ~精英整合 * ~当局态度 * ~民众对政府的容忍度 * 反对派话语构建	1	1	1
解的覆盖度(solution coverage)		1	
解的一致性(solution consistency)		1	

注:"*"表示"且","~"表示"非",该结果基于中间解。
资料来源:笔者自制。

第三节　"颜色革命"衰退的路径分析

马克·贝辛格在其研究中曾用"模块化"一词描述"颜色革命"从格鲁吉亚到吉尔吉斯斯坦的迅速蔓延,并指出"每一个成功的演示范例都为下一次'革命'的发生提供了经验。这种经验被他人有意识地借用,被非政府组织传播,并被当地社会运动模仿,从而形成了('颜色革命')模型的轮廓"。②但同样发现,"颜色革命"的扩散在经历短暂的成功后,立刻面临其他国家的阻遏,并迅速转向衰退。这同样具备"模块化"的特点。

---

① 该方法可参见 R. Greg Bell, Igor Filatotchev and Ruth V. Aguilera, "Corporate Governance and Investors' Perceptions of Foreign IPO Value: An Institutional Perspective", *Academy of Management Journal*, Vol. 57, No. 1, 2014, pp. 301–320.

② 参见 Mark R. Beissinger, "Structure and Example in Modular Political Phenomena: The Diffusion of Bulldozer/Rose/Orange/Tulip Revolutions", p. 261.

通过QCA的运算组合，可以从中寻找出四条可能的"模块化"路径，如表4.8所示。

表4.8　　　　　　　　　　条件组合与案例

	全部条件组合	覆盖案例
路径一	当局态度＊~社会管控＊~外部压力＊~精英整合＊~反对派话语构建	亚美尼亚、阿塞拜疆
路径二	当局态度＊社会管控＊精英整合＊~民众对政府的容忍度＊~反对派话语构建	塔吉克斯坦、土库曼斯坦、乌兹别克斯坦
路径三	当局态度＊外部压力＊精英整合＊民众对政府的容忍度＊~反对派话语构建	白俄罗斯、俄罗斯
路径四	当局态度＊社会管控＊~外部压力＊精英整合＊民众对政府的容忍度＊反对派话语构建	哈萨克斯坦

注："＊"表示"且"，"~"表示"非"。
资料来源：笔者自制。

（一）地缘与资源的"幸运儿"

相较于其他三条路径，第一条路径较为反常。一般来说，国家内部精英整合的失败意味着精英将出现分裂，受到排挤的精英将寻找诸如议会选举或总统选举等重大政治机会谋求对原有政权的更迭。[①] 而第一条路径显示，在"颜色革命"的浪潮中，案例国家内部的精英虽然出现了分裂，但并没有出现国家政局乃至全社会的大规模动荡。同时，相比于第三条路径，第一条路径并没有外部压力发挥显著作用。这表明，在国家管控较弱的情况下，虽然国内精英出现了一定程度的分裂，但如果没有外部势力的介入，那么反对派则很难向现政权发起攻击。这再次说明"颜色革命"是被有意"制造"的，而非西方所宣扬的"民主化的传播"。[②]

[①] 议会选举或总统选举等因素作为"颜色革命"爆发政治机会的相关分析，可参见 Lincoln A. Mitchell, *The Color Revolution*, pp. 44 – 73; Philipp Kuntz and Mark R. Thompson, "More than Just the Final Straw: Stolen Elections as Revolutionary Triggers", *Comparative Politics*, Vol. 41, No. 3, 2009, pp. 253 – 272; 张宁:《吉尔吉斯斯坦"颜色革命"中的选举因素》，第21—26页。

[②] 关于所谓世界民主政体的"传播"的相关研究，可参见 Michael K. Miller, "Democracy by Example? Why Democracy Spreads When the World's Democracies Prosper", *Comparative Politics*, Vol. 49, No. 1, 2016, pp. 83 – 104.

阿塞拜疆在冷战后一直被视为"美国应该基于最有力政治支持的'地缘支轴国家'"。① 亚美尼亚、阿塞拜疆两国乃至外高加索地区更是成为冷战后美俄势力争夺的角力场。美俄争夺之下的格鲁吉亚在 2003 年成为"颜色革命"的牺牲品,其总统谢瓦尔德纳泽不得不交出政权,并易手于反对派领导人萨卡什维利。反观同处外高加索地区的亚美尼亚和阿塞拜疆,两国则没有受到"颜色革命"地理毗邻效应的影响,反而维持了国家和社会的稳定。究其原因,则是亚美尼亚、阿塞拜疆两国凭借其独特的地缘位置和资源禀赋,采取较为务实的内政外交政策,从而有效缓解了大国地缘竞争给本国带来的内部政治势力的恶性竞争。

面对"颜色革命"浪潮中产生的地缘势力竞争,依附于地区强国是外高加索国家的首要选择。亚美尼亚与俄罗斯有着深厚的历史与现实利益的渊源。一战期间,沙皇俄国打败外高加索地区的土耳其人,攻入安纳托利亚高原,亚美尼亚人在沙俄的支持下得以独立建国。1920 年,苏俄与土耳其签订《莫斯科条约》和《卡尔斯条约》,建立亚美尼亚苏维埃社会主义共和国。"正是由于俄罗斯曾在历史上两度将亚美尼亚人从土耳其的统治下解放出来,亚美尼亚才始终将其视为自己可靠的保护伞,并希望借助其力量保卫国家的安全和独立,为经济发展创造良好的外部环境"②。1992 年,亚美尼亚与俄罗斯等 5 国首次签署了带有区域军事联盟性质的独联体集体安全条约,并紧跟俄罗斯的步伐参与独联体国家首脑会晤和定期的军事演习。紧密追随俄罗斯的战略决策为亚美尼亚在大国的地缘政治竞争中争取到了相对安全——处于俄罗斯势力保护之下——的地缘政治地位。相比于乌克兰在独立后"东西不定、左右挣扎"③ 的尴尬处境,亚美尼亚在历史上对俄罗斯的特殊民族情感以及在现实中坚决"向东看"的战略决策避免了国内绝大部分精英对国家发展方向与前途命运的分歧。这使得亚美尼亚国内选举期间虽然出现政权当局与反对派阵营之间精英的分裂,但仍不足以构成引爆"颜色革命"的政治机会和话语体系。2005 年,亚

---

① [美] 兹比格纽·布热津斯基:《大棋局:美国的首要地位及其地缘战略》,中国国际问题研究所译,上海人民出版社 2007 年版,第 123 页。
② 陆齐华:《美国地缘战略中的亚美尼亚》,《东欧中亚研究》2001 年第 5 期。
③ 乌克兰被称为"被拉向东西两个方向的国家"。参见 Lincoln A. Mitchell, *The Color Revolution*, pp. 22–23。

美尼亚主要反对派之一"新时代政治党"领导人阿拉姆·卡拉佩蒂安宣称"4月份将在塞万市开始一场革命",这是反对派企图推翻时任总统科恰良计划中的一部分。但在俄罗斯及独联体集体安全机制的干预之下,反对派的"革命"图谋最终破产。①

不过,这场未得逞的"革命"也预示着亚美尼亚相对安全的地缘政治环境发生了变化。为了应对来自"颜色革命"的政变威胁,亚美尼亚不得不同美欧等西方国家改善关系,并希望得到来自美国的援助。此时,美国为了抢先与俄罗斯争夺势力范围和里海沿岸的油气资源,假借苏联解体后俄罗斯孱弱无暇他顾之机,利用外高加索地区出现的"权力真空"向该地区进行势力扩张,希望以此排除俄罗斯的影响,使外高加索地区国家脱离俄罗斯的控制。美国在加强与格鲁吉亚、阿塞拜疆两国关系的同时,也注意到了亚美尼亚在里海区域油气资源开发、石油管线建设等地缘层面上的独特性。因此,对于亚美尼亚这个传统对俄友好的国家,美国非但没有放弃,反而加强了与亚美尼亚的联系。② 除此以外,美国境内居住着大量亚美尼亚籍的富商以及侨民的后裔,他们组成的院外游说集团左右着美国参众两院议员对亚美尼亚的政策决定。③ 由此可见,面对"颜色革命"浪潮,亚美尼亚不仅拥有美国国内亚美尼亚籍院外游说集团这样的"政治资源",更在自身地缘政治策略的选择上迎合了美欧等西方国家企图插足里海油气开发的战略需要,加之亚美尼亚国内对俄友好态度的始终如一,这些因素都造就了亚美尼亚在坚定依附俄罗斯的同时又能接受来自美国的恩惠。正是由于上述三种因素的影响,美国希望看见一个稳定的亚美尼亚,并使其最大限度地为自己的地缘战略服务。因而,"颜色革命"浪潮在抵达亚美尼亚时,尚未兴起就已经衰退了。

相较于亚美尼亚独立后相当一段时间内"左右逢源"的地缘政治策略,阿塞拜疆和格鲁吉亚则选择积极寻求美国和西方世界的接纳。但在"颜色革命"浪潮中两国的命运却截然不同。格鲁吉亚因为反对派对议会选举结果的不满导致国内抗议示威四起,总统谢瓦尔德纳泽任期未满就仓

---

① 参见 Amina Afzal, "Security in the CIS: Implications of the 'Color Revolution'", *Strategic Studies*, Vol. 25, No. 3, 2005, p. 111.
② 参见陆齐华《美国地缘战略中的亚美尼亚》,第83—89页。
③ 参见李庆四《美国国会中的外来游说》,《美国研究》2007年第3期。

促下台;而阿利耶夫父子统治下的阿塞拜疆虽经历小范围的动荡,但社会很快趋于平静,政权也得以稳定。与亚美尼亚相似,阿塞拜疆国内出现的反政府抗议鲜有西方的影子,也没有西方世界施加的强大"民主压力"。阿塞拜疆政府之所以能够平息国内动荡,最重要的原因有二:其一,总统阿利耶夫坚决抵制"颜色革命"的鲜明态度;[1] 其二,美欧等国觊觎阿塞拜疆域内极其丰富的油气资源,一个稳定的阿塞拜疆对美欧的利益更有利。

在格鲁吉亚、乌克兰、吉尔吉斯斯坦三国爆发"颜色革命"时,最主要的一个特征是反对派和示威者常常以"非暴力"的行为作为与政权当局抗争的行动纲领。西方学者一般认为,"对于遭受'资源诅咒'而导致民主化进程缓慢的'食利国'[2] 来说,考虑'非暴力'的抗争手段将使政权更迭的可能性变得更大"[3]。阿塞拜疆作为里海沿岸重要的油气国家,曾经掌握着苏联国内石油产量的70%,其国内反对派在乌克兰"橙色革命"的激励下也企图运用"非暴力"手段向阿利耶夫当局发难。不过,在阿塞拜疆政府应对2005年"颜色革命"的措施中,总统伊尔汗姆·阿利耶夫尽管也像谢瓦尔德纳泽、阿卡耶夫当局那样没有对示威者和反对派采取强制措施,但却有力控制了国内局势,其原因在于阿塞拜疆政治体制中存在的"边缘化机制"[4] 以及政权当局在选举前所发出的威慑信号。这种"边缘化机制"主要是指阿利耶夫政府在法律上容忍反对派团体的存在,但在政治实践中则将它们排除在国家政权之外,使反对党边缘化。简言之,就是从战略上阻碍了反对派履行可信政党预期职能的能力。

---

[1] 参见《阿利耶夫警告外国,称阿塞拜疆不会发生"颜色革命"》,搜狐网,2005年9月30日,http://news.sohu.com/20050930/n227103469.shtml.

[2] 对于"颜色革命"研究中有关"食利国"(Rentier States)和"资源诅咒"(Resource Curse)的相关讨论,可参见 Anja Franke, Andrea Gawrich and Gurban Alakbarov, "Kazakhstan and Azerbaijan as Post – Soviet Rentier States: Resource Incomes and Autocracy as a Double 'Curse' in Post – Soviet Regimes", *Europe – Asia Studies*, Vol. 61, No. 1, 2009, pp. 109 – 140; Steve Hess, "Sources of Authoritarian Resilience in Regional Protest Waves: The Post – Communist Colour Revolutions and 2011 Arab Uprisings", *Government and Opposition*, Vol. 51, No. 1, 2016, pp. 1 – 29.

[3] 参见 Jeff D. Colgan, "Oil, Domestic Conflict, and Opportunities for Democratization", *Journal of Peace Research*, Vol. 52, No. 1, 2015, p. 15.

[4] 参见 Jody Laporte, "Hidden in Plain Sight: Political Opposition and Hegemonic Authoritarianism in Azerbaijan", *Post – Soviet Affairs*, Vol. 31, No. 4, 2015, pp. 339 – 366.

在选举前，政权当局事先便使可信的暴力威慑强大到足以完全阻止示威，辅之以威慑和强有力的舆论表述，并声明政府不会容忍任何涉及大规模示威或要求辞职的选举后情景。[①] 2005 年 10 月，就在阿塞拜疆人民阵线党、阿塞拜疆民主党、穆萨瓦特党宣布合并成"自由集团"的反对派选举联盟后不久，阿塞拜疆内政部发表声明，称经济发展部部长法尔哈德等官员被指控挪用国家资产、滥用职权等，随后总统阿利耶夫突然签署行政命令解除多名高官的职务，并称他们"涉嫌参与武力策划的政变"[②]。在这些高官中，就有被称为"阿塞拜疆尤先科"的法哈尔德。由于法哈尔德等人被捕距离阿塞拜疆议会选举只有不到两周的时间，这被理解为是政权当局对反对派的极大震慑。阿利耶夫政府还向媒体披露法哈尔德等人数额惊人的资产，并公开政府革除腐败的决心。此举不仅极大地挫伤了反对派的锐气，更使阿塞拜疆民众对阿利耶夫政府的好感倍增。

阿塞拜疆政权当局也为议会选举中可能出现的暴乱向"自由联盟"发出最后通牒。阿内政部部长拉米尔·乌苏博夫更断言："政府赞同集会与言论自由，但如果有人企图扰乱公共秩序，我们将果断采取措施制止"。[③]正是在阿塞拜疆政权当局事先营造的舆论威慑下，受到乌克兰"橙色革命"鼓舞的"自由联盟"企图运用"非暴力"方式政变夺权的阴谋宣告破产。最终选举结果公布，反对派在议会中仅获 6 个席位。

油气资源是阿塞拜疆成功抵御"颜色革命"浪潮的又一重要原因。2003 年伊拉克战争后中东地区局势动荡，石油价格巨幅波动。为了稳定石油供应，美欧等国重新转向阿塞拜疆等里海沿岸国。里海石油储量极其丰富，在波斯湾石油被发现以前，里海地区曾是世界主要的产油区，曾占据世界石油贸易的 30%。[④] 在里海沿岸，油气储备又以阿塞拜疆为丰。阿塞拜疆国内石油和天然气探明储量和预测储量总计共约 4528.48 万吨和 1115.6 亿立方米，天然气和石油储量分别居里海沿岸国家的第一位和

---

① 参见 Lincoln A. Mitchell, *The Color Revolution*, pp. 145 – 146.
② 刘明主编：《街头政治与"颜色革命"》，中国传媒大学出版社 2006 年版，第 224—236 页。
③ 参见《阿塞拜疆选举反对派欲掀"颜色革命"，免疫染色在即》，搜狐网，2005 年 11 月 7 日，http://news.sohu.com/20051107/n227410793.shtml。
④ 参见杨恕、汪金国《里海石油和中国能源》，《兰州大学学报》（社会科学版）2001 年第 4 期。

第三位。① 有学者认为："石油因素是阿塞拜疆国家经济潜在力量的源泉，是世界主要国家对阿塞拜疆的兴趣和关注不断增长的基本原因"。② 早在20世纪90年代，西方媒体就常常借助"种族清洗""侵犯人权"等借口强烈抨击时任阿塞拜疆的总统老阿利耶夫，但1997年8月访问美国的老阿利耶夫仍在国会和白宫受到热烈欢迎。一些学者认为，这是因为"美国的政策制定者更加愿意相信（因为繁荣的石油贸易）阿塞拜疆已经达到一定程度的稳定、民主和经济的自给自足；相比于在外高加索所提供的稳定，阿利耶夫的'一人统治'只是一种较小的邪恶"。③

鉴于此，阿塞拜疆政府认为，如果能将石油的筹码运用得当，便可在美欧等西方国家之间游离摆动，必将有利于自身利益。2002年9月，阿塞拜疆与西方国家达成协议，开始动工建设巴库（阿塞拜疆）—第比利斯（格鲁吉亚）—杰伊汉（土耳其）输油管道（Baku – Tbilisi – Ceyhan，简称BTC），并于2006年6月建成投产。该工程改变了里海地区的石油运输结构，使得西欧国家能够绕过俄罗斯，经由土耳其进口石油。在BTC管道的投资财团中，美欧财团的控股比例超过60%，④ 这表明阿塞拜疆政府借助油气资源顺势将西方国家的石油利益捆绑于自身利益之上，并为自己在"颜色革命"的浪潮中牵制美欧等西方大国争得筹码。缘于阿塞拜疆、美国等国在2002至2008年年间存在的深厚石油利益关系，阿塞拜疆国内总统之位由老阿利耶夫过渡到伊尔汗姆·阿利耶夫的手上，这被西方认为是"子承父业"。⑤ 尽管如此，囿于石油利益的牵扯，美欧等西方国家并没有对其选举结果进行过度指责，这使得阿塞拜疆国内反对派联盟丧失了以选举因素为政治机会的动因。

油气资源不仅为阿塞拜疆在大国地缘争夺中增加了可用的博弈筹码，

---

① 美国《油气杂志》，转引自沈剑锋《美俄在里海石油及管道问题上的博弈分析》，《世界经济研究》2006年第5期。

② 拉希姆·穆萨别讬科夫：《围绕里海石油的大国竞争》，《东欧中亚研究》1998年第3期。

③ 这些观点曾一度成为美国对阿塞拜疆政策的主流，具体可参见 Alec Rasizade, "Azerbaijan, The US., and Oil Prospects on Caspian Sea", Journal of Third World Studies, Vol. 16, No. 1, 1999, pp. 36 – 45.

④ 《里海石油出口大动脉——BTC输油管道》，中国石油网，2019年12月13日，http: //www.cnpc.com.cn/syzs/yqcy/201912/e6fc6fa6574b4d058b4c393e1136f123.shtml.

⑤ 参见《阿塞拜疆总统将秘密赴美，欲指定其子接管大局》，中国新闻网，2003年8月6日，https: //www.chinanews.com/n/2003 – 08 – 06/26/332334.html.

还帮助阿塞拜疆的国民经济实现腾飞。21 世纪以来，世界石油年均价从 2000 年的每桶 27 美元涨至 2008 年金融危机时的每桶 92 美元。期间，阿塞拜疆经济均保持 10% 以上的增长，远超后苏联空间其他国家的平均水平，国家贫困人口比率也从 2001 年的 49.6% 下降至 2008 年的 13.2%。[①] 经济的持续增长和贫困人口比例的大幅减少，使得阿塞拜疆国内各部族对政府的发展政策基本满意，从而在民怨上降低了国内"颜色革命"发生的可能性。

（二）国家内的精英寻租与精英控制

相比于第一条路径亚美尼亚、阿塞拜疆两国独特的地缘位置与资源优势，第二条路径所覆盖的三个国家则不那么幸运。它们都是处于中亚腹地的内陆国，自然环境恶劣，其中塔吉克斯坦还经历过内战的摧残。这三国经济发展相对封闭，贫困率、腐败率居高不下，塔吉克斯坦政府甚至还因无法提供安全的公共产品以维护公民权利，而被西方学者称为"弱国家"。[②] 但西方定义下的"弱国家"在"颜色革命"中一定会遭遇政权更迭吗？第二条路径表明，如果国家能够对国内精英实现控制或整合（这通常不依靠政治强制力），那么即便国内民众怨声载道，其政权仍然能维持稳定。

塔吉克斯坦的拉赫蒙政权虽然在内战后积极谋求建立中央对地方有效的合法暴力的垄断，但其国内仍面临毒品走私、南部反对派可能发动的政变、与阿富汗相联系的伊斯兰极端势力等问题。正如国际危机组织在报告

[①] 世界银行数据库，2021 年 1 月 30 日，https：//databank.worldbank.org/indicator/SI.POV.NAHC/1ff4a498/ Popular – Indicators.

[②] 关于"弱国家"的判断标准问题，斯图亚特·E.埃森施塔特等人认为，一个国家 GDP 的多少不能成为判断国家强（Strong）或弱（Weak）的标准，而应该通过政府三大职能——维持安全、提供基本服务和保护公民基本自由的能力来判断。"弱国家"概念的起源、定义及判断标准问题囿于篇幅不能展开论述，可参见 Zelinska Marina and Chechel Anna, "The 'Weak State' Concept: Theoretical Roots and Practical Implement", *Skhid* (*Ukraine*), Vol. 160, No. 2, 2019, pp. 60 – 65; Robert I. Rotberg, *When States Fail: Causes and Consequences*, Princeton University Press, 2004, pp. 1 – 49; Edward Newman, "Weak States, State Failure, and Terrorism", *Terrorism and Political Violence*, Vol. 19, No. 4, 2007, pp. 463 – 488; Stuart E. Eizenstat, John Edward Porter and Jeremy M. Weinstein, "Rebuilding Weak States", *Foreign Affairs*, Vol. 84, No. 1, 2005, pp. 134 – 146; Ian Bremmer, "Nation – and State – Building in Eurasia", *Georgetown Journal of International Affairs*, Vol. 4, No. 1, 2003, pp. 29 – 37.

中所指出的那样，"由于缺乏政治制度上的体制结构，从理论上讲，拉赫蒙政权随时可能会崩溃"。① 由此可见，内战后极度虚弱的塔吉克斯坦仍可能因国家建构的失败而处于冲突和混乱之中。鉴于西方国家将塔吉克斯坦视为"专制国家"，② 国家内部的弱点也将给境外势力和塔吉克斯坦国内反对派带来策动"颜色革命"的政治机会。但是本章观察到的结果却与上述推论预测相反，"颜色革命"浪潮中的拉赫蒙政权并未发生理论上的崩溃。其原因在于："弱国家"范畴内的塔吉克斯坦虽然缺乏依靠政治强制力（如军队、警察等）对国家的有效控制，但拉赫蒙政权运用国内精英与权力、利益之间的寻租关系，实现了对国内包括反对派在内的绝大部分精英的控制，从而弱化了"颜色革命"浪潮下反对派的政变威胁。

所谓寻租，戈登·塔洛克将其定义为"一种利用资源通过政治过程获得特权，从而构成对他人利益的损害大于租金获得者收益的行为"。③ 寻租的实现通常依赖于资本和政治过程④，后来这一概念又被扩展到社会政治领域。从寻租的角度来看，后苏联空间国家内部的社会关系并未发生实质性变化，反而使得"裙带资本主义"盛行，私人资本、寡头仍需要专门的政府以维持其活动。⑤ 可见，寻租是后苏联空间国家内部一种普遍的现象，它连接着后苏联空间国家国内社会的两端——新近建政的政权当局与私有化下逐利的地方势力（包括寡头和资本家）。

内战结束后，由于战争对国家能力的毁灭性打击，塔吉克斯坦只能将其国家的安全职能托付于俄罗斯和美国。然而，外部力量的维持并不能长久，拉赫蒙政权还在不断强化对国家内部精英的控制以实现国家的重构。总的来看，拉赫蒙政权实现对国内精英的控制主要通过精英寻租的方式。

---

① International Crisis Group, "Tajikistan: On the Road to Failure", *Asia Report*, No. 12, 2009, p. 19.

② 根据"Polity5"给出的政体指数，+10 代表"强民主"（Strongly Democratic），-10 代表"强专制"（Strongly Autocratic）。塔吉克斯坦的得分为 -3，可见西方国家将其归为"专制国家"。参见"Polity5 Annual Time - Series, 1946—2018", Center for Systemic Peace, http://www.systemicpeace.org/inscrdata.html, 2021 年 5 月 8 日。

③ 戈登·塔洛克：《寻租——对寻租活动的经济学分析》，李政军译，张军审校，西南财经大学出版社 1999 年版，第 27 页。

④ 参见 Charles K. Rowley, Robert D. Tollison and Gordon Tullock, eds., *The Political Economy of Rent - Seeking*, Springer Science Business Media, 1988, pp. 51 - 62.

⑤ 参见戈登·塔洛克《寻租——对寻租活动的经济学分析》，第 28—29 页。

与上述寻租的内涵相似，精英寻租就是指政权为了其稳定性，通过出让国家权益的方式与国内各政治派别进行利益互换，简言之就是政权当局以国家权益换取精英阶层的支持，其实质在于地方势力以其精英地位谋取中央政权对其利益的承认与分享。①

塔吉克斯坦国内共有约 86 个民族，其中以塔吉克族为主体民族，以乌兹别克族、俄罗斯族为次主体民族，② 其他民族人数不多但构成非常复杂。内战后期各民族间的利益纷争复杂且难以协调，彼时的拉赫蒙在国家政权的组建中迅速抓住机遇，扮演了"代理人"③ 的角色。为了满足反对派对权力的诉求，根据 1997 年签订的和平协定，拉赫蒙政权最初任命反对派领导人担任该国 30% 的国家职位。同时，他利用资源分配和政府赞助来奖励其支持者，并利用政治权力排除内战双方军事指挥官中的反对者。④ 除此以外，政权建立之初，拉赫蒙还十分重视国家安全机构的建立，因为具有凝聚力的国家安全机构对于构建一个有效的国家来说是必不可少的，缺乏强制力量的控制将导致国家"无法维持对领土的实际控制，无法获得民众的效忠，并且会降低征税能力，大大削弱国家的收入基础"。⑤ 拉赫蒙政权通过大赦和给予恩惠的承诺将内战中的指挥官纳入新建立的国家安全机构中，此举不仅消除了拉赫蒙政权潜在的敌对者，更使一批作战经验丰富的

---

① 关于寻租关系与国家重建的相关研究，可参见 Lawrence P. Markowitz, *State Erosion*: *Unlootable Resources and Unruly Elites in Central Asia*, Cornell University Press, 2013, pp. 80 – 99; John Heathershaw and Edward Schatz, eds. , *Paradox of Power*: *The Logics of State Weakness in Eurasia*, University of Pittsburgh Press, 2017, pp. 25 – 43; Kemel Toktomushev, "Regime Security, Base Politics and Rent – seeking: The Local and Global Political Economies of the American Air Base in Kyrgyzstan, 2001—2010", *Central Asian Survey*, Vol. 34, No. 1, 2015, pp. 57 – 77; Lawrence P. Markowitz, "Beyond Kompromat: Coercion, Corruption, and Deterred Defection in Uzbekistan", *Comparative Politics*, Vol. 50, No. 1, 2017, pp. 103 – 121.

② 参见《塔吉克斯坦国家概况》，中华人民共和国外交部，2021 年 7 月，https://www.fmprc.gov.cn/web/gjhdq_676201/gj_676203/yz_676205/1206_676908/1206x0_676910/.

③ 关于"代理人"的论述，可参见 Kathleen Collins, "The Political Role of Clans in Central Asia", *Comparative Politics*, Vol. 35, No. 2, 2003, pp. 171 – 190; Kathleen Collins, "The Logic of Clan Politics: Evidence from the Central Asian Trajectories", *World Politics*, Vol. 56, No. 2, 2004, pp. 224 – 261.

④ Lawrence P. Markowitz, *State Erosion*: *Unlootable Resources and Unruly Elites in Central Asia*, p. 78.

⑤ Mary Kaldor, *New and Old Wars*: *Organized Violence in a Global Era*, Polity Press/Stanford University Press, 1999, p. 52.

地方武装头目参与国家政权之中,既确保了地方武装不会对中央政权构成威胁,又壮大了国家安全机构名义上的力量。

经济中的寻租活动因为公共利益与私人利益的差异而具有寻租成本。[①]同样,精英寻租也因为国家公共利益和精英私人收益的差异而具有成本。当国家公共利益不能满足精英私人收益扩大的需求时,即当寻租成本大于寻租收益时,精英便会放弃寻租而转向其他诉求,这将可能导致地方乃至中央政权的动荡。一般来说,当地方资源富庶时,精英能够通过寻租汲取当地资源与政权当局交换以获得报酬,寻租收益将大于成本,精英会满足于这种寻租关系;反之,精英则会产生不满并寻求更加激进的解决方式。农业生产和铜铝资源的开采是塔吉克斯坦主要的经济生产方式。以哈特隆州(Khatlon)为例,该州在内战之后就一直是塔吉克斯坦的主要棉粮产地,这里土地肥沃、水源充足,自然禀赋相对较好。哈特隆州的地方精英通过棉花生产获得了充足的经济收益并为塔吉克斯坦的出口创汇作出了巨大的贡献。1997年以来,塔吉克斯坦皮棉贸易出口值均接近1亿美元,棉花成为塔吉克斯坦第一大出口创汇农产品。[②] 相对富饶的农业生产条件也为哈特隆州的精英获得了更多的寻租机会和更大的经济收益。不过,由于棉花制品的外贸大权仍然牢牢掌握在中央政权手中,拉赫蒙政权通过利用哈特隆州地方精英的寻租诉求实现了有效的经济控制。即哈特隆州的精英控制了本地的棉花生产,通过较低的成本价将棉花从当地农民处购入,然后通过中央政府的外贸交易将其出口,以赚取棉花贸易的"剪刀差"。这种寻租关系既加强了中央政府对哈特隆州的经济控制,又使哈特隆州的本地精英因为经济收益而成为支持拉赫蒙政权的基础。[③] 换言之,在塔吉克斯坦,政治家(拉赫蒙政权)是政治市场中提供财富转移的"经纪人",而能够有效组织的特殊利益集团(地方精英)则需要这种财富的转移。[④]以棉花贸易为基础,以棉花贸易为基础,拉赫蒙政权与哈特隆州精英在利

---

① 参见 Gordon Tullock, *The Economics of Special Privilege and Rent Seeking*, Springer Science Business Media, 1989, pp. 29 – 38.
② 牛海生、克玉木·米吉提、徐文修、赛尔达洛夫·M:《塔吉克斯坦农业资源与农业发展分析》,《世界农业》2013年第4期。
③ Lawrence P. Markowitz, *State Erosion: Unlootable Resources and Unruly Elites in Central Asia*, pp. 90 – 92.
④ 参见[美]戈登·塔洛克《寻租——对寻租活动的经济学分析》,第33页。

益妥协的基础上达成"契合"。

在资源富庶的地区，中央政府与地方精英的寻租关系主要体现在"资源—经济"利益的寻租交换，如图4.1所示；而在相对落后的地区，二者之间的寻租关系则主要体现在权力与合法性的授权，如图4.1所示。拉什特山谷（the Rasht Valley）位于塔吉克斯坦与阿富汗的交界处，温带大陆内部的山地峡谷地形使其自然环境相对恶劣，而内战期间又因此地作为联合反对派的大本营而遭到炮火的袭击，使得当地的经济贸易基础基本都被摧毁；2002年，拉什特山谷地区62%的收入来自于跨国务工而非本地的劳动生产。[①] 与国家整体经济联系较弱的现实问题使得自上而下的经济控制在这里并不奏效，民众无法像哈特隆州那样从事经济生产，当地精英也无法依靠经济利益寻租得到政府的恩惠，中央政府则更无法依靠经济上的寻租关系与当地的精英建立脆弱的控制关系。因此，这里的居民在生活中更愿意寻求村庄长者或大毛拉的帮助而非政府。为了解决经济寻租关系出现的困境，拉赫蒙政权对该地区的寻租方式作出了一些改变，1997年年底至1998年年初，该地区总共有约6000名内战中的战斗人员被编入地方警察和安全部队，[②] 这意味着内战后地方上残存的反对派和地方武装头目摇身一变，穿着警服进入了国家政权。为了保证这些武装头目的忠诚度，拉赫蒙政权向其开放国家权力寻租的通道。[③] 进入国家安全机构之后的地方反对派与武装头目仍然是地方的实际管理者，唯一的不同是由从前"地方半自治"的状态变成了"中央政府授权的地方管理"。在被纳入国家安全机构之前，这些地方武装头目通常是地方走私势力的保护伞。拉赫蒙政权通过给予他们正式的国家政治地位，允许地方武装头目和反对派将曾经武装割据所获得的"灰色收益"通过国家安全机构的名义合法化，使得地方势力愿意效忠于拉赫蒙的中央政府而非选择另立门户。但是，由于这种政治权力的寻租关系更多体现为政权与反对派之间具有妥协性质的、政治合法性的授权，而缺少强有力的约束，使得塔吉克斯坦国内民族和解后反对派

---

① Lawrence P. Markowitz, *State Erosion: Unlootable Resources and Unruly Elites in Central Asia*, pp. 94 – 95.

② 参见 Stina Torjesen, S. Neil McFarlane, "R before D: The Case of Post – conflict Reintegration in Tajikistan", *Conflict, Security and Development*, Vol. 7, No. 2, 2007, pp. 311 – 332.

③ Lawrence P. Markowitz, *State Erosion: Unlootable Resources and Unruly Elites in Central Asia*, pp. 80 – 81.

精英与拉赫蒙政权间仍龃龉不断。

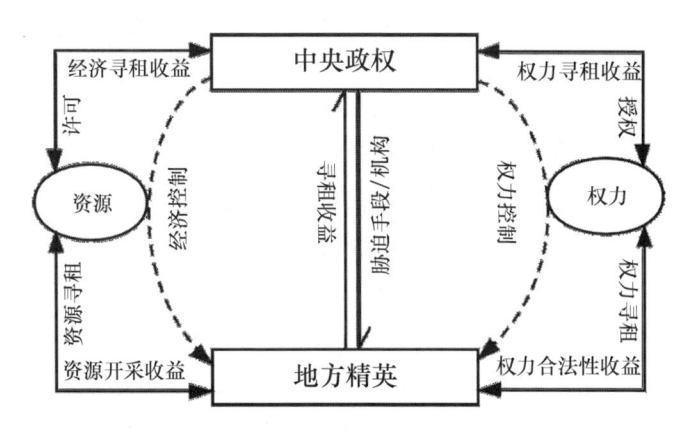

图 4.1　精英寻租与精英控制

资料来源：笔者自制。

在国内大局稳定之后，拉赫蒙政权又试图通过加强权力寻租关系中胁迫性的一面，运用中央政府实际操控的统治权力将前反对派精英在地方权力中边缘化，甚至借助外国反恐的军事力量铲除盘踞在南部边境的反对派武装。2006 年，前反对派领导人、战后政府紧急情况部部长米尔佐·兹约耶夫在拉什特山谷发生政府军与当地武装之间的冲突后被突然解职。这虽然激起了南部反对派的不满，但却使得拉赫蒙政权能够强有力地解决拉什特山谷问题。拉赫蒙政权对国内反对派实施具有强制力的胁迫性措施表明，塔吉克斯坦"这个曾经脆弱的国家已经利用变化中的区域环境来加强自身抵御固有的脆弱性倾向"。[1] 除此以外，塔吉克斯坦政府愿意加入由美国主导的新反恐战争，并充分协助美国及其盟国击退基地组织和塔利班的军事行动，这有助于拉赫蒙政权赢得美国当时的布什政府对其执政合法性的认可，从而避免了外部势力利用其国内矛盾策动"颜色革命"的风险。

拉赫蒙政权构建的这种基于经济利益与权力利益的寻租关系，造就了塔吉克斯坦"大体稳定但内部矛盾"的政局特点。[2] 需要指出的是，拉赫

---

[1] 参见 Robert I. Rotberg, eds., *State Failure and State Weakness in a Time of Terror*, Brookings Institution Press, 2003, pp. 255-257.

[2] 参见 Lawrence P. Markowitz, *State Erosion: Unlootable Resources and Unruly Elites in Central Asia*, pp. 96-99.

蒙政权向地方精英开放寻租通道，允许其通过国家政权进行利益寻租和权力寻租的策略虽然在一定程度上稳固了拉赫蒙政权在国内各个政治派别之间的"代理人"地位，使其在内战后的一段时间内得到各方势力的拥护，但地方精英利用其权力地位和所掌控的资源进行寻租意味着腐败的滋生，从长远来看无益于塔吉克斯坦的发展。

乌兹别克斯坦虽然存在着与塔吉克斯坦相似的精英寻租关系，但乌兹别克斯坦国内精英间的寻租关系更加突出其胁迫性的一面，这主要体现在国家强力机构利用具有胁迫性的手段从地方精英或下一级精英那里提取寻租收益，如图4.1所示。卡里莫夫政权吸取邻国塔吉克斯坦内战的教训，早在20世纪90年代末就确定了以国家稳定为基调的政治发展计划。鉴于中亚各国国家利益与政权利益具有高度的聚合性，① 乌兹别克斯坦的政治发展可以说是为卡里莫夫政权的稳定而服务的。卡里莫夫政权实施的稳定措施主要集中在两个方面：其一，主动向地方精英开放经济寻租通道；其二，强化国家安全机构在国家政权中的地位。苏联解体后，乌兹别克斯坦原有的国营工厂、农庄等公有资产在私有化的浪潮下成为私人财产，这些经营者为了保证政府对他们经营权和所有权的支持，希望利用经济收益来谋求精英的"政治庇护"。而政府为了实现对国民经济的有效控制，也希望将这种"政治庇护"扩展到各个地区，在当地精英中公开寻求租金机会，以使他们与地方精英之间维系有效的约束力。这种寻租关系不仅为地方精英们提供了在其所在地区管理和执行决定的自由裁量权，还使州一级政府与国家经济管理办公室能够从地方获得额外的私有化利润，并使政府能够将这些资金分配给支持者，确保卡里莫夫政权与国家各级精英的收益。② 受惠于精英寻租的巨大收益，卡里莫夫政权得以建立包括警察、情报、法院、检察院为主体的庞大的国家安全机构，并"赋予他们在一切经济法律领域的执法能力"。③ 当这些强力机构被命令调查某家工厂银行或其他企业、维持国家及社会稳定时，他们就不可避免地卷入寻

---

① 参见 Shahram Akbarzadeh, "Uzbekistan and The United States: Friends? or Foes?", *Middle East Policy*, Vol. 14, No. 1, 2007, p. 107.

② 参见 Lawrence P. Markowitz, "Beyond Kompromat: Coercion, Corruption, and Deterred Defection in Uzbekistan", pp. 110 – 111.

③ *Ibid.*, pp. 111 – 112.

租关系之中。执法部门或收取经济回扣，或向当地强制索取所需资源，执法过程逐渐演变成为上级组织提取寻租收益的工具。强制权力下的精英寻租实质上是各级精英对国家公共权力的委托代理，而这些代理者天然地具有为自己利益而扭曲权力运行的积极性。① 因此，乌兹别克斯坦扭曲的权力运行体制逐渐成为其国内寻租关系具有胁迫性的突出表现。

国家安全机构的加入则是乌兹别克斯坦国内寻租关系呈现胁迫性特征的根源，对其国内政治局势产生了深远的影响。一方面，国家安全机构的加入使得各级精英寻租收益得到以国家暴力为后盾的保障；另一方面，各级精英一般不会谋求脱离寻租关系，这是因为身处寻租关系中总是有利可图的。但是，一旦脱离这种关系，背叛者不但会失去既有的收益还可能会打破寻租收益生成的路径，面临同一条收益链上所有人的敌对。② 总之，卡里莫夫政权的这些举措将国家的强制力与寻租过程联系起来，并将它们深深地嵌入国家机器中。通过自下而上的精英寻租和自上而下的寻租收益索取，卡里莫夫政权牢牢地将国家精英通过寻租关系与之绑定起来，并运用胁迫性的寻租关系使"精英叛逃"的成本远高于"精英顺从"。因而在"安集延事件"发生后，乌兹别克斯坦政权当局与其国家安全机构团结一致，避免了像乌克兰、吉尔吉斯斯坦那样发生精英叛变。③ 除此以外，乌兹别克斯坦精英的团结还离不开卡里莫夫对国家权益的刻意分配。例如，"撒马尔罕派"的精英主要经营政治领域，"塔什干派"主要是商界精英，"费尔干纳派"的精英主要掌控国内宗教事务，而总统卡里莫夫位于三派之上，并确定了"商不干政，政教分离"的原则。④ 这种"条块分明"的国家权益分配关系一方面使得国内精英的利益得到确认和维护，另一方面又将卡里莫夫置于精英寻租的中心位置。这使得卡里莫夫政权与国内各派

---

① 有关政治精英与公共权力的委托代理方面的论述，参见仲伟周、王斌《寻租行为的理论研究及实证分析》，科学出版社2010年版，第70—73页。

② 戈登·塔洛克在其《寻租》一书中通过职业联合会和封闭的特权工会的案例指出，寻租过程中强制性权力往往具有选择激励性；特权组织通过强制性权力来制裁那些不服从寻租行动的人，奖励顺从者，并孤立拒绝合作的人。参见[美]戈登·塔洛克《寻租——对寻租活动的经济学分析》，第57—60页。

③ Lawrence P. Markowitz, "Beyond Kompromat: Coercion, Corruption, and Deterred Defection in Uzbekistan", pp. 103 – 105.

④ 感谢焦一强教授的补充讨论。

别精英的利益一致性较高，避免了"颜色革命"中精英分裂而导致的政权崩溃。

与塔吉克斯坦的哈特隆州相似，油气资源富庶的土库曼斯坦同样存在利用资源进行经济利益寻租的现象，地方精英和尼亚佐夫的中央政权都从石油开采、出口的国际贸易中受益，只不过在尼亚佐夫领导下[①]的土库曼斯坦，其国内各派就寻租利益的分配分歧较小，且国内的政治精英都能就国家发展政策达成一致。在"积极中立"与"敞开大门"的外交政策促进下[②]，土库曼斯坦的油气资源能够转化为经济利益，并实现精英与民众的共享。因此，国内民众对尼亚佐夫政权的施政纲领较为满意。即便在尼亚佐夫突然逝世、元首权力出现真空以及面临总统选举的政治机会时，土库曼斯坦国内稳定的大环境也决定了"颜色革命"在其国内难成气候。[③]

综上所述，通过对塔吉克斯坦、乌兹别克斯坦与土库曼斯坦三国内部特殊性与精英寻租关系的讨论，可以归纳得出这三国内部实现精英控制的独特模式与其所需要的基本条件，如表4.9所示。对于土库曼斯坦和塔吉克斯坦的部分地区来说，精英寻租主要体现为一种"资源—经济"模式，这是因为其国内的地方精英掌握具有经济价值的自然资源，从而能够达成经济利益和政治利益的妥协交换；对于塔吉克斯坦拉什特山谷等资源匮乏且经济发展条件较差的地方来说，资源因素发挥的作用减弱，而地方精英对中央政权合法性授权的需求急剧增加，其原因在于地方精英对"灰色收益"合法化的渴望，因而寻租关系主要体现为一种权力分享模式。而在乌兹别克斯坦这样的国家，鉴于具有强制力的政权机构在国家政权体系中的地位，其国内精英的寻租与控制则主要是通过精英胁迫的模式实现的。

---

① 2006年尼亚佐夫突然逝世，但其继任者代总统奥韦兹盖尔德·阿塔耶夫仍然执行尼亚佐夫时期的内政外交政策，可以看作尼亚佐夫政权的持续。

② Mehwish Hassan Sara, "Changing Dynamics of Turkmenistan's Political System", *Strategic Studies*, Vol. 27, No. 3, 2007, pp. 144 – 168.

③ 参见《土库曼斯坦将选出首位民选总统，现寡头政治格局》，搜狐网，2007年3月12日，http://news.sohu.com/20070312/n248669913.shtml.

表 4.9　　　　　　　　案例国家内的精英寻租模式

国家（地区）/精英寻租的条件	资源（经济）	权力合法性	强力机构	精英寻租模式
塔吉克斯坦（哈特隆州）、土库曼斯坦	●	●	○	"资源—经济"模式
塔吉克斯坦（拉什特山谷）	○	●	○	权力分享模式
乌兹别克斯坦	●	●	●	精英胁迫模式

注："●"表示条件存在，"○"表示条件不存在。
资料来源：笔者自制。

（三）对抗外部压力

相比于第二、第四条路径，第三条路径除了强调精英整合这一核心条件外，还展示出当国家面临"颜色革命"的外部压力时，应该采取何种措施化解"颜色革命"的威胁与风险。第三条路径说明，当面对外部压力时，政权当局首先要对"颜色革命"的发生与扩散采取坚决抵制的态度，在国内积极团结精英和民众，并使反对派在政治局势中"失声"或将其边缘化。这样一来，即使外部行为体向国内施加巨大的国际压力，政权当局仍能牢牢掌控局势，安全渡过"颜色革命"的危险期。

2000年以后，由于与苏联解体后美欧等国规划的"西式民主路线"渐行渐远，俄罗斯与白俄罗斯一直被西方社会视为"异己"，卢卡申科领导下的白俄罗斯更被西方称为"欧洲最后一个'独裁国家'"，西方世界意图运用污名化的手段向俄罗斯与白俄罗斯两国施加强大的国际压力。[①] 与对吉尔吉斯斯坦、格鲁吉亚、乌克兰三国策动"颜色革命"，采取"顺水推舟"式的态度不同，美欧对于谋求俄罗斯与白俄罗斯政权更迭的态度则是显而易见的。[②] 因此，俄罗斯与白俄罗斯面临的压力是紧迫且真实的。不过，面对西方以制裁为威胁的国际压力，俄罗斯与白俄罗斯两国并未退让妥协，反而紧密团结国际国内的各方力量，革新除弊，发展经济，自力更生，这成为两国在"颜色革命"浪潮中仍能保持政权稳定的原因所在。

[①] 参见 Lincoln A. Mitchell, *The Color Revolution*, pp. 152–153.
[②] 这方面的证据可以参见《纽约时报》刊登的一组评论，名为 "Bringing Down Europe's Last Ex‑Soviet Dictator"，另参见 Lincoln A. Mitchell, *The Color Revolution*, p. 155.

为了应对西方国家施加的制裁压力，俄罗斯、白俄罗斯两国在对外政策上采取相互靠近、互为依靠的"联盟"策略。1997年以后，为了应对北约东扩给两国带来的地缘政治上的安全压力，俄罗斯、白俄罗斯两国之间的关系迅速升温，并在独立发展与抵制外国干涉方面达成了较高的一致性。俄罗斯以低于市场价格的石油天然气资源补贴白俄罗斯的工业生产，使得白俄罗斯经济得以快速增长。2000年以来，俄罗斯对白俄罗斯经济支持总额高达1060亿美元，平均每年约97亿美元，俄罗斯对白俄罗斯经济的"净支持总量"更占到白俄罗斯GDP的11%—27%。[1] 受益于俄罗斯的经济援助，白俄罗斯坚定地与俄罗斯站在同一战线，不仅积极加入俄罗斯主导的独立国家联合体组织，而且更加谋求两国在经济、政治、军事领域的一体化进程。针对格鲁吉亚和乌克兰发生"颜色革命"的前车之鉴，普京在2004年首度连任俄罗斯总统之后，迅速在外交、舆论和经济发展等方面坚定地支持卢卡申科，并且指出："俄白联盟的牢固程度在很大程度上决定着白俄罗斯和俄罗斯在国际社会中的位置。从世界上日益增长的恐怖威胁和武装冲突来看，只有在一起才能保证我们国家的安全。"[2]

在国内政策上，俄罗斯、白俄罗斯两国均积极构建抵御"颜色革命"外部压力的"经济—政治—社会"防线。在经济方面，卢卡申科主要着力消除贫富差距和社会贫困。卢卡申科执政以来，白俄罗斯的经济虽然在解体之后的两年经历了下滑，但之后几年白俄罗斯的GDP增速都在7%左右，失业率一直控制在2%以下。其中国有企业在白俄罗斯经济与社会的稳定发展中扮演着"压舱石"的角色，白俄罗斯的国有企业员工占全国劳动人口的80%，稳定的就业保障和有效的单位管理使白俄罗斯民众无意参加反对派组织的反政府抗议活动。[3] 正是在国家公平高效的社会保障制度与福利体系之下，西方"颜色革命"的思潮很难渗透进入白俄罗斯。受益于21世纪以来世界油价的上升，俄罗斯的经济发展也取得长足的进步。自2000年普京上台执政以来，俄罗斯GDP由1999年的不到2600亿美元，增

---

[1] 参见刘丹《"俄白联盟国家"20年历史嬗变与发展趋势》，《俄罗斯学刊》2019年第6期。
[2] 参见孙光荣《西方干扰下的俄白联盟》，《当代世界》2004年第2期。
[3] 参见 Volodymyr V. Lysenko and Kevin C. Desouza, "The Use of Information and Communication Technologies by Protesters and Authorities in the Attempts at Color Revolution in Belarus 2001—2010", p. 627.

长至 2008 年金融危机前的 1.66 万亿美元，两个任期的执政时间，普京使俄罗斯 GDP 总额翻了 6 倍多，人均可支配收入增长了 84.4%，贫困人口也由 30% 减至 8%。① 面对西方国家的联合制裁以及金融危机的冲击，俄罗斯政府始终将民众的利益放在首位，力求减小外部环境对民众日常生活的影响。2008 年金融危机后，俄罗斯政府投入 1 万多亿卢布救助企业、银行，确保社会开支，稳定物价，保障人民生活。可以说，俄罗斯政府在改善民生方面的努力得到了俄罗斯民众的普遍支持。在这种情况下，西方对俄罗斯的经济政治制裁非但没有瓦解俄罗斯政府的行政体系，反而让俄罗斯民众更加团结。②

在"政治防线"上，俄罗斯与白俄罗斯两国首先进行的是本国政治精英的整合和对反对派实行边缘化的政策，其目的在于防止"颜色革命"中"中间人"的出现。这些"中间人"往往是前政府官员，后来成为与政府对立的反对派，并能够在反对派团体和抗议人群中建立隐秘的联系，以期实现政权更迭。③ 乌克兰"橙色革命"中的季莫申科曾是库奇马政府的副总理，后来却成为反对派掀起"街头政治"的一面旗帜，其原因就在于季莫申科与库奇马政府的精英和反对派领导人尤先科之间能够搭建起有效联系的桥梁，从中扮演"中间人"角色。精英阶层对俄罗斯政治发展的影响极大，叶利钦时期寡头精英的盛行④使得资本控制下的反对派极易充当"颜色革命""中间人"的角色。俄罗斯瓦解"中间人"的做法主要是对反对派精英的怀柔政策，将他们象征性地纳入政权体系。⑤ 2012 年，总统梅德韦杰夫对《俄罗斯政党法》进行修改，将政党注册的必需人数由 4 万人下调至 500 人，并允许其中一部分政党进入国家杜马和各地的政权机关。白俄罗斯在政治领域则对反对派采取与阿塞拜疆相似的边缘化政策，即在

---

① 世界银行数据库，https://data.worldbank.org/country/russian-federation.
② 参见《俄罗斯民众展示爱国情怀，制裁让俄罗斯人更团结》，环球网，2014 年 11 月 3 日，https://world.huanqiu.com/article/9CaKrnJFLCa.
③ Jane Leftwich Curry, "Mass Actions and Middleman of Communism and the Color Revolution", pp. 178 – 179.
④ 关于叶利钦到普京时期俄罗斯精英模式嬗变的相关研究，可参见 Oxana Gaman-Golutvina, "Changes in Elite Patterns", *Europe-Asia Studies*, Vol. 60, No. 6, 2008, pp. 1033 – 1050.
⑤ 参见 Luke March, "Managing Opposition in a Hybrid Regime: Just Russia and Parastatal Opposition", *Slavic Review*, Vol. 68, No. 3, 2009, pp. 504 – 527.

法律层面允许反对党的存在，但在国家政治生活、政党资金来源等方面进行严格的审查。

在"社会防线"上，白俄罗斯主要对"颜色革命"采取一种"先发制人"的措施。[①] 首先，卢卡申科政府在格鲁吉亚、乌克兰等国发生"颜色革命"后对选举这一关键因素采取预防措施，通过修改宪法取消总统的任期限制，并对反对派违规选举、谋求外部干涉势力介入的行为进行严厉的打击。其次，在社会意识形态领域，卢卡申科提出了"白俄罗斯发展道路"，决心探索出一条有别于西方的、适合本国国情的发展道路，来破除对西方民主的盲目迷信。最后，鉴于"颜色革命"中非政府组织扮演的"帮凶"角色，卢卡申科开始着手进行维护国家安全与稳定、防范外部势力渗透等方面的立法，白俄罗斯议会先后完成了对《社会团体法》和《刑法》的修改与补充，制定了《反极端主义法》和《国家新闻安全法》，极大地震慑了反对派及外部势力的非法活动。俄罗斯同样强调社会意识形态在抵御"颜色革命"外部压力方面所起的重要作用。自苏联戈尔巴乔夫以来，俄罗斯就一直盛行着"在俄罗斯国内践行西方民主价值观"的论调。对此普京曾经表示："俄罗斯短期内不会，也可能永远不会，成为美国或英国的翻版。"为应对社会中弥漫的"西方民主化"社会思潮，普京致力于推进"俄式民主"，其中最首要的措施就是提出"主权民主"理论。总的来看，"俄式民主"的外壳是"主权民主"，内核仍是"可控民主"，这其实是一种有别于自由民主模式的非自由主义导向的民主。[②] 普京强调"民主体制必须服从国家主权"，重新肯定苏联时期对俄罗斯的意义和价值，强化俄罗斯人的民族情感和爱国主义精神，从而使俄罗斯在社会政治思潮领域有效防范了"颜色革命"。

（四）"颜色革命"防御的"全战略"

"颜色革命"风险的防范对于一个国家来说是系统性、复杂性的全面工程，其中不仅有外部干涉与反干涉的斗争，更有内部国家能力与社会经

---

① 参见 Elena Korosteleva, "Questioning Democracy Promotion: Belarus' Response to the 'Colour Revolutions'", pp. 43 - 47.

② 杨成：《普京时代俄罗斯民主模式的内在逻辑及发展前景》，《俄罗斯研究》2007 年第 4 期。

济发展的统筹考虑。第四条路径是本章实验结果中唯一包含了全部六个条件变量的条件组合,其覆盖的案例为哈萨克斯坦,该国正是终结"'颜色革命'在中亚地区'多米诺骨牌'式发生"这一预言的第一个国家。第四条路径说明,即使反对派在国内构建反对现政权的话语体系,"全战略"防御下反对派企图发动"颜色革命"的努力仍然会失败。

首先,哈萨克斯坦政府对"颜色革命"采取坚决遏制的态度,并将这种态度自上而下地融入国内普通民众的观念之中。无论是格鲁吉亚的萨卡什维利还是乌克兰的尤先科,他们之所以能够鼓动民众推翻现政权,其中很大部分原因在于利用了民众对经济发展、国家富强的强烈愿望。但是事与愿违,"颜色革命"后新政府无法兑现民主、繁荣、自由的承诺,直接导致国内混乱状态的加剧和民众生活水平的下降。哈萨克斯坦政府正是注意到"颜色革命"的负面效应,对"颜色革命"采取了坚决抵制的态度。为了制止可能发生的动乱,2005年3月,哈萨克斯坦国内亲政府农业党和公民党发表了两党联合起来建立"人民民主阵线"的声明,指出他们"准备拿起武器,捍卫哈萨克斯坦的主权和公民选举的自由"。舆论一致认为,该两党的声明事先应已征得总统办公厅的同意,这意味着哈萨克斯坦当局已经表态,该国有发生政变的可能,已经做好武力镇压的准备。[①] 除了政府对于选举维稳的强硬态度,哈萨克斯坦政府还将"颜色革命"的危害性向民众广为宣传,通过制作纪录片的形式于选举日前在国家电视台滚动播出。这使得哈萨克斯坦国内民众充分认识到"颜色革命"的危害,并在选举维稳的态度上与政府当局保持一致,从而降低了哈萨克斯坦国内因总统选举而上演街头政治闹剧的可能,"颜色革命"预演的混乱局面得以避免。

其次,哈萨克斯坦政府对于国内社会管控成效显著。相比于叶利钦和阿卡耶夫激进的"私有化"改革造成的国内混乱局面,纳扎尔巴耶夫则强调社会稳定和循序改革的重要性,提出"稳定优先""特殊国情""逐步改革"的理论,从思想上解决了社会不稳定和政局剧变的根源。[②] 民间社会的无序发展是"颜色革命"在国家内部滋生的重要条件,"如果没有强

---

① 参见《哈萨克斯坦政府表示若发生"颜色革命"将用强力镇压》,新浪网,2005年3月28日,http://news.sina.com.cn/w/2005-03-28/21435487924s.shtml。

② 刘明:《街头政治与"颜色革命"》,中国传媒大学出版社2006年版,第239页。

大健康的政治上层建筑，民间社会活动的增加可能是令人担忧的"，① 纳扎尔巴耶夫深知这一点，因此除了统一国内思想与意识形态外，纳扎尔巴耶夫还通过法律手段规范国内民间社会的发展。选举前夕，哈萨克斯坦政府先后制定一系列新的法律，包括修改《选举法》，颁布《保障国家安全法》和《非政府组织法》。这些法律的修改和制定对于外国公民对政党进行资助的条件、非政府组织的活动以及资金的来源等容易受到外部势力干涉的可能路径施行有效的监控，而重新登记国内的宗教组织、社会团体等社会组织，则强化了司法部门对它们的管理。大选前修改或出台一些法律作为防范"颜色革命"的重要措施，为哈萨克斯坦政府在大选前加强对反对派和外部势力的监控提供了法律依据。②

发展社会经济也是纳扎尔巴耶夫加强国内社会管控的着力点之一。自 2000 年以来哈萨克斯坦国内生产总值年均增长率高达 10%，人均国民生产总值从 2000 年的 1229 美元，增至 2005 年的 3771 美元，短短五年增长了 207%。③ 期间，世界油价持续走高，哈萨克斯坦的经济发展同样受益于高油价。这不仅带动了哈萨克斯坦国内工业、农业、制造业、交通运输业、外贸服贸业等的蓬勃发展，更增加了就业机会，提高了民众的社会福利水平。除此以外，1996 年以后的十年间，哈萨克斯坦国内居民月均工资增长了 5 倍，最低工资增长了 24 倍，月平均退休金增长了 3.6 倍，④ 而国内通胀水平仅仅增长不到 3%，⑤ 国内居民的财富积累水平显著提高。这些经济数据不仅是纳扎尔巴耶夫当政下哈萨克斯坦国内经济发展的真实写照，更为他连选连任提供了有力的政治资本。社会经济的发展不仅促进了社会矛盾的削弱，而且使得反对派失去了向现政权发难的政治机会。

哈萨克斯坦案例所处的第四条路径显示，哈萨克斯坦国内"颜色革

---

① Sheri Berman, "Islamism, Revolution and Civil Society", *Perspective on Politics*, Vol. 1, No. 2, 2003, pp. 257 – 272.
② 参见赵常庆《"颜色革命"在中亚——兼论与执政能力的关系》，社会科学文献出版社 2011 年版，第 135—136 页。
③ 世界银行数据库，https://databank.shihang.org/indicator/NY.GDP.PCAP.CD/1ff4a498/Popular – Indicators，2021 年 2 月 9 日。
④ 数据转引自《哈萨克斯坦总统国情咨文（2005 年）》，http://kz.mofcom.gov.cn/aarticle/ztdy/200503/20050300023649.html，2021 年 2 月 9 日。
⑤ 数据基于按 GDP 平减指数衡量的通货膨胀（年通胀率），https://databank.shihang.org/indicator/NY.GDP.PCAP.CD/1ff4a498/Popular – Indicators，2021 年 2 月 9 日。

命"衰退的原因还在于外部压力的缺失。纳扎尔巴耶夫深知，美欧等西方国家一方面妄图在哈萨克斯坦国内建立亲西方政权，另一方面又希望在哈萨克斯坦继续保存能源、反恐等特殊利益。鉴于此，纳扎尔巴耶夫首先加强了与俄罗斯在政治、经济和安全领域的合作。2005年，哈萨克斯坦、吉尔吉斯斯坦、塔吉克斯坦、俄罗斯四国决定在俄罗斯的主导下建立一支联合部队，其目的在于"从各个方向捍卫成员国安全"，显示出哈萨克斯坦欲在中亚抵制美国影响力的战略意图。其次，纳扎尔巴耶夫利用美国在石油能源问题、阿富汗反恐问题上对哈萨克斯坦的特殊需求，向美国索要利益筹码，来开展"平衡外交"，使得美国在哈萨克斯坦总统选举前对纳扎尔巴耶夫的连任采取了"默认"态度。

最后，哈萨克斯坦国内反对派是所有案例国家中唯一成功构建话语体系的反对派，体现在反对派企图使用"黄色"作为自己的政变运动标志。不过，哈萨克斯坦国内反对派最后没有实现如乌克兰、格鲁吉亚那样大规模的抗议动员。其原因不仅在于选举前纳扎尔巴耶夫突然颁布法律限制国内反对派的行为，更重要的原因在于纳扎尔巴耶夫巧妙地利用这一"颜色"特征，在选举集会上变换选举策略，要求竞选期间也用"黄色"作为自己的竞选标志。原先支持反对派的一些民众由于分不清现政权与反对派联盟的选举集会，阴差阳错地选择支持纳扎尔巴耶夫，这从侧面帮助纳扎尔巴耶夫以高票赢得总统选举，巧妙地化解了呼之欲出的"黄色革命"。

第四节 消解与阻遏："颜色革命"衰退的机制探究

根据QCA中间接组合分别对案例国家所显示的具有共性的路径进行逐一分析与阐述，从而形成能够覆盖全部案例的路径分析，为进一步理解"颜色革命"的衰退提供了全新的角度。接下来，本章将进一步分析四条路径之间所具有的共性特征，并试着总结适用于案例国家的一种衰退机制，使其能够对"'颜色革命'如何衰退"这一问题作出充分解释。本章中所说的衰退机制与查尔斯·蒂利在其"民主化"研究中提出的机制概念相同，即是依赖于"在很大范围的条件下产生相同的直接效果的事件"。[①]

[①] [美]查尔斯·蒂利：《民主》，魏洪钟译，上海人民出版社2009年版，第20页。

因此，本章衰退机制的构建本质上是对案例过程的合成，主要依据是通过简单分析得出的案例中的核心条件。

表4.5展示了先前案例分析中的三个核心条件，分别为"～反对派话语构建""～外部压力"以及"精英整合"。这三个核心条件的一致性均为1，且覆盖率较高（均大于0.5），说明能对全部正面案例进行较好的覆盖。因此，这三个条件能较直观地反映案例国家防范"颜色革命"的共性特征。正是案例国家采取的这些措施，"颜色革命"才没有在其国内进一步蔓延。换言之，当这些国家具备核心条件时，"颜色革命"就在其国内衰退了。除了这些核心条件以外，"颜色革命"衰退还需要具备"当局态度（强硬）"的必要条件，这是所有条件中先定的、首要的。由于核心条件来源于案例分析的四条路径，具有案例内部的普遍适用性，故当必要条件"当局态度"与核心条件中不限数量的条件相组合时，都将意味着"颜色革命"极大概率的衰退，而不会因为核心条件中任意组合的不同而导致结果的不同，故不再对不同组合下的核心条件进行分别讨论。

在"颜色革命"的衰退机制中，对"颜色革命"的强硬态度是当局维持政权稳定的必要条件。如果政权当局能够强硬地应对"颜色革命"前国内出现的动乱，表明与"破坏政权"斗争到底的态度，那么将具备在"颜色革命"浪潮中幸存的基本条件。反之，如果政权当局优柔寡断，遇事犹豫不决，政权则可能面临倒台的风险。爆发"颜色革命"的反面案例国家证明了这一点。2003年格鲁吉亚的"玫瑰革命"中，总统谢瓦尔德纳泽接受英美等国的"电话施压"，迟迟难以下定镇压反对派的决心，且面对国内军队哗变依旧听之任之，被誉为"政坛不倒翁"的谢氏被迫提前辞去总统职务，黯淡收场。2005年吉尔吉斯斯坦爆发"郁金香革命"后，总统阿卡耶夫纵容暴乱分子和反对派在国家机构中使用非法政治暴力，最终失去对局势的控制，被迫辞去总统职务。与此相反，在2005年乌兹别克斯坦发生"安集延事件"之后，总统卡里莫夫向西方表明坚决镇压暴乱的鲜明态度，并亲自飞往安集延市"靠前指挥"，最终暴乱得以快速平息，避免了外界关于"乌兹别克斯坦国内发生'颜色革命'的预言"。

图4.2所示的"颜色革命"的衰退机制揭示了外部压力与"颜色革命"衰退之间的关系。一般来说，间接的"民主援助"与直接的外交施压是"颜色革命"中外部压力最直接的体现。这些外来力量对国内反对派来

说是援助，可以改变国内的权力平衡，① 但对于政权当局来说，则是更大的一重风险。因此，有效地消解外部压力带来的影响是阻遏"颜色革命"在本国蔓延的核心所在。

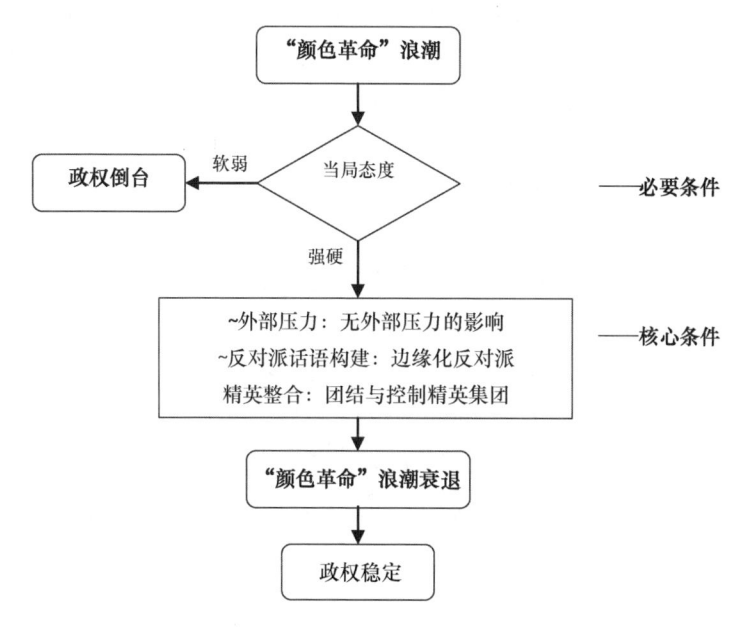

```
              ┌──────────────┐
              │"颜色革命"浪潮│
              └──────┬───────┘
                     ↓
    ┌────────┐  软弱  ╱╲
    │政权倒台│←──── ╱当局╲          ──── 必要条件
    └────────┘      ╲态度╱
                     ╲╱
                     │强硬
                     ↓
         ┌──────────────────────────┐
         │~外部压力：无外部压力的影响│
         │~反对派话语构建：边缘化反对派│  ──── 核心条件
         │  精英整合：团结与控制精英集团│
         └──────────────────────────┘
                     ↓
              ┌──────────────┐
              │"颜色革命"浪潮衰退│
              └──────┬───────┘
                     ↓
                ┌────────┐
                │政权稳定│
                └────────┘
```

图 4.2　"颜色革命"的衰退机制

资料来源：笔者自制。

在先前研究的路径中，国家消解外部压力有两种方案。其一，寻求与外部力量的利益共同点，达成利益一致；其二，以斗争求生存。简言之，面对外部压力或者说一种外来规范的结构性压力，国家行为体通常表现为两种行为方式，即顺从或抗争。前者以亚美尼亚与阿塞拜疆为代表，还可以包括冷战后的波兰与波罗的海三国；后者则以俄罗斯、白俄罗斯为代表。亚美尼亚与阿塞拜疆凭借里海沿岸的油气资源与外高加索的优越位置，积极与美欧寻求石油开发上的利益契合点，甚至不顾俄罗斯的反对修建 BTC 石油管线工程，丰厚的石油利润打消了美欧对这些国家内部政权更

---

① 参见 Rachel Vanderhill, "Promoting Democracy and Promoting Authoritarianism: Comparing the Cases of Belarus and Slovakia", *Europe – Asia Studies*, Vol. 66, No. 2, 2014, pp. 257 – 258.

迭的渴望;① 波兰与波罗的海三国在冷战后积极寻求融入欧盟和北约，更是"西式民主"虔诚的"信徒"。反观俄罗斯、白俄罗斯两国，则是坚决对抗外部压力的突出代表。卢卡申科与普京通过两国间的政治军事联盟、发展国内经济、寻求与中国的合作等方式解决因不顺从于"西式民主"规范而导致的外资经济锐减。在国内方面，两国则通过加强"经济—政治—社会"三条防线，抵抗了外部压力的渗透，维护了本国的政权安全。同样，在哈萨克斯坦 2005 年总统选举的前夕，纳扎尔巴耶夫采取果断措施，从法律、社会等多个层面及时堵住外部压力施展影响的漏洞，最终纳氏政权安然渡过了"颜色革命"浪潮。

边缘化反对派在促成"颜色革命"衰退的过程中同样发挥了十分重要的作用。消解反对派的话语体系是边缘化反对派策略的关键一环。以 2005 年总统选举前的哈萨克斯坦为例，在反对派已经明确"黄色"为抗议符号的情况下，纳扎尔巴耶夫反其道而行之，也将"黄色"作为自己的竞选标志，使得本是反对派发动街头政治的动员工具成了纳扎尔巴耶夫号召国内选民的有力途径，这是哈萨克斯坦国内在选举中边缘化反对派的体现。除此以外，从其他成功抵御"颜色革命"的国家中，我们可以发现：社会经济的发展使国内反对派基本上不能仿效乌克兰、吉尔吉斯斯坦等国反对派利用国内社会经济困境向政权当局发难的"政变模式"。经济的发展与社会的进步不仅为政权当局赢得了民心，更使反对派无法利用民怨来构建自己的抗议话语体系。在阿塞拜疆和白俄罗斯，披露反对派领袖与西方之间"经济往来"，使其因政治献金问题在国内成为众矢之的，也成为政权当局瓦解反对派在国内影响力的有力工具。总之，边缘化反对派能为政权当局在"颜色革命"中掌握话语和行动的主动权，并能在最大程度上弱化国内"中间人"在政治动荡中发挥内外勾连的作用。

最后，国内精英的有效整合是"颜色革命"衰退机制中的一个关键条件。有学者认为，精英整合包括规范和互动的组件。规范层面是精英成员分享价值观和信仰的程度；互动层面是包容性渠道和网络的程度，精英人员和群体通过这些渠道和网络获得相对可靠的进入关键决策中心的机会。②

---

① 参见刘明主编《街头政治与"颜色革命"》，第 224—236 页。
② 参见 Higley John and György Lengyel, eds., *Elites After State Socialism: Theories and Analysis*, Rowman and Littlefield Publishers, 2000, pp. 20–23.

同样，在研究中，通过案例国家的过程追踪可以发现实现精英整合的两个途径。其一，政权当局主动的团结。例如，俄罗斯通过立法允许反对派进入政府和国家杜马。其二，利用经济和权力的寻租关系实现对精英集团的控制。例如，塔吉克斯坦、乌兹别克斯坦等国国内普遍存在的精英利用其地位进行寻租，以及政权当局利用国家安全机构进行的胁迫控制。前者体现了规范层面国内政权当局与其他政治精英实现主动团结的结果，后者所表现出的寻租关系则是中央政权与地方精英在互动层面行为的强调。除此以外，还应当明确，危机时期，在持续暴力和意识形态驱动的冲突期间形成的识别、规范和组织结构是精英凝聚力的关键来源。[①]"颜色革命"浪潮带来的国家社会与政局的动荡虽然在一些国家促成了政权更迭，但更多的国家则是从中汲取经验，着力构建国内精英有效整合的制度与法律保障，并通过提出明确的国家发展道路与发展策略的方式，统一国内精英阶层的意识形态。这反过来又促进了国内精英的团结，避免了精英分裂造成"颜色革命"的结果。

第五节　结论

首先，本章对于"颜色革命"为何衰退的问题进行了尝试性的探讨。相比于此前学界有关"颜色革命"与政权崩溃的研究，本章的创新之处在于发现了后苏联空间国家在"颜色革命"浪潮中维护政权稳定的相关路径，并在案例路径的基础上初步总结了"颜色革命"的衰退机制。当然，本章所阐明的衰退机制并不必然具有要素的触发性，更多的是辅助说明"颜色革命"在这些国家衰退的共性过程，这是对案例中普遍性因素的"求同"。基于本章给出的路径解释，本章还对先前"颜色革命"中政权崩溃问题的研究提出了新的竞争性解释。例如，通过亚美尼亚、阿塞拜疆两国的案例研究，强调了外部压力而非精英分裂在政权更迭中的重要作用；通过塔吉克斯坦、土库曼斯坦、乌兹别克斯坦三国的案例研究，发现了精英控制而非民怨对"颜色革命"浪潮中政局走势的影响。

---

① 参见 Levitsky Steven and Lucan Way, "Beyond Patronage: Violent Struggle, Ruling Party Cohesion, and Authoritarian Durability", *Perspectives on Politics*, Vol. 10, No. 4, 2012, p. 869.

其次，通过对 11 个案例国家的 QCA 分析，本章发现促成"颜色革命"衰退的四条路径。路径一展现了案例国家在国内精英分裂、缺乏外部压力的情况下阻遏"颜色革命"的可能解释，证明了精英分裂并不必然发生国内"政权"的更迭，外部压力在其中发挥着极其重要的作用。路径二展示，"弱国家"在"颜色革命"浪潮中并不意味着一定会发生政权更迭。当政权当局对国内精英实现了有效控制时，即使国内民众对当局不满情绪持续蔓延，反对派精英也不会寻求更迭现政权。这或许可以说明，"颜色革命"中政权更迭的真正原因不在于政权当局对民众抗议的屈服，而是政权当局对精英控制的失败。根据路径二中对三个案例国家内部特殊性与精英寻租关系的探究，发现实现精英控制的三种不同的精英寻租模式，即"资源—经济"模式、权力分享模式、精英胁迫模式，这为深入了解三国内部的政治关系提供了新的视角。研究中的路径三则强调，西方文化圈之外的国家面对外部压力时，最直接的方式就是斗争到底，正所谓"以斗争求和平则和平存，以妥协求和平则和平亡"。路径四则有助于明确防御"颜色革命"是一个系统性、全面性、复杂性的工程，不仅要从选举过程上发力，更要兼顾国内法律、社会管理、外交政策、国家经济发展等方面的建设，最终构建抵御"颜色革命"、维护国家政权安全的"防护网"。

机制是通向一般性知识的桥梁。[①] 通过对必要条件与核心条件的讨论，本章形成了以当局态度为必要条件，以无外部压力介入、边缘化反对派、精英整合为核心条件的"颜色革命"衰退的一般性机制，这有利于更加深刻地把握"颜色革命"衰退的实质性因素。正如图 4.2 所显示的那样，面对"颜色革命"浪潮，当局态度是一国政权能否安然过关的第一块"试金石"。本章的案例研究还表明，对于无法融入西方价值观世界的国家来说，维护本国政权的最好方法就是与西方施加的外部"规范性"压力不妥协地斗争到底，并建立符合本国国情的发展道路和意识形态体系。此外，团结精英、控制中立的精英集团、打击与西方过从甚密的寡头是俄罗斯、塔吉克斯坦、乌兹别克斯坦等国防范本国精英分裂的常用做法。由此可见，维护政府高层领导的团结统一是遏制"颜色革命"蔓延的重中之重。

综上所述，有效地抵御"颜色革命"至少需要从当局态度、抵抗外部

---

① 张静：《案例分析的目标：从故事到知识》，《中国社会科学》2018 年第 8 期。

压力、精英整合以及边缘化反对派四方面着手，进行系统性的政权建设与国家建设，逐步提高国家抵御政治风险的能力。"颜色革命"的衰退机制不仅明确了"颜色革命"衰退的一般条件，也能作为判断某个政权在遭遇有预谋的政治动荡时能否维持政权稳定的可能标准。

不过，对有限案例国家进行过程追踪与定性比较分析的研究手段决定了本章的主要结论及其机制只能满足案例内部的普遍适用性，对于更广范围案例的使用则可能略显不足。需要指出的是，"颜色革命"的衰退本质上是政权稳定的延续，而对于如何维持政权稳定问题的探讨，可以成为本章之后的下一个研究问题，这将极大地拓展"颜色革命"问题的研究广度。除此以外，清晰集定性比较分析（csQCA）虽然能够比较准确地表明条件变量与结果变量之间的组合关系，但却无法兼顾时间因素研究结果的影响。正如马克·贝辛格所指出的那样，先崩溃的政权往往经验不足，缺乏应对，而之后的政权则会对前者的经验进行"学习"，从而避免政权的崩溃。[1] 因此，时序因素对于"颜色革命"发生的影响将可以作为解释说明"颜色革命"为何衰退的另一重要原因。

关于"颜色革命"的研究具有很大的意识形态争议。本章虽然从抵御、遏制"颜色革命"的立场出发，力求在研究中避免受到西方意识形态因素的影响，但仍需承认，本章在引用和参考文献时仍然在很大程度上基于西方的研究成果。不过，近年来越来越多的外国学者也意识到，"颜色革命"之后并未给相关国家带来"民主"的进步，反倒与各国政治发展的停滞有很大的关联。[2] 这足以说明，"颜色革命"的发生并非"西式民主"的神话，而是与本国的经济社会发展、政权建设、国家能力建设等方面的弊端有着千丝万缕的联系。这些都可以成为研究后苏联空间国家"颜色革命"乃至西亚、北非"阿拉伯之春"等相关问题的切入角度。

---

[1] 参见 Mark R. Beissinger, "Structure and Example in Modular Political Phenomena: The Diffusion of Bulldozer/Rose/Orange/Tulip Revolutions", pp. 259 – 276.

[2] Melanie G. Mierzejewski – Voznyak, "Party Politics After the Colour Revolutions: Party Institutionalisation and Democratisation in Ukraine and Georgia", *East European Politics*, Vol. 30, No. 1, 2014, pp. 86 – 104.

附 录

附表1　　　　　　案例国家的"新闻自由数据"值

案例国家	与案例匹配的"新闻自由数据"值
亚美尼亚	64
阿塞拜疆	72
白俄罗斯	88
格鲁吉亚	54
哈萨克斯坦	75
吉尔吉斯斯坦	64
俄罗斯	72
塔吉克斯坦	76
土库曼斯坦	96
乌克兰	59
乌兹别克斯坦	90
均值（保留整数）	74

资料来源："自由之家","Freedom of the Press (FOTP) Data: Editions 1980—2017", https://freedomhouse.org/sites/default/files/2020-02/FOTP1980-FOTP2017_Public-Data.xlsx.

附表2　　　2003—2010年案例国家内腐败感知指数（CPI）分布

	2003年	2004年	2005年	2006年	2007年	2008年	2009年	2010年
亚美尼亚	3.0	3.1	2.9	2.9	3.0	2.9	2.7	2.6
阿塞拜疆	1.8	1.9	2.2	2.4	2.1	1.9	2.3	2.4
白俄罗斯	4.2	3.3	2.6	2.1	2.1	2.0	2.4	2.5
格鲁吉亚	1.8	2.0	2.3	2.8	3.4	3.9	4.1	3.8
哈萨克斯坦	2.4	2.2	2.6	2.6	2.1	2.2	2.7	2.9
吉尔吉斯斯坦	2.1	2.2	2.3	2.2	2.1	1.8	1.9	2.0
俄罗斯	2.7	2.8	2.4	2.5	2.3	2.1	2.2	2.1
塔吉克斯坦	1.8	2.0	2.1	2.2	2.1	2.0	2.0	2.1
土库曼斯坦	2.0	2.0	1.8	2.2	2.0	1.8	1.8	1.6
乌克兰	2.3	2.2	2.6	2.8	2.7	2.5	2.2	2.4
乌兹别克斯坦	2.4	2.3	2.2	2.1	1.7	1.8	1.7	1.6
均值	2.409091	2.363636	2.363636	2.436364	2.327273	2.263636	2.363636	2.363636

第五章 吉尔吉斯斯坦"革命"反对派的动员基础

第四章从一般化的层面讨论了"颜色革命"衰落的路径与机制,本章则以吉尔吉斯斯坦作为一个特殊案例,厘清为何该国会反复发生"颜色革命"。这说明该国或许具有产生"颜色革命"的一些特殊条件。须知,区域国别研究除了提供一般性的知识之外,也应提供更多的情境化和在地化的知识。本章试图在研究"颜色革命"的过程中推进此工作。截至目前,吉尔吉斯斯坦已经发生了三次"革命",阿卡耶夫、巴基耶夫和热恩别科夫先后被"革命"所推翻。可以说,在独立后的吉尔吉斯斯坦,"革命"的发生与政府的倒台已经成为一种"常态"。不过,与同一时期发生"颜色革命"的其他国家相比,吉尔吉斯斯坦"革命"存在一点不同,即它的反对派在进行"革命"的政治动员时,往往并不具备发起动员的一系列"常见"条件(如发达的社交网络、强有力的政党和较高水平的青年组织等等)。那么,在一系列"常见"条件并不充分的情况下,吉尔吉斯斯坦反对派是依靠哪些力量实现政治动员的?对这一问题进行解答,将有助于我们加深对独立以来吉尔吉斯斯坦政治局势的理解,也有助于探寻吉尔吉斯斯坦频繁发生"革命"的原因,这不但具有重要的现实意义,也具有一定的理论价值。

第一节 吉尔吉斯斯坦"革命"动员的独特性

"颜色革命"作为 21 世纪以来在欧亚大陆以及非洲地区颇具影响力的

一种政治现象，被学界所广泛研究和关注。① 一般来说，在"颜色革命"的相关国家中，反对派主要依托社交网络、政党、青年组织来进行政治动员，而且上述因素往往在相关国家"组合式"地出现。以格鲁吉亚发生的"玫瑰革命"为例，在此次事件中，以联合民族运动党（United National Movement Party）、联合民主党（United Democrats Party）为代表的政党组织和以"卡马拉"（Kmara，意为"受够了"）为代表的青年组织均起到突出作用；② 以乌克兰发生的"橙色革命"为例，在此次事件中，尤先科领导的"我们的乌克兰"党（Our Ukraine Party）和"博拉"（Пора，意为"是时候了"）青年组织均起到突出作用；③ 以突尼斯发生的"茉莉花革命"为例，在此次事件中，社交网络发挥出突出作用。④ 以埃及发生的"一·二五革命"为例，在此次事件中，穆斯林兄弟会（目前已更名为自由与公正党，Freedom and Justice Party）、"四·六青年运动"以及"我们都是哈利德·赛义德"等社交网络群体均发挥出突出作用。⑤

不过，对吉尔吉斯斯坦的相关情况进行分析后可以发现，社交网络、政党、青年组织等进行政治动员的"常见"条件在吉尔吉斯斯坦发展地并不充分。这导致吉尔吉斯斯坦反对派在进行政治动员时，其动员基础和动员过程与其他发生过"颜色革命"国家的反对派相比均存在很大不同。

其一，吉尔吉斯斯坦的社交网络发展水平不高。根据世界银行的统计，吉尔吉斯斯坦在 2005 年大约有 10.5% 的人口是网民，在 2010 年大约

---

① 广义来讲，吉尔吉斯斯坦独立以来发生的三次"革命"以及"阿拉伯之春"均可被纳入"颜色革命"的范畴。

② Giorgi Kandelaki, "Georgia's Rose Revolution: A Participant's Perspective", United States Institute of Peace, Vol. 167, 2006, p. 7; Tordjman Simon, "'Surfing the Wave': Civil Society Development and Colour Revolutions", *Totalitarismus und Demokratie*, Vol. 5, No. 1, 2008, p. 56; 曾向红、连小倩：《从反对派与政府互动差异看独联体国家"颜色革命"》，《阿拉伯世界研究》2020 年第 3 期。

③ Ivan Katchanovski, "The Orange Evolution? The 'Orange Revolution' and Political Changes in Ukraine", *Post – Soviet Affairs*, Vol. 24, No. 4, 2008, pp. 351 – 382；宋博：《试论颜色革命冲击下转型国家青年政治组织的治理》，《俄罗斯东欧中亚研究》2016 年第 1 期。

④ 陈文胜：《"阿拉伯之春"中青年社交媒体参与及其启示》，《当代青年研究》2017 年第 1 期。

⑤ 杨恕、宛程：《"一·二五革命"后埃及穆斯林兄弟会发展趋势》，《阿拉伯世界研究》2012 年第 1 期；周明、曾向红：《埃及"一·二五革命"中的信息瀑布与虚拟社交网络》，《外交评论》2012 年第 2 期；曾向红、杨恕：《中东变局的发展过程、动力与机制研究——以埃及变局为中心》，《世界经济与政治》2013 年第 1 期。

有 16.3% 的人口是网民，此后，吉尔吉斯斯坦的网民数量开始迅速攀升，至 2017 年已有 38% 的人口是网民（但同期突尼斯的网民占总人口比重已超过 55%）。① 即使网民数量在 2010 年后得到了快速增加，吉尔吉斯斯坦的社交网络发展仍然未能达到较高水平。至 2017 年年底，吉尔吉斯斯坦的 Facebook 用户大约有 65 万，Twitter 用户大约有 55 万。② 而且在吉尔吉斯斯坦使用社交网站的人群中，很少形成富有社会乃至政治影响力的社交团体，对三次"革命"均产生影响的社交网络团体更是少见。此外，据联合国电子政务调查报告显示，2018 年吉尔吉斯斯坦的固定宽带普及率仅为 4.04%，通信基础设施指数仅为 0.3418。③ 总体来说，吉尔吉斯斯坦在独立后，其网络建设长期处于较低水平，近年来其网络建设水平虽然有较大提升，但尚未达到足以形成具有社会影响力和政治影响力的社交网络团体的程度。

其二，吉尔吉斯斯坦的反对派政党相对羸弱。由于吉尔吉斯斯坦政治建设起步较晚，且政府对反对派长期打压，所以吉尔吉斯斯坦的反对派政党十分羸弱，其对国家政治生活的影响十分有限。这体现在以下几个方面：首先，反对派缺乏有号召力的政治纲领，这意味着反对派无法利用政治纲领来获取社会各界的广泛支持；其次，反对派的政党建设并不成功，其政党既没有较高的支持率，也没有完备的组织系统，而且反对派的政党规模往往很小，力量十分分散，这意味着，当反对派将要发起政治运动时，往往不能利用政党力量实现有效动员；再次，反对派所掌握的政府职位较少，特别是在历次"革命"发生的前夕，主要的高层政治岗位几乎全为亲总统派所把控，而反对派此前所占据的政府高层位置则先后失去，这意味着反对派的政治行动很难获得政府高层的支持；最后，反对派政党既不掌握武装力量，也缺乏资金，这意味着反对派所掌握的物质力量也十分有限。总之，吉尔吉斯斯坦的反对派政党相对羸弱，这使得他们在政治运

---

① 数据来源世界银行网站，https：//data.worldbank.org.cn/indicator/IT.NET.USER.ZS?locations = KG.

② 值得注意的是，社交网站的网民数量是随时发生巨大变化的，这受到社交网站所属公司的运营状况的影响，2016 年年底吉尔吉斯斯坦的 facebook 用户数量曾一度突破 150 万，但 2017 年年底降至 65 万。数据来源https：//napoleoncat.com/stats/social - media - users - in - kyrgyzstan/.

③ 郭曼若：《中亚信息通信技术发展：现状、挑战及与中国的合作》，《欧亚经济》2021 年第 1 期。

动发生时很难起到主导作用。

其三，吉尔吉斯斯坦的青年组织建设尚不完善。在吉尔吉斯斯坦的三次"革命"中，作用较为突出的青年组织当属 2005 年成立的"凯尔凯尔"（Kel-Kel）组织，其对于"郁金香革命"的进程起到了一定的推动作用。不过，即使是"凯尔凯尔"组织，其规模仍然十分有限，[①] 并且在"郁金香革命"后便很快解散。而在此后的"二次革命"和"2020 年政治运动"中，都鲜有青年组织能在其中发挥作用。总体来看，吉尔吉斯斯坦青年组织的建设水平不高，规模有限，即使有个别青年组织对政治局势产生过影响，也会很快消失在人们的视野之中。

综上所述，在吉尔吉斯斯坦独立后的大部分时间里，其社交网络、青年组织、政党等要素的建设和发展水平并不高，这使得反对派在准备发起"革命"时，往往不能将上述力量作为主要的动员基础。这就引出了本章的问题：吉尔吉斯斯坦反对派是依托什么力量发动革命的，又是怎样依托这些力量进行政治动员的？对于这一问题，本章尝试从"非正式政治力量"的视角出发，通过分析个人政治关系网络、部族认同与部族群体、传统政治习俗三种力量在吉尔吉斯斯坦"革命"中的作用来进行解答。本章认为，吉尔吉斯斯坦反对派虽然不具备其他"颜色革命"国家发起政治运动的一系列"常见"条件，但由于反对派掌握着较为强大的非正式政治力量，因此其仍然拥有足够的资源来完成政治运动的动员工作。通过运用非正式政治力量，反对派在面临一系列不利条件的情况下，仍然能够实现募集资金、发动群众、制造舆论压力、争取政治合法性和博取基层力量的支持等种种政治目标，从而实现了高效的政治动员。

下文我们将从非正式政治力量出发，来对吉尔吉斯斯坦反对派的动员基础进行考察。文章结构安排如下：第二部分将首先界定非正式政治力量的含义，之后分别对吉尔吉斯斯坦反对派所掌握的三种主要非正式政治力量（个人政治关系网络、部族认同与部族群体、传统政治习俗）进行梳理。第三部分将以吉尔吉斯斯坦发生过的三次"革命"作为案例，对反对

---

① 根据阿利舍尔·卡米多夫（Alisher Khamidov）的研究，"凯尔凯尔"组织仅仅拥有 300 名成员，并且很快消失在人们的视野之中。参见 Alisher Khamidov, "Kyrgyzstan's Revolutionary Youth", *The SAIS Review of International Affairs*, Vol. 26, No. 2, 2006, p. 86.

派运用三种非正式政治力量进行政治动员的过程进行论述。第四部分将对吉尔吉斯斯坦反对派运用非正式政治力量进行政治动员的机制进行归纳。最后，文章将进行总结，并对如何防止吉尔吉斯斯坦反对派运用非正式政治力量进行政治动员乃至发起政治运动这一问题进行讨论。

第二节　反对派政治动员的基础
——三种非正式政治力量

现实的政治运行是复杂多样的，在正式的制度安排之外，往往存在着其他能够对政治运行产生重要影响的力量。对于这些游离于正式制度安排之外的政治力量，学界早有研究。但对于如何命名和定义这种政治力量，学界存在不同的观点（见表5.1）。为了明确定义和方便本章的研究，在综合考察过往研究成果的前提下，本章以"非正式政治力量"来命名这种"游离于正式制度安排之外的能够影响政治发展的力量"，并将非正式政治力量界定为：既不依托政府、议会、政党、法律和军队等官方性的政治组织或机构，也不依托独立于政府之外的政权或武装力量，却仍能够对政治运作产生影响的权力或政治资源。[1]

表5.1　"非正式政治力量"及其类似概念在其他文献中的不同称谓及定义

文献作者	称谓	定义
福井春弘 （Hiruhiro Fukui）	非正式政治 （informal politics）	通常而言，规则和制度往往不是由权威机构故意创造的，它们只是单纯地（在政治发展过程中）演进成为了"习俗和行为准则"，而这种由非正式的规则和制度所支配的政治就是非正式政治[2]

---

[1] 需要指出的是，一些割据政权虽然不为官方政府或国际社会所承认，但其所拥有的政党、地方武装等力量仍然属于正式的政治力量。

[2] Haruhiro Fukui, "Introduction: On the Significance of Infromal Politics", in Lowell Dittmer, Haruhiro Fukui and Peter N. S. Lee, eds., *Informal Politics in East Asia*, Cambridge, Cambridge: Cambridge University Press, p. 3.

续表

文献作者	称谓	定义
罗德明 (Lowell Dittmer)	非正式政治	从行为上看，非正式政治由基于价值理性而非目的理性的关系组成，这种关系是为个人服务的。非正式政治倾向于含蓄的和隐蔽的，而非显性的和公开的，非正式政治是灵活的、随意的、无规律的，而不是制度化的。从结构上看，非正式政治可能比常规行政部门更能影响领导，并可能比下级更容易影响上级领导。……从周期标准来看，非正式政治往往发生在结构崩溃最可能发生的时候①
拉德尼兹 (Scott Radnitz)	非正式政治	塑造政治行为和结果并为之提供基础的非正式性（因素）②
古德费勒 (Tom Goodfellow)	政治的非正式性 (political informality)	在过去的50年里，非正式性作为一个普遍的概念已经被无数次的定义。在这里，我赞同林德尔（的观点），将那些在某些方面"超越或规避国家监管"的活动归类为非正式活动③
赫尔默克、莱维斯基 (Gretchen Helmke and Steven Levitsky)	非正式制度 (informal institution)	"非正式制度"是指在官方认可的渠道之外创造、交流和执行的社会共享规则，这一规则通常是不成文的④
劳斯 (Hans-Joachim Lauth)	非正式制度	非正式制度是没有正式编入宪法或法律的制度⑤
克里斯蒂安森 (Christiansen)	非正式治理 (informal governance)	当参与决策的过程尚未（或无法）形成法律条文并公开地强制执行时，治理就是非正式的⑥

① Lowell Dittmer, "Chinese Informal Politics", *The China Journal*, No. 34, July 1995, p. 33.
② Scott Radnitz, "Review Article: Informal Politics and the State", *Comparative Politics*, Vol. 43, No. 3, 2011, p. 354.
③ Tom Goodfellow, "Political Informality: Deals, Trust Networks, and the Negotiation of Value in the Urban Realm", *The Journal of Development Studies*, Vol. 56, No. 2, 2020, p. 280.
④ Gretchen Helmke and Steven Levitsky, "Informal Institutions and Comparative Politics: A Research Agenda", *Perspectives on Politics*, Vol. 2, No. 4, December 2004, p. 727.
⑤ Hans-Joachim Lauth, "Informal Institutions and Political Transformation: Theoretical and Methodological Reflections", Paper presented at the ECPR Joint Sessions, Uppsala, p. 5.
⑥ Thomas Christiansen, Andreas Follesdal and Simona Piattoni, "Informal Governance in the European Union: An Introduction", in Thomas Christiansen and Simona Piattoni, eds., *Informal Governance in the European Union*, Cheltenham: Edward Elgar, 2003, p. 6.

续表

文献作者	称谓	定义
哈什 (Matthew Harsh)	非正式治理	非正式治理是指一种没有编入法律的、非制度性的决策手段,其中社会关系和网络的影响力扮演着重要角色,同时,非正式治理也包括发生在各级非政府组织内部或由各级非政府组织领导的决策①
特米尔库洛夫 (Azamat Temirkulov)	非正式行为体 (informal actors)	作为一个术语,"非正式行为体"用来描述庇护网络和非官方地组织起来的人群②

资料来源:笔者自制。

对于本章的研究来说,非正式政治力量这一概念具有较强的契合性。在吉尔吉斯斯坦历次"革命"中,反对派所能掌握的正式政治力量十分有限,因此其进行政治动员的主要基础来自于非正式政治力量。这一概念既能说明反对派的动员基础是一种政治力量,也能说明这种政治力量的非正式性,而其他类似概念则起不到这种效果。在考察了相关概念的内涵以及本章研究问题的特点后,本章最终选取"非正式政治力量"一词来描述吉尔吉斯斯坦反对派在进行政治动员过程中所依托的力量。

在对非正式政治力量进行界定后可以发现,非正式政治力量对吉尔吉斯斯坦的政治运行产生着巨大的作用,且这种非正式政治力量在很大程度上为吉尔吉斯斯坦反对派所掌握和利用。在吉尔吉斯斯坦三次"革命"中,反对派主要是利用了个人政治关系网络、部族认同及部族群体、传统政治习俗这三种非正式政治力量,才得以在种种不利的条件下仍然高效地完成了政治动员。

(一)个人政治关系网络

个人政治关系网络主要是指从事政治活动的个人利用其从政经历或社

---

① Matthew Harsh, "Informal governance of emerging technologies in Africa", in Thomas Christiansen and Christine Neuhold, eds., *International Handbook on Informal Governance*, Cheltenham: Edward Elgar, 2012, p. 481.

② Azamat Temirkulov, "Informal actors and institutions in mobilization: the periphery in the 'Tulip Revolution'", *Central Asian Survey*, Vol. 27, No. 3 - 4, September - December 2008, p. 317.

会关系而发展出来的为自己政治需求服务的资源或力量。在吉尔吉斯斯坦历次的反政府运动中，反对派领导人的个人政治关系网络均发挥出显著的影响（关于吉尔吉斯斯坦的主要政治人物，可以见表5.2）。根据斯科特·拉德尼茨（Scott Radnitz）的研究，吉尔吉斯斯坦政治运动的动员主要受政治领导人的影响，政治家有能力利用他们与当地的非正式联系（而非所谓的政治事业），来动员对他们个人的支持。[①] 吉尔吉斯斯坦独立后，其政坛上涌现出了诸多知名的反对派人物，他们的个人政治关系网络对于反对派的政治动员起到了巨大的帮助作用。

一是菲利克斯·库洛夫（Felix Kulov）。库洛夫是"郁金香革命"和"二次革命"的主要领导人物，他曾先后担任吉尔吉斯斯坦内政部长、副总统、楚河州州长、国家安全部长、比什凯克市市长和政府总理等职务，并创立了吉尔吉斯斯坦尊严党。库洛夫的个人政治关系网络来自于四个方面：政治伙伴、家族成员、乡党和民间支持者。首先，库洛夫在其从政的40多年时间中，结识了大量政治伙伴，其中埃米尔·阿利耶夫（Emil Aliev）、詹妮贝克·巴赫切耶夫（Djanybek Bakhchiev）和尤森·库达贝格涅诺夫（Usen Kudaibergenov）等人与库洛夫关系尤其密切，这些政治伙伴无疑能为库洛夫的政治活动提供诸多助力。其次，家族成员对于库洛夫政治活动的帮助也不容忽视。库洛夫的父亲沙申白·库洛夫（Sharshenbai Kulov）曾参加过卫国战争，并在执法机构工作，后来以上校军衔退休。[②] 库洛夫早期的政治经历之所以能够一帆风顺，与其家庭的帮助不无关系。再次，库洛夫的故乡拜尔提克也有大量库洛夫的支持者。在库洛夫被捕期间，拜尔提克村的村民在比什凯克组织了多次抗议活动，图森·朱玛卡诺娃（Tursun Jumakanova）和萨达特·桑托罗娃（Saadat Santorova）等人均参加了抗议活动并接受了采访，他们表示，拜尔提克村的抗议活动已经导致政府派出安全部队对其进行监视。[③] 最后，库洛夫本人在社会上也颇有

[①] Scott Radnitz, "What Really Happened in Kyrgyzstan?", *Journal of Democracy*, Vol. 17, No. 2. Cited in Sally N. Cummings and Maxim Ryabkov, "Situating the 'Tulip Revolution'", *Central Asian Survey*, Vol. 27, No. 3 - 4, September - December 2008, p. 246.

[②] "Biography of Felix Kulov", The Political Party of Kyrgyzstan Ar - Namys, March 17, 2003, https://web.archive.org/web/20050223074634/http://ar-namys.org/en/view_temp.php?i=140.

[③] Sultan Jumagulov, "Kyrgyzstan: Punished by Association", Institute for War & Peace Reporting, February 21, 2005, https://iwpr.net/global-voices/kyrgyzstan-punished-association.

威望，一些人出于对他的尊敬而支持他。在库洛夫被捕入狱后，2000年、2002年和2004年均有数百乃至上千的库洛夫支持者在比什凯克进行集会，为库洛夫进行声援。① 在这些抗议活动中，当然有库洛夫的政治伙伴、乡党和族人参与，但那些慕名而来的支持者也为数不少。综上所述，库洛夫拥有强大的个人政治关系网络，这种非正式政治力量使得他在关键的政治时刻，可以争取到很多高层政客以及数千底层支持者的支持，从而形成广泛而高效的政治动员。在"郁金香革命"和"二次革命"期间，库洛夫的个人政治关系网络均发挥了重要作用。

二是库尔曼别克·巴基耶夫（Kurmanbek Bakiyev）。巴基耶夫是"郁金香革命"的主要领导人物。与库洛夫不同，巴基耶夫的个人政治关系网络主要建立在部族、家族和政客的支持之上。首先，巴基耶夫属于泰伊特家族，该家族在吉尔吉斯斯坦南部很有影响力。② 在"郁金香革命"中，巴基耶夫利用自身的南方部族身份，煽动南方部族民众参与政治运动，从而集结起数千人的抗议队伍，给政府以巨大压力。其次，巴基耶夫的家族在奥什市很有影响力。巴基耶夫的父亲萨利·巴基耶夫（Sali Bakiev）在苏联时期担任当地集体农场的主席。巴基耶夫的妻子塔季扬娜·巴基耶娃（Tatyana Bakiyeva）在吉尔吉斯斯坦独立后主管莫里姆（Meerim）基金会楚河州区域的分支机构，并在此期间与阿卡耶夫的夫人梅拉姆·阿卡耶娃（Mayram Akayeva，莫里姆基金会的创立者）保持着良好的关系。最后，巴基耶夫在"郁金香革命"之前即有过长期的从政和经营企业的经历。这些经历帮助巴基耶夫结识了一批政客和企业家，并最终在"郁金香革命"期间发挥了作用，阿布萨马特·马萨利耶夫（Absamat Masaliyev）是巴基耶夫的政治伙伴中比较知名的一个。根据罗扎·奥通巴耶娃（Roza Otunbayeva）的说法，三年前，来自南部的国会议员和政界"元老"马萨利耶

---

① "Kyrgyz Report: April 5, 2000", Radio Free Europe/Radio Liberty, April 5, 2000, https://www.rferl.org/a/1343593.html; Antoine Blua, "Kyrgyzstan: Protesters Demand Kulov's Release, President's Resignation", Radio Free Europe/Radio Liberty, May 9, 2002, https://www.rferl.org/a/1099649.html; Aisha Aslanbekova, "Disrupted March in Support of Felix Kulov", *The Central Asia – Caucasus Analyst*, April 21, 2004, https://www.cacianalyst.org/publications/field – reports/item/8938 – field – reports – caci – analyst – 2004 – 4 – 21 – art – 8938.html.

② Informal Governance and Corruption – – – – Transcending the Principal Agent and Collective Action Paradigms – – – – Kyrgyzstan Country Report Part 2 Micro – Level, p. 7.

夫非正式地指定巴基耶夫为下一届总统候选人。① 一些政治人物，比如尤森·西迪科夫（Usen Sydykov）承诺在马萨利耶夫死后服从他的命令，并在"郁金香革命"中支持巴基耶夫。②

三是阿尔马兹别克·阿坦巴耶夫（Almazbek Atambayev）。阿坦巴耶夫是吉尔吉斯斯坦老牌政党社会民主党的创始人之一，在吉尔吉斯斯坦的三次"革命"中，阿坦巴耶夫均发挥了重要作用。阿坦巴耶夫的个人政治关系网络来自于三个方面：政治伙伴、民间支持者和私人武装。首先，阿坦巴耶夫在数十年的从政生涯中，结识了一大批政治伙伴。其中，阿卜迪甘尼·艾尔克巴耶夫（Abdygany Erkebaev）、奥通巴耶娃和巴克伊特·贝西莫夫（Bakyt Beshimov）、卡内别克·伊萨科夫（Kanybek Isakov）、库尔马托夫、伊琳娜·卡拉姆什金娜（Irina Karamushkina）和昆都士·焦尔杜巴耶娃（Kunduz Zholdubaeva）等人均是阿坦巴耶夫比较重要的政治伙伴。其次，阿坦巴耶夫也能够通过其个人的政治主张和人格魅力收获大量的民间支持者。在三次"革命"中，阿坦巴耶夫均利用其个人号召力集合了数千支持者进行游行示威。最后，在阿坦巴耶夫的个人政治关系网络中，有一支相对特殊的力量，即阿坦巴耶夫的私人武装。在阿坦巴耶夫从政期间，其儿子赛义德·阿坦巴耶夫暗中购买武器，形成了一支小规模的武装力量。在2019年热恩别科夫命令国家安全部队逮捕阿坦巴耶夫时，阿坦巴耶夫的私人武装一度对国家安全部队的行动进行了阻击，并造成了安全部队的伤亡。

四是萨德尔·扎帕罗夫（Sadyr Japarov）。扎帕罗夫是吉尔吉斯斯坦2020年的政治运动的主要领导人物。他之所以能够在2020年政治运动中东山再起并迫使热恩别科夫下台，所依靠的主要是他的个人政治关系网络，这种个人政治关系网络主要有三个来源：政治伙伴、民间支持者和企业家。首先，扎帕罗夫在其从政期间，尤其是领导阿塔·楚特党（Ata Zhurt Party）和爱国党（Patriotic Party）期间，结识了大量政治伙伴。其中，塔西耶夫和马米托夫等人是扎帕罗夫最重要的政治伙伴，他们成为扎

---

① Erica Marat, "The Tulip Revolution: Kyrgyzstan One Year After, Washington", D.C.: The Jamestown Foundation, 2006, p.115.

② Erica Marat, "The Tulip Revolution: Kyrgyzstan One Year After, Washington", p.115.

第五章 吉尔吉斯斯坦"革命"反对派的动员基础 | 149

帕罗夫继续动员支持者以及东山再起的重要因素。其次，扎帕罗夫一直以民族主义者著称，这一民族主义者身份为其获取了大量支持者。2012年和2013年，扎帕罗夫以库姆托尔金矿国有化为口号，先后召集支持者在库姆凯尔金矿进行抗议活动，这两次抗议活动均有数百名支持者参加。最后，扎帕罗夫曾先后担任索顿库尔（Soltonkul）农场负责人、科尔戈依（Kergei）石油公司董事、古泽尔（Guzel）和努尔耐夫特盖兹（Nurneftegaz）炼油厂负责人等职位。早期的商业活动使扎帕罗夫结识了相当数量的企业家，在拓展扎帕罗夫社会人脉的同时，也扩大了其政治影响力，并方便其有更多途径来募集资金。

五是其他反对派人物的个人政治关系网络。除上述主要政治人物外，在吉尔吉斯斯坦的历次"革命"中，都会出现一些地方上的反对派人物，他们的个人政治关系网络虽然不及前面提到的反对派领导人那样庞大，但也在政治运动中发挥了重要作用。阿希萨马特·马萨利耶夫（Absamat Masaliyev）[1]、奥穆别克·特克巴耶夫（Omurbek Tekebayev）[2]、阿兹姆别克·别克纳扎罗夫（Azimbek Beknazarov）[3]、巴亚曼·埃尔金巴耶夫

---

[1] 马萨利耶夫是吉尔吉斯斯坦独立前的吉尔吉斯苏维埃社会主义共和国共产党中央委员会第一书记，吉尔吉斯斯坦独立后，他领导着吉尔吉斯斯坦共产党人党，在"郁金香革命"中，马萨利耶夫起到很重要的作用，并在很大程度上推动着巴基耶夫成为总统。参见 Erica Marat, *The Tulip Revolution*: *Kyrgyzstan One Year After*, Washington, D. C.: The Jamestown Foundation, 2006, p. 115.

[2] 特克巴耶夫是阿塔·梅肯党（又称祖国党，Ata Meken Party）的主要创始人，他与阿兹姆别克·别克纳扎罗夫（Azimbek Beknazarov）、梅利斯·埃诗玛卡诺夫（Melis Eshimakanov）、库巴特贝克·贝博洛夫（Kubatbek Baibolov）等人都有着比较密切的政治联系，三次"革命"中均有特克巴耶夫或其支持者的参与。参见 "Who's Who in Kyrgyz Politics", *Geohistory*, September 26, 2017, https: //geohistory. today/kyrgyz – politics – whos – who/; Erica Marat, "Kyrgyz NGOs Call on Government to Fight Organized Crime", The Jamestown Foundation: Global Research & Analysis, April 11, 2006, https: //jamestown. org/program/kyrgyz – ngos – call – on – government – to – fight – organized – crime/; Jim Nichol, "The April 2010 Coup in Kyrgyzstan and its Aftermath: Context and Implications for U. S. Interests", CRS Report for Congress, June 15, 2010, https: //www. google. com. hk/url? sa = t&rct = j&q = &esrc = s&source = web&cd = &cad = rja&uact = 8&ved = 2ahUKEwiNm _ 2p0qjwAhXzdcOKHUT _ AkEQFjAAegQIBBAD&url = https%3A%2F%2Ffas. org%2Fsgp%2Fcrs%2Frow%2FR41178. pdf&usg = AOvVaw0Ca3bAobn4bXFZhdNNs26l.

[3] 早在2002年，别克纳扎洛夫即召集其支持者进行了一场反对阿卡耶夫的抗议活动，这一抗议活动被称为"阿克西事件"，成为日后"郁金香革命"的导火索。参见 Martha Brill Olcott, "Lessons of the Tulip Revolution", Carnegie Endowment for International Peace, April 7, 2005, https: //carnegieendowment. org/2005/04/07/lessons – of – tulip – revolution – pub – 16758

(Bayaman Erkinbayev)①、詹尼什别克·纳扎拉利耶夫(Jenishbek Nazaraliev)②、乌尔纳特别克·巴里克塔巴索夫(Urrnatbek Baryktabasov)③、奥穆别克·巴巴诺夫(Omurbek Babanov)④、阿达汉·马杜马罗夫(Adahan Modumarov)⑤和卡姆奇别克·塔西耶夫(Kamchybek Tashiev)⑥等人是这类反对派人物的典型代表。这些政治人物通过运用个人政治关系

---

① 埃尔金巴耶夫是一名有着黑社会背景的商人,他供养着一大批拳击手、摔跤手,并创立了艾利什(Alysh)搏击协会来给这些拳击手和摔跤手提供工作,在"郁金香革命"中,埃尔金巴耶夫的搏击协会以及下面的拳击手和摔跤手产生了重要作用,有大约两千名拳击手和摔跤手被动员起来参与了游行示威。参见 Alexander Kupatadze, "Organized Crime before and after the Tulip Revolution: the Changing Dynamics of Upperworld – underworld Networks", in Sally N. Cummings, edit., *Domestic and International Perspectives on Kyrgyzstan's 'Tulip Revolution': Motives, Mobilization and Meanings*, London; New York: Routledge, p. 63.

② "郁金香革命"期间,纳扎拉利耶夫动员了7000多名支持者进行游行示威活动。参见 David Gullette, "The Genealogical Construction of the Kyrgyz Republic: Kinship, State and 'Tribalism'", p. 26.

③ "郁金香革命"期间,巴里克塔巴索夫的支持者冲进比什凯克的一座政府大楼,抗议他被排除在即将到来的总统选举之外。参见 David Gullette, "The Genealogical Construction of the Kyrgyz Republic: Kinship, State and 'Tribalism'", p. 27.

④ 巴巴诺夫是一名商人,他曾参加总统选举并获得了较高的支持率,巴巴诺夫在"郁金香革命"和"二次革命"中均发挥了重要作用。参见"Background on Omurbek Babanov", Carnegie Endowment for International Peace, January 17, 2012, https://carnegieendowment.org/2012/01/17/background – on – omurbek – babanov – pub – 46487.

⑤ 马杜马罗夫是吉尔吉斯斯坦南部的政治家,团结吉尔吉斯斯坦党(United Kyrgyzstan Party)的领导人,他在阿卡耶夫时期就以对总统的尖锐批评而闻名,"郁金香革命"中,马杜马罗夫组织起了数千人的抗议队伍,但此后马杜马罗夫的政治生涯并不顺利,他先后与阿坦巴耶夫、塔西耶夫、热恩别科夫、扎帕罗夫等人竞争总统职位,均遭到失败。参见 Erica Marat, "Tulips Bloom in Kyrgyzstan Bringing Hopes for Democratic Development", Eurasia Daily Monitor, March 28, 2005, https://jamestown.org/program/tulips – bloom – in – kyrgyzstan – bringing – hopes – for – democratic – development/; "Madumarov submits documents to Central Election Commission as self – nominated candidate for President of Kyrgyzstan", AKIPRESS, October 30, 2020, https://akipress.com/news: 650383: Madumarov_ submits_ documents_ to_ Central_ Election_ Commission_ as_ self – nominated_ candidate_ for_ President_ of_ Kyrgyzstan/.

⑥ 塔西耶夫是扎帕罗夫的重要政治伙伴,阿塔·楚特党(Ata – Zhurt Party)和爱国党(Patriotic Party)的领导人。2012年,他与扎帕罗夫一起参加了要求库姆托尔(Kumtor)金矿国有化的游行示威活动,并在此次活动后与扎帕罗夫一起被阿坦巴耶夫当局抓捕,2020年政治运动暴发后,他与扎帕罗夫一起被释放,并随后被任命为国家安全委员会主席,成为扎帕罗夫就任总统的得力助手。参见"Opposition Leaders Jailed", The Economist Intelligence Unit, April 10, 2013, http://country.eiu.com/article.aspx? articleid = 840361868&Country = Kyrgyz% 20Republic&topic = Politics&_ 8; Adam Hug, "Retreating Rights – Kyrgyzstan: Introduction", The Foreign Policy Center, March 1, 2021, https://fpc.org.uk/retreating – rights – kyrgyzstan – introduction/.

网络，同样动员起大量的支持者对"革命"进行声援，从而进一步推动了吉尔吉斯斯坦"革命"的进程。

表5.2 文中主要政治人物简介①

政治人物	主要任职经历②	备注
阿斯卡尔·阿卡耶夫（Askar Akayev, 1944.11.10—？）	1990.10—1991.10：吉尔吉斯苏维埃社会主义共和国总统 1991.10—2005.4：吉尔吉斯斯坦总统	吉尔吉斯斯坦首任总统，"郁金香革命"中下台，之后前往俄罗斯担任莫斯科国立大学教授
库尔曼别克·巴基耶夫（Kurmanbek Bakiyev, 1949.8.1—？）	1995—1997：贾拉拉巴德州州长 1997—2000：楚河州州长 2000—2002：总理 2005.3—2010.4：总统	"郁金香革命"的主要领导者之一，吉尔吉斯斯坦第二任总统，"二次革命"中下台
罗扎·奥通巴耶娃（Roza Otunbayeva, 1950.8.23—？）	1992：外交部长和副总理 1992—1994：驻美国、加拿大等国大使 1994—1997：外交部长 1997—2002：驻英国大使 2002—2004：联合国秘书长格鲁吉亚维和特派团副特别代表 2005.3—2005.9：代理外交部长 2010.4—2010.7：代理总统 2010.7—2011.12：总统	"郁金香革命"和"二次革命"的主要领导者之一
阿尔马兹别克·阿坦巴耶夫（Almazbek Atambayev, 1956.9.17—？）	2005.12—2006.4：工业、贸易、旅游部长 2007.3—2007.11：总理 2010.10—2011.10：总理 2011.10—2017.11：总统	"郁金香革命""二次革命"和2020年政治运动的主要领导者之一
索隆拜·热恩别科夫（Sooronbay Jeenbekov, 1958.11.16—？）	2017.10—2020.10：总统	原为阿坦巴耶夫的政治伙伴，后成为阿坦巴耶夫的主要政治对手，2020年政治运动中下台

① 该附录基本按照政治人物所担任的最高职务的级别大小进行排列。
② 如无特别说明，均为吉尔吉斯斯坦独立后的职务。

续表

政治人物	主要任职经历①	备注
萨德尔·扎帕罗夫（Sadyr Japarov, 1968.12.6—?）	2020.10—2020.11：代理总理、代理总统 2021.1—今：总统	最初为巴基耶夫的支持者，后为阿坦巴耶夫的主要政治对手，2020年政治运动的主要领导者之一
费利克斯·库洛夫（Felix Kulov, 1948.10.29—?）	2005.9—2006.12：总理	尊严党创始人，"郁金香革命"和"二次革命"的主要领导者之一
阿布萨马特·马萨利耶夫（Absamat Masaliyev, 1933.4.10—2004.7.31）	1985.11—1990.4：吉尔吉斯苏维埃社会主义共和国第一书记 1990.4—1990.12：吉尔吉斯苏维埃社会主义共和国最高苏维埃主席	吉尔吉斯苏维埃社会主义共和国第一书记，共产党创始人和主要领导者，生涯后期支持巴基耶夫
坎奇别克·塔西耶夫（Kamchybek Tashiev, 1968.9.27—?）	2020.11—今：国家安全委员会主席	扎帕罗夫的主要政治伙伴，2020年政治运动的主要领导者之一
阿卜迪甘尼·艾尔克巴耶夫（Abdygany Erkebaev）	1993—1999：社会民主党党魁 国家科学院院长	社会民主党创始人之一，阿坦巴耶夫的主要政治伙伴
阿齐姆别克·别克纳扎罗夫（Azymbek Beknazarov）	总检察长	埃尔金巴耶夫的主要政治伙伴，"阿克西事件"的主要领导者
埃米尔·阿利耶夫（Emil Aliev, 1954.10.8—?）	尊严党副主席	库洛夫的主要政治伙伴，"郁金香革命"和"二次革命"的主要领导者之一
詹妮贝克·巴赫切耶夫（Djanybek Bakhchiev）	1997—2000：国家安全部反恐小组负责人	库洛夫的主要政治伙伴，"郁金香革命"的参与者

① 如无特别说明，均为吉尔吉斯斯坦独立后的职务。

续表

政治人物	主要任职经历①	备注
巴亚曼·埃尔金巴耶夫（Bayaman Erkinbayev, 1967.9.22—2205.4.28）	搏击协会领导者，国会议员	别克纳扎罗夫的主要政治伙伴，"郁金香革命"的主要领导者之一，2005年4月28日被暗杀
尤森·西迪科夫（Usen Sydykov）	2006—2008：总统顾问	巴基耶夫的主要政治伙伴，"郁金香革命"主要参与者
阿达汉·马杜马罗夫（Adahan Modumarov, 1965.9.3—?）	国会议员	"郁金香革命"的主要参与者，先后与阿坦巴耶夫、热恩别科夫和扎帕罗夫竞争总统职位
钦吉兹·艾特马托夫（Chinghiz Aitmatov, 1928.12.12—2008.6.10）		吉尔吉斯斯坦著名作家，推举阿卡耶夫成为吉尔吉斯斯坦首任总统的关键人物

资料来源：笔者自制。

（二）部族认同及部族群体

部族作为一种在人类历史上长期存在并对社会发展产生重要影响的群体性概念，被学界所广泛关注和研究。目前，关于部族的定义，学界仍然存在广泛争论。本章采用牛津网络词典的定义，将部族定义为由家庭或是社会、经济、宗教、血缘等共同体所组成的，具有共同的文化和方言，通常具有公认领导者的社会形态。② 由部族这一概念而引申出来的部族主义和部族政治等相关概念，也在诸多国家的发展历程中产生了十分重要的影响。

在吉尔吉斯斯坦语中，吉尔吉斯斯坦的本意便是"40个部落所组成的国家。"因此，在吉尔吉斯斯坦的政治发展过程中，部族认同及部族群体的影响必然十分深远。如今，吉尔吉斯斯坦就部族结构状况而言，主要分

---

① 如无特别说明，均为吉尔吉斯斯坦独立后的职务。
② 资料来源 https：//languages.oup.com/google-dictionary-en/.

为三大集团，即左翼、右翼以及伊奇基利克。抑或是，按照地理位置，可以将吉尔吉斯斯坦的部族分为由北部和西部部落组成的左联盟与由南部部落组成的右联盟，即北方部族与南方部族。所谓的北方部族基本位于楚河州（Chui Oblast）、伊塞克湖地区（Issyk-Kul Region）、纳伦州（Naryn Oblast）和塔拉斯地区（Talas Region），而所谓的南方部族基本位于巴特肯州（Batken Oblast）、贾拉拉巴德州（Jalal-Abad Oblast）和奥什州（Osh Oblast）。这些部落差异在很大程度上是由吉尔吉斯斯坦地理所致。吉尔吉斯斯坦北部和南部存在一个巨大的山脉，使这两个区域之间的通讯和运输长期以来存在困难，从而造成了明显的文化差异。北部比较发达和富裕，并且倾向于与俄罗斯和西方建立更紧密的关系。而南部人口众多，拥有更多传统的伊斯兰价值观。部族政治对于吉尔吉斯斯坦的影响十分深远，并体现在方方面面。概括地说，主要体现在个人认同、社会关系和政治生活三个方面。

在个人认同方面，部族认同与部族群体起到界定身份、凝聚族群的作用。由于吉尔吉斯斯坦特殊的历史因素，吉尔吉斯斯坦人对于本部族的认同度很高，这种认同度甚至挑战到他们对国家的认同度。在历史上，吉尔吉斯斯坦一直没有中央政府，各地居民都是由所属部族统治。正如朱拉耶夫所说，"在19世纪的大部分时间里，北部和南部部落都卷入了持续的内部冲突，而此时并没有一个权威的中央政府值得他们尊重。吉尔吉斯斯坦人在历史上既没有发展出对领土或人民行使政治权力的实践，也没有特定的部落获得过对其他部落的权力。此外，更是从来没有制定过对所有人平等适用的正式法律。"[①] 因此，直到今天，仍然有吉尔吉斯斯坦人选择通过建立血统协会来加强本部族的联系，这些协会对日常生活以及国家政治产生着幕后影响。[②] 即使对自己原本的血统并不能很清楚的吉尔吉斯斯坦人，也倾向于用南方部族或北方部族来界定自己的身份。

在社会关系方面，部族认同与部族群体在很大程度上影响着人们的社会行为和社会关系。本部族成员经常会举行内部聚会，以联络感情、商讨

[①] Shairbek Juraev, "Kyrgyz democracy? the Tulip Revolution and beyond", *Central Asian Survey*, Vol. 27, No. 3-4, 2008, p. 260.

[②] "Kyrgyzstan lineage associations and informal politics", https://eurasianet.org/kyrgyzstan-lineage-associations-and-informal-politics.

生活和社会事宜。在一些部族内部也会形成严格的规定，以约束自己的族人。本部族成员之间的感情往往很深厚，他们会被提醒是"同一部族的成员，不应该背叛彼此"，以及"我们是亲戚，应该相互支持"。① 伊萨马力别科娃（Aksana Ismailbekova）在其一篇文章中以彻里克（Cherik）家族的一次内部聚会为例，详细地描述了吉尔吉斯斯坦的部族生活与部族文化。在这次聚会中，大约80多人历时14小时前往阿拉布卡（Ala - Buka），以进行即将到来的家族聚会，聚会的气氛十分热烈，人们在聚会中得到了充分的沟通和交流。②

在政治生活方面，部族政治通过影响议会和总统选举，将部族的烙印深深地印在了吉尔吉斯斯坦政坛之上。基于部族的组织拥有动员选民的重要资源，控制政客并组织抗议活动。从本质上来讲，它们可以充当游说团体，甚至是深入地方和地区机构的基本政党。萨里巴吉什（Sarybagysh）就是这样的一个组织，代表着世世代代产生吉尔吉斯斯坦政治和文化领袖的血统。萨利巴吉什于2014年夏季举行的忽里勒台（Kurultai）吸引了450名代表，其中包括公众人物、企业家、国会议员、历史学家和本部族长者。此外，巴基耶夫下台后，吉尔吉斯斯坦曾经有一波各地部族召开大会的风潮。2014年至2016年年间，泰伊特（Teiyt）家族（Teiyt）、萨里巴伊什（Sarybagysh）家族和彻里克（Cherik）家族先后在列依列克（Leilek）区、伊塞克湖（Issyk - Kul）区和阿拉布卡区进行集会，选举家族的领袖。③ 并且很多政府官员也出席这些部族会议，这使这些部族会议具有很强的政治色彩。

总之，在个人认同、社会关系和政治生活等方面，吉尔吉斯斯坦深受部族主义的影响。这使得反对派具备了利用部族认同和部族群体进行政治

---

① Aksana Ismailbekova, "Informal Governance and Corruption - Transcending the Principal Agent and Collective Action Paradigms: Kyrgyzstan Country Report, Part 2, Micro - Level", Basel Institute on Governance, 2018, p. 6.

② Aksana Ismailbekova, "Lineage Associations in Kyrgyzstan", The CESS Blog, January 4, 2018, http://thecessblog.com/2018/01/lineage - associations - in - kyrgyzstan - by - aksana - ismailbekova/.

③ Aksana Ismailbekova, "Kyrgyzstan Country Report Part 2 Micro - Level: Informal Governance and Corruption - Transcending the Principal Agent and Collective Action Paradigms", Basel Institute on Governance Working Paper, July 2018, pp. 7 - 10.

动员的能力。在吉尔吉斯斯坦独立后，随着对吉尔吉斯斯坦政治的研究逐渐增多，越来越多的学者对吉尔吉斯斯坦的部族政治进行了研究和论述。在有关吉尔吉斯斯坦的政治研究的文献中，有相当数量的文献指出了部族政治对吉尔吉斯斯坦国内政治的影响。在三次反政府运动中，反对派均在不同程度上利用了吉尔吉斯斯坦的族群矛盾。他们以总统对立部族的身份召集本部族群体，进而组织起一支数量可观的游行示威队伍，对执政的总统产生了巨大的政治压力。

（三）传统政治习俗

吉尔吉斯斯坦虽然立国尚短，但吉尔吉斯人作为一个文化意义上的族群却已存在了相当长的时间。经过长期的历史演进，一些传统的政治习俗得以保留至今，并对当今吉尔吉斯斯坦政治的发展产生着重要影响。这些传统政治习俗既包括以图甘切利克（Tooganchilik）为代表的为吉尔吉斯斯坦人所尊崇的传统政治文化或行为准则，也包括以阿克萨卡尔（Aksakal）和帕尔万（Palvon）为代表的对吉尔吉斯斯坦政治生活产生独特影响的政治角色或政治群体，更包括以忽里勒台（Kurultai）为代表的为吉尔吉斯斯坦人所广泛认同的历史性政治机构。上述传统政治习俗均被反对派所重视，成为其在发起"革命"过程中进行政治动员、获取道义支持的手段和工具。

首先是图甘切利克。在长期的历史发展过程中，吉尔吉斯斯坦形成了独特的图甘切利克文化。图甘切利克的本意是"团结"，即每个吉尔吉斯人都有义务成为一名士兵，帮助他的社区成员，或是为他的社区成员报仇。[1] 图甘切利克在吉尔吉斯斯坦的社会文化和政治生活中扮演着重要角色。它不但是增进一个部族或社区内部凝聚力的重要精神要素，也是帮助政治家们获取民众支持和发起政治动员的重要政治工具。这种独特的图甘切利克文化被反对派领导人所利用，成为吉尔吉斯斯坦"革命"中反对派进行政治动员的重要工具。由于很多反对派政治领袖在其所在的部族或地区拥有较高的威望，因此他们一旦以图甘切利克作为口号对其族群发起感

---

[1] Azamat Temirkoulov, "Tribalism, Social Conflict, and State – Building in the Kyrgyz Republic", *Berliner Osteuropa Info*, No. 21, 2004, p. 96.

召，往往就会调动起当地民众的情绪并以此获得大量民众地支持。

其次是阿克萨卡尔。阿克萨卡尔的原意为"长着白胡子的老人"，但在研究阿克萨卡尔的政治学或社会学意义时，往往采用其引申义，即"基层社会中年长且有威望的人"。在吉尔吉斯斯坦，阿克萨卡尔同样对其社会乃至政治风貌产生着不可忽视的作用。在吉尔吉斯斯坦的各个部族中，均有尊奉长者的社会规范，年长的人在其社会中具有很高的权威。阿克萨卡尔利用他们的权威在社区中维持社会控制，谴责（Uiat）和祝福（Bata）是阿克萨卡尔们在族群中建立威信的手段。由于阿克萨卡尔们在吉尔吉斯斯坦民众中具有崇高威望，所以反对派在进行政治动员时格外重视对阿卡萨卡尔们的联络和拉拢。此外，很多反对派领导人物自身便是阿克萨卡尔，他们在发起"革命"时也重视对这一身份的利用。

再次是帕尔万。在吉尔吉斯斯坦语中，帕尔万意为"摔跤手"，而在当代的吉尔吉斯斯坦社会，帕尔万往往被引申为强壮、好斗的男子，他们不但孔武有力，而且高贵和正义。由于帕尔万所处的社会地位较高，所以当帕尔万们发表自己的声音，乃至于参与政治活动时，往往能够得到较多民众的响应。此外，帕尔万们通常会自发地形成行业协会或行业联盟，当他们参与政治活动时，其背后依托的行业协会或行业联盟会集体行动，从而制造出更大声势。在"郁金香革命"期间，反对派领导人物之一的埃尔金巴耶夫即利用其帕尔万的身份，召集众多同行以及民众进行游行示威，给政府制造了巨大压力。

最后是忽里勒台。忽里勒台是中亚地区非常古老的一个政治制度。在吉尔吉斯斯坦，忽里勒台制度可以追溯到突厥人和蒙古人统治中亚的时期。[①] 召开忽里勒台的主要目的是选举新汗以及作出重要的决定，包括帝国行政区划的重组、新的税收立法的制定和部队的派遣等等。[②] 忽里勒台在中亚地区存在了数百年，其性质逐渐由游牧部落贵族进行政治决策的机构，转变为进行国家决策的国民议会。苏联时期，这一机构并没有像其他

[①] Chris Rickleton, "Kyrgyzstan: Is Another Layer of Democracy Too Much for Bishkek?", Eurasianet, Mar 8, 2011, https://eurasianet.org/kyrgyzstan-is-another-layer-of-democracy-too-much-for-bishkek.

[②] Syzdykova, Zhibek and Kalybek Koblandin, "Specifics of State Structures of the Mongol Empire/Detalles de las estructuras estatales del imperio Mongol", Utopía y Praxis Latinoamericana, Vol. 25, No. S7, 2020.

许多传统政治机构那样受到苏联当局的压迫。苏联解体后,忽里勒台在国家政治生活中所产生的影响力又有所恢复。鉴于忽里勒台对吉尔吉斯斯坦人民的特殊意义,自阿卡耶夫以来,历届吉尔吉斯斯坦政府都十分重视对于忽里勒台的控制,以达到利用忽里勒台为政府的合法性背书的目的。2005年2月5日,阿卡耶夫组织了其执政期间的最后一次全国忽里勒台会议,其目的在于巩固自身的执政地位,以及为即将到来的2005年议会大选抢占舆论高地。2010年3月,巴基耶夫也组织了其执政期间的最后一次忽里勒台会议,根据巴基耶夫在访谈中的回忆,与会代表作出了支持巴基耶夫及其改革路线的决议。① 但是,吉尔吉斯斯坦当局利用忽里勒台来巩固其执政地位的做法并没有收到足够的成效。一方面,人民对吉尔吉斯斯坦政府召开的忽里勒台并不信任,甚至对政府控制和干预忽里勒台的做法存在很强烈的反感情绪。另一方面,政府对忽里勒台的操控,并没有削弱反对派在忽里勒台中的影响力。忽里勒台除了在全国范围内设立总忽里勒台之外,在各个州乃至城市、部落都设有忽里勒台。反对派在这些地方性的忽里勒台中仍然有很强的影响力,这为后来反对派利用忽里勒台来加速实现反政府动员提供了基础。

综上所述,传统政治习俗在吉尔吉斯斯坦政治生活中扮演了重要角色。由于传统政治习俗的根基来自于广大民众的认可,所以这些传统政治习俗往往能够独立于正式政治制度之外而发挥作用。而这一点,也被反对派所广泛利用,成为反对派进行政治动员的重要工具。对于不同类型的传统政治习俗,反对派有着不同的运用策略。对于以图甘切利克为代表的政治文化或行为准则来说,其主要作用在于帮助反对派获得道义支持,以及依据政治文化或行为准则里的内容来对参与政治运动的民众进行口头褒奖,从而激起人们的政治热情。对于以阿克萨卡尔和帕尔万为代表的政治角色或政治群体来说,其主要作用在于为反对派的政治动员提供中间联络者,并依托这些中间联络者的政治号召力来赢得更广泛的民众支持。对于以忽里勒台为代表的传统政治机构来说,其主要作用在于帮助反对派赢得政治合法性,通过对这些传统政治机构的组织运行或重新启用,反对派得

---

① Robin Forestier‐Walker, "Interview: Kurmanbek Bakiyev", *Aljazeera*, April 12, 2010, https://www.aljazeera.com/news/2010/4/12/interview‐kurmanbek‐bakiyev.

以发布自己的政治主张,并实现动摇原政府的政治合法性和增加自身的政治合法性的目的。

第三节 反对派利用三种非正式政治力量进行政治动员的过程

根据本章的理论假设,在吉尔吉斯斯坦三次"革命"中,反对派之所以能够在短时间内实现有效的政治动员,是由于其充分地利用了个人政治关系网络、部族认同及部族群体、传统政治习俗这三种非正式政治力量。通过对这三种非正式政治力量的运用,吉尔吉斯斯坦反对派成功地实现了募集资金、动员支持者、制造舆论压力、争取政治合法性和博取基层力量支持等一系列政治目标,从而在缺乏一系列其他条件的情况下仍然实现了高效的政治动员。下面,文章将以吉尔吉斯斯坦的历次"革命"作为研究案例,对反对派利用三种非正式政治力量进行政治动员的过程进行梳理,并分析这些非正式政治力量在吉尔吉斯斯坦三次"革命"中发挥的作用,以验证文章的理论假设。

(一)"郁金香革命"中反对派进行政治动员的过程

"郁金香革命"期间,反对派对于其个人政治关系网络、部族认同与部族群体、传统政治习俗等非正式政治力量均有比较充分的利用,从而在短时间内实现了高效的政治动员。

首先,反对派领导人物大量运用自己的个人政治关系网络进行政治动员。其中,巴基耶夫和库洛夫的个人政治关系网络发挥了重要作用。巴基耶夫方面,早在 2004 年 11 月,西迪科夫等人就已游说巴基耶夫组建了反对阿卡耶夫的政治集团。[1] 2005 年"郁金香革命"爆发后,巴基耶夫利用自己的个人政治关系网络在南方地区进行了大量政治动员。截至 3 月底,已有数千名支持者随巴基耶夫走上街头,他们手持国旗,戴着粉红色和黄

---

[1] Alexander Kupatadze, "Political–criminal–business nexus in Georgia and Kyrgyzstan Comparative analysis", *Research Fellows New*, Bishkek: Social Research Centre, American University of Central Asia, p. 4.

色头带，要求阿卡耶夫下台。①库洛夫方面，在"郁金香革命"前夕，库洛夫的助手阿利耶夫也作为代表之一参加了反对派与阿卡耶夫之间的会谈，会谈中阿利耶夫提出了进行政治改革和释放库洛夫等政治要求。②"郁金香革命"爆发后，阿利耶夫带领支持者从监狱中释放了库洛夫，并在采访中称："我们已经营救了库洛夫，他很快会在电视上发表讲话"。③ 至 3 月底，库洛夫已经被反对派组成的临时政府任命为安全部队的负责人。④ 随后，库洛夫的助手库达贝格涅诺夫积极参与了比什凯克民兵志愿巡逻队的组建工作，并负责库洛夫的安全保障工作。⑤ 巴基耶夫、库洛夫利用他们所掌握的个人政治关系网络建立起了政治动员系统，这些动员系统的成员又进一步发动他们身边熟悉的人群加入抗议，从而动员起了庞大的游行示威队伍，并且初步地实现了建立新政治机构、组建安全部队和维护社会治安等政治目标。

除巴基耶夫和库洛夫之外，诸多反对派政治人物也利用了其个人政治关系网络进行了政治动员。纳扎拉利耶夫是比什凯克的一名有影响力的医生，他在"郁金香革命"期间发表文章、散发小册子，并录制了支持反对派的广播公告。他鼓励人们抗议，并指责阿卡耶夫试图"愚弄"

---

① Jeremy Lennard, "Opposition 'in control' in Kyrgyzstan", The Guardian, March 24, 2005, https：//www.theguardian.com/world/2005/mar/24/jeremylennard1.

② Sultan Jumagulov, "Kyrgyzstan: Embattled Akaev to Share Powers", Institute for War and Peace Reporting, February 21, 2005, https：//iwpr.net/global-voices/kyrgyzstan-embattled-akaev-share-powers.

③ Jeremy Lennard, "Opposition 'in control' in Kyrgyzstan", The Guardian, March 24, 2005, https：//www.theguardian.com/world/2005/mar/24/jeremylennard1.

④ Scott Parrish and Margarita Sevcik, "Kyrgyzstan Government Ousted", Middlebury Institute of International Studies at Monterey, March 24, 2005, https：//nonproliferation.org/kyrgyzstan-government-ousted/.

⑤ Vladimir Pirogov, "Kyrgyz opposition leader Felix Kulov and his close supporter Usen Kudaibergenov", Alamy Stock Photo, April 9, 2005, https：//www.alamy.com/kyrgyz-opposition-leader-felix-kulov-l-and-his-close-supporter-usen-kudaibergenov-are-seen-in-this-april-9-2005-file-picture-in-bishkek-chairman-of-kyrgyzstans-stuntmens-league-and-well-known-public-figure-kudaibergenov-was-shot-dead-in-bishkek-on-sunday-evening-kyrgyz-law-enforcement-sources-told-interfax-on-sunday-kudaibergenov-was-actively-involved-in-forming-voluntary-civilian-militia-patrols-in-bishkek-on-march-24-and-25-to-provide-protection-from-looters-following-the-coup-that-toppled-former-president-askar-akayev-reutersvladimir-pirogovfile-photo-asaa-image375804665.html.

国民。① 巴里克塔巴索夫也动员其支持者冲进比什凯克的一座政府大楼，抗议他被排除在即将到来的总统选举之外。② 埃尔金巴耶夫也动员起大约两千名拳击手和摔跤手参与了游行示威。③ 此外，梅利斯·埃希马卡诺夫（Melis Eshimakanov）、库巴特贝克·拜博洛夫（Kubatbek Baibolov）、特克巴耶夫、奥通巴耶娃和别克纳扎罗夫也都参与了对"郁金香革命"的政治动员。④ 总之，参与"郁金香革命"的反对派政治人物数量众多，他们依托其庞杂的个人关系网络和巨大的社会影响力动员起来了相当规模的游行示威队伍，对阿卡耶夫政府产生了巨大的政治压力。

其次，部族认同与部族群体也被反对派所广泛运用，对于"郁金香革命"的进程起到了推波助澜的作用，极大地加快了反对派政治动员的进程。在这一过程中，南方部族的力量扮演了重要角色。巴基耶夫、马萨利耶夫和西迪科夫等南方部族的政治领袖组成了反对阿卡耶夫的政治同盟，他们鼓动本部族群众进行游行示威甚至组建自己的私人武装，极大地增强了反对派政治动员的能力。这导致"郁金香革命"中南方地区的抗议规模要远远大于北方地区的抗议规模。截至 2005 年 3 月 19 日，在比什凯克的抗议者大约有 3000 人，而在贾拉拉巴德的抗议者则有 5 万人之多。即使政府在 3 月 20 日派遣部队镇压了贾拉拉巴德地区的抗议者，但抗议者很快又能够重新集结并派遣约 1700 名骑兵驻守在贾拉拉巴德郊区。⑤

最后，图甘切利克、阿克萨卡尔、帕尔万和忽里勒台等传统政治习俗也在"郁金香革命"的政治动员过程中扮演了重要角色。2005 年 3 月 15 日，吉尔吉斯斯坦人民联盟在贾拉拉巴德组织了一场全国性的忽里勒台，

---

① David Gullette, *The Genealogical Construction of the Kyrgyz Republic: Kinship, State and "Tribalism"*, Global Oriental, 2010, p. 26.

② David Gullette, *The Genealogical Construction of the Kyrgyz Republic: Kinship, State and "Tribalism"*, p. 27.

③ Alexander Kupatadze, "Organized Crime before and after the Tulip Revolution: the Changing Dynamics of Upperworld – underworld Networks", in Sally N. Cummings, edit, *Domestic and International Perspectives on Kyrgyzstan's 'Tulip Revolution': Motives, Mobilization and Meanings*, London; New York: Routledge, p. 63.

④ Erica Marat, "Kyrgyz NGOs Call on Government to Fight Organized Crime", The Jamestown Foundation, April 11, 2006, https://jamestown.org/program/kyrgyz – ngos – call – on – government – to – fight – organized – crime/.

⑤ Erica Marat, *The Tulip Revolution: Kyrgyzstan One Year After*, Washington, D. C.: The Jamestown Foundation, 2006, p. 124.

主要的反对派均参加了此次会议。3月19日,31名反对派领导人又在奥什市组织了另一次忽里勒台。① 与此同时,3月15日,一名阿克萨卡尔在贾拉拉巴德进行演说并与当地政府进行谈判,而当政府当局拒绝与阿克萨卡尔进行谈判时,当地的民众便被激怒。一名受访者表示:"如果阿克萨卡尔都被政府所拒绝,那我们这些普通人还能指望政府做什么呢?"② 这些民众的怒火在政府安全部队袭击了一些阿克萨卡尔后更加剧烈,人们纷纷喊出"人民的儿子不会打自己的阿克萨卡尔"的口号,使这支抗议队伍带有了很强烈的复仇情绪。③ 反对派利用传统政治习俗发起政治动员的最突出案例当属埃尔金巴耶夫对于其身边的帕尔万们的动员。由于埃尔金巴耶夫本人便是一名帕尔万,并且他掌管的艾利什(Alysh)搏击协会供养着大量的拳击手和摔跤手,所以当埃尔金巴耶夫发起反对阿卡耶夫的政治游行时,几乎毫不费力便召集了两千多名帕尔万来到比什凯克进行游行示威,他们的到来大大增加了反对派的声势。④

综上所述,在"郁金香革命"期间,反对派所掌握的三种非正式政治力量——个人政治关系网络、部族认同及部族群体、传统政治习俗均发挥出重要作用。利用这三种非正式政治力量,反对派得以在自身政党建设水平较低、网络及媒体宣传相对缺乏的情况下完成高效的政治动员,最终实现了推翻阿卡耶夫的政治目标。

(二)"二次革命"中反对派进行政治动员的过程

在"二次革命"过程中,反对派同样大量利用个人政治关系网络、部族认同与部族群体、传统政治习俗进行政治动员。与"郁金香革命"的政治动员相比,反对派利用这三种非正式政治力量进行政治动员的手段更加

---

① Azamat Temirkulov, "Informal Actors and Institutions in Mobilization: The Periphery in the 'Tulip Revolution'", *Central Asian Survey*, Vol. 27, No. 3-4, 2008, p. 325.

② Azamat Temirkulov, "Informal actors and institutions in mobilization: The Periphery in the 'Tulip Revolution'", p. 322.

③ Azamat Temirkulov, "Informal actors and institutions in mobilization: The Periphery in the 'Tulip Revolution'", p. 322.

④ Alexander Kupatadze, "Organized Crime before and after the Tulip Revolution: the Changing Dynamics of Upperworld-underworld Networks", in Sally N. Cummings, edit, *Domestic and International Perspectives on Kyrgyzstan's 'Tulip Revolution': Motives, Mobilization and Meanings*, London: New York: Routledge, p. 63.

娴熟，而且这三种用以进行政治动员的非正式政治力量也发生了内部成分的变化。

首先，个人政治关系网络在反对派政治动员的过程中再次发挥了重要作用。但与"郁金香革命"不同的是，特克巴耶夫、奥通巴耶娃和阿坦巴耶夫主导了"二次革命"的政治动员。2010年4月6日，阿塔·梅肯党（Ata Meken Party）副主席、特克巴耶夫的主要政治伙伴舍尔尼亚佐夫（Bolot Sherniazov）因参加反对巴基耶夫的集会而被政府逮捕。[1] 舍尔尼亚佐夫的被捕成为"二次革命"爆发的导火索，一些阿塔·梅肯党的成员以及对政府不满的民众对政府的这一行为进行抗议，并与政府的安全部队发生了短暂的冲突。4月7日，被政府释放的特克巴耶夫带领一些阿塔·梅肯党的成员和他的支持者走上街头，继续抗议政府的暴力行为。[2] 随后，奥通巴耶娃、特克巴耶夫和阿坦巴耶夫等人宣布组建临时政府。[3] 阿坦巴耶夫、萨利耶夫（Temirbek Sariyev）和奥通巴耶娃等人又前往俄罗斯，寻求外交上的支持。[4] 在局势已经基本明朗后，吉尔吉斯斯坦南部仍然有少部分巴基耶夫的支持者与临时政府进行对抗。为此，特克巴耶夫的弟弟阿什利别克·特克巴耶夫（Asylbek）带领阿塔·梅肯党的部分成员前往贾拉拉巴德维护当地的安全秩序。[5]

其次，部族认同与部族群体仍然是反对派用以进行政治动员的重要工具。但与"郁金香革命"不同的是，"二次革命"中反对派主要依靠北方部族的支持来进行政治动员，这一点可以从"二次革命"后的一份调查中得到佐证。调查显示，虽然2/3的北方人将巴基耶夫的垮台归因于"绝望

---

[1] Azamat Temirkulov, "Analysis of Current Events——Kyrgyz 'Revolutions' in 2005 and 2010: Comparative Analysis of Mass Mobilization", *Nationalities Papers*, Vol. 38, No. 5, September 2010, p. 597.

[2] "April 7 Memorial Morphs into Political Rally", Eurasianet, April 7, 2010, https://eurasianet.org/kyrgyzstan-april-7-memorial-morphs-into-political-rally.

[3] Kyrgyzstan Inquiry Commission, "Report of the Independent International Commission of Inquiry into the Events in Southern Kyrgyzstan in June 2010", 2011, p. 13.

[4] Wojciech Górecki, "Russia's position on the events in Kyrgyzstan (April-June 2010)", *OSW Commentary*, No. 38, 2010, p. 4.

[5] Kyrgyzstan Inquiry Commission, "Report of the Independent International Commission of Inquiry into the Events in Southern Kyrgyzstan in June 2010", 2011, p. 14.

的人群的自发起义",但只有15%的南方人同意这一说法。① 北方部族反对巴基耶夫的主要原因仍然是缘于巴基耶夫在利益分配上对南方部族的过分偏袒。巴基耶夫在其执政期间,任命了大量来自其家族和故乡的人员担任政府要职,这使得吉尔吉斯斯坦政坛在巴基耶夫统治期间为南方部族所把控,从而引起了北方部族的不满。奥通巴耶娃、库洛夫、阿坦巴耶夫和巴巴诺夫等最初支持巴基耶夫的政治人物逐渐站到了巴基耶夫的对立面,并利用吉尔吉斯斯坦北方部族的力量来反对巴基耶夫。在二次革命期间,北部的塔拉斯(Talas)和纳林(Naryn)是反对派夺取控制权的第一批基地。反对派运动随后席卷首都,巴基耶夫很快下台。

最后,传统政治习俗对此次"革命"仍然产生了重要影响。但与"郁金香革命"不同的是,在"二次革命"的过程中忽里勒台所扮演的角色更为重要。在"二次革命"前夕,2010年3月17日,反对派举行了一次忽里勒台,向当局提出了7点最后通牒,其中包括要求巴基耶夫家族下台、恢复私有化的国有企业以及降低关税等。② 由于政权不愿回应反对派的要求,反对派决定于2010年4月7日在全国各地举行忽里勒台。当舍尔尼亚佐夫在前往塔拉斯地区筹备忽里勒台的准备工作时,政府逮捕了他,这件事更加激起了民众的愤怒,并且抗议人群迅速占领了办公大楼,挟持了高级军官。③ 此时,安全部队已经无法控制局面,抗议人群越来越多。当天,反对派占领了科布尼(Kerbene)的政府大楼,并在随后通过当地的忽里勒台选举出了新的领导集体。④ 2010年4月7日至8日的晚上,抗议者把反对派领导人从国家安全局的监狱中释放出来,并带领他们上台。可以看出,忽里勒台在"二次革命"中扮演了重要角色,它是"二次革命"的导火索,也是反对派形成新的领导集体以及宣布自己合法性的重要工具。

---

① "Recurring Themes in the Kyrgyz Revolutions", *Geohistory*, October 20, 2011, https://geohistory.today/recurring-themes-kyrgyz-revolutions/.
② Azamat Tmirkulov, "Kyrgyz 'revolutions' in 2005 and 2010: comparative analysis of mass mobilization", *Nationalities Papers*, Vol. 38, No. 5, September 2010, p. 596.
③ Azamat Tmirkulov, "Kyrgyz 'revolutions' in 2005 and 2010: comparative analysis of mass mobilization", p. 597.
④ Alexey Petrov, "Where to now with the kurultai movement in Kyrgyzstan?", In Defence of Maxism, April 9, 2010, https://www.marxist.com/where-to-now-with-kurultai-movement-kyrgyzstan.html.

综上所述，在"二次革命"中，吉尔吉斯斯坦反对派仍然热衷于通过非正式政治力量尤其是个人政治关系网络来实现政治动员。当然，与"郁金香革命"时的政治动员相比，反对派在"二次革命"中的政治动员更加迅速，并且其进行政治动员的依托力量也发生了细微变化。在反对派利用个人政治关系网络进行动员的过程中，特克巴耶夫、奥通巴耶娃和阿坦巴耶夫已经成为政治动员的主导人物。在反对派利用部族认同与部族群体进行政治动员的过程中，其主要依托力量也从南方部族转变为了北方部族。在反对派利用传统政治习俗进行政治动员的过程中，忽里勒台发挥了更为突出和重要的作用。

（三）"2020年政治运动"中反对派进行政治动员的过程

在"2020年政治运动"中，反对派仍然充分利用了他们所掌握的非正式政治力量，在短时间内即实现了广泛而有效的政治动员。

首先，反对派仍然大量依托个人关系网络进行政治动员。在2020年10月4日的议会选举结束后，诸多反对派领导人物如特克巴耶夫、巴巴诺夫和托克托加齐耶夫（Tilek Toktogaziyev）等随即开始组织民众进行游行示威。不过，阿坦巴耶夫和扎帕罗夫两人的支持者很快成为了游行示威的主力。10月6日，阿坦巴耶夫被支持者从监狱中释放，并在支持者的簇拥下前往阿拉太广场发表演讲。① 阿坦巴耶夫的政治伙伴图尔杜库夫（Adil Turdukuov）、尼亚佐夫（Miroslav Niazov）以及阿坦巴耶夫的儿子塞伊特·阿坦巴耶夫（Seyit Atambayev）等人也都加入了游行示威队伍之中。另一方面，扎帕罗夫也被其支持者从监狱中释放。之后，扎帕罗夫将他的主要政治盟友塔西耶夫（Kamchybek Tashiev）、马米托夫（Talant Mamytov）和托克托苏诺夫（Sharabidin Toktosunov）等人任以政府要职。扎帕罗夫的这些政治伙伴对于吉尔吉斯斯坦的政治局势产生了重要影响，他们不但帮助扎帕罗夫组织民众进行游行示威，而且接管了吉尔吉斯斯坦的安全部门，成为日后帮助扎帕罗夫压制政治对手和获取最高权力的重要力量。

其次，反对派继续利用部族认同与部族群体帮助自己实现政治动员。

---

① "Kyrgyzstan's election commission invalidates parliamentary vote results after protests", France 24, October 6, 2020, https：//www.france24.com/en/20201006－kyrgyzstan－s－election－commis-sion－invalidates－vote－result－amid－unrest.

由于出身于南方部族的热恩别科夫已在2017年当选为总统，因此在2020年的"革命"中反对派仍然是以北方部族作为政治动员的主要力量。据杜洛特科尔迪耶娃（Asel Doolotkeldieva）的研究，伊塞克湖地区的民众在此次政治运动中占了很大比例。① 而伊塞克湖地区正是反对派领导人物扎帕罗夫的故乡。比什凯克的评论员亚历山大·克尼亚泽夫（Alexander Knyazev）也认为，这是各省和部族之间的一次典型冲突。② 因此，在2020年的政治运动中，部族因素仍然是反对派进行政治动员所依托的重要力量。不过，相比"郁金香革命"和"二次革命"，部族因素对"2020年的政治运动"的影响的确出现了相对减弱。一个典型的例子就是，扎帕罗夫作为此次政治运动的最终胜出者，虽然出身于北方部族，但他却长期在南方地区从事政治活动，而且他的最主要政治盟友塔西耶夫也出身于南方部族。

最后，反对派仍然重视利用忽里勒台等传统政治习俗来为此次政治运动背书和造势。一方面，阿克萨卡尔等传统政治身份仍然被反对派所重视和利用，在阿克萨卡尔的鼓舞下反对派能够召集更多的支持者。塔西耶夫甚至联络激进的民族团体"四十骑士团"（Kyrk Choro）为政治运动造势。③ 另一方面，忽里勒台等传统政治机构仍然在此次"革命"中发挥了重要作用。2020年10月29日，以"宪政改革刻不容缓"（Constitutional reform is a requirement of the time）为主题的全国性的忽里勒台在比什凯克举行。会议的议题包括：10月5日至6日事件后的国家局势及其出路，向人民的统治过渡的迫切性，以及吉尔吉斯斯坦地方自治的发展，等等。④ 来自全国各地的群众、组织以及阿卡萨尔人委员会等都参加了此次活动。与之前两次反政府运动相比，2020年反政府力量对忽里勒台的运用发生于

---

① Asel Doolotkeldieva, "The 2020 Violent Change in Government in Kyrgyzstan Amid the Covid-19 Pandemic: Three Distinct Stories in One", in Anja Mihr Ed., *Between Peace and Conflict in the East and the West: Studies on Transformation and Development in the OSCE Region*, p. 165.

② Zaki Shaikh, "Tussle between provinces, clans annuls Kyrgyzstan poll results", Anadolu Agency, October 9, 2020, https://www.aa.com.tr/en/analysis/analysis-tussle-between-provinces-clans-annuls-kyrgyzstan-poll-results/2001042.

③ Temur Umarov, "Who's In Charge Following Revolution in Kyrgyzstan?", Carnegie Moscow Center, October 16, 2020, https://carnegiemoscow.org/commentary/83046.

④ "Bishkek hosts people's kurultai in support of constitutional reform", Kabar, October 29, 2020, http://en.kabar.kg/news/bishkek-hosts-peoples-kurultai-in-support-of-constitutional-reform/.

原政府倒台之后,因此,此次忽里勒台的作用主要是稳定革命成果以及尽快确定新政府的合法性。

综上所述,在"2020年政治运动"中,吉尔吉斯斯坦反对派仍然注重利用个人政治关系网络等非正式政治力量来进行政治动员。但与"郁金香革命"和"二次革命"相比,反对派在"2020年政治运动"中进行政治动员的依托力量还是发生了些许变化。其一,随着吉尔吉斯斯坦主要反对派政党建设的不断完善,政党在"2020年政治运动"中所扮演的角色地位较之以往有了一定的提升。除社会民主党和阿塔·梅肯党之外,一些新兴政党如比尔·波尔党(Bir Bol Party,意为"团结")和布顿党(Butun Party,意为"联合")也组织了部分民众参与抗议,对当时的政治局势产生了一定影响。其二,部族认同与部族群体、传统政治习俗等非正式政治力量虽然仍然被反对派所运用,但它们对于"革命"进程的影响已经大大下降,反对派在"2020年政治运动"中的政治动员主要依托其政治人物的个人政治关系网络来完成。其三,个人政治关系网络对于吉尔吉斯斯坦政治运动的影响也在发生变化。在"2020年政治运动"中,一些老一代的吉尔吉斯斯坦政治人物如库洛夫、特克巴耶夫、奥通巴耶娃和埃尔克巴耶夫等的影响已经十分微弱,而以扎帕罗夫为代表的新一代政治人物正在快速崛起。由于目前在国家中拥有最强个人政治关系网络的扎帕罗夫已经成为吉尔吉斯斯坦总统,所以,上述趋势如果能够继续保持,那么吉尔吉斯斯坦频繁发生"革命"的现象就有可能在扎帕罗夫任期内得到终结。

第四节 吉尔吉斯斯坦非正式政治力量动员的机制

通过以上对于吉尔吉斯斯坦反对派三种非正式政治力量及其在吉尔吉斯斯坦三次"革命"中所扮演的角色的论述,可以发现,在吉尔吉斯斯坦历次"革命"前夕,反对派均掌握着大量非正式政治力量,这种非正式政治力量在"革命"中发挥了巨大作用,并有效地促成了反对派的政治动员。

首先,通过对非正式政治力量的运用,反对派动员了大量支持者进行游行示威,给总统以巨大的政治压力。对于很多民众来说,反对派领导人首先是他们的亲戚、朋友、同乡、部族的族人以及受人尊敬的阿克萨卡尔,在这些身份之后,才是政治运动的发起者。因此民众在政府与反对派之间进行权衡的时候，更愿意支持自己较为熟悉的各反对派领导人或组织者，而不愿意支持陌生的甚至是对民众不友好的政府（除非这部分民众本身就与政府的领导人存在非正式联系）。在这种情况下，非正式政治力量就很好地帮助反对派实现了拉近同民众距离和博取民众的支持等一系列目标。有些时候，利用非正式政治力量，反对派领导人甚至只需要经过简单的一到两个中间环节就可以对最基层的民众施加政治影响。这极大地提高了反对派对民众进行政治动员的效率。三次"革命"中，反对派均通过非正式政治力量动员了数万人参加游行示威，考虑吉尔吉斯斯坦的总人口并不多，因此这些动员起来的支持者已经足以给政府制造巨大的政治压力。

其次，通过对非正式政治力量的运用，反对派得以募集资金和获取信息。在人们的普遍印象中，吉尔吉斯斯坦反对派是赢弱的，他们既缺乏资金，也缺乏获取信息的渠道。但反对派利用非正式政治力量弥补了这一缺点。很多反对派领导人，如巴基耶夫、阿坦巴耶夫和扎帕罗夫等，都有企业家经历，或是与企业家有较好的私人关系。在吉尔吉斯斯坦政局发生变动时，这些反对派领导人能够利用他们与企业家的私人关系募集到大量资金。同时，反对派领导人大多都有担任政府高层职务的经历，即使这些政府职务因为种种原因被总统剥夺，但由此形成的政治关系网络却可以长期存在。利用这一因素，反对派领导人得以暗中与政府中的高官进行联络，从而获取信息，甚至策动政府高官倒戈。例如，在"郁金香革命"期间，反对派领导人得到了安全部队长官尼亚佐夫（Miroslav Niazov）的建议，根据建议，反对派应该从纳林州和塔拉斯州开始动员。[1] 另外，据亚历山大·克尼亚泽夫（Alexander Knyazev）称，在他与阿卡耶夫的讨论中得到消息，一些内政部、国防部和安全部门的负责人正在与反对派领导人"为了自己的利益"进行谈判。[2]

再次，通过对非正式政治力量的运用，反对派得以争取更多的舆论支持。在反对派所掌握的非正式政治力量中，有两支力量对于反对派争取合

---

[1] 这一信息是学者特米尔库洛夫（Azamat Temirkulov）在对伊萨耶夫的采访中得到的。参见 Azamat Temirkulov, "Analysis of Current Events——Kyrgyz 'Revolutions' in 2005 and 2010: Comparative Analysis of Mass Mobilization", *Nationalities Papers*, Vol. 38, No. 5, September 2010, p. 597.

[2] Azamat Temirkulov, "Informal actors and institutions in mobilization: the periphery in the 'Tulip Revolution'", p. 329.

法性产生了帮助。其一是部族认同与部族群体。吉尔吉斯斯坦深受部族政治的影响，而很多反对派领导人出身于总统的对立部族。在发起政治运动时，反对派领导人往往利用自己的族群身份，来争取本部族族人对自己的支持，并激起本部族民众对政府的不满。其二是以忽里勒台为代表的传统政治机构。忽里勒台等传统政治机构在吉尔吉斯斯坦民众中具有较高的威望，且其本身就具有一定程度的立法功能。通过对忽里勒台等传统的政治机构的利用，反对派得以在削弱政府合法性的同时，为自己的政治运动赢得某种程度上的合法性。

最后，非正式政治力量使得反对派更加隐蔽，从而使政府在打击、削弱和镇压反对派的过程中面临更大障碍。通常来说，为了削弱反对派的力量和防止反对派发动反政府政变，政府通常会采取取缔政党、逮捕反对派领导人和查封反对派出版物等手段。但由于吉尔吉斯斯坦反对派的联络往往通过个人政治关系网络，其进行政治动员的基础也来自非正式政治力量，所以政府的上述手段并不能取得好的效果。以热恩别科夫政府为例，在2020年政治运动前夕，阿坦巴耶夫、特克巴耶夫和扎帕罗夫等反对派领导人均被关押在监狱中，但这并不妨碍反对派利用其地下网络去组织和发动政变。

综上所述，非正式政治力量在吉尔吉斯斯坦反对派进行政治动员的过程中具有独特的优势。通过对非正式政治力量的运用，反对派有效地克服了非正式政治力量的不足以及发起政治动员"常见"条件相对缺失所带来的一系列困难，实现了募集资金、召集支持者、获取舆论支持、削弱政府合法性和策反政府高层官员等一系列政治目标，进而在短时间内实现了有效的政治动员。

第五节 结论

在吉尔吉斯斯坦历次"革命"中，反对派通过对个人政治关系网络、部族认同与部族群体和传统政治习俗这三支非正式政治力量的运用，同样实现了广泛而高效的政治动员。这种非正式政治力量影响乃至决定吉尔吉斯斯坦政局的现象，值得我们深思。鉴于它可以从多个方面帮助反对派积聚力量，从而帮助反对派实现高效的政治动员，并促成反对派的政治运动的成功，我们可以这么认为，非正式政治力量大大降低了反对派发动反政府运动的风险成本，而这一点，也成为吉尔吉斯斯坦的反政府运动演变成政治常态的一个重要原因。只要这种非正式政治力量在吉尔吉斯斯坦长期存在，吉尔吉斯斯坦的政治发展中便始终存在不稳定因素，一旦反政府运动的收益足够高，反对派便倾向于发动反政府运动。如何制约这种非正式政治力量对于吉尔吉斯斯坦国家政治的过度干预，如何实现吉尔吉斯斯坦政治的稳定良序发展，这是日后需要研究的课题。

那么，如何应对这种非正式政治力量对吉尔吉斯斯坦政局的影响，吉尔吉斯斯坦政局的未来发展将走向何方？对于这一问题，我们的观点可概括如下：

首先，吉尔吉斯斯坦未来的政局能否克服非正式政治力量的不利影响，实现政局的平稳有序发展，将主要取决于其能否出现一个强有力的政治人物。在吉尔吉斯斯坦缺乏优良的政治传统，其政治转型也屡次遭遇挫折的情况下，只有出现强有力的政治人物且能够实现权力的集中后，吉尔吉斯斯坦的非正式政治力量才能被抑制在合理区间内。这对于吉尔吉斯斯坦未来的领导人提出了很高的要求。此外，在这一强有力的政治人物实现集权后，还应克服对权力的欲望，将权力毫无保留地交给下一任领导人，如此，才能保证继任者同样能压制非正式政治力量，并且保证吉尔吉斯斯坦的政治局势不会因前任领导人的离去而发生动荡。为此，在未来吉尔吉斯斯坦的政治运作过程中，一定要处理好权力交接问题。既要防止继任者权力过大，也要防止继任者权力过小。如果继任者权力过大，则其有可能在权力交接之前即与现任领导者产生权力冲突，如果继任者权力过小，则有可能出现继任者在权力交接后无法有效掌控政治局势的问题。此外，在权力交接后，仍然需要妥善处理前任者和继任者之间的关系，防止双方因为利益冲突而再次出现政治矛盾。

其次，吉尔吉斯斯坦总统对于非正式政治力量的掌握和运用，也在很大程度上关系到吉尔吉斯斯坦未来政治发展的走向。鉴于吉尔吉斯斯坦的特殊国情，可以说，未来的吉尔吉斯斯坦总统如果想要实现权力的巩固，就必须加强对非正式政治力量的掌握和运用。唯有如此，才能以自身所掌握的强大的非正式政治力量为后盾，实现吉尔吉斯斯坦政治建设的向前发展。但这种对非正式政治力量的运用也应控制在一定范围内，否则，就会严重地削弱总统执政的合法性。基于此，吉尔吉斯斯坦如果要摆脱政治发展的困境，就需要警惕两种现象的发生，一是裙带关系干预政治，二是部族认同干预政治。然而，扎帕罗夫在执政期间，已经出现了任用亲属接手吉尔加朗（Jyrgalan）煤矿的情况，并且其民族主义的立场也导致吉尔吉斯斯坦境内的族群关系更为紧张。因此，未来扎帕罗夫执政之路和吉尔吉斯斯坦的政治稳定之路还存在诸多隐患。

最后，在吉尔吉斯斯坦推进国家政治建设的过程中，也要防范西方势力对其国内政治的干扰。非正式政治力量具有隐蔽性，其对政治局势的影响经常不能被政府有效察觉。而西方国家对吉尔吉斯斯坦政治局势的干扰往往就是通过非正式政治力量来产生作用的，其途径主要包括非政府组织、个人关系和新闻媒体，等等。在吉尔吉斯斯坦政治发展的过程中，要注意防范西方势力利用上述非正式政治力量对吉尔吉斯斯坦进行渗透。值得注意的是，虽然在吉尔吉斯斯坦已经发生的三次"革命"中，社交网络并未作为一种主要力量被反对派所广泛利用，但随着近年来吉尔吉斯斯坦社交网络的快速发展，其网民数量和社交网络团体的规模均明显增加。在这种情况下，西方国家以及吉尔吉斯斯坦国内的反对派势力很可能利用社交网络这一新工具，谋求对吉尔吉斯斯坦发起下一次"革命"。在此方面，乌兹别克斯坦是一个典型的反例。乌兹别克斯坦也曾受到"颜色革命"浪潮的波及，然而，乌兹别克斯坦却有效阻击了革命浪潮的迅速扩散和持续出现。为何如此？第六章将尝试性地对此进行研究，以便通过区域内比较深入挖掘导致"颜色革命"在中亚地区兴衰的条件与机制。

第六章 "颜色革命"中的路径依赖

本章的主要目的是，探究国家反复出现因社会运动而导致的政权更迭的原因。本章选取吉尔吉斯斯坦这一在 2005 年、2010 年和 2020 年三次发生大规模抗议并随之发生政权更迭的国家作为主要案例进行研究。基于对相关文献的梳理，本章尝试选择路径依赖机制进行切入，并引入乌兹别克斯坦做为比较案例，探索一国为何反复出现因社会运动而导致的政权更迭。本章将分为以下几个部分：第一部分介绍"颜色革命"以及吉尔吉斯斯坦发生的三次非正常政权更迭；第二部分是既有研究成果述评与案例选择；第三部分是运用路径依赖机制，尝试提出分析政权与社会运动互动的框架；第四部分是分析吉尔吉斯斯坦、乌兹别克斯坦两国应对社会运动时采取不同策略的原因；第五部分是不同应对策略所形成的"政权—社会运动"互动模式如何得以固化；最后是结论与反思。

第一节 研究背景："颜色革命"与吉尔吉斯斯坦的三次政权更迭

"颜色革命"是指 21 世纪初发生在欧亚地区的以颜色或者花朵命名、以"街头政治"的方式导致政权变更的一系列社会运动。后来随着中东变局（西方称作"阿拉伯之春"）等运动的爆发，"颜色革命"的内涵发生了扩展，泛指西方国家通过操纵某国内部抗议势力，结合非军事手段，以非暴力方式建立符合西方所谓的"自由民主"价值观的亲西方政权的行为。[1]

---

[1] Ieva Bērzina, "Weaponization of 'Colour Revolutions'", *Journal of Political Marketing*, Vol. 18, No. 4, 2019, pp. 330–343.

从 2003 年开始，格鲁吉亚、乌克兰和吉尔吉斯斯坦先后出现了以"街头政治"为先导的非正常政权更迭。2003 年 11 月格鲁吉亚反对派领导人萨卡什维利发动了一系列示威活动促使时任总统谢瓦尔德纳泽辞职，成功夺取政权。由于萨卡什维利在抗议示威活动中总是拿着一枝玫瑰花抛头露面，因而该运动也被西方称之为"玫瑰革命"。"玫瑰革命"成为掀起欧亚地区"颜色革命"浪潮的第一张"多米诺骨牌"，随后各国反对派望风而动，伺机夺取政权。在 2004 年的乌克兰总统大选中，尤先科的支持者聚集在基辅市中心的独立广场进行示威，抗议亚努科维奇选举舞弊。迫于压力，乌克兰最高法院宣布进行重新选举。尤先科以 52% 的优势胜选。由于尤先科在大选中使用橙色作为其标志，这些抗议示威活动也被西方国家称之为"橙色革命"。

2005 年 2 月 27 日，吉尔吉斯斯坦进行了议会选举。以巴基耶夫为首的反对派拒绝承认选举结果，指责时任总统阿卡耶夫所属的政党在选举过程中存在舞弊行为，并在吉尔吉斯斯坦南部地区动员了大批抗议者进行游行示威。3 月 24 日，抗议者在比什凯克市中心举行了大规模的示威活动，要求总统下台。傍晚，抗议者攻占了总统府，阿卡耶夫因此流亡海外。由于部分抗议示威者手持黄色手帕或郁金香花束，因而此次事件也被称为"郁金香革命"。阿卡耶夫政权的崩溃标志着"颜色革命"在欧亚地区的发展达到高潮。受"郁金香革命"的影响，2005 年 5 月 12 日，乌兹别克斯坦的安集延市爆发了骚乱，一群武装分子袭击了警察哨所和部队营房，并释放了 500 余名在押犯。① 与此同时，几千名示威者聚集在安集延的中心广场，要求卡里莫夫总统下台。但是此次骚乱很快便被乌兹别克斯坦政府镇压，武装分子与部分抗议者被逮捕，其余抗议者或被驱散或外逃至吉尔吉斯斯坦。

五年之后，吉尔吉斯斯坦爆发"二次革命"。通过"郁金香革命"上台的巴基耶夫也因为同样的原因被赶下了总统宝座。2010 年 4 月 7 日，因"祖国"党领导人被警方逮捕，反对派支持者在比什凯克举行了大规模的

---

① 值得注意的是，学术界对"安集延事件"的定性存在争议，部分学者认为该事件不在选举周期内爆发且手段具有暴力性，因此不属于"颜色革命"而是"恐怖主义"。但无论是俄美双方，还是国际社会，均倾向于从"颜色革命"的角度对该事件进行解读，认为"安集延事件"同样是抗议者通过体制外的方式来挑战政府权威，是"颜色革命"的延续。

示威活动，要求总统巴基耶夫辞职。数千名示威者与警方发生激烈冲突。4月15日，反对派成立的临时政府称巴基耶夫已经签署辞职声明。4月25日，巴基耶夫流亡白俄罗斯。2020年10月4日，反对派指责议会选举过程中存在贿选行为并于次日在比什凯克组织抗议示威。示威者攻占总统府和议会并与警方发生冲突。时任总统热恩别科夫在10月9日宣布首都进入紧急状态。迫于压力，热恩别科夫于10月15日辞职。

本章选取吉尔吉斯斯坦作为主要研究对象的理由如下：第一，所选择案例应存在出现两次及以上因为社会运动而导致政权更迭的现象，否则不能被称之为"反复"。吉尔吉斯斯坦先后于2005年、2010年、2020年爆发"郁金香革命""二次革命"与"三次革命"①，似乎通过抗议示威来推翻政权已经成为了吉尔吉斯斯坦"固定"的权力交接模式。第二，该国所发生的社会运动是实现政权更迭的原因而非结果。因此，埃及与缅甸分别于2013年、2021年因军事政变而引发的大规模抗议可以被排除在外。委内瑞拉、泰国等国家虽然反复爆发社会运动但没有导致政权更迭，因此也不属于本章的研究范畴。

第二节 文献回顾与案例选择

（一）现有解释及其不足

令人遗憾的是，对于一国为何反复因为社会运动而导致政权更迭这一问题，学术界尚未出现专门的研究成果。以吉尔吉斯斯坦为例，当前学术界对吉尔吉斯斯坦爆发"革命"的研究主要集中在以下两个方面：一是对吉尔吉斯斯坦历次"革命"过程的描述以及对历次"革命"爆发原因的探讨；二是将在吉尔吉斯斯坦发生的"革命"作为案例纳入21世纪初波及

---

① 致使巴基耶夫和热恩别科夫政权垮台的两次事件至今没有形成广泛的认可，例如2010年巴基耶夫政权垮台就存在"二次革命""血色革命""无色革命"三种命名方式，参见周明、李嘉伟《21世纪初两次国际抗议浪潮的关联与比较——兼论作为中介的吉尔吉斯斯坦"革命"》，《俄罗斯研究》2021年第1期。本文按照政权更迭次序将2010年与2020年发生在吉尔吉斯斯坦的两次非正常政权更迭称为"二次革命"与"三次革命"。

欧亚大陆的"颜色革命"浪潮中进行研究,将"郁金香革命"①与"玫瑰革命""橙色革命"进行比较,以探析"颜色革命"爆发的一般性原因及其影响。国内外学术界对吉尔吉斯斯坦爆发三次革命的分析大致相同,认为其爆发"革命"主要是由于以下原因:

(1) 经济问题。德隆·阿西莫格鲁(Daron Acemoglu)和詹姆斯·罗宾逊(James A. Robinson)认为,高度的不平等导致了大规模的抗议。②自吉尔吉斯斯坦独立以来,其处于贫困线及以下的民众占全国人口的百分比始终在30%以上,南部人口密度较大而且绝对贫困人口数量比北部更多。巨大的贫富悬殊加剧了底层民众的"相对剥夺感"(Relative Deprivation),进而导致吉尔吉斯斯坦爆发了"政权导向型"的社会运动。但该解释的缺陷在于:为什么不满无处不在,但抗议不是无时不有?单一的经济因素并不能充分解释为何吉尔吉斯斯坦反复爆发"革命"。

(2) 部族问题。事实上,吉尔吉斯斯坦自转型以来始终处在"部族主义"阴影的笼罩之中。吉尔吉斯斯坦政权的更迭体现出南北精英通过非正常手段实现权力交接的特征。"郁金香革命"中出身北方部族的总统阿卡耶夫被来自南方部族的反对派推翻,而在"二次革命"过程中出身南方部族的总统巴基耶夫被来自北方的反对派推翻。但值得注意的是,部族因素无法有效解释发生于2020年的"三次革命"。王林兵和雷琳指出,热恩别科夫延续了"二次革命"后在政府人事任命中"去部族化"的做法,在既没有谋求"家族专制"复辟、也没有鼓动"南北对立"的前提下,热恩别科夫政权却被推翻。"在过去的政权更迭中,要么是'北方反对南方',要么是'南方反对北方',但为何此次变局却形成了'南方反对南方'的格局?"③

---

① 2003—2006年发生在欧亚地区包括"郁金香革命"在内的受到西方境外势力干预的非正常政权更迭通常被纳入"颜色革命"的范畴,而发生在2010年的"二次革命"则因受到了俄罗斯而非美国为首的西方国家在背后的干预,通常不被纳入"颜色革命"的范畴,发生在2020年的"三次革命"至今没有证据表明受到了境外势力干预通常也不被纳入"颜色革命"的范畴。

② 参见 Daron Acemoglu and James Robinson, *Economic Origins of Dictatorship and Democracy*, Cambridge: University Press, 2006, quoted from Steve Hess, "Sources of Authoritarian Resilience in Regional Protest Waves: The Post Communist Colour Revolutions and 2011 Arab Uprisings", *Government and Opposition*, Vol. 51, No. 1, 2016, pp. 1–29.

③ 王林兵、雷琳:《从议会选举到政治变局——吉尔吉斯斯坦西式民主的危机》,《俄罗斯研究》2020年第6期。

（3）腐败。在吉尔吉斯斯坦，无论是寻求商业机会，还是政府机构中的领导职位都需要金钱和与有权势的人建立关系。① 根据2021年透明国际（Transparency International）发布的腐败感知指数（Corruption Perception Index），吉尔吉斯斯坦在180个国家中排第124名。② 2004—2011年，吉尔吉斯斯坦腐败感知指数从未超过2.3分（满分为10分），2012—2021年年间，吉尔吉斯斯坦腐败感知指数从未超过31分（满分为100分）。③ 国外势力与本国反对派揭露这些腐败行为直接成为了"革命"的导火索。在吉尔吉斯斯坦发生的三次"革命"中，反对派或者境外势力所控制的媒体均通过"揭露"现任领导人的腐败行为以煽动民众进行抗议示威。

（4）外部势力干预。杨心宇指出，美国、其他一些国家和国际的非政府组织在吉尔吉斯斯坦和这一地区其他国家实施的政府更迭计划中占有最重要的地位。④ 美国等西方国家通过非政府组织积极向吉尔吉斯斯坦反对派提供资金、技术和方法等援助，并通过其掌握的媒体机构对现政权进行"丑化"，煽动社会舆论进而实现政权更迭。

将吉尔吉斯斯坦所发生的"革命"作为案例纳入"颜色革命"浪潮进行研究的成果在承认以上因素对于"革命"爆发作用的基础之上，还提出了两种替代性的解释。第一种替代性的解释关注政府与反对派的互动。大卫·雷恩（David Lane）认为"颜色革命"成败的关键在于一个统一的和有组织的反对派，以及其他的意识形态和政治政策，⑤ 而政府对反对派力量大小的估计与是否采取镇压措施也极大地影响了"颜色革命"

---

① Jaimie Bleck and Igor Logvinenko, "Weak States and Uneven Pluralism: Lessons from Mali and Kyrgyzstan", *Democratization*, Vol. 25, No. 5, 2018, pp. 804 – 823.

② Corruption Perception Index, Transparency International, August 10, 2021, https://www.transparency.org/en/countries/kyrgyzstan.

③ Corruption Perception Index, Transparency International, August 10, 2021, https://zh.m.wikipedia.org/wiki/%E8%B2%AA%E6%B1%A1%E6%84%9F%E7%9F%A5%E6%8C%87%E6%95%B8.

④ 杨心宇：《吉尔吉斯"郁金香革命"的若干问题》，《俄罗斯研究》2006年第4期。

⑤ David Lane, "'Coloured Revolution' as a Political Phenomenon", *Journal of Communist Studies and Transition Politics*, Vol. 25, No. 2, 2009, pp. 113 – 135.

成功的概率。① 也有国内学者认为，"颜色革命"的成败"不是反对派或者政府一方的原因，而是受到两者之间互动的影响"。② 第二种替代性的解释是"颜色革命"的示范效应。既有研究表明，地理邻近性在推动政治转型中发挥了强大的因果作用。③ "颜色革命"具有明显的扩散性。一旦一个国家的抗议活动获得成功，抗议策略就会通过示范效应转移到区域内的相似国家，从而导致邻近国家也突然出现类似的抗议模式。④

吉尔吉斯斯坦作为小国虽然很少受到学界关注，但是以上研究成果的出现可以说难能可贵。然而，以上研究也存在一定的局限。上述研究成果大部分具有高度结构化的特征，将政权更迭这种重大的结果归因于宏观层面的原因，强调这是特定的政治或者社会结构塑造出的特定结果，却忽视了类似的条件导致不同结果的可能性。事实上，上述因素在爆发或者没有爆发"颜色革命"的其他欧亚国家或多或少也存在，但其他国家并没有反复爆发政权导向型的社会运动，更未由此导致政权更迭。以乌兹别克斯坦为例，苏联解体之后乌兹别克斯坦、吉尔吉斯斯坦两国在经济上和政治上都处于重要的转型时期，社会结构以及由此而产生的现实矛盾和潜在的政治风险类似，且两国在2005年分别遭遇了"安集延事件"与"郁金香革命"的冲击，但两国日后的政治发展却呈现出了截然不同的面貌。与西方学者的预测相反，"颜色革命"浪潮衰退之后的乌兹别克斯坦政治局势保持了稳定并于2016年卡里莫夫总统去世后实现了权力的和平过渡。根据大众动员数据库（Mass Mobilization Data）⑤ 所采集的数据显示（见图6.1），自2005年"安集延事件"至今，乌兹别克斯坦从未爆发过大规模的抗议

---

① Charles Sullivan, "Misruling the Masses: The Consequences of Cracking Down in Kyrgyzstan", *Nationalities Papers*, Vol. 47, No. 4, 2019, pp. 628 – 646.

② 曾向红、连小倩：《从反对派与政府互动差异看独联体国家"颜色革命"》，《阿拉伯世界研究》2020年第3期。

③ Steve Hess, "Sources of Authoritarian Resilience in Regional Protest Waves: The Post – Communist Colour Revolutions and 2011 Arab Uprisings", pp. 1 – 29.

④ 释启鹏、韩冬临：《当代社会运动中的政权崩溃——"颜色革命"与"阿拉伯之春"的定性比较分析》，《国际政治科学》2017年第1期。

⑤ 大众动员数据库（Mass Mobilization Data）是由宾汉姆顿大学（Binghamton University）教授大卫·克拉克与圣母大学教授帕特里克·里根采编的抗争政治数据库。旨在了解全球范围内的政治抗争事件（包括抗议者的诉求以及政府的回应方式）。该数据库涵盖了超过一万起发生在1990年至今的162个国家和地区的50人以上规模的抗议事件。

示威。① 因而，反复爆发作为吉尔吉斯斯坦"颜色革命"跨越15年之久的动态变化过程，仅仅使用结构性的静态因素，忽视时间因素加以解释，常常会陷入"用常量解释变量"的谬误之中。因此上述成果虽然指出了吉尔吉斯斯坦爆发"革命"的诸多背景因素，但不能构成对一国为何反复因社会运动而导致政权更迭这一问题的解释。

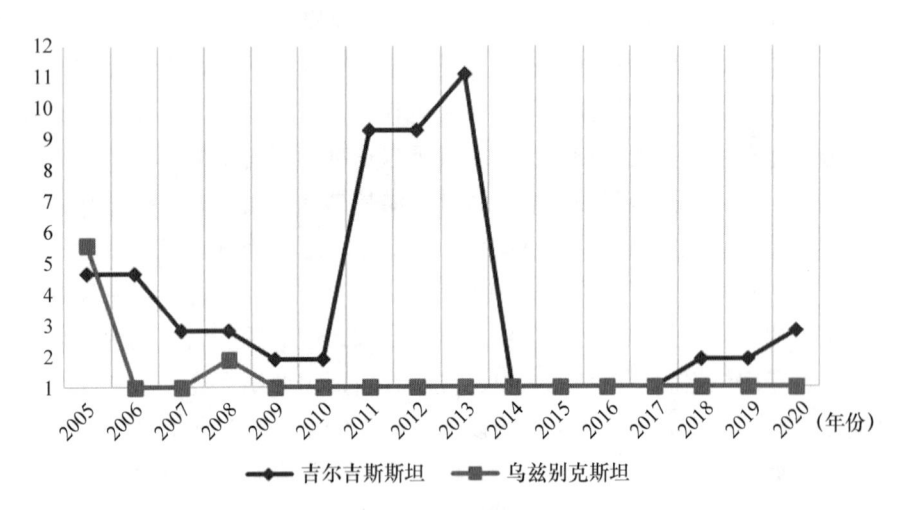

图6.1 吉尔吉斯斯坦、乌兹别克斯坦两国爆发500人以上规模社会运动频次对比（2005—2020年）（单位：次）

资料来源：Mass Mobilization Protest Data，David H. Clark and Patrick M. Regan，August 9，2021，https：//doi.org/10.7910/DVN/HTTWYL。

（二）案例选择

本章选择乌兹别克斯坦、吉尔吉斯斯坦两国进行比较研究的原因在于，两国都位于中亚地区且长期处于一个主权国家的框架内。在独立初

---

① 包括2005年爆发的"郁金香革命"在内，吉尔吉斯斯坦共发生500人以上规模的社会运动46起，其中暴力抗议15起。吉尔吉斯斯坦抗议者的抗议诉求"五花八门"：其中抗议警察执法不公或者暴力执法2起，抗议物价上涨2起，土地权纠纷抗议1起，劳资纠纷抗议1起，抗议官员腐败5起，抗议本国政府的内政外交政策或者追求民主41起。乌兹别克斯坦包括2005年"安集延事件"在内共发生500人以上抗议示威6起，其中暴力抗议2起，和平抗议4起。抗议警察暴力执法2起，抗议物价上涨1起，抗议官员贪腐1起，抗议政治进程（本国政府的内政外交政策或者追求民主转型）2起。由此可见，吉尔吉斯斯坦的抗议示威活动更加"常态化"，并且充斥着明显的"破坏性"。而乌兹别克斯坦所发生的大规模抗议示威活动频率极少而且很少附带有实现"民主化"等政治目的。

期，两国的政治、经济和文化等方面均存在一定的相似性，而且两国间存在着紧密联系，故具有较高可比性。而同样发生过"政权导向型"社会运动并实现了政治稳定的格鲁吉亚，则在地缘位置、国家身份和道路选择等方面均与吉尔吉斯斯坦存在巨大差异，不具有太大可比性。其次，本章旨在回答，为什么一国会反复因为社会运动而导致政权更迭，故重点在于解释"反复"这一长时段的政治特征，即在发生过"政权导向型"社会运动的国家中，为什么只有吉尔吉斯斯坦反复爆发，但其他国家却没有发生类似的情形。因此在历史上同属于苏联加盟共和国且同为中亚国家，但没有发生过"政权导向型"社会运动的土库曼斯坦等国也不在比较范围之内。在西方学者看来，乌兹别克斯坦长期限制市场经济发展并实行广泛的政治与宗教"压制"，这些在既有的理论解释中可以促成政权更迭甚至是内战爆发的因素在乌兹别克斯坦并没有发生作用[①]，因此乌兹别克斯坦也成为了一个重要的"理论反常"案例。探析乌兹别克斯坦、吉尔吉斯斯坦两国之间存在的差异有助于解释这一问题，即为什么两国都遭遇过"政权导向型"社会运动的冲击，但乌兹别克斯坦后续实现了政治稳定，而吉尔吉斯斯坦却掉入了反复爆发"革命"的泥淖？

与现有解释不同，本章认为，一国反复因为社会运动而导致政权更迭的原因在于：在一国的抗议历史中，当政权采取妥协的方式应对抗议示威时，将会扩大社会运动的政治机会，而这种政治机会会进一步增强社会运动的动员能力。这种影响经过"正反馈"的过程逐步得以固化，最终导致该国政权与社会运动之间形成一种一旦民众对政治现状产生不满，就会诉诸社会运动以推翻政权的互动模式。

第三节 理解"反复"：路径依赖机制中的关键节点与正反馈

路径依赖机制最早出现于经济学领域。保罗·大卫（Paul A. David）和布莱恩·阿瑟（Brian Arthur）分别以 QWERTY 作为字母排序的通用式

[①] Jennifer Murtazashvili, "Coloured by Revolution: The Political Economy of Autocratic Stability in Uzbekistan", *Democratization*, Vol. 19, No. 1, 2012, pp. 78 – 97.

键盘与 VHS 制式录像机取代 BETA 制式录像机作为案例，生动形象地说明了一个反常现象——一项并没有显示出更高效率的科技发明，在初始阶段的比较优势会使得该成果比其他效率可能更高的后期竞争产品获得更多的收益，并且随着收益递增的强化获得重要优势地位，最终占有整个市场。① 这种被理解为涉及"正向反馈"的自我强化过程，就是路径依赖。

将路径依赖这一机制引入政治学领域的历史制度主义者认为，行动者偏好、权力关系和资源配置模式并不是固定不变和外部给定的，而是随着时间的变化而产生的并得到强化。② 当既有结构产生了收益递增，并对嵌入其中的政治行为体产生正向反馈时，随着时间的推移，离开或偏离既有路径将变得越来越不可能。玛格丽特·列维（Margaret Levi）认为，一旦某个国家或者地区开始步入某一条轨道，那么逆转这种轨道的成本是相当高昂的。与此同时，尽管其他的选择始终存在，但若干制度安排的确立会阻碍最初选择的轻易逆转。③ 换言之，事态发展的时机和次序至关重要，早期事件产生的因果作用将明显强于后续事件。

路径依赖分别涉及关键节点与正反馈两个阶段，其中关键节点构成路径依赖过程的起点。关键节点的概念界定是一个逐渐演进的过程：科利尔夫妇认为，关键节点是"一个显著变化的时期"，它通常会在不同的国家（或其他分析单元）中以不同的方式发生，它被假设为会产生独特的制度遗产。④ 詹姆斯·马洪尼（James Mahoney）则在有关中美洲政治发展的比较研究中，将关键节点定义为在两个或更多选项中选择某一特定选项时的选择点，而这个选择点是由先前的历史条件决定的。马洪尼强调

---

① 参见 Paul A. David, "Clio and the Economics of QWERTY", *American Economic Review*, Vol. 75, No. 2, 1985, pp. 332 – 337; Brian Arthur, "Competing Techologies, Inereasing Returns, and Lock – In by Historical Events", *Economic Journal*, Vol. 99, No. 394, 1989, pp. 116 – 131.

② 奥菲欧·菲奥雷托斯、图利亚·费勒提、亚当·谢因盖特：《政治学中的历史制度主义》，黄宗昊译，《国外理论动态》2020年第2期。

③ Margaret Levi, "A Model, a Method, and a Map: Rational Choice in Comparative and Historical Analysis", in Mark L. Lichbach and Alan S. Zuckenman, eds., *Comparative Politics: Rationality, Culture, and Structure*, Cambridge: Cambridge University Press, 1997, pp. 19 – 41.

④ 参见 Ruth Berins Collier and David Collier, *Shaping the Political Arena: Critical Junctures, The Labor Movement, and Regime Dynamics in Latin America*, Princeton: Princeton University Press, 1991.

了关键节点[1]与路径依赖过程之间的关联,"一旦特定的选项在关键节点处被选择,即使还存在其他选择,但要回到起始点就会变得越来越困难"。[2] 乔瓦尼·卡波恰(Giovanni Capoccia)与丹尼尔·凯勒曼(Daniel Kelemen)在此基础上将关键节点定义为:"核心行为体对结果影响的可能性发生实质性提升的一个较短时间段"。[3] 强调该种"节点"是一个行为体面临广泛选择的短暂时期,节点相比于所触发的路径依赖过程,其时间要短。而"关键"指的是行为体在关键节点处作出的选择,可能会比节点前后作出的选择更能对后续结果产生显著影响。

吉尔吉斯斯坦在独立的30年内共经历了6位总统。其中,首任总统阿卡耶夫执政15年,而在2005年阿卡耶夫政权垮台之后,陆续更换了5位总统,每位总统的平均执政时间为3年,远达不到宪法所规定的任期。并且,其中两位领导人是因为大规模游行示威而被迫下台。而乌兹别克斯坦独立30年内只经历了两任领导人的轮替,并且实现了权力的和平交接。通过简要回顾吉尔吉斯斯坦、乌兹别克斯坦两国独立后的政治发展历程,可以发现2005年是极其关键的一年。在2005年,两国自独立以来长达15年的政治稳定局面被打破,由此开启了两条截然相反的发展道路——乌兹别克斯坦实现了稳定发展而吉尔吉斯斯坦则反复陷入国内冲突当中并遭遇多次非正常政权更迭。

本章选择2005年作为关键节点有以下原因:首先,在持续时间长短方面,"郁金香革命"持续了不到一个月的时间,而"安集延事件"只持续了三天,两者的持续时间相比于后续长达15年的政治动荡或政治稳定而言,可以被视为是一个"节点"。其次,吉尔吉斯斯坦、乌兹别克斯坦两国政权应对"颜色革命"时,皆同时存在"镇压"与"妥协"两种选择,

---

[1] 需要指出的是,马洪尼并不认为所有的选择点都是关键节点,关键节点仅仅指的是对未来能够产生重要结果的选择点。但如何衡量所谓"重要结果"的重要程度,马洪尼则没有作出相应的说明。参见 James Mahoney, "Path – Dependent Explanations of Regime Change: Central America in Comparative Perspective", *Studies in Comparative International Development*, Vol. 36, No. 1, 2001, pp. 111 – 141.

[2] James Mahoney, "Path – Dependent Explanations of Regime Change: Central America in Comparative Perspective", pp. 111 – 141.

[3] Giovanni Capoccia and Daniel Kelemen, "The Study of Critical Junctures: Theory, Narrative, and Counterfactuals in Historical Institutionalism", *World Politics*, Vol. 59, No. 3, 2007, pp. 341 – 369.

且两种不同的选择都是由先前的历史条件决定的。第三，在 2005 年之前或之后，吉尔吉斯斯坦、乌兹别克斯坦两国在任政府对于社会运动的不同应对，均未能逆转吉尔吉斯斯坦、乌兹别克斯坦两国特定的政治发展"模式"，没有对两国政治发展道路的选择产生决定性影响。就此而言，2005 年足够"关键"。

在关键节点上作出的选择，将会通过正反馈锁定特定的发展轨道。因此对于"为什么一国会反复因为社会运动而发生政权更迭"这一研究问题可以拆分为两个更为具体的问题：（1）面对社会运动的威胁，特定政权在关键节点上采取的应对策略是什么？以及为什么采取这种应对策略？（2）关键节点上不同政权采取的不同应对策略形成了何种"政权—社会运动"互动模式？这种互动模式如何通过"正反馈"得以固化？

在某些情况下，政权崩溃取决于关键行为体在关键节点上所作出的决策和所采取的行动，这些决策和行动会在未来一段时间里显著增加或者减少该政权走入特殊发展轨道的可能性。在竞争性威权体制中，以领导人为代表的政权所作出的选择，往往是决定这些国家政治发展走向的关键。① 在面对"颜色革命"浪潮的冲击时，以吉尔吉斯斯坦、乌兹别克斯坦两国为代表的欧亚国家在多种应对方式中选择了两种截然不同的应对方式，继而导致了两国在应对社会运动方面形成了两种不同的"政权—社会运动"互动模式，进而对两国政治发展轨迹产生了至关重要的影响。

根据路径依赖机制的相关假定，可以发现，当行为体在关键节点上作出选择后，沿着所做选择这条路径所产生的结果一般会增加该路径的吸引力。当这种累积效应开始之后，就启动了自我强化活动的强大周期，② 而

---

① 西方学者对于中亚国家政治体制的贬损性称谓，意在中亚国家表面追求民主，但实际上属于威权国家。参见 Vanessa Ruget and Burul Usmanalieva, "The Impact of State Weakness on Citizenship a Case Study of Kyrgyzstan", *Communist and Post - Communist Studies*, Vol. 40, No. 4, 2007, pp. 441 - 458; Vitali Silitski, " 'Survival of the Fittest': Domestic and International Dimensions of the Authoritarian Reaction in the Former Soviet Union Following the Colored Revolutions", *Communist and Post - Communist Studies*, Vol. 43, No. 4, 2010, pp. 339 - 350; Thomas Ambrosio, "Constructing a Framework of Authoritarian Diffusion: Concepts, Dynamics, and Future Research", *International Studies Perspectives*, Vol. 11, No. 4, 2010, pp. 375 - 392.

② ［美］保罗·皮尔逊：《时间中的政治：历史、制度与社会分析》，黎汉基、黄佩璇译，江苏人民出版社 2014 年版，第 21 页。

自我强化的过程即为正反馈形成的过程。

综上所述，本章假设：在2005年应对"颜色革命"浪潮冲击的关键节点，吉尔吉斯斯坦、乌兹别克斯坦两国应对抗议的不同策略选择对社会运动所造成的影响，经过正反馈过程被固定为两国民众与政权的互动模式，从而导致吉尔吉斯斯坦反复发生"革命"而乌兹别克斯坦实现了稳定。本章的分析框架如下图6.2所示：

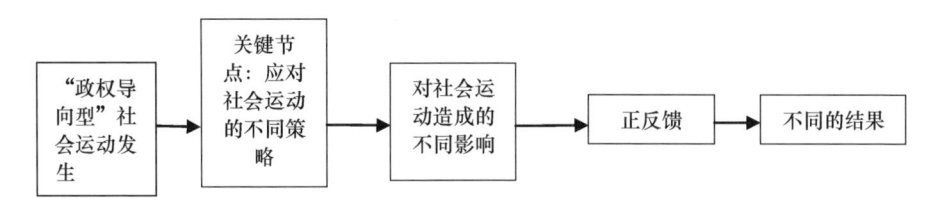

"政权导向型"社会运动发生 → 关键节点：应对社会运动的不同策略 → 对社会运动造成的不同影响 → 正反馈 → 不同的结果

图6.2　本章分析框架示意

资料来源：笔者自制。

第四节　关键节点：2005年吉尔吉斯斯坦、乌兹别克斯坦两国对"颜色革命"的应对

当社会运动发生后，政权必须考虑如何应对这种来自体制外部的挑战。政权作为社会运动所处其中的重要制度结构，不仅会影响运动的发生与发展，而且能够影响运动的结果和作用效果。无论是理论上还是经验上，政权对于社会运动所作出的镇压与妥协行为都是此类研究所关注的焦点。查尔斯·蒂利将国家应对社会运动的方式划分为了压制和促进两类，通过对两类手段进行不同形式的组合，进而将抗议者的行为分为指令型活动、容忍型活动和禁止型活动三种类型。[①] 叶夫盖尼·芬克尔进一步将应对社会运动的方式细化为孤立、边缘化、分配、镇压和说服五种类型。[②] 蒂娜·比沙拉则在镇压和妥协之外引入第三种政府应对社会运动的方

---

① ［美］查尔斯·蒂利：《政权与斗争剧目》，胡位钧译，上海人民出版社2012年版，第90页。

② Evgeny Finkel and Yitzhak M. Brudny, "No More Colour! Authoritarian Regimes and Colour Revolutions in Eurasia", *Democratization*, Vol. 19, No. 1, 2012, pp. 1–14.

式——漠视，即政府面对抗议毫无反应或者对抗议者持嘲弄、轻蔑的态度。[1] 然而"镇压"这一概念的确切含义并没有在学术界达成共识。在冲突研究中，"镇压"指的是政权对其领土范围内的人使用某种形式的强制性控制，而克里斯坦·达文波特（Christian Davenport）对镇压行为作了限制公民自由和暴力侵犯人身安全的划分。[2] 在本章看来，这两种行为的动机是一致的，即使用暴力手段压制甚至消灭反对势力，并威慑其他潜在的可能被动员起来反对政权的行为体。

在"郁金香革命"与"安集延事件"中，吉尔吉斯斯坦、乌兹别克斯坦两国政权与抗议者之间的互动过程如表 6.1、表 6.2 所示。自 2005 年 3 月 18 日吉尔吉斯斯坦南部城市爆发反政府抗议示威以来，在不到一周的时间内，阿卡耶夫政权不断选择对抗议者进行妥协：承认反对派地位、与抗议者谈判和拒绝实施紧急状态，将政权拱手"送给"反对派等。与此形成鲜明对比的是，在"安集延事件"爆发的 2005 年 5 月 12 日，乌兹别克斯坦政权即已完全放弃向抗议者作出妥协，总统卡里莫夫直接选择了镇压，至 5 月 14 日，乌兹别克斯坦政府已经完全控制了安集延市中心并开始追捕逃散的武装分子。

表 6.1　　2005 年"郁金香革命"过程中吉尔吉斯斯坦政府与抗议者的互动过程

	吉尔吉斯斯坦政府	抗议者
2005 年 3 月 18 日	安全部队驱散抗议者；阿卡耶夫总统接受新闻媒体采访，承认反对派是吉尔吉斯斯坦民主社会的重要组成部分	贾拉拉巴德州、奥什州抗议者手持棍棒和燃烧瓶，冲击政府办公建筑，要求阿卡耶夫总统下台
2005 年 3 月 20 日	塔纳耶夫总理号召抗议者与政府进行谈判	抗议者攻占塔拉斯州州长和市长办公室
2005 年 3 月 21 日	阿卡耶夫总统召见中央选举委员会主席与最高法院院长，要求回应抗议者诉求，调查"选举舞弊"	抗议者攻占南部城市几乎所有市政机构，并开始向比什凯克"进军"

---

[1] Dina Bishara, "The Politics of Ignoring: Protest Dynamics in Late Mubarak Egypt", *Perspectives on Politics*, Vol. 13, No. 4, 2015, pp. 958 – 975.

[2] 参见 Christian Davenport, "State Repression and the Tyrannical Peace", *Journal of Peace Research*, Vol. 44, No. 4, 2007, pp. 485 – 504.

第六章 "颜色革命"中的路径依赖 | 185

续表

	吉尔吉斯斯坦政府	抗议者
2005年3月22日	中央选举委员会承认选举结果有效，要求总统阿卡耶夫实行全国紧急状态，但遭到阿卡耶夫拒绝	
2005年3月23日	总统阿卡耶夫更换强力部门负责人	抗议者在比什凯克中心广场示威并与防暴警察发生冲突
2005年3月24日	内务部长久舍巴耶夫呼吁抗议者停止暴力活动，同时保证警察绝对不会开枪；阿卡耶夫流亡国外；吉尔吉斯斯坦最高法院宣布选举结果无效	抗议者不理会政府呼吁，继续洗劫商铺并攻占包括总统府在内的主要政府办公建筑，并将前副总统库洛夫从狱中释放
2005年3月25日		反对派领导人巴基耶夫出任临时政府总统
2005年4月4日	阿卡耶夫签署辞职声明	

资料来源：焦一强：《从"民主岛"到"郁金香革命"：吉尔吉斯斯坦政治转型研究》，兰州大学出版社2010年版，第140—142页；孙壮志主编：《独联体国家"颜色革命"研究》，中国社会科学出版社2011年版，第167—171页。

表6.2　　2005年"安集延事件"过程中乌兹别克斯坦政府与抗议者的互动过程

	乌兹别克斯坦政府	抗议者
2004年6—8月	乌兹别克斯坦安全部门逮捕了23名安集延市的年轻企业家	
2005年2月	安集延地方法院认定被捕的企业家参加了宗教极端主义和反政府活动，并予以关押	被捕企业家亲友有组织地在法庭外进行抗议示威，抗议规模不断扩大
2005年3月24日	受"郁金香革命"影响，法庭宣布对被捕企业家延期审判	
2005年5月12日		武装分子袭击了安集延的警察岗哨和部队营房，抢夺了大量武器弹药，并释放了500余名在押囚犯

续表

	乌兹别克斯坦政府	抗议者
2005年5月13日	乌兹别克斯坦政府拒绝了抗议者要求；总统卡里莫夫亲自飞赴安集延进行武力镇压	武装分子攻占安集延州政府与安全局大楼，要求释放被捕人员；骚乱演变为几千名民众参加的要求总统卡里莫夫"下台"的抗议
2005年5月14日	总统卡里莫夫召开记者会将此次事件定性为"恐怖主义"；乌兹别克斯坦军警完全控制了安集延市中心；乌吉边境城市卡拉苏市长下令摧毁一座通往吉尔吉斯斯坦的桥梁	包括企业家亲友在内的541名抗议者逃往吉尔吉斯斯坦；民众攻占卡拉苏市长办公大楼，焚烧了当地警察局和税务局，并修缮了被摧毁的桥梁
2005年5月17日	总统卡里莫夫召开记者会拒绝国际调查	
2005年5月19日	乌兹别克斯坦政府逮捕了卡拉苏事件的组织者	

资料来源：孙壮志主编：《独联体国家"颜色革命"研究》，中国社会科学出版社2011年版，第221—223页；Jennifer Murtazashvili, "Coloured by Revolution: The Political Economy of Autocratic Stability in Uzbekistan", *Democratization*, Vol. 19, No. 1, 2012, pp. 78 – 97.

那么政权在什么情况下会采取镇压的方式来应对社会运动呢？与早期社会运动理论相似，早期研究政治镇压的学者认为，领导人诉诸镇压的策略来应对社会运动，源于领导人个人的偏执与不受约束，是一种"非理性"行为。[1] 而如今大多数研究都认为，镇压绝非因为某些领导人的"残暴"特质，而是基于成本与收益的理性计算。当镇压收益超出镇压成本，或没有其他替代性选项且镇压成功率较高时，镇压行为出现的可能性就会增加。[2] 考虑镇压的政治合法性、镇压所需要的物质力量以及可选择的替代方案等因素，国家在采取妥协还是镇压的方式来应对社会运动时，不仅取决于国家能力，还要考虑政权的镇压意愿。

---

[1] Mauricio Rivera, "Authoritarian Institutions and State Repression: The Divergent Effects of Legislatures and Opposition Parties on Personal Integrity Rights", *The Journal of Conflict Resolution*, Vol. 61, No. 10, 2017, pp. 2183 – 2207.

[2] Christian Davenport, "State Repression and the Tyrannical Peace", pp. 485 – 504.

当政权既没有足够的镇压能力也没有足够的镇压意愿，或者有足够的镇压能力但是缺乏意愿，亦或有强烈的镇压意愿但缺乏足够的镇压能力时，都会导致政权更倾向于采取妥协或者漠视的方式来应对社会运动；而当镇压意愿与镇压能力两者兼具的情况下，政权更倾向于采取镇压的方式来应对社会运动。吉尔吉斯斯坦属于第一种情况，即政权既缺乏镇压能力又缺乏镇压意愿。而乌兹别克斯坦属于最后一种，即镇压能力充足且镇压意愿强烈。

(一)"郁金香革命"：为何阿卡耶夫政权选择妥协？

阿卡耶夫政权垮台之迅速，超乎了吉尔吉斯斯坦民众甚至是国际社会的预料。在"郁金香革命"的发展过程中，阿卡耶夫政权瓦解的重要原因在于，吉尔吉斯斯坦强力部门的软弱与阿卡耶夫对反对派力量的低估。事后，阿卡耶夫也将自己失败的原因归咎于两点：一是没有重视巩固权力体系，特别是加强司法机构；二是在政权旁落的重要关头没有实施紧急状态。[1]

苏联解体后，中亚国家开启了自身的民族国家构建进程，立国初期建立什么样的民族国家主要取决于领导人的个人禀赋、经验、意志及世界观。[2] 吉尔吉斯斯坦独立后的首任总统阿卡耶夫是一位物理学家而非政治精英，也是中亚地区唯一一个非苏联加盟共和国中央书记出身的领导人。因此，"他在苏联走向解体的民主化浪潮中不乏追求民主的积极热情与主动性"。[3] 首先，阿卡耶夫政权在经济层面实行了全面且彻底的"私有化"进程，并且积极吸纳来自西方国家的援助，在政治层面将追求"民主"作为吉尔吉斯斯坦的国家目标。

其次，武力镇压将威胁阿卡耶夫政权本就不甚稳固的执政合法性。政治心理、政治文化或者意识形态一经确立之后，一般都具有持久性且易形成路径依赖。阿卡耶夫致力于构建西式民主制度的做法，在一定程度上沉

---

[1] 孙壮志主编：《中亚五国政治社会发展30年：走势与评估》，中国社会科学出版社2020年版，第266页。

[2] 焦一强：《从"民主岛"到"郁金香革命"：吉尔吉斯斯坦政治转型研究》，兰州大学出版社2010年版，第66页。

[3] 焦一强：《从"民主岛"到"郁金香革命"：吉尔吉斯斯坦政治转型研究》，第45页。

淀为该国民众的政治心理,令部分民众认为本国具有相对于其他中亚国家更高的民主水平。相对于妥协而言,镇压无疑具有巨大的威慑作用,但镇压可能刺激其他行动者走向街头,使得反对者从涓涓细流演变成滚滚洪流。① 2016 年一项覆盖吉尔吉斯斯坦 7 个地区 2 个城市 1004 名民众的民意调查,衡量了吉尔吉斯斯坦民众对推翻阿卡耶夫和巴基耶夫政权的态度。调查结果显示,超过 1/3 的民众认为"郁金香革命"与"二次革命"是合法的。同样,超过 1/3 的受访民众认为两次运动都不应该受到政府的武力镇压。相比于阿卡耶夫政权,接近半数的受访民众对巴基耶夫政权的评价更负面,因为巴基耶夫在 2010 年 4 月试图武力镇压抗议者。② 因此,在吉尔吉斯斯坦,政府采取武力手段镇压社会运动合法性低且结果难料。

最后,镇压能力取决强力部门的能力以及文官政府是否能够掌控强力部门。中亚各国的军警系统继承自苏联。苏联时期,中亚各加盟共和国的军警部门整体处于较低水平。吉尔吉斯斯坦的军事力量是中亚五国中最弱的,其规模也是最小的。在"郁金香革命"时期,吉尔吉斯斯坦军队仅有 10000 人,国家经济的困难大大制约了对军队建设的投资,造成军人薪饷很低,士气低落,逃兵现象严重。③ 并且吉尔吉斯斯坦军队内部腐败现象严重。吉尔吉斯斯坦虽然对男性公民实行义务兵役制,但大多数人会使用各种手段逃避兵役。在 2007 年春季进行的一项实证研究中,所有受访者都承认,在吉尔吉斯斯坦很少有人会履行其军事义务。④ 与军队相似,吉尔吉斯斯坦警察数量也严重不足,工资很低而且充斥腐败行为。

2002 年吉尔吉斯斯坦政府担心议员阿奇姆贝克·别克纳扎罗夫(Azimbek Beknazarov)煽动反对政府的抗议示威,对其进行了逮捕并提起诉讼,此举在其家乡阿克西地区(Aksy)引发了其支持者组织的大规模抗议。2002 年 3 月 17 日,警察在阻止示威的过程中开枪击毙了数名抗议者。阿卡耶夫政权起初对此次事件不闻不问,既没有与受害者亲属进行会面也

---

① 黄冬娅:《国家如何塑造抗争政治——关于社会抗争中国家角色的研究评述》,《社会学研究》2011 年第 2 期。
② Charles Sullivan, "Misruling the Masses: The Consequences of Cracking Down in Kyrgyzstan", pp. 628 – 646.
③ 杨恕:《转型的中亚和中国》,北京大学出版社 2005 年版,第 207 页。
④ Vanessa Ruget, Burul Usmanalieva, "The Impact of State Weakness on Citizenship: A Case Study of Kyrgyzstan", Communist and Post – Communist Studies, Vol. 40, No. 4, 2007, pp. 441 – 458.

没有出面道歉。政府的冷漠引发了抗议者的强烈不满,抗议活动迅速失控,阿克西地区要求为遇难者伸张正义的示威活动持续了数月之久。① 阿克西事件对阿卡耶夫政权与警察的关系产生了致命的影响。阿卡耶夫任命自己的亲信担任内务部长,并成立专门的委员会来调查此次事件的原因。该事件的调查结果将阿克西事件的责任完全推卸给了强力部门,警察事实上被阿卡耶夫政权"出卖"了。一些警察发起了抗议并进行了罢工,警察也在怀疑如果此类事件再次发生,当警察对示威者使用武力后,会不会被作为政权向示威者妥协的"替罪羊"而被送进监狱。而此次事件的另一个后果则是时任总理巴基耶夫被迫辞职,一跃成为日后"郁金香革命"中的反对派领袖。阿克西事件的前车之鉴,加之抗议者利用亲友和部族的人际网络来影响警察的行为,成功换取了强力部门的"中立"。② 吉尔吉斯斯坦的强力部门不但力量弱小、腐败不堪而且强力部门与政权的"分裂",共同导致了政权没有足够的能力对社会运动进行镇压。既缺乏镇压能力又缺乏镇压意愿,导致阿卡耶夫政权选择了对抗议者进行妥协。

(二) "安集延事件":为何卡里莫夫政权选择镇压?

反观乌兹别克斯坦,卡里莫夫执政伊始就把"政治稳定优先"作为乌兹别克斯坦发展的目标,并极力主张走"独立自主"的发展道路,一切制度和政策的立足点都是为了维护政权稳定。自独立以来,卡里莫夫发表了数次演讲,详细阐述了"稳定"作为民主和发展的保障的重要性。

首先,乌兹别克斯坦没有进行重大的经济或政治自由化。对卡里莫夫

---

① Donnacha Ó Beacháin and Abel Polese, eds., *The Colour Revolutions in the: Former Soviet Republics Successes and failures*, New York: Routledge Press, 2010, pp. 47 – 48.

② 在2010年的"二次革命"过程中,强力部门则直接倒戈向反对派政府效忠。据对政治人物卡西姆·伊萨耶夫(Kasym Isaev)的采访显示,吉尔吉斯斯坦安全部队将军米罗斯拉夫·尼亚佐夫(Miroslav Niazov)曾建议反对派领导人,应该从纳伦州和塔拉斯州开始动员。首先,当局需要时间将比什凯克的部队转移到这些地区。第二,在封锁了道路之后,就有可能将远离比什凯克的部队锁定在这两个地区一段时间。之后,这个国家都会被卷入反政府的洪流之中。参见 Kasym Isaev: Tret'a Qshibka – Katastrofa Dlia Suverennogo Kyrgystana, Tolgonai Osmongazieva, May 21, 2010, http://24.kg/community/74579 – kasym – isaev – tretyaoshibka – ndash – katastrofa – dlya.html, quoted from Azamat Temirkulov, "Kyrgyz 'Revolutions' in 2005 and 2010: Comparative Analysis of Mass Mobilization", *Nationalities Papers: The Journal of Nationalism and Ethnicity*, Vol. 38, No. 5, 2010, pp. 589 – 600.

而言，如果没有经济独立，政治独立是不可能的。卡里莫夫拒绝了经济相互依赖的自由主义范式，而是优先考虑自给自足，且认为经济现代化优先于民主转型。卡里莫夫认为，"在建造新房子之前不要摧毁老房子"，"我们的人民应该吃饱肚子，穿戴整齐"。① 政府保留了对基本商品和服务的价格管制，追求工资的自给自足，只将部分国有企业私有化。② 乌兹别克斯坦的政治改革同样稳健。卡里莫夫拒绝竞争性选举或有意义的政治反对派。③ 卡里莫夫认为，乌兹别克斯坦已经走上了民主的道路，谁也无法阻止民主的客观进程和民众民主意识的增强。但民主的发展需要符合自身国情，反对派的民主理想与国家的历史、传统文化与民族身份不匹配。

在卡里莫夫政权看来，所谓的"民主运动"也是由美国等西方国家的地缘政治经济利益所驱动的。2003 年"玫瑰革命"掀起欧亚地区"颜色革命"浪潮之后，卡里莫夫政权将西方国家所谓"促进民主"的组织及其资助方定义为对乌兹别克斯坦的"威胁"。随后发生的"橙色革命"和"郁金香革命"也成为了外国势力构成威胁的"证据"。④ 阿卡耶夫下台后，乌兹别克斯坦的政治精英也加入了对西方进行批评的行列。例如，《乌兹别克民族新闻报》（Novosti Uzbekistana）的一篇头条文章指责美国煽动了中亚地区的不稳定因素。⑤ 抗议示威被乌兹别克斯坦政府视为社会秩序和政治稳定的威胁，政权具有强烈的镇压意愿。卡里莫夫将"安集延事件"描绘为"恐怖主义暴行"——政府动用军队镇压是对恐怖分子"挑衅"行为的慎重反应，既维护了法律和秩序，又保护民众的生命免受伤害。⑥ 此举强化了镇压的合法性，同时也使得抗议者无法从中立的旁观者

---

① 参见 Assylzat Karabayeva, "Leaders, Ideas, and Norm Diffusion in Central Asia and Beyond", *Asian Journal of Comparative Politics*, Vol. 6, No. 1, 2021, p. 30.

② Jennifer Murtazashvili, "Coloured by Revolution: The Political Economy of Autocratic Stability in Uzbekistan", pp. 78 – 97.

③ Nick Megoran, "Framing Andijon, Narrating the Nation: Islam Karimov's Account of the Events of 13 May 2005", *Central Asian Survey*, Vol. 27, No. 1, 2008, pp. 15 – 31.

④ "Islam Karimov Excludes Possibility of 'Colour' Revolution", op cit, Ref 38, quoted form Jone Heathershaw, "Worlds Apart: The Making and Remaking of Geopolitical Space in the US – Uzbekistani Strategic Partnership", *Central Asian Survey*, Vol. 26, No. 1, 2007, pp. 123 – 140.

⑤ Jone Heathershaw, "Worlds Apart: The Making and Remaking of Geopolitical Space in the US – Uzbekistani Strategic Partnership", pp. 123 – 140.

⑥ Nick Megoran, "Framing Andijon, Narrating the Nation: Islam Karimov's Account of the Events of 13 May 2005", pp. 15 – 31.

中获得支持。

其次,乌兹别克斯坦的费尔干纳盆地地区经常受到恐怖主义与极端宗教主义的侵袭。乌兹别克斯坦始终重视军队建设,将军队视作维护国家独立的重要力量,军队的数量和质量均居于中亚五国首位。[①] 卡里莫夫同时建立了庞大的安全机构,以对潜在的"威胁"进行威慑和消除。乌兹别克斯坦被认为拥有中亚规模最大的警察和内务部队,乌兹别克斯坦国家安全局(National Security Service)掌握着管理国民警卫队和特种部队的乌兹别克斯坦内政部。[②] 凭借着对强力部门的控制,乌兹别克斯坦一直保持着较为稳定的政治局面。

最后,在应对"颜色革命"浪潮冲击的过程中,乌兹别克斯坦强力部门始终被牢牢掌握在卡里莫夫手中。镇压"安集延事件",几乎没有引起乌兹别克斯坦政治精英,尤其是强力部门的反对。乌兹别克斯坦强力部门直接参与国家资源提取与寻租活动中,将寻租利益置于行政部门之下,实现了政治精英与政权的"绑定"。卡里莫夫执政早期,为乌兹别克斯坦地方政治精英开放寻租渠道,通过允许寻租行为,来将地方政治精英与政权联系起来。1997年,乌兹别克斯坦政府出台法律赋予了检察官、安全部门、警察、税务员监督和执行经济法律的权力。[③] 这些措施将国家的强制性权力与寻租结合起来,使得强力部门深深地嵌入政权之中。政权对于强力部门和地方精英寻租行为的默许,使得强力部门与地方精英"背叛"现政权不仅无利可图,反而会带来巨大的风险——某一政治精英的"背叛"行为会招致寻租利益链条上各方势力的反对。因此在面对社会运动对于政权的冲击时,以强力部门为代表的政治精英展现出了高度的"团结"。既有镇压能力又有镇压意愿,使得卡里莫夫政权能够对"安集延事件"进行镇压。

[①] 孙壮志主编:《独联体国家"颜色革命"研究》,中国社会科学出版社2011年版,第219页。

[②] Sarah Kendzior, "Recognize the Spies: Transparency and Political Power in Uzbek Cyberspace", *Social Analysis*, Vol. 59, No. 4, 2015, pp. 50 – 65.

[③] Lawrence P. Markowitz, "Beyond Kompromat: Coercion, Corruption, and Deterred Defection in Uzbekistan", *Comparative Politics*, Vol. 50, No. 1, 2017, pp. 103 – 121.

第五节　正反馈："政权—社会运动"
互动模式的形成与固化

（一）吉尔吉斯斯坦、乌兹别克斯坦两国应对"颜色革命"的不同方式所形成的影响

在社会运动理论中的政治过程与资源动员论者看来，社会运动的参与者是出于理性选择而参与社会运动的，可被动员的资源多寡与政治机会的大小左右着社会运动的兴衰。与西德尼·塔罗（Sidney Tarrow）定义的政治机会结构[①]不同，本章认为政治机会不一定是那些能够影响政治参与、较为宏大的、稳定且不易改变的结构性条件。因此，"政治机会"这一概念的结构化取向，可能会导致这一概念的僵化。在以往的"颜色革命"研究中，研究者往往会将"政治机会"这一概念的外延无限扩大，任何可能影响"颜色革命"成败的结构性条件均被列入其中，故削弱了这一理论框架的解释力。事实上，许多政治机会既不是先于社会运动存在的也不是较为稳定的，而是在社会运动的过程中，通过运动与政治权威以及外部干预势力的互动逐步产生的。

一般而言，国家面对社会运动时所采取的不同方式会创造出不同的政治机会，并会在短期内取得不同的效果。如果国家对社会运动作出妥协，一般会降低参与社会运动的成本，导致政治机会扩大，从而使得社会抗议者走向街头，激发社会动员。而采取镇压政策则会极大地增加参与社会运动的成本。相比于妥协为社会运动带来的政治机会而言，镇压带给社会运动的更多的是政治威胁，而非机会。克兰德曼斯（Bert Klandermans）进一步认为，"相对剥夺感"等情感性因素是社会运动发生的必要条件，但这种"不满"需要转化为行动。任何社会运动的参与者一般都需要两个动员过程：一是共识动员（Consensus Mobiliation），二是行动动员（Action Mobiliation）。前者意在凝聚共识，让外界接受和支持运动所持的观点，后者

[①] 参见［美］西德尼·塔罗《运动中的力量：社会运动与斗争政治》，吴庆宏译，译林出版社 2005 年版。

意在形成行动,即推动人们实际参与。①

　　吉尔吉斯斯坦、乌兹别克斯坦两国均存在家族统治、腐败和收入分配不均等长期积累的社会矛盾,并且这些矛盾没有得到执政当局的妥善处理。当民众认为通过常规的政治途径没有办法得以解决自身诉求时,那么就有可能选择发起或参与社会运动作为改善自身不利处境的一种方式。为了实现民众的集体诉求以及动员民众参与社会运动,运动的组织者及其支持者首先需要建构出一套针对现实不满解决的替代性方案。回顾前文罗列吉尔吉斯斯坦、乌兹别克斯坦两国政府与抗议者的互动过程可以看出,在共识动员层面,吉尔吉斯斯坦、乌兹别克斯坦两国的抗议者将国家存在的社会问题进行归因,认为各自国家和社会中出现的问题分别源自于阿卡耶夫与卡里莫夫的统治,这些问题只能通过两位领导人的下台得以解决。这种主要框架②发挥作用的关键在于,社会运动的潜在参与者能否获得"框架共鸣"(Frame Resonance),即社会运动的领导人或者支持者所提出的针对某个社会问题所作出的诊断以及解决方法,能否得到其他潜在参与者的认可与支持。③ 在动员的过程中,少数坚定的政权支持者被动员起来反对政权或坚定的反对派被动员起来支持政权的可能性微乎其微。动员的关键对象在于没有十分强烈政治动机的普通民众。能否动员居于多数的普通民众参与社会运动,往往会影响社会运动的成败。吉尔吉斯斯坦民众中"民主"观念占据主导地位,认为采取抗议示威手段表达政治诉求是合理的,而在乌兹别克斯坦,用抗议示威手段表达政治诉求很可能被描绘为"恐怖主义"。就将普通民众转变为社会运动参与者而言,在乌兹别克斯坦面临的政治风险要高得多,故其动员难度也要高得多。

---

① Bert Klandermans, "Mobilization and Participation: Social – Psychological Expansions of Resource Mobilization Theory", *American Sociological Review*, Vol. 49, No. 5, 1984, pp. 583 – 600.

② 架构视角最初于1974年由著名社会学家欧文·戈夫曼提出,在20世纪80年代由戴维·斯诺和罗伯特·本福德等人引入社会运动研究领域。架构视角强调的是抗议组织者或者支持者为了赋予抗议合法性而建构起来的话语框架,这些话语框架因为与抗议者所处的文化背景或者生活体验产生共鸣,能够极大地扩大社会运动的影响,甚至能够左右社会运动的成败。参见 David A. Snow, E. Burke Rochford, Steven K. Worden and Robert D. Benford, "Frame Alignment Processes, Micromobilization, and Movement Participation", *American Sociological Review*, Vol. 51, No. 4, 1986, pp. 464 – 481.

③ Robert D. Benford and David A. Snow, "Framing Processes and Social Movements: An Overview and Assessment", *Annual Review of Sociology*, Vol. 26, No. 1, 2000, pp. 611 – 639.

关于"安集延事件"的性质、政府进行武力镇压的理由、抗议者身份和死亡人数等问题上，乌兹别克斯坦官方的说法与西方媒体的说法大相径庭。与西方媒体宣传的"'安集延事件'是一场大屠杀"相反，卡里莫夫对于这起事件经过的描述是这样的：2005年5月12日晚，宗教极端武装分子闯入了安集延的一所监狱，释放了被看押的伊斯兰恐怖组织成员。5月13日黎明，武装分子开始劫持人质，卡里莫夫召集军队前往现场平叛。在随后的对峙和冲突中，共有187人死亡。① 面对西方媒体的诘难，卡里莫夫进一步将抗议者的行为定义为对宪法的颠覆，并指责媒体故意将"和平示威者"被枪杀的错误信息传递到西方世界。卡里莫夫将自己武力平叛的行为与抗议者的行为进行对比，进一步凸显出使用武力的合法性，同时也针锋相对地构建出一套反框架体系，以对社会运动进行"反动员"。

首先，卡里莫夫强调了抗议者是"恐怖分子"，故总统动用军队进行平叛是为了维护法律和秩序，是为了保护无辜民众免受"恐怖分子"的伤害。其次，卡里莫夫指责抗议者的行为是不"民主"的，抗议者没有通过选举这种符合宪法形式的方式来掌握政权，使用暴力手段攻占政府大楼并不是"民主"的行为。最后，卡里莫夫强调自己是通过合法选举产生的总统，抗议者的行为未经人民的合法授权，也违背相应的国际惯例。② 卡里莫夫在"安集延事件"中建构出一种"反恐"和"平叛"叙事，以反击西方对抗议者的"民主叙事"，从而将抗议者的框架边缘化。

而在行动动员层面，特定人群的集体行动形式主要是习得的，在数量和范围上也是有限的，是变化缓慢的，是适应了他们所处的特定的环境的。抗议者倾向于从本国抗议历史中进行学习。③ 而当局最初应对抗议示威的对策将会极大地塑造抗议者的学习行为，面对镇压"杀一儆百"的效果，"集体行动的困境"使得抗议者更不愿意直接参与社会运动，转而使用其他方式来表达政治诉求。卡里莫夫政权的高度压迫性也解释了该国社

---

① Sarah Kendzior, "Poetry of Witness: Uzbek Identity and the Response to Andijon", *Central Asian Survey*, Vol. 26, No. 3, 2007, pp. 317 – 334.

② Nick Megoran, "Framing Andijon, Narrating the Nation: Islam Karimov's Account of the Events of 13 May 2005", pp. 15 – 31.

③ Alex Braithwaite, Jessica Maves Braithwaite and Jeffrey Kucik, "The Conditioning Effect of Protest History on the Emulation of Nonviolent Conflict", *Journal of Peace Research*, Vol. 52, No. 6, 2012, pp. 697 – 711.

会运动的高度破碎化。① 而面对妥协的抗议历史，抗议者参加社会运动所要付出的机会成本要更低，在不会招致镇压的情况下，抗议者往往会继续参加社会运动。最终陷入了一旦对政治现状不满，便动辄参与社会运动的"怪圈之中"。

综上所述，在吉尔吉斯斯坦、乌兹别克斯坦两国政权对社会运动采取不同的应对策略后，由此形成的"政权—社会运动"互动模式如下图6.3、6.4 所示：

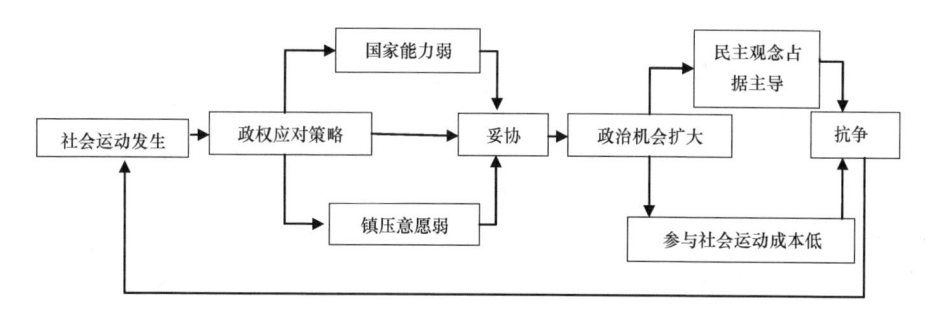

图6.3 吉尔吉斯斯坦抗议者与政权互动模式示意
资料来源：笔者自制。

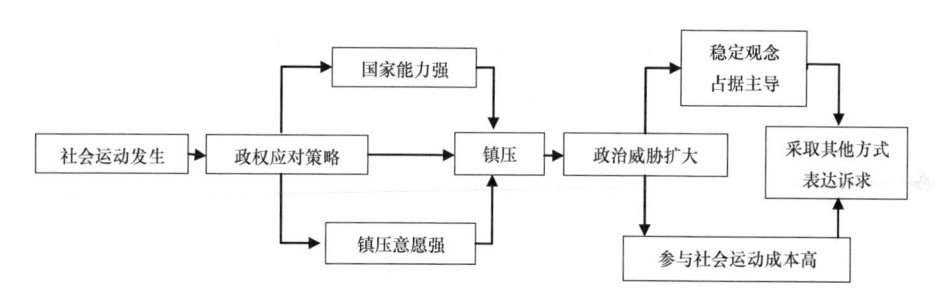

图6.4 乌兹别克斯坦抗议者面对政权镇压所形成的互动模式示意
资料来源：笔者自制。

（二）不同"政权—社会运动"互动模式的固化

政权对社会运动进行妥协或者镇压所形成的互动模式是如何得到固化

---

① Jennifer Murtazashvili, "Coloured by Revolution: The Political Economy of Autocratic Stability in Uzbekistan", pp. 78 - 97.

并沉淀为一种政治心理的？在新的互动模式出现之后，既可能被固化也可能被消减。如果这种新的互动模式被越来越多的人或主动或被动接受并且得到内化，那么新的模式也将进入"正反馈"的过程。在政治领域，集体行动的核心作用、制度的高密度性以及运用政治权威增加权力不对称的可能性等相互关联的特征，将影响行为体在关键节点上作出的选择能否进入"正反馈"过程，进而形成路径依赖。①

首先，参与社会运动在很大程度上被认为是一个理性选择的过程。人们在决定是否参与以及如何参与社会运动时会仔细权衡收益与成本，惟有经过一番艰苦的动员，社会运动才能招揽足够多的参与者。同时，基于"理性人"的假设，曼瑟尔·奥尔森（Mancur Olson）认为，每个集体行动的参与者在参与的过程中都会有搭便车的欲望，从而导致"集体行动的困境"的出现。②大多数试图影响政治议程的社会运动一般均具有高度不确定性，其努力和结果之间没有必然联系。而且"政权导向型"社会运动的参与者还要面临遭到镇压的巨大压力，这将导致参与者一旦作出错误选择，将承担高额风险。因此，参与者往往倾向于根据对他人行动的预期来不断调整自身行动的策略。

回顾吉尔吉斯斯坦、乌兹别克斯坦两国社会运动的动员过程，可以发现集体行动发挥的作用。"郁金香革命"与"二次革命"的动员过程截然不同。"郁金香革命"的动员模式是各种政治力量和非政府组织的协调行动，在"庇护"网络和部族的支持下，通过为潜在的参与者提供物质和精神激励，较好地克服了"集体行动的困境"。"郁金香革命"开始时，反对派集中精力动员政党、非政府组织和新闻媒体。然而，这些资源不足以有效和全面地动员地方民众。之后，反对派通过地方各级的人际关系网络和部族力量来推进动员。2005年的议会选举产生了一些对选举组织方式不满的领导人和议会候选人。这些不满的领导人开始积极动员他们的支持者，并且其中大多数是亲戚、朋友和同乡。然而，"二次革命"不是反对派精心动员的结果，而是民众自发的集体行动。与持续一个多月的"郁金香革

---

① [美]保罗·皮尔逊：《时间中的政治：历史、制度与社会分析》，黎汉基、黄佩璇译，江苏人民出版社2014年版，第36—48页。

② 参见 Mancur Olson, *The Logic of Collective Action: Public Goods and the Theory of Groups*, Cambridge: Harvard University Press, 1965.

命"相比,"二次革命"短短两天就结束了。反对派并没有运用诸如架设扬声器、公开发表演说以及散发反政府传单等传统的动员手段,而是新闻媒体对于警察枪杀抗议者的新闻激起了民众的义愤。对巴基耶夫政权心怀不满的人群自发地手持棍棒、石头,甚至从警察手中夺取枪支加入抗议示威中来,要求巴基耶夫辞职。后续的过程和"郁金香革命"相似,抗议者再次攻占了总统府。巴基耶夫逃亡至南部的贾拉拉巴德州后出逃至白俄罗斯寻求庇护。①

回顾吉尔吉斯斯坦两次"革命"的动员过程可以发现,在"郁金香革命"的演变过程中,政权在面对反对派的压力时毫无作为,使得参加抗议示威的成本较低,相反在一些地区如果不参加抗议示威反而会付出巨大的代价(例如遭到当地社会排斥、失去部族长老或者地方政治精英的庇护)。事后来看,当时的吉尔吉斯斯坦政府好比一座破烂的房子,只要轻轻踹上一脚,整个建筑就会轰然倒塌。以至于在五年后的"二次革命"过程中,不需要反对派精心动员民众克服"集体行动的困境",不少民众便会自发加入推翻现政权的抗议示威队伍中来。与"郁金香革命"时期"追求民主"相比,"二次革命"与"三次革命"中抗议者的诉求更加破碎化——抗议物价上涨、反对腐败、抗议执法不公以及反对特定的部族或者政治人物等等,而这些碎片化的要求最后都汇聚成一个诉求——政权更迭。相反,"安集延事件"很快就遭到镇压。卡里莫夫政权通过镇压的方式传递了一个信号——政府无法容忍类似的行为,更不用说是一场"革命"了。在经验层面也是如此,"安集延事件"之后乌兹别克斯坦实施了一系列措施,极大地增加了发起或者参与反政府活动的成本,故乌兹别克斯坦迄今为止没有发生过大规模"政权导向型"的社会运动。

其次,广泛的制度安排在很大程度上限制了社会运动参与者的策略选择以及可能获取的资源。既有的政治制度往往由国家的强制性权力支撑,且清晰地释放了行动者可以做什么,不可以做什么的信号。这种影响所产

---

① Kathleen Collins, "Kyrgyzstan's Latest Revolution", *Journal of Democracy*, Vol. 22, No. 3, 2011, pp. 150 – 164.

生的规训效应显然是持久的。① "郁金香革命"中以反对派为首的抗议者，至少通过组织起来展现出了似乎具有比被推翻的阿卡耶夫政权更大的"权力"。长期的体制孱弱伴随着强大且充满活力的"公民社会"，往往会构成对政府权威的挑战。吉尔吉斯斯坦独立后，由外国资助者扶持的非政府组织在 20 世纪 90 年代蓬勃发展，形成了对中央政府权威的削弱。与包括乌兹别克斯坦在内的其他欧亚国家相比，吉尔吉斯斯坦拥有欧亚地区最活跃的"民间社会"。当民间社会团体利用抗议和抵制来表明自身的政策偏好时，国家不但无力镇压，而且其维护"民主"形象的动机也使公民能够对其提出要求。而经过"革命"成为执政者的原反对派，由于执政合法性不足，故惟有鼓励"民主"以增强执政合法性。例如，通过"郁金香革命"上台的巴基耶夫曾表示，"革命"表达了人民的意志及其追求自由、真正的生活和对外来的美好期望。吉尔吉斯斯坦前临时总统奥通巴耶娃在接受俄罗斯媒体采访时也表示，2005 年 3 月 24 日发生的"郁金香革命"是一场"人民革命"。②

与吉尔吉斯斯坦发达的"公民社会"相比，乌兹别克斯坦政府则实现了对基层社会的有效控制。20 世纪 90 年代乌兹别克斯坦独立后，来自西方的政府组织和非政府组织开始进入乌兹别克斯坦。与此同时，本国非政府组织也迎来了发展的黄金时期。"安集延事件"结束后，乌兹别克斯坦政府于 2005 年 6 月成立了新的非政府组织协会，要求所有的非政府组织都必须隶属于该协会。仅在 2005 年 8 月，大约有 200 个非政府组织因不被允许重新注册而关闭。③ 与非政府组织的萎缩相比，国家的渗透能力得到了进一步加强。卡里莫夫政权选择与"玛哈拉"（Mahallas）④ 等传统的社会机构进行合作，逐步完善国家的管理体制。"玛哈拉"的存在，使得乌兹

---

① Richard Rose, "Inheritance Before Choice in Public Policy", *Journal of Theoretical Politics*, Vol. 2, No. 3, 1991, pp. 263 – 291.

② 焦一强：《从"民主岛"到"郁金香革命"：吉尔吉斯斯坦政治转型研究》，第 137 页。

③ Donnacha Ó Beacháin and Abel Polese, eds., *The Colour Revolutions in the Former Soviet Republics Successes and Failures*, pp. 169 – 172.

④ "玛哈拉"是乌兹别克斯坦地方自治管理的最小机构。"玛哈拉"在乌兹别克语中有单元、社区之意，指一个社区、街道、楼层群体的居民交互关系的整套系统。"玛哈拉"的中心是民选产生的由德高望重者领导的"玛哈拉"委员会组成。参见孙壮志主编《中亚五国政治社会发展 30 年：走势与评估》，中国社会科学出版社 2020 年版，第 223—226 页。

第六章 "颜色革命"中的路径依赖 | 199

别克斯坦政府能够实施更加严格的社会控制措施，也使国家能够就民众的诉求进行有针对性的回应。① 乌兹别克斯坦独立之后，由于无法负担全民福利，因此"玛哈拉"给政府提供了大量关于个人福利需求的信息，政府根据信息进行有针对性的再分配，合力化解了大部分民众的不满。与此同时，潜在的伊斯兰极端分子或那些可能从事颠覆政权活动的人都会被"玛哈拉"的工作人员及时通报给强力部门，凡此种种极大地增强了乌兹别克斯坦政府对社会的管控能力。

第三，政治权力的不对等。当若干行为体处于可以在其他行为体身上施加压力的位置上时，权力的运行可能是自我强化的。政治权威往往会被用来强化和巩固已有的政治优势。吉尔吉斯斯坦国家能力低下的主要表现是缺乏法治、无效的税收制度和普遍的腐败等。② 吉尔吉斯斯坦政府很难对政治精英、官僚和其他政府雇员进行有效监管。尽管政府进行了各种改革，但治理能力并没有得到系统的提升。另外，外部援助是吉尔吉斯斯坦政府重要的收入来源。由于创造其他类型收入的能力有限，因此对外部援助的依赖导致吉尔吉斯斯坦政策"更容易受到援助者对民主化要求的影响。"一旦使用武力镇压社会运动，就会受到西方国家的谴责，进而面临受援停止的风险。由于西方援助者通常只满足于进行竞争性选举和所谓的"言论自由"原则。③ 因此吉尔吉斯斯坦历任领导人通常只需要营造社会多元化的假象即可，从而确保外部援助源源不断地从西方流入。

与过分依赖国际社会的吉尔吉斯斯坦相比，乌兹别克斯坦实施内政外交政策的独立基础较好。"安集延事件"发生后，乌兹别克斯坦拒绝了美国与欧盟对该事件进行独立调查的要求。欧盟以乌兹别克斯坦当局血腥镇压平民为由，先后对乌兹别克斯坦实施了武器禁运与政府官员旅行禁令。美国则通过了一系列法案对乌兹别克斯坦进行制裁，包括逐步停止经济援助，在援助项目中附加保障人权，实现政治自由化等附加要求以及冻结乌兹别克斯坦相关官员的海外资产等措施。面对来自西方国家的压力，卡里

---

① Jennifer Murtazashvili, "Coloured by Revolution: The Political Economy of Autocratic Stability in Uzbekistan", pp. 78 – 97.

② Jaimie Bleck and Igor Logvinenko, "Weak States and Uneven Pluralism: Lessons from Mali and Kyrgyzstan", pp. 804 – 823.

③ Vanessa Ruget, Burul Usmanalieva, "The Impact of State Weakness on Citizenship: A Case Study of Kyrgyzstan", *Communist and Post – Communist Studies*, Vol. 40, No. 4, 2007, pp. 441 – 458.

莫夫政权采取了终止合作的方式进行反制。乌兹别克斯坦政府关闭了汉纳巴德军事基地，同时取缔了索罗斯基金会等一批西方在乌兹别克斯坦活动的非政府组织，事实上终止了与美国的"准盟友"关系。

卡里莫夫在采取雷霆手段平息"安集延事件"之后，进一步加强了对国内社会的管控。自"安集延事件"以来，与乌兹别克语相关的网站的数量激增。由于事件本身"骇人听闻"，加之相当多的所谓的"持不同政见者"在事件发生后流亡海外，因此只能通过互联网手段发泄不满并对当局进行抨击。[①] 2007年1月，乌兹别克斯坦政府通过了一项新法律，要求所有网站和博客都必须向当局登记，以加强互联网管制。与此同时，卡里莫夫政权也在全社会加强舆论宣传，强调稳定的重要性。乌兹别克斯坦官方对于"安集延事件"的界定凸显出了以下几点：（1）就像在吉尔吉斯斯坦发生的那样，这些"宗教极端分子和武装分子"主要是为了利用此次机会推翻政府；（2）年轻人的思想"中毒"了；（3）武装分子受到其他国家的指使；（4）抗议者错误地认为安集延民众会支持他们；（5）抗议者的总目标是推翻宪法秩序，试图建立"哈里发国"。[②] 相较于吉尔吉斯斯坦，乌兹别克斯坦的社会多元化程度较低，民众大多数接受卡里莫夫所提倡的国家主义观念。卡里莫夫为乌兹别克斯坦民众提供了稳定与秩序，因此在历次总统大选中，总能获得极高的支持率。

如下图6.5所示，吉尔吉斯斯坦、乌兹别克斯坦两国在关键节点，即应对2005年的"颜色革命"之类的事件时所采取的应对策略对后续社会运动动员产生了重要的影响。这种不同的影响经由集体行动的核心作用、制度的高密度性和运用政治权威增加权力不对称等路径，导致两国政权在关键节点上作出的选择进入正反馈过程，从而形成路径依赖，继而使得"政权—社会运动"互动模式被锁定在特定的轨道上，即吉尔吉斯斯坦反复爆发"政权导向型"社会运动而乌兹别克斯坦不再爆发"政权导向型"社会运动。

---

① Donnacha Ó Beacháin and Abel Polese, eds., *The Colour Revolutions in the Former Soviet Republics Successes and Failures*, pp. 157–158.

② Sarah Kendzior, "Poetry of Witness: Uzbek Identity and The Response to Andijon", pp. 317–334.

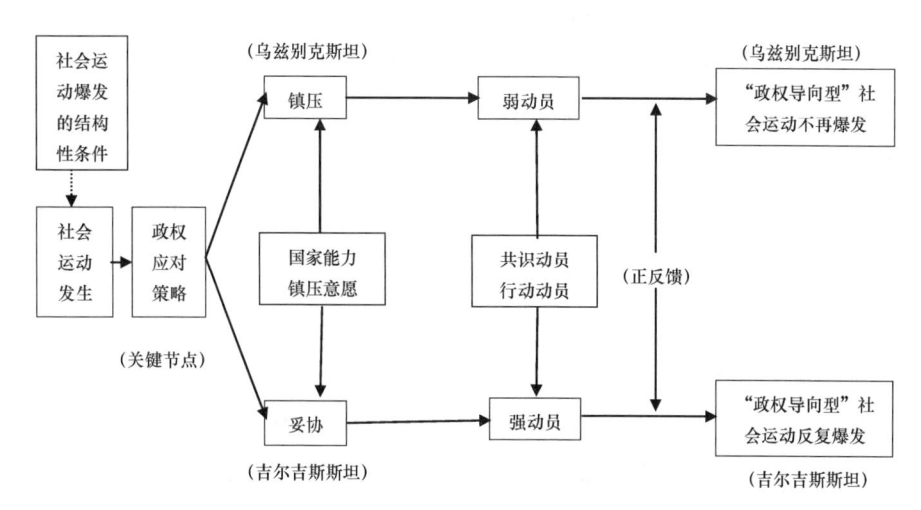

图 6.5　吉尔吉斯斯坦与乌兹别克斯坦不同路径示意

资料来源：笔者自制。

第六节　结论

本章尝试通过运用路径依赖机制，对吉尔吉斯斯坦与乌兹别克斯坦在"颜色革命"及其之后的政权与社会运动互动结果进行考察。本章认为，在应对"颜色革命"的关键节点上，受到国家能力与镇压意愿的限制，两个国家分别采取了妥协与镇压两种策略。这两种不同的策略扩大或缩小了社会运动的政治机会，使社会运动的动员过程产生了差异明显的政治结果。随着时间的流逝，两种差异通过集体行动的核心作用、制度的高密度性和运用政治权威增加权力不对称等路径产生了"正反馈"效应，形成了为不同国家的社会运动带来不同结果的路径依赖。这或许可以解释自2005年吉尔吉斯斯坦为何发生了三次政权非正常更迭而乌兹别克斯坦则有效保持了国家稳定。

需要说明的是，本章依然可能存在以下不足：首先，本章所进行的案例选择有可改进之处。本章选择了位于中亚地区的吉尔吉斯斯坦、乌兹别克斯坦两国作为案例，没有选择位于其它地区的案例进行比较，也没有选择某一国家政权更迭频繁与实现政治稳定的不同时期进行比较。这可能会被认为是一种选择偏差。事实上，无论是在"颜色革命"还是其他抗议浪潮中，我们都很难找到这样的案例。本章所得出的结论是否局限于分析吉尔吉斯斯坦、乌兹别克斯坦这两个特定的国家，学界可以在本章的基础上选取其他案例进行进一步验证；其次，本章在界定政权对社会运动的应对策略时采取了简单的"镇压"和"妥协"二分法，并没有对其他策略进行分析，也没有考虑这两种策略的交叉组合运用。事实上，如果考察两种方式的组合运用可能会得出不同的结论。同时，本章分析的是政权所采取的策略对社会运动动员过程的影响，并不意味着本章认为来自政权的镇压或妥协就是决定社会运动发生与否及其带来何种结果的唯一因素。结合其他影响因素进行研究，或许可以收获更多的启示。最后，由于乌兹别克斯坦研究资料相对匮乏，以及笔者没有掌握吉尔吉斯斯坦、乌兹别克斯坦两国的民族语言与通用语言。因而，本章对两国的研究仅限于尽可能多地参考学界已公开发表的中英文文献，这显然会在一定程度上影响本章对相关问题的把握。期待未来的研究者在此基础上针对本章的问题和观点进行修订或完善。

　　总而言之，第二部分通过对"颜色革命"这一议题进行研究，触及了中亚各国国家建设和社会转型面临的内外部环境，尤其是各国国内政治生活中的权力格局、知名人物、社会组织、制度设置、机构安排、历史记忆和抗争政治等因素。见微知著，通过"颜色革命"这一议题，我们大体能对中亚国家推进国家建设和社会转型工作的难度有所了解。而截至目前，导致吉尔吉斯斯坦等国发生"颜色革命"的政治与社会基础仍然存在，2022年1月哈萨克斯坦发生的大规模骚乱，5月塔吉克斯坦东部山区戈尔诺—卡拉巴赫自治州发生的武装冲突，7月乌兹别克斯坦卡拉卡尔帕克斯坦自治共和国发生的抗议活动，均提醒人们中亚国家依旧面临发生"颜色革命"的风险。尤其是在俄罗斯、乌克兰冲突的背景下，中亚国家面临的国家建设工作进入一个更为艰难的阶段。因此，我们当前回顾和反思"颜色革命"的发生和衰落机制，并非无的放矢，它有助于人们了解导致中亚各国政局发生动荡的深层因素，也有利于研究者对中亚地区面临的各种政治风险有充分估计。而就学术研究而言，开展对"颜色革命"的重新研究，也能带给我们许多以往容易忽视的启示或此前尚未得到充分揭示的机制。同时，它还提醒我们，在中亚研究中拓展研究议题的这种方式，是对热点问题重新进行的冷思考。

第三部分

中亚研究议题之二：地区治理

第七章　作为研究议程的中亚地区治理

第二部分集中研究了"颜色革命"这一议题，第三部分将对中亚地区治理这一议题进行讨论。对中亚地区治理及地区秩序开展深入研究，具有重要的学理意义和政策价值。从学理意义上来看，当今世界是一个"地区构成的世界"。[①] 而作为一个区域的中亚，其地区治理历程与地区秩序类型，既有普遍性也有特殊性。故构建相应的理论分析框架以解释中亚地区的治理模式及其秩序特征，不仅有助于充实中国有关推动周边和上海合作组织命运共同体构建等议题的研究，而且可能为推进中国国际关系理论的研究——如国际关系中的等级制和合法性、地区治理的类型区分和演进阶段、地区一体化的发展动力和影响因素、地区安全复合体的演进动力与机制、国际组织的理论阐释、国际制度间的复杂关系及带来的国际规范竞争、中国中亚外交的实践反思与理论总结等问题——作出些许贡献。如果学者们能在上述方面取得一定的突破，也将极大地推进中国中亚研究的学理化水平。

就政策价值而言，中国是参与中亚地区治理的重要行为体，上海合作组织的发展和"一带一路"倡议的提出，更凸现出中亚地区在中国整体外交布局中的重要地位。系统深入地梳理中亚地区治理的演进过程及中亚地区秩序的发展动力，不仅可以为总结中国中亚外交的成败得失提供一种更为广阔的视角，也有助于更为清晰地把握中国在中亚地区秩序构建中所扮演的角色；而且通过总结出中亚地区秩序演进的动力，可为中国更为有效

[①] Peter J. Katzenstein, *A World of Regions: Asia and Europe in the American Imperium*, Ithaca: Cornell University Press, 2005.

地推进"一带一路"建设在中亚地区取得进展、进一步为实现和拓展中国在中亚地区的利益与影响力提供具有一定前瞻性的政策建议。总之,中亚国家独立30年来的中亚地区治理与中亚地区秩序是一个尚未得到充分挖掘的学术命题,其研究意义和价值不应低估。

第一节　深入研究中亚地区治理的必要性及其意义

中亚地区的治理模式及由此衍生的中亚地区秩序具有鲜明的特征。最为典型的是,与国内外诸多有关对中亚地区形势作出悲观预言的观点或判断相反,中亚地区自独立以来大体保持了稳定,并未爆发国家间战争,也未出现影响各国国家或主权的灾难性事件,这或许说明了中亚地区的治理具有尚未得到充分揭示的稳定机制。[①] 不过,对于中亚国家独立以来中亚地区的地区治理历程及地区秩序的特征,国内外学术界几乎从未开展系统深入的研究。这并不是说中亚地区的形势并未得到人们的关注。恰恰相反,由于其重要的地理位置和丰富的能源资源,人们非常热切地关注和分析中亚地区的局势演变和发展动向,并由此产生了大量涉及中亚五国及区域形势的研究成果。然而,除了寥寥数篇学术论文就中亚地区治理和中亚秩序进行简要分析外,人们尚未系统、全面地梳理中亚的地区治理模式及地区秩序特征。[②]

事实上,我们可将关于中亚国家独立30年来中亚地区治理与中亚地区秩序变迁的研究打造为一个富有研究价值的学术议程。既然是研究议程,那么它无疑会包含一系列具有有机联系的研究命题或假设。具体到"中亚国家独立30年来中亚地区治理与中亚地区秩序变迁"这一议题,它首先指涉及中亚地区治理的共时性维度(dimensions),或称实质性内容,其次

[①] George Gavrilis, "Why Central Asia is More Stable than Eastern Europe: The Domestic Impact of Geopolitics", *PONARS Eurasia Policy Memo*, No. 368, July 2015.

[②] 有限的前期成果可参见张宪丽《中亚问题的系统治理:从国家、地区到全球》,《探索》2017年第6期; E. Wayne Merry, "Governance in Central Asia: National in Form, Soviet in Content", *Cambridge Review of International Affairs*, Vol. 17, No. 2, 2004, pp. 285 – 300; Philipp Lottholz, John Heathershaw, Aksana Ismailbekova, Janyl Moldalieva, Eric McGlinchey and Catherine Owen, "Governance and Order – Making in Central Asia: From Illiberalism to Post – liberalism?", *Central Asian Survey*, Vol. 39, No. 3, 2020, pp. 420 – 437.

还包含了中亚地区治理及由此形成的地区秩序的历时性变迁过程，即主要治理议题的发展演变。共时性的维度和历时性的变迁，构成中亚地区治理变迁这一研究议程两个方面的主要研究对象。用一个不是那么恰当的比喻，共时性的维度相当于中亚地区治理的"经线"，它能描述出中亚地区治理的基本轮廓；而历时性的变迁则相当于中亚地区治理的"纬线"，有助于把握中亚地区治理的发展轨迹。毋庸置疑，无论是"经线"还是"纬线"，由于观察角度的不同，在不同的人看来哪些需要提炼、线条数量的多寡均有可能产生不同意见。大体而言，对于观察维度或"经线"的判断，主要选取标准是其覆盖性或全面性；而对于研究议题或"纬线"的选取，则取决于各议题相对于中亚地区治理及其变迁的重要性，即议题对中亚地区治理的影响程度。根据上述逻辑，本章尝试性地提出了涉及中亚地区治理这一研究议程的四个维度与四个主要议题（见图7.1）。下文将分别对这两个方面的内容及为何作此选择进行简要分析。需要指出的是，这里的讨论主要是启发式而非结论式的，不同的研究者可根据自身的理解，提炼出涉及中亚地区治理的不同维度或主要研究议题。如果本章的讨论能激发学界同仁对中亚地区治理及其变迁开展深入的研究，那么即便本章的观点有失准确或全面，这里的讨论依旧是有其价值的。

第二节 考察中亚地区治理变迁需要重点关注的四个维度

顾名思义，中亚地区治理及其变迁，是指作为一个区域而存在的中亚，其整体治理状况及其变化情况。这种界定，首先需要明确的是其研究对象是指作为整个中亚地区的治理，而不是特定中亚甚至全部中亚国家的治理状态。因为作为一个整体的中亚及其治理状况，并不等同于五个中亚国家治理的简单叠加，地区治理与国家治理之间属于两个不同的治理层次。其次，对中亚治理状况30年来变迁过程的考察，顺应了国际学术界对地区在世界政治中所具有的重要意义的强调。[1] 在一个由地区构成的世界

---

[1] Andrew Hurrell, "One World? Many Worlds? The Place of Regions in the Study of International Society", *International Affairs*, Vol. 83, No. 1, 2007, pp. 127–146.

议题

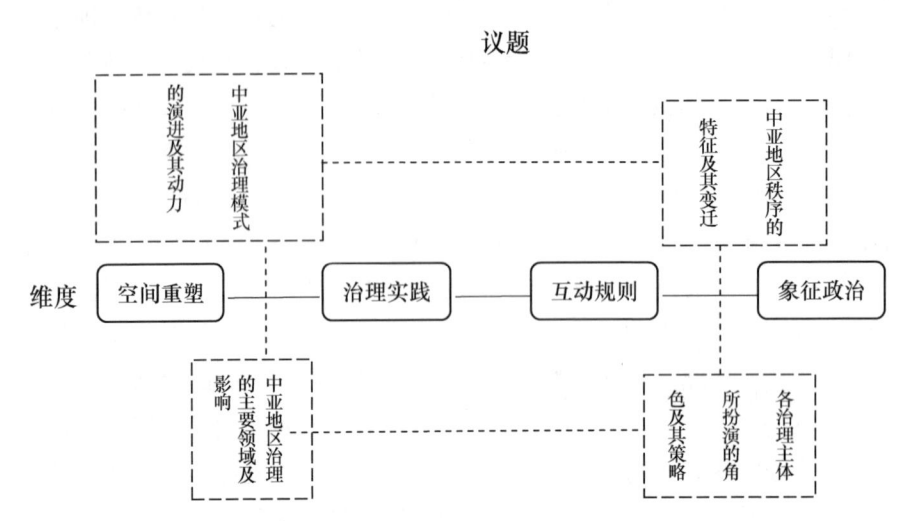

```
┌─────────────┐                                      ┌─────────────┐
│中亚地区治理模式 │                                      │中亚地区秩序的 │
│的演进及其动力 │                                      │特征及其变迁  │
└──────┬──────┘                                      └──────┬──────┘
       ┊                                                    ┊
维度 ┌──────┐     ┌──────┐     ┌──────┐     ┌──────┐
     │空间重塑│─────│治理实践│─────│互动规则│─────│象征政治│
     └──────┘     └──────┘     └──────┘     └──────┘
       ┊                                                    ┊
┌─────────────┐                                      ┌─────────────┐
│中亚地区治理  │                                      │各治理主体    │
│的主要领域及  │                                      │所扮演的角    │
│影响         │                                      │色及其策略    │
└─────────────┘                                      └─────────────┘
```

图 7.1　"中亚地区治理及其变迁"研究议程涉及的主要研究内容

资料来源：笔者自制。

中，世界各地区的发展状态，尤其是区域内部治理的演进进程，极大地改变了世界政治的构成甚至发展动力。20 世纪 90 年代以来地区一体化与经济全球化两种进程并行不悖、相辅相成，均是塑造世界秩序及其演进方向的重要力量。新冠疫情的来临与西方民粹主义情绪的兴起，催生了质疑全球化的浪潮，见证了"逆全球化"或"反全球化"力量的兴起，而西方在抗疫方面的糟糕表现，也暴露了自冷战后新自由主义世界秩序的衰落以及美国霸权所遭遇的挑战。① 在此背景下，为了减缓全球化带来的各种风险（如疾病跨国传播、产业链或供应链中断等）给各国经济发展和社会稳定等带来的冲击，各国都有意在一定程度上退出全球化，同时尽可能地推动经济发展在地区层面的协同治理，因为地理上的邻近有助于弥补退出全球化带来的负面影响。就此而言，后新冠疫情时代可能会见证新一波地区一体化浪潮的勃兴。② 至少在中亚地区，自乌兹别克斯坦新总统米尔济约耶

---

① G. John Ikenberry, "Why the Liberal World Order Will Survive", *Ethics & International Affairs*, Vol. 32, No. 1, 2018, pp. 17 – 29; Michael Barnett, "COVID – 19 and the Sacrificial International Order", *International Organization*, Vol. 74, No. 1, 2020, pp. 128 – 147.

② 周太东：《新冠肺炎疫情大流行与全球化的未来》，《海外投资与出口信贷》2020 年第 5 期。

夫上台以来所推动的中亚重新一体化走势，有可能在新冠疫情之后获得新的发展动力。① 最后，关于中亚五国是否构成一个相对独立或自足的区域，国内外学术界存在着不同看法。广义的"中亚观"认为中亚还应包括阿富汗、中国新疆、蒙古国等区域，而狭义的"中亚观"认为中亚五国即构成中亚。本章持狭义的中亚观。② 这不仅是因为将中亚五国视为中亚目前在很大程度上已经约定俗成，最重要的是，研究者们发现，国际关系中的区域具有重要的建构性特征，当人们认为基于某些共享的特征识别出某个区域且这种认知得到人们的普遍接受时，该区域的范围大体也就成为了人们的共识。③ 在对本章的研究对象做了上述界定之后，我们可以对考察30年来中亚地区治理变迁需要注意的几个关键维度进行简要说明。

所谓地区治理，其实质是各种治理主体在特定区域空间范围内为建立一种具有可预测性的地区秩序而遵循一定的规则、针对相应的地区议题所展开的实质性地区互动，以及具有显著政治意义的相应实践。④ 显而易见，在一个特定地区的治理过程中，无论是治理主体、治理议题，还是治理规则、治理实践，不仅复杂多样，而且始终处于流变过程之中。在此背景下，要对一个地区的治理状况及其长时段的变迁过程进行深入考察，需要注意到地区治理变迁涉及的几个核心维度或面向。有学者通过总结国际关系理论研究中有关地区形成或地区合作的研究成果后指出，国际关系中的地区根据以下四个支柱得以识别：意识形态现状、制度化程度、域外行为体自外而内推动的规范、域内域外行为体贸易的实践。⑤ 上述四个支柱中

---

① 周明：《乌兹别克斯坦新政府与中亚地区一体化》，《俄罗斯研究》2018年第3期。

② 袁剑：《寻找"世界岛"：近代中国中亚认知的生成与流变》，社会科学文献出版社2020年版。

③ Amitav Acharya, "The Emerging Regional Architecture of World Politics", World Politics, Vol. 59, No. 4, 2007, pp. 629 – 652.

④ Mohammed Ayoob, "From Regional System to Regional Society: Exploring Key Variables in the Construction of Regional Order", Australian Journal of International Affairs, Vol. 53, No. 3, pp. 247 – 260; Douglas Lemke, Regions of War and Peace, New York: Cambridge University Press, 2002; T. V. Paul, eds., International Relations Theory and Regional Transformation, New York: Cambridge University Press, 2012.

⑤ Nicola P. Contessi, "Central Asia in Asia: Charting Growing Trans – regional Linkages", Journal of Eurasian Studies, Vol. 7, No. 1, 2016, p. 8.

的意识形态维持与规范扩散涉及的均是象征政治,而贸易实践仅仅涉及地区治理的一个侧面。然而,这种划分未充分注意治理主体在安全、气候、资源、人口等领域的互动,与此同时又未将国际关系研究中地区治理内在包含的空间划分或变动作为核心考虑内容。鉴于此,本章认为,构成地区治理实践的核心内容为空间重塑、治理实践、互动规则、象征政治四个维度。这四个维度之间具有明显的内在联系,即行为体之间的互动遵循一定的规则,无论这些规则是明示的亦或默认的,有规则的互动使这些互动同时具有实质性与象征性,它们在特定的空间内上演同时又重塑了地区及其空间。下文将对地区治理研究涉及的这四个关键维度进行简要的说明。

(一) 空间重塑

地区治理首先涉及该地区空间意义的变迁与重塑。在人们的传统理解中,区域研究中的区域,是"地球表面的特定区域,居住其上的人口其文化既有充分的同质性(sufficiently homogenous)和独特性,足以构成一个具体民族志研究(ethnological studies)的目标,同时也能够显著地揭示出足够的内部差异(sufficient local)面向,以致对内部差异开展比较是值当的"。[①] 不过,传统意义上的区域问题研究,往往从地理学的角度入手,将空间视为"容器",各种行为体在特定地区内进行机械式的互动,而当前的区域研究,更多地强调空间的建构性和语义性特征,突出空间在人们心目中的意义、其提供的实践可能及其限度。根据区域研究中对空间的这种理解,人们可以根据研究议题的需要,从地方、跨地方、区域、跨区域、国家、跨国家甚至全球等多个层面切入,对特定地区治理带来的空间想象及其变迁过程进行考察。具体到中亚地区治理所涉及的空间及其变迁的研究,需要注意两个方面的内涵:其一是特定地区的地理位置、空间方位、自然环境、资源禀赋等具有更多客观性的因素;其二是人们对特定地区在世界政治中重要性的认知,以及基于这种认知围绕特定地区所产生的意象,这些方面的内容具有更多的主观性与建构性。在一定程度上,地区治

---

① Josselin de Jong, J. D., *De Maleische Archipel als ethnologisch studieveld*, Leiden: J. Ginsberg, 1935, pp. xx – xxii, Quoted from Christoph Antweiler, "Area Studies @ Southeast Asia: Alternative Areas versus Alternatives to Areas", in Katja Mielke and Anna‐Katharina Hornidge, eds., *Area Studies at the Crossroads: Knowledge Production after the Mobility Turn*, p. 68.

理在空间维度上涉及以上两个方面的因素，前者属于自然地理学的分析范畴，而后者则具有浓郁的人文地理学，尤其是地缘政治学的意蕴。

就中亚地区治理而言，对中亚地区作为欧亚大陆"十字路口"、资源丰富地区、双重内陆地区等的定位属于具有更多客观内涵的空间维度。中亚地区治理的发生、发展与演变，离不开这一空间的自然地理环境提供的机会和构成的限制，尤其是后者，给有意参与地区治理的主体带来了不少障碍。如中亚地理环境的封闭性，在科学技术仍然比较落后的时代，限制了域外行为体进入该地区的能力，也影响他们参与该地区事务的积极性与达成目标的可能性。加之中亚国家独立之前苏联对该地区的控制，事实上排除了其他行为体介入该地区的可能。只有在中亚国家独立、该地区得以开放以后，域外行为体才会获得参与中亚事务治理的机会，才会了解该地区自然环境所带来的机遇与挑战。[1] 不过，相对于自然地理环境，对于地区治理影响更大的，仍是中亚空间所衍生的地缘政治意义。传统上，人们给中亚地区赋予了重要的政治价值。如传统地缘政治学者将中亚地区视为欧亚大陆的"心脏地带"，涉及世界陆权与海权的争夺，进而认为对该地区的掌控攸关世界霸权确立的成败。[2] 正是基于对中亚地区所具有的地缘政治意义认知的变迁，才带来了中亚域内外行为体行动的变化，而治理主体之间关系的变化及各类实践的展开，又改变了它们对该地区地缘政治意义的认知，进而带来了中亚地区在世界政治中地缘政治价值的变迁。[3] 中亚国家独立30年来，该地区客观自然环境的改造及其在世界政治中地缘政治意义的变化，是中亚地区治理发生的重要背景，也是其客观结果。这也是考察中亚地区治理需要注意的第一个重要维度。

（二）治理实践

考察中亚地区治理变迁的第二个维度是治理主体之间的实践及其互动。归根结底，地区治理变迁的根本动力，在于各治理主体的实践及彼此

---

[1] 杨恕：《中亚的地缘政治——历史和现实》，《中国边疆史地研究》2003年第3期。

[2] Nick Megoran, "Mackinder's 'Heartland': A Help or Hindrance in Understanding Central Asia's International Relations?", *Central Asia and the Caucasus*, Vol. 34, No. 4, 2005, pp. 8–24.

[3] 初步讨论可参见 Yelena Nikolayevna Zabortseva, "From the 'Forgotten Region' to the 'Great Game' Region: On the Development of Geopolitics in Central Asia", *Journal of Eurasian Studies*, Vol. 3, No. 2, 2012, pp. 168–176.

间的互动。从地区研究内容的角度而言，区域研究的核心内容不过是对特定区域人群生活世界的研究："一个'区域'不过是一个跨学科的集体体验单位，该单位能通过在经济、社会、政治、宗教及其他生活领域的复杂互动而得到识别"。① 在特定区域的治理中，治理主体包括该地区内的各主权国家、积极参与该地区事务的域外行为体，以及域内域外各种非国家行为体，包括政府间国际组织、国际非政府组织、公民社会、非政府组织，以及这些行为体之间的互动。而就涉及的领域而言，则包括政治、经济、社会、文化、安全等。大体而言，积极参与中亚地区治理的行为主体既有中亚五个主权国家（哈萨克斯坦、吉尔吉斯斯坦、乌兹别克斯坦、塔吉克斯坦与土库曼斯坦），也包括那些努力在中亚地区积极拓展影响力的域外行为体（如俄罗斯、中国、美国、德国、土耳其、伊朗、印度、日本、土耳其、韩国等），还包括各类政府间国际组织（如联合国、欧盟、独联体、集体安全条约组织、上海合作组织、北约、欧安组织、伊斯兰会议组织、亚信等）与国际非政府组织（"人权观察""大赦国际""透明国际"等），甚至还包括许多次国家非政府组织（如各类恐怖或激进组织、毒品走私集团、公民社会团体等）。如此繁多的行为体在参与中亚事务的过程中存在着或合作或竞争的关系，有时甚至进行激烈的斗争，这些进程共同形塑了中亚地区治理的面貌、影响不同行为体对自身政治目标的追求，进而导致中亚地区秩序也呈现出相应的特征。

在对中亚地区治理第二个维度进行考察时，需要特别注意对其中本地治理主体——中亚国家及其民众——的研究。治理主体的繁多、治理领域的庞杂、治理实践的丰富、治理关系的多样，很容易导致人们在研究地区治理的过程中出现失焦和偏狭的现象。关于此维度，至少需要注意回避三个方面的可能陷阱。其一，既然是攸关地区治理的实践，那么其研究对象虽然不可避免地涉及中亚五国的国家治理，但不能与之等同。换言之，不是所有的中亚五国治理实践均属于地区治理的范畴，只有那些具有地区性意义或者涉及两个及以上中亚国家的治理活动才能纳入地区治理的研究之中，如中亚国家之间的边界划分、经贸活动、水资源分配、打击"三股势

---

① Benjamin I. Schwartz, "Presidential Address: Area Studies as a Critical Discipline", *Journal of Asian Studies*, Vol. 40, No. 1, 1980, p. 15.

力"、组建地区合作组织等。其二，在中亚区域治理实践中，当前最受人们关注、成果最为丰富的无疑是大国在中亚地区的参与情况，尤其是涉及域外大国在中亚地区以竞争与合作为主要研究内容的"新大博弈"话语。毫无疑问，大国的确是影响中亚地区治理成效和地区秩序类型的重要推动力量，某些大国甚至能影响中亚地区治理的发展方向。正因如此，在分析中亚地区的治理历程时，需要避免忽视另一类治理主体——中亚国家——的能动性。事实上，"新大博弈"话语的广泛流传，客观上造成了一种中亚国家面对域外大国参与中亚事务时只是被动予以应对的印象，即低估甚至忽视了中亚国家的能动性，这也是导致"新大博弈"话语在当前饱受诟病的重要原因。换言之，要对中亚地区治理的状况与发展动力形成较为全面和准确的理解，迫切需要的是深入研究中亚国家在中亚地区治理中所扮演的重要角色。其三，如果说区域研究的对象归根结底是特定区域民众的生活世界，那么，普通民众在中亚地区秩序形成中的意义同样需要纳入地区治理的研究中来。当这一提示结合上述第一、第二点联合起来考虑时，其启示在于普通民众的能动性同样是塑造地区秩序的重要力量，不过，地区治理关注的是普通民众那些跨越国家的实践活动，如两个及多个中亚国家未划定边境区域的民众跨界活动（如费尔干纳盆地）、中亚国家内部的人口迁移与跨国经商活动、犯罪组织跨越国界甚至跨地区的非法活动（如"三股势力"与跨国毒品走私等）、国际学生的留学与受教育经历等。普通民众在中亚地区治理中所具有的意义目前逐渐得到了国际学术界的关注，不过其中涉及的诸多重大问题，如这类实践活动对于中亚国家间关系、地区秩序形成，及其与大国互动的关系等，还有待于开展更多更深入的研究予以揭示。[①] 总而言之，中亚地区治理中治理主体的实践及彼此间的关系，是塑造特定地区空间的主要动力，也是地区治理的主要内容和载体。

---

① 已有一些初步的研究，可参见 Nick Megoran: "The Critical Geopolitics of the Uzbekistan – Kyrgyzstan Ferghana ValleyBoundary Dispute, 1999—2000", *Political Geography*, Vol. 23, No. 6, 2004, pp. 731 – 764; Nick Megoran, "Rethinking the Study of International Boundaries: A Biography of the Kyrgyzstan – Uzbekistan Boundary", *Annals of the Association of American Geographers*, Vol. 102, No. 2, 2012, pp. 464 – 481.

(三) 互动规则

地区治理需要重点关注的第三个维度是治理主体在实践和互动中所遵守的规则。规则之所以重要，是因为它们很大程度上决定了地区治理的类型和地区秩序的面貌。中亚国家独立正值冷战结束之时，西方在冷战中的胜利，给西方带来了新自由主义意识形态将会拓展到全世界的错觉。"历史终结论"之类的话语，反映的就是西方对自身价值观和国际规范的狂喜。[1] 而就体系文化而言，尊重国家之间的主权、允许国家之间共存的洛克文化，成为当时国际社会的主导性体系文化。[2] 在此背景下开始的中亚地区治理进程，无论是中亚国家，还是域外大国，在参与中亚地区事务时，一致认可的规则是尊重中亚国家的主权和领土完整。然而，除此之外，中亚国家之间以及域外大国似乎很少就如何推进中亚地区的繁荣和稳定达成更多更广泛的共识。这一点，可以从中亚国家及域外大国参与组建或推动的国际组织或国际制度中得到鲜明的体现。众所周知，国际机制在很大程度上是制度化的国际规则，而且这些规则往往是明示的，而参与特定的国际机制，往往意味着对这些规则的接受和遵守。至少在中亚地区，几乎不存在涵盖所有中亚地区治理主体的国际机制。如美国与欧盟在参与中亚事务的过程中看重的是北约"和平伙伴关系计划"、欧安组织和欧盟；俄罗斯重视的是独联体、集体安全条约组织、欧亚经济共同体以及2015年启动的欧亚经济联盟；中国倚重的是上海合作组织以及"一带一路"倡议；日本、韩国和土耳其同样关注各自出台的合作组织或倡议。至于中亚国家，除了2018年以来重新开始的中亚五国元首峰会之外，五国之间并未建立专门的地区合作机制。换言之，中亚地区存在严重的"机制冗余"或"机制拥堵"现象，[3] 但缺乏一个涵盖各治理主体，尤其是主要域外大国的

---

[1] [美] 弗朗西斯·福山：《历史的终结与最后的人》，陈高华译，广西师范大学出版社2014年版。

[2] [美] 亚历山大·温特：《国际政治的社会理论》，秦亚青译，上海人民出版社2014年版。

[3] 毕世鸿：《机制拥堵还是大国协调——区域外大国与湄公河地区开发合作》，《国际安全研究》2013年第2期；Laure Delcour, "Between the Eastern Partnership and Eurasian Integration: Explaining Post‑Soviet Countries' Engagement in (Competing) Region‑Building Projects", *Problems of Post‑Communism*, 2015, Vol. 62, No. 6, pp. 316–327.

地区合作机制。这从一个侧面说明了中亚地区治理中行为体互动规则的稀薄。① 更严重的是，主要的域外大国不仅未能在参与中亚事务的过程中进行有效的协调，反而是各自强调自身机制的合法性和效率性，贬损其他大国主导的地区机制的合法性。治理主体之间这种相互竞争和互相排斥的关系，客观上带来了中亚地区治理规则的松散和破碎化，进而影响地区治理的成效。

不过，需要注意的是，各治理主体虽然在实践中坚持共享规则较少，但这并不意味着它们之间的互动不具备必要的默契或非正式规则。恰恰相反，约束各治理主体之间互动和关系的正式规则的稀缺，客观上导致各主体在参与中亚地区治理的过程中不得不有所克制，从而在不经意间为彼此互动确认了一些默认的规则，或称"潜规则"。② 以中俄美在中亚地区的互动为例，尽管人们习惯以"新大博弈"的方式强调三个大国之间的竞争关系，但实际上它们在参与中亚事务的过程中已摸索出并遵循着必要的非正式规则。如三个大国虽然均在为拓展在中亚地区的影响力展开角逐，但除特别罕见的时刻外，他们一般避免明确将排斥其他大国在中亚地区的合理利益和影响力作为自身中亚政策的目标。③ 比较典型的是，考虑中亚国家与俄罗斯之间特殊的历史联系，以及俄罗斯在中亚地区享有其他大国所不具有的特殊利益和影响力，无论是美国还是中国，不管是有意还是无意，均会避免直接挑战俄罗斯在中亚地区的特殊地位。比如"9·11"事件发生后，美国为在阿富汗开展打击"基地"组织和塔利班的军事行动而积极寻求在中亚地区驻军的权利，在此过程中，据悉美国与俄罗斯进行了必要的沟通，以寻求俄罗斯对其行动的谅解。④ 此外，在中亚国家内部发生可能影响地区稳定的突发事件时，无论是1992—1997年的塔吉克斯坦内战，

---

① 可参见周明《影响中亚地区一体化的主要因素探析》，《国际问题研究》2016年第3期；U. lugbek Azizov, "Regional Integration in Central Asia: From Knowing – that to Knowing – how", *Journal of Eurasian Studies*, Vol. 8, No. 2, 2017, pp. 123 – 135.

② 林民旺：《国际安全合作中的潜规则：一项研究议程》，《世界经济与政治》2013年第8期。

③ 美国2020年公布的新中亚战略打破了这一"潜规则"，因为该战略明确将中俄视为中亚地区的"邪恶势力"。可参见曾向红《美国新中亚战略评析》，《国际问题研究》2020年第2期。

④ Christian Thorun, *Explaining Change in Russian Policy: The Role of Ideas in Post – Soviet Russia's Conduct Towards the West*, New York: Palgrave Macmillan, 2009, pp. 117 – 118.

还是吉尔吉斯斯坦在 2005、2010 和 2020 年出现的政权非正常更迭事件，美国也未像在世界其他地区一样进行鲁莽的干涉，而是将平息事态的责任留给俄罗斯去承担。尽管并未明言，美国依旧有意无意地承认了俄罗斯在中亚地区的权力优势地位及具有维护地区稳定的特殊责任。至于中国，在参与中亚这一属于中俄共同周边地区的事务时，中国谨慎而持久地表达了对俄罗斯在中亚地区特殊地位的尊重，从而保障了双方在中亚地区逐渐形成了一种尊重—合作的互动模式，进而为双方新时代全面战略协作伙伴关系的形成奠定了重要基础。① 大国在参与中亚地区形成的此类非正式规则，其产生过程与影响需要做进一步的挖掘。除此之外，同样作为治理主体的中亚国家及其民众，是如何超越西方新自由主义有关地区治理、构建和平、组织秩序的原则性规定的，同样需要通过细致的研究予以澄清。② 对中亚地区治理主体在实践和互动中所恪守或构建规则的梳理，不仅有助于说明国际关系中正式规则与非正式规则之间的复杂关系，更有助于揭示中亚地区秩序形成的机制与路径。

（四）象征政治

中亚地区治理变迁涉及的最后一个重要维度，是地区治理涉及的象征意义或价值。地区治理的这一维度至关重要，也是经常被忽视的内容。实际上，无论是地域空间的塑造与重构、治理实践的展开，还是实践或互动规则的遵守与重塑，均不可避免地涉及象征或符号的生产、流转、传播、竞争、改造、修正、转型、接受、内化等。象征主要通过活动场景、话语、文本、图像等载体体现出来，它们既反映了人们对世界的认知，也在实践中得到再现或改造。在地区治理实践中，象征符号随处可见，它们承载着治理主体对于地区重要性的认知和对形势变化的感知和偏好、行动的动机和愿望、情感的类型与烈度、权力的争夺与妥协等意义。③ 通过象征

---

① 可参见孙壮志《多边框架内的中俄战略协作：问题与前景》，《东北亚论坛》2021 年第 5 期。

② 初步讨论可参见 Philipp Lottholz, et. al., "Governance and Order – Making in Central Asia: From Illiberalism to Post – liberalism?", *Central Asian Survey*, Vol. 39, No. 3, 2020, pp. 420 – 437; Anna Kreikemeyer, "Studying Peace in and with Central Eurasia: Starting from Local and Trans – Local Perspectives", *Journal of Intervention and Statebuilding*, Vol. 14, No. 4, 2020, pp. 465 – 482.

③ Barry O. Neil, *Honor, Symbols and War*, Michigan: The University of Michigan Press, 1999.

符号，地区治理的行为体围绕一个特定的地区构建或描绘了一个对于行为体具有政治或社会意义的行动场域，各行为体依据自身所具有的政治（权力）、经济（财富）、文化（软实力）等资本展开复杂的互动，从而在该场域内构建起相应的秩序。① 如果说将地区治理类比于各治理主体构成的场域具有可行性和适切性的话，那么，地区治理及其变迁过程则密切关联着各治理主体围绕中亚地区所生产的话语体系或历史记忆，以及对象征性价值（如地位、承认、荣誉、声望等方面）的追求。无论是话语体系还是象征性价值，虽然无法完全与行为体追求的物质利益相区隔，但它们在国际关系中具有相对独立的意义，这意味着地理治理中的象征政治是考察其变迁时不可或缺的一个重要维度，而且直接作用于地区治理实践带来的地区秩序。

从象征政治的角度观察中亚地区治理，其最显著的意义在于可以发现各治理主体除了追求各种物质性收益外，还极为重视动员各种资本以追求象征性价值。不过，由于不同类型的治理主体所拥有的资本种类（如政治资本、经济资本、文化资本、象征资本）尤其是数量存在多寡之别，及其与该地区的历史联系有异，故不同治理主体具体追求的象征性价值有所不同。如俄罗斯在中亚地区享有权力优势且与该地区存在千丝万缕的联系，故其在中亚的地区治理中追求地区霸权角色；而美国尽管在体系层面上是一个霸权国家，但其与中亚地区历史联系的薄弱及推崇的治理模式与中亚国家的偏好存在一定差距，故美国自知短期内无法确立在中亚地区的霸权地位，故更多地追求自身影响力的扩大，并争取塑造中亚国家的发展方向和地缘政治取向——这意味着美国致力于重塑中亚地区的地缘政治空间。至于中国，并无意在中亚地区追求霸权地位或势力范围，期待的是通过积极参与中亚事务，推进上海合作组织的发展和"一带一路"倡议的实施，进而实现双方互利共赢，同时改善中国在中亚地区的形象和提高中国的国际地位。至于作为中亚地区治理主体的中亚国家，尽管他们在资本拥有量方面无法与主要的域外大国相匹敌，但他们同样渴望获得国际社会的尊

---

① 这里借鉴了布尔迪厄的场域社会学理论，将地区治理类比为一个互动场域。关于布尔迪厄的场域理论，可参见［法］皮埃尔·布尔迪厄：《实践理性：关于行为的理论》，谭立德译，生活·读书·新知三联书店2007年版；［法］皮埃尔·布尔迪厄：《文化资本与社会炼金术》，包亚明译，上海人民出版社1997年版，等。

重,期待本国享有良好的国际声誉。无论是哈萨克斯坦积极在海外开展的形象展示或抗争活动,还是乌兹别克斯坦在"安集延事件"后反击西方的蔑视,亦或中亚国家对域外行为体将各国与阿富汗视为同类国家的不满,均展示了中亚国家对尊重、声誉等象征性价值的追求。① 除了属于主权国家的治理主体,非国家主体与象征政治之间的关系稍显复杂。至少就中亚地区内部的非主权行为体而言,他们往往挣扎在生存的边缘,整体而言,他们更多地受到"为生存而斗争"逻辑的驱动,其治理实践较少受到"为承认而斗争"逻辑的左右。② 无论如何,象征政治构成了中亚地区治理的重要维度,它有助于衔接其地区治理研究的其他三个维度——空间重构、治理实践和互动规则,并共同形塑了地区治理的秩序类型。

以上就涉及中亚地区治理过程中及对这一议题进行研究时需要着重予以注意的几个维度进行了简要梳理。这四个维度之间具有一定的内在联系。如果将中亚地区治理及其变迁视为一个治理主体之间的场域,那么中亚作为一个地区,则既是治理场域的活动空间,也是各类治理活动的发生场所;各治理主体根据自身所拥有的资源在中亚地区开展的治理实践,则构成塑造与重塑场域空间的力量,也是影响场域治理成效与发展动向的主要动力;而规则则设置了各主体参与地区治理的条件,在限制它们行动的同时也指明了相应的行动方向;至于场域的象征意义,则涵盖了治理主体在参与地区治理时所创造的话语体系、情感认知、历史记忆等内容,这是前三个维度难以触及的。尽管地区治理中的象征政治与前三个维度息息相关,但鉴于象征资本在场域互动中的重要意义,在地区治理及变迁的研究中有必要对其进行单独研究。总而言之,从空间、实践、规则和象征四个方面对特定区域的治理状况及其演变开展深入考察,大体能勾勒出特定地区治理的大致轮廓和基本治理模式以及由此衍生的地区秩序类型。当然,除了以上四个维度,地区治理涉及的内容远不止上述内容。故为了对一个地区长时段治理模式及其发展演变的考察形成较为简洁、清晰的图景,有必要先行描绘其"骨架",然后才有可能填充其"血肉"。下一步对中亚地

---

① 更详细的讨论可参见曾向红《国际关系中的蔑视与反抗——国家身份类型与承认斗争策略》,《世界经济与政治》2015 年第 5 期。

② 对这两种逻辑的区分,可参见 [德] 阿克塞尔·霍耐特《为承认而斗争》,胡继华译,上海人民出版社 2005 年版。

区治理研究中所涉及的主要研究议题的整理，在很大程度上即是"填充血肉"之举。

第三节 中亚地区治理变迁研究涉及的四个主要研究议题

显而易见，如要将30年来中亚地区治理及其变迁打造为一个得到学术界认可且能产出兼具学理意义和政策价值的研究议程，仅仅关注其涉及的主要面向或维度是不够的，还需要补充其主要的研究议题。在一定程度上，中亚地区治理的四个维度相当于该研究议程的横切面或"经线"，而主要议题则相当脉络或"纬线"，只有两者一起才能编织起关于中亚地区治理及其变迁的研究之网。根据此治理议题对中亚地区治理发展演变和对地区秩序形成所产生的影响这一标准，我们需要注意以下四个方面的议题：中亚地区治理模式的演进及其动力；中亚地区秩序的特征及其变迁；中亚地区治理的主要议题及对地区秩序形成和维持的影响；各治理主体在中亚地区秩序形成中所扮演的角色及其策略。下文将对这四个主要研究议题的基本研究内容进行简要讨论。

（一）中亚地区治理模式的演进及其动力

对中亚地区类型的演变过程及其动力进行深入研究，是考察中亚地区治理及其变迁的题中应有之意。通过回顾中亚地区30年的治理历程可以发现，该地区的治理模式大致经历了从"霸权治理"到"关系治理"的发展过程。中亚国家独立初期，由于俄罗斯在中亚地区具有其他行为体难以匹敌的强大影响力，故俄罗斯在该地区扮演了一种地区霸权的角色，其举动极大地影响了中亚地区局势的走向与地区治理的基本状况。不过，俄罗斯对中亚地区的关注和投入力度屡经变迁，这既与俄罗斯自身的整体外交战略调整有关，也与俄罗斯对中亚地区在其外交政策中地位的认知变化有关。如中亚国家独立之初，俄罗斯奉行亲西方的外交政策，同时将中亚地区视为俄罗斯的"包袱"，故当时俄罗斯在很大程度上采取了忽视中亚地区甚至疏远中亚国家的外交政策。不过，自1996年普里马科夫接替科济列夫担任俄罗斯外交部长之后至今，俄罗斯始终重视包括中亚在内的"近邻"地区在俄罗斯外交战略中的地位，并将维护和巩固在这些地区的主导地位视为俄罗斯重新成为世界性大国的前提和基础。① 尽管迄今为止俄罗斯在中亚地区仍享有相对于其他治理主体而言的相对优势地位，不过，由于其他域外大国通过积极参与中亚事务以扩大在中亚地区的影响，故俄罗斯在中亚地区治理中的角色有所衰落，以致有学者认为俄罗斯是一个"谈判性的霸权（Negotiated Hegemony）"，即其霸权角色需要与其他治理主体，尤其是中亚五国反复进行博弈和谈判才能得到确认或承认。② 换言之，如果说中亚国家独立之初，中亚地区具有很大程度上的霸权治理的特征，那么，时隔30年后，霸权治理已经很难准确地概括中亚地区的治理模式了。

事实上，当前中亚地区治理具有很大程度上的"关系治理"特征。关系治理是与规则治理相对应的。前者强调的是关系的稳定和和谐，而后者强调的是对规则的遵守和相关行为体利益的实现。③ 根据这种治理模式的区分，霸权治理在一定程度上也属于规则治理的范畴，因为霸权国家在地区治理所扮演的强势角色，使参与地区治理的其他行为体不得不遵循霸权国家所确立的治理规则或游戏规则。然而，在中亚国家独立30年之后，由于诸多行为体积极地介入中亚事务，尤其是其他域外大国，如美国、中国、欧盟、日本、土耳其等均扩大了其在中亚地区的影响，故"谈判性霸权"俄罗斯在中亚地区治理中所具有的地位不可避免地受到一定程度的冲击，这也是俄罗斯不得不接受其霸权地位不断经由"谈判"或妥协才能得以确立的重要原因。地位受到冲击的俄罗斯，目前已经很难在中亚地区治理中强制性地贯彻符合自身偏好的治理规则或游戏规则，故再使用霸权治理来描述中亚地区治理的类型很难对其进行准确的描述。此外，经过30年的变迁，参与中亚地区治理主体的繁多和治理领域的庞杂，很难再以简单的规则实现对整个地区的治理。这种复杂性也体现在治理主体的主观认知上。各治理主体均意识到在参与中亚地区治理的过程中自身目标很难独自

---

① 有关俄罗斯在中亚地区政策的演变，可参见柳丰华《俄罗斯与中亚：独联体次地区一体化研究》，经济管理出版社2010年版；顾炜《双重机构与俄罗斯的地区一体化政策》，社会科学文献出版社2020年版。

② 参见 Filippo Costa Buranelli, "Spheres of Influence as Negotiated Hegemony – The Case of Central Asia", Geopolitics, Vol. 23, No. 2, 2018, pp. 378–403.

③ 更详细的讨论可参见秦亚青《关系与过程：中国国际关系理论的文化建构》，上海人民出版社2012年版。

实现，而是有赖于平衡好与其他行为体之间的关系。大国在参与中亚地区事务时，在不经意间会尊重或恪守许多非正式规则，这也是中亚地区治理呈现出越来越浓厚的"关系治理"特征的具体体现。对中亚地区治理模式的区分、演变和动力的深入考察，无疑是充实中亚地区治理变迁这一研究议程必须完成的核心议题。

（二）中亚地区秩序的特征及其变迁

正如中亚地区治理模式会发生变迁一样，地区治理实践带来的地区秩序类型也会发生变化。通过简要回顾中亚地区的秩序变化过程可以发现，该地区秩序大致经过了从中亚各国独立之初的"无政府状态"到"套娃秩序"的发展过程。中亚国家独立之初，俄罗斯虽扮演了"地区霸权"国的角色，但由于其在苏联解体之初奉行亲西方政策以及能力急剧衰退，俄罗斯在该地区很大程度上扮演了一种"不情愿的霸权"或"不完全的霸权"角色，由此导致中亚地区秩序具有一定的无政府状态特征。有学者甚至认为使用"稳定的外部、脆弱的内部"之类的词汇来形容包括中亚地区的秩序状态。[1] 这种描述虽然夸大了中亚地区的脆弱与失序程度，但它的确有助于说明中亚国家建国初期所经历的迷惘状态。当然，不是说以美国为首的西方国家无意将体系层面的新自由主义世界秩序推广到中亚地区，恰恰相反，美国自中亚国家独立伊始就致力于在该地区推广西方自由、民主、人权、市场经济等价值观念，试图以此来塑造中亚国家的政治发展方向和地缘政治取向，甚至表达了对以非正常方式颠覆后苏联国家政权的"颜色革命"的支持。然而，受地区霸权国俄罗斯的牵制，中亚国家对西方的价值观念日益抵触，导致西方在中亚地区扩散自由主义国际秩序的努力成效不彰。[2] 由于俄罗斯无力在中亚地区确定起一种纯粹等级制的秩序模型，西方国家在中亚地区贯彻自由主义秩序模型同样力不从心，从而导致中亚国家无法像东南亚国家一样，通过组建由其主导的地区合作机制，推动大

---

[1] Emilian Kavalski, *Stable Outside, Fragile Inside?: Post-Soviet Statehood in Central Asia*, Burlington, Vt.: Ashgate, 2010.

[2] 总结性的回顾和讨论，参见 Alexander Cooley, "Ordering Eurasia: The Rise and Decline of Liberal Internationalism in the Post-Communist Space", *Security Studies*, Vol. 28, No. 3, 2019, pp. 588–613.

国尊重地区各国的选择、附和甚至追随小国提出的议程,从而形成一种"小马拉大车"式的秩序类型。①

大体可以认为,中亚地区逐渐形成了类似俄罗斯"套娃式"的地区秩序。"套娃秩序"的缘起在于中亚地区的权力分布特点。在中亚地区,既存在一个地区霸权国——俄罗斯,还存在一个全球霸权国但在中亚地区处于相对弱势地位的大国——美国,还有一个正处于崛起中的世界性大国且在中亚地区具有重要影响力的国家——中国;此外,还有两个致力于争夺中亚地区领导地位且在地区治理中扮演重要角色的域内大国——乌兹别克斯坦和哈萨克斯坦。这些全球性与地区性大国之间的权力分配,被称之为"套娃霸权(Matrioshka Hegemony)"。② 基于这种"套娃霸权"的权力模式,中亚地区形成了"套娃秩序":最外层的"套娃"是俄美在全球层面进行的竞争和合作;第二层"套娃"是俄美在欧亚地区的互动以及该地区内国家与非国家行为体分别与俄美两国所形成的互动关系;第三层"套娃"则是国家与非国家行为体在国家层面上所形成的关系模式。欧亚地区三个层次的"套娃"是相互影响的,俄美在第一层次的互动会传导和影响第二、第三个层次,反之亦然(详见第十章)。"套娃秩序"虽然看似复杂,但其中也有一定的规则可循,即美俄两国往往均支持中亚国家维护国家主权和领土完整的努力,美国偶尔对非政府力量的支持,并不能挑战俄罗斯与中亚国家结成的联合,从而较好地保障了中亚地区秩序的稳定。然而,需要注意的是,"套娃秩序"形成和互动中体现出的这种关系模式,并非正式规则,而是类似于治理主体在实践中摸索出来的默契或非正式规则,这又一次充分说明了深入研究中亚地区治理实践中规则的重要性。纵向来看,中亚地区治理实现从无政府状态到"套娃秩序"的演变,体现在空间、话语、象征和规则等多个维度上。对这种转变过程、转变的动力、具体体现和秩序变迁的影响因素及其后果等内容进行深入剖析,并在此基础上对中亚地区的秩序走向进行预测,自然也是中亚地区治理研究需要深

---

① 翟崑:《小马拉大车?——对东盟在东亚合作中地位作用的再认识》,《外交评论》2009年第2期。

② 参见 Ruth Deyermond, "Matrioshka Hegemony? Multi‑Levelled Hegemonic Competition and Security in Post‑Soviet Central Asia", *Review of International Studies*, Vol. 35, No. 1, 2009, pp. 151 – 173.

入挖掘的重要内容。

(三) 中亚地区治理的主要议题及对地区秩序形成和维持的影响

30年来，影响中亚地区秩序生成和形成的主要因素，也是中亚地区治理的主要内容，是各治理主体围绕核心治理议题开展的治理实践。毋庸置疑，长达30年的中亚治理议题繁复多样，不过，研究者需要重点关注那些能对地区治理进程和地区秩序形成产生明显影响的议题。大体而言，此类议题主要涉及三个层面：中亚国家的构建状况和治理模式的选择、中亚国家与民众之间的互动、域外大国的参与和地区内主体的应对。在这三个层面，均有不少攸关中亚地区秩序基本形态和稳定程度的具体内容：如国家层面的中亚各国所采取的民族和经济政策、各国政府机构与社会力量之间的互动关系、各国领导人的继承制度和精英间的权力分配等；如地区层面的各国围绕水资源分配、边界划分、打击"三股势力"、基础设施联通和人员迁徙等问题进行的互动；再如外部力量对中亚事务的介入及当地治理主体的应对，包括干预中亚内部冲突与局势动荡、组建各种地区合作组织、提出各种地区合作倡议、扩散或传播各种域外价值观念等。不过，需要注意的是，既然关注的是地区治理，那么为了避免与对中亚国家在国家层面治理的研究完全重合，研究者虽然也可以将中亚国家层面的治理内容纳入研究之中，但那些具有地区意义的国家治理内容更需要关注。举例来说，中亚各国出现的权力继承问题本质上属于各国国家层面上的治理内容，一般不具有显著的地区意义。不过，当中亚国家之间出现了权力交接模式的相互借鉴或主动学习时，这意味着特定国家的权力交接模式产生了地区层面的影响，从而构成地区治理的重要研究主题。[①] 一般而言，中亚国家在政治制度、经济模式、治理理念、社会传统等方面，甚至在外交政策取向上，均有不少的家族相似性，这既是各国对中亚地区具有较高地区认同程度的原因，也是将各国治理模式进行比较研究纳入地区治理范畴的重要基础。至于中亚国家与民众之间的交往、域外大国与地区内主体之间的互动，毋庸置疑地具有地区性意义，是考察中亚地区治理及其变迁的重

---

① 杨恕：《中亚国家的权力交接形式及其评估》，载王缉思主编《中国国际战略评论2017年》，外文出版社2018年版，第258—270页；Scott Radnitz, "Post-Succession Scenarios in Central Asia", *PONARS Eurasia Policy Memo*, No. 373, August 2015.

要内容。

　　域外大国对中亚地区治理的介入与中亚国家之间的应对，是影响地区秩序变迁的主要动力。对于这种互动，当前的研究主要着眼的是大国在中亚地区的竞争，而较少关注中亚国家在应对过程中所展现出的丰富能动性。"新大博弈"话语的盛行，是这种倾向的生动反映。除了低估地区内治理主体的能动性外，现有研究存在的另一个重要缺失，是忽视了治理主体行为与互动关系类型的多样性。根据知名社会学家马克斯·韦伯的观点，人类行为包含四种行为逻辑：工具理性、价值理性、情感与习惯。[①] 换言之，研究者同样可以将地区治理主体之间的关系区分为四种类型的关系：基于工具理性的关系、基于价值理性的关系、基于情感的关系、基于习惯的关系。而在现有国际关系的研究中，占绝对主导地位是对工具理性关系的研究，最为典型地体现在理性主义国际关系理论的强势地位之上；然后是对价值理性关系的研究，这使得建构主义自20世纪末兴起以来得到越来越多的关注。对工具理性和价值理性行为和关系的研究，分别对应于国际关系学者熟知的"后果性逻辑"和"适当性逻辑"的区分。[②] 至于基于情感和习惯逻辑的行为或关系的研究，虽然在21世纪以来得到了逐渐增多的关注，但迄今尚未出现可媲美理性主义和建构主义的体系性主流理论。在中亚地区治理的研究中，现有研究几乎均从工具理性或后果性逻辑的角度来考察治理主体的行动及其彼此之间的关系，间或有成果考察了它们之间的规范竞争——涉及价值理性或适当性逻辑，但鲜有成果从习惯和情感逻辑入手对不同治理主体的治理行为及彼此间的关系进行深度考察。疏于对治理行为和互动关系进行多角度的考察，不仅会遗漏重要的关系维度，进而影响对中亚地区治理进程和地区秩序类型的准确理解，而且还违背了区域研究的重要初衷，即需要对特定地区民众的生活世界进行深入洞察。忽视掉情感和习惯对治理主体及其关系的影响，自然无法深入细致地把握地区治理的全貌。这也是本章特别强调需要把象征政治作为中亚地区治理这一研究议程之重要组成部分的重要原因。

---

　　① 参见 Max Weber, *Economy and Society: An Outline of Interpretive Sociology*, Berkeley: University of California Press, 1978, pp. 24 – 25.

　　② James G. March and Johan P. Olsen, "The Institutional Dynamics of International Political Orders", *International Organization*, Vol. 52, No. 4, 1998, pp. 943 – 969.

(四) 各治理主体在中亚地区秩序形成中所扮演的角色及其策略

在中亚地区形成"套娃秩序"的过程中,各种治理主体均扮演了一定的角色。粗略来看,积极参与中亚事务的治理主体大体包括以下几种类型:中亚五国、积极在该地区拓展影响力的域外行为体、各类政府间国际组织与国际非政府组织、诸多国家非政府组织和具有重要影响的个人等。相较于第三个研究议题主要着眼于治理主体之间的关系,本议题则重点关注各治理主体的治理实践及其影响。鉴于大国和中亚五国在影响和塑造地区治理方面所扮演的重要角色,故本部分将选择主要的治理主体并对他们在地区治理和地区秩序形成中扮演的角色进行深度研究。对于大国在中亚地区治理中所扮演的角色,国内外盛行的"新大博弈"话语实际上已经充分涉及了此研究议题。不过,从上文有关四种行为或关系的区分来看,"新大博弈"话语主要从工具理性和价值理性的角度对此予以了探讨,较少触及它们基于习惯或情感逻辑所采取的治理行动。[1] 囿于篇幅,这里不太可能对现有研究中的这种缺失及改进之道进行全面的讨论,但可将参与"新大博弈"的行为体受到"习惯"与"情感"的联合影响而参与地区治理的情况作一提示性的分析。这种混合影响比较典型地体现在大国在面对中亚国家时持有不同的历史心性上。如美国在面对中亚国家时,自视为一个"仁慈的霸权"与中亚国家应该"效仿的榜样",还是一种能将中亚国家从各种危险中拯救出来的力量;而俄罗斯基于与中亚国家的传统历史联系,自视为"老大哥",不经意间将中亚国家视为"小兄弟"或"小伙伴",甚至是俄罗斯的"一部分"。[2] 俄美在参与中亚地区治理中持有的这种心态或历史心性,无疑混杂了复杂的情感,也是对外关系中心理习惯的延续,并在治理行动中体现出来,进而对地区秩序的形态及其稳定程度产生潜移默化的影响。

尽管大国的确是影响中亚地区治理进程的重要力量,但包括中亚国家

---

[1] 或者为数不多的例外,是西方学术界渲染中亚国家对中国的恐惧感或疑虑,可参见 Sébastien Peyrousem, "Discussing China: Sinophilia and Sinophobia in Central Asia", *Journal of Eurasian Studies*, Vol. 7, No. 1, 2016, pp. 14–23.

[2] 对此的初步讨论,可参见曾向红《"一带一路"的地缘政治想象与地区合作》,载《世界经济与政治》2016 年第 1 期。

在内的其他治理主体所扮演的角色同样不容忽视。事实上，通过回顾中亚地区治理变迁 30 年的历程可以发现，中亚国家在地区治理过程中所展现出来的能动性被人们严重低估了。尤其是把中亚地区与同属于后苏联空间国家的高加索和东欧次区域进行简要的比较，即可发现中亚地区的稳定程度大大高于后两个地区。这离不开中亚国家在地区治理过程能动性和灵活性的充分发挥。在中亚国家独立之初，由于中亚国家从无到有开始国家建设工作，且苏联解体给中亚国家留下了诸多有待解决的问题，因此，国内外学术界在预测中亚地区形势走势时充斥着许多悲观的观点，动辄预言中亚国家将会解体或中亚国家之间会爆发严重冲突。在此背景下，学术界出现了大量渲染地区冲突将会爆发国家间严重冲突或中亚国家会趋于崩溃的分析。诸如此类的"危险话语"为中亚地区治理蒙上了浓厚的阴影，也为域外大国，尤其是西方国家干预中亚地区治理事务提供了合法化和正义性的依据。[1] 事实上，中亚国家无论是在管理本国事务还是在处理国家间关系上，都展现出较高的灵活性和丰富的能动性。中亚五国之间的国家能力或有大小之分，政治体制的稳定性和政权的合法程度或有高低之别，资源禀赋或有多寡之差，经济发展速度和质量或有快慢之异，对外开放程度或有开放与封闭的分野，但各国至少均程度不一地履行了作为现代主权国家的基本职能，并不能称之为所谓的"失败国家"。[2] 此外，中亚国家间关系虽然时好时坏、对域外大国介入地区事务的抵御能力或许也有高下之分，但他们在构建地区秩序的过程中承担了主导性责任，避免沦为域外大国争夺或干预的牺牲品。事实上，即使面对地区霸权国俄罗斯偶尔表现出的强势干预意愿，中亚国家依旧能通过独立或联合的方式消解其意图，从而捍卫了中亚国家在地区秩序构建中的主导地位。[3] 不仅如此，通过奉行多元平

---

[1] 这类渲染中亚地区形势危险的相关成果被称之为"威胁话语"。对中亚研究中"威胁话语"的总结与批评可参见 John Heathershaw and Nick Megoran, "Contesting Danger: A New Agenda for Policy and Scholarship on Central Asia", *International Affairs*, Vol. 87, No. 3, 2011, pp. 589 – 612；曾向红、杨恕：《美国中亚研究中的"危险话语"及其政治效应》，《世界经济与政治》2014 年第 1 期。

[2] 可参见 John Heathershaw and Edward Schatz, eds., *Paradox of Power: The Logics of State Weakness in Eurasia*, Pittsburgh: University of Pittsburgh Press, 2017.

[3] Elena Gnedina, "'Multi-Vector' Foreign Policies in Europe: Balancing, Bandwagoning or Bargaining?", *Europe-Asia Studies*, Vol. 67, No. 7, 2015, pp. 1007 – 1029；Aliya Tskhay and Filippo Costa Buranelli, "Accommodating Revisionism through Balancing Regionalism: The Case of Central Asia", *Europe-Asia Studies*, Vol. 72, No. 6, 2020, pp. 1033 – 1052.

衡的外交政策，中亚国家还通过使各域外行为体彼此之间进行牵制，既维护了自身主权，同时还获得了各种物质性、象征性收益。[1] 与中亚国家在大国之间的纵横捭阖相类似，该地区的其他非国家行为体同样在地区治理中展现出灵活性，不管这些行为体是维护地区稳定的力量，还是挑战各国或地区秩序的力量。非常清楚的是，这些行为体均受到四种行为逻辑的影响，他们的实践活动与互动关系构成形塑中亚地区治理面貌和地区秩序类型的核心力量。

上文就作为一个研究议程的中亚地区治理及其变迁所涉及的核心研究内容做了简要的梳理，其中重点阐述了选择这四个研究议题的基本依据和主要研究内容。毋庸置疑，这四个方面的议题仅仅只是涉及中亚地区治理及其变迁这一研究议程的局部。或许中亚地区治理及其变迁还涉及其他重要议题，不过，诚如上文所作的隐喻，这四个议题就犹如"纬线"，能有效展示中亚地区治理及其变迁的脉络，而且有助于充实或揭示中亚地区治理变迁的基本动力。四个研究议题与四个研究维度一道，有助于共同描绘中亚地区治理及其变迁的基本概貌。

第四节 结论

中亚国家独立 30 年来的转型历程，带来了一系列有待于深入研究的学术课题。本章着重探讨了将中亚地区的治理及其变迁打造为一个相对独立的学术议程的必要性及其主要研究内容。本章认为，在将中亚地区治理及其变迁发展为一个学术议程的过程中，需要重点关注空间重塑、治理实践、互动规则和象征政治这四个方面的内容，它们大体能勾勒出中亚地区治理的大致轮廓以及由此衍生的地区秩序类型。不过，这几个维度只是涉及中亚地区治理的"骨架"，而要描绘出中亚地区及其治理变迁的"血肉"，还需要对其中的几个重点议题予以深入分析。这些议题主要包括中亚地区治理模式的演进及其动力、中亚地区秩序的特征及其变迁、中亚地

---

[1] William D. O'malley and Roger N. McDermott, "Kyrgyzstan's Security Tightrope: Balancing its Relations with Moscow and Washington", *The Journal of Slavic Military Studies*, Vol. 16, No. 3, 2003, pp. 72 – 111; Aleksandr Pikalov, "Uzbekistan between the Great Powers: A Balancing Act or A Multi-vectorial Approach?", *Central Asian Survey*, Vol. 33, No. 3, 2014, pp. 297 – 311.

区治理的主要议题及对地区秩序形成和维持的影响、各治理主体在中亚地区秩序形成中所扮演的角色及其策略等。当研究者们能将上述八个方面的内容形成系统且明晰的观点时，那么，中亚地区治理及其变迁将成为一个能为中亚研究贡献重要学术洞见和重要政策启示的创新性研究议程。

最后，仍需就中国在中亚地区治理中所扮演的角色及未来的着力点作一简要的讨论。囿于篇幅和研究议题，本章并未集中论述中国参与中亚地区事务，尤其是其涉足中亚地区治理时发挥的作用。不过，从形形色色的"新大博弈"话语均把中国视为一个不可或缺的"博弈主体"来看，中国在此方面具有重要影响是毋庸置疑的。无论是经济领域的 20 世纪 90 年代后期以来中国积极参与中亚能源资源开发、2013 年以来积极倡导与中亚国家共建"一带一路"，还是安全领域的中国与独立后中亚国家划定边界、加强边境地区安全信任措施、"9·11"事件之后加强在打击"三股势力"等领域中的合作，亦或与中亚成员国组建上海合作组织、倡导"一带一盟"的对接等涉及多边机制建设等，[1] 均是中国积极参与中亚地区的治理的重要内容和参与途径。由于涉及中国周边外交和边疆安全，中国始终注意维护中亚地区的和平与稳定，并为促进中亚地区治理走向良性发展轨道提供力所能及的帮助，中国所发挥的积极作用得到了中亚各国家的积极肯定。各国积极参与"丝绸之路经济带"的建设并力促本国发展战略与其进行对接，是中亚国家赞赏并支持中国在该地区治理中所发挥的作用予以肯定的具体体现。

当然，由于中亚地区治理议题繁多，所涉及的议题之间、主体之间、历史与现实之间各类关系错综复杂，中国在中亚地区治理中所扮演的角色，在诸多治理主体的认知图谱中是多元化甚至是存在分歧的，有时甚至不乏批评甚至诋毁的声音。[2] 这种状况是正常的，也正因为中国是构成中

---

[1] 可参见王海滨《论"一带一盟"对接的现实与未来》，《东北亚论坛》2017 年第 2 期；李新：《丝绸之路经济带对接欧亚经济联盟：共建欧亚共同经济空间》，《东北亚论坛》2016 年第 4 期。

[2] 关于中亚精英和民众对中国在该地区形象的认知，可参见 Elena Y. Sadovskaya, "Chinese Migration to Kazakhstan: A Silk Road for Cooperation or a Thorny Road of Prejudice?", *China and Eurasia Forum Quarterly*, Vol. 5, No. 4, 2007, pp. 29 – 46; Julie Yu – Wen Chen and Soledad Jiménez – Tovar, "China in Central Asia: Local Perceptions from Future Elites", *China Quarterly of International Strategic Studies*, Vol. 3, No. 3, 2017, pp. 429 – 445。

亚地区治理中的重要行为体，故中国所采取的各种举措，才会得到其他行为体的关注和比较，但这种不同的声音，不能也不会阻止中国继续积极参与中亚地区治理并为其走向"善治"状态作出自己应有的贡献。大体而言，未来中国在参与中亚地区治理的过程中，只需在坚持"共商、共建、共享"原则的基础上，整合或创新参与方式，如此便在促进中亚地区治理继续取得成效的同时有效维护中国在该地区的合理利益。所谓"共商"，是指需要与各种治理主体加强沟通和协调，无论这种主体是国家行为体亦或非国家行为体（恐怖主义、极端主义、毒品贩子等恶性治理主体除外）；"共建"，顾名思义，即中国对中亚地区治理的参与，需要在力所能及的范围内提供区域公共产品，以促进中亚各国的发展与整个地区的稳定，其前提是不能指望中国独自承担起提供区域公共产品的义务；"共享"是指中国对中亚地区治理的参与，既需要惠及中亚国家民众，同时也要能为中国的参与提供必要的收益，其实质是参与能带来"互惠"的结果。

至于整合或创新治理参与方式，需要着重考虑三个方面的问题：

首先，需要梳理各种参与机制的比较优势，使之相互配合，形成合力。在参与中亚地区治理的过程中，中国已有相当多的倡议或抓手：与中亚五国的双边合作，涵盖整个地区的"一带一路"倡议，囊括中国与中亚五国的中国与中亚五国外交部长会议（即"C5+1"机制），核心区位于中亚的多边机制——上海合作组织，还有与俄罗斯加强在中亚地区合作的大欧亚伙伴关系计划。[①] 既然已有如此丰富的多边机制，我们要做的不是创设新的机制或倡议，而是对既有机制进行有机整合，明确各机制的比较优势与合作重点。

其次，需要增强中国的议程设置能力和规则塑造能力。整体而言，截至目前，中国在中亚地区治理中更多的是一个配合者或支持者的角色，而不是一个议题引领者的角色，相关治理领域的规则（除了在安全领域通过上海合作组织发挥了一定的引领角色），仍主要受到俄罗斯或以美国为首的西方国家的影响。当然，考虑当前中亚地区治理议题的数量因域外大国出于各种目的创新议题而急剧膨胀，中国需在仔细考虑该地区迫切需要的基础上提高自身的议程设置能力和规则塑造能力。以倡导基础设施互联互

---

① 赵华胜：《中国与大欧亚伙伴关系》，《国际问题研究》2017年第6期。

通为主要目的的"一带一路"倡议,是一个符合这一要求的较好案例。①

最后,加强与中亚国家之间的人文合作,夯实中国参与地区治理的民意基础。无论是重新规划中国参与中亚地区治理各种机制的重点关注领域,亦或开辟新的得到相关治理主体认可的研究议程,均需具备一定的民意基础。归根结底,域外行为体对中亚地区治理的参与程度及其效果,主要是由中亚地区的民众予以评估的。为保障中国对中亚事务的参与能行稳致远,仔细分析中亚各国社会和民众对中国认知情况及其变化,据此使中国的参与能更多地惠及该地区民众,是影响中国参与中亚地区治理的程度,以及扮演何种角色的决定性因素。

---

① 刘志中:《"新丝绸之路"背景下中国中亚自由贸易区建设研究》,《东北亚论坛》2014年第1期;Jeffrey Reeves, "China's Silk Road Economic Belt Initiative: Network and Influence Formation in Central Asia", *Journal of Contemporary China*, Vol. 27, No. 112, 2018, pp. 502 – 518; Raffaello Pantucci, "China in Central Asia: The First Strand of the Silk Road Economic Belt", *Asian Affairs*, Vol. 50, No. 2, 2019, pp. 202 – 215.

第八章　中亚地区治理模式的变迁

第七章讨论了将中亚地区治理塑造为一个能产生诸多学术命题的研究议程需要开展的具体工作。由于构成一个研究议程涉及的具体研究议题众多，本书没有能力对所有相关的重要议题进行研究，故本章仅就中亚国家与域外行为体在参与中亚事务的过程中形成了什么类型的治理模式进行讨论。之所以讨论中亚地区治理模式的变迁，主要是因为中亚地区治理模式的类型、特征和稳定程度，不仅影响该地区各国和利益攸关方应对各种地区问题的方式和效率，而且影响该地区的稳定和内外部行为体关系的和谐。换言之，中亚地区治理模式是一个攸关中亚地区稳定的重要问题，更重要的是，它能反映中亚国家处理域内外问题时主导性思维或行为方式的变迁。这对于人们把握中亚地区治理状态未来的发展态势大有裨益。

迄今为止，学术界尚未对中亚地区治理模式的类型及其变迁进行深入探讨，[1] 但该问题相当重要。中亚地区治理模式的变化涉及中亚国家如何应对攸关该地区和平与稳定的诸多问题，影响着中亚国家构建和社会转型的顺利推进。中亚国家自独立以来，尽管国内外学术界一直盛行有关中亚地区局势的"危险话语"[2] ——即突出中亚地区存在的重重风险，并对该

---

[1] 有限的前期成果可参见张宪丽《中亚问题的系统治理：从国家、地区到全球》，《探索》2017年第6期；E. Wayne Merry, "Governance in Central Asia: National in Form, Soviet in Content", *Cambridge Review of International Affairs*, Vol. 17, No. 2, 2004, pp. 285 – 300; Philipp Lottholz, John Heathershaw, Aksana Ismailbekova, Janyl Moldalieva, Eric McGlinchey and Catherine Owen, "Governance and Order – Making in Central Asia: From Illiberalism to Post – liberalism?", *Central Asian Survey*, Vol. 39, No. 3, 2020, pp. 420 – 437.

[2] 对中亚研究中"危险话语"的总结与批评可参见 John Heathershaw and Nick Megoran, "Contesting Danger: A New Agenda for Policy and Scholarship on Central Asia", *International Affairs*, Vol. 87, No. 3, 2011, pp. 589 – 612；曾向红、杨恕：《美国中亚研究中的"危险话语"及其政治效应》，《世界经济与政治》2014年第1期。

地区的和平与稳定持非常消极的态度，但该区域迄今为止并未爆发严重的国家间冲突并维持了基本稳定，这说明中亚地区治理取得了较为积极的成效。从地区治理的角度来考察，这种成效的取得，或许与中亚地区治理模式的转变息息相关。

地区治理目前已是国际关系和区域国别研究中的重要议题。不过，对于中亚地区治理模式的讨论，似乎仍有所欠缺。需要明确的是，本章所探讨的中亚地区治理模式，主要涉及各国对地区性问题，尤其是彼此间关系的处理方式，以及各国在推进国家治理过程中所遵循的基本路径在地区层面所产生的涌现现象。如果地区治理的主要内容是指"在具有某种政治安排的地区内通过创建公共机构、形成公共权威、制定管理规则，以维持地区秩序，满足和增进地区共同利益所开展的活动和过程，是地区内各种行为体共同管理地区各种事务的诸种方式的总和"，[①] 那么，所谓的地区治理模式，则是指行为体参与治理时所采取的较为稳定的方式或路径。鉴于此，本章将不再对有关中亚地区治理的主要议题，如地区内各国所持的地区观、各国是否已建立起相应的地区秩序以及何种地区秩序、各国对诸多攸关地区稳定问题的处理（如水资源分配、边界划分、环境污染等）、中亚地区性国家组织的建立与发展、地区间与跨地区合作等问题而展开，而是着重讨论中亚国家在推进国家或地区治理过程中所形成的较为有效的治理方式与手段。

大体而言，自中亚国家独立以来，中亚地区治理模式的主导性特征或许发生过一定变化。这种变化大致发生在 2005 年前后。在此之前，中亚地区的治理模式整体而言具有较强的"规则治理"特征，而在此之后，中亚地区治理"关系治理"特征似乎更加突出。尽管规则治理与关系治理的目标均在于实现对全球或地区的有效治理，但它们的主要特征有所不同：规则治理着眼于行为体的行为，主要尝试通过规则来进行治理；而关系治理着眼于理顺治理中所涉及的各种关系，旨在实现关系的和谐与稳定。[②] 尽管这两种治理模式可归结为不同社会实践或文化传统的影响，但实际上，它们不仅共存于特定地区或领域的治理实践中，而且可能是特定国家或地

[①] 吴昕春：《论地区一体化进程中的地区治理》，《现代国际关系》2002 年第 6 期。

[②] Qin Yaqing, *A Relational Theory of World Politics*, New York: Cambridge University Press, 2018, pp. 318–356.

区治理模式所历经的两个阶段。中亚地区治理模式的变化，在一定程度上体现了两种治理模式之间的转化。两种治理模式之间的区别见表 8.1。

表 8.1　　　　　　　　规则治理与关系治理的区别

	规则治理	关系治理
世界观	本质主义	关系主义
治理对象	个体	关系
机制	执行规则	协调关系
导向	结果	过程
核心概念	个人利益	主体间信任

资料来源：Qin Yaqing, *A Relational Theory of World Politics*, New York: Cambridge University Press, 2018, p.350.

需要强调的是，本章以 2005 年为界线，将中亚地区治理模式大致区分为规则治理和关系治理，在很大程度上是对复杂、动态的中亚地区治理状况及其特点的一种简化。事实上，自中亚国家独立之后，中亚各国就面临着如何处理好各种内外部关系的重要任务，如各国建国后奉行的多元平衡外交政策，便是各国着力理顺和处理与域外国家之间的关系，并基于此制定相应的外交政策。换言之，关系治理在 2005 年之前同样是中亚国家及彼此之间推进治理的重要内容。2005 年之后，中亚国家尽管在国家治理问题上确立了一些基本的规则，但各国转型任务的复杂性，决定了它们的规则仍有修正、废弃和重建等广泛空间。如吉尔吉斯斯坦在连续遭遇三次政权非正常更迭的背景下，始终在探索治理的合理路径。与此相似，乌兹别克斯坦、哈萨克斯坦、塔吉克斯坦和土库曼斯坦等各国，同样在 2005 年后不断在尝试和摸索相应的国家治理模式和治理规则。整体而言，无论是关系治理还是规则治理，均贯穿中亚国家独立 30 年以来的发展历程中。

由此观之，本章以 2005 年为界，将前一个阶段划分为规则治理的阶段，而后一个阶段归纳为关系治理的阶段，只是一种初步和粗略的区分。对于中亚国家来说，无论是哪一个阶段，规则和关系均是中亚国家应对和处理国家内部或地区问题的基本手段。只是考虑不同阶段中亚各国面临的主导性任务有所差异，故本章做了这样区分。归根结底，进行这种讨论的本意，仍在于发现中亚地区治理模式所出现的明显变化以及由此带来的各种影响，但不能由此忽视中亚地区治理状况的复杂性、多元性与动态性。如果这种划分方式具有一定的必要性和可行性，那么下文将对中亚地区治理模式的变迁及其影响进行初步的分析。为此，本章结构安排如下：首先，对2005年之前与之后中亚地区治理中所呈现出的规则治理和关系治理模式的具体体现进行分析；其次，剖析中亚地区治理模式为何会出现地区治理模式的改变，即改变的动力何在；最后，简要分析中亚地区治理模式改变所带来的复杂影响。

第一节　2005年之前中亚地区治理中的规则治理

在1991—2005年，中亚国家在确立基本规则的同时也在积极处理各种内外关系。也就是，规则治理与关系治理均是这一阶段中亚地区治理的重要内容。不过，相对而言，这一阶段，中亚地区治理的规则治理特征似乎更加明显。主要原因在于：在独立初期，中亚国家依旧处于探索国家发展道路的阶段，确立国家运行的基本制度和接受现有的国际规则，是中亚各国确保国家顺利走上稳定发展轨道的重要前提，也是各国提升自身治国理政能力的必然要求。与其他苏联加盟共和国有所不同，中亚各国在独立前并无建立现代意义上主权国家的经历，且对苏联解体也无充分准备。形势的突变和经验的匮乏，意味着中亚国家的国家建设历程具有摸索性质。正如普京在评价纳扎尔巴耶夫推动哈萨克斯坦国家发展成绩时所评价的："纳扎尔巴耶夫做了一件独一无二的事——在从来不曾有过国家的土地上建立起了一个国家"。[①] 尽管普京的评价有夸大之嫌，但中亚五国开展国家建设的任务的确非常艰巨。在此背景下，摸索新的治国理政规则和接受既有的国际通行规则，是中亚国家推进国家建设和处理与其他行为体之间关系、解决地区治理涉及的各项议题的主要途径。而中亚五国不约而同的在独立之后开展国家构建工作，无疑具有涌现或系统效应，并使之成为地区治理的重要议题。在此背景下，规则治理理所当然地成为中亚地区治理的主导性治理模式。

[①]　普京：《哈萨克斯坦总统在不曾有过国家的土地上建国》，观察者网，http://news.ifeng.com/a/20140901/41807415_0.shtml，2014-09-01。

中亚各国的国家构建与中亚地区层面上的治理是相向而行、并行不悖的。独立之后，中亚各国采取的具体发展路径有所差异，如在经济领域，吉尔吉斯斯坦与哈萨克斯坦快速推进私有化和市场化进程，使之具有重要的"休克疗法"特征；而乌兹别克斯坦和土库曼斯坦则选择了渐进式的发展道路，在推进市场化、自由化与私有化的过程中非常谨慎。在政治制度的设计上，土库曼斯坦与乌兹别克斯坦先后于1992年5月和12月通过的首部《宪法》中确立了以三权分立为原则的总统制国家权力体系。这两个国家的总统享有崇高权力，其政治体制与独立前的苏维埃体制有诸多的延续性。而吉尔吉斯斯坦与哈萨克斯坦虽然同样确立了总统制权力结构，但由于总统权威未得到普遍接受，故这两国的政治竞争仍较为激烈。为维护总统权威，哈萨克斯坦与吉尔吉斯斯坦分别在1996年2月和1995年8月修订《宪法》，确立起以维护总统权力为特征的政治体制。塔吉克斯坦则在1992年至1997年年间爆发内战，直到1999年塔吉克斯坦内战结束后修改宪法，其一直维持着以苏维埃为核心的议会制政体。[①] 等到20世纪90年代后期，随着中亚五国总统竞相巩固总统权力，各国在政治领域呈现出较多的家族相似性。不过，由于经济发展路径、资源禀赋状况和对外开放程度有所差异，各国经济发展的差异越来越明显。如哈萨克斯坦与土库曼斯坦两国因拥有丰富的能源资源，经济发展相对较快，其他三国则因受资源和地理环境等因素的影响，经济发展较慢。

从无到有地构建国家，事实上就是确立规则的过程。在2005年之前，中亚五国基本确立了规范国家政治、经济、社会和文化等领域的主要规则，为国家生活的运行奠定了必要基础。但由于历史经历与经验匮乏，中亚国家在确立国内各领域活动的规则时，参考对象主要是俄罗斯。这一现象，尤其反映在中亚国家为巩固国家安全所确立的机制设置和具体运行规则之上。换言之，俄罗斯成为中亚国家制定规则的主要参考对象。[②] 而就效果而言，根据马克斯·韦伯有关国家是合法垄断暴力使用的机关这一概念来衡量，中亚国家的国家能力参差不齐，其中既有表现较好的哈萨克斯坦和乌兹别克斯坦，也有表现较差的吉尔吉斯斯坦与塔吉克斯坦。吉尔吉

---

① 关于中亚国家独立后确立政治体制过程的分析，可参见包毅《中亚国家的政治转型》，社会科学文献出版社2015年版，第3—14页。
② Mariya Y. Omelicheva, *Counterterrorism Policies in Central Asia*, New York: Routledge, 2011.

斯斯坦自独立以来分别在2005年、2010年与2020年三次发生政权非正常更迭,而塔吉克斯坦则爆发过内战,即使在内战后确立起了能维持运转的制度体系,但其国家能力依旧差强人意,如塔吉克斯坦能否将内战中的反对派进行复员和融合、能否将政府权威拓展到内战中军阀控制的区域、能否向民众提供基本的公共产品等,均受到域外观察家们的质疑。正因如此,屡屡有西方媒体或智库预言塔吉克斯坦正在走向国家失败。[①] 因此,规则体系的确立与国家能力之间并不存在直接的正相关关系。

  中亚国家确立的规则体系与各国国家能力之间的反差,部分可归咎于各国生活中的非正式规则。非正式规则在中亚国家身份中展现了极为重要的作用,无论它们是以地区认同网络的形式出现,还是以庇护网络的形式存在,亦或经由部落或部落联盟的形式发挥作用。尽管人们经常从消极的角度理解非正式规则或网络在中亚政策生活中的作用,如催生腐败和裙带关系,借由这些网络挑战政府权威,煽动"颜色革命"之类的群体性事件,侵蚀甚至私吞国有资产或破坏社会公共产品的提供,滋生贩毒、武器走私、人口贩卖等犯罪团伙,甚至在中亚地区恐怖主义网络的形成和演变过程中产生重要的作用。[②] 诸如此类的问题的确不容忽视,然而,非正式规则及其社会网络也具有重要的积极作用,尤其是在苏联解体后国家福利体系崩溃、中亚各国公共产品的提供严重受限的情况下,非正式规则及其社会网络在帮助弱势群体应对各种生活挑战、在国家政治生活中出现失序

---

  ① Emilian Kavalski, "The International Politics of Fusion and Fissure in the Awkward States of Post – Soviet Central Asia", in Emilian Kavalski, eds., *Stable Outside, Fragile Inside? Post – Soviet Statehood in Central Asia*, Burlington: Ashgate, 2010, p. 15; Catherine Owen, "Active Citizens in a Weak State: 'Self – Help' Groups and the Post – Soviet Neoliberal Subject in Contemporary Kyrgyzstan", *Asian Journal of Middle Eastern and Islamic Studies*, Vol. 14, No. 3, 2020, pp. 464 – 479; Cai Wilkinson, "Development in Kyrgyzstan: Failed State or Failed State – building?", in Anthony Ware, eds., *Development in Difficult Sociopolitical Contexts: Fragile, Failed, Pariah*, New York: Palgrave Macmillan, 2014, pp. 137 – 162; Wilkinson, Cai, "Giving a State a Bad Name? Kyrgyzstan and the Risk of State Failure", *Global Dialogue*, Vol. 13, No. 1, 2011, pp. 1 – 11; Deirdre Tynan, "Tajikistan: An ever – more Fragile State in a Brittle Region", 28 January, 2016, International Crisis Group, https://www.crisisgroup.org/europe – central – asia/central – asia/tajikistan/tajikistan – ever – more – fragile – state – brittle – region.

  ② Alisher Ilkhamov, "Neopatrimonialism, Interest Groups and Patronage Networks: The Impasses of the Governance System in Uzbekistan", *Central Asian Survey*, Vol. 26, No. 1, 2007, pp. 65 – 84; Kathleen Collins, *Clan Politics and Regime Transition in Central Asia*, New York, Cambridge University Press, 2006.

事件时维持社会秩序等方面，均发挥了重要的补充和替代作用。①

在中亚国家和地区治理的过程中，非正式规则及在此基础上形成的社会网络，全面和深刻地渗透到了中亚国家的生活之中。可以说，它们构成了中亚各国的国家身份。有研究者指出，"后社会主义国家的公民从20世纪90年代开始，对正式程序（formal procedures）持较低预期，而对非正式关系（informal relations）解决紧迫问题的能力有很高的预期"。② 哈萨克斯坦和土库曼斯坦因为拥有丰富的能源资源，经济绩效较好，其公共产品提供情况较其他中亚国家相对丰裕和稳定，故其稳定程度优于其他三个中亚国家。这或许意味着经济绩效与社会稳定之间存在一定的正相关关系，也为非正式规则在社会运行中发挥更为积极的作用、得到更高程度的认同和遵循奠定了必要的基础。不过，至少就中亚国家的情况来说，非正式规则与非正式关系及社会网络的关系并非纯粹的零和关系。非正式规则及其社会网络已渗透并内嵌于中亚国家与社会之中，这意味着不能以纯粹消极的态度看待非正式规则与网络。事实上，在中亚国家，非正式关系及网络与正式规则相互渗透、彼此缠绕，且已经制度化和现代化，在特定时期的特定领域，可能增强而不是削弱中亚各国的国家能力。③

在积极确立和完善国内各项国内规章制度和正式规则的同时，中亚国家面临的另外一个重要任务在于摸索与其他主权国家等国际行为体的相处之道，探索自身的外交政策道路，以巩固自身的独立和主权。而实现这些目标的基本路径，同样是在熟悉和接受相应国际规则的基础上，推进自身外交决策机制的建设和完善。在苏联时期，各加盟共和国并不具有独立的外交权，故独立之后，它们是从无到有地开始外交机构的设立、外交人员的招募和外交经验的积累。尽管步履艰难，但在国际社会的帮助和各国的

---

① Saltanat Liebert, "The role of Informal Institutions in U. S. Immigration Policy Implementation: the Case of Illegal Labor Migration from Kyrgyzstan", *Public Administration Review*, Vol. 70, No. 3, 2010, pp. 390–400; Dina Sharipova, *State-Building in Kazakhstan: Continuity and Transformation of Informal Institutions*, Lanham, MD: Lexington Books, 2018.

② John Hearthershaw and Edward Schatz, "The Logics of State Weakness: An Introduction", in John Hearthershaw and Edward Schatz, eds., *Paradox of Power: The Logics of State Weakness in Eurasia*, Pittsburgh: University of Pittsburgh Press, 2017, p. 13.

③ John Hearthershaw and Edward Schatz, "The Logics of State Weakness: An Introduction", p. 15.

自主努力下，中亚各国迅速确立起了各自的外交决策系统，并日益娴熟地开展外交工作。[1] 显而易见，由于中亚国家独立之时国际体系已经形成了较为稳定和成熟的规则体系，因此中亚国家融入国际社会的重要渠道是接受这些规则体系。其中，由于国际组织或制度是国际规则的集中体现，从中亚各国在独立之后加入国际组织的情况，大致可以管窥中亚各国融入国际社会的迅速程度。具体可参见表8.2。

表8.2　　　　　　　中亚国家加入国际组织的时间表[2]

	联合国（UN）	欧安组织（OSCE）	北大西洋合作理事会（NACC）	和平伙伴关系计划	国际货币基金组织（IMF）	世界银行（WB）	欧洲复兴开发银行（EBRD）	关贸总协定/世界贸易组织（GATT/WTO）	上海合作组织（SCO）
哈萨克斯坦	1992年3月	1992年1月	1992年3月	1994年5月	1992年7月	1992年7月	1992年1月	2015年11月	2001年6月
乌兹别克斯坦	1992年3月	1992年1月	1992年3月	1994年7月	1992年9月	1992年9月	1992年1月	无	2001年6月
吉尔吉斯斯坦	1992年3月	1992年1月	1992年3月	1994年5月	1992年5月	1992年9月	1992年1月	1998年12月	2001年6月
塔吉克斯坦	1992年3月	1992年1月	1992年3月	2002年2月	1993年4月	1993年6月	1992年1月	2013年3月	2001年6月
土库曼斯坦	1992年3月	1992年1月	1992年3月	1994年6月	1992年12月	1992年9月	1992年1月	无	无

资料来源：Michael J. Tierney, *Commitments, Credibility and International Cooperation*: *The Integration of Soviet Successor States into Western Multilateral Regimes*, University of California, San Deigo, Ph. D. Dissertation, 2003, pp. 98 – 99. 本章在引用时做了必要的删节和更新。

---

[1] 比较典型的是吉尔吉斯斯坦外交政策的形成过程，可参见 Thomas J. C. Wood, *The Formation of Kyrgyz Foreign Policy（1991—2004）*, Ph. D. Dissertation, 2005, Tufts University；也可参见乌兹别克斯坦外交政策原则的确立过程，Bernardo Teles Fazendeiro, *Uzbekistan's Foreign Policy The Struggle for Recognition and Self – Reliance under Karimov*, New York：Routledge, 2018, pp. 43 – 66.

[2] Michael J. Tierney, *Commitments, Credibility and International Cooperation*: *The Integration of Soviet Successor States into Western Multilateral Regimes*, University of California, San Deigo, Ph. D. Dissertation, 2003, pp. 98 – 99.

从表8.2可以看出，中亚五国在独立之后2—3年左右的时间里，迅速完成了"融入"现有体系中的相关程序，这体现了各国对获得国际承认的急迫心理。当然，中亚各国是否全面内化了主要的国际规则仍有待进一步考察，但通过加入主要的国际组织或机构，中亚各国的国家主权得以确认、国际合法性得到有效提高，其外交交往的成效得到彰显。需要指出的是，在促进中亚国家接受现有国际规则和促进它们融入国际社会方面，以美国为首的西方国家的确发挥了重要的作用。苏联解体后，西方国家对以"华盛顿共识"为基础的新自由主义国际规则体系的信心高涨，热切期盼以此塑造中亚国家的政治发展方向，故它们急切地向包括中亚国家在内的新独立国家扩散国际规则，这也是各国在很短的时间内融入国际社会的重要原因。针对新独立的国家，美国推出了基于以"自由支持方案"为基础的援助计划，但其援助力度远小于二战后美国援助欧洲的"马歇尔计划"。[①] 相较而言，针对新独立的国家，美国更倚重的是由其主导的国际组织，西方有效地拓展了西方偏好的自由主义规则在中亚国家的影响。而俄罗斯在苏联解体之后自顾不暇并同样致力于融入国际社会，决定了它在相当长一段时间内没有太多精力去设计能有效影响并塑造中亚国家发展方向的地区治理规则。

在美国及其西方盟友致力于整合原苏联国家的过程中，国际货币基金组织、世界银行与世界贸易组织等国际组织扮演了重要的角色。西方对这些国际经济组织的主导、西方不愿投入巨额双边援助整合原苏联国家的考虑、这些机构在二战结束以后管理全球经济和援助第三世界国家的丰富经验、它们希望在整合原苏联国家的过程中扮演重要角色的愿望等，为这些国际经济组织在整合原苏联国家过程中发挥影响提供了基础。在整合原苏联国家的过程中，国际货币基金组织、世界银行与国际贸易组织不仅各自发挥了重要的作用，而且彼此之间有一定的分工。如引导原苏联国家推进私有化和劳工市场改革的工作，主要由世界银行来推动；而帮助成员国实

[①] 美国国会于1992年10月通过了《自由支持法案》。该法案规定在向新独立国家提供援助时要致力于实现三个方面的援助目标：（1）旨在促进发展一种竞争性和市场取向的经济，在这种经济中，大多数资源由私人所有和管理；（2）旨在支持透明和负责任的治理，并尊重人权和基本自由；（3）旨在帮助各国将"法治"概念纳入宪法实践之中，并且提高对民主制度和实践的理解。参见 Anthony R. Bichel, *Contending Theories of Central Asia：The Virtual Reality of Realism, Critical IR and The Internet*, Ph. D. Dissertation, University of Hawaii, 1997, p. 105.

现货币稳定和处理国际金融问题上的合作,构成国际货币基金组织的一个核心任务。[1] 至于世界贸易组织,尽管在促使中亚国家消除贸易壁垒、确立知识产权制度和推进经济自由化方面发挥了一定的作用,但直到2012年,只有吉尔吉斯斯坦成为该组织的成员(1998年)。所以相对于世界银行与国际货币基金组织,世界贸易组织在推进中亚国家转型的过程中发挥的作用要小一些。

整体而言,在2005年"颜色革命"蔓延到中亚地区之前,基于国家构建和融入国际社会的紧迫需要,中亚国家将主要任务放在构建新规则或接受现有的国际规则上,由此决定各国内部和地区层面上的治理具有浓厚的规则治理特征。中亚各国在独立初期虽然将主要精力放在国内治理上,但中亚地区层面的治理也体现出规则治理的特征,这主要因为:其一,各国争相确立规则或接受已有规则,从而带来了地区层面规则构建或扩散的整体性地区效应;其二,中亚国家独立后,苏联各加盟共和国之间的关系变成了国家之间的关系,为了处理各国独立后迫在眉睫的问题(如边界划分、能源网络的调整、水资源的分配、军事力量的分割等),各国总体遵循了国际社会处理类似问题的惯例或规则,同时也通过签署协议或条约的方式将彼此间达成的共识予以制度化。这无疑是规则治理的重要体现。基于以上原因,我们可以将2005年之前中亚地区的治理模式称之为规则治理。但需要指出的是,规则治理并不排斥关系治理,两者本质上并行不悖。即便是在中亚地区治理以规则治理为主要模式的阶段,关系治理同样是地区治理的重要内容。如在国内理顺个人、社会、国家之间的关系,在国际上平衡参与中亚事务的诸大国关系,均是关系治理模式的体现。只是相对而言,2005年之前中亚地区治理的规则治理特征更为明显,而2005年之后中亚地区治理的关系治理特征更加显著。

第二节 2005年之后中亚地区治理中的关系治理

大体从2005年开始,中亚地区治理的主要模式似乎逐渐转向了关系治

---

[1] André Broome, *The Currency of Power: The IMF and Monetary Reform in Central Asia*, New York: Palgrave Macmillan, 2010, p. 78.

理。经过1991—2005年的制度建设和规则创制,中亚各国基本确立了相对稳定的国家运行制度。尽管各国的国家能力有大小之别,[①] 政治秩序的稳定程度有高低之分,但基本做到了"有规则可依"。在对外关系上,经过15年左右的锤炼,中亚各国不仅有效地保障了各国极为珍视的主权与独立,而且展现了较高程度的能动性,并通过奉行多元平衡的外交政策在诸大国之间进行了灵活的周旋。1991—2005年中亚国家及其地区治理所取得的成效,从一个侧面说明了规则治理模式对中亚地区的适用性与有效性。然而,2005年前后中亚地区形势发生的变化,也暴露了规则治理在稳定中亚地区局势和中亚国家开展对外交往时的局限性。2005年对于中亚国家来说是一个较为特殊的年份,先是吉尔吉斯斯坦于当年3月发生了颠覆了时任总统阿卡耶夫的"郁金香革命",同年5月,乌兹别克斯坦发生了有近200人伤亡的"安集延事件",西方国家要求对该事件进行独立的国际调查,而乌兹别克斯坦对此反应激烈,直接导致美国在乌兹别克斯坦军事基地汉纳巴德的驻军权利被取消,乌美关系因此进入一个低谷。[②] 上述事件既反映出中亚国家在独立后确立的规则在遭遇"颜色革命"冲击时效果难料,也说明中亚国家在摸索适合自身的外交政策路线时未能与积极参与中亚事务各大国的关系保持恰当的平衡。

事实上,自2003—2005年蔓延于后苏联空间国家的"颜色革命"及其事态发展,对中亚地区的治理具有转折性的意义,它们共同促成了中亚地区的治理模式从规则治理到关系治理的转型。2003年格鲁吉亚的"玫瑰革命"、2004年乌克兰的"橙色革命"与2005年吉尔吉斯斯坦的"郁金香革命",充分暴露了后苏联空间中"新独立国家"所确立的政治体制和开展的社会转型面临来自反对派与部分民众的挑战。这波抗议浪潮的传染性,也令那些未爆发"颜色革命"的国家紧张不已:因为欧亚多数国家所确立的体制,与发生"颜色革命"的国家具有诸多相似之处,在发展过程中都或多或少存在令民众有所不满的问题。而2008年俄格战争的爆发、2010年吉尔吉斯斯坦出现推翻巴基耶夫统治的"二次革命"及此后发生的

[①] Sally N. Cummings Ole Nørgaard, "Conceptualising State Capacity: Comparing Kazakhstan and Kyrgyzstan", *Political Studies*, Vol. 52, No. 4, 2004, pp. 685 – 708.

[②] John Heathershaw, "World Apart: The Making and Remaking of Geopolitical Space in the US – Uzbekistani Strategic Partnership", *Central Asian Survey*, Vol. 26, No. 1, 2007, pp. 123 – 140.

族群冲突、2014年乌克兰危机的出现、2020年白俄罗斯出现的大规模民众抗议、亚美尼亚—阿塞拜疆之间围绕纳戈尔诺—卡拉巴赫地区的领土争议问题战火重燃，则直接对整个后苏联空间国家的秩序和稳定构成强烈冲击。尽管上述事件在时间线上延续较长，事件起因也有明显差异，但它们具有一个重要的相似性，即新独立国家所确立的国家运行规则，要么难以得到国内民众的普遍或深度认同，要么无法有效保障国家间关系的稳定。正因如此，如何理顺各种关系，成为包括中亚国家在内的后苏联空间国家亟需处理的问题。

2005年左右，中亚国家治理模式从规则治理到关系治理的转型同样体现在国内社会与国家之间的关系上。尽管人们通常只将2003—2005年波及格鲁吉亚、乌克兰、吉尔吉斯斯坦发生的政权非正常更迭称之为"颜色革命"，但如果将欧亚地区民众利用选举等政治机会动员起来对政权表达不满、甚至推翻政府视为"颜色革命"的特征，那么吉尔吉斯斯坦2010年与2020年出现的两次政权非正常更迭，以及乌克兰危机、2018年亚美尼亚政局变动（2018年，亚美尼亚前总统谢尔日·萨尔基相试图卸任总统后改任总理之举引发大规模社会不满情绪，现任总理帕希尼扬通过参与社会抗议而促使萨尔基相辞职，后来当选总理），同样具有"颜色革命"的特征。显而易见，经过1991至2005年的规则创建与实施期，包括中亚国家在内的欧亚国家已经拥有初步完整的国家运行规则。然而，规则的存在及其运行，并不一定代表各国社会关系、政治力量之间关系的和谐。事实上，"颜色革命"可被视为是各国国家—社会关系出现矛盾与问题的反映。如吉尔吉斯斯坦反复发生"颜色革命"，就与吉尔吉斯斯坦南北部的权力分配不均、族群关系存在内在紧张、精英之间的权力斗争等存在较为密切的关系。[①] 如果说"颜色革命"的出现与各国政府处理国内各种关系不当密切相关，那另一个问题是，为何与吉尔吉斯斯坦共享诸多国家发展特征的其他中亚国家并未发生或反复发生"颜色革命"之类的事件。对于这一问题，人们主要从国家能力的角度来予以解释，如认为吉尔吉斯斯坦国家能力最弱，故其发生"颜色革命"之类的政局变动实属正常，因为按照传

[①] Scott Radnitz, *Weapons of the Wealthy: Predatory Regimes and Elite-led Protests in Central Asia*, New York: Cornell University, 2010.

统政治学的观点,国家内部出现暴力是被认定为国家虚弱的首要指标。[1] 不过,如果按照此标准,那么在1992—1997年年间爆发内战的塔吉克斯坦,才应该是中亚五国中国家能力最为虚弱的国家。[2] 然而,自内战结束以来,拉赫蒙却有效维持了国内统治。这说明国家能力高低并不是中亚五国受到"颜色革命"波及的首要因素。而塔吉克斯坦的案例,有助于说明有效掌握各类政治或社会关系对于确保国家稳定的重要性。塔吉克斯坦在内战后面临的主要问题,在于如何处理好反对派(塔吉克斯坦"伊斯兰复兴党")之间的关系。[3] 在此过程中,拉赫蒙采取了步步为营的方式,一步步地削弱"伊斯兰复兴党"的政治影响力,最终于2015年8月将其封禁,从而在很大程度上确保了拉赫蒙及其政党对塔吉克斯坦政权的控制。毫无疑问,塔吉克斯坦内战结束之后的政局说不上顺风顺水,甚至在2012年出现过政府军与地方武装发生小规模冲突的事件,但整体而言,拉赫蒙通过有效处理好各种政治势力的关系,确保了国家政局的基本稳定。[4] 从而使其与邻国吉尔吉斯斯坦的政局呈现出不一致的发展场景。

事实上,是否发生"颜色革命"之类的政局变动,关键还在于各国的领导层能否具备有效协调或平衡各种关系的政治手腕,或称政治领导力。如以中亚五国为例,哈萨克斯坦的政局相对稳定,前总统纳扎尔巴耶夫被认为具有高超的政治技巧,不仅有效地处理了可能影响哈萨克斯坦国家统一的族群问题,[5] 而且有效地团结了各政治精英,不仅防范了"颜色革命"对哈萨克斯坦的冲击,而且还保障了哈萨克斯坦政权权力的平稳交接。[6] 不可否认,哈萨克斯坦拥有丰富的能源资源,为哈萨克斯坦精英维系政权

---

[1] John Hearthershaw and Edward Schatz, "The Logics of State Weakness: An Introduction", p. 4.

[2] Iraj Bashiri, *The History of the Civil War in Tajikistan*, Boston: Academic Studies Press, 2020; Tim Epkenhans, *The Origins of the Civil War in Tajikistan Nationalism*, *Islamism and Violent Conflict in Post-Soviet Space*, New York Lexington Books, 2016.

[3] Muriel Atkin, "Token Constitutionalism and Islamic Opposition in Tajikistan", *Journal of Persianate Studies*, Vol. 5, No. 2, 2012, pp. 244 – 272.

[4] Martha Brill Olcott, *Tajikistan's Difficult Development Path*, Washington, D. C. Carnegie Endowment for International Peace, 2012.

[5] Edward A. D. Schatz, "Framing Strategies and Non-conflict in Multi-ethnic Kazakhstan", *Nationalism and Ethnic Politics*, Vol. 6, No. 2, 2000, pp. 71 – 94.

[6] Sally Cummings, eds., *Kazakhstan: Power and the Elite*, New York: I. B. Tauris, 2005; Edward Schatz, "Reconceptualizing Clans: Kinship Networks and Statehood in Kazakhstan", *Nationalities Papers*, Vol. 33, No. 2, 2005, pp. 231 – 254.

生存和社会稳定提供了重要的资源基础。然而，世界上能源资源丰富而又陷入资源诅咒的国家同样不在少数，这或许从一个侧面说明处理各类政治和社会关系的技巧或手腕，对于一个能源丰富的国家确保社会稳定的重要性。这一判断，或者同样适用于土库曼斯坦和乌兹别克斯坦。整体而言，这两个国家与哈萨克斯坦一样，拥有较为充裕的能源资源，再加上政治精英治国理政手段的高明，至少确保了两国在独立之后并未遭遇足以颠覆政权的群体性事件，这或许也是两国前任总统——土库曼斯坦的尼亚佐夫与乌兹别克斯坦的卡里莫夫——突然去世后，两国的政权交接能确保大致平稳的主要原因。[1]

与对内需要处理好国家—社会诸种关系以保障国家稳定相似，中亚国家独立之后面临的另一个艰巨任务是处理好各种外部关系。这种所谓的"外部关系"，主要是指中亚国家与邻国之间的关系以及与积极参与中亚事务的主要大国之间的关系。这两类外部关系对于中亚国家的构建和转型的意义不同。独立后的中亚国家间关系较为复杂，而且还继承了苏联时期留下的一些矛盾与纷争。因此，能否恰当地处理与邻国关系，各国能否与邻国友好共处，并妥善处理好它们与邻国之间的各类潜在或现实矛盾。这些问题对中亚各国的影响，不仅仅是经济发展与社会稳定方面的，有时还涉及国家主权与领土完整，如各国之间的边界问题。换言之，与邻国之间的关系攸关中亚各国能否为自身发展提供一个稳定或友善的周边环境；而发展与域外大国之间的关系，则攸关各国能否获得大国的承认与支持，无论这种支持是物质层面上的，还是象征性或声誉层面上的。积极参与中亚事务的域外行为体很多，但最为积极或影响力较大的主要行为体曾发生过变化，如在20世纪90年代初期，积极参与中亚角逐的大国为俄罗斯、伊朗、土耳其等；待到20世纪90年代末，尤其是"9·11"事件之后，对中亚地区事务产生重要影响的行为体变为俄罗斯、美国与中国。整体而言，积极发展与这些行为体之间的友好关系，对于中亚国家维系自身生存，拓展国家交往、收获各种外部资源具有重要意义。

2005年之前，中亚国家主要将注意力集中在为与邻国、主要大国这两

---

[1] 杨恕：《中亚国家的权力交接形式及其评估》，载王缉思主编《中国国际战略评论2017》，世界知识出版社2017年版，第258—270页。

类主要行为体进行交往而确立规则上；2005年中亚地区的事态发展促使中亚国家不得不将更多的注意力放在如何处理和平衡各种外部关系上。就中亚国家间关系而言，在20世纪90年代初，中亚各国为了维系彼此间的团结和合作，曾经组建过地区合作机构。如哈萨克斯坦、吉尔吉斯斯坦与乌兹别克斯坦三国曾于1994年成立中亚经济联盟（CAEU）。由于在成立后该组织无所作为，1998年，上述三国将该组织改名为中亚经济合作组织（CACE），同年3月，塔吉克斯坦加入；2002年，该组织再次被改名为中亚合作组织（CACO）。2004年，俄罗斯加入，该组织随即与2000年由俄罗斯、白俄罗斯、哈萨克斯坦、吉尔吉斯斯坦、塔吉克斯坦组建的欧亚经济共同体（EEC）合并。欧亚经济共同体由俄罗斯主导，其与中亚合作组织之间的合并，意味着中亚国家建立一个主要涵盖本地区合作机制的努力遭遇了失败。[1] 中亚国家开展一体化努力的艰难，其背后所反映的是中亚国家之间存在诸多难以协调的矛盾与分歧。而一体化努力无疾而终，导致中亚各国不得不主要依托双边机制，或其他由域外大国主导的多边合作机制，如俄罗斯主导的集体安全条约组织、欧亚经济共同体（2015年之后的欧亚经济联合）、中俄共同引领的上海合作组织等，以此来协调中亚地区内部各国间的关系。需要注意的是，奉行积极中立政策的土库曼斯坦始终对多边合作机制抱有疑虑，自然也对域外大国主导的多边机制敬而远之。

　　中亚国家无力建立起本地的地区一体化组织，在很大程度上说明中亚各国彼此之间关系管理的乏力。事实上，除了无法有效推进地区一体化进程，各国30年来始终无法解决彼此之间的边界划分和水资源问题、无法为解决地区安全问题提供充足的国际公共产品，等等。这并不是说中亚各国之间不存在处理彼此之间关系的规则，事实上，各国在独立后迅速接受并遵守了国际社会主导的国家主权和不干预他国内政等基本规范，只不过在携手打造适合本地区区情、符合各国交往习惯的地方化规则方面，中亚国家进展不大。这主要受到中亚各国国家利益存在诸多分歧的影响，同时也受到各国领导人之间意气之争的影响，如乌兹别克斯坦总统卡里莫夫与哈萨克斯坦总统纳扎尔巴耶夫、塔吉克斯坦总统拉赫蒙之间存在或多或少的

---

[1]　可参见周明《影响中亚地区一体化的主要因素探析》，《国际问题研究》2016年第3期；U. lugbek Azizov, "Regional Integration in Central Asia: From Knowing – that to Knowing – how", *Journal of Eurasian Studies*, Vol. 8, No. 2, 2017, pp. 123 – 135.

私人恩怨。由此可见，国家间关系治理不仅涉及政府之间的关系，而且还与领导人之间的私交状态息息相关。而将2005年作为中亚国家治理模式从规则治理到关系治理转变的时间节点，主要依据在于2005年10月，中亚合作组织决定与欧亚经济共同体合并，从而导致中亚各国共同推动和主导的地区合作组织无疾而终。这充分说明中亚各国在合作过程中无法有效通过指定规则协调和解决各国之间的分歧。在此之后，中亚各国主要通过双边方式应对彼此间的矛盾与纷争，这使得各国之间的治理模式具有重要的关系治理特征。

2005年中亚各国应对域外大国的策略和方式也出现向关系模式转变的特征。中亚国家自独立之后，基本奉行与诸大国交往的多元平衡外交政策。相对来说比较特殊的是乌兹别克斯坦。乌兹别克斯坦在2005年前致力于改善与西方，尤其是美国之间的关系。乌兹别克斯坦的这一诉求在"9·11"事件之后取得了重要进展。2002年3月，美国乌兹别克斯坦签署《战略协作关系协定》，标志着乌兹别克斯坦与美国之间形成了准联盟关系。而其他中亚国家，虽然也奉行多元平衡外交政策，但政策的优先方向仍以俄罗斯作为重点。不过，为了获得美国更多的支持，同时也更为有效地保障自身的安全，中亚各国同样借美国进驻中亚并加大对该地区的投入和关注之机，纷纷表达了对美国在中亚地区开展反恐行动的支持。在此背景下，美国迅速扩大了在中亚地区的影响力。但2003—2005年"颜色革命"在欧亚地区的扩散，直接挑战了中亚国家维系与西方国家，尤其是管理与美国之间友好关系的能力。尤其令中亚国家警惕的是，美国在"颜色革命"前大肆宣扬西方"民主"和"人权"价值观，并积极支持各种西方非政府组织在欧亚国家活动，在"颜色革命"中呼吁各国政府尊重民众的"自由选择"、督促各种政府不得向抗议者使用武力的等立场，被欧亚国家的政府精英解读为美国试图支持并推动"颜色革命"在欧亚地区的扩散。

尤其是2005年5月美国对乌兹别克斯坦"安集延事件"的立场，令中亚国家政府精英担心美国会颠覆各国现任政府，也给中亚各国提出了如何在利益存在明显分歧甚至冲突的大国间维持有效平衡的外交关系这一难题。基于对西方推动"颜色革命"的恐惧，中亚国家普遍加大了对中俄两国的倚重。在2005年7月召开的上海合作组织阿斯塔纳峰会上，会议发表的元首宣言表示:"鉴于阿富汗反恐的大规模军事行动已经告一段落,上海合作组织成员国认为,反恐联盟有关各方有必要确定临时使用上海合作组织成员国上述基础设施及在这些国家驻军的最后期限"。① 由于得到上海合作组织其他成员国的支持,乌兹别克斯坦于 2005 年 11 月将美军从其汉纳巴德军事基地驱逐出去。这种态势实际上反映了中亚国家对待西方国家态度上的转变:各国对于政权可能被颠覆的恐惧,压过了对与美国合作反恐获得收益的期待,由此也带来了各国对外交政策重点或优先方向的改变,如加强与中国、俄罗斯等不干预中亚国家内政的大国之间的联系。这种转变,其实质在于中亚各国在形势变化的情况下,重新调整与各主要大国之间的关系。

通过对西方国家在"郁金香革命"和"安集延事件"中所扮演角色的反思,中亚国家充分意识到平衡好各域外大国之间关系的极端重要性。在处理外部关系上,2005 年之前,中亚国家主要将注意力集中在建立外交决策体制、积极参与国际事务、探索与诸大国共处之道等问题上,签署条约、缔结协定是其中的主要内容,而这些内容具有规则治理的特征;2005年左右,由于中亚国家经历了"颜色革命"的冲击,与西方关系趋冷,导致中亚国家不得不放弃进一步向西方靠拢的外交路径,转而奉行"多元平衡外交政策",其中与中国、俄罗斯的合作更为紧密、也更为频繁。显而易见,经过 15 年的摸索,中亚各国对大国在中亚地区进行"新大博弈"所提供的机遇和带来的挑战已有较为清晰的认识,而条约和协议的签署和执行,也为各国形成相对稳定的互动模式奠定了必要基础。然而,2005 年"颜色革命"的扩散与西方支持"颜色革命"扩散的立场,使中亚国家意识到西方对民主、人权等价值观的强调并非口头空谈,而且可能对各国政局稳定带来严重的负面影响。有鉴于此,中亚各国在 2005 年整体而言注意与各域外大国均保持友好关系,避免过于亲近某一大国而带来难以预料的风险。中亚各国与大国交往时建立或维系"关系平衡"有诸多体现。② 中亚国家乐意参加由不同大国主导的地区合作机制:多边机制如集体安全条

---

① 《上海合作组织成员国元首宣言(2005 年 7 月 5 日,阿斯塔纳)》,http://www.gov.cn/gongbao/content/2005/content_ 64324. html。

② 关于关系平衡的学理涵义,可参见 Chiung - chiu Huang and Chih - Yu Shih, *Harmonious Intervention*: *China's Quest for Relational Security*, Burlington: Ashgate Publishing Company, 2014.

约组织、欧亚经济共同体及后来的欧亚经济联盟、欧洲安全与合作组织、上海合作组织等；小多边机制如仅涵盖中亚五国与单一大国的 C5+1 机制（如美国的、中国的、俄罗斯的、日本的、印度的等）；各大国提出的合作倡议，如美国曾提议的"大中亚伙伴关系计划""丝绸之路战略"，中国提出的"一带一路"合作倡议，俄罗斯提出的"大欧亚伙伴关系计划"等。由于大国在中亚地区所追求的利益或诉求具有一定的互斥性，故大国提出的倡议或组建的机制或多或少存在竞争，但通过与大国均保持良好关系，避免选边站队，中亚国家整体上保障了自身独立与主权。而一旦其不注意维持关系平衡，或两面甚至多面通吃，那么不排除国内政局也会因此而受到大国影响。如吉尔吉斯斯坦巴基耶夫政府试图利用向美军租赁玛纳斯军事基地一事，试图同时"讹诈"美国与俄罗斯：一方面向美国提出提高租金的要求，否则将驱逐美军；另一方面向俄罗斯保证，一旦获得其提供的大规模援助，将停止向美军租赁基地。巴基耶夫政府的行为，导致当反对派动员民众反对巴基耶夫政府并要求其辞职时，美俄两国均未向其提供实质性的支持，使得巴基耶夫政府不得不黯然下台。[①] 由此可见，对于中亚国家而言，促进或维系大国在中亚地区的关系平衡，是保证国家主权和政府生存的重要途径，而一旦关系平衡被打破，那么后果则难以预料。

第三节　中亚地区治理模式转变的动力与影响

中亚地区治理模式从规则治理到关系治理模式的转变，无疑是有其深层原因的。大体而言，至少包括以下几个原因：中亚国家面临的主要任务发生明显转变、治理议题的丰富与拓展、参与中亚地区治理的主要行为体调整自身政策，以及上述诸种因素结合所产生的涌现效应等。

（一）中亚国家面临的主要任务发生明显转变

中亚地区治理模式出现了从规则治理到关系治理模式的转变，首要原

[①] 关于俄美围绕玛纳斯军事基地的复杂博弈过程，可参见 Alisher Khamidov, *The Base of Contention*: *Kyrgyzstan*, *Russia and The U. S. in Central Asia* (2001—2010), Ph. D. Dissertation, John Hopkins University, 2011.

因是因为地区各国所面临的任务发生明显变化。以 2005 年为界,在此之前,中亚五国的工作重点在于确立国家运行的基本规则,以此来规范国内族群、地方、精英与民众等诸多关系,确保国家独立和政权生存。在 2005 年之后,中亚国家发现确立规则只是国家构建和社会转型的一个方面,另一个同等重要的方面是各种关系本身需要得到有效的校准和调整,使之达到一种相对稳定的状态,这是保障各国独立与安全的重要路径。换言之,中亚各国国家治理首要任务的变化,对该地区治理模式的演进具有直接的影响。如前所述,2003—2005 年蔓延于后苏联空间国家的"颜色革命"浪潮,提醒了中亚国家的政府精英注意维系或理顺国内不同行为体之间或与大国之间关系的重要性,从而在很大程度上促进了中亚地区治理模式发生转型。

大体而言,中亚国家 30 年来的转型路径没有经历较突出的曲折过程。以各国所确立的政治体制为例,30 年来中亚国家经过摸索已经确立起了具有一定威权特征的政治体制。除了吉尔吉斯斯坦的政治体制经历过较多变化,其他中亚国家的政治体制至 2005 年左右已基本定型。按照西方的标准,中亚五国没有一个国家可被视为西方式的"自由民主国家"。如西方非政府组织"自由之家"(Freedom House)在 2017 年将中亚四个国家(哈萨克斯坦,塔吉克斯坦,土库曼斯坦和乌兹别克斯坦)的政治权利得分定为最糟糕的 7 分,将它们定性为"完全独裁统治(outright dictatorships)",尽管先前仅有 5 分的吉尔吉斯斯坦得分略有改善,但仍不能满足民主的最低要求。[①] 然而,中亚五国均会定期进行选举,这意味着中亚国家的政治体制仍具有一定的竞争性。

中亚国家在其他领域的体制规则虽然称不上完善,但基本轮廓在 2005 年左右也已大致成型。而"颜色革命"在中亚地区(吉尔吉斯斯坦发生的"郁金香革命"、乌兹别克斯坦发生的"安集延事件")的扩散与衰退,提醒了中亚国家的政府精英,规则的确立是一回事,关系的治理则是隐藏在规则背后、影响政局稳定或政权生存的更重要因素。在中亚地区,那些非正式政治力量对于国家政局所产生的影响同样不容忽视。非正式政治力量

---

① Grigorii V. Golosov, "The Five Shades of Grey: Party Systems and Authoritarian Institutions in Post – Soviet Central Asian States", *Central Asian Survey*, Vol. 39, No. 3, 2020, pp. 285 – 302.

是游离于正式的制度安排之外的一种权力或政治资源。如以吉尔吉斯斯坦为例，其政治发展，包括三次政权非正常更迭的出现，均与非正式政治力量的存在与运行有非常密切的关系。大体而言，在吉尔吉斯斯坦，反对派所掌握和运用的非正式政治力量主要分为三类，即个人政治关系网络、部族认同与部族群体、传统政治习俗。这三类非正式政治力量能够起到帮助反对派募集资金、动员支持者、获取舆论支持、削弱政府合法性、策反政府高层官员等作用。一旦吉尔吉斯斯坦民众对在任政府有所不满，它们往往会通过非正式政治力量动员民众掀起抗议活动、挑战政府权威、影响政局稳定。在塔吉克斯坦等国家，非正式政治力量甚至可能在激发国家产生暴力的过程中扮演重要角色。[1] 如前所述，不能将中亚国家的非正式政治力量赋予纯粹的消极意义，但这种力量的存在及其活动本身，对于各国政府持续有效地贯彻规则治理会产生一定的消极意义。

正因如此，着眼和推进关系治理模式，客观上也是中亚各国治理非正式政治力量的一种手段。除了要推进对非正式政治力量的有效管理及保障规则与非正式规则之间形成良好互动，中亚国家在2005年前后也更为清醒地意识到与积极参与中亚事务的主要大国维持良好关系的高度重要性，这是各国在保障国家独立和政权生存的基础上获得重要外交资源的基础和前提。2005年是中亚地区治理模式转化为关系治理的一个重要时间节点，它通过"颜色革命"提醒各国忠实且灵活地贯彻多元平衡外交政策的必要性。另一个时间节点是2010年巴基耶夫在处理美军在玛纳斯军事基地的去留问题上，因同时得罪了美国、俄罗斯，进而导致自身被民众颠覆，这也提醒了中亚国家需要在博弈的大国间谨慎处理关系，避免因触怒某一大国而面临难以预料的严重后果。而乌兹别克斯坦总统卡里莫夫2016年的去世，进一步推动了关系治理成为中亚国家处理对外关系时的主导性治理模式。卡里莫夫去世后，接任的乌兹别克斯坦总统米尔济约耶夫改变了卡里莫夫时期"独立自守"[2] 具有较多封闭性的外交政策，转而奉行"邻国优先"为基础的多元平衡外交政策，从而带来了中亚国家之间关系的改善，

---

[1] Idil Tunçer – Kılavuz Power, *Networks and Violent Conflict in Central Asia: A Comparison of Tajikistan and Uzbekistan*, New York: Routledge, 2014.

[2] 焦一强：《"继承"还是"决裂"？——"后卡里莫夫时代"乌兹别克斯坦外交政策调整》，《俄罗斯研究》2017年第3期。

甚至重启了停滞多年的中亚地区一体化进程，如2018年、2019年中亚五国召开了两次元首峰会。① 得益于各国均将关系治理作为维护自身主权和处理外部关系的主要方式，中亚地区治理模式出现了转型也就在情理之中。

（二）治理议题的丰富与拓展推动治理模式的转变

在中亚国家的转型过程中，随着时间的推移，治理议题得到进一步的丰富。在中亚地区，主要的治理议题包括：如何融入国际社会，有效管控塔吉克斯坦内战与国家内部的族群紧张（如吉尔吉斯斯坦1990年、2010年两次发生族群冲突）、处理中亚国家之间的边界划分与水资源分配、打击"三股势力"、防范"颜色革命"、管理劳务移民的跨界流动、打击阿富汗毒品与应对阿富汗局势动荡可能带来的外溢效应、治理咸海危机、缓解气候变迁和环境恶化对本地区国家所产生的影响、加强人文交流和应对域外价值观在该地区的扩散、推进域内外国家之间的互联互通、规范和管理国内或国际非政府在各国和本地区的活动、开发能源资源和修建能源管线、里海划界及其资源开发、加强公共卫生问题的治理、构建现代意义的教育体系，等等。这些治理议题是随着形势的发展而逐渐被纳入治理议题中的。如以打击"三股势力"中的恐怖主义势力为例，在20世纪90年代后期该议题才在中亚地区治理中得以凸显，到"9·11"事件后美国在阿富汗开展军事行动，反恐则成为中亚地区治理中最重要、最迫切的议题。再如中亚地区与毗邻地区的互联互通，在2004—2005年美国就提出联通中亚与南亚的"大中亚计划"，但直到2013年中国在哈萨克斯坦提出"丝绸之路经济带"倡议后，才得到域内外国家的显著重视。

尽管我们难以一一指出繁多治理议题在中亚地区出现的具体时间，但整体趋势是，2005年之前的中亚地区治理议题更多地涉及传统安全领域，2005年之后的议题更多地涉及非传统安全领域。如中亚边界划分、里海划界、水资源分配等议题自中亚国家独立伊始便成为一个重要的地区治理议题，且延续至今。这些议题均与中亚国家的主权或领土完整息息相关。至于防范"颜色革命"、应对阿富汗毒品等议题，则攸关中亚国家的政权稳

---

① 参见周明《乌兹别克斯坦新政府与中亚地区一体化》，《俄罗斯研究》2018年第3期。

定或经济发展，往往是在 21 世纪以来才成为重要的治理议题。不同类型治理议题的凸显，整体契合 2005 年前后中亚国家面临紧迫国家任务发生变化这一趋势。当然，需要指出的是，中亚国家面临的主要任务的变化，虽与治理议题的丰富有一定的关系，但两者之间并不完全等同。如有的治理议题并不构成中亚国家亟需处理的要务，它并未被中亚决策者视为需要迫切需要处理的急迫或重大议题，但在关心该治理议题的行为体看来，该问题依旧有被提出或处理的必要。如中亚公民社会的发展，就是一个中亚各国政府与民间存在意见分歧的治理议题。当然，许多地区治理议题之所以能被提出，往往是因为中亚各国政府与其他治理主体具有共识，故其出现在中亚地区治理议题的清单之中。由于诸多治理议题的解决旷日持久，这会导致某个治理议题一旦被提出，就很难从各国的议事日程上消失。即使某个治理议题的重要性在下降，但由于惯性和治理该议题会带来形成特定的利益集团，治理议题仍将会得到一定的关注。如此一来，地区治理议题不断膨胀也就顺理成章。

　　中亚地区治理议程的不断丰富，离不开中亚国家自身的提议和参与，但域外大国的引导似乎扮演了更为重要的角色。独立后的中亚国家面临诸多有待处理和应对的国内或地区问题，但由于缺乏构建现代民族国家的经历，再加上独立后资源较为匮乏，它们在创设地区治理议题时，往往有心无力，故主要有赖于域外大国的介入或资助。无论是咸海问题的治理和能源管线的设计或建设，还是打击"三股势力"或应对中亚国家边界管理，亦或中亚地区的互联互通或推进中亚地区一体化，等等，这些议题的出现和治理，更多的时候需要由域外行为体来提议，甚至予以资助。其中比较典型的是欧盟。欧盟同样是参与中亚"新大博弈"的重要行为体，但它缺乏美国、俄罗斯、中国在参与中亚事务的硬实力，故其倾向于作为"规范性力量"发挥示范效应，着重强调在中亚地区扩散西方价值观念，并积极支持中亚国家围绕非传统安全问题进行合作，客观上带来中亚地区治理议题的拓展和膨胀。事实上，欧盟为推进中亚地区治理，在该地区启动和资助了不少地区治理项目。如仅加强中亚国家的安全治理能力，欧盟就启动了以下项目：资助中亚国家边界管理的中亚边界管理项目（BOMCA，Border Management of Central Asia），帮助中亚打击毒品走私的中亚毒品行动计划（CADAP，Central Asia Drug Action Program）；保护环境的欧洲环境进程

(Environment for Europe Process)，欧盟东欧与中亚水资源倡议（EU Water Initiative for Eastern European and Central Asia）等。与欧盟类似，其他积极参与中亚地区事务的行为体，基于利他和利己的混杂动机，同样致力于将自身关心的议题推动成为地区治理议题，从而带来了地区治理议题的极大丰富。

治理议题的不断膨胀，客观上也要求中亚地区治理模式发生转型。由于议题往往涉及诸多行为体，当某个议题成为地区治理议题时，如何处理治理主体间的关系，成为促进该议题产生成效的必要条件。相较于治理议题较少时可依赖于规则来推进治理，当治理议题急剧增多时，关系治理不可避免地会成为主导性的治理模式。如前所述，2005年前后，不少中亚地区治理议题涉及各国的传统安全，如哈萨克斯坦的弃核问题。此问题因攸关核武器扩散和哈萨克斯坦的国家主权，毋庸置疑属于高级政治的范畴，而且具有广泛的地区与国际影响，涉及至少包括哈萨克斯坦、美国与俄罗斯三国，因此，处理好该问题同样具有重要的关系治理特征。不过，由于哈萨克斯坦是唯一一个从苏联继承核武器的中亚国家，加上俄罗斯自顾不暇，无意帮助哈萨克斯坦承担销毁核武器所需付出的诸多成本，故对此问题的处理主要经由美国与哈萨克斯坦协商解决。为促使哈萨克斯坦放弃核武器，美国对哈萨克斯坦做了大量的物质补偿。1992年5月23日，哈美双方签署了《里斯本协定》，哈萨克斯坦保证在20世纪90年代结束之前放弃所有的核武器，而美国同意对哈萨克斯坦与乌克兰和白俄罗斯两个有核国家提供8亿美元的补偿。显而易见，哈萨克斯坦的弃核过程虽离不开哈美俄三角关系的处理，但其核心仍在于哈萨克斯坦自身决定放弃核武器，以及国际社会已经形成了不扩散核武器的规范，即受到《核不扩散条约》《削减战略武器条约》等规则的约束。诸如哈萨克斯坦弃核、划分中亚国家边界、商议中亚水资源分配等高度具有敏感性的问题，因治理主体有限，故国家间达成的共识及基于此签署的国际条约或规则更为有效。而当诸多域外大国借应对中亚非传统安全问题而创设诸多地区议题时，一方面难以确立明确的规则，另一方面这些问题的处理涉及中亚地区域内国家、域外大国及彼此之间纷繁复杂关系的处理，自然也就使平衡各类行为体或各治理议题之间的关系成为治理的主要任务和核心内容。

（三）治理主体之间的竞争与分化助推了治理模式的转型

参与中亚地区治理的行为主体政策的调整也是推动治理模式转型的一种动力。整体而言，关心或参与中亚地区治理的行为体不仅数量明显增多，而且它们对不同领域议题的关注导致形成了错综复杂的治理网络。截止目前，在中亚地区治理中扮演了一定角色的行为体，至少包括美国、俄罗斯、中国、欧盟、土耳其、伊朗、印度、日本、韩国、巴基斯坦等。这些行为体积极参与该地区事务，并试图影响该地区局势的发展。而创设新的治理议题，或者对既有治理议题的治理规则、发展方向施加影响，又是这些行为体影响该地区局势发展的重要路径。对于大国介入中亚地区事务所形成的态势，人们习惯用"新大博弈"的术语加以表达，参与"新大博弈"的行为主体，往往也是积极介入甚至创设中亚地区治理议题的行为体。

通过回顾域外行为体介入中亚地区治理的历程可以发现，"新大博弈"中活跃的行为体发生过变化。大体而言，较为关注中亚事务且有向该地区进行各种投入的能力和意愿，进而能对各种地区治理议题的出现和应对发挥重要作用的行为体，并不始终就是人们当前谈论参与"新大博弈"的行为主体，如俄罗斯、美国、中国。在中亚国家独立初期，由于文化亲缘性和致力于开拓新的战略空间，积极参与中亚事务的行为体主要是土耳其与伊朗，而中美直到20世纪90年代后半期才基于不同的原因加大了对中亚地区的投入。美国着眼的是开发和输出中亚地区的能源资源，而中国则关注与中亚邻国之间的边界划分和打击恐怖主义问题。俄罗斯在20世纪90年代初期因经济原因对中亚各国采取了"甩包袱"政策，直到1996年左右普里马科夫担任俄罗斯外交部长，才转而重新重视包括中亚国家在内的欧亚空间对于俄罗斯重获世界大国地位的重要性。[①] 换言之，20世纪90年代前半期参与"新大博弈"的主体是土耳其、伊朗，只有到了20世纪90年代后期，其主体才变成俄罗斯、中国与美国。不过，由于俄罗斯与该地区存在千丝万缕的联系，即便是在俄罗斯冷落中亚地区的20世纪90年代

---

① 也有观点认为1993年俄罗斯通过国家安全战略，重新强调后苏联空间国家的重要性，是俄罗斯重新重视中亚地区的转折点。

上半叶，其影响也是其他参与中亚地区博弈的行为体无法忽视的。而当俄罗斯加大对中亚地区的关注和投入后，其对中亚地区事务的影响力自然也就得到进一步的彰显。截止目前，中亚地区在权力格局上已初步形成中美俄三足鼎立的局面，它们对中亚地区议题的发展演变和治理模式的转型所产生的影响也最为突出。

参与"新大博弈"的行为体往往关注中亚地区治理的不同领域，与之相关的政策也经历过变迁。这种变迁，促成了中亚地区治理模式的变化。关于"新大博弈"对中亚地区和平与稳定的影响这里难以展开讨论，但显而易见的是，不同行为体具有不同的诉求，并追求不同的利益，这是各方进行"博弈"的前提。基于不同的诉求和各国比较优势的差异，中美俄三国优先关注的中亚地区治理议题有所不同。相对而言，俄罗斯因其在中亚地区享有其他大国难以匹敌的传统和影响力，故其对中亚地区治理的几乎全部议题均表示出兴趣，尤其是高度关注该地区的安全议题；而美国因其距离中亚地区较远，再加上中亚地区不是其优先战略区域，故美国往往只是对攸关其战略目标——维护其全球主导地位——的议题感兴趣，如在阿富汗开展军事行动、塑造中亚国家的政治方向、遏制俄罗斯和中国、开发并向其欧洲盟友输送能源资源以削弱俄罗斯的影响等。而中国因自身发展的需要，更多地关注与中亚国家合作打击"三股势力"、联合稳定阿富汗局势（如阿富汗重建、打击阿富汗毒品等）、携手推进该地区的互联互通、加强与中亚国家在人文（包括公共卫生领域）等领域的合作等。当然，这里的梳理仅仅只是提示性的，各主要大国既然是参与中亚"新大博弈"的主要行为体，那么它们在中亚地区诸多治理议题上均有一定影响，这与其他相对弱势的行为体往往只关注某个或某些特定的治理议题、影响力只局限于特定领域有所不同。

除了重点关注的治理议题有所差异，不同国家推崇的治理模式事实上也有所不同。如包括美国在内的西方行为体特别重视塑造中亚国家的发展方向，其中主要路径是引导中亚国家采取西方式的规则、规范，这尤其体现在西方借助其主导的国际金融机构有计划、有步骤地向中亚国家灌输西方式的价值理念和具体规则上。而中国则注意与中亚国家维系关系稳定与平衡，迄今为止中国与五个中亚国家全部建立了战略协作伙伴关系，中国在参与中亚事务的过程中始终注意与俄罗斯保持沟通与协调，致力于与阿富汗毗邻的中亚国家围绕阿富汗稳定问题开展协调，在一定程度上均是中国侧重关系治理模式的体现。而俄罗斯则同时注重规则治理与关系治理。表面上，通过其所掌控的多边机制，如独联体、集体安全条约组织、欧亚经济联盟（此前的欧亚经济共同体）等，与这些组织的成员国签署了难以精确统计的条约、规则与协定，然而在地区治理过程中，这些规则得到落实的寥寥无几。事实上，俄罗斯在参与中亚地区治理议题中虽然热衷于拟定或签署规则，但将更多的注意力放在了管理与各国家的双边关系上。也就是说，俄罗斯在参与中亚地区治理时虽然是规则治理与关系治理并重，但其实质仍在于关系治理。

尽管中美俄三国关注的主要治理议题和偏好的治理模式有所差异，但随着中亚地区形势的变迁，最后均不得不将关系治理提升为主要的治理模式。在大国参与"新大博弈"的过程中，随着时间的流逝，无论是介入其中的行为主体数量，还是治理议题数量，均呈增多之势。尤其是治理议题的数量，始终处于泛滥的状态。于是，在地区治理过程中，大国与大国之间、大国与中亚国家之间、中亚国家彼此之间、各种治理议题之间，均形成了错综复杂的关系网络。繁杂且性质有别的关系网络，很难有统一的规则予以规范或治理。再加上"新大博弈"主体之间还或多或少地存在竞争关系，相关互动机制的缺失，也很难让这些大国就如何治理中亚地区存在的问题达成有效的共识。事实上，迄今为止，在中亚地区并不存在一个将美国、俄罗斯、中国、印度、伊朗、土耳其、欧盟等诸多行为体囊括在一起的多边合作机制。在此背景下，这些行为体要么主要依靠双边途径参与中亚地区治理，要么通过联合特定伙伴开展治理（无论这种联合是正式的多边机制，如中俄共同引领的上海合作组织，亦或是非正式的协调，如美国与欧盟在参与中亚事务时存在一定的协调），至于彼此竞争的大国，则有可能形成一种主要依靠通过相互摸索而形成的"潜规则"进行治理。[①] 虽然"潜规则"依旧是规则，但其主要使命仍在于处理和应对它们在参与中亚事务时所遭遇的种种问题或各种复杂关系，因此将其称之为关系治理更为恰当。事实上，即便是推崇规则治理的美国，自2005年以来，也很少就推进中亚地区的治理拟定或创设新的规则。相反，为推进遏制俄罗斯与

---

① 林民旺：《国际安全合作中的"潜规则"：一项研究议程》，《世界经济与政治》2013年第8期。

中国、塑造中亚国家的发展方向、将各国整合其所青睐的地区合作进程这三个方面的战略目标,[①] 其主要精力放在处理与之相关的行为体或议题之间的关系上。换言之,在中亚地区治理过程中,关系治理模式的重要性和普遍性已凌驾于规则治理之上,故其已成为中亚地区治理的主导性模式。上文就促使中亚地区治理模式发生变化的三个主要方面的动力作了简要的分析。大体而言,中亚国家在 30 年里所面临的主要任务的转变是最为重要的影响因素。而中亚地区治理议题的膨胀与大国在该地区的竞争,客观上也为该地区治理模式从规则治理走向关系治理提供了必要助力。总而言之,经过近 30 年的国家构建和社会转型,中亚国家面临的任务在变,大国参与地区事务的态势在变,该地区各种治理议题的治理状态及其数量同样在变。诸种变化的出现,导致该地区的治理形势越来越混沌,关系也日益复杂,由此导致无论是在客观上还是在主观上,都要求中亚地区应当超越纯粹的规则治理,更加注重关系治理的重要性。因此协调处理好域内外各种关系,增强各国应对内外部风险的能力,进而实现该地区局势的稳定,越来越构成中亚各国地区治理的重要使命。

第四节 中亚地区治理模式转变的影响

中亚国家独立 30 年以来,在地区治理模式的发展上,大体而言,以 2005 年为界,前 15 年主要呈现出规则治理的模式,后 15 年关系治理似乎更为凸显。中亚地区治理模式的转型具有多重影响。这些影响大体包括中亚国家的自主性和国际活动空间得到显著提高,地区各国寻求各种关系的平衡增大了大国主导地区事务的难度,地区治理中的正式规则与"潜规则"的影响共同导致地区治理成效好坏参半,中亚地区出现的后自由主义地区秩序为国际关系中地理治理多元化赋予了动力等。

(一)治理模式的转型提升了中亚国家的国际自主性和活动空间

中亚地区治理模式的转型,首先离不开中亚国家优先任务的变化,而

---

① 可参见曾向红《遏制、整合与塑造:美国中亚政策的战略目标》,《俄罗斯研究》2013 年第 5 期。

治理模式一旦出现转型，反过来又会对中亚国家的内外政策产生不容忽视的影响。大体而言，在规则治理为主导的治理模式阶段，中亚国家整体而言不仅实力较为弱小，而且还缺乏参与国际互动的经验和资源，故创建和内化国内国际社会规则，构成2005年之前中亚国家建设的优先任务。在此背景下，对于如何创设和处理涉及地区稳定的相关议题，中亚国家更多的处于被动接受的状态。而到2005年之后，情况则变得相反。由于前一阶段规则的制定已基本完成，而且随着国家内部和国家之间的关系变得更为复杂、对于各国来说稳定变得更为重要，故关系治理凌驾于规则治理之上，成为中亚地区治理的主导治理模式。显而易见，关系的重要性与复杂性是导致中亚地区主导治理模式发生转型的重要原因，而中亚国家实力增强、经验累积，同样可以令它们超越仅仅着眼于接受规则的阶段，并且可以比前一阶段更为积极主动地创设议程，或者直接扭转既有议程的发展方向。这从一个侧面说明，经过多年实践，中亚国家参与地区或国际治理的能力均在提高，这是治理模式转型所带来的直接影响。

　　中亚国家在地区治理中自主能力的提高有诸多体现。在规则治理为主导模式的发展阶段，中亚国家更多的是被动接受域外大国强加的治理议程，尽管中亚国家在此过程中也获益良多，但客观上中亚国家的能动性和自主性是有限的。但到了关系治理阶段，经过学习和社会化，中亚国家极大地提高了自身的外交技巧和地区治理能力，故可在诸多域外行为体之间进行灵活的周旋，有时甚至可以违背域外大国的意志，以维护自身的利益。以中亚国家与美国推进中亚地区议程为例，虽然中亚国家往往会配合美国在该地区所推进的诸多议程，但由于美国投入意愿、力度以及其他大国牵制等诸多因素的影响，中亚各国在应对美国时可展示出丰富的能动性。如在2005年之前，美国通过在阿富汗开展军事行动和加大对中亚事务的关注力度，把反恐塑造为中亚地区治理的优先议题，且得到中亚国家的积极响应，并获得了在乌兹别克斯坦和吉尔吉斯斯坦驻军的权利。然而，当中亚各国感到以美国为首的西方国家支持的"颜色革命"给各国政权生存带来强大的威胁时，中亚各国明显疏远了美国，并展现出向中国和俄罗斯倚靠的倾向。不仅如此，中亚国家还主动与中俄两国协调应对"颜色革命"的立场和政策，无形之中创设了防范和应对"颜色革命"的地区治理议程。这仅是中亚国家在地区治理中能动性体现的一个例子。不仅如此，针对美国在中亚地区为促进遏制、整合与塑造这三重战略目标,而相应地使用了强制性权力、制度性权力和呈现性权力,中亚国家会酌情根据自身的需要和诉求对这几种权力采取或配合、或抵制、或反对等形式多样的回应。[1]

再比如对于俄罗斯在中亚可能着力推进的治理议程,中亚国家同样有较为广阔的回旋空间。按照通常理解,作为欧亚地区的地区霸权国,俄罗斯可对中亚地区的治理施加强大影响,甚至可以左右地区治理议程的设置或其发展方向。在中亚各国政治、经济、社会、文化、安全等诸多领域,俄罗斯的确享有其他域外大国难以匹敌的影响力。尤其是在规则治理凸显的阶段,俄罗斯在诸多领域所创建的规则与制度,被中亚国家稍加改造后即变成了本国的规则与制度。尤其是在安全领域,如制定打击恐怖主义、规范非政府组织等的立法或规则方面,俄罗斯是中亚国家的首要参考对象。[2] 从中亚国家的角度来看,它们参与地区治理事务的过程中,能实现国际规范或规则的本地化,本身就是它们能动性和自主性的一种体现。[3] 之所以如此,离不开关系治理模式中错综复杂的关系为它们所提供的纵横捭阖的广泛空间。美俄尚且如此,其他域外大国自然更难排斥中亚国家左右中亚地区治理议题。而中亚国家之所以能在地区治理议题方面施加自身影响,离不开各国利用地区治理主体与议题之间错综复杂的关系所提供的众多机遇。中亚国家在地区治理中所展示出的能动性和自主性,是各国独立30年以来所取得的重要成就之一。

得益于参与地区治理所获得的经验,中亚各国已成为中亚和全球治理中的重要主体。其中尤为突出的是哈萨克斯坦。哈萨克斯坦不仅积极参与中亚地区的治理,如表现出对推进中亚地区一体化的浓厚兴趣,事实上还积极参与对世界上其他热点或难点问题的治理。如召集或主持由伊朗、俄罗斯和土耳其等国家参与、着重推动解决叙利亚局势问题的"阿斯

---

[1] 可参见曾向红《美国对中亚事务的介入及中亚国家的应对》,《国际政治研究》2015年第3期。

[2] Mariya Y. Omelicheva, *Counterterrorism Policies in Central Asia*, New York: Routledge, 2011.

[3] Amitav Acharya, "How Ideas Spread: Whose Norms Matter? Norm Localization and Institutional Change in Asian Regionalism", *International Organization*, Vol. 58, No. 2, 2004, pp. 239 – 275; Alexander Cooley, *Great Games, Local Rules: The New Great Power Contest in Central Asia*, New York: Oxford University Press, 2012.

塔纳进程",① 在哈萨克斯坦首都阿斯塔纳（现名努尔苏丹）主持召开寻求通过政治途径和平解决乌克兰危机的德法俄乌四国外长会议,② 在哈萨克斯坦举行由阿富汗冲突各方参加的谈判,以加快阿富汗问题的和平解决进程,③等等。诸如此类的治理倡议,既体现了中亚国家积极参与全球治理的意识,又展现了中亚国家尝试借鉴关系治理的经验推动世界其他地区棘手问题解决的意愿。虽然哈萨克斯坦是中亚五国中运用多元平衡外交政策最为娴熟的国家,其参与或推动全球热点问题解决的努力具有独特性,但这一事实依旧说明中亚五国在本地区治理模式转变为关系治理后,外交技巧得到锤炼、活动空间得到拓展。尽管其他中亚国家在参与和拓展其他地区治理议题时没有哈萨克斯坦那么积极,不过,经过学习、模仿和竞争,它们已经能非常熟稔地配合或支持域外大国开辟新的治理议题,如吉尔吉斯斯坦和塔吉克斯坦在特定时段上迎合西方国家支持中亚非政府组织发展的议程,从而默许了大量以盈利为目的的"虚拟"非政府组织的存在或活动、④ 积极支持西方资助的冲突转型项目,⑤ 等等。这同样是中亚国家在关系治理中游刃有余的重要体现。

（二）治理模式的转型增大了大国主导中亚地区事务的难度

与中亚国家在地区治理模式转型中能动性和自主性得到明显提高相对应的,是域外大国主导地区事务的难度在上升。中亚五国中,除了土库曼斯坦奉行"永久中立"的外交政策以外,⑥ 其他中亚国家均奉行多元平衡

---

① 新华社:《新一轮叙利亚问题阿斯塔纳会谈在哈萨克斯坦举行》,2019 年 12 月 12 日,https://baijiahao.baidu.com/s? id =1652657116022373797&wfr = spider&for = pc.

② 环球网:《德法俄乌四国外长就缓解乌克兰危机举行会晤》,2015 年 1 月 13 日,https://world.huanqiu.com/article/9CaKrnJGEd4.

③ 中国国际广播电台:《哈萨克斯坦表示愿意在阿富汗问题上进行调解》,2001 年 4 月 19 日,http://mil.news.sina.com.cn/2001 - 04 - 19/19272.html.

④ Kanykey Bayalieva – Jailobaeva, "A New Look: Professionalization of NGOs in Kyrgyzstan", *Central Asian Survey*, Vol. 33, No. 3, 2014, pp. 360 – 374; Maija Paasiaro, "Home – grown Strategies for Greater Agency: Reassessing the Outcome of Civil Society Strengthening in Post – Soviet Kyrgyzstan", *Central Asian Survey*, Vol. 28, No. 1, 2009, pp. 59 – 77.

⑤ Christine Bichsel, *Conflict Transformation in Central Asia: Irrigation Dispute in the Ferghana Valley*, New York: Routledge, 2009.

⑥ 关于土库曼斯坦外交政策的研究,参见 Luca Anceschi, *Turkmenistan's Foreign Policy: Positive Neutrality and the Consolidation of the Turkmen Regime*, New York: Routledge, 2009; U. Yapıcı, "From Positive Neutrality to Silk Road Activism? The Continuities and Changes in Turkmenistan's Foreign Policy", *Journal of Balkan and Near Eastern Studies*, Vol. 20, No. 3, 2018, pp. 293 – 310.

外交政策。① 多元平衡外交政策的出现与长期执行，本身从侧面说明积极参与该地区事务的行为体之繁多，以及这些行为体彼此间关系的复杂。由于这些域外大国在参与中亚地区治理的过程中存在利益分歧，甚至尖锐的矛盾，而中亚国家实力较弱，故从规避风险的角度来说，采取多元平衡外交政策，避免任何一个域外大国主导地区事务，的确是中亚国家最为保险的外交策略。除了规避风险，与各域外大国保持良好关系，同时又通过推动诸大国进行竞价，可有效提高中亚国家所获得的物质或象征性收益。

以中亚国家基础设施建设的互联互通为例。独立后，中亚国家缺乏强大的经济实力对现有基础设施进行更新。但中亚地区北上南下、东进西出的便利地理位置，令域外大国均积极提出自身所偏好的地区联通计划，中亚联通无形之中被塑造为一个新的地区治理议题。然而，在具体的联通方向上，各主要的域外行为体有明显差别：俄罗斯倾向的是北向联通，美国支持中亚与南亚之间的一体化，欧盟偏好的是自东向西的联通，而中国致力于通过"一带一路"经由中亚联通东亚与欧洲。② 对于这些不同行为体所主张的不同联通方向以及与之相关的合作倡议，中亚国家整体而言均乐意参与。这一事例也说明，中亚地区治理议题的膨胀，既离不开域外大国的倡议或资助，也离不开中亚国家的支持与配合。在此背景下，尽管相关行为体面临各种关系难以平衡的难题，但对于中亚国家来说，它们的获益空间却因此而明显扩大，它们自然乐见中亚地区治理议题的增多，只要这些治理议题不危及各国的政权生存即可。③

---

① 乌兹别克斯坦在卡里莫夫时代宣称奉行"自主自守的外交政策"，其实质依旧是平衡外交。可参见 Bernardo Teles Fazendeiro, "Uzbekistan's Defensive Self-reliance: Karimov's Foreign Policy Legacy", *International Affairs*, Vol. 93, No. 2, 2017, pp. 409–427; Aleksandr Pikalov, "Uzbekistan between the Great Powers: A Balancing Act or a Multi-Vectorial Approach?", *Central Asian Survey*, Vol. 33, No. 3, 2014, pp. 297–311.

② Nicola P. Contessi, "Central Asia in Asia: Charting Growing Trans-regional Linkages", *Journal of Eurasian Studies*, Vol. 7, No. 1, 2016, pp. 3–13; Nicola P. Contessi, "Foreign Policy Diversification and Intercontinental Transport Corridors: The Case of Kazakhstan's Railways Diplomacy", *Europe-Asia Studies*, Vol. 70, No. 5, 2018, pp. 759–790.

③ 诸多研究成果注意到这一现象，可参见 Luca Anceschi, *Turkmenistan's Foreign Policy: Positive Neutrality and the Consolidation of the Turkmen Regime*, London: Routledge, 2008; Kirill Nourzhanov, "Changing Security Threat Perceptions in Central Asia", *Australian Journal of International Affairs*, Vol. 63, No. 1, 2009, p. 85; Leila Kazemi, "Domestic Sources of Uzbekistan's Foreign Policy, 1991 to the Present", *Journal of International Affairs*, Vol. 56, No. 2, 2003, pp. 258–259.

中亚国家在关系治理中之所以能够游刃有余，主要源自于该地区形成了多元的权力结构，而不是一家独大。一家独大的权力结构，往往会产生类似于"霸权稳定论"所描述的结果，即霸权国家通过提供地区或国际公共产品，从而能有效地解决地区治理涉及的诸多问题，进而有效维持地区或国际秩序。① 而多元的权力结构，由于缺乏一个霸权国家，则有可能导致公共产品供给出现严重缺口。这种现象在中亚地区治理的过程中始终比较突出。就权力结构而言，中亚地区越来越呈现出权力分配分散化的现象，其权力格局被有的学者称之为"套娃霸权"。在中亚地区治理过程中，既有全球霸权国美国在此活动，又有地区霸权国俄罗斯和崛起中的地区霸权国中国积极参与该地区事务，又有哈萨克斯坦与乌兹别克斯坦这两个致力于成为中亚地区的次地区霸权国的存在，从而导致中亚国家可利用这些霸权相互牵制，实现一种关系的大体平衡。② 尽管人们往往将俄罗斯视为中亚地区的霸权国，但其影响力似乎正处于衰退阶段。在此背景下，俄罗斯想要在中亚地区治理中维护自身的利益或扩大自身影响，也只能经由谈判的方式来进行，以避免疏远中亚国家，从而削弱自身的影响力。换言之，在关系治理构成中亚地区治理主导模式的阶段，俄罗斯已不再是一个全面的霸权，而只是一个"谈判霸权"。③

在不存在能有效涵盖主要治理行为体且运转良好的国际机制的情况下，产生治理赤字是大概率事件。④ 而在中亚地区，刚好不存在一个囊括中亚五国与俄罗斯、美国、中国、欧盟、印度等主要治理主体的制度框架，再加上中亚地区权力结构的日趋多元化，导致各治理主体在参与该地区治理的过程往往各行其是。由此带来的结果是，公共产品的提供虽然表面上看起来较为丰富，但实际上私物化现象较为严重，即各大国所提出的

---

① 可参见 [美] 罗伯特·吉尔平《跨国公司与美国霸权》，钟飞腾译，东方出版社 2011 年版；[美] 罗伯特·吉尔平《全球政治经济学：解读国际经济秩序》，杨宇光、杨炯译，上海人民出版社 2003 年版，尤见第四章。

② Ruth Deyermond, "Matrioshka Hegemony? Multi-Levelled Hegemonic Competition and Security in Post-Soviet Central Asia", *Review of International Studies*, Vol. 35, No. 1, 2009, pp. 151–173.

③ Costa Buranelli, "Spheres of Influence as Negotiated Hegemony: The Case of Central Asia", *Geopolitics*, Vol. 23, No. 2, 2018, pp. 378–403.

④ [美] 罗伯特·基欧汉：《霸权之后：世界政治经济中的合作与纷争》，苏长和等译，上海人民出版社 2001 年版。

合作倡议或构建的地区制度主要服务于相关行为体的利益，从而导致治理赤字的出现。事实上，在中亚地区存在较为明显的"制度过剩""机制拥堵"的现象，即域外行为体要么热衷于创建新的国际制度或提出新的倡议，要么试图将既有机制或倡议拓展到中亚地区，但这些机制或倡议之间又缺乏有效的协调，从而导致该地区的机制或倡议叠床架屋，陷入低水平重复的状况。① 在规则治理的阶段，面临繁多的机制与倡议，缺乏外交经验的中亚国家一开始显得有些无所适从；但到了关系治理阶段，中亚国家会欢迎这种局面的出现，因为大国或机制间的相互牵制给它们获益留下了广阔的空间。在此背景下，一旦中亚国家面临来自"地区霸权国"——俄罗斯的压力，中亚国家可能会采取"制衡性地区主义（Balancing Regionalism）"的方式对"地区霸权国"的修正主义倾向予以牵制。② 中亚国家对待俄罗斯是如此，对待其他大国同样如此，这会导致任何一个大国都难以完全主导中亚地区的事务。

（三）治理模式的转型对中亚地区稳定的影响好坏参半

进入关系治理阶段，中亚国家自主选择空间的扩大和域外大国难以完全主导中亚事务的态势，给地区的稳定也会带来相应的影响。由于大国之间彼此牵制，及其倡导的机制或倡议相互竞争，首先带来的结果是：尽管中亚地区治理议题层出不穷，但这些议题的成效却不尽如人意。或许中亚地区治理议题的膨胀，本身就从一个侧面说明对中亚地区进行有效治理存在不小的难度。此外，由于各域外大国在参与地区治理的过程中均有自身的特殊诉求，它们也很难通过大国协调的方式推进地区治理，从而使各大国之间的竞争难以避免。③ 当然，不是所有的大国在参与中亚地区治理时均缺乏协调，例如俄罗斯与中国就通过上海合作组织等机制实现较好的沟

---

① 毕世鸿：《机制拥堵还是大国协调——区域外大国与湄公河地区开发合作》，《国际安全研究》2013年第2期；李巍：《东亚经济地区主义的终结？——制度过剩与经济整合的困境》，《当代亚太》2011年第4期。

② Aliya Tskhay and Filippo Costa Buranell, "Accommodating Revisionism through Balancing Regionalism: The Case of Central Asia", *Europe – Asia Studies*, Vol. 72, No. 6, 2020, pp. 1033 – 1052.

③ 曾向红、杨双梅：《大国协调与中亚非传统安全问题》，《俄罗斯东欧中亚研究》2017年第2期；邓铭江、龙爱华：《中亚各国在咸海流域水资源问题上的冲突与合作》，《冰川冻土》2011年第6期，等。

通与互动，从而构成稳定中亚地区局势的积极力量，避免了双方在中亚地区发生明显矛盾或冲突。① 然而，美国在中亚地区却并未与俄罗斯、中国进行协调。事实上，美国在中亚地区始终追求遏制俄罗斯和中国这一战略目标。正如美国为整合中亚地区、影响中亚地区治理进程所提出的"大中亚计划"、新丝绸之路战略等合作倡议均刻意排除中俄两国。在 2020 年 2 月 5 日特朗普政府公布的《美国的中亚战略（2019—2025）：加强主权和促进经济繁荣》这一文件中，美国更是直接将中俄两国界定为"邪恶势力"（malign actors），并明确表示将排斥"邪恶势力"在该地区影响。② 由此可见，在中亚地区治理中，美国有意排斥大国协调机制。鉴于美国试图整合中亚地区的倡议主要是在中亚地区治理进入关系治理阶段所提出的，由此可见在中亚地区治理中推进大国的协调难度很高。

不过，需要追问的是，既然大国在中亚地区治理过程中难以开展大国协调工作，且中亚国家间也时而发生龃龉、地区治理存在治理赤字，为何该地区未爆发严重的国际冲突？对此困惑的解答，需要从中亚国家与域外大国两个方面予以分析。就中亚国家而言，如前所述，尽管它们彼此之间存在不少矛盾与分歧，如各国围绕水资源分配、边界划分、能源管网的管理、历史遗产的分割、国家身份构建时包容有限、实力较强的国家偶尔采取盛气凌人的邻国政策（如卡里莫夫时期的乌兹别克斯坦政府）等问题，经常会发生口角或争议，有时甚至可能爆发小规模的冲突。③ 但它们自独立以来所面临的优先任务并不是挑起与其他国家的冲突，也无意通过挑起战端牟利。如在规则治理阶段，它们的优先任务是创建和内化规则，塑造

---

① Vsevolod Samokhvalov, "Russia and its Shared Neighbourhoods: A Comparative Analysis of Russia – EU and Russia – China Relations in the EU's Eastern Neighbourhood and Central Asia", *Contemporary Politics*, Vol. 24, No. 1, 2018, pp. 30 – 45; Nadège Rolland, "A China – Russia Condominium over Eurasia", *Survival*, Vol. 61, No. 1, 2019, pp. 7 – 22.
② "United States Strategy for Central Asia 2019—2025: Advancing Sovereignty and Economic Prosperity", https://www.state.gov/wp – content/uploads/2020/02/United – States – Strategy – for – Central – Asia – 2019 – 2025. pdf.
③ 如 2021 年 4 月 28 日开始，中亚国家塔吉克斯坦与吉尔吉斯斯坦爆发了边界冲突，并造成约 40 人死亡，200 多人受伤。此次事件应是中亚五国独立以来伤亡人数较多的一次冲突。不过，吉塔双方都没有激化矛盾，事件没升级为两国间的高强度冲突。参见《中亚两国边境交火：突发矛盾易解，历史结痂难愈》，中国新闻网，http://www.chinanews.com/gj/2021/05 – 01/9469068. shtml.

国内与国际合法性；而在关系治理阶段，它们的首要任务是处理好内外部关系，应对各种危机以巩固政权生存。无论在哪个阶段，实现与毗邻国家的和平共处，均是中亚国家实现优先任务的前提和基本途经。不过，由于在规则治理阶段，中亚五国尚未充分意识到关系平衡或稳定对各国实现国家目标的重要性，所以它们对此重视程度不高，故关系治理隐而不彰，未能成为各国推进各种治理议程的主导性治理模式。总而言之，在2016年卡里莫夫逝世之前，中亚诸多地区治理议题的推进由于中亚各国关系的不冷不热而处于停滞甚至冻结的状态，但各国关系的大体稳定保障了该地区秩序的稳定。

另外，中亚地区主导治理模式从规则治理转向关系治理，也为中亚地区秩序的基本稳定贡献了一定的力量。关系治理强调的关系协调，着眼的是管控国家间的互动过程，目的是通过增进行为体之间的战略互信以促进关系的稳定。其中，强者的自我约束，对于增进各国之间的互信程度，甚至促进集体身份的形成大有裨益。[①] 这一特征，在卡里莫斯去世后继任的米尔济约耶夫改为奉行邻国优先的外交政策得到一定程度的体现。[②] 乌兹别克斯坦一向有成为中亚次地区霸权的抱负。由于其与其他四个中亚国家毗邻且人口数量最多、军事实力最大，卡里莫夫时期乌兹别克斯坦在涉及地区治理的议题上难免有些"恃强凌弱"。无论是在水资源和边界划分等议题的治理上，还是在打击"三股势力"和构建国家身份等议题上，乌兹别克斯坦往往会选择强势的单边行动，罔顾国家间平等相处的规则，破坏各国之间的互信。[③] 而当乌兹别克斯坦遭遇"安集延事件"对政府权威构成挑战后，卡里莫夫政府或多或少意识到了维持大国关系平衡的重要性。到了米尔济约耶夫政府时期，乌兹别克斯坦进一步意识到其与中亚邻国保持关系平衡或协调对于实现乌兹别克斯坦发展和繁荣的价值。乌兹别克斯坦在治理议题上态度的转变，不仅是促使中亚地区治理模式发生转型的重要原因，而且乌兹别克斯坦本身也会受到这种转型的影响。如在2010年6月吉尔吉斯斯坦南部贾拉拉巴德和奥什州发生吉尔吉斯斯坦族攻击乌兹别

[①] [美] 亚历山大·温特：《国际政治的社会理论》，秦亚青译，上海人民出版社2014年版。
[②] 可参见周明《乌兹别克斯坦新政府与中亚地区一体化》，第76—104页。
[③] Henry L. Clarke, "An American view of Uzbekistan", *Central Asian Survey*, Vol. 18, No. 3, 1999, pp. 373 – 383.

克斯坦族的族群冲突时，乌兹别克斯坦政府表现出了难得的自我约束，避免了介入吉尔吉斯斯坦内部事务而引发吉乌两国发生严重的争端。① 换言之，自 2005 年左右关系治理模式成为中亚地区治理的主导模式，它自身就能产生相对独立的社会化作用，使相关治理主体在参与地区治理的过程中注意维系关系的平衡。

而在域外大国方面，它们同样为中亚地区的稳定作出了一定贡献。各域外大国为了扩大自身在该地区的影响力并不排斥与其他大国的竞争，有时这种竞争甚至相当激烈，但它们并不乐见中亚地区成为战火纷飞之地。而且由于该地区逐渐形成了一种多元化的权力结构，事实上也导致各大国之间相互牵制，难以独断专行，故也削弱了各国深度介入该地区错综复杂治理议题的意愿。比较典型的案例是，当 2010 年吉尔吉斯斯坦南部发生族群冲突后，吉尔吉斯斯坦临时总统曾请求俄罗斯及其主导的集体安全条约组织、中俄联合引领的上海合作组织介入冲突，但这些行为体均婉拒了吉尔吉斯斯坦的请求。这或许从侧面说明了大国及地区性国际组织意识到深入介入吉尔吉斯斯坦的地区议题可能会破坏大国在此形成的关系平衡这一可能性，从而在敏感问题上有意保持低调和谨慎。② 而与之相反，欧安组织则积极介入吉尔吉斯斯坦族群冲突，这种高调的介入引发了其他行为体对欧安组织意图和动机、介入方式、危机解决能力等诸多质疑。③ 从关系治理的角度而言，欧安组织的问题在于，它以一个域外组织行为体贸然介入一个国家的内政问题，在无形中破坏了吉尔吉斯斯坦国内族群之间和积

---

① Andrew R. Bond and Natalie R. Koch, "Interethnic Tensions in Kyrgyzstan: A Political Geographic Perspective", *Eurasian Geography and Economics*, Vol. 51, No. 4, 2010, pp. 531 – 562; Shirin Akiner, Kyrgyzstan 2010: Conflict and Context, Washington, D. C.: Central Asia – Caucasus Institute & Silk Road Studies Program, July 2016, https: //css. ethz. ch/content/dam/ethz/special – interest/gess/cis/center – for – securities – studies/resources/docs/CACI – SRSP% 20Kyrgyzstan% 202010% 20Conflict% 20and% 20Context. pdf.

② Stephen Aris, "The Response of the Shanghai Cooperation Organisation to the Crisis in Kyrgyzstan", *Civil Wars*, Vol. 14, No. 3, 2012, pp. 451 – 476.

③ Frank Evers, *OSCE Conflict Management and the Kyrgyz Experience in* 2010: *Advanced Potentials, Lack of Will, Limited Options*, CORE Working Paper 24, March 2012, http: //edoc. vifapol. de/opus/volltexte/2015/5811/pdf/CORE_ Working_ Paper_ 24. pdf; Pál Dunay, "OSCE Conflict Management in Central Asia: Fighting Windmills like Don Quixote", *Security and Human Rights*, Vol. 27, No. 3 – 4, 2016, pp. 479 – 497; Arie Bloed, "Kyrgyz Crisis, A Headache for the OSCE", *Security and Human Rights*, Vol. 21, No. 3, 2010, pp. 242 – 246.

极参与该地区治理的大国之间关系的平衡,进而激化了矛盾,给吉尔吉斯斯坦族群问题的解决带来了负面影响。不仅在介入吉尔吉斯斯坦内政时存在可能破坏该地区关系治理模式的问题,事实上,欧安组织在其他领域,如积极资助非政府组织的建立、推动公民社会的发展、缓解中亚冲突潜力等,均存在改变该地区国家内部社会关系或破坏大国之间互动的问题。①

事实上,经过多年的摸索,主要的域外大国,如中美俄之间,在中亚地区治理问题上形成了一种可被称之为"无声的协调"的互动模式。这种"无声的协调"体现在多个方面:如大国不约而同承认中亚国家的主权、力促中亚地区的和平与稳定、默认俄罗斯在中亚地区具有特殊的地位与利益等。归根结底,"无声的协调"在本质上仍是一种关系治理模式,其形成与中亚地区的权力分配、该地区的地理位置特征等息息相关。就其影响而言,"无声的协调"虽然脆弱,但对于保障中亚地区治理的徐徐推进和中亚地区的稳定,积极意义大于消极影响,值得肯定。

(四) 治理模式的转型促进了中亚地区秩序的转型

与中亚地区主导治理模式从规则治理走向关系治理相伴随的,是中亚地区秩序类型同样发生了变化。对于这种变化,我们可将之描述为从后社会主义秩序到后自由主义秩序的转变。中亚地区秩序所发生的这种转型,在很大程度上受到该地区治理模式变化的影响。因为当中亚国家将维系与域内域外诸多行为体的平衡关系视为实现治理的优先议题时,客观上也驱动着该地区秩序发生相应的改变。大体而言,自中亚国家独立之初至2005年前后,中亚国家面临的优先任务是改造苏联时期留下的制度遗产,创建新的制度和规则体系。在冷战结束、西方自视为赢得冷战的背景下,整个西方世界弥漫着一股强烈的乐观情绪,对西方自由主义体系充满自信,甚至认为西方资本主义体系和自由主义价值观将一统天下,"历史已经终结"。苏联的解体,令新独立的各加盟共和国对坚持和发展社会主义制度失去自信,迫切期待引进西方资本主义制度及相应规则,以实现与过去的彻底切割。正是在这一背景下,引进、适应和内化西方资本主义的规则,

---

① Karolina Kluczewska, "Benefactor, Industry or Intruder? Perceptions of International Organizations in Central Asia – The Case of the OSCE in Tajikistan", *Central Asian Survey*, Vol. 36, No. 3, 2017, pp. 353 – 372.

成为中亚国家建国后的重要工作，由此也带来了这一阶段中亚地区治理模式呈现出规则治理的特征，而由此形成的地区秩序可称之为后社会主义秩序。①

而关系治理超越规则治理成为中亚地区主导性治理模式的过程，同样是西方自由主义制度和规则遭遇挑战和质疑的过程。② 尽管中亚国家独立后或多或少地采用了西方的制度或价值观，但国家或地区治理的成效，似乎远未达到该地区各国精英和民众的期待。面对中俄两国通过坚持自身发展道路实现了自身发展和国际地位提高的现实，中亚国家对西方制度和规则体系的自信心逐渐遭到侵蚀。再加上西方支持"颜色革命"以推进其"民主""人权""自由"等规范议程，使中亚各国感受到威胁，因此逐渐疏离西方的制度与规范体系，进而向中俄坚持的以国家为主导的发展模式靠拢。迄今为止，中亚国家构建的既具有自身特色，又具有不少自由主义形式特征（如三权分立、定期举行选举等）的政治体制，往往被称之为"混合型政体（hybrid regime）"或"半威权主义政体（semiauthoritarian regime）"或"竞争性极权主义（Competitive Authoritarianism）"，③ 而由这些国家互动构建所形成的秩序，即为"后自由主义秩序"。事实上，"后自由主义秩序"不仅仅出现在欧亚空间，中亚五国的国家建构层面上也有鲜明的体现。以吉尔吉斯斯坦为例，该国被视为是中亚五国中自由化和民主程度最高的国家，然而，即便是在吉尔吉斯斯坦，在其国家的建构中，也并不是纯粹接受并内化西方倡导的自由化、民主化、市场化等西方价值规范和规则理念，相反，它在具体实践中同时混杂着接受、适应、抵制、颠

---

① Valerie Bunce, "The Political Economy of Postsocialism", *Slavic Review*, Vol. 58, No. 4, 1999, pp. 756 – 793; Chris M. Hann, eds., *Postsocialism: Ideals, Ideologies and Practices in Eurasia*, New York: Routledge, 2002.

② 对西方自由主义制度和规则在中亚地区逐渐失势过程的深入分析，可参见 Alexander Cooley, "Ordering Eurasia: The Rise and Decline of Liberal Internationalism in the Post – Communist Space", *Security Studies*, Vol. 28, No. 3, 2019, pp. 588 – 613.

③ Steven Levitsky, Lucan A. Way, "Elections Without Democracy: The Rise of Competitive Authoritarianism", *Journal of Democracy*, Vol. 13, No. 2, 2002, pp. 51 – 65; Nick Megoran, John Heathershaw, Asel Doolotkeldieva, Madeleine Reeves, Sally N. Cummings and Scott Radnitz, "Author – critic forum: Popular Protest and Regime Change in Central Asia", *Central Asian Survey*, Vol. 32, No. 1, 2013, pp. 85 – 94; Edward Schatz, "Access by Accident: Legitimacy Claims and Democracy Promotion in Authoritarian Central Asia", *International Political Science Review*, Vol. 27, No. 3, 2006, pp. 263 – 284.

覆、替换西方规范和价值等一系列复杂反应。换言之，吉尔吉斯斯坦的国家想象和构建实践，是"西方自由民主和平""主权的政治学"与"传统与文化"三种想象叠加或糅合在一起的复杂过程，由此所形成的秩序，即便没有颠覆了西方所偏好的自由主义秩序，但也严重偏离了这种秩序。[①] 吉尔吉斯斯坦尚且如此，其他中亚国家更甚。如此，将中亚地区治理中所形成的秩序称为后自由主义秩序或许是恰当的。

在中亚地区形成后自由主义秩序的过程中，域外大国同样扮演了一定的角色。如前所述，中俄两国在地区治理问题上均推崇关系治理模式，如此一来，规则治理与关系治理模式在中亚地区治理过程中影响力的此消彼长，客观上使中亚地区秩序呈现出越来越明显的"后自由主义秩序"特征。由于中俄两国毗邻中亚国家，且奉行不干预中亚国家内政的原则，故警惕西方自由主义议程的中亚国家主动向中俄国家的发展模式靠拢。这既是中亚各国在关系治理中自主性和能动性提升的典型反映，也与中亚地区权力结构为各国赋予了广阔的选择空间有关。除此之外，中俄两国实践和倡导的"非自由主义和平（illiberal peace）"冲突管理模式，因其在管控国家间分歧和处理复杂的国家间问题上的有效性，得到了中亚国家的认可和青睐，进而导致它们在处理彼此间或与域外大国关系时进行效仿。"非自由主义和平"的冲突管理模式，至少体现在话语、空间与政治经济学三个方面。[②] 在话语层面，该模式倡导的是国家引导宣传工作，打造具有说服力的国家战略叙述，掌控信息和知识流动方向，以此塑造国民价值观念、锻造国民认同；在空间实践层面，为了强化对国家领土的维护，尤其是增强边界地区对政治中心的归属程度，此模式推崇的是对边界地区进行集中化控制，防止域外敌对势力的渗透和颠覆活动；在政治经济实践层面，与"自由主义和平（liberal peace）"冲突管理模式推崇私有化和市场化相反，"非自由主义和平"的冲突管理模式强调经济举措应为政治稳定服务，一方面要削弱不稳定力量获取经济资源的能力，另一方面要通过中

[①] 更深入的讨论，可参见 Philipp Lottholz, *Post-Liberal Statebuilding in Central Asia: A Decolonial Perspective on Community Security Practices and Imaginaries of Social Order in Kyrgyzstan*, Ph. D. Dissertation, University of Birmingham, 2017.

[②] "非自由主义和平"的冲突管理模式及其涵盖的话语、空间与政治—经济这三个层面的讨论，参见 David Lewis, John Heathershaw and Nick Megoran, "Illiberal Peace? Authoritarian Modes of Conflict Management", *Cooperation and Conflict*, Vol. 53, No. 4, 2018, pp. 486–506.

央政府向经济欠发达地区或边疆地区提供经济补偿,双管齐下地削弱敌对政治力量煽动叛乱或不满的能力。随着近年来西方民粹主义浪潮的兴起和新冠疫情流行给世界经济和政治所带来的严重消极影响,中俄两国所践行的"非自由主义和平"冲突管理模式很有可能会得到越来越多的国家的认可与接受。

在国内践行"非自由主义和平"冲突管理模式,与在国家间关系中践行"基于承认"的关系模式,终究会让中亚地区秩序体现出后自由主义秩序的特征。显而易见,中亚国家面临维护国内秩序和地区稳定的艰巨任务,首先会让各国接受中俄两国倡导的"非自由主义和平"冲突管理模式。独立建国历史相对短暂、国力相对弱小、对来之不易的国家主权极为珍视、国内发展面临各种次国家行为体(如"三股势力"、部落或地区势力、西方资助的非政府组织等)提出的诸种挑战等因素,共同决定了中亚国家以维护国家主权和政权生存为国家建设的首要目标,而"非自由主义和平"冲突管理模式有助于这些国家实现目标。而在国际间关系上,中亚国家与中俄共享不干预他国内政、尊重他国选择自身的发展道路等立场,而这种关系相处模式,可以称之为"基于承认"的交往模式。而"基于承认"的交往模式,首先反映了中亚国家对西方动辄制裁他国、试图以民主或人权为由干预他国内政的不满,其次也体现了对维持彼此间关系重要性的清晰认识。[①] 毋庸置疑,无论是"非自由主义和平"的国内冲突管理模式亦或是"基于承认"的国家间交往模式,均不再以规则的完备或约束性作为行为体处理国内国外关系的前提,而是在承认规则或规范同时具备效力和局限性的前提下,着重根据治理议题的性质和演变而灵活地处理各种关系,以实现国内和地区秩序的稳定或平衡。这种地区秩序,即为"后自由主义"地区秩序。归根结底,关系治理的兴起是中亚地区形成后自由主义秩序的前提,而这种秩序的形成反过来又巩固了关系治理在中亚地区治理中的主导性地位。两者相辅相成、相互促进,有助于中亚地区秩序维持一种相对稳定和平衡的局面,即使这种稳定是比较脆弱的。

[①] 更详细的讨论,可参见曾向红、邹谨键《反恐与承认:恐怖主义全球治理过程中的价值破碎化》,《当代亚太》2018 年第 4 期。

第五节 结论

本章着重探讨了中亚地区治理模式的变迁、动力与影响。通过回顾中亚地区的治理历程可以发现，该地区的治理模式经历从了规则治理为主到关系治理为主的演进。中亚国家独立后的优先任务在于学习并接受国际社会通行的国际规范与规则，以确保各国提升自身在国际上的生存能力，而国际规则也在很大程度上指引着中亚国家间的互动及其对国际事务的参与。这种态势导致中亚地区治理具有浓郁的规范治理的特征。而到"9·11"事件之后，尤其是在2003—2005年"颜色革命"在欧亚空间的蔓延，中亚国家突然之间意识到处理好与域外大国关系的高度重要性，因为其直接影响到各国的政权生存。由此带来的结果是，中亚各国将实现各种关系的大致平衡视为外交实践的优先任务，从而使地区治理的关系治理特征得到凸显。

中亚地区治理的主导模式之所以从规则治理转向关系治理，主要有三个方面的原因。首先，也是最重要的，是中亚国家在前15年里忙于制定和熟悉各种内外部规则，而在后15年将更多精力投入关系的处理和平衡之中。这种国家紧迫任务的转变，直接带来了地区治理模式的改变；其次，中亚国家独立30年来，尤其是在域外国家的倡导和推动下，区域治理议题变得极度丰富，各治理主体与治理议题之间错综复杂的互动关系，导致既有或新的规则难以涵盖异常繁复的互动，因此关系治理顺理成章的成为各治理主体处理或应对诸多治理议题的主导方式。最后，域外大国为扩大在中亚地区的影响力，彼此间形成复杂难名的竞合关系。大国之间的竞争与分化，导致它们难以就促进中亚地区诸议题的治理形成合作。鉴于它们对地区治理可能产生的重要影响，为了防止大国竞争冲击地区秩序和稳定，诸多治理主体不得不将管理大国之间的关系视为一项重要任务。如此，三方面的原因共同促成了关系治理超越规则治理成为中亚地区治理的主导治理模式。

而就中亚地区主导治理模式发生转型的影响来看，其效果是喜忧参半的。就积极方面来说，关系治理成为中亚地区治理的主导模式，表征并提升了中亚国家的国际自主性，锤炼了各国的外交技巧，保障了各国渴望获得国际承认和维护国家主权的诉求。事实上，中亚各国乐见大国积极在中亚地区创建新的研究议程，或推动既有议程的解决，只要这些态势不危及各国的国家主权和政权生存。而中亚国家在大国间周旋能力和技巧的提升，导致各国有意无意地利用大国间的竞合关系以牟取自身利益，进而带来了治理主体间关系的日趋复杂。对于大国来说，在中亚地区权力结构趋于多元化的背景下，它们参与中亚地区治理，既要应对其他大国的牵制，又要处理中亚国家拒绝选边站队、在大国间进行对冲的难题，因此如何处理好各类关系同样是令人头疼的任务，这增进了大国掌控中亚地区事务或主宰地区治理议程的难度。就中亚地区的稳定而言，尽管该地区各类关系错综复杂，但基于中亚国家无意以战牟利和大国在互动中形成了"无声的协调"这一互动模式，故该地区在整体上维持了大体的和平。

或许对于以美国为首的西方国家来说，中亚地区治理模式的转型，带来了一个较为突出的负面影响。这种影响是西方自由主义发展模式的式微，而中俄两国倡导的国内"非自由和平"冲突管理模式和国际间"基于承认"的国家间互动模式受到了中亚国家越来越明确的欢迎和接受。这种态势，意味着中亚地区出现了一种可称之为"非自由主义"的地区秩序，这有悖于且挑战了西方青睐的自由主义发展模式。或许是因为意识到这种趋势的出现不利于西方的主导地位，人们见证了特朗普政府在2020年出台的新中亚战略中，加大了对中俄的批评力度，甚至一反常态地指控中俄为"邪恶势力"。美国立场的转变，是对中亚地区治理中关系治理模式的不适和抵制。不过，由于美国国内外诸多因素的影响，美国迄今为止似乎没有能力扭转中亚地区关系治理的凸显和延续，也未从根本上破坏在中亚地区治理中已践行多年的大国"无声的协调"。鉴于关系治理的模式已行之有年，且其能产生一定的路径依赖效应，就此而言，我们或许可以判断，中亚地区的大体稳定应是可以延续的。美国等西方国家虽不满其无法主导中亚地区治理议题，但依旧无法阻止关系治理成为主导治理模式。第九章将以欧盟为例，具体说明欧盟作为一个积极参与中亚事务的外部行为体，其在传播西方自由主义发展模式过程中遭遇了至少三重困境。这有助于从一个侧面说明中亚地区治理所面临的复杂形势，以及在中亚竞争影响力仍面临不少困难。

第九章　外部行为体参与中亚地区治理的困境

——以欧盟为例

在中亚地区治理过程中，域外力量始终扮演了重要的角色。不过，由于中亚地区形势复杂，它们在参与中亚地区治理的过程中，均会或多或少地面临一些问题。本章将以欧盟为例对此进行说明。欧盟在中亚地区的影响力虽然不如俄罗斯、中国、美国等行为体，但它依旧是一种持久关注中亚且具有重要影响力的政治力量。如 2019 年 6 月 17 日，欧盟理事会批准了题为《欧盟与中亚：更坚实伙伴关系的新机遇》的新中亚战略。① 该文件是对欧盟 2007 年 6 月第一份中亚战略——《欧盟与中亚：新伙伴关系战略》的更新与完善。② 虽然中亚地区与欧盟相距甚远，但因其重要的地缘政治地位、丰富的能源资源，以及"9·11"事件前后中亚和阿富汗极端主义势力上升等，欧盟在 21 世纪以来便积极介入中亚事务，③ 这也是欧盟出台第一份中亚战略的初衷。然而，随着北约计划从阿富汗撤军，"伊斯兰国"崩溃后中亚地区外籍战斗人员的回流、中国在中亚地区推出"丝绸之路经济带"的倡议、俄罗斯组建欧亚经济联盟以维系和扩大其在独联体

---

① European Council, "Central Asia: Council adopts a New EU Strategy for the Region", 17 June, 2019, https://www.consilium.europa.eu/en/press/press-releases/2019/06/17/central-asia-council-adopts-a-new-eu-strategy-for-the-region/; European Parliament, "The EU's New Central Asia Strategy", 15 May, 2019, http://www.europarl.europa.eu/RegData/etudes/BRIE/2019/633162/EPRS_BRI (2019) 633162_EN.pdf.

② Council of the European Union, "The EU and Central Asia: Strategy for a New Partnership", May 31, 2007, https://data.consilium.europa.eu/doc/document/ST-10113-2007-INIT/en/pdf.

③ 关于欧盟中亚战略的演变过程可参见赵青海《欧盟新中亚战略评析》，《国际问题研究》2007 年第 5 期；曾向红《试论欧盟中亚战略的演变》，《国际观察》2008 年第 1 期。

地区的影响力等事态发展，加之欧盟内部面临的重重危机，均促使欧盟开始反思其 2007 年的中亚战略。① 在此背景下，欧盟以"连通性（connectivity）"为核心概念，对 2007 年的中亚战略重新进行包装整理，出台了 2019 年的新中亚战略，以扩大其在中亚地区的影响。无独有偶，时隔半年之后，美国也于 2020 年 2 月 5 日公布了其新的中亚战略——《美国的中亚战略（2019—2025）——加强主权和促进经济繁荣》，② 强调要与欧盟加强在中亚地区的合作与协调。

在介入中亚事务的过程中，欧盟的一个重要使命是希望促进中亚国家民主化程度的提高，这也符合研究者对"欧盟"作为一种"规范性力量"的认知，也契合欧盟对自身作为"规范性力量"的身份定位。③ 而欧盟与美国一前一后公布中亚战略，以及两者均强调需要将中亚国家整合进各自青睐的地缘政治方向之中——欧盟倾向的是向西整合，美国强调的是向南整合——有可能使中亚地区本已错综复杂的大国间关系变得更为复杂。④ 回顾欧盟自中亚国家独立以来参与该地区事务的历程可以发现，欧盟在中亚地区虽然主要关注政治性和敏感性比较低的"软安全"议题，并致力于向中亚国家提供非传统安全类（如经济、民生、教育、环境等）公共产品，⑤ 但同时它并不讳言希望促进中亚国家民主化程度的提高，包括推动中亚地区的人权、自由、法治和善治等相关规范的传播。然而，作为"规范性力量"的欧盟一旦卷入"新大博弈"之中，它的民主推进计划会不可避免地遇到不少障碍。

本章不打算对欧盟的新中亚战略进行评析，而重在考察欧盟在中亚

---

① CEPS In Brief, "The New EU Strategy on Central Asia: Collateral Benefit?", 21 June, 2019, https://www.ceps.eu/the-new-eu-strategy-on-central-asia/.

② "United States Strategy for Central Asia 2019—2025: Advancing Sovereignty and Economic Prosperity", https://www.state.gov/wp-content/uploads/2020/02/United-States-Strategy-for-Central-Asia-2019-2025.pdf.

③ Ian Manners, "Normative Power Europe: A Contradiction in Rerms?", *Journal of Common Market Studies*, Vol. 40, No. 2, 2002, pp. 235 – 258; Ian Manners, "Normative power Europe Reconsidered: Beyond the Crossroads", *Journal of European Public Policy*, Vol. 13, No. 2, 2006, pp. 182 – 199.

④ Murat Laumulin, "The EU's Incomplete Strategy for Central Asia", Carnegie Europe, December 03, 2019, https://carnegieeurope.eu/strategiceurope/80470.

⑤ Marlène Laruelle, "Central Asia policy: Still American Mars versus European Venus?", *EUCAM Policy Brief*, No. 26, September 2012, 对于"软安全"与欧盟之间关系更详细的讨论，可参见 Anne Aldis and Graeme P. Herd, *Soft Security Threats and European Security*, London: Routledge, 2005.

地区推进民主过程中所遭遇的困境。本章的结构安排如下,首先提出一种用以评估欧盟在特定地区开展民主推进计划成效的分析框架;其次简要回顾欧盟在中亚地区开展的民主推进行动;再次从规范绩效、规范竞争与规范共鸣三个角度分析欧盟民主推进活动遭遇的困境;最后总结本章的发现。

第一节 欧盟在特定地区践行"规范性力量"身份成效的分析框架

截至目前,学界对于欧盟外交政策实践效果的评估,主要从其是否实现所宣称的政策目标和他者对欧盟在国际舞台上力量的认知等角度予以衡量。[①] 这两个角度毫无疑问是必要的,然而现有成果在评估过程中往往只是孤立地考察其中一个方面,未能有效地将两个方面有机整合起来。更重要的是,在欧盟构建的众多身份中,"规范性力量"只是其中知名度较高的一种身份。而按照"规范性力量"概念提出者伊恩·曼纳斯的界定,"规范性力量"是指"重新界定何为国际关系中'常态'的能力"。[②] 由于"规范性力量"主要涉及规范、价值观、意识形态等理念因素的传播和社会化,而与军事、政治等密切涉及强制行动的"硬实力"存在一定的差距。因此,对于欧盟作为一个国际行为体整体能力或欧盟外交实践表现的评估,或许并不适用于对欧盟在特定地区推广价值观的表现进行分析。

换言之,对欧盟践行"规范性力量"成效的评估,需要构建一个基于规范而非基于权力的评估框架。基于规范的评估是内部评估,而基于权力

---

① 从欧盟角度评估对外交政策工具效果的成果可参见 Alexander Warkotsch, eds., *The European Union and Central Asia*, New York: Routledge, 2011; Dimitris Papadimitriou, Dorina Baltag and Neculai - Cristian Surubaru, "Assessing the Performance of the European Union in Central and Eastern Europe and in its Neighbourhood", *East European Politics*, Vol. 33, No. 1, 2017, pp. 1 - 16; 对他者的角度进行评估的成果参见 Sonia Lucarelli, "European Political Identity, Foreign Policy and the Others' Image", in Furio Cerutti and Sonia Lucarelli, eds., *The Search for a European Identity: Values, Policies and Legitimacy of the European Union*, New York: Routledge, 2008, pp. 23 - 42; 同时考察了自我与他者两个层面的成果参见 Alexander Warkotsch, "The European Union and Democracy Promotion in Bad Neighbourhoods: The Case of Central Asia", *European Foreign Affairs Review*, Vol. 11, No. 4, 2006, pp. 509 - 525, 但该成果缺乏相应的分析框架且未考虑中亚地区存在的规范竞争现象。

② Ian Manners, *Normative Power Europe: A Contradiction in Rerms?*, p. 253.

的评估只是外部评估，后者并不适用于分析欧盟在规范层面的表现。毋庸置疑，欧盟在国际规范场域中的表现，自然离不开欧盟拥有的硬实力。硬实力的出众，可能会带来其他行为体对欧盟价值观进行模仿的效应。也就是说，硬实力的强大，在一定程度上可以带来软实力水平的提高。不过，国际关系中充满了因强大的硬实力而引发其他行为体对该行为体恐惧和忌惮的事例，并未能带来软实力水涨船高的效果。这意味着硬实力与软实力之间并不存在简单的正相关关系。[①] 鉴于此，对欧盟推广规范努力成效的评估，有必要避免简单地将规范扩散成效视为欧盟行使硬实力带来的副产品。事实上，欧盟对民主等价值观的坚持，虽然有把这些价值观作为追求欧盟安全、经济等方面利益的手段考虑，但欧盟同样将这些价值观视为本身就值得追求的事物。如果这一判断成立，那么对欧盟在对外关系中践行规范性力量身份成效的分析，还需要构建一个着眼和符合规范运行特征的内部评估标准，而不只是将之视为欧盟硬权力运行的副产品。为此，更合理的考察路径需要围绕"规范"这一核心概念展开，并基于此构建更为完整和贴切的分析框架。

众所周知，身份的构建和维持涉及"自我"与"他者"之间的关系，故对欧盟践行"规范性力量"这一身份效果的分析，需要同时考虑欧盟"自我"与欧盟的"他者"这两个层面。具体而言：其一，需要考察欧盟"规范性力量"的身份能否满足自身期待或能否以令人信服的方式践行这种身份，其二是该身份能否得到他者的承认。如有学者指出："规范性权力产生于国际行为体与外界的互动过程中，仅靠自我宣称不足以使之确立。为此，还需要将其他行为体的认识和态度置于其中。换言之，成为国际体系中的规范性权力必须满足三项条件，即内部的规范建构、推广规范的外交能力、外界对规范性权力的认知"。[②] 尽管上述论证注意到了规范性力量生成及其主体身份确立的条件，不过，从自我与他者区分的角度而言，"内部的规范建构"与"推广规范的外交能力"这两个条件均属于自

[①] 这实际上涉及国际关系中的蔑视、尊重、污名化等非常复杂的问题。囿于篇幅，本文不对此展开讨论，有兴趣的读者可参阅有关国际关系中承认斗争的相关文献。

[②] Peng Zhongzhou and Sow Keat Tok, "The AIIB and China's Normative Power in International Financial Governance Structure", *Chinese Political Science Review*, September 1st, 2016, pp. 3 – 4, 转引自李静《欧盟的规范性权力对 G20 进程的影响研究》，《国际观察》2017 年第 4 期。

我构建身份的努力,而第三个条件才涉及"他者"。此外,围绕欧盟在特定地区贯彻其规范议程的实践,还有必要对不同类型的"他者"进行区分。如在欧盟投射其价值的特定区域,欧盟可能同时面对盟友、竞争对方、敌人等不同的"他者"。不同的"他者"对欧盟在该地区作为一种规范性力量的认可程度存在差异。就欧盟在特定区域的民主推进或规范传播努力而言,"他者"至少包括两类,一类是与之在规范层面进行竞争的行为体,另一类是其民主推进或规范传播的目标对象。如 2017 年 11 月,欧盟在布鲁塞尔召开东部合作伙伴峰会并启动了"东部伙伴关系(Eastern Partnership, EaP)"倡议,以深化欧盟与乌克兰、摩尔多瓦、格鲁吉亚、白俄罗斯、阿塞拜疆和亚美尼亚这六个东欧与高加索国家之间的关系。[1] 在该计划的实施过程中,欧盟的他者至少包括六个伙伴国与俄罗斯等其他行为体。其中,伙伴国是欧盟的规范传播对象,而俄罗斯则是与欧盟竞争规范影响力的外部行为体。

如果"规范性力量"这一身份的成立和实践需要具有自我构建与他者确认两个条件,那么,对欧盟在特定地区推进民主计划成效的评估,同样需要从欧盟自我和特定他者两方面进行分析。就欧盟自我而言,它在特定地区实施民主推进计划与其作为"规范性力量"的身份之间具有相互构成的关系。这涉及欧盟对自身作为"规范性力量"所作的自我呈现,以及它在该地区采取符合其身份的具体行动。具体包括欧盟能否以连贯、逻辑自洽的方式构建"规范性力量"的身份,能否在其内部一以贯之地坚守这些价值,能否在价值推广地区不违背自身所倡导的规范与价值等。换言之,欧盟"规范性力量"的身份能否成立,很大程度上取决于欧盟反思性(reflexive)能力的高低。[2] 然而,就欧盟在国际舞台上所作的自我呈现及在海外所投射的形象而言,欧盟的身份话语或规范所呈现出的不是自身作为一种规范性力量的真实模样,而是一副期待成为这样一种力量的理想图景,即"欧托邦(EUtopia)"。[3] 鉴于此,有研究者建议,为提高欧盟"规范性

---

[1] "Eastern Partnership", https://ec.europa.eu/neighbourhood-enlargement/neighbourhood/eastern-partnership_en.

[2] Thomas Diez, "Constructing the Self and Changing Others: Reconsidering 'Normative Power Europe'", *Millennium: Journal of International Studies*, Vol. 33, No. 3, 2005, pp. 615–636.

[3] Kalypso Nicolaïdis and Robert Howse, "'This is My EUtopia...': Narrative as Power", *Journal of Common Market Studies*, Vol. 40, No. 4, 2002, pp. 767–792.

力量"身份的反思性，欧盟可通过两种选择来提高自身身份的可信性或连贯性。一种方式是提高欧盟内部与外部政策之间的连贯性，另一种方式是欧盟需要克制其自身对"乌托邦规范性（utopian normativity）"和"使命狂热感（missionary zeal）"的冲动。① 从以上讨论可以得出一个初步结论，即欧盟作为一种"规范性力量"身份虽具有描述价值，但其规范性意义更为浓厚，这意味着欧盟的"规范性力量"身份并非不言自明，而是有赖于"他者"的确认和承认。

鉴于对欧盟"规范性力量"身份的考察涉及自我与他者两个方面，而他者又涉及规范扩散对象和相关规范竞争者，那么，欧盟在特定地区推进规范传播成效的考察就涉及三个维度。第一个维度是欧盟自身规范扩散的真诚性与连贯性，即规范绩效（normative performance），第二个维度为欧盟在特定地区与其他外部行为体为争夺规范影响而展开的规范竞争（normative contestation）水平，第三个维度为欧盟在特定地区扩散规范而在规范扩散对象国产生的规范共鸣（normative resonance）程度。下文将对这三个欧盟民主推进计划成效的衡量指标进行简要的分析。

所谓规范绩效，是指行为体能否按照其自身所建构的身份言行一致地开展规范扩散活动。这里的界定有别于批判理论支持者对规范绩效的定义。批判理论支持者倾向于强调规范绩效的解放性。如吉赛尔·博斯（Giselle Bosse）通过借鉴尤尔根·哈贝马斯的沟通行为理论，将"规范绩效"界定为"欧盟的规范性绩效不仅为更有效地实施现有政策提供举措，而且基于规范克制、公正程序、包容性及预备为所有相关方就'最佳方案'能达成一致等原则为实施这些政策提供解决性方案"。② 基于此，博斯认为对欧盟规范绩效的考察，需要从"产出"和"过程"两个层面进行分析，前者主要考察欧盟规范实践是否符合伦理原则以及在实践过程中欧盟的规范考虑与战略考虑之间的契合程度；而后者则主要考察决策是否是在"理想言说环境（ideal - speech situation）"中作出，即欧盟决策机构在攸关欧盟身份的重大问题进行决策时，能否保证相关行为体的参与满足事实

---

① Sibylle Scheipers and Daniela Sicurelli, "Normative Power Europe: A Credible Utopia?", *Journal of Common Market Studies*, Vol. 45, No. 2, 2007, p. 438.

② Giselle Bosse, "EU Normative Performance a Critical Theory Perspective on the EU s Response to the Massacre in Andijon Uzbekistan", *East European Politics*, Vol. 33, No. 1, 2017, p. 57.

第九章　外部行为体参与中亚地区治理的困境 | 279

正确、参与平等、言语真诚等条件。① 或许可以认为，博斯为评估欧盟规范绩效所提出的衡量标准较为新颖和全面。不过，鉴于在国际关系中几乎不存在"理想言说环境"，且涉及规范传播的外交行为体众多，很难全面对它们的参与情况进行分析，故对欧盟规范绩效的考察，可从其规范传播中欧盟能否做到言行如一和战略考虑是否凌驾于规范考虑之上两方面来进行。如果欧盟在特定区域传播规范时，能做到言行如一、规范考虑指导战略，那么欧盟将具有较高的规范绩效；如果欧盟的行为偏离了它自身推崇的规范，而是服务于战略需要，那么欧盟在该地区的规范绩效自然表现不佳。

规范绩效是对欧盟践行"规范性力量"身份的自我评估，而规范竞争则是对欧盟在特定区域传播规范中面临的竞争强度加以衡量。欧盟自诩为"规范性力量"，致力于与美国在世界诸多地区传播民主、人权等价值观。然而，欧盟等西方行为体扩散规范的行动，并不是在真空中进行的，而是可能会面临其他行为体的竞争，尤其是在新自由主义秩序遭遇危机的当下。因为规范性力量是一种塑造"新常态"的力量，攸关欧盟民主推进计划对象国家的发展道路、发展模式的选择。它无疑是一种更为隐蔽的权力，与安东尼奥·葛兰西的"霸权"概念，皮埃尔·布尔迪厄的"象征性权力（symbolic power）"或迈克尔·巴纳特（Michael Barnett）与雷蒙德·杜瓦尔（Raymond Duvall）的"生产性权力（productive power）"等概念相似。② 既然规范性力量涉及意识形态或发展道路模式选择等问题，故在欧盟民主推进计划的覆盖区域，无疑会引发利益重叠的大国对欧盟规范推进努力的警惕甚至反制。正如前文提及的"东部伙伴关系"计划，由于欧盟针对的伙伴国是原苏联国家，故其在东欧和高加索地区规范推广的尝试，首先会遭遇来自俄罗斯的竞争与回击。③ 而2014年爆发的乌克兰危机，在

---

① Giselle Bosse, "EU Normative Performance a Critical Theory Perspective on the EU s Response to the Massacre in Andijon Uzbekistan", pp. 58-61.

② 关于该概念与现有国际关系学者对各种权力概念之间异同的分析，可参见 Ian Manners, "Assessing the Decennial, Reassessing the Global: Understanding European Union Normative Power in Global Politics", *Cooperation and Conflict*, Vol. 48, No. 2, 2013, pp. 309-311.

③ Alessandra Russo and Andrea Gawrich, "Overlap with Contestation? Comparing Norms and Policies of Regional Organizations in the Post-Soviet Space", *Central Asian Survey*, Vol. 346, No. 3, 2017, pp. 331-352; Viktoria Akchurina and Vincent Della Sala, "The European Union, Russia and the Post-Soviet Space: Shared Neighbourhood, Battleground or Transit Zone on the New Silk Road?", *Europe-Asia Studies*, Vol. 70, No. 10, 2018, pp. 1543-1551.

很大程度上是欧盟与俄罗斯展开激烈地缘政治与规范竞争的后果。① 事实上，欧盟提出的其他地区发展倡议，如 "地中海联盟（Union for the Mediterranean）" "欧洲—非洲加勒比和太平洋国家集团经济伙伴关系协定（ACP – EU Cotonou Partnership）"、欧盟与中亚国家签署的"伙伴关系合作协定"（Partnership Cooperation Agreement），均有重要的规范内涵，同样面临合作倡议所在的周边国家与其他大国的规范竞争。能否在规范竞争中脱颖而出，是影响欧盟践行"规范性力量"身份和推进民主计划成效的重要因素。

规范共鸣程度也是影响欧盟在特定地区推进民主和扩散规范成效的重要因素。规范推进者所期待的目标，是其倡导的规范在对象国产生高度共鸣，从而使其主动接受或内化规范。这也是影响欧盟规范推进努力成效的最重要因素。为把握规范共鸣这一概念，社会运动理论中的架构分析或许能提供重要的启示。按照社会学家的理解，"架构"是人们为了理解世界中的人、事、物而对其进行组织的一种方式。这种方式往往只突出人、物、事的某一方面，而有意无意地忽视其他方面的现象。如著名媒体专家罗伯特·M.艾特曼所言，"进行架构，就是选择某一被认知事实的某些方面，使其变得突出"。② 换言之，架构就是人们对社会生活中某一或某些事件进行解释、呈现、赋予意义而组织起来的话语框架。③ 从这一角度来看，西方所倡导的民主价值观与其青睐的国际规范，本质上是它们在国际规范的竞争场域中推广的一种治理模式或价值观念"框架"。④ 在与其他行为体，包括规范推广对象国展开规范竞争或框架竞争的过程中，框架在对象国产生的支持或认可程度，即为规范共鸣，这也是框架带来的

---

① Erna Burai, "Parody as Norm Contestation: Russian Normative Justifications in Georgia and Ukraine and Their Implications for Global Norms", *Global Society*, Vol. 30, No. 1, 2016, pp. 67 – 77.

② Robert M. Entman, "Contestable Categories and Public Opinion", *Political Communication*, Vol. 10, No. 3, 1993, p. 52.

③ David A. Snow, E. Burke Rochford, Jr., Steven K. Worden and Robert D. Benford, "Frame Alignment Processes, Micromobilization, and Movement Participation", *American Sociological Review*, Vol. 51, No. 4, 1986, pp. 464 – 481.

④ 也可参见 Mariya Y. Omelicheva, "Competing Perspectives on Democracy and Democratization: Assessing Alternative Models of Democracy Promoted in Central Asian States", *Cambridge Review of International Affairs*, Vol. 28, No. 1, 2015, pp. 76 – 79.

政治效应。① 尽管国际关系中的权力分布、框架的多元性或可获得性、架构建构方的文化价值背景等,都是影响架构效应的重要因素,但构架的内容与受众既有观念的契合程度,才是影响架构共鸣程度的最核心因素。② 而就作为"规范性力量"的欧盟而言,它致力于通过各种各样的伙伴关系向合作伙伴推压西方的民主治理模式和各种其所青睐的国际规范,然而,这些努力最终能否在受众中产生预期效果,取决于这些治理模式或规范所能产生的共鸣程度之高低。所以,它是衡量欧盟规范性力量强弱的核心标准。

上文就如何衡量欧盟作为一种规范性力量在特定地区推进民主或其他国际规范的成效提出了一种分析框架。该分析框架涵盖欧盟"自我"与外部"他者"两个层面,具体涉及三个维度:欧盟自我身份构建与实践的规范绩效、所面临的其他行为体提出替代性规范的规范竞争强度以及规范受众对欧盟所倡导的治理模式或规范产生的共鸣程度。这两个层面、三个维度的因素,均会对欧盟能否顺利在目标区域实现其所追求的规范目标产生影响。上文对欧盟践行"规范性力量"身份成效的评估,便同时考虑了欧盟在推广民主或西方价值观过程中所面临的规范绩效、规范竞争、规范共鸣三个维度,同时涉及与欧盟民主推广活动密切相关的行为体。最重要的是,该框架将考察的重点放在"规范"这一核心概念上,而将权力分配视为背景。如此一来,我们或许可以说,这一衡量框架满足作为一种内部衡量的标准。下文将运用该分析框架对欧盟在中亚地区推进西方式民主治理模式的成效及其面临的困境进行分析。在此之前,我们需要对欧盟在中亚地区推广民主的历程进行简要回顾。

第二节　欧盟在中亚地区的民主推进计划与实践

为了推进原苏联国家的政治转型与经济发展,并引导这些新独立国家

---

① William A. Gamson, "A Constructionist Approach to Mass Media and Public Opinion", *Symbolic Interaction*, Vol. 11, 1998, pp. 161 – 174; Julie L. Andsager, "How Interest Groups Attempt to Shape Public Opinion with Competing News Frames", *Journalism & Mass Communication Quarterly*, Vol. 77, 2000, pp. 577 – 592.

② Robert D. Benford and David A. Snow, "Framing Processes and Social Movements: An Overview and Assessment", *Annual Review of Sociology*, Vol. 26, 2000, pp. 611 – 639.

走西方式的发展道路,欧盟从 1991 年开始就向独联体国家提供政府援助。① 在欧盟针对新独立国家所创设的政策工具中,影响较为深远的政策工具,是欧盟于 1991 年开始启动的独联体技术援助项目(TACIS)。除了 TACIS,欧盟向这些国家所提供的援助还包括欧盟执委会人道主义办公室(The European Commission Humanitarian Office, ECHO)与食品安全计划(Food Security Programme, FSP)提供的人道主义援助与财政支持,欧盟提供的宏观金融贷款与赠款、复兴援助,"欧盟民主与人权倡议"(European Initiative for Democracy and Human Rights, EIDHR)提供的民主相关援助,等等。② 随着国际局势与欧盟自身所面临挑战的变化,以及 TACIS 在实施过程中面临诸多批评的双重压力下,欧盟不得不对 TACIS 计划进行重新审视,并于 2007 年开始实施经过调整后的政策工具。大体而言,在 2007 年公布第一份中亚战略之前,欧盟对中亚地区民主与人权问题虽有所关注,但考虑中亚国家独立之初的国家重点工作在于国家构建和社会稳定,欧盟在这一阶段更关心的是与该地区各国建立较为稳定的关系,并支持地区各国维护国家稳定和解决人道主义问题。因此,在这一阶段,推进民主并非欧盟在中亚地区的优先事项。

2007 年出台中亚战略之后,欧盟中亚政策中的价值观色彩及塑造中亚国家发展方向的意图得到凸显。③ 欧盟在中亚地区追求的利益多种多样,包括能源、安全、互联互通、贸易、地区一体化、环境保护、边界管理、禁毒等领域。不过,推进该地区的民主同样构成欧盟 2007 年中亚战略的重要组成部分。在该战略中,欧盟列举了与中亚国家合作的 7 个重点领域,其中第一个"改善中亚五国的人权、法治、善治与民主化水平";第二个"投资中亚地区的青年发展与教育事业,帮助促进中亚国家教育体系对全球化需求的适应能力";第七个"促进中亚地区不同文化与社会之间的对话与交流,敦促各国政府落实对于国内民众宗教自由的保护",在很大程

---

① 在欧盟的政策文件中,欧盟向发展中国家提供的政府援助被称之为"发展合作"(development cooperation)。

② "European Commission Regional Strategy for Central Asia 2002—2006", 30 October, 2002, p. 14, http://europa.eu.int/comm/external_relations/ceeca/rsp2/02_06_en.pdf.

③ Georgiy Voloshin, *The European Union's Normative Power in Central Asia: Promoting Values and Defending Interests*, Basingstoke: Palgrave Macmillan, 2014.

度上暴露了欧盟试图塑造中亚国家政治发展方向的企图。[1] 换言之，在其罗列的7项重点工作中，有近一半的内容涉及欧盟在中亚地区的规范议程。按照曼纳斯的观点，构成欧盟作为一种"规范性力量"的界定性特征包括五种核心规范——和平、自由、民主、法治和人权，以及四种次级规范——社会团结、反歧视、可持续发展和善治。[2] 这些核心规范在欧盟的中亚战略中有明显的体现。

欧盟的中亚政策实践更加凸显了其作为"规范性力量"的存在。为了促进自身规范的传播，欧盟在与中亚国家开展交往时，制定了不少专门的援助计划。其中，最知名的是"欧洲民主与人权工具（European Instrument for Democracy and Human Rights，EIDH）"。该项目主要资助中亚国家公民社会的发展，以引导中亚国家发展西方式的自由民主模式。[3] 除此之外，欧盟还在该地区启动了"非国家行为体与地方政府发展项目（Non-state Actors and Local Authorities in Development，NSLA）""欧洲法治倡议（European Rule of Law Initiative）""人权对话（human rights dialogue）""制度建设伙伴关系项目（Institution Building Partnership Program）"等与民主推进进程密切相关的项目。[4] 这些工具或计划虽然主要在欧盟与中亚各国的中央或地方政府之间展开，但欧盟往往要求非政府组织等社会力量参与。从欧盟设计的各种项目名称可以看出，为了促进民主、人权、法治等价值观在中亚地区的传播，欧盟可谓"用心良苦"。对于被视为"规范性力量"的主要界定性规范，欧盟至少设计了一项专门的计划或项目与之相对应。此外，为了充分借助自身教育在中亚民众和社会中的吸引力，欧盟还利用以"伊拉斯谟项目"等教育交流项目，资助中亚国家与欧盟开展教育和学

---

[1] 第三项、第四项、第五项、第六项分别涉及经济、交通、环境保护、非传统安全威胁领域的议题，可参见 Council of the European Union, "The EU and Central Asia: Strategy for a New Partnership".

[2] Ian Manners, "Normative Power Europe: A Contradiction in Rerms?", pp. 242 - 244.

[3] 该项目于2006年设立，以替代此前的类似项目，后者于1994年开始运作。Milja Kurki, "Governmentality and EU Democracy Promotion: the European Instrument for Democracy and Human Rights and the Construction of Democratic Civil Societies", *International Political Sociology*, Vol. 5, No. 4, 2011, pp. 349 - 366.

[4] European Council, "The European Union and Central Asia: The New Partnership in Action", General Secretariat of the Council, June 2009, p. 10, https://www.consilium.europa.eu/media/30828/en-strategyasia_int.pdf.

术交流活动，以间接的方式扩散和传播欧盟规范和价值观。①

通过回顾欧盟 2007 年以来的中亚政策实践可以发现，欧盟在该地区的民主推进行动在很大程度上是在"善治"的框架中进行的。② 换言之，在 2007 年之后介入中亚事务的过程中，欧盟理解的"民主推进"计划与其倡导的"善治"可以互换。尽管欧盟尝试在中亚地区推进民主，但因它希望同时推进经济、安全、能源、民主等方面的目标，故欧盟有意无意地淡化了其中亚政策中的规范和价值观色彩，更多地强调中亚国家"建立符合国际规范的稳定、正义与开放社会"。这样一来，欧盟对民主推进的理解就被置于善治的话语框架中，以一种更富技术性的方式鼓励中亚国家建立一个更加透明、有效的政府。③ 这或许是因为自 2005 年 5 月乌兹别克斯坦发生"安集延事件"后，西方对乌兹别克斯坦的制裁激化了中亚国家对西方民主推进计划的反感，促使欧盟不得不缓和民主推进的声调。整体而言，自 2007 年通过第一个中亚战略文件以来，欧盟在中亚地区的影响有了明显的提升。有专家认为，2012 年左右欧盟在中亚地区的影响力仅次于俄罗斯和中国，甚至超过了美国，居第三位。相对于俄罗斯在中亚地区是"不情愿的军人"、中国是"静默的商人"，而欧盟扮演的则是"犹疑的牧师"的角色。④ "牧师"是布道者，在国际关系中，"道"自然是指国际规范、价值观、意识形态等理念性因素，这或许从一个侧面说明了欧盟在该地区始终在实施民主推进计划，也符合欧盟自视为中亚地区"规范性力量"的身份认知和定位。

2019 年 6 月公布的欧盟新中亚战略继续将促进中亚地区的民主化作为其战略目标。具体而言，欧盟在新中亚战略中将其在该地区追求的战略目

---

① 如据欧盟的数据，2014 年至 2018 年，"伊拉斯谟项目"共向 250 多个中亚学生提供了为期两年的硕士奖学金。此外，自 2014 年以来，欧盟向 69 个中亚国家的高等教育机构提供了课程开设与现代化的相关支持，另外自 2015 年以来欧盟向来自中亚国际的 5544 位教师和学生提供了短期职位。https：//eeas.europa.eu/sites/eeas/files/factsheet_ centralasia_ 2019.pdf.

② Mariya Y. Omelicheva, "Competing Perspectives on Democracy and Democratization：Assessing Alternative Models of Democracy Promoted in Central Asian States", Alexander Warkotsch, "The European Union and Democracy Promotion in Bad Neighbourhoods：The Case of Central Asia".

③ Katharina Hoffmann, "The EU in Central Asia：Successful Good Governance Promotion?", *Third World Quarterly*, Vol. 31, No. 1, 2010, p. 96.

④ Sébastien Peyrouse, Jos Boonstra and Marlène Laruelle, *Security and Development Approaches to Central Asia The EU Compared to China and Russia*, EUCAM Working Paper, No. 11, May 2012.

标界定为两个：一个是促进和提升中亚国家应对各种不确定风险和非传统安全威胁的"韧性（resilience）"；另一个是加强欧盟与中亚国家的"联通性（connectivity）"，以促进中亚国家的繁荣。为推动上述战略目标的实现，欧盟重新规划了十多个与中亚国家进行合作的重点领域。其中涉及欧盟规范传播主要为：支持中亚国家启动成功的改革、与中亚国家密切合作以促进各国人权与法治水平、发展具有竞争力的私营部门并促进各国形成更为开放的投资环境。① 此外，欧盟理事会在批准新中亚战略的决议中还强调，欧盟需要通过加强与中亚国家的合作关系以促进五个国家"推进改革，加强民主、人权、法治及司法独立，同时促使各国经济的现代化与多元化，包括支持私营部门，尤其是中小企业在自由市场经济中发展"。②

相对于2007年的中亚战略，2019年欧盟出台的中亚战略放慢了在中亚地区推进民主的步伐。新中亚战略虽然延续了在中亚地区推进民主的构想，但却用"韧性"一词置换了前一阶段包装民主推进计划的"善治"。而"韧性"是一个更模糊、更侧重安全的概念。该概念虽然也与欧盟试图改善中亚地区的民主状况、加强政府的责任、提高政府回应民众诉求的能力等息息相关，但似乎更多地涉及中亚国家应对恐怖袭击、阿富汗局势动荡和毒品走私等非传统安全议题。此外，欧盟对在中亚地区推进民主的热情有所降低还体现在其他方面：如相对于2007年的中亚战略，民主、人权、法治等术语在欧盟理事会的决议及新战略文本中出现的频率明显减少。这或许是汲取了此前民主推进受阻的教训，也可能是因为2014年乌克兰危机之后大国在中亚地区的竞争趋于激烈，欧盟不得不进一步降低民主推进的速度以提高其在"新大博弈"中的吸引力和竞争力。不过，值得注意的是，欧盟迄今公布的两个中亚战略均强调要促进中亚国家的民主化，推动人权、法治、善治等价值观的传播，这已充分说明欧盟对于成为"新大博弈"中"规范性力量"的身份期待。这一身份也被欧盟自视为其介入中亚事务时具有的比较优势。

需要注意的是，尽管欧盟与美国一样致力于在中亚地区推进民主，但其举措相对于美国而言要更加谨慎和温和。这种差异很大程度上源自于美

---

① "Factsheet on the New EU Strategy on Central Asia", May 15, 2019, https://eeas.europa.eu/sites/eeas/files/factsheet_ centralasia_ 2019. pdf.

② European Council, "Central Asia: Council adopts a New EU Strategy for the Region".

国与欧盟对于民主的不同理解。欧盟是作为一个超国家机构而存在和发展起来的。尽管欧盟宣称其发展奠基于民主原则和尊重人权,但由于其成长离不开成员国之间的妥协与合作,为避免因民主程序或议题的纷争葬送欧盟的一体化进程,故欧盟倾向于在向外推进民主时对规范议题作"非政治化"处理,即不把民主作为一种指导所有援助或交往工作的整体性意识形态。如此一来,欧盟避免了把民主推进作为其对外交往的"天定命运"和"意识形态使命"的倾向。而美国却与之相反。当美国把推进民主价值观视为"天定命运",其对外行为往往变得很激进,难以实现民主理想和战略利益之间的兼容,故美国经常被批评为在对外交往中坚持双重标准;而欧盟基于对民主推进所作的去政治化处理,故当其民主推进计划与战略考虑相冲突时,欧盟相对容易在战略考虑和规范考虑之间进行调整甚至取舍。① 当然,美国与欧盟的共同点在于,它们均同时将民主价值观视为目的和实现目的的手段。对民主等价值观和规范的信仰,是欧盟被视为一种"规范性力量"的主要原因。

第三节　欧盟民主推进计划面临的第一重困境:规范绩效不佳

欧盟在中亚地区推广民主面临的第一重困境在于其规范绩效状况不佳。这里的首要问题是,由于距离遥远,欧盟无法通过向中亚国家提供入盟前景的方式吸引其采纳西方的价值标准和民主治理模式。由于中亚国家短期内不可能加入欧盟,因此它们没有动力改革自身的治理体系以迎合欧盟的规范要求。这样,欧盟整合和社会化伙伴国的最有效工具——"条件性"(conditionality)入盟标准——无法在中亚国家奏效。② 在此背景下,

---

① 关于欧盟与美国对于民主推进计划的不同理解,可参见 Jeff Bridoux and Milja Kurki, "Cosmetic Agreements and the Cracks Beneath: Ideological Convergences and Divergences in US and EU Democracy Promotion in Civil Society", *Cambridge Review of International Affairs*, Vol. 28, No. 1, 2015, pp. 55 – 74.

② Heather Grabbe, *The EU's Transformative Power: Europeanization through Conditionality in Central and Eastern Europe*, New York: Palgrave Macmillan, 2006; Frank Schimmelfennig, Stefan Engert, Heiko Knobel, *International Socialization in Europe: European Organizations, Political Conditionality and Democratic Change*, New York: Palgrave Macmillan, 2006; Jelena Džankić, Soeren Keil, Marko Kmezić, *The Europeanisation of the Western Balkans: A Failure of EU Conditionality?*, New York: Palgrave Macmillan, 2019.

第九章　外部行为体参与中亚地区治理的困境

欧盟只能通过提供民主援助的方式，试图引导中亚国家采纳欧盟倡导的规范，进而塑造地区各国的发展方向。然而，欧盟向中亚国家提供资源的有限，又对其规范雄心形成牵制。客观而言，在介入中亚地区事务中的各主要行为体中，欧盟是比较慷慨的援助者。如在 1991 年到 2006 年年间，欧盟通过 TACIS 计划共向中亚五国提供了 6.5 亿欧元的援助资金；[1] 2007—2013 年年间，欧盟的中亚援助预算为 7.19 亿欧元；[2] 2014—2020 年年间，欧盟的援助额增加到了 11 亿欧元。[3] 然而，欧盟在中亚地区追求多元化的政策目标，如政治稳定、减贫、经济繁荣、民主推进、地区安全、互联互通、能源供应、环境保护等。目标繁多导致欧盟在中亚地区注入的民众援助资金非常有限。此外，尽管欧盟为在中亚地区推进其规范议程设计了名目繁多的工具或计划，但这些计划和工具缺乏有效整合。加之民主推进计划的敏感性，为避免引起中亚国家的反感，欧盟不得不对民主推进项目进行去政治化处理。这样一来，欧盟民主推进的努力难以引起中亚国家的重视与积极回应。诸如此类的因素导致欧盟在中亚地区的规范议程得不到有效凸显。

其次，欧盟在中亚地区的民主推进计划与战略考虑之间存在巨大的张力。如前所述，除了规范议程，欧盟在中亚地区还追求一系列具有功利性特征的政策目标。例如，希望获得中亚的能源资源，加强欧盟与中亚国家之间的互联互通，为欧盟国家在阿富汗开展军事行动提供后勤支持，以及支持中亚国家加强禁毒工作以减少抵达欧盟的毒品等。[4] 尤其是欧盟为实现能源进口的多元化，把加强与中亚国家之间的能源合作视为一个重要的政策目标，这一追求自冷战结束以来贯彻欧盟中亚政策的始终。[5] 尽管与美国一样，欧盟坚信实现西方式的民主制度是促进经济发展、保障国家安

---

[1] "European Commission Regional Strategy for Central Asia 2007—2013", Annex 4, p. 41.

[2] Jos Boonstra, Jacqueline Hale, *EU Assistance to Central Asia: Back to the Drawing Board?*, EUCAM Working Paper 8, January 2010, p. 13.

[3] European Parliament, "The EU's New Central Asia Strategy", p. 3.

[4] Matteo Fumagalli, "The 'Food–Energy–Water' Nexus in Central Asia: Regional Implications of and the International Response to the Crises in Tajikistan", EUCAM, *Policy Brief*, No. 2, October 2008, pp. 1–7.

[5] Neil Collins and Kristina Bekenova, "Fuelling the New Great Game: Kazakhstan, Energy Policy and the EU", *Asia Europe Journal*, Vol. 15, 2017, pp. 1–20.

全、维护地区稳定等其他目标的最佳手段,然而,功利性目标的实现往往更为急迫且容易见效,而民主推进和规范扩散不仅取决于中亚国家的配合和支持,还需要旷日持久的付出。中亚国家在独立之后,虽然也宣称要建立自由民主体制,但苏联留存的制度遗产和各国统治者为维护自身的利益和政权生存,使该地区各国的政治体制具有一定的威权性色彩。事实上,面对西方的民主推进计划,除了吉尔吉斯斯坦持较为宽容的态度以外,其他中亚国家均对此保持高度警惕。为了避免冒犯和激怒中亚各国,欧盟在中亚地区推进民主和扩散规范的过程中一向比较谨慎。但当功利性目标与规范性考虑在欧盟的中亚议事日程上处于竞争状态时,欧盟往往会选择优先追求功利性目标,然后以一种温和、低调和审慎的方式推进民主、人权与善治等规范。

欧盟在中亚地区对民主推进计划的投入不足,加之规范性议程易受到功利性目标的绑架,不可避免地导致了欧盟的规范绩效饱受批评。按照规范绩效的定义,衡量一个行为体规范绩效的主要指标在于,能否在推广规范的过程中做到言行如一、能否保障自身的规范考虑不受到战略考虑的牵制。而在这两个方面,欧盟的表现均差强人意。欧盟对 2005 年乌兹别克斯坦"安集延事件"的反应,最为典型地反映了欧盟无法很好地满足产生良好规范绩效的两个条件。2005 年 5 月 13 日,乌兹别克斯坦发生了有重大人员伤亡的"安集延事件"。[1] 对于时任乌兹别克斯坦总统的卡里莫夫将"安集延事件"界定为由恐怖分子和极端主义分子等势力挑战国家政权的事件,[2] 欧盟与美国对此不予认同,反而认为这是一起乌兹别克斯坦政府滥用暴力杀害无辜平民的严重侵犯人权事件,[3] 进而要求乌兹别克斯坦允

---

[1] 乌兹别克斯坦方公布数据的死亡 187 人,而西方估计在 500 至 1000 人之间。参见 Shirin Akiner, *Violence in Andijan*, 13 May 2005: *An Independent Assessment*, Washington, D. C.: Central Asia – Caucasus Institute and Silk Road Studies Program, 2005.

[2] 乌兹别克斯坦政府对"安集延事件"的描述,参见 Nick Megoran, "Framing Andijon, Narrating the Nation: Islam Karimov's Account of the Events of 13 May 2005", *Central Asian Survey*, Vol. 27, No. 1, 2008, pp. 15 – 31.

[3] 2020 年 2 月 7 日,乌兹别克斯坦副总检察长维特兰娜·阿尔季科娃(Svetlana Artykova)首次表示乌兹别克斯坦政府在"安集延事件"中"犯了错误",并公开承认当时乌兹别克斯坦强力部门曾向无辜平民开火。参见 Bruce Pannier, " 'We Made Mistakes': In Uzbekistan, A Rare Admission Over Andijon Killings", RFE/RL, February 18, 2020, https://www.rferl.org/a/uzbekistan – andijon – assacre – officials – willingness – talk – analysis/30442215. html.

第九章　外部行为体参与中亚地区治理的困境 ▎289

许国际社会对该事件进行独立调查。在遭到拒绝后，欧盟于 2005 年 10 月启动对乌兹别克斯坦的制裁，包括中止部分欧盟与乌兹别克斯坦签署的《伙伴关系与合作协定》，对被认为对"安集延事件"负有责任的 12 名乌兹别克斯坦政府官员实施签证禁令，并对乌兹别克斯坦实施武器出口禁运。① 与此同时，欧盟还向乌兹别克斯坦提出取消制裁所需的一系列前提条件，包括释放所有被囚禁的人权捍卫者和政治犯、允许非政府组织在该国不受阻碍地运作、与联合国有关机构进行充分合作、保证言论自由和媒体自由、实施禁止童工公约，并使选举程序完全符合欧洲安全与合作组织（OSCE）的标准等。② 尽管欧盟对于"安集延事件"的处理过程看似符合欧盟作为一种"规范性力量"的身份，但基于两个方面的原因，欧盟规范绩效受到严重影响。

其一，欧盟在制裁过程中言行不一。首先，尽管欧盟对乌兹别克斯坦实施了制裁，但整体而言，欧盟的制裁力度非常有限。如欧盟并未全面废止与乌兹别克斯坦签署的《伙伴关系与合作协定》，且对乌兹别克斯坦政府官员的旅游禁令仅包括乌兹别克斯坦内政部长佐基尔·阿尔马托夫（Zokir Almatov）在内的 12 名官员，并未波及卡里莫夫总统等人。至于停止对乌兹别克斯坦的军售，由于乌兹别克斯坦进口武器的主要来源是俄罗斯和乌克兰，再加上欧盟与乌兹别克斯坦之间的军事贸易额较小，③ 军售禁令对乌军事建设和国防能力产生的影响有限。其次，欧盟成员国自身违反了制裁要求。2005 年下半年，名列欧盟旅行禁令名单的阿尔马托夫获准进入德国就医，而德国拒绝欧盟对此进行调查。④ 由此可见，欧盟的旅行禁令并未得到成员国的认真遵守。再次，尽管欧盟为取消对乌兹别克斯坦制裁开出了一系列的人权条件，但却在乌兹别克斯坦并未满足相关条件的

---

① Human Rights Watch, "Uzbekistan: 6 Years On, No Justice for Andijan Victims", May 11, 2011, https://www.hrw.org/news/2011/05/11/uzbekistan-6-years-no-justice-andijan-victims.

② Human Rights Watch, "Human Rights Watch Memorandum on Uzbekistan's Record in Meeting the EU Human Rights Criteria", September 28, 2010, https://www.hrw.org/news/2010/09/28/human-rights-watch-memorandum-uzbekistans-record-meeting-eu-human-rights-criteria.

③ 2004、2005 年欧盟的对乌兹别克斯坦武器出口许可额分别为 360 万和 290 万欧元。Giselle Bosse, "EU Normative Performance a Critical Theory Perspective on the EU's Response to the Massacre in Andijon Uzbekistan", p. 62.

④ Olga Alinda Spaiser, *The European Union's Influence in Central Asia: Geopolitical Challenges and Responses*, New York: Lexington Books, 2018, p. 78.

基础上取消了军售禁令。事实上,尽管欧盟在2005年10月至2009年10月维持了对乌兹别克斯坦的制裁,但制裁的力度不断降低。2006年,欧盟恢复了与乌兹别克斯坦的《伙伴关系与合作协定》;2007年,欧盟取消了签证禁令;2009年10月,欧盟解除了对乌兹别克斯坦的军售禁令,欧乌关系恢复正常。欧盟对解除制裁作出的解释是,"此举有助于鼓励乌兹别克斯坦政府采取进一步的行动改善法治和人权状况……考虑乌兹别克斯坦政府的承诺,欧盟理事会决定不再维持余下的限制性措施"。[1] 这意味着欧盟是基于期望而非事实取消了对乌兹别克斯坦的制裁。从以上事实可以发现,欧盟在贯彻自身的规范议程上并未做到言行一致,严重偏离了欧盟"规范性力量"的身份定位。

其二,欧盟的战略考虑凌驾于规范考虑之上。"9·11"事件发生之后,借在阿富汗开展以打击"基地"组织和塔利班为目标的"持久自由行动"之机,西方获得了梦寐以求的在中亚地区驻军的权力。不仅美国与乌兹别克斯坦和吉尔吉斯斯坦达成协议,使用前者的汉纳巴德军事基地(Kaishi-Khanabad air base,也称K2基地)和后者的玛纳斯(Manas)军事基地,而且北约的欧洲成员国,主要是德国,获准使用乌兹别克斯坦的铁尔梅兹(Termezi)军事基地。基于此,2005年前后欧盟成员国介入中亚事务的主要利益诉求是保障欧盟对铁尔梅兹军事基地的使用,以及推动中亚国家建设面向欧盟的石油和天然气管线。这些利益诉求导致欧盟仅对乌兹别克斯坦实施温和制裁,并且不断削弱制裁等行为。在推进欧盟对乌兹别克斯坦进行制裁的过程中,虽有英国等成员国表现积极,但德国等成员国态度犹疑。因为它们担心制裁一旦触怒乌兹别克斯坦,很有可能导致欧盟军队被逐出铁尔梅兹军事基地。而美国对乌兹别克斯坦制裁的强硬态度,最终导致乌兹别克斯坦政府将美军赶出了汉纳巴德军事基地。[2] 当然,欧盟与美国在介入中亚事务过程中行事方式有别,也是导致乌兹别克斯坦

---

[1] 引参见 Giselle Bosse, "EU Normative Performance a Critical Theory Perspective on the EU's Response to the Massacre in Andijon Uzbekistan", p. 64.
[2] 美国对"安集延事件"的应对可参见 John Heathershaw, "Worlds Apart: The Making and Remaking of Geopolitical Space in the US - Uzbekistani Strategic Partnership", *Central Asian Survey*, Vol. 26, No. 1, 2007, pp. 131 - 132.

对待欧盟和美国态度不同的重要原因。与美国习惯颐指气使不同,欧盟在中亚地区行事较为谨慎和克制,避免公开羞辱自尊心极强的乌兹别克斯坦及其领导人,这也为欧盟保留铁尔梅兹军事基地和维系与乌兹别克斯坦的整体关系发挥了作用。[1] 另外需要关注的是,德国在削弱欧盟对乌兹别克斯坦制裁过程中扮演了重要的角色。除了竭力想保留在乌兹别克斯坦的军事基地之外,双方较为密切的贸易联系、乌兹别克斯坦境内存在不少德裔人口等因素,都促使德国不断削弱欧盟对乌兹别克斯坦的制裁。[2] 正因有德国的积极推动,欧盟在对乌兹别克斯坦进行制裁期间还于2007年6月出台了新的中亚战略,该战略的基调仍是强调与包括乌兹别克斯坦在内的中亚国家加强合作的必要性。由于德国积极倡导撤销对乌兹别克斯坦的制裁,加之其他欧盟成员国也乐见欧盟与乌兹别克斯坦关系的正常化,以促进各种功利性目标的实现,故欧盟于2009年10月正式终止了对乌兹别克斯坦已名存实亡的制裁。从上述过程可以看出,欧盟在规范诉求和利益追求面临冲突时,往往优先选择后者,这使其维系自身作为"规范性力量"的身份存在巨大的困难。

尽管欧盟在中亚地区推进民主和传播规范,并不总会遭遇"安集延事件"之类突发状况的考验,但它对该事件的处理方式,仍然严重损害了其作为规范和民主倡导者的形象。这意味着至少在中亚地区,欧盟的规范绩效并不突出。由于价值观发挥作用依赖于长期努力,同时欧盟更迫切希望实现功利性目标,故欧盟更多地将民主推进和规范传播视为一项长期事业,这自然不可避免地影响其在中亚地区的规范绩效。只要欧盟依旧在民主推进实践中保持一种低姿态,那么欧盟在该地区的规范绩效就无法得到有效改善,并与它自视为"规范性力量"的要求之间相差甚远。

---

[1] 关于欧美对待乌兹别克斯坦方式的差异及由此带来的不同后果,可参见 Bernardo da Silva Relva Teles Fazendeiro, "Keeping Face in the Public Sphere: Recognition, Discretion and Uzbekistan's Relations with the United States and Germany, 1991—2006", *Central Asian Survey*, Vol. 34, No. 3, 2015, pp. 341-356.

[2] 杨恕、后俊:《德国的中亚政策》,《德国研究》2012年第2期;马媛:《德国中亚政策的目标和路径选择——基于俄文文献的考察》,《德国研究》2018年第5期。

第四节　欧盟民主推进计划面临的第二重困境：规范竞争激烈

作为"规范性力量"的欧盟在中亚地区推进民主价值观，面临来自其他大国倡导的替代性规范的激烈竞争。这些大国同样是"新大博弈"的"博弈者"。对于欧盟而言，它试图在中亚地区推进民主和传播规范，不可避免的会受到"新大博弈"这一地区权力结构的制约。事实上，与欧盟一样，其他行为体同样有自身的规范诉求和所青睐的治理模式，并试图影响中亚国家。各行为体在规范领域的竞争和博弈，使得中亚及周边地区既是一个权力政治斗争的场域，同时也是一个不同规范、观念、治理模式展开竞争的"观念市场"。从这个角度来说，在中亚地区，不只有欧盟是一种"规范性力量"，其他行为体同样是"规范性力量"。[1] 如此一来，欧盟能否在中亚地区扩散民主，不仅受到自身规范绩效的牵制，而且也受到"新大博弈"中其他行为体所提供的替代性规范的激烈竞争。这是欧盟在中亚地区推进民主面临的第二个困境。

如果"新大博弈"的确构成各行为体在中亚地区争夺地缘政治和规范影响力的结构背景，那么，要分析欧盟面临的规范竞争状况，首先需要明确中亚地区的权力分配格局。在20世纪90年代初至"9·11"事件发生之前，美国、欧盟等西方行为体尚未在中亚地区进行大规模的投入，俄罗斯在该地区享有一家独大的地位和影响，因此当时的"新大博弈"是在单极结构的背景下展开的。尽管俄罗斯在20世纪90年代初曾经短暂忽视过中亚地区，但在20世纪90年代中期重新发现中亚地区的价值。因而在"9·11"事件之前，无论是物质结构还是观念结构上，俄罗斯在该地区均拥有其他行为体难以比肩的影响力。"9·11"事件之后，美欧强势介入中亚地区，加大了对中亚地区的投入。再加上欧盟和美国共享许多工具和规范方面的利益，双方通过缔结松散的同盟关系以挑战俄罗斯在中亚地区的

---

[1] 可参见 Emilian Kavalski, "Partnership or Rivalry between the EU, China and India in Central Asia: The Normative Power of Regional Actors with Global Aspirations", *European Law Journal*, Vol. 13, No. 6, 2007, pp. 839–856.

影响。欧美呼喊的口号是支持中亚国家的"主权、独立与经济繁荣",实质上是希望削弱中亚国家对俄罗斯的依赖,以强化它们实施的多元平衡外交政策。与此同时,自20世纪90年代后期积极与中亚国家开展能源合作的中国,通过奉行独立自主的外交政策也加强了与中亚国家之间的联系,并增强了在该地区的影响力。为了应对西方的挑战,俄罗斯偶尔会借重中国,如利用2001年成立的上海合作组织,加强了与中国、四个中亚国家(哈乌吉塔)的合作与协调。在此背景下,"9·11"事件之前中亚地区形成的单极结构,逐渐向松散的两极结构(欧美为一方,俄中为另一方)或"一超多强"(俄罗斯为"地区超级大国",美国、欧盟、中国等行为体为"地区强国")的局面转变。之所以说"松散",是因为无论欧盟与美国,还是俄罗斯与中国,虽在中亚地区有期待对方支持的考虑,但这种考虑很大程度上停留在策略和话语层面,较少通过正式的协定形成战略同盟关系。整体而言,"9·11"事件之后,俄罗斯在中亚地区的影响力虽然遭到西方的挑战,但它依然是中亚地区最具有影响力的行为体。

无论中亚地区的权力格局是"单极结构",还是松散的"两极结构"抑或"一超多强"的局面,欧盟通过民主推进计划影响中亚国家发展方向的尝试,首先面临来自俄罗斯的竞争和反击。与在全球层面俄罗斯被美国和欧盟视为"秩序挑战者""修正主义"国家不同,在中亚地区,由于俄罗斯与中亚国家存在传统联系,故俄罗斯往往自视为中亚地区的"秩序维护者"或"现状维持国"。而中亚地区则被俄罗斯视为"近邻地区(near abroad)"的一部分,也是俄罗斯享有"特权利益"(privileged interests)的区域。正如俄罗斯前总统梅德韦杰夫在2008年"俄格战争"后表示的:"俄罗斯同世界其他国家一样,在某些地区享有特权……我们将对我们在这些地区的工作给予特殊注意,并与这些国家、我们的亲密邻居建立友好关系"。[1] 而欧盟和美国是介入中亚事务的"后来者",当其在该地区的政策举动威胁到俄罗斯的利益时,它们就会被俄罗斯视为"秩序挑战者"和

---

[1] Gerard Toal, *Near Abroad: Putin, the West and the Contest over Ukraine and the Caucasus*, New York: Oxford University Press, 2017, p. 190; Andrew E. Kramer, "Russia Claims Its Sphere of Influence in the World", *The New York Times*, August 31, 2008, https://www.nytimes.com/2008/09/01/world/europe/01russia.html.

"修正主义"国家。① 因此,当欧盟希望通过民主援助等方式塑造中亚国家的发展方向时,俄罗斯一般通过两种方式与欧盟等西方行为体展开规范竞争,以抵御西方国家的民主推进努力。

其一,俄罗斯坚持传统的威斯特伐利亚主权,强调域外国家应支持中亚国家的主权和不干预他国内政的原则。众所周知,苏联解体之后俄罗斯实力明显衰落。然而,俄罗斯始终认为自身是一个大国,而且是一个与美国平起平坐的世界性大国。与此同时,俄罗斯同样坚持不懈地希望国际社会,尤其美国等西方国家承认俄罗斯的世界大国地位。② 然而,自冷战结束以来俄罗斯与西方之间的互动过程中,俄罗斯非但未能实现西方对其作为一个世界大国地位的承认,反而不断遭到西方国家的羞辱和蔑视。③ 这种经历,让俄罗斯对西方产生了诸多负面情绪,如失望、焦虑、愤怒、怨恨等,进而导致俄罗斯与西方之间的关系每况愈下,甚至造成当前俄罗斯与西方之间几近"新冷战"的状态。④ 在国力有限的背景下,俄罗斯不得不依赖威斯特伐利亚主权来抵御西方国家在全球和地区层面对俄罗斯身份的蔑视和对俄罗斯利益的侵蚀。当西方试图开展单边主义行动,或以民主、人权为名推进它们的规范议程或战略目标时,俄罗斯往往会强调国际社会需要维护以联合国为基石的国际秩序,包括恪守尊重发展中国家的国

---

① Ruth Deyermond, "Matrioshka Hegemony? Multi-Levelled Hegemonic Competition and Security in Post-Soviet Central Asia", *Review of International Studies*, Vol. 35, No. 1, 2009, pp. 161-162.

② Deborah Welch Larson and Alexei Shevchenko, "Status Seekers: Chinese and Russian Responses to U. S. Primacy", *International Security*, Vol. 34, No. 4, 2010, pp. 63-95; Freire, Maria Raquel, "USSR/Russian Federation's Major Power Status Inconsistencies", in Thomas J. Volgy, et. al., eds. *Major Powers and the Quest for Status in International Politics: Global and Regional Perspectives*, New York: Palgrave, 2011, pp. 55-75.

③ 让俄罗斯体验到自身世界大国地位未得到西方承认的事例很多,包括北约和欧盟的双东扩、西方支持和承认科索沃独立、以"人权高于主权"的名义干预第三世界国家、美国未经俄罗斯同意退出反导条约、未经联合国授权入侵伊拉克、煽动和支持独联体国家的"颜色革命"、预备接纳格鲁吉亚和乌克兰为北约成员国、以"保护的责任"为名推翻利比亚卡扎菲政权并有意将其适用于叙利亚,支持乌克兰抗议者颠覆亚努科维奇政权,等等。

④ Tuomas Forsberg, "Status Conflicts between Russia and the West: Perceptions and Emotional Biases", *Communist and Post-Communist Studies*, Vol. 47, No. 3-4, 2014, pp. 323-331; Andrei P. Tsygankov, "The Frustrating Partnership: Honor, Status, and Emotions in Russia's Discourses of the West", *Communist and Post-Communist Studies*, Vol. 47, No. 3-4, 2014, pp. 345-354; Andrei P. Tsygankov, "Vladimir Putin's Vision of Russia as a Normal Great Power", *Post-Soviet Affairs*, Vol. 21, No. 2, 2005, pp. 132-158.

家主权、不干预发展中国家内部事务等国际规范。① 这种话语策略既体现在俄罗斯在全球层面对西方干预行动的反制上,也体现在俄罗斯对西方介入被俄罗斯视为"近邻地区"活动的防范上。如在中亚地区,当欧盟倡导西方价值观、支持"颜色革命"时,传统的国家主权观成为俄罗斯抵御和反击西方规范议程、捍卫自身和中亚邻国自主选择发展道路的盾牌。俄罗斯在"安集延事件"后对乌兹别克斯坦卡里莫夫政权的支持也反映了这一策略。② 针对西方国家支持2005年3月吉尔吉斯斯坦的"郁金香革命",并对"安集延事件"后的乌兹别克斯坦进行制裁,俄罗斯与其他上海合作组织成员国一道在当年7月哈萨克斯坦阿斯塔纳(现更名为"努尔苏丹")峰会上发表了《上海合作组织成员国元首宣言》。宣言强调:"国际法,首先是《联合国宪章》的原则和准则的主导地位越强,这一世界秩序就会越稳定、越安全。在人权领域,必须严格和始终尊重各国人民历史传统和民族特点,坚持所有国家主权平等"。③ 毫无疑问,该宣言是上海合作组织成员国的共同立场,也反映了俄罗斯对传统主权原则的捍卫。

其二,通过多种方式传播和扩散俄罗斯社会构建的"主权民主"模式,以加强对中亚国家的整合和塑造。针对欧盟、美国等行为体在独联体地区所展开的民主攻势,俄罗斯除了诉诸传统的主权观念以抵御压力外,还采取主动姿态,不仅构建了一种替代的"主权民主"模式,还通过双边和多边方式尝试将这种模式扩散到中亚国家之中。"主权民主"的概念出现于2005年春前后,这是俄罗斯为抵御欧盟和美国在独联体地区支持

---

① Elana Wislson Rowe and Stina Torjesen, eds., *The Multilateral Dimension in Russian Foreign Policy*, New York: Routledge, 2009.

② 不过,需要指出的是,由于"近邻地区"被俄罗斯视为享有"特权利益"的区域,为维护俄罗斯在该地区的传统地位和影响,俄罗斯似乎并不愿意被传统的国家主权观等规范所束缚,而是致力于加强对这些国家的整合,有时甚至会采取有悖于尊重他国主权、尊重他国领土完整、不干预他国内政等原则的行动。如俄罗斯在2008年俄格战争、2014年乌克兰危机中扮演的角色所显示的。换言之,俄罗斯对国家主权等传统规范的遵守区分为两个区域,一个是"近邻地区",一个是除此之外的其他地区。在近邻地区,俄罗斯对主权规范的遵守具有选择性和投机性,而在后一类地区,俄罗斯对传统主权观持一种刚性和强硬的立场。对俄罗斯对外行为中形成了两种主权模式的讨论,可参见 Ruth Deyermond, "The Uses of Sovereignty in Twenty-first Century Russian Foreign Policy," *Europe-Asia Studies*, Vol. 68, No. 6, 2016, pp. 957 – 984.

③ 中国网:《上海合作组织成员国元首宣言(2005年7月)》,2006年6月13日,http://www.china.com.cn/chinese/HIAW/zhuanti/gjyj2/1240432.htm.

"颜色革命"所做的直接反应。① "主权民主"将外来的民主推进和移植计划建构为一种威胁,认为不符合历史传统和本国现实的政治体制带来的不是稳定,而是失序和混乱;而西方的民主推进计划不仅是非法和危险的,而且反映了它们希望殖民化并主导原苏联国家的企图。② 鉴于此,俄罗斯认为每个国家政治体制的发展均应该遵循本国独特的国情和历史传承,此外还强调,一个强大的国家是实施和启动任何政治、经济、社会改革的前提。③ 尽管俄罗斯官方迄今为止未承认"主权民主"处于俄罗斯国家意识形态地位,但该概念的两个支柱——反对西方的自由民主模式、强调俄罗斯拥有不同于西方的价值观,确实构成了俄罗斯国家观念的核心。④ 其次,在构建起有别于西方自由模式之外的替代性政治价值观和治理模式后,俄罗斯致力于通过多种方式将这些价值观念扩散到独联体国家。在国内和双边层面上,俄罗斯加大在独联体地区对"软实力"的运用,以影响和塑造各国政治发展方向,具体手段包括塑造俄罗斯的大国形象和普京总统的强人形象、整合俄罗斯现有的各种宣传网络和工具、借助俄罗斯东正教教会的力量、动员独联体地区俄罗斯人对祖国的支持、组建政商网络扩大俄罗斯的经济影响、通过外来劳工移民影响相关国家的政策取向等。⑤ 在多边层面,通过欧亚经济联盟、集体安全条约组织、上海合作组织等平台,俄罗斯致力于扩散其推崇的价值观,并在政治、经济、安全等领域加强对各机制成员国的整合,以实现政策趋同。⑥ 尽管近年来俄罗斯经济发展形势

---

① Stefanie Ortmann, "Diffusion as Discourse of Danger: Russian Self - representations and the Framing of the Tulip Revolution", *Central Asian Survey*, Vol. 27, No. 3 - 4, 2008, pp. 363 - 378.

② Derek Averre, "'Sovereign Democracy' and Russia's Relations with the European Union", *Demokratizatsiya*, Vol. 15, No. 2, 2007, pp. 173 - 190.

③ Mariya Y. Omelicheva, "Competing Perspectives on Democracy and Democratization", pp. 85 - 86.

④ Tomila Lankina and Kinga Niemczyk, "Russia's Foreign Policy and Soft Power", in David Cadier and Margot Light, eds., *Russia's Foreign Policy: Ideas, Domestic Politics and External Relations*, New York: Palgrave Macmillan, 2015, p. 102.

⑤ Andrei P. Tsygankov, "If not by Tanks, then by Banks? The Role of Soft Power in Putin's Foreign Policy", *Europe - Asia Studies*, Vol. 58, No. 7, 2006, pp. 1079 - 1099; Tomila Lankina and Kinga Niemczyk, "Russia's Foreign Policy and Soft Power", pp. 104 - 111.

⑥ 更详细的讨论可参见 Nicole J. Jackson, "The Role of External Factors in Advancing Non - Liberal Democratic Forms of Political Rule: A Case Study of Russia's Influence on Central Asian Regimes", *Contemporary Politics*, Vol. 16, No. 1, 2010, pp. 101 - 118; Nelli Babayan, "The Return of the Empire? Russia's Counteraction to Transatlantic Democracy Promotion in its Near Abroad", *Democratization*, Vol. 22, No. 3, 2015, pp. 438 - 458.

不佳，但俄罗斯仍不遗余力地推进欧亚经济联盟、集安组织等机制的建设，这无疑反映了俄罗斯日益明确的认识，即正式的机制联系有助于增强俄罗斯相对于其他行为体的规范竞争优势。受此影响，中亚地区现有的各种机制，成为俄罗斯、美国、欧盟开展规范竞争的重要平台。①

事实上，无论是为了抵御欧盟等西方行为体所持规范议程，还是为彰显自身政治体制的优势这一威望和荣誉诉求，亦或是服务于巩固俄在"近邻"地区的"特权利益"，俄罗斯均希望中亚各国拒绝西方的自由民主模式，而向其"主权民主"治理模式靠拢。为此，俄罗斯或主动或被动地通过各种方式和机制，竭力影响中亚国家的发展道路选择，甚至希望各国采纳与俄罗斯相似的政治体制。② 至于中国，由于与俄罗斯在中亚地区持有许多近似的观念，如捍卫传统的主权观念、拒绝外部力量干预中亚事务、倡导尊重中亚国家的发展道路选择，中国也被欧盟等西方行为体视为规范竞争者。毋庸置疑，中国对这些规范的支持，的确产生了削弱欧盟等行为体在中亚地区扩散自由民主价值观的客观效应。③ 不过，中国并未主动向中亚国家推广中国模式，而是把主要精力放在发展与中亚国家的友好关系上，尤其是经济合作上。这也是中国在中亚地区被视为一个"静默的商人"的主要原因。④ 就此而言，欧盟在中亚地区的民主推进努力，主要面临来自俄罗斯的规范竞争。而借助与中亚五国存在的诸多历史和现实联系，俄罗斯在与欧盟展开规范竞争的过程中具有诸多比较优势。欧盟在中亚地区推进西方民主治理模式和人权等规范时，往往以比较低调的姿态行事，在很大程度上是"新大博弈"中"一超多强"或松散的"两级结构"

---

① 也可参见 Alessandra Russo and Andrea Gawrich, "Overlap with Contestation? Comparing Norms and Policies of Regional Organizations in the Post‑Soviet Space", *Central Asian Survey*, Vol. 36, No. 3, 2017, pp. 331–352.

② Julia Bader, Jörn Grävingholt and Antje Kästner, "Would Autocracies Promote Autocracy? A Political Economy Perspective on Regime‑type Export in Regional Neighbourhoods", *Contemporary Politics*, Vol. 16, No. 1, 2010, pp. 81–100.

③ 可参见 Aijan Sharshenova and Gordon Crawford, "Undermining Western Democracy Promotion in Central Asia: China's Countervailing Influences, Powers and Impact", *Central Asian Survey*, Vol. 36, No. 4, 2017, pp. 453–472.

④ 关于欧盟与中国在中亚地区援助的差异及影响力的比较，可参见 Fabienne Bossuyt, "The EU's and China's Development Assistance towards Central Asia: Low Versus Contested Impact", *Eurasian Geography and Economics*, Vol. 59, No. 5–6, 2018, pp. 606–631.

使然。迫于俄罗斯在规范领域的强大竞争优势,欧盟不得不选择扮演一种"犹疑的牧师"的角色,而不是"强势的布道者"。这是欧盟在中亚地区推进民主面临的第二个困境。

第五节 欧盟民主推进计划面临的第三重困境:规范共鸣不高

中亚国家并非"新大博弈"的客体,与之相反,中亚国家在"新大博弈"中展现了高度的能动性。独立30年以来,中亚各国大体维持了国家稳定,有效避免了外部势力对各国主权的侵犯,更为难得的是,各国之间也未爆发过国家间冲突。这些成效的取得,在很大程度上得益于中亚国家奉行的多元平衡外交政策或称"多角度外交政策"(multi-vector foreign policy)。在这种外交政策的指引下,各国在话语上强调与俄罗斯、美国、中国、欧盟同时保持友好关系的必要性,并在行动上尝试与这些行为体构建和维系一种大致均衡的友好关系。即使是中立国家土库曼斯坦也不例外。土库曼斯坦虽于独立之初宣布奉行"永久中立"或"积极中立"的外交政策,但这种外交政策为土库曼斯坦同时发展与东方和西方、中美俄三大国之间的友好关系提供了广阔的空间。① 整体而言,哈萨克斯坦对多边外交政策的应用最为娴熟。它致力于平衡发展东方与西方、南方与北方之间的关系,其中最重要的是与美国、俄罗斯、中国、欧盟等主要行为体同时保持良好关系。② 事实上,哈萨克斯坦自其独立以来至今并未显著偏离多角度或多边平衡的外交政策,仅在重点偏向上有一定的变化。③ 至于吉尔吉斯斯坦和塔吉克斯坦这两个资源相对匮乏、国力较弱的中亚国家,同

---

① Luca Anceschi, *Turkmenistan's Foreign Policy: Positive Neutrality and the Consolidation of the Turkmen Regime*, London: Routledge, 2008.

② Golam Mostafa, "The Concept of 'Eurasia': Kazakhstan's Eurasian Policy and its Implications", *Journal of Eurasian Studies*, Vol. 4, No. 2, 2013, 160 – 170; T. Thomas Ambrosio and William A. Lange, "Mapping Kazakhstan's Geopolitical Code: An Analysis of Nazarbayev's Presidential Addresses, 1997—2014", *Journal Eurasian Geography and Economics*, Vol. 55, No. 5, 2014, pp. 537 – 559.

③ Reuel R. Hanks, "'Multi-Vector Politics' and Kazakhstan's Emerging Role as a Geo-strategic Player in Central Asia", *Journal of Balkan and Near Eastern Studies*, Vol. 11, No. 3, 2009, pp. 259 – 260.

样将发展与东、西方各主要行为体之间的友好关系,作为捍卫国家独立、获得外部世界支持的重要前提。唯一在实施多元平衡外交政策上有过曲折的是乌兹别克斯坦。在"9·11"事件之前,乌兹别克斯坦热衷积极发展与西方之间的关系,同时尝试与俄罗斯保持一定的距离;"9·11"事件至2005年"安集延事件"这一时期,乌兹别克斯坦与美国和欧盟的关系较为亲密;"安集延事件"之后,乌兹别克斯坦又加强了与俄罗斯之间的合作。2016年9月卡里莫夫逝世后,继任的米尔济约耶夫总统又重新开始实施同时与中、俄、美积极发展友好关系的多元平衡外交政策。[1]

显而易见,当欧盟试图在中亚地区推广西方自由民主模式时,很容易令中亚国家,尤其是各国统治精英感受到威胁。出于政权生存的考虑,中亚国家并不乐意内化欧盟的规范议程。中亚国家独立以来近30年的国家建设经验表明,必须寻找和维持契合自身国情的发展道路,而不能任由外部行为体塑造它们的国家发展方向。如吉尔吉斯斯坦构建民主体制给它们的教训更为直观,即需要对欧盟等西方行为体的民主推进计划保持警惕。按照西方的标准,吉尔吉斯斯坦是中亚五国中最为"民主"的国家,然而,吉尔吉斯斯坦又是中亚五国中最不稳定的国家。如吉尔吉斯斯坦先后于2005年3月和2010年4月两次发生"颜色革命",并在第二次"颜色革命"之后的6月在南部爆发了族群冲突。对于其他中亚国家而言,吉尔吉斯斯坦的经验警示它们,"民主"与稳定之间存在负相关关系,过度民主不仅带来混乱,甚至可能造成政权的不正常更迭,并直接威胁到各国统治者的政治生命。[2] 鉴于此,中亚各国总统认为,2003—2005年格鲁吉亚、乌克兰与吉尔吉斯斯坦发生的事件("颜色革命"),"很大程度上是西方国家对活动分子和反对派团体进行培训和提供资金支持的结果。他们据此加强了维持政权稳定的工作,主要方式在于限制西方在该地区的民主推进民主的努力"。[3] 基于这种认识,中亚国家对西方国家在该地区的民主推进充满恐惧,无意对西方倡导的规范进行社会化。各国在"颜色革命"之后

---

[1] Richard Weitz, *Uzbekistan's New Foreign Policy: Change and Continuity under New Leadership*, Washington, D. C.: Central Asia – Caucasus Institute & Silk Road Program, January 2018.

[2] Fiona Hill and Kevin Jones, "Fear of Democracy or Revolution: The Reaction to Andijon", *The Washington Quarterly*, Vol. 29, No. 3, 2006, pp. 132 – 133.

[3] Nicole J. Jackson, "The Role of External Factors in Advancing Non – Liberal Democratic Forms of Political Rule", p. 106.

均加大了对西方非政府组织,包括得到西方资助的本地非政府组织的监管和限制。① 这实际上反映了欧盟在中亚地区的民主推进计划脱离实际,并未考虑中亚国家政权生存的动机,以及对西方民主规范议程所产生的恐惧,最终导致欧盟难以收获中亚国家的规范共鸣,无法得到普遍支持。

在"新大博弈"这一规范竞争平台上,中亚国家对欧盟民主推进计划的拒斥和对俄罗斯治理模式的效仿是同步发生的。换言之,域外行为体所倡导的治理模式及相关规范能产生多大程度的规范共鸣,终究取决于这些治理模式及相关规范满足中亚国家的功利性目标及契合本地文化的程度。在中亚国家精英看来,相较于西方的自由民主模式及倡导的"人权高于主权""保护的责任"、支持公民社会的发展等规范,俄罗斯倡导的"主权民主"模式及其坚持的尊重国家主权、尊重中亚国家独特发展道路、不干预他国内政等规范,更能满足中亚国家精英巩固政权生存的政治心理和现实需要。换言之,西方倡导的自由民主模式在中亚地区存在严重的水土不服现象。② 有西方学者明确承认:"无论是在美国还是在欧盟,实质上都不存在这种讨论,即如何才能确保它们所推广的实践和制度可以保障中亚地区的长期稳定,以及西方国家的民主模式是否真正契合该地区的环境……在欧盟,中亚国家历史的特定方面,均被它构建为该地区实现民主化的障碍。③ 换言之,西方的民主推进工作存在忽视中亚国家客观需要和现实环境的问题,这才是中亚国家对西方民主推进计划心存疑虑的主要原因。然而,在西方的学术讨论中,不乏对俄罗斯或中国阻扰民主推进计划的指责,这也被视为民主推进计划收效甚微的主因。这种指责产生了两方面的严重后果:其一,这种错误归因推卸了欧盟与美国自身的责任,忽视了导致民主推进计划无法产生高度规范共鸣的真正原因;其二,重复了"新大博弈"研究中饱受诟病的问题,即忽视了中亚国家在"新大博弈"中的能动性。因为按照这种逻辑,中亚国家拒绝西方自由民主治理模式的症结在于中俄的阻扰,这相当于认定中亚国家不过是中俄的傀儡,由此忽视了中

---

① Thomas Carothers, "The Backlash against Democracy Promotion", *Foreign Affairs*, Vol. 85, No. 2, 2006, pp. 55 – 68.
② Nicole J. Jackson, "The Role of External Factors in Advancing Non – Liberal Democratic Forms of Political Rule", p. 115.
③ Mariya Y. Omelicheva, "Competing Perspectives on Democracy and Democratization", p. 88.

亚国家的能动性。探究自身民主推进努力无法产生广泛规范共鸣的真正原因，显然会削弱欧盟对自身作为"规范性力量"身份的信心。正因如此，欧盟陷入了其在中亚地区推进民主所面临的第三重困境，即推进效果得不到规范对象国的认同而陷入进退失据的境地。

事实上，中亚国家的参考对象主要是俄罗斯，而非欧盟、美国等西方行为体。在政治学和国际关系学的研究中，参考群体被视为政治精英创建的一个基于认知的社会范畴，这些社会范畴将影响决策者在决策过程中将哪个国家或国家集团作为本国的参照物，并据此采取行动或制定国家政策。根据国家追求生存、发展与声誉这三个基本目标，可以将国家的参考群体界定为功利性、比较性与规范性参考群体。如据玛利亚·奥梅丽切娃（Mariya Y. Omelicheva）的研究，在中亚五国中，吉尔吉斯斯坦、哈萨克斯坦和塔吉克斯坦的功利性、比较性与规范性参考对象国都是俄罗斯，而不是美国或欧盟。[①] 至于土库曼斯坦和乌兹别克斯坦，尽管更多地坚持相对独立的发展道路，但在国家建构过程中，同样在功利性、比较性与规范性三个层面或多或少地受到俄罗斯的影响。事实上，在有关西方自由民主规范方面，中亚五国与俄罗斯持有类似的负面看法，如认为受到欧盟等西方国家支持的"颜色革命"更容易导致地区产生混乱、国家的民主建设需要以一个强大的国家和领导者作为基础和后盾、域外大国不能肆意干预中亚国家的主权，等等。[②] 除了这些原则层面上的规范，中亚国家也在许多具体政策和操作领域借鉴俄罗斯的理念或实践。如在反恐领域，中亚国家往往直接参考甚至挪用俄罗斯的反恐立法和反恐政策。在价值观领域，中亚国家同样会对俄罗斯的相关实践进行模仿。例如，哈萨克斯坦的劳工政策与俄罗斯具有高度相似性。为了应对哈萨克斯坦国内经济形势有明显下滑的新形势、保障政权稳定，哈萨克斯坦于2014年6月和2016年分别通过了新的工会法和劳动法。前者限制工会组织罢工的权利，后者赋予工人以更多的自主权和灵活性。相关分析表明，哈萨克斯坦通过这两项新法令，并不是俄罗斯施压的结果，而是对俄罗斯政策实践的

[①] 更详细的讨论，可参见 Mariya Y. Omelicheva, *Counterterrorism Policies in Central Asia*, New York：Routledge, 2011.

[②] Mariya Y. Omelicheva, "Authoritarian Legitimation：Assessing Discourses of Legitimacy in Kazakhstan and Uzbekistan", *Central Asian Survey*, Vol. 35, No. 4, 2016, pp. 481–500.

模仿。① 诸如此类的事例说明，俄罗斯的治理模式似乎得到了中亚国家的追随，而欧盟的规范议程却共鸣程度不高。

总而言之，在"新大博弈"的规范竞争层面，俄罗斯的治理模式和规范内容得到了中亚国家的更多认同，因而产生了更高程度的规范共鸣。而欧盟却难以实现广泛的规范共鸣，这是因为欧盟所倡导的民主、自由、善治等价值观念不符合中亚国家维护政权生存的迫切需要，存在水土不服的严重缺陷。相对于欧盟自身规范绩效不佳和面临激烈的替代性规范竞争，欧盟产生的规范共鸣程度有限才是其在中亚地区推进民主存在的致命问题。在当前大国竞争重趋激烈和欧盟自身发展面临不少困境的背景下，欧盟有效解决自身规范引起的共鸣程度不足这一困境的可能性很低。诚如有学者指出的："2008 年的次贷危机和欧盟遭遇的经济困难，加深了西方的自由民主和市场经济模式存在严重缺陷的印象……尽管西方推进民主和市场经济的努力仍在继续，但第三世界国家对这种模式所能产生的转型能力（formative capabilities）的信心已经大减"。② 不过，由于中亚国家奉行多元平衡外交政策，出于规避风险（避免包括俄罗斯在内的任何一个大国在中亚地区形成主导地位进而威胁到自身的政权生存）的考虑，③ 中亚国家仍然会积极发展与欧盟之间的友好关系，尤其是积极推进双方在战略层面的合作。不仅如此，相对于美国的激进，欧盟在民主推进过程中的"犹疑"使得中亚国家更乐意与之合作。就此而言，欧盟作为"犹疑的牧师"，"犹疑"既是其劣势，也是其"优势"，因为这意味着欧盟给中亚国家的政权生存带来生死存亡的威胁较低。

第六节　结论

作为"规范性力量"的欧盟，试图在中亚地区推进民主和扩散西方自

---

① Charles E. Ziegler, "Great powers, Civil Society and Authoritarian Diffusion in Central Asia", *Central Asian Survey*, Vol. 35, No. 4, 2016, pp. 559 - 561.

② Charles E. Ziegler, "Great powers, Civil Society and Authoritarian Diffusion in Central Asia", p. 555.

③ Scott Radnitz, "Between Russia and a Hard Place: Great Power Grievances and Central Asian Ambivalence", *Europe - Asia Studies*, Vol. 70, No. 10, 2018, pp. 1597 - 1611.

由、人权等价值观。2019 年 6 月，欧盟新出台的中亚战略仍延续了这一思路。对于欧盟在中亚地区推进规范议程效果的评估，本章构建了一个涵盖欧盟"自我"和中亚地区"他者"的分析框架。对于欧盟"自我"，本章着重考察了其规范绩效状况；对于中亚地区的"他者"，则着重分析了俄罗斯对欧盟提出的规范竞争，以及中亚国家对欧盟规范议程产生的规范共鸣状况。就欧盟在中亚地区推进西方式民主产生的规范绩效、规范竞争与规范共鸣而言，欧盟的表现均差强人意，且很难在短时间内扭转这种局面。这也是欧盟在中亚地区推进西方自由民主治理模式面临的三个持久困境。当从规范绩效、规范竞争与规范共鸣这三个维度对欧盟在中亚地区的民主推进成效进行衡量时，我们能构建一个对此进行评估的内在评估框架，而不只是将规范扩散的成败归咎于欧盟的硬实力。这一分析框架适用于对欧盟在其他地区的规范表现进行分析。最后，仍需强调的是，尽管欧盟在中亚地区推进民主的成效不彰，但其规范影响力不容忽视。事实上，通过主要关注政治性和敏感性比较低的领域，并向中亚国家提供非传统安全类（如经济、民生、教育、环境等）公共物品，欧盟在中亚地区已经树立了较为积极的形象，并且收获了一定的规范影响力。[①]

就欧盟在中亚地区推进民主计划的前景而言，欧盟仍将致力于维护其作为一个"规范性力量"的身份，但会依据形势的变化决定其投入的多寡。这里所指的形势变化，主要是中亚各国政局变化的态势，尤其是各国权力交接过程的前景。截至目前，中亚国家已经大致形成了三种权力交接方式："街头革命"（吉尔吉斯斯坦 2005 年和 2010 年发生过两次）、领导人突然逝世后政权精英之间的博弈与妥协（土库曼斯坦和乌兹别克斯坦前总统尼亚佐夫和卡里莫夫分别于 2006 年和 2016 年的突然逝世后，采取的是这种模式）、前任领导人精心选择后继者并为其巩固权力作出适当安排（2019 年哈萨克斯坦总统纳扎尔巴耶夫现先是辞职，后又通过提前布局的方式把政权交接到托卡耶夫之手，属于这种模式）。[②] 三种权力交接方式在各国国内和地区层面上产生的影响有一定的差别，给欧盟等西方行为体

[①] Kristina Bekenova and Neil Collins, "Knowing Me, Knowing You: Media Portrayal of the EU in Kazakhstan", *Europe-Asia Studies*, Vol. 71, No. 7, 2019, pp. 1183-1204.

[②] 塔吉克斯坦独立之初，曾因权力交接问题发生过内战。不过，鉴于当时正值国际和地区格局迅速演变，形势混乱且特殊，这里姑且不将内战视为第四种中亚国家的权力交接模式。

推进民主赋予的机遇和带来的风险也有所不同。欧盟对"颜色革命"的支持,造成了自身利益的受损;而对于精英之间的妥协与前任领导的安排,虽然留给欧盟的机遇不太确定,但风险也较小,大体而言欧盟较为谨慎地接受了后两类权力交接模式带来的结果。展望未来,欧盟很有可能会结合不同权力交接方式带来的机遇与风险,以及过去的经验教训采取相应的行动。鉴于中亚国家对"颜色革命"较为恐惧和俄罗斯等其他行为体采取的规范竞争,加之欧盟在中亚地区不具备地缘政治和规范影响力优势,欧盟似乎改变了寄希望于以毕其功于一役的方式在中亚地区移植西方治理模式的做法。它不再寄希望于激进地在中亚地区扩散"颜色革命",而是着眼于中亚国家的长远发展态势,转而尝试以一种潜移默化的方式引导各国通过渐进改革走上西方式的发展道路。

欧盟2019年6月和美国2020年出台的新中亚战略,反映了它们采取渐进式民主推进的趋势。在各自的新战略中,欧盟和美国虽然仍然强调需要在该地区扩散西方规范和价值观,但更为看重的是如何提高中亚国家应对各种风险和挑战的"韧性(resiliency)"。[1] 中亚国家在权力交接过程可能出现的动荡和混乱,是一种不容忽视和低估的风险。与此同时,刚完成权力交接的乌兹别克斯坦与哈萨克斯坦两国启动或延续的渐进式改革,使欧盟和美国看到了继续推进民主议程的机遇。乌兹别克斯坦新总统米尔济约耶夫上台以来,启动了一系列具有开放性和自由化特征的内政外交改革,而托卡耶夫担任哈总统后,则延续纳扎尔巴耶夫总统时期的整体改革路线。这两国实施的改革议程,被欧盟和美国视为参与影响中亚国家的发展方向、引导各国走向民主道路的机遇。由此可以判断,尽管欧盟倡导的西方自由民主模式在中亚地区的规范共鸣程度虽然不高,但推进民主计划可能面临新的机遇,当然风险并存。这将促使欧盟在中亚地区仍将扮演"犹疑的牧师"角色:推进民主的目标明确,但手段将会更加审慎、温和。

欧盟在参与中亚地区治理过程中遭遇一定的困境并非个案。其他域外

---

[1] 欧美新中亚战略之所以在观点和术语使用上有明显的趋同现象,是因为欧美双方在出台各自的新战略过程中做了密切沟通。可参见 Remarks about United States Strategy for Central Asia: Advancing Sovereignty and Economic Prosperity, Heritage Foundation, February 5, 2020, https://www.state.gov/united-states-strategy-for-central-asia-advancing-sovereignty-and-economic-prosperity/.

第九章　外部行为体参与中亚地区治理的困境

大国在参与中亚地区事务的过程中,同样或多或少地面临一定的困难。如美国在中亚地区面临的困境在一定程度上与欧盟相似:自身规范绩效不佳、中亚各国规范共鸣程度有限、俄罗斯的规范竞争激烈。更严重的是,美国与中亚地区相去甚远,且美国对中亚在其全球战略布局中所居地位的认知不连贯。这些因素共同导致美国缺乏影响中亚局势的有效抓手,其政策效果也起伏不定,难以获得中亚国家的坚定支持。俄罗斯的情况则有所不同。得益于俄罗斯与中亚地区的传统联系,俄罗斯在该地区拥有其他域外大国难以全面匹敌的影响力。不过,俄罗斯的困境在于,深厚的历史联系和复杂的现实纠葛,令俄罗斯对中亚各国持一种混杂了亲近与恐惧的复杂心态。尤其是俄罗斯精英针对中亚国家时而泛起的帝国心态,令中亚各国心存猜疑,不敢与俄罗斯过分亲近。这也是中亚各国奉行多元平衡外交政策的重要原因。它们希望尽可能多地与域外大国发展友好关系,以对俄罗斯进行必要牵制。从欧盟、美国、俄罗斯参与中亚地区治理面临各自的问题可以发现,尽管各域外大国在中亚追求的具体目标、关注重点、投入资源和行动策略等有所不同,但它们难以全然主导中亚地区的治理进程。而就效果而言,大国在中亚地区的互动,不仅会影响中亚域内外国家追求自身利益的实现程度,而且也会对整个地区秩序产生诸多影响。这将是本书第四部分的研究议题。

第四部分

中亚研究议题之三：地区秩序

第十章　欧亚秩序的套娃模式

当前欧亚地区正在经历剧烈的秩序变迁。① 格鲁吉亚与其两个分离实体——南奥塞梯与阿布哈兹——之间的分裂局面迟迟得不到解决，2020年阿塞拜疆与亚美尼亚围绕纳戈尔诺—卡拉巴赫地区的归属爆发第二次纳卡冲突，2022年2月以来俄乌冲突久拖不决，2022年年初以来中亚五国中的哈萨克斯坦、塔吉克斯坦、乌兹别克斯坦均发生了一定的规模的抗议活动或骚乱。当然，对欧亚秩序冲击最为严重的自然是俄乌冲突。俄乌冲突一方面是导致欧亚秩序发生剧烈变动的主要驱动因素；另一方面也是当前世界逐渐失序的反映。不过，欧亚秩序面临失序并不意味着整个欧亚地区的秩序均动荡不安。事实上，相对于欧亚的东欧次区域和南高加索次区域，尽管中亚地区秩序面临不少挑战，但整体仍维持了基本稳定。同属欧亚地区，同样面临来自外部行为体的积极介入和影响，区域内国家同样面临不少内部挑战，为何欧亚地区的高加索和东欧次区域与中亚次区域的秩序稳定程度会出现明显差异？如果能对这一问题给出明确的回答，将有助于深入把握欧亚秩序的生成机理和演变动力，进而为人们理解该地区历史和未来提供重要线索。不过，截至目前，国内外学术界似乎并未就这一问题展开集中深入的研究。鉴于此，本章尝试根据欧亚地区的权力结构和不同行为体之间的互动模式，提炼出一种关于欧亚秩序的套娃模式，以解释欧亚秩序不同地区的稳定程度及其差异。

---

① 本章所说的欧亚地区，主要是指除去波罗的海（爱沙尼亚、拉脱维亚、立陶宛）之外的十二个苏联加盟共和国组成的地区，其中既包括属于东欧地区的乌克兰、白俄罗斯、俄罗斯、摩尔多瓦，也包括格鲁吉亚、阿塞拜疆与亚美尼亚三个高加索国家，还包括中亚地区的乌兹别克斯坦、吉尔吉斯斯坦、塔吉克斯坦、哈萨克斯坦与土库曼斯坦五个国家。

第一节 欧亚秩序的套娃模式：内涵及其组成

在欧亚地区，由于历史与现实原因，导致地区秩序呈现出典型的"套娃模式"。所谓地区秩序的"套娃模式"是在参与地区事务的过程中，诸多行为体（包括国家与非国家行为体两类）为了追求和实现自身的诉求，会根据自身的能力和身份选择从国家、地区、全球层面中的某一个或全部三个层次开展互动，最终使该地区的秩序同时受到此国家、地区、全球三个层面因素的影响，同时也在国家、地区、全球层面展现出不同的形态，在该地区形成一种类似套娃一样的秩序模式。[①] 在欧亚地区，根据研究需要，还可以从次国家、次地区等层次上把握欧亚秩序的演变，并将其视为欧亚秩序套娃模式的组成部分。不过，由于欧亚地区秩序的演变主要受到国家、地区与全球三个层面的影响以及出于简化讨论的考虑，本章主要关注欧亚秩序的这三个层次及其相互影响。如此可以发现，无论是在欧亚地区的高加索、东欧次区域，还是在中亚次区域，套娃秩序至少都由全球层次、地区层次与国家层次三个次区域组成，且这三个层次从外到里、由大到小一环套一环，正如俄罗斯传统玩偶套娃的形象。

参与并影响欧亚地区套娃秩序的主要行为体，包括国家行为体与非国家行为体两大类。国家行为体主要是各地区的主权国家和该地区的传统大国俄罗斯以及积极参与欧亚事务的其他行为体，如积极参与高加索与东欧次区域事物的德国、法国等西欧大国与伊朗、土耳其等中东国家；积极参

[①] 本章提出的欧亚地区"套娃秩序"这个概念，受到鲁斯·杜耶蒙德"套娃霸权"概念的启发。在分析大国与中亚国家在中亚地区的互动时，杜耶蒙德提出了这一概念，用以描述作为全球霸权的美国、地区霸权的俄罗斯、具有次地区霸权抱负的乌兹别克斯坦在中亚地区复杂的竞合关系。杜耶蒙德有关"套娃霸权"的描述非常精彩，而且他正确地指出了在中亚地区，美国是一个挑战者，而俄罗斯是一个守成者。不过，杜耶蒙德对"套娃霸权"的分析仅限于中亚地区，而且其将乌兹别克斯坦视为次区域霸权的观点容易产生争议。本章在借鉴杜耶蒙德"套娃霸权"概念的基础上提出套娃秩序的概念，并将其拓展到涵盖波罗的海三国之外的原苏联国家，并尝试解释套娃秩序在欧亚地区不同次区域的稳定程度为何有异的问题。参见 Ruth Deyermond, "Matrioshka Hegemony? Multi-Levelled Hegemonic Competition and Security in Post-Soviet Central Asia", *Review of International Studies*, Vol. 35, No. 1, 2009, pp. 151–173.

与中亚次区域事物的中国、日本、印度、土耳其、伊朗等。除了国家行为体，对欧亚秩序发展演变产生影响的还包括诸多非国家行为体。在东欧与高加索次区域，对地区政局产生显著影响的非国家行为体，主要包括欧盟与各国内部寻求分离的政治势力，如乌克兰的东部地区和克里米亚，格鲁吉亚的南奥塞梯与阿布哈兹，阿塞拜疆与亚美尼亚之间的纳戈尔诺—卡拉巴赫地区；在中亚次区域，则主要包括"三股势力"（如恐怖极端组织、"乌兹别克斯坦伊斯兰运动"等），试图挑战政权权威的政治反对派、社会运动等。尽管积极参与欧亚事务的具体行为体在高加索和东欧次区域有一定的区别，但它们在活动层面上全面涵盖国家、地区与全球三个层次，这是欧亚地区形成套娃模式的前提，也是研究者能对两个地区的秩序进行比较的基础。

在欧亚秩序的套娃模式中，有两个行为体扮演了至关重要的角色。一个是地区霸权国俄罗斯，另一个是全球霸权国美国。由于俄罗斯在欧亚地区的传统影响，其构成欧亚地区的霸权国家几乎是学术界的共识。尽管有观点认为，俄罗斯在欧亚地区的影响力正在衰落，但无论是从能力还是意愿来看，俄罗斯仍是影响欧亚地区秩序演变的重要力量。事实上，俄罗斯提出的"近邻"概念，将欧亚地区视为其传统势力范围，已经表明了俄罗斯捍卫其在欧亚地区霸权地位的决心。[①] 不过，自冷战结束以来，俄罗斯在欧亚地区的霸权身份，日益受到美国这一全球霸权的挑战与威胁。自冷战结束以来，美国就逐渐扩大在欧亚地区的影响力，不断地侵蚀着俄罗斯的"势力范围"。再加上欧盟国家在欧亚地区所追求的目标与美国存在诸多契合之处，故在欧盟的帮助下，美国能够对欧亚秩序的变化产生不容忽视的影响。需要指出的是，在中亚次区域，由于中国在该地区的影响力正在日益上升，因此该次区域逐渐形成了中美俄三足鼎立的三极格局，而在高加索和东欧次区域，以美国为首的西方势力与俄罗斯分庭抗礼，具有强烈的二元对立色彩。

不过，高加索与东欧次区域与中亚次区域在实力结构方面的上述差

[①] John W. R. Leping, "The Russian Military and Security Policy in the 'Near Abroad'", *Survival*, Vol. 36, No. 3, 1994, pp. 70–92; Jakob Tolstrup, "Studying a Negative External Actor: Russia's Management of Stability and Instability in the 'Near Abroad'", *Democratization*, Vol. 16, No. 5, 2009, pp. 922–944.

别,并未影响这两个地区形成俄罗斯与美国之间前者构成被挑战者、后者构成挑战者的身份冲突,这是欧亚秩序与全球秩序的不同之处。在全球层面,美国被视为全球霸权,而且是一个致力于维持自由国家秩序的"现状维持国",而俄罗斯则被视为"修正主义国家"。由于"现状维持国"与"修正主义国家"这两个分析性概念具有浓郁的价值观和意识形态色彩,因此我们可以用"守成国"与"挑战国"这两个更具有中立色彩的概念加以替代。① 抛开俄罗斯与西方在全球和地区层面互动的复杂历史过程及由此产生的恩怨情仇,可以发现俄罗斯在全球层面对西方国际秩序提出了不少挑战,如出兵干预中东局势、吞并克里米亚、支持高加索地区的分离势力等。或许正因如此,美国才在其《国家安全战略》报告中将俄罗斯界定为"修正主义大国"。② 这是套娃模式的第一层——全球层面,俄美双方在国际体系层次上展开竞争。

套娃模式的第二层是俄美双方在地区层面的复杂竞合关系。不过,与双方在全球层面美国是"守成者"、俄罗斯是"挑战者"的身份结构不同,在地区层面,双方角色发生了逆转。在俄罗斯看来,作为全球霸权的美国在欧亚地区是一个"修正主义大国"和挑战者。因为欧亚地区原本由原苏联的加盟共和国组成,苏联解体之后,基于历史联系和现实利益,该地区理应构成俄罗斯的"势力范围"和优先利益区。而美国在该地区影响力的逐步扩大,无疑是以牺牲俄罗斯的影响力为代价的。如此,俄罗斯与美国在全球层面的角色结构,在欧亚地区出现了一种转换,即在欧亚地区,俄罗斯是一个守成国,而美国是一个挑战国。③

俄罗斯与美国在全球和地区层面的身份逆转,对于欧亚地区秩序而言具有重要的影响。无论在全球层面俄罗斯对西方外交是否体现出进攻性,但至少在欧亚地区,俄罗斯的地区霸权身份使其对欧亚秩序的变动,尤其是美国影响力的扩大持一种非常警惕的立场。这符合前景理论有关行为体

---

① 温尧:《理解中国崛起:走出"修正—现状"二分法的迷思》,《外交评论》2017 年第 5 期。

② U.S. Department of Defense, "Summary of the 2018 National Defense Strategy—United States of America", https://www.defense.gov/Portals/1/Documents/pubs/2018 – National – Defense – Strategy – Summary.pdf.

③ 也可参考杜耶蒙德的相关讨论,参见 Ruth Deyermond, "Matrioshka Hegemony? Multi – Levelled Hegemonic Competition and Security in Post – Soviet Central Asia", pp. 161 – 162.

在面临既有的收益遭到其他行为体的挑战而蒙受损失时，倾向于采取冒险行为的观点。除了这种一般性的心理特征，俄罗斯的民族性格，也增加了俄罗斯对其他行为体侵蚀其既得利益时作出激烈反应的概率。[①] 就套娃秩序第一层与第二层之间的关系而言，欧亚地区是双方展开全球竞争的核心地区。对于俄罗斯来说，首先需要确保自身在欧亚地区的地区霸权地位；一旦这一诉求得到保证，便可以以欧亚地区为据点，与美国在全球层面展开竞争。当然，欧亚地区绝非俄美竞争的唯一区域。俄罗斯经常会通过在世界其他地区，如中东、欧洲等地采取攻势来缓解其在欧亚地区面临的来自西方的压力。对于美国来说，维系北约的存在和巩固其优势地位，并希望其影响范围能覆盖原本属于苏联的地区，如此美国才能真正称得上全球霸权。基于上述逻辑，俄美均将欧亚视为维系自身地位和身份的关键地区，并将在此地区的竞争视为一种零和博弈，尽管它们所维系的地位和身份截然有别。在此背景下，套娃模式的第一个层次与第二个层次之间发生了明显的关联。

欧亚秩序的稳定与否，除了受到美（西方）与俄之间互动的影响外，还受到该地区其他行为体互动的影响。这些主权国家与非国家行为体的互动以及它们与俄罗斯、美国等地区或全球大国的联系，首先使欧亚地区的套娃秩序形成了国家层面的秩序，即第三层秩序，同时也使第三层秩序与外面的两层秩序产生了关联。在欧亚地区，存在着诸多活跃的非国家行为体，这些行为体基于不同的政治诉求或动机，有意或者已经对该地区主权国家的主权或秩序提出了诸多挑战。如"恐怖主义"和"极端主义"势力以及以"颜色革命"为代表的社会运动，再如内战期间塔吉克斯坦的伊斯兰复兴党等政治反对派，这些行为体往往致力于挑战的是各国的治理能力和政府合法性；而以纳戈尔诺—卡拉巴赫地区、南奥塞梯与阿布哈兹、卢甘斯克和顿涅茨克为代表的乌克兰东部地区分离主义势力，挑战的则是政府的国家主权与领土完整。无论出于何种政治目的，在面对强大的主权国家所带来的巨大压力时，非国家行为体往往会有寻求外部支持的动机和愿望，希望借此来增强自身势力，进而推进自己的政治目的。而为了维护国家主权、领土完整和政权生存等核心目标，主权国家在能力不足之时，也

[①] 张建：《乌克兰危机后的俄罗斯民族主义论析》，《俄罗斯东欧中亚研究》2017 年第 1 期。

倾向于借助外部力量以抗衡非国家行为体构成的挑战。

地区性霸权国处于衰落过程中无力保证地区秩序的高度稳定，而全球性霸权国则尝试将霸权拓展到欧亚地区。在此背景下，欧亚地区非国家行为体与国家行为体之间的竞争和冲突，为这两个不同层次的霸权国介入主权国家内部事务提供了机会。可以想象，如果俄罗斯作为地区霸权能够有效地裁决地区内部主权国家及其挑战者之间的争端或冲突，那将有效地消除外部行为体介入地区事务的借口。然而，苏联解体之后俄罗斯实力的锐减以及俄罗斯希望融入欧洲—大西洋共同体的外交战略，客观上为西方国家介入欧亚事务提供了机会，这也是欧盟在纳戈尔诺—卡拉巴赫冲突、美国在乌克兰和哈萨克斯坦弃核等问题中扮演了重要角色的深层原因。尽管自20世纪90年代中后期至今，随着实力的逐渐恢复，俄罗斯试图重新加强对欧亚地区的整合。但时势已变，西方在欧亚地区已经逐渐站稳了脚跟，俄罗斯不得不容忍西方在欧亚地区的存在。尽管略显颓势，但俄罗斯仍是欧亚地区的霸权国。为了捍卫自身的地位和影响，俄罗斯充分利用欧亚各主权国家内部的矛盾，积极介入，以抗衡西方在该地区影响的上升。

在此背景下，美国等西方国家与俄罗斯均借机利用欧亚地区国家层面的矛盾，各自选择可以合作的对象结成同盟或准同盟，以谋取在与对方竞争中胜出。如此一来，套娃秩序的第一层次（全球层面）、第二层次（地区层面）直接与其第三层次（国家层面）产生了紧密的关联。在全球层面俄罗斯被视为挑战者，而美国是守成者，前者对后者构成了挑战；而在地区层面，美国被俄罗斯视为挑战者，俄罗斯是守成者，前者对后者同样构成了挑战。双方在这两个层次的关系性质有使双方的整体关系走向竞争的趋势，甚至有使这种竞争关系蔓延到欧亚各次区域和该地区各主权国家及其内部的倾向。然而，需要指出的是，欧亚秩序的第三层次即国家层面是否真的出现竞争或冲突局面，虽然受到俄美能否达成共识并协商应对的影响，但其前景最终取决于非国家行为体与国家行为体之间的互动。如果国家层面的竞争能够以合作的方式解决矛盾或纷争且排除外界的影响，那么俄美在第一、第二层次的竞争将不会对第三层次的秩序产生直接影响。然而，欧亚秩序截至目前的演变历程似乎说明，处于第三层次的竞争各方合作解决问题的事例较为罕见。相当普遍的情况是，无论是国内争端的各方，还是域外大国，都有介入各种内部争端以追求自身利益的倾向。套娃式的内涵及组成如下图 10.1 所示。

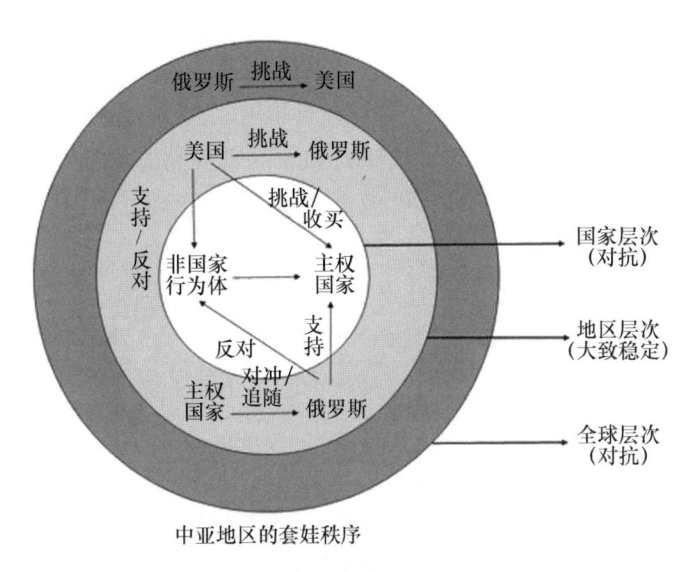

图 10.1 欧亚秩序套娃模式的内涵及其组成示意

资料来源：笔者自制。

如此一来，就导致欧亚秩序的第一、第二、第三层次不仅相互联结在一起，而且以一种错综复杂的方式相互影响。大体而言，第一、第二层次的竞争很容易蔓延到第三层次，而第三层次的冲突又很容易激化第一、第二层次的竞争。尽管欧亚秩序在苏联解体以来并非始终处于冲突状态，但该地区毕竟潜藏着诸多冲突点，这也是为何欧亚秩序的稳定至关重要但又难以应对的重要原因。

第二节 套娃秩序在欧亚地区的运作及分异

欧亚地区的两个次区域均有套娃秩序的典型特征，不过套娃秩序在高加索和东欧次区域和中亚次区域的稳定程度截然不同。相对于高加索和东欧次区域的动荡不安，中亚次区域大体维持了稳定，原因何在？由于俄美两国在全球和地区层次的竞争在两个次区域都存在，而在国家层面，无论是在高加索、东欧次区域，还是在中亚次区域，均存在非国家行为体挑战国家行为体的情况，故要合理解释欧亚两个次区域在稳定程度上的差异，还需注意在次区域层面上影响套娃秩序稳定的另外两对重要关系，即特定主权国家和非国家行为体分别与俄罗斯、美国之间的关系，这两类行为体两两组合产生了四对关系。而这四对关系跨越了单个国家的层次，具有涌现性，故它们属于套娃秩序的地区层面而非国家层面。[①] 换言之，除了俄罗斯与美国之间的互动，特定主权国家和非国家行为体与俄罗斯、美国之间的关系，同样属于影响套娃秩序稳定程度的地区因素。由于在欧亚地区的高加索和东欧次区域与中亚次区域以及全球层次，俄美之间均存在竞争关系，在此背景下欧亚秩序的稳定很大程度上由上述四对关系的状态决定。与此同时，由于主权国家与非国家行为体之间存在着竞争甚至冲突关系，故特定主权国家与俄美之间的关系状态，在很大程度上也就决定了俄美与该国内部非国家行为体之间的关系状态。

俄罗斯与欧亚地区的主权国家具有长期的历史联系，同时又有复杂的现实纠葛，导致各国与俄罗斯之间的关系错综复杂。一般而言，鉴于俄罗斯在欧亚地区的传统影响，各主权国家往往不会主动挑衅俄罗斯，因为这一行动容易引发俄罗斯的强烈反应。在此背景下，当欧亚地区缺乏能对俄罗斯进行有效制衡的外部力量时，欧亚地区的主权国家一般不会针对俄罗斯在欧亚地区的活动采取明确的制衡行为。这是在20世纪90年代的大致状况。至于苏联解体之初阿塞拜疆与亚美尼亚之间发生的纳戈尔诺—卡拉巴赫冲突以及1992—1997年延续五年的塔吉克斯坦内战，在很大程度上是各国之间或国家内部矛盾激化的结果，与俄罗斯没有太直接的关系。因为当时的俄罗斯受制于急剧变化的国内局势和陡然下降的国家实力，干预或调解这些冲突的意愿和能力均受到严重限制。[②] 不过，苏联解体之初俄罗斯实力弱小的状况使其无力有效维持欧亚秩序的稳定这一事实，本身也是影响这些事态走向和结局的一个重要因素。不仅如此，当冲突方要求俄罗斯介入或调停时，俄罗斯也会有自己的考虑和偏向，这对于冲突的解决（如塔吉克斯坦内战）和延续（纳卡冲突、南高加索问题）会产生一定的

---

① [意] 皮耶尔保罗·多纳蒂：《关系社会学：社会科学研究的新范式》，刘军、朱晓文译，格致出版社2018年版。

② 参见 Barnett R. Rubin, "Russian Hegemony and State Breakdown in the Periphery: Causes and Consequences of the Civil War in Tajikistan", in Bhavna Dave, ed., *Politics of Modern Central Asia: Institutions, Informal Politics and the Challenges of Promoting Civil Society and Democracy*, London: Routledge Press, 2010, pp. 122 – 134.

影响。① 不过，20 世纪 90 年代的欧亚冲突往往不是该地区主权国家主动挑衅俄罗斯而引发的，与之相反，俄罗斯这一时期在很大程度上仍是欧亚地区秩序与稳定的维护者。不过这一局面在 21 世纪初明显改变。

"9·11"事件之后美国加大了对欧亚地区事务的介入力度，使欧亚套娃秩序具备了新的发展动力。"9·11"事件之后，美国将打击恐怖主义作为其全球战略的优先方向，并在全球范围发动反恐战争。美国全球战略的调整对欧亚地区秩序产生了深远的影响，其直接影响是美国于 2001 年 10 月在阿富汗开展行动以打击"基地"组织等恐怖势力。为了便于反恐军事行动的开展，同时也为了扩大其在欧亚地区的影响力，美国积极谋求高加索和中亚国家的后勤支持，并加大了在政治、经济、军事、文化等方面介入欧亚地区事务的力度。无论是在高加索和东欧次区域，还是在中亚次区域，美国扩大地区影响力的举措均取得了突破性进展。在高加索，美国与格鲁吉亚的安全合作关系急剧升级，双方在安全人员培训、反恐情报共享、共同抵御俄罗斯介入格鲁吉亚反恐事务（如车臣恐怖分子隐匿在潘基希峡谷）等方面开展了密切合作；在中亚，美国先后在乌兹别克斯坦、吉尔吉斯斯坦获准设立了两个军事基地，并与其他中亚国家开展了紧密的安全合作，如获得哈萨克斯坦、塔吉克斯坦等的过境飞行权。总之，美国以反恐为由强化了与欧亚国家之间的关系，扩大了本国在该地区的影响力。

美国在欧亚地区影响力的扩大，导致该地区的权力格局发生了变化。随着美国在欧亚地区影响力的扩大，其在欧亚地区驻军长期化的前景越来越明朗。与此同时，欧亚地区各主权国家对俄罗斯及由其主导的地区合作机制表现出越来越多的离心倾向，这些均导致俄罗斯逐渐改变了对美国介入欧亚事务的默许甚至支持的态度，并开始采取各种措施对有离心倾向的国家进行约束，以巩固自身在欧亚地区的存在和影响力。这种趋势在 2003 年 3 月美国入侵伊拉克时就开始出现，俄罗斯联合法国、德国等国家在全球层面对美国霸权地位提出挑战。传导到地区层面，俄罗斯从援助提供、多边机制构建（2002 年组建集体安全条约组织）、新设军事基地（在美国

---

① Lena Jonson and Clive Archer, eds., *Peacekeeping and the Role of Russia in Eurasia*, Boulder: Westview Press, 1996; Maxim Shashenkov, "Russia and Its Neighbours: Russian Peacekeeping in the 'Near Abroad'", *Survival*, Vol. 36, No. 3, 1994, pp. 46–69.

设在吉尔吉斯斯坦的玛纳斯军事基地不远处建立了坎特军事基地)、巩固已有的友好关系(如与亚美尼亚、塔吉克斯坦、吉尔吉斯斯坦、哈萨克斯坦等国)等方面采取积极措施,以避免自身在欧亚地区的主导地位遭到进一步侵蚀。在此背景下,整个欧亚地区呈现出以俄罗斯为一方,美国以及欧盟为另一方展开激烈竞争的二元格局。当然,具体到两个不同的次区域,由于有影响力的行为体数量有所不同,也使两个次区域的结构有一定差异。在欧亚地区的高加索与东欧次区域,二元对立的格局色彩更为明显;而在中亚次区域,由于中国在该地区影响力逐渐扩大,以致该地区具有比较鲜明的三足鼎立的特点。[①] 尽管如此,从整个欧亚地区的竞争态势来看,决定欧亚套娃秩序演进的主要动力是俄罗斯与西方之间的博弈和互动。

　　二元格局的出现,促使该地区各国与俄罗斯或美国的关系状态发生改变,进而影响了欧亚套娃秩序的演变动力。如前所述,20 世纪 90 年代,由于俄罗斯在欧亚地区的主导地位,各加盟共和国很少针对俄罗斯采取制衡战略,而是追随俄罗斯或仅仅对其进行对冲以缓解来自后者的压力;而美国在"9·11"事件后对欧亚事务的强势介入以及由此带来的西方国家在欧亚地区影响力的上升,对该地区部分国家的对俄战略产生了明显影响。部分国家依仗美国在反恐战争后对欧亚地区的重视及对欧亚地区民主转型的支持,试图对俄罗斯进行制衡。如在高加索和东欧次区域,"颜色革命"后的格鲁吉亚和乌克兰政府改变了对俄政策;在中亚次区域,乌兹别克斯坦在较短一段时间内(2002—2005 年)对俄罗斯态度强硬。毋庸置疑,除了美国在欧亚地区影响力扩大这一因素,俄格关系、俄乌关系长期互动积累的复杂情感是促使这些国家调整对俄罗斯战略的深层原因。然而,同样面临欧亚地区新出现的二元格局,并非所有的欧亚国家都放弃了追随或对冲俄罗斯的战略,并非无一例外地采取制衡俄罗斯的立场。事实上,其他欧亚国家虽然也在努力加强与美国之间的关系,以争取来自美国

[①] 这在 21 世纪前后广泛兴起的"新大博弈"论中得到充分体现,该论调集中关注的是中俄美在该地区的互动,这从一个侧面反映中俄美在中亚次区域中的影响力分布。英语世界中关于"新大博弈"的研究成果非常丰富,可参见 Kleveman Lutz, *The New Great Game: Blood and Oil in Central Asia*, New York: Atlantic Monthly Press, 2003; Michael T. Klare, *Blood and Oil: The Dangers and Consequences of America's Growing Dependency on Imported Petroleum*, New York: Metropolitan Books, 2004.

的支持或援助，但整体而言，它们基本上延续了对俄追随或对冲的外交战略。

部分欧亚国家对俄罗斯战略的改变，对欧亚套娃秩序产生了影响。随着欧亚地区二元格局的形成和固化，部分主权国家出现了借助美国制衡俄罗斯的倾向，而这只是导致欧亚套娃秩序变动的一个原因；与此同时，非国家行为体与美国、俄罗斯之间的关系也在经历变迁，它们同样导致了欧亚套娃秩序的变动，而且这一层面的关系与前一方面关系的变动密切相关。如前所述，欧亚地区活跃的非国家行为体同样有自己的政治诉求，体现在高加索与东欧次区域，主要的非国家行为体是分离主义势力和社会运动；在中亚次区域，则主要是极端恐怖势力和社会运动。两个次区域的社会运动所追求的都是推翻政府。当社会运动动员大批民众凝聚成强大的政治能量时，其对国家政权构成的挑战无疑是严峻的，不过即使社会运动实现了政权更迭，也不至于威胁所在国的国家主权和领土完整。社会运动提出的挑战的性质与极端恐怖势力相似，但与分离主义势力迥然不同。极端恐怖势力固然会挑战政府权威，但其与国家的实力对比具有不对称性，使其对国家提出的挑战是有限的；而分离主义挑战的是国家主权与领土完整，是对国家利益最严重的威胁。

由于欧亚地区两个次区域内的国家面临着不同的主导性威胁，由此导致这两个次区域的国家与非国家行为体和美国、俄罗斯之间的关系不同。在欧亚的高加索和东欧次区域，主导性威胁是分离主义势力，而在中亚次区域，地区内国家面临的主要威胁是"颜色革命"和"三股势力"。为了维护自身的国家利益，消除非国家行为体带来的威胁，两个次区域国家追随或倚重的对象明显不同。面临严峻分离主义威胁的东欧、高加索国家对俄罗斯采取制衡战略，而对美国进行追随；多数中亚国家对俄罗斯采取追随或对冲的战略，以抵御来自美国等西方国家的压力。与之相反，高加索和东欧次区域的分离主义势力或实体很自然地倾向于追随或依附俄罗斯，争取使自身的政治诉求得到实现；而中亚次区域的非国家行为体往往是俄罗斯与区域内国家共同防范或打击的对象。如此一来，欧亚地区的套娃秩序在两个次区域发生了明显的分化。

欧亚地区的高加索和东欧次区域有强烈的冲突潜力，但中亚次区域却能维持大体平稳。在高加索与东欧次区域，套娃秩序面临两个阵营之间的对峙乃至冲突,即以分离主义势力和俄罗斯为一方,遭遇分离主义威胁的国家和以美国为首的西方国家为另一方;由于所涉及的问题较为敏感和重要,因此双方之间的对峙很容易因为偶发事件或其中一方的有意挑衅而爆发激烈冲突。在中亚次区域,由于该地区的主导威胁是恐怖极端势力和"颜色革命",因此套娃秩序在该次区域的维系不易受到严重冲击。原因在于,一旦极端恐怖势力对中亚国家构成严重威胁,俄美双方均对其保持警惕,故双方有可能分别对地区内的国家提供帮助,甚至联合予以打击。这样,恐怖极端势力并不足以对该次区域的套娃秩序产生大的冲击。不过,当"颜色革命"成为地区内国家面临的主要威胁时,局面会有所不同。非国家行为体有可能得到美国等西方国家的支持,但由于地区内国家对俄罗斯采取了追随和对冲而非制衡的战略,再加上俄罗斯本身对"颜色革命"也很警惕,故对于面临"颜色革命"挑战的国家,俄罗斯会积极地支持地区内国家采取措施加以应对。俄罗斯的这种立场,甚至可能让原本对俄罗斯采取制衡措施的次区域内国家转而走向追随俄罗斯的道路。当俄罗斯与地区内国家实现联合时,美国作为一个缺乏有效影响次区域内国家国内政局的全球性霸权,便难以通过军事干预行动直接对非国家行为体予以支持,而只能在话语、道义等方面进行声援。如此一来,美国的支持往往不足以撼动俄罗斯与主权国家的联合,也无法保证非国家行为体颠覆地区内国家政权。一言以蔽之,只要地区内国家不寻求挑衅俄罗斯,不彼此征战,中亚次区域的套娃秩序往往能得到有效的维系。

上文对欧亚地区套娃秩序的形成机理以及在不同次区域内的分化做了简要的讨论。大体而言,欧亚地区的秩序至少受到三个层面行为体互动关系的影响。最外层的"套娃"是俄美在全球层面所进行的竞争和合作;第二层"套娃"是俄美在地区内的互动以及该地区内国家与非国家行为体分别与俄美两国所形成的竞合关系;第三层"套娃"则是国家与非国家行为体在国家层面所形成的关系模式。欧亚地区三个层次的套娃是相互影响的,俄美在第一层次的互动会传导和影响第二、第三层次,反之亦然。同样属于欧亚地区,之所以高加索与东欧次区域的套娃秩序远没有中亚次区域稳定,主要原因在于高加索和东欧次区域的国家往往会借助西方国家的力量制衡俄罗斯,而中亚次区域的国家则倾向于对俄罗斯采取对冲或追随战略。前者容易导致高加索和东欧次区域出现以俄罗斯及其追随者(包括地区内国家中的非国家行为体）为一方，西方国家与地区内国家为另一方的激烈对抗。当三个层次的套娃纠结在一起发生严重碰撞时，套娃秩序很容易受到严重冲击。而后者则会出现俄美联合地区内国家来反对非国家行为体，或俄罗斯联合地区内国家反对非国家行为体与西方之间松散联盟的局面。由于实力对比的差异，中亚次区域更多出现的是各行为体之间的摩擦或龃龉，很少上升到集团间对抗的高度，如此避免了三个不同层次的套娃发生激烈碰撞，从而能有效保证套娃秩序的稳定。

下文将通过案例对套娃秩序在高加索和东欧次区域、中亚次区域的运作原理及其后果进行简要分析。尽管自苏联解体以来，欧亚秩序不断经历变迁，但由于俄罗斯在该地区的传统影响以及俄美通常不会以对抗的方式应对地区内出现的问题，故欧亚秩序在多数时刻能有效维持。只有在该地区发生较为严重的危机或冲突时，欧亚秩序才会遭遇考验甚至变迁。故要充分展示欧亚地区套娃秩序的生成机理和演变动力，有效的方式是考察多个行为体的互动面临严重问题的时刻。这样的时刻在欧亚地区并不鲜见。为了清晰展示套娃秩序在高加索和东欧次区域、中亚次区域的分化，下文将分别选取发生在前一个次区域的俄格冲突与乌克兰危机、后一个次区域的"颜色革命"和"安集延事件"，以展示不同次区域套娃模式在运作特点、发展动力与后果等方面的差异。这四次事件均发生在美国加大对欧亚事务介入力度之后，而且它们对地区秩序均产生了冲击。不过，这些事件或危机对不同次区域的套娃秩序所造成的冲击程度有一定差别。

第三节　套娃秩序与高加索、东欧次区域的动荡
——俄格冲突和乌克兰危机

在欧亚地区的高加索和东欧次区域，对套娃秩序最为严重的冲突主要体现在2008年的俄格冲突与2014年的乌克兰危机。之所以选择这两个事件，而不是讨论2003—2004年发生在高加索与东欧次区域的"颜色革命"——包括2003年格鲁吉亚的"玫瑰革命"、2004年乌克兰的"橙色革命"，主要是因为它们虽然影响了前两个事件的后续发展，但并未直接冲击整个欧亚地区的稳定。不过，分析2008年的俄格冲突与2014年的乌克兰危机对欧亚秩序稳定的影响，仍然可以发现"颜色革命"导致原苏联

地区合法政权的更迭的确对套娃秩序，尤其是俄美在第一个层次（全球层面）和第二个层次（地区层面）的互动产生了重要影响。在下文对2008年俄格冲突与2014年乌克兰危机对欧亚秩序的影响展开分析时，只能简要地讨论这两次事件发生的背景、行为体各方在事件前后的简要关系及对欧亚秩序的影响。[①]

（一）2008年俄格冲突与欧亚套娃秩序

2008年俄格冲突的爆发对欧亚秩序产生了强烈的冲击。尽管俄格冲突仅持续了5天，但该事件的政治效应已经远超地区层次，甚至对俄美在全球层面的互动产生了深远的影响。[②] 在2008年俄格冲突爆发的过程中，俄罗斯、美国、欧盟、北约、格鲁吉亚、南奥塞梯、阿布哈兹等国家与非国家行为体均牵扯其中，生动地展现了套娃模式的运作方式及不同套娃层次之间的相互关联与碰撞所能产生的爆炸式影响。[③]

在全球层面，此时的俄美关系已因诸多事态而出现了各种矛盾。这些包括：美国2002年入侵伊拉克、支持和煽动欧亚国家出现的"颜色革命"、持续推进北约东扩、在中东欧部署弹道导弹、威胁退出《中程导弹条约》等协定、承认科索沃独立、兴建绕过俄罗斯的巴库—第比利斯—杰伊汉石油管线等事件，使得双方在"9·11"事件之后建立的安全合作关系回落到冷战结束时期的水平。俄罗斯在与美国等西方国家互动时，已产生了强烈的怨恨和不满情绪，这在2007年2月普京在慕尼黑安全会议上的讲话中得到了淋漓尽致的反映。在此次著名的"慕尼黑讲话"中，普京指出："我认为，北约扩大进程显然与组织自身的现代化或保障欧洲安全没有任何联系。相反，这是降低相互信任水平的严重挑衅行为。"[④] 换言之，

[①] 对俄格冲突予以全面、深入研究的成果参见 Svante E. Cornell and S. Frederick Starr, eds., *The Guns of August 2008: Russia's War in Georgia*, New York: M. E. Sharpe, 2009.

[②] 季志业：《俄格冲突对国际关系的影响探析》，《现代国际关系》2008年第9期；丁晓星：《俄格冲突的深层原因及影响》，《现代国际关系》2006年第11期；王郦久：《俄格冲突的国际影响分析》，《外交评论》2008年第5期。

[③] 从国际、地区、国家三个层面对俄格冲突予以分析的成果，可参见张耀《俄格冲突：地缘政治框架下的分析》，《俄罗斯研究》2008年第6期。

[④] 普京：《打破单极世界幻想，构建全球国际安全新结构——在慕尼黑安全问题会议上的讲话（2007年2月10日）》，《普京文集（2002—2008年）》，中国社会科学出版社2008年版，第377页。

在俄罗斯精英看来，从"9·11"事件之后到俄格冲突之前，俄罗斯虽然在反恐等安全问题上与美国等西方国家积极合作，但是并未换来西方国家对俄罗斯平等伙伴地位的承认和尊重，反而遭到了诸多不公正对待，从而衍生出强烈的羞辱感。而俄格战争不过是双方在全球层面上的激烈竞争在地区层面上的反映。

在国家层面，作为主权国家的格鲁吉亚与两个分离地区——南奥塞梯与阿布哈兹之间的关系在2008年明显趋于紧张。阿布哈兹是格鲁吉亚的自治共和国，南奥塞梯则是格鲁吉亚的一个自治州，它们的共同点在于均谋求脱离格鲁吉亚以实现自身的政治诉求。[1] 显然，南奥塞梯、阿布哈兹与格鲁吉亚政府之间存在不可调和的矛盾。囿于格鲁吉亚的实力以及俄罗斯对两个非国家行为体的政治支持，格鲁吉亚一直未能实现对南奥塞梯与阿布哈兹的有效治理。米哈伊尔·萨卡什维利（Mikhail Saakashvili）在通过"玫瑰革命"上台执政之后，将结束国家分裂状态、实现国家统一视为任内的首要目标。[2] 再加上2004年5月萨卡什维利在俄罗斯的帮助下曾和平解决了同样具有分离倾向的阿扎尔危机，这给萨卡什维利造成了一种假象，他以为同样可以顺利地解决南奥塞梯与阿布哈兹的问题，并以此为自己的政治表现加分。[3] 在此背景下，萨卡什维利在处理与阿布哈兹、南奥塞梯问题上采取了一种强硬且具有冒险性质的政策。[4] 如自2008年6月起，格鲁吉亚与南奥塞梯之间的暴力行动明显升级，双方均未能有效克制对对方的挑衅与军事敌意，这包括军事动员、绑架平民、袭击官员、开展情报活动、在双方边境地区开火等。对于俄罗斯，格鲁吉亚一方面指责其

---

[1] 尽管2008年之前这两个实体追求的目标有些许差别且经历过变化，如后者始终希望与俄罗斯境内的北奥塞梯合并，成为俄罗斯的一部分；而前者在1999年前希望在阿布哈兹与格鲁吉亚之间建立自由联系邦的关系，1999年之后则希望自己变成俄罗斯的自由联系邦。参见杨恕、张会丽《俄格冲突后的格鲁吉亚局势》，《俄罗斯中亚东欧研究》2010年第1期。

[2] 关于格鲁吉亚与两个自治实体之间复杂关系的讨论，可参见黄登学《俄格冲突的根源探析》，《东北亚论坛》2009年第1期。

[3] [俄] 安德烈·P.齐甘科夫：《俄罗斯与西方：从亚历山大一世到普京——国际关系中的荣誉》，关贵海、戴惟静译，上海人民出版社2017年版，第240页；李东：《俄格冲突的幕后与前景》，《国际资料信息》2006年第10期。

[4] 也有观点认为，格鲁吉亚和俄罗斯参与冲突，均有藉此转移国内问题注意力的动机，参见 Mikhall Filippov, "Diversionary Role of the Georgia – Russia Conflict: International Constraints and Domestic Appeal", *Europe – Asia Studies*, Vol. 61, No. 10, 2009, pp. 1825 – 1847.

偏袒南奥塞梯并与后者建立直接联系,侵犯格鲁吉亚领空;另一方面拒绝俄罗斯方面提出的双方不使用武力的协定,并要求俄罗斯的维和部队撤出该地区。当格鲁吉亚方面于2008年8月8日晚攻击南奥塞梯首府茨欣瓦利并杀害了数名俄罗斯的维和人员时,俄格冲突不可避免地发生了。①

全球层面与国家层面的矛盾为各行为体在地区层面矛盾的激化准备了条件。在地区层面,套娃秩序至少受到五对关系——俄美关系、美格关系、俄格关系、美与分离实体和俄与分离实体之间关系——的影响。为简化讨论,这里仅讨论两对关系:一对是俄罗斯与格鲁吉亚的关系;另一对是美国与格鲁吉亚的关系。因为这两对关系在很大程度上决定了俄美与南奥塞梯、阿布哈兹之间的关系。就俄格关系而言,由于俄罗斯对南奥塞梯与阿布哈兹的暧昧立场及其与这两个地区之间存在的密切联系,尤其是俄罗斯对格鲁吉亚发展与西方关系的不满,导致俄格关系一直维持在一种若即若离的状态。尽管萨卡什维利上台之时也曾尝试与俄罗斯建立合作和友善的关系,但双方在对待分离实体、俄罗斯驻格鲁吉亚军事基地、外交取向等问题上的分歧以及格鲁吉亚在潘基希峡谷问题上的暧昧立场等因素,均导致双方关系重新趋冷。当萨卡什维利明确贯彻自身的亲西方路线,尤其是表达了希望加入北约的决心且得到美国的支持时,俄格关系在趋于敌对的道路上越走越远。

俄格关系的恶化与美格关系的密切是同时发生的。美国从一开始就积极支持格鲁吉亚等国发生的"颜色革命";萨卡什维利当政后,双方关系具有越来越明显的"准联盟"特征。②虽然美国对格鲁吉亚提供多方面支持,包括时任美国总统小布什于2005年5月访问格鲁吉亚,但对俄、美、格三方而言,最具实质性的举动是2008年4月布加勒斯特峰会上美国推荐乌克兰和格鲁吉亚加入北约的"成员国行动计划"。③拒绝北约东扩是俄罗斯的立场,俄罗斯绝不允许北约扩大到除波罗的海国家之外的原苏联范围。美国支持北约东扩至乌克兰与格鲁吉亚的决定,无论是从国家安全的

---

① 有关俄格冲突爆发过程的详细研究,参见〔俄〕安德烈·P. 齐甘科夫《俄罗斯与西方:从亚历山大一世到普京——国际关系中的荣誉》,第242—242页;Pavel Felgenhauer, "After August 7: The Escalation of the Russia - Georgia War", in Svante E. Cornell and S. Frederick Starr, eds., *The Guns of August 2008: Russia's War in Georgia*, pp. 162 - 180.
② 参见孙德刚《联而不盟:国际安全合作中的准联盟理论》,《外交评论》2007年第6期。
③ 季志业:《俄格冲突对国际关系的影响探析》,《现代国际关系》2008年第9期。

角度，还是从荣誉和威望的角度，都已经触及俄罗斯在欧亚地区的底线。这是激发俄格冲突的重要因素。格鲁吉亚2008年8月对南奥塞梯的攻击为俄罗斯将羞辱感转化为愤怒并展开报复行动提供了机会，于是俄格战争不可避免。① 正如有学者所指出的，"此次俄格冲突既是美国长期在俄罗斯周边扶植亲美政权、推动北约东扩挤压俄罗斯战略空间的结果，也是俄罗斯在国力恢复后下决心反击美国的开始，因此在某种程度上，这也拉开了未来俄美在越来越多领域新对抗的序幕，而俄罗斯的主要目标之一是尽快结束美国赖以自豪的'单极世界'时代"。② 换言之，俄格战争既是俄美在全球和地区层面竞争的结果，又对双方在全球层面的互动产生了负面影响。

上文通过俄格冲突展示了套娃秩序在高加索地区的运作方式、发展动力及其政治后果。由此可见，套娃秩序的三个层次是密切联系的，俄格战争既是三个层次套娃秩序互动和碰撞的结果，又对三层套娃各自的走向及后续互动产生新的影响。在此过程中，不同套娃层次的行为体均在其中扮演了一定角色，结果就是形成了以美格为一方、以俄与分离实体为另一方的对立，使得冲突不可避免。俄格冲突对欧亚秩序产生了巨大的冲击，俄罗斯自苏联解体以来第一次在境外开展军事行动，打破了不承认原苏联地区分离实体的先例。③ 对于俄格战争中不同层次套娃秩序之间相互碰撞以致产生严重政治后果，以及各种行为体在其中扮演的角色，安德烈·齐甘科夫做了精辟的分析。他指出："俄格关系恶化的最后一个阶段发生在2008年8月，格鲁吉亚从反俄、拒绝签署不使用武力协定，到向阿布哈兹和南奥塞梯集结重型武器，同时美国和其他西方国家也为格鲁吉亚的行动提供了含蓄的口实。尽管美国不直接为俄格对抗负责，但它的行动使双方得以壮胆，并进而采取了更强硬、更单边的行动"。而在俄罗斯与分离实体一方，"布加勒斯特峰会后，一些俄罗斯分析家开始认为，如果北约成员国的身份对于格鲁吉亚来说如此重要，那

---

① Andrei P. Tsygankov and Matthew Tarver – Wahlquist, "Duelling Honors: Power, Identity and the Russia – Georgia Divide", *Foreign Policy Analysis*, Vol. 5, No. 4, 2009, pp. 307 – 326.
② 王郦久：《俄格冲突的国际影响分析》，《外交评论》2008年第5期。
③ 孙壮志、赵会荣：《欧亚地区地缘政治新形势——从俄格军事冲突说起》，《亚非纵横》2009年第4期；丁晓星：《俄格冲突的深层原因及影响》，《现代国际关系》2006年第11期。

么格鲁吉亚很有可能以放弃领土完整的代价来加入北约"。[①] 基于这种判断，俄罗斯并不惮于通过武力攻击和给予分离实体以外交承认的方式来回应格鲁吉亚与美方。当套娃模式不同层次的行为体和关系都被调动了起来、当不同行为体之间的矛盾都集中展现出来时，套娃秩序就难以维系此前表面和脆弱的稳定。需要强调的是，美国与格鲁吉亚并未缔结军事同盟关系，否则俄格冲突不会以一场持续仅5日的冲突结束。这也从侧面说明了两个问题，其一，美国对格鲁吉亚的支持仍然是有限度的；其二，俄罗斯仍然是欧亚地区的霸权国家，美国仍不足以对俄罗斯在该地区的地位提出致命的挑战。

（二）2014年的乌克兰危机与欧亚地区的套娃秩序

在欧亚地区，当不同层次的行为体形成一种类似二元对立的政治联盟时，各种层次的矛盾往往会以冲突或危机的形式爆发出来，从而冲击套娃秩序的稳定。2008年的俄格冲突与2014年的乌克兰危机，均体现了套娃秩序的这一特征。事实上，2014年的乌克兰危机几乎重复了俄格冲突中各方的互动模式。尽管从表面上来看，乌克兰危机的性质与俄格冲突有一定的区别，前者是乌克兰政局变动引发了领土变更和国内冲突，而后者是中央政府与分离实体之间的对抗引发了国家间冲突。不过，就本章所关心的问题而言，它们均对欧亚地区的秩序造成了严重冲击，且从套娃模式而言，它们的演变模式和发展动力具有诸多的相似性。具体而言，俄罗斯与西方在全球和地区层面上的竞争，美国、俄罗斯与乌克兰及其克里米亚、顿巴斯地区（包括卢甘斯克与顿涅次克）在地区层面的互动以及乌克兰与克里米亚、顿巴斯地区在国内层面上的龃龉，共同推动了乌克兰危机的发生，进而导致套娃模式在欧亚地区的东欧次区域发生明显变动。下文简要从以上三个层次入手分析套娃秩序在乌克兰危机前后是如何演变，又是如何带来此次危机的。

从全球层面上来看，乌克兰危机前后俄罗斯与美国之间的关系又进入一个颇为紧张的时期。2008年的俄格冲突导致俄美关系陷入直接对抗的境

[①] 参见［俄］安德烈·P.齐甘科夫《俄罗斯与西方：从亚历山大一世到普京——国际关系中的荣誉》，第248、251页。

地。奥巴马政府上台以来，为了解决诸多棘手的地区与全球问题，尤其是应对中国日益扩大的国际影响力，其于 2009 年推出了"重启"对俄关系的政策。在 2012 年 5 月普京重新入主克里姆林宫之前，美国对俄罗斯重启政策的确取得了一些成果。如双方在 2010 年 4 月签署了《关于进一步削减和限制进攻性战略武器措施的条约》，在反恐反扩散领域扩大合作（主要是俄罗斯向美国在阿富汗开展军事行动提供便利），加强在经济领域的交流与合作（如支持俄罗斯加入世界贸易组织、开展能源对话与合作等），双方还就伊朗核问题进行合作，第一任期的奥巴马政府也中止了北约东扩的步伐等。① 不过，奥巴马的"重启"政策并不能真正缓解和消除俄美之间存在的诸多深层次问题，如美国并不愿意放弃北约在维护欧洲安全中的支柱地位，并不愿向俄罗斯保证北约不再向原苏联地区扩大；美国始终不予承认俄罗斯在南奥塞梯与阿布哈兹的军事存在；俄美在叙利亚问题上针锋相对；美国对俄罗斯政局发展（如普京竞选总统、俄政府限制亲西方非政府组织和媒体的作用等）颇多微词；西方仍在紧邻俄罗斯的地区部署反导系统；俄罗斯不顾美国的反对拒绝遣返爱德华·斯诺登（Edward Snowden）并给予其避难者身份等。② 诸如此类的矛盾与分歧，导致奥巴马政府的对俄"重启"政策收效甚微。③ 事实上，在全球层面，美国致力于维系的是其全球霸权地位，而俄罗斯则致力于实现多极世界，并使美国等西方国家尊重俄罗斯的大国地位。双方战略目标的对立从根本上决定了双方在体系层面不太可能实现真正的和解和互信。④

在国家层面，自苏联解体以来，乌克兰的国家认同构建事业始终面临来自东部与西部不同取向的巨大张力。现代俄罗斯国家来源于基辅罗斯公

---

① 可参见郑羽《重启的消亡：普京重新执政后的俄美关系》，《俄罗斯东欧中亚研究》2014 年第 5 期。
② 参见［俄］安德烈·P. 齐甘科夫：《中文版序言》，载安德烈·P. 齐甘科夫：《俄罗斯与西方：从亚历山大一世到普京——国际关系中的荣誉》，第 4—7 页。
③ 傅勇：《俄美关系"重启"的战略分析与借鉴》，《现代国际关系》2010 年第 9 期。
④ Deborah Welch Larson and Alexei Shevchenko, "Status Seekers: Chinese and Russian Responses to U. S. Primacy", *International Security*, Vol. 34, No. 4, 2010, pp. 63 – 95; Tuomas Forsberg, "Status Conflicts between Russia and the West: Perceptions and Emotional Biases", *Communist and Post - Communist Studies*, Vol. 47, No. 3 – 4, 2014, pp. 323 – 331; Deborah Welch Larson and Alexei Shevchenko, "Russia Says No: Power, Status, and Emotions in Foreign Policy", *Communist and Post - Communist Studies*, Vol. 47, No. 3 – 4, 2014, pp. 269 – 279.

国,且基辅是东正教的发祥地;再加上乌克兰与俄罗斯又曾长期共存于苏联这一主权国家之内,导致俄乌之间存在千丝万缕的联系。尽管苏联解体之后乌克兰成为独立主权国家,但无论是基于历史原因,还是因为现实联系,亦或考虑到战略价值,俄罗斯始终将乌克兰视为自身的亲密伙伴甚至是势力范围。然而,乌克兰对俄罗斯的认知并不连贯和统一。大体而言,乌克兰东部多认可俄罗斯,而西部地区却更倾向于认同东欧和西方。这与乌克兰在近代以来的历史遭遇密切相关。乌克兰西部部分地区原属波兰,1939 年才从波兰划出并入苏联,且这一地区在第二次世界大战期间曾被德国占领,由此导致西部地区民众尤其是其精英对俄罗斯多有不满,这影响了乌克兰独立后的国家认同构建事业以及对俄罗斯和西方的外交政策取向。具体而言,"乌克兰实际上是由东西两个人为划分区域构成的。东部以俄罗斯族为主,信奉东正教,以工业为主要产业;西部以乌克兰族为主,信奉天主教,以从事农业者居多。两大部分在民族、语言、宗教等方面都有差异,或者如德国前总理施罗德所指出的,乌克兰是一个'文化分裂的国家'"。①乌克兰国家内部的族群和地区分化一旦被大国之间的竞争激化,便很容易在国家层面出现分裂。2014 年乌克兰维克托·亚努科维奇(Viktor F. Yanukovych)政府拒绝签署与欧盟的联系国协定引发了大规模的民众抗议,进而导致俄罗斯与西方竞相介入以致爆发乌克兰危机。在乌克兰危机中,乌克兰国家层面的矛盾主要体现为中央政府与克里米亚、东部地区(卢甘斯克与顿涅茨克)之间的矛盾。②

俄美在全球层面的竞争以及乌克兰国家层面存在的地区和族群分化,同样为乌克兰危机的出现准备了条件。乌克兰危机主要体现为一种地区层面的矛盾与斗争。在地区层面,乌克兰危机同样体现为五对行为体间关系的矛盾与冲突:俄罗斯与西方在欧亚地区(此案例中主要体现为乌克兰)的关系,俄罗斯一开始与亚努科维奇政府、随后与克里米亚和乌克兰东部顿巴斯地区的关系,俄罗斯与乌克兰临时政府及后来的彼得·波罗申科

---

① 丁原洪:《乌克兰危机的历史经纬与现实启示》,《和平与发展》2104 年第 2 期。
② 关于乌克兰危机的背景,可参见周明《乌克兰—欧盟联系国协定与乌克兰危机》,《欧洲研究》2014 年第 6 期;柳丰华:《俄罗斯对乌克兰政策视角下的乌克兰危机》,《欧洲研究》2015 年第 3 期;戴长征、张中宁:《国内围域下乌克兰危机的根源及其影响》,《东北亚论坛》2014 年第 5 期;柳丰华:《乌克兰危机:内因、大国博弈因素与前景》,《俄罗斯学刊》2014 年第 3 期。

(Petro Poroshenko)政府之间的关系,乌克兰与西方国家之间的关系,西方与克里米亚和乌克兰东部顿巴斯地区之间的关系。在这五对关系中,最具实质性影响的两对关系是俄罗斯与乌克兰政府(包括临时政府)之间的关系和西方与乌克兰临时政府之间的关系。乌克兰危机的起因源于亲俄总统亚努科维奇拒绝签署《乌克兰—欧盟联系国协定》引发大规模民众抗议,面对抗议亚努科维奇选择出逃。① 接任的乌克兰过渡政府及此后的波罗申科政府采取了亲西方政策并得到西方的支持,这意味着乌克兰外交政策出现了明显转向。针对乌克兰的这一动向,受到惊愕、愤怒、怨恨等诸多情感影响的俄罗斯果断采取行动使克里米亚并入俄罗斯,进而导致乌克兰政府采取进一步的行动倒向西方。② 为威慑乌克兰临时政府或者是出于报复,俄罗斯吸收克里米亚公投入俄,后又对乌顿巴斯地区的分离企图予以各种支持,进一步激起了乌克兰对俄罗斯的敌视。③ 乌克兰与俄罗斯之间的制裁与反制裁、乌克兰多次申请加入北约、乌俄在刻赤海峡发生的军事对峙、乌克兰退出独立国家联合体等举动,导致乌俄关系陷入恶性循环。

在乌克兰与俄罗斯关系日趋紧张和恶化的同时,乌克兰与西方之间的关系却日益密切。事实上,乌克兰之所以不惧怕俄罗斯是因为西方国家的支持。乌克兰危机的出现离不开西方国家的积极介入,在导致亚努科维奇出逃的抗议事件中,西方国家表明了支持抗议者而非亚努科维奇政府的立场。不仅如此,"西方的一些决策者要么直接向乌克兰抗议者表示支

---

① 关于此次抗议的相关情况,参见 Olga Onuch and Gwendolyn Sasse, "The Maidan in Movement: Diversity and the Cycles of Protest", *Europe – Asia Studies*, Vol. 68, No. 4, 2016, pp. 556 – 587; Sarah D. Philips, "The Women's Squad in Ukraine's Protests: Feminism, Nationalism, and Militarism on the Maidan", *American Ethnologists*, Vol. 41, No. 3, 2014, pp. 414 – 426; Galina Nikiporets - Takigawa, "Protests 2.0: Through Networked Negative Consolidation to Participation: Why Russian Manezhka Cannot Become Ukrainian Maidan", *Russian Journal of Communication*, Vol. 6, No. 3, 2014, pp. 246 – 259.

② 参见曾向红《俄罗斯兼并克里米亚的心理动机研究——兼论对中国独联体地区外交的启示》,《当代亚太》2016 年第 1 期; Anne L. Clunan, "Historical Aspirations and the Domestic Politics of Russia's Pursuit of International Status", *Communist and Post - Communist Studies*, Vol. 47, No. 3 – 4, 2014, pp. 281 – 290.

③ 可参见 Maksymilian Czuperski, John Herbst, Eliot Higgins, Alina Polyakova and Damon Wilson, *Hiding in Plain Sight: Putin's War in Ukraine*, Washington, D. C.: Atlantic Council, 2015; 赵会荣:《乌克兰东部热战的冷思考》,《世界知识》2017 年 3 月 1 日,第 43—45 页。

持——德国总理安格拉·默克尔（Angela D. Merkel）认为抗议者是在为欧盟价值观而战，他们的行动体现了'无畏的精神'，要么亲临抗议现场——美国参议员约翰·麦凯恩（John Sidney McCain III）、美国国务院负责欧洲与欧亚事务的助理国务卿维多利亚·纽兰（Victoria Nuland）就曾抵达抗议现场呼吁乌克兰政府倾听民众的呼声；而揭秘的电话记录显示，纽兰甚至鼓励进行政权更迭，并承诺由乌克兰政治家阿尔谢尼·亚采纽克（Arseniy Yatsenyuk）出任新政府总理（后来情况正是如此）"。[1] 亚努科维奇在抗议压力下出逃俄罗斯后，西方迅速承认了过渡政府的合法性。与之相反，俄罗斯认为过渡政府是"新纳粹分子、反俄分子与反犹主义者"。[2] 俄罗斯与西方在乌克兰抗议活动、临时政府等问题上持截然对立甚至敌对的立场。当克里米亚并入俄罗斯、乌克兰东南部分离主义运动蓬勃发展之时，西方对乌克兰的支持越发坚定，并启动多轮制裁惩戒俄罗斯对乌克兰国家主权的侵犯。除了没有将乌克兰吸纳为北约正式成员国外，西方还从政治、经济、外交、军事等方面支持乌克兰，在很大程度上为乌克兰明显亲西方和对俄罗斯强硬政策提供了支撑。尽管特朗普政府上台后，美国试图改善对俄罗斯关系，以实现俄美关系的"再重启"，然而，由于美国国内的仇俄情绪、双方存在的结构性矛盾以及特朗普被怀疑在竞选中得到俄罗斯政府的支持，俄美双方的"再重启"终究步履维艰，迄今为止未取得有效进展。[3] 由此带来的影响便是西方与俄罗斯在乌克兰的博弈仍然具有明显的零和特征。总之，乌克兰危机的出现与持续，对欧亚地区的稳定造成了严重的冲击。危机不仅让乌克兰与俄罗斯这两国之间的关系趋于敌对，而且令俄罗斯与西方之间的关系降到冷战结束以来的冰点，甚至有观点认为，因为乌克兰危机，俄罗斯与西方国家之间已经进入"新冷战"的状态。[4] 而危机之所以能够出现和持续，在很大程度上是因为套娃秩序的三个层次发生了激烈碰撞。西方与俄罗斯在全球和地区层面的竞争为乌克

---

[1] 周明：《乌克兰—欧盟联系国协定与乌克兰危机》，《欧洲研究》2014 年第 6 期。

[2] Vladimir Putin, "Address by President of the Russian Federation: Vladimir Putin Addressed State Duma Deputies, Federation Council Members, Heads of Russian Regions and Civil Society Representatives in the Kremlin", March 18, 2014, http://en.kremlin.ru/events/president/news/20603.

[3] 黄登学：《美俄关系拟"再重启"的逻辑、领域与限度》，《当代亚太》2017 年第 6 期。

[4] Marvin Kal, *Imperial Gamble: Putin, Ukraine, and the New Cold War*, Washington, D.C.: The Brookings Institution, 2015.

兰危机的出现提供了背景,当双方为了自身的利益积极介入乌克兰国内政局并选择直接向处于竞争或对抗中的国内行为体提供实质性支持时,围绕乌克兰危机所进行的博弈就出现了两个对立集团之间的争夺:一方是以美国为首的西方国家和乌克兰政府;另一方是俄罗斯与克里米亚、乌克兰分离主义运动。就本章关心的问题而言,在乌克兰危机中,欧亚秩序因为不同行为体在三个层次的复杂互动具有明显的集团对抗性,从而使此前维持此区域秩序和稳定的机制受到破坏。套娃模式在乌克兰危机中遭遇冲击的方式、过程与机制,与俄格战争时有诸多的相似性。就缘起而言,它们的共同点在于:当高加索或东欧次区域的国家内部发生影响国家发展或涉及国家主权、领土完整的重大事件时,西方与俄罗斯便会积极介入其中,并将它们在全球层面的竞争带入地区和国家层面的互动之中。这不仅使双方在区域内的互动充满零和博弈色彩,而且会因这种博弈导致地区行为体形成两两对抗的格局,从而使原本脆弱的套娃秩序难以维系,地区稳定也会受到冲击。

第四节 套娃秩序与中亚次区域的大致稳定
——"颜色革命"和"安集延事件"

尽管套娃秩序在高加索和东欧次区域的运作模式与中亚次区域有着诸多相似性,但也有一定的差别。正是这种区别,使两个次区域秩序的稳定程度明显不同。套娃模式在高加索与东欧次区域容易形成西方与俄罗斯各自支持不同的国家或非国家行为体,并形成二元对抗的结果,这很容易导致该地区的危机升级为冲突。而在中亚次区域,尽管俄罗斯与美国等西方国家也存在一定的竞争,不过,当该地区范围内的主权国家遭遇非国家行为体的挑战时,因为多种原因,俄罗斯与西方不易形成集团对立的格局,这使得中亚次区域的套娃秩序虽然遭遇一定挑战,但能有效维持大体稳定。下文将以俄罗斯与西方国家在 2005 年吉尔吉斯斯坦的"郁金香革命"与乌兹别克斯坦的"安集延事件"中的互动为例,说明套娃秩序在中亚次区域的运作方式以及为什么套娃秩序在中亚次区域不易出现集团对抗。需要指出的是,这里选取的两个案例有其相似之处,即俄罗斯与西方国家在次区域国家出现危机时立场明显不同,这有可能导致套娃秩序遭遇严重危机。至于那些同样可能冲击套娃秩序但俄罗斯与西方国家立场没有出现明显分化的例子，本章不予分析。如吉尔吉斯斯坦2010年4月发生的导致库尔曼别克·巴基耶夫（Kurmanbek Bakiyev）出逃的"二次革命"与6月的族群冲突，这两次事件由于演变速度过快（如"二次革命"）或双方拥有共同立场（如双方均呼吁2010年6月的吉尔吉斯斯坦族群冲突尽快结束以保障国内政局稳定），因而使事件得到较快解决。分析2005年俄美（西方）在"郁金香革命"与"安集延事件"中的互动过程和机制，大致可以辨识套娃秩序在中亚次区域的运作模式与其在高加索和东欧次区域的差异。

（一）2005年吉尔吉斯斯坦的"郁金香革命"与欧亚地区的套娃秩序

"9·11"事件之后，俄罗斯积极调整对美战略，尝试通过加强与美反恐合作以实现俄美关系的缓和。时任俄罗斯总统不仅是第一个向时任美国总统小布什打电话慰问的外国领导人，同时俄罗斯也积极支持美国提出的针对阿富汗塔利班政权和"基地"组织的联合国安理会第1373号决议，并向美国提供了有关"基地"组织和阿富汗塔利班的诸多情报，向阿富汗北方联盟提供武器，同时也默认西方在中亚地区部署部队等。[1] 尽管在较短的时间里美国也试图改善与俄罗斯的关系，包括缓和在车臣问题上对俄罗斯的批评力度，设立"俄罗斯—北约理事会"等，但俄美关系在全球层面上的友好合作很快就遭遇考验。[2] 首先是2003年美国入侵伊拉克，其次是在原苏联地区支持"颜色革命"，此类事态使俄美关系趋于紧张。其中，"颜色革命"对俄美关系造成的冲击最为严重。所谓"颜色革命"，是指"一场针对独联体国家或由原共产党人执政的国家，选择合适的机会（多利用议会或总统选举），采用'街头政治'，通过和平方式推翻原有政权、建立亲西方政权的群体性事件"。[3] 在原苏联国家中，2003年格鲁吉亚发

---

[1] 参见 Ella Akerman, "September 11: Implications for Russia's Central Asian Policy and Strategic Realignment", *Review of International Affairs*, Vol. 1, No. 3, 2002, pp. 3 – 4; Christian Thorun, *Explaining Change in Russian Policy: The Role of Ideas in Post – Soviet Russia's Conduct Towards the West*, New York: Palgrave Macmillan, 2009, p. 117.

[2] Jeffrey Mankoff, *Russian Foreign Policy: The Return of Great Power Politics*, Lexington: Rowman & Littlefield Publishers, 2009, p. 115.

[3] 赵常庆主编：《"颜色革命"在中亚：兼论与执政能力的关系》，社会科学文献出版社2011年版，第1页。

生了"玫瑰革命",2004年乌克兰发生了"橙色革命",2005年吉尔吉斯斯坦爆发了"郁金香革命"。尽管格鲁吉亚、乌克兰与吉尔吉斯斯坦的具体国情存在众多差异,但是"颜色革命"却具有一些共同特征:它们都是平民运动,以推翻腐败的政府为目标,往往借助于总统和议会选举的机会来动员民众表达对政府的不满等。尽管"郁金香革命"并未导致吉尔吉斯斯坦出现一个明显亲西方的政权,但"颜色革命"在原苏联地区的扩散和传播,尤其是"革命"导致各国政权更迭的后果,让俄罗斯等原苏联国家心怀忧惧,这对于"9·11"事件后俄美关系的恶化产生了重要影响。

"颜色革命"虽然主要出现在欧亚地区,但背后却反映了俄美在全球层面价值观和势力范围的竞争。美国一向自视为"山巅之城"和"自由的灯塔",将扩散西方式的自由民主模式视为美国对外交往的重要使命。具体到欧亚政策上,美国认为,西方在冷战中取胜主要源于自由民主模式相对于苏联模式具有明显的优越性。基于此,美国将在全世界推广自由民主视为确保地区各国政局稳定和免受地区大国(主要指俄罗斯)欺凌的有效手段。"9·11"事件的发生更让美国认识到,推动发展中国家进行政治和经济改革不仅是美国外交政策的一项长期目标,而且是赢得反恐战争的前提。根据小布什政府2003年2月公布的《国家反恐战略》,为了赢得反恐战争,美国不仅需要击败恐怖分子及其组织,消除对恐怖分子的资助和庇护,还需要消除恐怖分子得以滋生和发展的潜在条件。在美国决策者看来,政治压制和经济垄断等因素构成了这些潜在条件。为了消除这些条件,美国强调应推进政治和经济改革,以确保各地区的长期稳定和安全,并消除可被激进主义运动利用的各种条件。[1] 而那些具备滋生恐怖主义或极端主义条件的国家,则被贴上"失败国家"或"虚弱国家"的标签,[2]

---

[1] Eugene Rumer, "The United States and Central Asia: In Search of a Strategy", in Eugene Rumer, Dmitri Trenin and Huasheng Zhao, eds., *Central Asia: Views from Washington, Moscow and Beijing*, New York and London: M. E. Sharpe, 2007, pp. 43 – 44.

[2] Ashraf Ghani and Clare Lockhart, *Fixing Failed States: A Framework for Rebuilding a Fractured World*, New York: Oxford University Press, 2008; Susan E. Rice, Corinne Graff and Carlos Pascual, eds., *Confronting Poverty: Weak States and U. S. National Security*, Washington, D. C.: Brookings Institution Press, 2010; Robert I. Rotberg, *State Failure and State Weakness in a Time of Terror*, Washington, D. C.: Brookings Institution Press, 2003; 认为美国同样沦为一个"失败国家"的观点,参见 Noam Chomsky, *Failed States: The Abuse of Power and the Assault on Democracy*, NewYork: Metropolitan Books, 2006.

从而为美国进行干预提供了合法性。在这种逻辑下，改革"失败国家"或"虚弱国家"，促使它们走上政治民主化和经济自由化的发展道路，成为美国全球反恐举措的重要组成部分。因此，小布什政府先是提出了致力于改造独裁专制国家的"大中东计划"，① 然后又积极支持发生在欧亚地区的"颜色革命"。由此可见，美国的民主改造冲动不只是一种地区现象，而是一种"全球抱负"或是一种"新文明标准"。②

美国的民主抱负与俄罗斯捍卫自身发展道路和强调国家主权的诉求在全球层面上形成了竞争。自普京就任俄罗斯总统至今，俄罗斯一直将恢复大国地位作为国家的首要目标，而且将这一目标视为俄罗斯国家身份的界定性特征。③ 至于俄罗斯的大国地位到底如何衡量，则取决于俄罗斯对是否得到西方国家平等对待的感知。换言之，俄罗斯将西方视为"显著性他者"，所追求的是俄罗斯与西方的平等关系，尤其是能与美国平起平坐。④ 然而，即使俄罗斯在"9·11"事件之后向西方提供了实质性支持，西方对俄罗斯的大国地位和诉求的承认依旧非常有限，而且十分脆弱。因此，俄罗斯强调并支持世界多极化的发展趋势，通过强化国际关系中的主权原则以捍卫俄罗斯的发展道路和发展模式，并不断重申不干预他国内政的国际关系规范，这均是俄罗斯为抵御西方压力而作出的选择。⑤ 与此同时，为了赋予自身发展道路的合法性与正义性，俄罗斯将自身的政治体制概括为"主权民主""可控民主"或"管理民主"，以示与西方发

---

① "大中东计划"的主要对象是中东地区的阿拉伯国家，同时也包括伊朗、阿富汗和巴基斯坦等国家。该计划希望通过促进和发展"公民社会"，以推进上述国家的民主化。可参见何志龙《美国新保守主义与"大中东计划"》，《现代国际关系》2006 年第 6 期；叶青：《美国在中东的民主困境——试析美国的大中东计划》，《阿拉伯世界》2005 年第 5 期；邵峰：《美国"大中东计划"的实质和发展前景》，《亚非纵横》2004 年第 4 期；Flynt Leverett, ed., *The Road Ahead: Middle East Policy in the Bush Administration's Second Term*, Washington, D.C.: Brookings Institution Press, 2005.

② 张小明：《从文明标准到新文明标准：中国与国际规范变迁》，九州出版社 2018 年版。

③ 可参见 Iver Neumann, *Russia and the Idea of Europe: Identity and International Relations*, London and New York: Routledge, 1996; Anne L. Clunan, *The Social Construction of Russia's Resurgence: Aspirations, Identity, and Security Interests*, Baltimore: The Johns Hopkins University Press, 2009.

④ 林瑞谷对苏联与西方之间围绕承认所开展的竞争的讨论，在很大程度上同样适用于俄罗斯与西方在冷战结束之后的互动，参见 Erik Ringmar, "The Recognition Game: Soviet Russia Against the West", *Cooperation and Conflict*, Vol. 37, No. 2, 2002, pp. 115 – 136; 也可参见邢广程《俄罗斯与西方关系：困境与根源》，《国际问题研究》2016 年第 5 期。

⑤ Ruth Deyermond, "The Uses of Sovereignty in Twentyfirst Century Russian Foreign Policy", *Europe – Asia Studies*, Vol. 68, No. 6, 2016, pp. 957 – 984.

展道路的差异。① 从俄罗斯与西方互动的历程可以发现，尽管双方的竞争主要涉及权力、势力之争，但是其中所包含的意识形态和发展模式竞争不可忽视的。

俄罗斯与西方在全球层面上的意识形态与发展模式之争也会反映和体现在地区层面上。在中亚地区，由于沙俄/苏联和中亚之间的历史传统联系，使得俄罗斯是该地区当之无愧的霸权国。直到2001年，美国在阿富汗开展以打击塔利班和"基地"组织为目标的"持久自由行动"，美国在该地区的影响力才显著提升。当然，随着中国自20世纪90年代加大对中亚地区的投入，尤其是2001年将原来的"上海五国"机制转型为上海合作组织，中国在中亚地区的影响力也日益扩大。正因如此，中亚研究界才在21世纪前后盛行使用"新大博弈"的隐喻，以形容中俄美三国在中亚地区的互动。无论如何权衡三国在中亚次区域的影响力，一个不容忽视的事实是，从俄罗斯的角度来看，俄罗斯是该地区的主导国，而美国则是贸然闯入中亚地区的"修正主义国家"。这个"修正主义国家"在该地区影响力的扩大自然会削弱俄罗斯的影响力。从意识形态和发展模式之争的角度来看，俄罗斯最为关切和担心的是中亚国家倒向西方，并走上西方自由民主式的发展道路。事实上，美国也的确是如此计划和期待的。早在1992年10月，美国就通过了用以促进和支持欧亚国家发展民主政治和自由市场为主要目标的"自由支持法案（Freedom for Russia and Emerging Eurasian Democracies and Open Markets Support Act，简写为FREEDOM Support Act 或者FSA）"，其中所蕴含的价值观和意识形态不言自明。② 不过，在中亚次区域，除了20世纪90年代被称为"中亚的瑞士"和"民主之岛"的吉尔吉斯斯坦在借鉴西方自由民主发展模式上有一定进展外，其他中亚国家均采

---

① 参见张树华《俄罗斯的主权民主论》，《政治学研究》2006年第4期；庞大鹏：《俄罗斯的"主权民主"思想》，《欧洲研究》2008年第4期；Graeme P. Herd, "Colorful Revolutions and the CIS: 'Manufactured' Versus 'Managed' Democracy?", *Problems of Post - Communism*, Vol. 52, No. 2, 2005, pp. 3 - 18; Sheldon S. Wolin, *Democracy Incorporated: Managed Democracy and the Specter of Inverted Totalitarianism*, Princeton: Princeton University Press, 2008.

② Anders Åslund, *How Capitalism Was Built: The Transformation of Central and Eastern Europe, Russia, and Central Asia*, Cambridge: Cambridge University Press, 2007.

取了不同于西方、与俄罗斯有一定相似之处的发展道路。① 2005 年"郁金香革命"的出现，是俄罗斯与西方在中亚地区围绕意识形态、发展道路及势力范围等方面展开竞争的直接体现。

"玫瑰革命"和"橙色革命"通过"跨国影响""示范效应""革命传染""榜样的力量"等机制传递到了吉尔吉斯斯坦。② 尽管"郁金香革命"与"玫瑰革命"和"橙色革命"有相似之处，但它与后两场"革命"的区别更为明显。吉尔吉斯斯坦的公民社会与格鲁吉亚、乌克兰两国相比，发展更不成熟；反对派的基础更为薄弱；抗议活动并未出现国家层面的学生运动等。更重要的是，"郁金香革命"中的抗议规模并不大，而且青年组织和反对派领导人在其中并未发挥重要作用。③ 阿斯卡尔·阿卡耶夫（Askar Akayev）政府的下台，似乎与吉尔吉斯斯坦国内政治精英的内部权力斗争更为相关，而与反对派的民主追求关系不大。④ 然而，不管"郁金香革命"与"橙色革命"或"玫瑰革命"存在多大区别，无论是美国政府还是西方舆论，亦或俄罗斯和其他原苏联国家，均认为这三种"革命"属于同一种类型。在美国政府和西方媒体看来，原苏联空间国家发生的这些大规模非暴力民众抗争活动具有"反苏联"的性质，实际上是尚未完成的民主转型的一种继续；⑤ 而对于俄罗斯和其他中亚国家政府而言，"颜色革命"的出现主要是因为得到了西方的支持和介入，是美国侵蚀俄罗斯势

---

① Christian Boehm, "Democracy as a Project: Perceptions of Democracy Within the World of Projects in Former Soviet Kyrgyzstan", *The Anthropology of East Europe Review*, Vol. 17, No. 1, 1999, pp. 49 – 58; John Anderson, *Kyrgyzstan: Central Asia's Island of Democracy*? Amsterdam: Harwood Academic, 1999.

② 关于"颜色革命"的扩散机制，可参见 Mark R. Beissinger, "Structure and Example in Modular Political Phenomena: The Diffusion of Bulldozer/Rose/Orange/Tulip Revolutions", *Perspectives on Politics*, Vol. 5, No. 2, 2007, pp. 259 – 276; Henry Hale, "Regime Cycles: Democracy, Autocracy, and Revolution in Post – Soviet Eurasia", *World Politics*, Vol. 58, No. 1, 2005, pp. 133 – 165.

③ John Heathershaw, "Rethinking the International Diffusion of Coloured Revolutions: The Power of Representation in Kyrgyzstan", *Journal of Communist Studies and Transition Politics*, Vol. 25, No. 2 – 3, 2009, pp. 297 – 323.

④ Scott Radnitz, "Networks, Localism and Mobilization in Aksy, Kyrygzstan", *Central Asian Survey*, Vol. 24, No. 4, 2005, pp. 405 – 424; Scott Radnitz, "What Really Happened in Kyrgyzstan?", *Journal of Democracy*, Vol. 17, No. 2, 2006, pp. 132 – 146.

⑤ Alexander Nikitin, "Russian Foreign Policy in the Fragmented Post – Soviet Space", *International Journal on World Peace*, Vol. 25, No. 2, 2008, p. 14.

力范围和尝试塑造中亚地区发展方向的努力。① 不仅如此，俄罗斯还将西方对"颜色革命"的支持，与自身对民主道路的选择和身份构建联系在一起，认为美国积极介入独联体国家内部事务，是为了引导这些国家走上亲西方甚至西方式的发展道路。无论是支持反对派获选人，还是大规模资助独联体国家"公民社会"的发展，抑或是为"颜色革命"的出现和蔓延呐喊助威，均是美国试图借助独联体国家内部动乱以侵蚀俄罗斯"势力范围"的体现。正是在此背景下，俄罗斯才构想出"主权国家"的概念，以抵御来自西方国家支持"颜色革命"的压力，试图以此捍卫俄罗斯及其他独联体国家选择自主发展道路和国家身份的权利。②

"郁金香革命"虽让俄美关系变得紧张，但并未导致中亚次区域的套娃秩序出现严重危机。这与"郁金香革命"的特征及俄美对其的认知息息相关。首先"郁金香革命"持续的时间较短。2005 年 2 月 27 日吉尔吉斯斯坦举行议会选举，3 月 13 日完成第二轮选举。从 3 月 19 日吉尔吉斯斯坦南部奥什州和贾拉拉巴德州开始出现抗议者，到 3 月 24 日阿卡耶夫出逃，"郁金香革命"仅持续了数天时间。事件的始料未及和发展迅速，导致俄美双方均未在"革命"过程中发挥重要作用。③ 其次，"革命"期间，吉尔吉斯斯坦国内虽然出现了阿卡耶夫政府与抗议者（主要是反对派）之间的较量，但由于抗议者规模弱小和过于分散，美国等西方国家难以选择合作者，这消除了西方国家与吉尔吉斯斯坦反对派缔结合作联盟的可行性。再次，阿卡耶夫在压力下选择了出逃，并未针对抗议者进行镇压，这也降低了美国等西方国家与吉尔吉斯斯坦反对派进行联盟的可能性。最后，俄罗斯对"郁金香革命"所作出的具体反应，也消除了使俄美在中亚次区域发生严重危机的条件。尽管俄罗斯对西方支持"颜色革命"的动机十分不满，但也意识到在应对"郁金香革命"时

---

① Ilan Berman, "The New Battleground: Central Asia and the Caucasus", *The Washington Quarterly*, Vol. 28, No. 1, 2004, pp. 15 – 28; Jeanne L. Wilson, "Coloured Revolutions: The View from Moscow and Beijing", *Journal of Communist Studies and Transition Politics*, Vol. 25, No. 2 – 3, 2009, pp. 369 – 395.

② Stefanie Ortmann, "Diffusion as Discourse of Danger: Russian Self – Representations and the Framing of the Tulip Revolution", *Central Asian Survey*, Vol. 27, No. 3 – 4, 2008, pp. 363 – 378.

③ 关于"郁金香革命"的发展过程，可参见赵常庆《"颜色革命"在中亚：兼论与执政能力的关系》，第 98—100 页。

有必要保持克制。原因在于：在乌克兰"橙色革命"中，俄罗斯过早支持亲俄总统获选人亚努科维奇，这使得"革命"后上台的维克托·尤先科（Viktor Yushchenko）政府明确倾向西方。① 基于此，在应对"郁金香革命"时，俄罗斯表现得非常谨慎。② "郁金香革命"发生后，俄罗斯媒体并未对其予以过分报道，这与对待乌克兰"橙色革命"的反应截然不同。直到"郁金香革命"结束后的第二天俄罗斯总统普京才第一次发表对该事件的看法，他认为"革命"后组建的临时政府"将会帮助发展吉尔吉斯斯坦与俄罗斯之间的关系，并为建立双方政府间关系作出努力"。③ 俄罗斯面对吉尔吉斯斯坦"郁金香革命"的镇静，也与其相信吉尔吉斯斯坦外交取向不会发生大的改变有关。

总之，"颜色革命"在原苏联地区的出现和蔓延，构成俄美在欧亚地区互动过程中的一个具有转折性意义的事件。上述事件恶化了俄美关系，导致双方在"9·11"事件之初形成的合作关系遭遇严重挫折，双方的互信也因此急剧降低。不过，尽管"颜色革命"同样反映了俄美双方在全球、地区层面上的价值观与实力竞争，但一系列"革命"并未导致双方发生针锋相对的严重危机。这与俄美双方在俄格冲突、乌克兰危机中的对抗截然不同。其中的主要区别或许在于：次区域危机发生国内部不同政治势力之间的对抗程度和对抗性质有所不同。在"颜色革命"中，虽然也会出现国家行为体与非国家行为体（包括政治反对派、抗议势力等）之间的对抗，但它们的对抗强度和持续时间有限，而且往往不涉及国家主权和领土

---

① 如在对俄罗斯应对"橙色革命"的方式进行反思时，俄罗斯前外交部长和总理普里马科夫认为："我们在这一问题上太过激动。在政治上我们本不应该以那种方式行事……我们遵循乌克兰当局的要求，而拒绝与其他政治力量建立联系。希望我们的政策从此之后会有所不同"。参见 Mikhail Rostovskii, "Evganii Primakov: 'My Slishkom, Utrirovano Chestny...'", *Moskovskii Komsomolets*, June 21, 2005; Quoted from Alisher Khamidov, *The Base of Contention: Kyrgyzstan, Russia and The U. S. in Central Asia (2001 – 2010)*, Phd Dissertation, John Hopkins University, 2011, p. 238.

② Robert Horvath, "Putin's 'Preventive Counter - Revolution': Post – Soviet Authoritarianism and the Spectre of Velvet Revolution", *Europe – Asia Studies*, Vol. 63, No. 1, 2011, pp. 1 – 25; Jeanne L. Wilson, "The Legacy of the Color Revolutions for Russian Politics and Foreign Policy", *Problems of Post - Communism*, Vol. 57, No. 2, 2010, pp. 21 – 36; Andrey Makarychev, "Russia, NATO, and the 'Color Revolutions' Discursive Traps", *Russian Politics and Law*, Vol. 47, No. 5, 2009, pp. 40 – 51.

③ 俄罗斯对吉尔吉斯斯坦"郁金香革命"的具体应对参见 Stefanie Ortmann, "Diffusion as Discourse of Danger: Russian Self – Representations and the Framing of the Tulip Revolution", *Central Asian Survey*, Vol. 27, No. 3 – 4, 2008, pp. 363 – 378，引言见 p. 370.

完整等核心国家利益。因此，无论是国家还是非国家行为体，都没有强大的动机与外国势力形成坚定联盟以在竞争中获胜。在此背景下，外部行为体虽有关切，但受限于当事国矛盾双方竞争的性质和强度，也就没有必要与对方开展代理战争式的竞争，如此便保证了地区秩序的整体稳定。在"颜色革命"导致格乌两国发生了政权更迭并导致亲西方领导人上台的背景下，"郁金香革命"的发生，使得美国坚信"颜色革命"会使政权更迭后的独联体国家采取亲西方路线；与此相反，俄罗斯对此则忧惧不已。然而，吉尔吉斯斯坦国内竞争双方外交取向较为模糊且对抗强度有限、事件性质不涉及吉尔吉斯斯坦国家主权与领土完整等原因以及俄美双方均对"郁金香革命"准备不足，消除了它们积极介入吉尔吉斯斯坦政局的必要性。总之，从套娃秩序的角度而言，在"郁金香革命"期间，俄美两国在全球、地区层面的竞争与吉尔吉斯斯坦国家层面政治势力之间的竞争同样发生了关联，只是因为多重原因没有促使俄美在此事件中形成对立的两个政治阵营，从而降低了三个层次的套娃发生激烈碰撞的机率，也就确保了中亚次区域的整体稳定。这也是套娃秩序在高加索和东欧次区域与中亚次区域运作机制的最大不同。

（二）2010年乌兹别克斯坦的"安集延事件"与欧亚地区的套娃秩序

俄美双方围绕2005年5月乌兹别克斯坦"安集延事件"所开展的竞争，是"郁金香革命"的延续。首先，在时间上，"安集延事件"的发生仅在"郁金香革命"后不到两个月。无论是俄美双方，还是国际社会，均倾向于从"颜色革命"的角度对"安集延事件"进行解读，认为其在性质上是"颜色革命"的延续，同样是抗议者通过体制外方式挑战政府权威。其次，在互动层次上，"安集延事件"是一种国家层面上非国家行为体对政府进行挑战的现象，而且俄美双方都选择支持其中一方。这意味着大国在如何应对"安集延事件"时产生了分化。既然西方和俄罗斯均将"安集延事件"纳入"颜色革命"扩散的背景中予以考虑，那么，"安集延事件"同样适合使用套娃模式三个层次之间的互动来分析。最后，"郁金香革命"的结果为"安集延事件"中俄美双方心态的变化提供了背景。"郁金香革命"后代替阿卡耶夫执政的巴基耶夫政府并未像此前的格鲁吉亚、乌克兰新政府一样采取亲西方路线，而是继续维持与俄罗斯的友好关系，这削弱了美国等西方国家支持"颜色革命"的信心,同时也增强了俄罗斯等独联体国家抵御"颜色革命"的信心。由于以上三种因素的存在,本部分对"安集延事件"的讨论可以相对简略。

"安集延事件"发生在俄美双方在全球、地区范围开展价值观和实力竞争的背景下。这分属套娃秩序的第一和第二层次。"安集延事件"的出现意味着套娃秩序的第三个层面出现危机。2005 年 5 月 13 日,乌兹别克斯坦东部城市安集延发生一批囚犯越狱及公众对政府进行抗议的活动。据乌兹别克斯坦官方称,5 月 12 日夜一群武装分子攻入安集延市内务局打死 4 名工作人员后,袭击当地监狱并释放了上千名犯人,之后又攻占了州政府大楼。13 日,一批民众聚集在州政府大楼周围,要求现政权下台。针对暴乱,乌兹别克斯坦领导人伊斯兰·卡里莫夫(Islom A. Karimov)高度重视,动用武力平息了"暴乱"。① 根据乌兹别克斯坦当局公布的数字,"暴乱"造成的伤亡人数为 187 人。而西方政府和媒体则认为,乌兹别克斯坦在"安集延事件"中不加区分地对无辜者开火,由此造成了 500—1000 人丧生。② 欧盟与美国认为,"安集延事件"是一场"民主悲剧",并要求对"安集延事件"进行独立的国际调查。在遭到乌兹别克斯坦政府的拒绝后,美国和欧盟决定对乌兹别克斯坦进行制裁。③ 对于西方的立场,乌兹别克斯坦作出了激烈的反应,不仅对西方干涉乌兹别克斯坦内政的企图进行了强烈批评,而且于 2005 年 7 月 29 日正式照会美国,要求美军在六个月内撤出汉纳巴德空军基地(Kaishi – Khanabad air base,也称 K2 基地)。

围绕"安集延事件",俄罗斯与美国等西方国家产生了严重的认知分歧和立场分化。俄罗斯支持乌兹别克斯坦政府对"安集延事件"性质的认

---

① 乌兹别克斯坦政府对"安集延事件"的应对和描述,参见 Fiona Hill and Kevin Jones, "Fear of Democracy or Revolution: The Reaction to Andijon", *The Washington Quarterly*, Vol. 29, No. 3, 2006, pp. 109 – 125; Nick Megoran, "Framing Andijon, Narrating the Nation: Islam Karimov's Account of the Events of 13 May 2005", *Central Asian Survey*, Vol. 27, No. 1, 2008, pp. 15 – 31.

② 英语世界中关于"安集延事件"的成果众多,绝大多数对乌兹别克斯坦政府持批评态度,只有极少数成果对乌兹别克斯坦持同情立场。参见 Shirin Akiner, *Violence in Andijan*, 13 May 2005: *An Independent Assessment*, Washington, D. C.: Central Asia – Caucasus Institute and Silk Road Studies Program, 2005.

③ 美国对乌兹别克斯坦"安集延事件"的处理过程参见 John Heathershaw, "Worlds Apart: The Making and Remaking of Geopolitical Space in the US – Uzbekistani Strategic Partnership", *Central Asian Survey*, Vol. 26, No. 1, 2007, pp. 128 – 140.

知和判断。乌兹别克斯坦政府对"安集延事件"的认识，同样是将其纳入"颜色革命"的框架中予以分析的。乌兹别克斯坦政府认为"颜色革命"不是"民主的一般扩散，而是这些国家内部条件带来的结果"，其产生与这些国家的政府未能理解和满足人们的要求有关。卡里莫夫认为，如果忽视国家发展的阶段性这一"国家的科学法则（scientific laws of states）"而加速民主化，只会产生问题并有可能被恐怖分子与伊斯兰极端分子利用，最后带来国家的失序和动荡。① 因此，在乌兹别克斯坦看来，"安集延事件"是一个事关秩序和稳定的问题，而不是一个民主与暴政的问题。而美国等西方国家对"安集延事件"性质的判断与乌兹别克斯坦政府的立场截然相反。美国等西方国家认为，"安集延事件"是人权活动分子反对政府腐败而举行的和平抗议活动，与宗教极端主义和恐怖分子无关，而乌兹别克斯坦政府对该事件的应对"未加区分地使用暴力"，严重侵犯了人权。②基于不同的认知，俄美双方在"安集延事件"中形成了两个对立阵营。俄罗斯支持乌兹别克斯坦政府，而欧美则支持事件中的"人权活动分子"和"民主人士"。③ 然而，由于乌兹别克斯坦"人权活动分子"和"民主人士"已被乌兹别克斯坦政府镇压，美国失去了结盟的对象；而俄罗斯对乌兹别克斯坦政府的支持，则扭转了乌兹别克斯坦自20世纪90年代末期以来与美国形成的"准联盟关系"，并使乌兹别克斯坦在一段时间内走上了

---

① Nick Megoran, "Framing Andijon, Narrating the Nation: Islam Karimov's Account of the Events of 13 May 2005", *Central Asian Survey*, Vol. 27, No. 1, 2008, pp. 26 - 27.

② Giselle Bosse, "EU Normative Performance: A Critical Theory Perspective on the EU's Response to the Massacre in Andijon, Uzbekistan", *East European Politics*, Vol. 33, No. 1, 2017, pp. 56 - 71; John Heathershaw, "Worlds Apart: The Making and Remaking of Geopolitical Space in the US - Uzbekistani Strategic Partnership", pp. 131 - 132.

③ 需要指出，欧美国家虽然均在道义或言辞上对乌兹别克斯坦政府在"安集延事件"中的反应持批评态度，但它们对事件或乌兹别克斯坦政府的应对方式有不小的区别，如美国和德国的反应就有所不同。参见 Bernardo da Silva Relva Teles Fazendeiro, "Keeping Face in the Public Sphere: Recognition, Discretion and Uzbekistan's Relations with the United States and Germany, 1991—2006", *Central Asian Survey*, Vol. 34, No. 3, 2015, pp. 341 - 356.

与俄罗斯发展友好关系的道路。①

从套娃秩序的角度来看，不同行为体在"安集延事件"中的互动与"郁金香革命"中具有高度的相似性。首先，在全球层面，俄美双方在"9·11"事件后形成的合作关系经由美国入侵伊拉克、"颜色革命"等事件的冲击濒临破裂，双方围绕世界格局和意识形态等问题的竞争趋于激烈。其次，在地区层面，美国借反恐之机进驻中亚地区，并获得了吉尔吉斯斯坦的玛纳斯军事基地和乌兹别克斯坦的汉纳巴德军事基地，在中亚地区的影响力不断扩大。这对俄罗斯的影响力造成了较大冲击。在俄美全球关系稳定或友好的背景下，美国在中亚影响力的扩大得到俄罗斯的容忍，但当西方煽动并支持所谓的"人权活动分子"或"民主人士"在欧亚国家内部推动"颜色革命"时，自然会遭到俄罗斯的警惕甚至反对。尽管俄美在中亚次区域并未爆发类似高加索和东欧次区域的严重危机，但并不代表中亚次区域俄美博弈强度不高。与之相反，双方围绕地区影响力或主导权展开的竞争相当激烈，无论是"郁金香革命"和"安集延事件"，还是2010年导致巴基耶夫下台的吉尔吉斯斯坦"二次革命"，都与俄美博弈息息相关。这些事件之所以没有导致中亚次地区严重失序，则与套娃秩序在两个地区层面上的运作机制不同有关。这涉及套娃秩序的第三个层面——国家。通过对"郁金香革命"和"安集延事件"这两个案例的梳理可以发现，在中亚次区域，国家层面同样存在国家与非国家行为体之间的竞争。但是，这些非国家行为体要么实力弱小、要么诉求分散，缺乏与西方联合起来挑战俄罗斯的能力。其中，最核心的区别是，中亚国家虽然有借西方国家对冲俄罗斯的考虑，但它们一般拒绝通过采取明确的亲西方路线以制衡俄罗斯，这与格鲁吉亚、乌克兰的外交政策取向截然不同。在此背景下，一旦在中亚次区域出现危机，中亚国家与俄罗斯构成联合，即使美国等西方国家支持非国家行为体，受限于两者之间实力对比严重失衡，套娃秩序也不会遭遇严重冲击。总之，截至目前，套娃秩序在中亚次区域虽不

---

① 关于"9·11"事件前后美乌关系的演变，参见 Shahram Akbarzadeh, *Uzbekistan and the United States: Authoritarianism, Islamism and Washington's Security Agenda*, London & New York: Zed Books, 2005; John C. K. Daly, Kurt H. Meppen, Vladimir Socor and S. Frederick Starr, *Anatomy of a Crisis: US-Uzbekistan Relations, 2001—2005*, Washington, D. C.: Central Asia-Caucasus Institute and Silk Road Studies Program, February 2006; Shahram Akbarzadeh, "Uzbekistan and the United States: Friends or Foes?", *Middle East Policy*, Vol. 14, No. 1, 2007, pp. 107-116.

免遭遇一些挫折甚至危机，但由于该地区缺乏形成不同行为体之间持续对立的条件，地区秩序的基本稳定得以维持。

第五节 结论

本章讨论了欧亚地区存在的套娃秩序，并探讨了其在高加索和东欧次区域与中亚次区域运作的特点、异同及影响。整体而言，自苏联解体以来，尤其是在"9·11"事件之后，由于以美国为首的西方国家积极介入欧亚事务，在欧亚地区的影响力呈扩大趋势；与之相反，俄罗斯则处于守势，但基于其与欧亚国家之间传统和现实的诸多联系，俄始终致力于维系其在该地区的影响力和主导地位。至于欧亚国家范围内的各主权国家，均致力于通过借助外部力量来保障自身的国家利益或国家主权。在此背景下，欧亚地区的域内与域外行为体就成为一个诸多行为体通过复杂互动形成的关系网络。本章将这一关系网络称之为欧亚秩序的套娃模式。其中，俄罗斯与以美国为首的西方在全球层面的互动构成套娃秩序的第一层；俄罗斯与西方在欧亚地区层面上的互动以及欧亚地区范围的各主权国家、主权国家内部的非国家行为体与美国、俄罗斯等外部行为体之间的关系，则构成套娃秩序的第二层；欧亚地区各主权国家政府与恐袭势力、分离主义势力、反政府力量（各种社会运动、反对派政治势力等）之间的关系，则构成套娃秩序的第三层。套娃秩序的这三个层次并非相互隔离，而是存在着密切、复杂的互动和传导关系。其中的核心原因在于：美国与俄罗斯在全球层面形成的守成者与挑战者之间的关系，在欧亚地区出现了一种转化，即美国构成挑战者，而俄罗斯则是一个守成者。这种地位或关系的逆转，导致俄罗斯对于美国利用欧亚地区国家内部矛盾以扩大影响力的企图保持高度警惕，甚至会作出过激反应。一旦特定主权国家与美国形成具有反俄倾向的联盟，俄罗斯就会选择特定行为体予以支持，从而在欧亚地区形成对抗性联合。此时，欧亚地区的套娃秩序就会遭遇严重冲击，该地区的稳定或和平将难以保障。

尽管欧亚地区的高加索和东欧次区域与中亚次区域之间均存在套娃秩序，但由于它们的运作机制存在区别，由此导致其在两个次区域产生的影响不同。在高加索与东欧地区，截至目前，套娃秩序多次遭遇严重危机。

如 2008 年的俄格冲突与 2014 年的乌克兰危机, 均造成不同行为体之间的激烈对抗, 进而威胁到套娃秩序的稳定和维系。而在中亚地区, 尽管套娃秩序也面临一些挑战, 如 2005 年吉尔吉斯斯坦的"郁金香革命"、乌兹别克斯坦的"安集延事件", 均让俄美之间的竞争变得激烈, 但中亚次区域的套娃秩序整体上并未经历严重危机。同样是套娃秩序, 为何在高加索和东欧次区域与中亚次区域的表现如此不同? 或许主要原因在于, 在前一个次区域, 俄美在全球、地区层面的竞争, 导致它们在次区域内国家出现国家行为体与非国家行为体之间的对抗或冲突时, 俄罗斯倾向于支持非国家行为体, 而美国支持该地区的主权国家。由于双方都有对抗的意愿和能力, 地区内容易形成高度紧张的集团性对抗, 如此便会使套娃秩序受到冲击。而在中亚次区域, 尽管俄美在全球和地区层面的竞争同样会传递到国家层面, 但由于该次区域内的主权国家遭遇内部挑战时, 往往选择借助俄罗斯而非美国的力量来平息挑战。即使美国支持挑战主权国家的非国家行为体, 但由于两者实力不对称, 美国等西方国家及其支持的政治力量不足以对前者的联合构成致命威胁, 故套娃秩序能够得以有效维系。由此可见, 尽管套娃秩序在高加索和东欧次区域或中亚次区域均有可能形成对立局面, 但只要俄罗斯与欧亚地区主权国家之间的关系保持稳定, 那么套娃秩序的稳定一般而言能够有所保障。至于欧亚地区的主权国家对俄罗斯是采取制衡、追随还是对冲战略, 则取决于俄罗斯是否充分尊重该国的核心诉求——如国家主权、领土完整、政权生存等。囿于篇幅, 本章不对此问题展开专门分析。

需要指出的是, 本章的主要目的在于尝试运用套娃秩序分析欧亚秩序产生的机制及演变动力, 并致力于探讨影响其稳定的主要因素。尽管本章尝试通过四个案例来揭示欧亚地区套娃秩序的形成机制和演变动力及其在不同次区域所产生的分化, 然而, 本章的分析似乎给人留下这样一种错觉, 即本章尝试在各国外交政策取向(即亲俄还是亲美)与欧亚秩序稳定之间建立直接的因果关系。需要澄清的是, 本章无意直接建立这种因果关系, 因为欧亚地区的套娃秩序在高加索和东欧次区域与中亚次区域之间存在众多差异, 这些因素均有可能影响套娃秩序的稳定。如高加索与东欧次区域很大程度上是一种二元格局, 而中亚次区域则有较强的中俄美三足鼎立的特点; 高加索与东欧次区域内国家面临的主要挑战是分离主义(乌克兰、摩尔多瓦、格鲁吉亚、阿塞拜疆与亚美尼亚），而中亚次区域存在的主要问题是"三股势力"中的恐怖主义与极端主义，族群冲突（如吉尔吉斯斯坦）与社会群体性事件（如吉尔吉斯斯坦的"郁金香革命"、乌兹别克斯坦的"安集延事件"、2011年哈萨克斯坦的"扎瑙津事件"等），甚至可能面临国内武装反叛的问题（如塔吉克斯坦）；高加索与东欧次区域国家虽然偶有国家对俄罗斯采取追随策略（如亚美尼亚），但多数国家倾向于对俄罗斯采取制衡政策，而在中亚次区域，除了宣称保持"永久中立"的土库曼斯坦以及特定时期的乌兹别克斯坦，其他中亚国家大多对俄罗斯往往采取追随或对冲的政策。高加索和东欧次区域与中亚次区域不仅存在上述差异，而且这些因素之间也会相互影响，这就意味着，要找到影响套娃秩序稳定的唯一因素不太现实，而且即使找到了这一因素，因果链条也会很长。正因如此，本章只是着重从域外行为体国家和非国家行为体与俄罗斯和美国之间联合关系的角度阐释欧亚套娃秩序在两个次区域的分化。这种分析虽然有些模糊，但它对欧亚套娃秩序生成机制、演变动力、地区分化及其国际影响的把握或许更为准确。根据本章的讨论，可以发现大国的参与对于欧亚地区的稳定至关重要。不过，本章着重从相对宏观的视野讨论影响欧亚地区各次区域稳定程度的因素，其间涉及多对行为体的互动，并未对不同大国之间在不同次区域形成的不同互动模式进行讨论。而这是下章的主要任务。

第十一章　相互尊重与大国互动

相互尊重是保障大国之间和平共处、携手合作的首要原则，也是影响各大国互动效果及其共同周边地区秩序稳定程度的重要因素。如中国与俄罗斯自苏联解体以来近30年来开展了一系列的合作，双方关系发展平稳，至2019年提升至新时代全面战略协作伙伴关系。即使西方学者也承认，中俄合作的宽度和深度已使这对关系成为新型大国伙伴关系的典范。[1] 这种成果的取得主要得益于双方在互动过程中恪守了相互尊重、合作共赢的理念。中俄双方对相互尊重这一原则的恪守，体现在政治、经济、社会和文化等各个层面，同样也体现在双方在共同周边——中亚地区——的互动过程中。得益于双方的密切沟通和对彼此利益的关切，中俄两国在中亚地区开展了良好的合作。[2] 与之相反，由于在互动过程中违背了相互尊重的原则，俄罗斯与西方在东欧和高加索地区的互动屡屡酿成危机。[3] 这从反面说明了违背相互尊重原则对大国间互动、共同周边地区稳定程度所带来的消极影响。

相互尊重对于大国间建立稳定或合作关系的重要性虽然已得到决策者的充分重视，但尚未从学理层面上得到充分说明。本章将比较俄罗斯与欧盟、俄罗斯与中国在共同周边地区形成的互动模式和带来的不同结果，尝

---

[1] Samuel Charap, John Drennan and Pierre Noël, "Russia and China: A New Model of Great-Power Relations", *Survival*, Vol. 59, No. 1, 2017, pp. 25–42.

[2] Nadège Rolland, "A China-Russia Condominium over Eurasia", *Survival*, Vol. 61, No. 1, 2019, pp. 7–22.

[3] John J. Mearsheimer, "Why the Ukraine Crisis is the West's Fault: The Liberal Delusions that Provoked Putin", *Foreign Affairs*, Vol. 93, No. 5, 2014, pp. 77–89; David Lane, "The International Context: Russia, Ukraine and the Drift to East-West Confrontation", *International Critical Thought*, Vol. 6, No. 4, 2016, pp. 623–644.

试说明相互尊重对于维系和巩固大国友好关系的重要意义。通过本章的分析可以发现，大国在共同周边地区的互动既是大国双边关系的缩影，又会对这种整体关系产生影响。我们可以通过对大国在共同周边地区形成的互动模式，拓展有关相互尊重对于大国整体关系具有重要影响的观点。如果这一判断成立，那么我们也能够有把握地判断，大国在互动过程中恪守相互尊重的原则，不仅对于大国在共同周边甚至世界各地区形成良好的互动模式、进而保证和促进世界各地区的稳定至关重要，而且对于彼此之间构建新兴大国关系、缓解"百年未有之大变局"带来的负面影响同样不可或缺。

第一节 问题的提出与文献回顾

无论是在崛起还是在守成过程之中，大国均倾向于将关注优先投向周边地区。如果某一地区同时构成两个及以上大国的周边地区，那么该地区就构成了诸大国的"共享周边（shared neighbourhood）"或"共同周边（common neighbourhood）"。[1] 关于大国在共同周边地区的互动模式及其结果，国内外学术界的讨论相对有限。[2] 现有的研究成果主要集中在讨论欧盟与俄罗斯在共同周边地区——东欧与高加索地区——之间的互动，[3] 尤其是俄罗斯与欧盟围绕与六个国家（东欧的白俄罗斯、乌克兰、摩尔多瓦三国与高加索地区的亚美尼亚、阿塞拜疆、格鲁吉亚三国）之间发展关系所进行的竞争。上述六国均为苏联的加盟共和国，而且也是欧盟2009年出

---

[1] 这里的周边概念并不限于严格意义上的地理毗邻国家，如格鲁吉亚、阿塞拜疆、亚美尼亚与欧盟并不毗邻，但它们早在2004年就被欧盟纳入"欧洲睦邻政策（ENP）"之中。同理，乌兹别克斯坦、土库曼斯坦在地理上也未与中国毗邻，但两国也被视为中国扩大周边的一部分。

[2] 本章将欧盟视为一个享有主体地位的行为体，等同于一个大国。当然，笔者充分意识到作为一个超国家机构的欧盟内部包括成员国之间存在不少利益或观点上的分歧与冲突。但为了简化讨论，除非必要，本章将欧盟视为一个单一行为体。

[3] 可参见 Derek Averre, "Competing Rationalities: Russia, the EU and the 'Shared Neighbourhood'", *Europe-Asia Studies*, Vol. 61, No. 10, 2009, pp. 1689-1713; Vanda Amaro Dias, "The EU and Russia: Competing Discourses, Practices and Interests in the Shared Neighbourhood", *Perspectives on European Politics and Society*, Vol. 14, No. 2, 2013, pp. 256-271; Irina Busygina, *Russia-EU Relations and the Common Neighbourhood: Coercion Vs Authority*, London and New York: Routledge, 2017.

台的"欧洲东部伙伴关系计划"涵盖的联系国。欧盟与俄罗斯在共同周边的互动自 21 世纪以来展现出越来越多的竞争色彩，甚至因这种竞争在共同周边地区引发激烈的冲突，如 2008 年的俄格战争和 2014 年的乌克兰危机等。

大国在共同周边的互动带来竞争性的消极后果只是一种可能，另一种可能是大国在互动过程中形成相互协调和密切沟通的互动模式。如 21 世纪以来中俄两国在中亚地区所形成的密切沟通、彼此支持的状况。与东欧和高加索地区构成俄罗斯与欧盟的共同周边类似，中亚五国（哈萨克斯坦、乌兹别克斯坦、吉尔吉斯斯坦、塔吉克斯坦和土库曼斯坦）构成俄罗斯与中国的部分共同周边地区。中亚五国同样原为苏联加盟共和国，而且这些国家也是俄罗斯或中国所提出的倡议或组成机制的共同参与国。① 然而，与俄罗斯和欧盟在东欧和高加索这一共享周边地区形成明显的竞争态势不同，俄罗斯与中国在中亚这一共享周边地区展现出良好的合作态势，双方通过密切合作共同促进了中亚地区的和平与稳定。显而易见，两种互动模式及其结果有明显差异。

回答这一困惑具有重要的理论和实际意义。从理论层面可以有效提炼影响大国在共同周边地区互动模式的主要因素，或许还可以拓展有关大国互动相关理论范式的研究；在现实层面则可为大国在积极参与共同周边地区事务时引发大国之间的冲突或激发周边国家出现不稳定因素提供具体的对策建议。本章的主要目的在于对这一困惑重新进行研究。维斯沃洛德·萨莫哈瓦罗夫（Vsevolod Samokhvalov）曾对此做过专门的分析。② 萨莫哈瓦罗夫认为，俄罗斯之所以在共同周边地区与欧盟之间出现了竞争性的互动模式，却与中国之间形成了大体合作的互动模式，是理念、能力与环境因素三者共同作用的结果。萨莫哈瓦罗夫认为，相对于东欧与高加索次区域，俄罗斯对中亚地区的重视程度要低，经常表现出冷漠的态度，这是导

---

① 土库曼斯坦是一个例外，该国奉行积极中立的外交政策，一般拒绝参与地区性国际组织或其他大国提出的合作倡议。
② Vsevolod Samokhvalov, "Russia and Its Shared Neighbourhoods: A Comparative Analysis of Russia – EU and Russia – China Relations in the EU's Eastern Neighbourhood and Central Asia", *Contemporary Politics*, Vol. 24, No. 1, 2018, pp. 30 – 45.

致俄罗斯能够容忍中国在该地区拓展自身利益、但却不能容忍欧洲持续侵蚀俄罗斯在西部战略空间的主要原因。在此背景下，俄罗斯与其他两个行为体之间的权力分配和外部环境因素，会影响俄罗斯在共同周边地区决定主要采取对抗性还是合作性的应对方式。

然而，萨莫哈瓦罗夫为解释俄欧、俄中在共同周边地区形成不同互动模式所提供的分析框架存在缺陷。萨莫哈瓦罗夫提出了一个综合了观念、能力与环境因素的"松散综合性分析框架（loose synthetic analytical framework）"。但这一分析框架并未提供具有说服力的答案，反而带来了更多的混乱。首先，尽管萨莫哈瓦罗夫认为观念扮演了更重要的角色，但对观念与能力、环境之间是何种关系语焉不详，以致这一分析框架不仅不具有普遍性，而且不够简约。由于把环境因素纳入解释之中，该分析框架不仅难以操作化，而且环境因素事实上也包括了观念、能力等其他解释因素。其次，萨莫哈瓦罗夫认为俄罗斯对中亚地区的相对冷漠为俄罗斯与其他域外大国合作创造了条件这一观点至少存在两个问题：其一，或许相较于乌克兰尤其是克里米亚地区，俄罗斯决策者对中亚地区的重视程度相对较低。这是由前者与俄罗斯国家身份之间的密切关系所决定的。[①] 但整体而言，除波罗的海之外的其他苏联加盟共和国均被俄罗斯视为其享有"特权利益"的"近邻地区"，而"近邻地区"是俄罗斯外交政策的优先方向和俄罗斯致力于捍卫的重要区域。[②] 其二，即便如萨莫哈瓦罗夫所说，俄罗斯对中亚地区比较"冷漠"，但这种观点仍难以解释为何在中亚地区俄罗斯与中国形成了良好的互动关系但与美国展现出强烈

[①] 俄罗斯对乌克兰尤其是克里米亚地区的确具有独特的情感，这种情感有别于俄罗斯对于其他"近邻"地区国家。正因如此，俄罗斯毫不犹豫地吞并了克里米亚，但并未吞并格鲁吉亚的南奥塞梯与阿布哈兹、乌克兰的卢甘斯克与顿涅茨克等同样爆发了危机的地区。参见曾向红《俄罗斯兼并克里米亚的心理动机研究——兼论对中国独联体地区外交的启示》，《当代亚太》2016 年第 1 期；Mikhail D. Suslov, "'Crimea Is Ours!' Russian Popular Geopolitics in the New Media Age", *Eurasian Geography and Economics*, Vol. 55, No. 6, 2014, pp. 588 – 609; Olena Nedozhogina, "A Bitter Divorce: Narratives of Crimean Annexation and their Relation to Larger State Identifications", *Europe – Asia Studies*, Vol. 71, No. 7, 2019, pp. 1069 – 1090.

[②] Kavus Abushov, "Policing the Near Abroad: Russian Foreign Policy in the South Caucasus", *Australian Journal of International Affairs*, Vol. 63, No. 2, 2009, pp. 187 – 212; Nelli Babayan, "The Return of the Empire? Russia's Counteraction to Transatlantic Democracy Promotion in its Near Abroad", *Democratization*, Vol. 22, No. 3, 2015, pp. 438 – 458.

的竞争趋势。① 如此一来，用俄罗斯对不同共同周边地区的重视程度来解释大国互动模式的差异有失偏颇。最后，萨莫哈瓦罗夫所提及的实力对比同样不能解释俄罗斯与不同大国为何在共同周边地区形成差异化的互动模式。自苏联解体以来，尤其是21世纪以来，相较于作为整体的欧盟和经济持续增长的中国，俄罗斯的实力一直处于弱势地位，但两对行为体在各自共同周边地区所形成的竞争或合作互动模式并未发生大的改变。换言之，至少就双边层面而言，实力对比具有一定的稳定性，故难以以此来解释俄罗斯与不同行为体形成的差异性互动模式。因此，虽然萨莫哈瓦罗夫提出的困惑是有价值的，但其所做的回答存在问题。

除了萨莫哈瓦罗夫给出的上述理由，可能还存在一种替代性的解释，即俄罗斯在中亚地区受到中国的挑战程度，要比其在东欧与高加索次区域受到欧盟的挑战程度要小，故俄中在共同周边地区形成了良好的合作模式、俄欧在共同周边地区形成了以竞争为主要特征的互动模式。这种观点初看起来有一定的道理，但却经不起推敲。原因在于：如果俄罗斯将中国在中亚地区拓展利益和影响力的举动视为挑战（需要承认，迄今为止俄罗斯国内依旧存在对中国发展与中亚国家间关系持警惕甚至猜忌的声音，详见后文），那么俄罗斯至多只会置之不理，②很难想象俄罗斯会主动推动与挑战方在中亚地区进行合作，更谈不上它们之间形成了以合作为特征的互动模式。如果说中俄的确在中亚这一共同周边地区形成了良好的合作态势，那一定是由于双方通过某种形式达成了谅解，从而促使俄罗斯主动、积极地寻求与中国围绕共同周边地区事务开展合作，并将这种合作持续下去。就此而言，根据挑战程度的大小来解释俄中两国在共同周边地区出现了两种相反的互动模式是不充分的。此外，俄罗斯为什么会将俄欧特定国家在中亚地区拓展实力的行为

---

① 美国2020年2月5日公布的新中亚战略将中俄等中亚毗邻国家称之为"邪恶势力（malign actor）"，并明确表示将削弱"邪恶势力"在中亚地区的影响力，生动地反映了美国秉持零和博弈思维参与中亚事务的思路。参见 "United States Strategy for Central Asia 2019—2025：Advancing Sovereignty and Economic Prosperity"，https：//www. state. gov/united‐states‐strategy‐for‐central‐asia‐2019‐2025‐advancing‐sovereignty‐and‐economic‐prosperity/.

② 根据俄罗斯的国民性格、对外行为动机以及大国抱负等可知，除非俄罗斯主动同意——如"9·11"事件之后俄罗斯默许美国在中亚地区驻军，否则不太可能对其他大国在其近邻地区扩大影响力的举动视而不见。有关俄罗斯在"9·11"事件之后向美国在阿富汗开展军事行动提供的支持，可参见 Christian Thorun，*Explaining Change in Russian Policy：The Role of Ideas in Post‐Soviet Russia's Conduct Towards the West*，New York：Palgrave Macmillan，2009，pp. 117‐118.

和举动视为较低程度的挑战，同样是一个有待进一步解释的问题。

另外还需注意的是，俄罗斯与欧盟之间为什么未能如俄中一样在中亚地区形成良性的互动模式，也不能仅仅根据俄罗斯在特定地区遭遇的挑战程度不同予以解释。例如，俄罗斯在苏联解体之初曾奉行融入西方的政策，故并未将欧盟在20世纪90年代前半叶积极在俄罗斯近邻地区拓展势力、挑战其地位和影响力的举动视为重大威胁，而是在一定程度上采取了忽视的态度。然而，俄罗斯的善意并未带来俄欧在共同周边地区形成良性互动模式的结果。既然如此，或许可以判断，国家间良性互动模式的形成，一定是因为其中一方反复的主动努力或双方持久的共同努力，才促成了这种模式的出现并使之得以延续。

基于上述讨论，本章认为并非能力、观念（主要涉及对不同共同周边地区重要性的认知）、环境、威胁认知等因素导致了俄欧、俄中在共同周边地区形成了不同的互动模式，而是积极介入俄罗斯"近邻"地区的域外行为体是否向俄罗斯给予了充分的尊重，才是导致出现不同互动模式的主要原因。本章认为，当其他行为体在介入共同周边的过程中保持了必要的自我克制、对俄罗斯在该地区的身份及由此衍生的利益和地位给予了基本尊重，它们才有可能形成良性的互动关系；一旦域外行为体在参与共同周边事务时缺乏自我克制，并致力于以排他性的方式追求自身战略或政策目标，那么俄罗斯很可能会感受到自身在该地区的地区霸权身份遭遇挑战，在条件允许时会以激烈的行动予以回应。换言之，不是某一种单一因素甚至不是多种单一因素的简单综合决定了大国在共同周边地区的互动结果，而是双方的互动模式塑造了互动结果。实际上，这种互动模式是国际关系中蔑视（misrecognition 或 disrespect）与反抗、承认（recognition 或 respect）与合作之间的互动关系。由于国内外学术界对于蔑视与反抗、承认与合作之间的关系开展了大量的研究，本章将不再构建一个相应的理论框架。[①] 换言之，本章不是理论创建型研究，而是一种理论

---

① 承认与反抗之间的关系在近年来已成为国际关系研究的热点问题。由于此类文献众多，本章不再一一罗列，可参见曾向红《国际关系中的蔑视与反抗——国家身份类型与承认斗争策略》，《世界经济与政治》2015年第5期；Reinhard Wolf, "Taking Interaction Seriously: Asymmetrical Roles and the Behavioral Foundations of Status", *European Journal of International Relations*, Vol. 25, No. 4, 2019, pp. 1186–1211.

运用型研究,用以说明相互尊重在国家间关系(包括在共同周边地区互动)中的重要性。

在展开分析之前,仍需要对本章涉及的一些关键概念,如尊重、承认、身份、地位和利益等予以必要说明。基于哲学与社会学中的承认理论和国际关系理论中的建构主义,本章认为,大国所寻求的尊重,其对象主要是其身份。如菲利普·内尔(Philip Nel)指出,所谓承认是指"社会或国际社会中的行为体得以成为受到尊重和享有自豪感的成员的主体间过程,承认因此成为行为体身份的共同决定因素"。[①] 这一观点突出了承认与行为体身份之间的关系,明确了承认的主要对象为行为体的身份。当然,也有学者认为,在国际关系中承认斗争的主要对象不是身份,而是地位(status)。如瑞恩哈德·沃尔夫(Reinhard Wolf)认为,"我将要使用的尊重概念与一个行为体维持其社会地位的利益密切相关……受尊重的行为被体验为对其正确位置的适当确认,而当无视这种位置时则构成蔑视行为"。[②] 本章的立场是:地位的确属于承认的一个重要维度,但承认的内涵并不限于地位,可以将地位视为身份的衍生物。换言之,承认一个国家的身份,内在地要求承认其在特定地域或社会关系中的地位。

而根据建构主义的核心逻辑——身份决定利益、利益决定行为,本章认为大国在共同周边地区所追求的利益源自于大国所秉持的身份。如俄罗斯在其"近邻"地区自视为"地区霸权国",由此决定了其主要利益在于维护其在经济、安全等领域的主导地位,而欧盟、中国在其近邻地区拓展经济、政治、军事利益或影响力的举动,均被其视为对其"地区霸权国"身份或地位的挑战或蔑视。鉴于承认与身份存在互构关系,而地位或利益要么由身份衍生而来、要么由身份所决定,故本章在讨论俄欧、俄中在共同周边地区的互动过程中,在操作层面上将俄罗斯所渴求的承认统一表述为其对其他行为体尊重其身份或地位的渴望。

在做了上述说明之后,下文将尝试深入讨论相互尊重对于俄欧、俄中在共同周边地区互动中所产生的影响。为此,本章结构安排如下:首先将

[①] Philip Nel, "Redistribution and Recognition: What Emerging Regional Powers Want", *Review of International Studies*, Vol. 36, No. 4, 2010, p. 953.

[②] Reinhard Wolf, "Respect and Disrespect in International Politics: The Significance of Status Recognition", *International Theory*, Vol. 3, No. 1, 2011, p. 107.

对俄罗斯"近邻"地区的权力结构及其为自身所作的身份定位进行简要说明,这是欧盟、中国与俄罗斯在共同周边互动的地区结构背景;其次分别回顾俄欧、俄中在共同周边地区出现不同的互动模式及其主要原因,最后对本章的发现和缺失进行总结和讨论。

第二节 俄罗斯在其"近邻"地区追求尊重与承认

欧盟与俄罗斯在东欧和高加索共同周边地区、中国与俄罗斯在中亚这一共同周边地区,面临相同的地区结构性背景,即俄罗斯在该地区具有重要的影响力。事实上,俄罗斯在其"近邻地区"在很大程度上扮演着"地区霸权国(regional hegemony)"的角色,这也是俄罗斯赋予自身的角色身份。[1] 所谓地区霸权国,是指基于历史或现实的原因,一个大国在一个特定区域内,不仅享有相对于该区域内其他行为体而言明显不对称的权力优势,而且具有通过运用这种权力以维护其主导地位的强烈意愿。关于俄罗斯在后苏联空间国家的角色地位,国内外学术界虽然存在一定的争议,但整体而言,人们均承认俄罗斯在后苏联空间国家既拥有强大的权力优势,也有捍卫其在该地区主导地位和利益的动机。[2] 鉴于此,本章将其视为后苏联空间国家的地区霸权国。在此背景下,是否尊重俄罗斯在"近邻"地区的角色身份,构成俄罗斯对其他行为体参与"近邻"地区事务作何反应的重要影响因素。当然,与其他大国形成合作性还是冲突性的互动模式,最终取决于俄罗斯与这些行为体之间的互动过程,而非由俄罗斯一方决定。换言之,互动过程才是决定大国在共同周边地区出现何种互动模式的

---

[1] Keenia Kirkham, "The Formation of the Eurasian Economic Union: How Successful is the Russian Regional Hegemony?", *Journal of Eurasian Studies*, Vol. 7, No. 2, 2016, pp. 111 – 128; Seçkin Köstem, "Different Paths to Regional Hegemony: National Identity Contestation and Foreign Economic Strategy in Russia and Turkey", *Review of International Political Economy*, Vol. 25, No. 5, 2018, pp. 726 – 752.

[2] 参见 Ruth Deyermond, "Matrioshka Hegemony? Multi – Levelled Hegemonic Competition and Security in Post – Soviet Central Asia", *Review of International Studies*, Vol. 35, No. 1, 2009, pp. 151 – 173;[英]巴里·布赞、[丹]奥利·维夫:《地区安全复合体与国际安全结构》,潘忠岐等译,上海世纪出版集团2010年版;顾炜:《中俄战略协作与欧亚地区秩序的演进》,中国社会科学出版社2018年版;顾炜:《双重机构与俄罗斯的地区一体化政策》,社会科学文献出版社2020年版。

决定性因素。① 而重视互动过程也是当前国际关系中有关承认与蔑视相关研究议题的最新态势。② 为给俄欧、俄中在共同周边地区的互动过程与模式提供相应的背景，本部分将集中分析俄罗斯在其"近邻"地区所具有的结构性优势及俄罗斯持有的地区霸权国身份定位。

（一）俄罗斯在其"近邻"地区具有结构性优势

在20世纪90年代初至"9·11"事件发生之前，俄罗斯在后苏联空间国家这一"近邻"地区（一般不包括波罗的海三国）享有一家独大的地位。这种地位首先源自于俄罗斯与"近邻"地区的国家共处于一个主权国家之内，由此导致俄罗斯与这些国家存在千丝万缕的联系，这些联系遍及政治、经济、社会、文化和军事等各个领域。当然，俄罗斯在"近邻"地区的影响有过明显波动。20世纪90年代初，俄罗斯为加快对西方的融合进程而奉行亲西方政策，而在"近邻"地区采取甩包袱的政策，致力于推进与其他加盟共和国之间的"文明离婚（civilised divorce）"。③ 自20世纪90年代中期开始，尤其是在1996年叶夫根尼·普里马科夫（Yevgeny Primakov）代替安德烈·科济列夫（Andrey Kozyrev）担任俄罗斯外交部部长之后，俄罗斯又重新开始重视"近邻"地区，并且这一态势持续至今。④ 尽管"近邻"地区国家为了巩固自身的国家主权、拓展国际联系，均不同

---

① 不仅如此，"近邻"地区的各主权国家展现出丰富的能动性。不过为了简化讨论，本文无法对这些国家应对大国博弈的方式与动力等重要问题进行深度讨论，有兴趣的读者可参见 Nicola P. Contessi, "Foreign and Security Policy Diversification in Eurasia: Issue Splitting, Co-Alignment, and Relational Power", *Problems of Post-Communism*, Vol. 62, No. 5, 2015, pp. 299-311; Kornely Kakachia, Salome Minesashvili and Levan Kakhishvili, "Change and Continuity in the Foreign Policies of Small States: Elite Perceptions and Georgia's Foreign Policy Towards Russia", *Europe-Asia Studies*, Vol. 70, No. 5, 2018, pp. 814-831.

② Reinhard Wolf, "Taking Interaction Seriously: Asymmetrical Roles and the Behavioral Foundations of Status", pp. 1186-1211.

③ 需要注意的是，这只是整体趋势。事实上，在科济列夫担任外交部部长之时，俄罗斯已经开始意识到近邻地区对于俄罗斯的重要性。如1993年的《俄罗斯外交政策概念》明确将除波罗的海三国外的后苏联地区视为俄罗斯的首要利益区域。参见 Karel Svoboda, "On the Road to Maidan: Russia's Economic Statecraft Towards Ukraine in 2013", *Europe-Asia Studies*, Vol. 71, No. 10, 2019, p. 1689.

④ Bertil Nygren, *The Rebuilding of Greater Russia Putin's Foreign Policy Towards the CIS Countries*, New York: Routledge, 2008; Gerard Toal, *Near Abroad: Putin, the West and the Contest over Ukraine and the Caucasus*, New York: Oxford University Press, 2017.

程度地奉行多元平衡外交政策（multi-vector foreign policy），① 同时加强与美国、欧盟和中国等行为体的关系。但由于共处于一个主权国家内半个多世纪，"近邻"国家即使有意，也无法在短时间内切断与俄罗斯之间的各种联系。更何况在维护国家主权和推动国家构建的过程中，许多国家不得不依赖俄罗斯的帮助以应对诸多挑战。例如，独立前后乌克兰面临的克里米亚寻求独立问题，亚美尼亚与阿塞拜疆之间爆发的纳戈尔诺—卡拉巴赫冲突，摩尔多瓦出现的德涅斯特河左岸分离问题，格鲁吉亚的南奥塞梯与阿布哈兹的民族分离问题，1992—1997年的塔吉克斯坦内战，哈萨克斯坦、白俄罗斯、乌克兰在苏联解体后遗留的核武器以及这些国家内部存在的大量俄罗斯裔居民等问题均离不开俄罗斯的出面调解或帮助。这些国家很难依靠自身力量或罔顾俄罗斯利益来解决这些问题。换言之，"近邻"国家与俄罗斯之间客观存在的诸多联系，决定了俄罗斯在其周边地区享有其他大国难以比肩的影响力。

然而，"9·11"事件之后西方在俄罗斯"近邻"地区的影响力扩大，使俄罗斯的地位遭遇了一定挑战。在20世纪90年代，因为各自的原因，美国、欧盟和中国等当前在俄罗斯"近邻"地区扮演了重要角色的行为体并未对该地区进行大规模投入。美国这段时间在很大程度上实施以俄罗斯为中心的外交政策，优先处理该地区遗留的核武器问题，同时支持各国维护国家独立与主权；欧盟的重点在于整合东欧国家和波罗的海三国，在俄罗斯"近邻"地区则同样奉行以俄罗斯为中心的政策，并向该地区各国提供人道主义和技术援助；中国则在20世纪90年代后半叶才开始积极与中亚国家尤其是哈萨克斯坦开展能源合作。"9·11"事件发生后，利用在阿富汗开展军事行动之机，西方扩大了与俄罗斯"近邻"地区国家的合作范

---

① 在每个国家的正式表述有所不同，比较典型的是哈萨克斯坦，可参见 Reuel R. Hanks, "Multi-Vector Politics' and Kazakhstan's Emerging Role as a Geo-Strategic Player in Central Asia", *Journal of Balkan and Near Eastern Studies*, Vol. 11, No. 3, 2009, pp. 257-267；在亚美尼亚，这种政策被称之为"互补性（complementarity）"外交政策，可参见 Alla Mirzoyan, *Armenia, the Regional Powers, and the West: Between History and Geopolitics*, New York: Palgrave and Macmillan, 2010；当然，由于历史记忆、地理位置、领导人性格和国内挑战等因素的不同，导致不同的"近邻"在亲西方与亲俄罗斯之间有所摇摆。囿于篇幅，在此无法展开讨论。参见 Peter Duncan, "Westernism, Eurasianism and Pragmatism: The Foreign Policies of the Post-Soviet States, 1991—2001", in Wendy Slater and Andrew Wilson, eds., *The Legacy of the Soviet Union*, New York: Palgrave Macmillan, 2004, pp. 228-253.

围,迅速增强了在这些地区的影响力。尤其是经过北约与欧盟双东扩之后,俄罗斯"近邻"中的高加索次区域与东欧次区域已成为美国、欧盟和俄罗斯竞争影响力的前沿地带。在中亚地区,美国和欧盟在乌兹别克斯坦、吉尔吉斯斯坦等国建立了军事基地,并加强了与中亚国家之间的军事合作,这些态势显著提高了西方在中亚地区的影响力。按照学界的惯常理解,"9·11"事件之后,西方加快了进入俄罗斯"软腹部"的进程,严重侵蚀了俄罗斯的"势力范围",挤压了俄罗斯的战略空间,激发了大国之间的"新大博弈"角逐。在这些"近邻"国家中,阿塞拜疆、格鲁吉亚、乌克兰、乌兹别克斯坦和摩尔多瓦展现出更多的亲西方倾向;[1] 其他国家则采取对冲战略,希望同时与俄罗斯和西方保持良好关系以争取更多的回旋和获益空间。在此背景下,20 世纪 90 年代俄罗斯在"近邻"地区享有的一家独大地位的角色受到了较大冲击。

不过,就地区权力格局而言,当前俄罗斯在"近邻"地区仍享有"一超"的地位,这构成俄罗斯与欧盟、中国在共同周边地区互动的地区结构背景。相对于俄罗斯而言,其他积极参与俄罗斯"近邻"地区事务的行为体各具比较优势,如欧盟自视为"规范性力量",[2] 行事相对较为温和,重视俄罗斯"近邻"地区的稳定与发展,而且欧盟作为一个超国家实体具有的软硬实力均让"近邻"国家心生向往;中国则恪守尊重国家主权、不干预他国内政等原则,乐意与俄罗斯"近邻"各国发展友好合作的关系,并愿意为加强与这些国家的互联互通进行大规模的投入,如提出了"一带一路"倡议。各自所具有的比较优势,构成欧盟、中国等行为体扩大在俄罗斯"近邻"地区影响力的基础,也为"近邻"国家维护国家安全、融入国际社会、实现经济发展提供了更多的选择。不过,俄罗斯的长期耕耘和对

---

[1] 这些具有亲西方、疏俄倾向的国家曾于 1997 年组建过地区性组织"古阿姆联盟(GUAM)"。1999 年乌兹别克斯坦加入后英文缩写更改为"GUUAM"。2005 年 5 月"安集延事件"发生后,乌兹别克斯坦退出了该组织。2006 年 5 月,该组织改为"古阿姆民主与经济发展"组织。该组织的演变过程在很大程度上是"近邻"国家疏俄倾向的晴雨表。关于"古阿姆联盟"的相关情况,可参见 Taras Kuzio, "Geopolitical Pluralism in the CIS: The Emergence of GUUAM", *European Security*, Vol. 9, No. 2, 2000, pp. 81 – 114.

[2] Ian Manners, "Normative Power Europe: A Contradiction in Rerms?", *Journal of Common Market Studies*, Vol. 40, No. 2, 2002, pp. 235 – 258; Ian Manners, "Normative Power Europe Reconsidered: Beyond the Crossroads", *Journal of European Public Policy*, Vol. 13, No. 2, 2006, pp. 182 – 199.

"近邻"地区的高度重视,包括俄罗斯为实现自身利益积极采取各种策略和手段积极影响各国的政局发展,[1] 客观上和主观上都使其维持着"近邻"地区的霸权地位。即使是在具有亲西方倾向的国家中,俄罗斯依旧拥有不容忽视的重要影响力。[2] 这种状况,意味着俄罗斯在其"近邻"地区享有"超级大国"的地位,而欧盟、中国等行为体虽然在全球层面上的实力超过俄罗斯,但在俄罗斯"近邻"地区,它们的实力在今后一段时期内不会超过俄罗斯。

(二) 俄罗斯渴望其他行为体尊重在"近邻"地区的身份

在客观层面,俄罗斯的实力使其构成"近邻"地区的霸权国家,在主观意愿上,俄罗斯将"近邻"地区视为优先利益区域和"势力范围"。如前所述,除了叶利钦执政早期(1991年12月至1993年年中)一段较短的时间外,俄罗斯外交政策中一个持续的特征是强调"近邻"地区对于俄罗斯所具有的重要意义。但自1993年开始,俄罗斯又重新开始重视"近邻"地区。如分别于1993年4月与1993年11月公布的《俄罗斯外交政策概念》与《俄罗斯军事学说基本原则》中,前者将"近邻"地区界定为俄罗斯外交政策的优先领域,后者则突出强调独联体地区构成俄罗斯的势力范围。这两个重要文件均将独联体地区视为俄罗斯核心利益的汇集区,认为其对俄罗斯维持全球性大国和地区霸权国身份至关重要。自此开始,"近邻"地区对俄罗斯具有重大的战略意义成为俄罗斯精英们的共识。[3] 致力于推动俄罗斯重新强大的普京自然充分意识到了"近邻"地区对于俄罗斯的意义。如在2006年5月10日的一次讲话中,普京指出:"我在此重申:与近邻的关系过去是,现在仍然是俄罗斯联邦对外政策的最重要领

---

[1] Carol K. G. Lutz, Brenda J. Lutz and James M. Lutz, "Russian Foreign Policy Management and Manipulation with the Soviet Successor States", *Terrorism and Political Violence*, Vol. 31, No. 1, 2019, pp. 84 – 97.

[2] Laure Delcour, "'You Can Lead a Horse to Water, but you Can't Make It Drink': The EU's and Russia's Intersecting Conditionalities and Domestic Responses in Georgia and Moldova", *European Politics and Society*, Vol. 19, No. 4, 2018, pp. 490 – 505.

[3] Nicole J. Jackson, *Russian Foreign Policy and the CIS: Theories, Debates and Actions*, New York: Routledge, 2003, p. 70.

域。"① 事实上，在普京担任总统、总理与再次担任总统期间，俄罗斯始终把发展与"近邻"地区国家之间的关系当作其外交政策的重点。这一特征在俄罗斯 2000 年、2008 年、2013 年和 2016 年发布的《俄罗斯外交政策概念》以及 2000 年、2010 年和 2014 年公布的《俄罗斯军事学说》中均得到明显体现。② 普京如此突出"近邻"地区的重要性，以致有学者评论道："在我看来，普京一个最为明显的特征，在于他坚定不移地规划着俄罗斯与'近邻'地区各国之间的政策，他不仅在国内致力于建设一个强大与自信的俄罗斯，而且还试图使俄罗斯成为独联体地区强有力的领导者，或者重建一个伟大的俄罗斯。"③ 由此可见，尽管俄罗斯外交政策自冷战结束以来历经了诸多波折，但对于"近邻"地区重要性的认知几乎构成其外交政策的一个持久主题。

由于将"近邻"地区赋予不可或缺的地位，因此俄罗斯对于挑战其在该地区霸权国身份的举动非常敏感，在其利益受到威胁时往往会采取较为激烈的行动予以应对。由于俄罗斯在"近邻"地区拥有其他行为体无法比肩的影响力，再加上该地区各国在苏联时期与俄罗斯共属一个主权国家，故俄罗斯认为，其他域外行为体在"近邻"地区扩大影响力往往是以俄罗斯的利益为代价的。换言之，俄罗斯自视为"近邻"地区的"秩序维护者"或"现状维持国"，而其他行为体则是"秩序挑战者"和"修正主义国家"。④ 无论是西方的美国与欧盟，还是东方的中国与印度，在俄罗斯精英者眼中，在"近邻"地区它们均属于"秩序挑战者"。不过，俄罗斯不一定会对所有的"秩序挑战者"均予以排斥，事实上俄罗斯也没有能力对

---

① 《普京文集（2002—2008）》，中国社会科学出版社 2008 年版，第 301 页。
② 如 2013 年俄罗斯的《外交政策概念》将"近邻地区"列为俄外交政策的"优先区域"，并指出俄罗斯在该地区的目标在于："与独联体成员国发展双边与多边合作，加一步加强独联体作为成员国之间进行地区互动的基础，这些成员国不仅具有共同的历史背景，而且在各个领域具有一体化的巨大能力"。参见 "Concept of the Foreign Policy of the Russian Federation", February 12, 2013, https://www.mid.ru/en/web/guest/foreign_policy/official_documents/-/asset_publisher/CptICkB6BZ29/content/id/122186。
③ Bertil Nygren, *The Rebuilding of Greater Russia Putin's Foreign Policy Towards the CIS Countries*, p. 22.
④ Ruth Deyermond, "Matrioshka Hegemony? Multi-Levelled Hegemonic Competition and Security in Post-Soviet Central Asia", pp. 161-162.

这些行为体参与地区事务的所有行为作出反击。更重要的是，俄罗斯也深知"近邻"各国已是独立主权国家，各国有开展对外交往和发展对外关系的权利和自由。是否对"秩序挑战者"和"修正主义国"介入地区事务的行为作出激烈反应，取决于这些行为体是否尊重俄罗斯在该地区的"地区霸权国"与"秩序维护者"的身份定位，是否对俄罗斯在该地区的"特权利益"予以必要关切。如普京在2014年瓦尔代国际俱乐部的主旨演讲中指出："那种认为俄罗斯正尝试建立某种类型的帝国、侵犯邻国主权的指控和声明是无稽之谈。我需要强调的是，俄罗斯并不需要在世界上享有任何特殊的、排他性的空间。在尊重其他国家利益的同时，我们只是需要我们的利益被纳入考虑、我们的地位获得尊重"。① 一旦俄罗斯认定"我们的利益没被纳入考虑、我们的地位没有获得尊重"，其反应往往会比较激烈。2008年俄格战争与2014年乌克兰危机都是如此。

　　事实上，是否相互尊重构成俄罗斯与其他大国在共同周边地区能否形成良好互动模式的晴雨表。自苏联解体以来，俄罗斯与域外大国在"近邻"地区的互动经历表明，一旦俄罗斯在"地区霸权"国家的身份遭遇蔑视或挑战，俄罗斯往往会产生一系列负面情绪，进而采取自认为合适的行动予以应对。事实上，近年来国内外学界日益意识到情感对俄罗斯外交政策的影响，并将之作为重要的学术议题来进行研究。而学界的基本共识是，自苏联解体以来，俄罗斯与西方之间的互动充满了挫折、愤怒、怨恨和失望等负面情绪，而这些情绪导致俄罗斯与西方渐行渐远，并不惜采取激烈的手段反抗蔑视。② 换言之，西方与俄罗斯之间关系自1991年以来曲折反复的发展历程并非由于严格意义上的安全困境，而是俄罗斯致力于追求与美国和欧盟平起平坐的"世界大国"地位，西方对此不予认可导致俄

---

① Vladimir Putin, "Speech at the Valdai Club, October 24, 2014", October 24, 2014, http://en.kremlin.ru/events/president/news/46860.

② Erik Ringmar, "The Recognition Game: Soviet Russia Against the West", *Cooperation and Conflict*, Vol. 37, No. 2, 2002, pp. 115–136；[俄] 安德烈·P. 齐甘科夫：《俄罗斯与西方：从亚历山大一世到普京》，关贵海、戴惟静译，上海人民出版社2017年版，等等。知名期刊《共产主义与后共产主义研究》曾于2014年专门刊发了一期有关《俄罗斯外交政策中的地位追求与情感》的专题论文，该期专刊共包含1篇"导论"和8篇论文，对此做了深入的分析。囿于篇幅，在此不一一罗列。

罗斯产生强烈的被蔑视感，进而使其"为承认而斗争"。① 由于"近邻"地区被俄罗斯视为其优先外交方向，故其他大国在该地区侵犯俄罗斯"特权利益"的举动最容易引发俄罗斯的冲突性回击。然而，现有研究成果只是更多地注意到了俄罗斯与西方之间所形成的蔑视与反抗这一互动模式，而未充分注意到尊重与合作之间的正相关关系。② 对于国家之间的互动而言，明晰尊重与合作之间的正相关关系具有同等重要的价值，这有助于启示国际社会，相互尊重是保障国家间关系趋于和平、促进国际社会稳定的必由之路。

俄罗斯与欧盟、中国在共同周边地区的互动，分别体现了蔑视与反抗、尊重与合作这两种互动模式，故它们是验证相互尊重对于大国互动中重要意义的合适案例。由于蔑视与反抗、承认与合作之间的互动链条较长，而且具有重要的主观成分，这会导致研究者难以对俄罗斯与欧盟、中国之间的情绪变化进行准确的把握。为此，本章将尽可能客观地记录两对关系自21世纪以来的互动过程。之所以选取21世纪作为时间节点，主要是考虑欧盟、中国均在此之后才加大了对俄罗斯"近邻"地区的关注和投入，而且21世纪迄今为止已有20年，这一时段有助于对两对关系的发展轨迹作出较为客观的判断。

第三节　蔑视与反抗：俄罗斯与欧盟在共同周边地区的互动模式

20世纪90年代，受到西方干预南斯拉夫、北约与欧盟东扩等事件的影响，俄罗斯与西方之间的关系逐渐趋于恶化，双方蔑视与反抗的互动机制开始形成。尤其是西方军事干预南斯拉夫以及承认科索沃独立，使俄罗

---

① Richard Sakwa, "'New Cold War' or Twenty Years' Crisis? Russia and International Politics", *International Affairs*, Vol. 84, No. 2, 2008, pp. 241–267; Andrei P. Tsygankov, "The Frustrating Partnership: Honor, Status, and Emotions in Russia's Discourses of the West", *Communist and Post–Communist Studies*, Vol. 47, No. 3–4, 2014, pp. 345–354; Tuomas Forsberg, "Status Conflicts between Russia and the West: Perceptions and Emotional Biases", *Communist and Post–Communist Studies*, Vol. 47, No. 3–4, 2014, pp. 323–331.

② 沃尔夫的研究是不多的例外，可参见 Reinhard Wolf, "Respect and Disrespect in International Politics: The Significance of Status Recognition", pp. 105–142.

斯因自身大国身份未得到西方充分尊重、国际地位遭到西方蔑视而产生了强烈的怨恨感。[1] 不过，就欧盟与俄罗斯在"近邻"地区的关系而言，由于20世纪90年代欧盟仍坚持俄罗斯为中心的政策，再加上欧盟无力整合俄罗斯"近邻"地区，导致其对南高加索国家的兴趣有限，俄罗斯在后苏联空间国家的地区霸权国身份未受到欧盟的强劲挑战，双方在共同周边地区相安无事，整体维持稳定。进入21世纪以后，由于欧盟加大了对东欧与高加索地区的关注和投入力度，且在介入此过程中体现出较强的零和博弈思维，使俄罗斯与欧盟在共同周边地区的互动日趋紧张，最终形成了一种蔑视与反抗的互动模式。

（一）欧盟与俄罗斯21世纪以来在共同周边地区的竞争

2004年5月1日，欧盟经历了一次大规模东扩。波罗的海三国与波兰、捷克等东欧国家均已成为欧盟的一部分，而此前属于苏联加盟共和国的乌克兰、白俄罗斯、摩尔多瓦、亚美尼亚、阿塞拜疆和格鲁吉亚成为欧盟的扩大周边地区。由于这些国家也是俄罗斯"近邻"地区的一部分，故它们构成欧盟与俄罗斯的共同周边地区。为了塑造扩员后的外部环境，欧盟早在2003年就启动了"欧洲睦邻政策"。欧洲睦邻政策具有重要的规范内涵，它反映了欧盟作为一个"规范性力量"致力于"影响或塑造（这些国家）可持续的政治、法律、社会—经济、安全与心智结构"的外交政策目标。[2] 该计划虽然希望影响这些国家的政治发展方向，且有意支持这些国家推行与欧盟规范趋同的结构性变革，但并未许诺向睦邻国家提供正式的成员国身份，故这一政策被称之为"没有成员国身份的趋同"。[3] 此外，由于该政策没有与目标国家进行充分的协调，该政策也被称之为"没有协调的政策执行"。[4] 更令人担忧的是，俄罗斯并未成为欧洲睦邻政策的

---

[1] Regina Heller, "Russia's Quest for Respect in the International Conflict Management in Kosovo", *Communist and Post-Communist Studies*, Vol. 47, No. 3-4, 2014, pp. 333-343.

[2] Stephan Keukeleire and Jennifer MacNaughtan, *The Foreign Policy of the European Union*, Basingstoke: Palgrave Macmillan, 2008, p. 25.

[3] Julia Langbein and Kataryna Wolczuk, "Convergence without Membership? The Impact of the European Union in the Neighbourhood: Evidence from Ukraine", *Journal of European Public Policy*, Vol. 19, No. 6, 2012, pp. 863-881.

[4] Kataryna Wolczuk, "Implementation without Coordination: The Impact of EU Conditionality on Ukraine under the European Neighbourhood Policy", *Europe-Asia Studies*, Vol. 61, No. 2, 2009, pp. 187-211.

签署国。在该政策的拟议阶段，俄罗斯原本被视为"欧洲睦邻政策"的一部分，而且俄罗斯与欧盟就此事的谈判过程也进行的比较顺利，但在最后时刻俄罗斯并未加入。虽然俄罗斯最终拒绝参与该计划的原因众说纷纭，但欧盟在设计和出台该政策的过程中未与俄罗斯进行充分的沟通以及俄罗斯认为自身被置于与摩尔多瓦、突尼斯等小国同等的地位有辱其大国身份，这被认为是导致其态度转变的重要原因。[①]

欧盟未将俄罗斯纳入欧洲睦邻伙伴政策带来了许多严重的后果。其中最严重的后果是欧盟对俄政策与对共同周边国家的政策实现了"脱钩（decouple）"。此前，欧盟将俄罗斯和其他共同周边国家纳入一个统一的战略视野中进行管理，与各国均签署了"伙伴关系与合作协定（PCA）"，但在执行过程中，欧盟奉行的是俄罗斯优先、乌克兰次之、其他国家再次之的政策原则。如此安排，可部分满足俄罗斯要求大国尊重俄罗斯在其"近邻"地区享有地区霸权国身份的需要。然而，俄罗斯拒绝加入欧洲睦邻政策之后，欧盟只是倡导与俄罗斯的战略伙伴关系，并未为照顾俄罗斯的关切采取其他有效行动。换言之，欧盟没有就俄罗斯退出欧洲睦邻政策及其可能产生的后果展开严肃的讨论，这意味着欧盟并未认真考虑欧盟与俄罗斯在共同周边地区可能存在的共同利益与关切，并基于这些共同利益与俄罗斯达成必要共识、采取联合行动。由于当时欧盟与俄罗斯整体关系仍处于相对稳定的状态，欧盟的不作为并未立即产生严重后果，但从长期来看，它具有忽视俄罗斯在"近邻"地区的"特权利益"的"非意图性"效应。[②] 如欧洲睦邻政策推出后，俄罗斯"近邻"地区陆续发生了"颜色革命"，包括2003年格鲁吉亚的"玫瑰革命"、2004年乌克兰的"橙色革命"和2005年吉尔吉斯斯坦的"郁金香革命"，并导致这些国家出现政权更迭。更关键的是，基于扩大在其"近邻"地区共同周边地区影响力的考虑，以及自视为一种"规范性力量"，欧盟选择与美国一道积极为"颜色革命"摇旗呐喊，这引发了俄罗斯的严重不满和高度警惕。在俄罗斯看来，煽动"颜色革命"、在共同周边地区扶持亲西方政权，实质上是欧盟

---

① Tom Casier, "The Unintended Consequences of a European Neighbourhood Policy without Russia", *The International Spectator*, Vol. 54, No. 1, 2019, pp. 76 – 88.

② Tom Casier, "The Unintended Consequences of a European Neighbourhood Policy without Russia", p. 81.

和美国力图削弱俄罗斯的地区影响力、侵蚀俄罗斯战略空间的举措,证实了俄罗斯有关欧盟在其"近邻"地区是一种"修正主义势力"的认知。[1]再加上欧盟与北约双东扩、北约干预南斯拉夫等此前行动带来的羞辱感和怨恨被激活,欧盟实施的欧洲睦邻政策越来越被俄罗斯视为欧盟试图在共同周边地区建立"势力范围"的工具,而且这些事态严重影响了俄罗斯对欧盟的认知,此后俄罗斯不再依赖欧盟的帮助设置自身改革议程。[2]而2008年俄格战争的爆发,在很大程度上是俄罗斯对西方在进入其"近邻"地区时未充分尊重自身的大国身份和地位所作出的反应。[3]就俄欧双方关系而言,俄罗斯与东部邻国政策的脱钩以及欧盟未在政策实施过程中与俄罗斯建立密切的磋商机制虽然不是导致俄格战争爆发的直接原因,但却是促成此事态出现的深层原因。

2009年,在瑞典、波兰等成员国的推动下,欧盟推出了专门针对东欧和高加索六国的东部伙伴关系计划,以促进欧盟对该地区的整合与塑造力度。按照该计划,在伙伴国达到欧盟的必要标准之后,它们可以与欧盟签署联系国协定,其中包括"深入与全面自由贸易协定"。"深入与全面自由贸易协定"不仅涉及自由贸易的问题,还要求这些国家参照欧盟的"法律条文"进行政策调整,以促进各国与欧盟在规则、标准和价值观等方面的趋同,进而在欧盟和伙伴国之间打造一个共同的法律和政治空间。[4]相对于欧洲睦邻政策仅向伙伴国规定了政治性与非约束性的工具(其中的行动计划为各国如何促进改革提供指导)而言,东部伙伴关系计划要求伙伴国作出的政策调整在广度和深度上均有明显升级。毫无疑问,一旦与欧盟签署联系国协定尤其是"深入与全面自由贸易协

---

[1] Sinikukka Saari, "European Democracy Promotion in Russia before and after the 'Colour' Revolutions", *Democratization*, Vol. 16, No. 4, 2009, pp. 732 – 755; Derek Averre, "'Sovereign Democracy' and Russia's Relations with the European Union", *Demokratizatsiya*, Vol. 15, No. 2, 2007, pp. 173 – 190; Jeanne L. Wilson, "The Legacy of the Color Revolutions for Russian Politics and Foreign Policy", *Problems of Post – Communism*, Vol. 57, No. 2, 2010, pp. 21 – 36.

[2] Alena Vieira and Syuzanna Vasilyan, "Armenia and Belarus: Caught between the EU's and Russia's Conditionalities?", *European Politics and Society*, Vol. 19, No. 4, 2018, p. 454.

[3] Andrei P. Tsygankov and Matthew Tarver – Wahlquist, "Duelling Honors: Power, Identity and the Russia – Georgia Divide", *Foreign Policy Analysis*, Vol. 5, No. 4, 2009, pp. 307 – 326.

[4] Laure Delcour, *Shaping the Post – Soviet Space? EU Policies and Approaches to Region – Building*, Farnham: Ashgate, 2011.

定"，联系国与欧盟的联系将急剧加强。姑且不论各国的政治取向是否会发生明显改变，它们在法律或规范方面已经与俄罗斯倡导的规范渐行渐远，仅开放市场一项就将导致俄罗斯面临的经济压力急剧增加。并且这些国家多数已经签署了独联体自由贸易协定，欧盟商品和服务可以借此畅通无阻地进入俄罗斯及其他成员国市场，这将严重冲击俄罗斯的国内市场，并可能影响俄罗斯通过独联体、欧亚经济联盟整合"近邻"国家的计划。此外，由于南高加索三国并不与欧盟毗邻，而且这六个国家的情况有诸多差异，有人称该计划遴选伙伴国的标准是"除俄罗斯之外都行"。①

欧盟推出东部伙伴国关系计划之后，俄罗斯与欧盟在共同周边地区之间的关系出现了"范式变迁"，双方关系进入各自推出竞争性整合方案、围绕管理性规范展开竞争以及高度政治化的阶段。② 俄罗斯与欧盟之间的合作关系与一体化因受到俄格冲突等议题的影响自 2008 年开始就已停滞不前。典型体现是双方围绕更新《伙伴关系与合作协定》的谈判并未取得实质性进展。尽管双方也达成了构建四个共同空间和"现代化伙伴关系"的相关共识，但双方只是为推进一体化采取一些技术层面的措施，并未触及政治、经济等层面一体化的深层次问题。显而易见，由于俄罗斯的体量及其不愿意屈从欧盟标准，欧盟对于切实促进欧俄之间的一体化兴趣不大、信心不足。③ 在此背景下，欧盟将重点放在了加快对乌克兰等重点国家的整合上。为了维系自身在"近邻"地区的影响力，同时也为了给 2008 年国际金融危机之后的俄罗斯经济赋予新的动力，俄罗斯政府同样加大了对"近邻"地区的整合力度，于 2011 年正式提出组建欧亚经济联盟的设想，并在 2015 年正式开始运作。如此一来，针对共同周边地区，欧盟与俄罗斯都提出自身的合作倡议和整合计划，双方开始为争夺共同周边地区展开竞

---

① Samuel Charap and Mikhail Troitskiy, "Russia, the West and the Integration Dilemma", *Survival*, Vol. 55, No. 6, 2013, p. 53.

② Tom Casier, "The Unintended Consequences of a European Neighbourhood Policy without Russia", p. 83.

③ Samuel Charap and Mikhail Troitskiy, "Russia, the West and the Integration Dilemma", p. 54.

争，当然这种竞争的强度在不同时期存在不同变化。① 为了抢占优势，欧盟与俄罗斯竞相向周边国家提出颇具诱惑力的整合条件。其中，乌克兰是欧盟与俄罗斯争夺的关键。在亚努科维奇政府决定暂停与欧盟签署联系国协定之后，乌克兰随即爆发了大规模的抗议活动，并且这一抗议活动得到欧盟的支持。乌克兰之所以暂停签署联系国协定，主要是俄罗斯向乌克兰提供了诸多经济上的实惠。② 乌克兰危机的发生导致俄罗斯与欧盟的关系急转直下，且其影响持续至今。

（二）俄欧在共同周边地区形成蔑视—反抗互动模式的主要原因

通过简要回顾自 21 世纪以来欧盟尝试整合东欧与高加索"近邻"国家的过程可以发现，欧盟与俄罗斯已经形成一种蔑视与反抗的互动模式。这种互动模式的出现并非必然，双方完全可以将互动带上包容或合作的轨道。事实上，欧盟的东部伙伴关系计划与欧亚经济联盟之间存在诸多的合作空间。纯粹从功能层面而言，无论是欧盟还是欧亚经济联盟，均希望推动各自与周边国家的经济现代化、贸易自由化、财政稳定、商业透明和技术标准趋同等目标。更重要的是，欧盟已与欧亚经济联盟各成员国（俄罗斯、哈萨克斯坦、白俄罗斯、亚美尼亚和吉尔吉斯斯坦）签署了某种形式的双边合作安排，其中就涵盖了上述部分内容。就此而言，欧盟与欧亚经济联盟之间的合作不仅是可能的，甚至后者是欧盟"一个不可回避的合作伙伴"。③ 不仅如此，欧盟原本也并未排斥与其他地区性国际组织的合作，

---

① 学界使用"竞争性条件性""竞争性理性""竞争性地区主义""竞争性地区构建项目"等术语来形容双方的这些举措，可参见 Elsa Tulmets, Alena Vieira and Laura C. Ferreira – Pereira, "Competing Conditionalities? Eastern Europe and the South Caucasus Between the European Union and Russia", *European Politics and Society*, Vol. 19, No. 4, 2018, pp. 451 – 470; Laure Delcour, "Between the Eastern Partnership and Eurasian Integration: Explaining Post – Soviet Countries' Engagement in (Competing) Region – Building Projects", *Problems of Post – Communism*, Vol. 62, No. 6, 2015, pp. 316 – 327; Derek Averre, "Competing Rationalities: Russia, the EU and the 'Shared Neighbourhood'", pp. 1689 – 1713; Stephan Keukeleire and Irina Petrova, "The European Union, the Eastern Neighbourhood and Russia: Competing Regionalisms", in Mario Telo, eds., *European Union and New Regionalism*, New York: Routledge, 2016, pp. 263 – 279.

② 详细过程可参见周明《乌克兰—欧盟联系国协定与乌克兰危机》，《欧洲研究》2014 年第 6 期。

③ Kazushige Kobayashi, "The Normative Limits of Functional Cooperation: The Case of the European Union and Eurasian Economic Union", *East European Politics*, Vol. 35, No. 2, 2019, p. 146.

如欧盟与阿拉伯国家联盟、伊斯兰合作组织、海湾合作委员会和非洲联盟等地区合作组织建立了形式多样的合作关系。在此背景下，欧盟拒绝与欧亚经济联盟进行有效的协调与沟通令人费解。更令人困惑的是，普京在2011年倡导组建欧亚经济联盟时，还明确表示该机制将以欧盟为蓝本，希望成员国基于普遍的经济原则进行合作，以实现资本、服务与劳动等在欧亚空间内的自由流动，进而将该组织打造成一个"由共享自由、民主和市场法则等共享观念团结在一起的大欧洲的一部分"。普京甚至还倡导与欧盟进行合作，呼吁"各自的成员国处于一种能迅速整合到欧洲中的有利位置"。[1] 在欧盟并不排斥与其他地区性国际组织合作、俄罗斯曾主动呼吁与欧盟进行合作、合作客观上也能带来诸多收益的背景下，欧盟仍然拒绝与欧亚经济联盟进行合作，唯一的解释只能是欧盟倾向于从零和博弈的角度看待与俄罗斯在共同周边地区的互动。

在俄罗斯看来，欧盟寄希望于在俄罗斯"近邻"地区确立其"规范霸权"地位，[2] 这是对俄地区霸权国身份的严峻挑战。早在2009年欧盟启动东部伙伴关系计划时，由于欧盟已经实现了对俄政策与对共同周边国家政策的"脱钩"，而且在该计划出台前后并未与俄罗斯进行必要的沟通，俄罗斯认定该计划的目的在于削弱共同周边国家与俄罗斯的联系，进而侵蚀俄罗斯在该地区的"特权利益"。俄罗斯外交部部长谢尔盖·拉夫罗夫（Sergey Lavrov）在该计划启动时就曾指责欧盟是试图"建立自己的势力范围"，此后他又批评欧盟迫使乌克兰签署联系国协定。在这种认知的影响下，俄罗斯精英认为俄罗斯"就像某种被包围的城堡"。[3] 部分受到这种被包围感的影响，普京于2011年提出正式提出组建欧亚经济联盟的构想，致力于以有利于己的方式整合"近邻"国家。俄罗斯对欧盟东部伙伴关系的排斥，反过来又刺激西方（包括美国和欧盟）对俄罗斯"野心"的谴责，西方认为组建欧亚联盟反映了俄罗斯试图恢复"帝国"的野心，这也证明

---

[1] 引言参见 Vasile Rotaru, "The Eurasian Economic Union: A Sustainable Alternative for the Former Soviet Space?", *Journal of Contemporary European Studies*, Vol. 26, No. 4, 2018, p. 426.

[2] Tom Casier, "The Unintended Consequences of a European Neighbourhood Policy without Russia", pp. 76 - 88.

[3] Tom Casier, "The Unintended Consequences of a European Neighbourhood Policy without Russia", p. 82.

了俄罗斯反西方是"极权国家"的本性。① 而对俄罗斯国家合法性的质疑和对其"近邻"政策的尖锐批评让俄罗斯产生了强烈的羞辱感和愤怒感，如俄罗斯舆论认为"有关恢复俄罗斯在东欧地区影响力的呼吁，体现在莫斯科盛传的西方怀有'新帝国野心（neo-imperial history'的诸多叙事中，俄罗斯认为西方的这种野心延伸到与俄罗斯'存在一个多世纪历史和共同人道主义空间'联系的国家。结果就是，从这种'空间'中将东部伙伴关系国拯救出来，在西方成为一个事关原则的问题，不管这将带来何种后果。这种冲突螺旋是整合困境的一个关键特征"。② 俄罗斯与欧盟"整合困境"的形成非一日之功，不能仅仅归咎于其中一方。但至少从俄罗斯作为近邻地区的地区霸权国和自视为在该地区享有"特权利益"的行为体而言，俄罗斯感受到的蔑视是导致双方出现蔑视—反抗互动模式的重要原因。正如2012年普京在瓦尔代国际俱乐部的主旨演讲中指出的："只有当俄罗斯强大和独立自主时，它才能获得尊重、它的利益才会被考虑……我相信，只有通过与俄罗斯进行合作，而不是把它逼入墙角、弱化其地缘政治地位、削弱其防御能力，全球安全才能真正实现。"③ 当俄罗斯认为其地区霸权国的身份没有被纳入考虑时，其为追求承认进行斗争就有了正当理由。

即便欧盟东部伙伴关系加剧了俄罗斯与欧盟在共同周边地区蔑视—反抗的互动模式，双方仍有可能避免爆发冲突。事实上，2009—2013年欧盟与俄罗斯之间仍存在避免蔑视—反抗模式进一步恶化的机会窗口。然而，由于欧盟的对俄政策议题被波罗的海三国等中小成员国所"挟持"，因此双方在蔑视—反抗模式上越走越远。2008年俄格战争和2009年欧盟启动东部伙伴关系之后，虽然俄罗斯与西方之间的合作关系受到冲击、双方的

---

① Kevork K. Oskanian, "Very Ambiguous Empire: Russia's Hybrid Exceptionalism", *Europe-Asia Studies*, Vol. 70, No. 1, 2018, pp. 26-52; Hanna Smith, "Statecraft and Post-Imperial Attractiveness: Eurasian Integration and Russia as a Great Power", *Problems of Post-Communism*, Vol. 63, No. 3, 2016, pp. 171-182; Viatcheslav Morozov, "Subaltern Empire? Toward a Postcolonial Approach to Russian Foreign Policy", *Problems of Post-Communism*, Vol. 60, No. 6, 2014, pp. 16-28; Marlene Laruelle, *Russian Eurasianism: An Ideology of Empire*, Washington, D.C.: Woodrow Wilson Center Press, 2012.

② Samuel Charap and Mikhail Troitskiy, "Russia, the West and the Integration Dilemma", p. 57.

③ 转引自David Lane, "The International Context: Russia, Ukraine and the Drift to East-West Confrontation", p. 628.

话语攻击趋于激烈，但得益于法国与德国的坚持以及由具有一定自由主义倾向的梅德韦杰夫担任俄罗斯总统，因此欧俄在共同周边地区仍维持着一定的合作关系。如 2010 年，法德两国恢复了与俄罗斯的三边峰会，三国领导人还经常就共同周边的相关问题进行讨论，法德两国甚至还对俄罗斯提出的部分涉欧安全议题表示支持。如时任法国总统萨科齐（Nicolas Sarkozy）积极支持梅德韦杰夫有关签署欧洲安全条约的倡议，该倡议希望整合北约、欧盟、欧亚经济共同体以建立一个泛欧安全与经济超国家机构，德国总理默克尔（Angela Merkel）在 2010 年与梅德韦杰夫共同出席新闻发布会时也提议创建一个欧盟—俄罗斯外交与安全政策委员会。此外，在法德两国的推动下，欧俄双方还在"现代化伙伴关系"的倡议下开展了不少协调工作，其中还涉及欧盟东部伙伴关系计划与欧亚经济共同体/欧亚经济联盟合作的问题。如在 2011 年的"现代化伙伴关系"会议上，欧盟表达了愿意参与欧亚经济一体化的意愿，2012 年甚至讨论了与欧亚经济联盟开展制度性合作的可行性。即使在 2014 年乌克兰危机期间，德国政府的俄罗斯、中亚与东部伙伴关系国专员格罗特·埃尔勒（Gernot Erler）还在强调："欧洲确信东部伙伴关系与俄罗斯的关税同盟不存在紧张。"[1]

然而，2013 年之后欧盟针对东部伙伴国的政策开始具有越来越多的对抗性和竞争性色彩。这主要源于波罗的海三国与波兰等中小成员国力主欧盟在对俄政策上应该更加强硬，并试图促使欧盟与其东部伙伴国和俄罗斯打交道时应该严格恪守"自由民主"标准，以抵御和削弱俄罗斯在"近邻"地区的影响。波罗的海三国与波兰等中东欧成员国一向具有反俄倾向，它们对法德等欧盟成员国针对俄罗斯采取的实用主义交往方式颇有微词。在这些国家的鼓动下，欧盟对俄外交日益受到"自由民主"言辞的绑架，摒弃了法德主导下的实用主义平衡外交路线。受到"自由民主弥赛亚"情绪的影响，欧盟开始激烈批评俄罗斯的内政与外交政策，包括俄罗斯国内政策越来越明显的威权倾向、俄罗斯针对"近邻"国家所采取的整合性措施等。而对于东部伙伴关系国，波罗的海三国则迫切希望它们按照欧盟的标准启动改革，并尽快签署联系国协定。在此背景下，欧盟开始更

---

[1] Kazushige Kobayashi, "The Normative Limits of Functional Cooperation: The Case of the European Union and Eurasian Economic Union", p. 151.

加明确地以一种零和思维来理解俄罗斯的欧亚经济联盟构想,从而使得双方在蔑视与反抗模式下越来越向不受控制的方向发展。① 例如,当原本在遵循欧盟"条件性"方面走在前列的亚美尼亚于2013年9月决定加入俄罗斯主导的关税同盟并参与计划中的欧亚经济联盟、乌克兰于同年11月也决定暂停与欧盟签署联系国协定之后,欧盟对此出离愤怒,迅速将批判的矛头对准俄罗斯,对其大加鞭挞。负责欧盟东扩和伙伴国政策的专员斯蒂芬·富勒(Stefan Fule)在2013年9月欧盟议会中强烈谴责俄罗斯在其中扮演的角色,同时强调关税同盟与"深入与全面自由贸易协定"之间的相互排斥性。② 甚至时任欧盟委员会主席的若泽·巴罗佐(Jose Manuel Durao Barroso)在乌克兰拒绝签署联系国协定后明确表示"让俄罗斯介入欧盟—乌克兰联系国协定的谈判完全不可接受"。③ 而当乌克兰爆发反对政府拒绝签署联系国协定的大规模抗议活动后,欧盟则直接介入乌克兰内政支持抗议者。如默克尔在抗议期间宣称,抗议者是在为欧盟价值观而战,他们的行动体现了"无畏的精神"。④ 这种严重偏离不干预他国内政等国际关系基本原则的行为,从侧面说明欧盟对俄罗斯甚至周边国家的利益和自主选择缺乏基本的尊重。原本在"近邻"地区具有特殊关切、曾经提倡与欧盟进行合作的俄罗斯,在见证了乌克兰危机前后欧盟的行为后充满屈辱和愤怒,进而采取了兼并克里米亚和支持乌克兰东部武装分子等行动来反击蔑视与争取承认。

总而言之,俄欧双方自21世纪以来在共同周边地区爆发了一系列危机,如"颜色革命"、俄格战争和乌克兰危机等。虽然导致这些事件出现的具体原因迥然不同,但它们在一定程度上都反映了欧盟与俄罗斯在共同周边地区形成了蔑视—反抗的互动模式。不难发现,这些事例均有俄罗斯认为欧盟等西方行为体在"近邻"地区蔑视俄罗斯地区霸权国身份、侵犯

---

① Kazushige Kobayashi, "The Normative Limits of Functional Cooperation: The Case of the European Union and Eurasian Economic Union", pp. 152 – 154.

② Samuel Charap and Mikhail Troitskiy, "Russia, the West and the Integration Dilemma", pp. 55 – 56.

③ Vsevolod Samokhvalov, "Russia and Its Shared Neighbourhoods: A Comparative Analysis of Russia – EU and Russia – China Relations in the EU's Eastern Neighbourhood and Central Asia", p. 38.

④ 参见 John J. Mearsheimer, "Why the Ukraine Crisis is the West's Fault: The Liberal Delusions that Provoked Putin", pp. 4 – 5.

俄罗斯"特权利益"的因素和成分。基于这种认知，俄罗斯为巩固自身地位和维护自身利益，积极采取相应行动对欧盟的行为进行反击。就整体实力而言，俄罗斯与欧盟的实力差距较大，意味着其反击行为从工具理性的角度来看具有不合理性，然而，捍卫自身的地位符合前景理论有关既得利益者在自身利益面临重大风险时倾向于采取冒险行动的相关观点。[1] 更何况，俄罗斯还受到因屡遭蔑视而积累了不少负面情绪的影响。当然，波罗的海三国与波兰等中东欧国家在对俄交往中同样混杂着诸多复杂情感，这也是双方在共同周边地区虽有过尝试破除蔑视—反抗模式的努力但徒劳无功的主要原因。俄罗斯自独立以来追求西方承认其世界大国地位与在"近邻"地区维护地区霸权国身份但遭受蔑视的体验，尤其是乌克兰危机的爆发令普京有关推进与欧盟合作共建"大欧洲"的梦想化为泡影，于是普京在2016年6月转而呼吁建立"大欧亚伙伴关系（Greater Eurasia Partnership）"。在该计划的地缘政治想象中，中国是俄罗斯的优先合作伙伴。[2] 考虑到自近代以来俄罗斯始终将自身视为欧洲的一部分，并将西部欧洲视为认同和参照的对象，俄罗斯从认同"大欧洲"到倡导共建"大欧亚"的转向，意味着俄罗斯对其国家发展方向和外交战略作出了重大调整。[3] 究其根源，这种转向很大程度上是俄罗斯渴望西方承认而不得的结果。

第四节　尊重与合作：俄罗斯与中国在共同周边地区的互动模式

与欧盟和俄罗斯在共同周边地区形成了蔑视—反抗的互动模式不同，

---

[1] Rose McDermott, *Risk - Taking in International Politics: Prospect Theory in American Foreign Policy*, Ann Arbor: The University of Michigan Press, 2001; Jack S. Levy, "Prospect Theory, Rational Choice, and International Relations", *International Studies Quarterly*, Vol. 41, No. 1, 1997; 林民旺：《国际关系的前景理论》，《国际政治科学》2007年第4期。

[2] 顾炜：《中俄构建欧亚伙伴关系的逻辑》，《国外理论动态》2018年第2期；David G. Lewis, "Geopolitical Imaginaries in Russian Foreign Policy: The Evolution of 'Greater Eurasia'", *Europe - Asia Studies*, Vol. 70, No. 10, 2018, pp. 1612 - 1637.

[3] Mark Bassin, Sergey Glebov and Marlene Laruelle, eds., *Between Europe and Asia: The Origins, Theories and Legacies of Russian Eurasianism*, Pittsburgh: University of Pittsburgh Press, 2015; Mark Bassin and Gonzalo Pozo Identity, eds., *The Politics of Eurasianism: Identity, Popular Culture and Russia's Foreign Policy*, New York: Rowman & Littlefield International, 2017.

中国与俄罗斯在中亚这一共同周边地区形成了尊重—合作的互动模式。这一模式是双方自1991年俄罗斯独立以来所形成的整体双边关系中尊重—合作模式的缩影。仅从签署的重要文件来看，双方经历了1994年宣布建立"面向21世纪的建设性伙伴关系"，1996年发展"中俄战略协作伙伴关系"，2011年倡导发展"中俄全面战略协作伙伴关系"，再到2019年宣布共建"中俄新时代全面战略协作伙伴关系"的演变过程。显而易见，冷战结束以来中俄关系稳步发展与俄欧关系曲折反复形成鲜明对比。导致这一差异的原因很多，但其中最核心的因素或许是中国与西方在是否尊重俄罗斯渴求的大国身份和地位方面表现迥异。相较于西方不断蔑视俄罗斯的大国身份、持续挑战俄罗斯的核心关切，中国在与俄罗斯交往过程中尊重了俄方的核心关切，并照顾到其对大国身份近乎偏执的追求。尊重并承认俄罗斯的渴求，保障了中俄关系的顺利发展，也令双方在共同周边地区的互动稳定友好。下文将通过梳理中俄在中亚地区的互动过程以剖析双方能够形成尊重—合作模式的主要原因，管窥相互尊重与中俄互动稳步发展之间的密切关系。

（一）中俄自21世纪以来在共同周边地区的合作

同欧盟与俄罗斯在共同周边地区的激烈竞争不同，中国与俄罗斯在中亚这一共同周边地区的关系以合作为主。中亚地区对于俄罗斯而言同样重要，"俄罗斯将中亚地区视为其势力范围不可或缺一部分，这对于其作为一个大国的威望和维护中亚与俄罗斯南部之间狭长而又管理松懈地区的安全而言均是至关重要的"。[①] 基于对中亚地区重要性的认知，俄罗斯一向对域外行为体参与中亚地区的事务高度关注。而就中俄在中亚地区的互动而言，尽管西方学界有关中俄两国在中亚地区围绕争夺势力范围而爆发冲突的声音不绝于耳，甚至俄罗斯政界与学界也有不少对中国参与中亚事务的质疑和批评，但中俄双方在中亚地区的合作却稳步推进且不断取得突破。1991年，苏联解体、中亚国家独立，中俄两国在中亚地区的主要关切是解决苏联与中国之间的未划定边界问题。众所周知，边界问题攸关国家主权

[①] Alexander Gabuev, "Crouching Bear, Hidden Dragon：'One Belt One Road' and Chinese - Russian Jostling for Power in Central Asia", *Journal of Contemporary East Asia Studies*, Vol. 5, No. 2, 2016, p. 67.

与领土完整，是引发国家间矛盾甚至冲突的重要因素，其能否解决关涉中俄及中亚国家之间关系的发展前景。苏联解体后中国与苏联在中国西端之间的边界划分由此前的中苏谈判变成了中国与俄、哈、吉、塔四国的谈判。根据当时的安排，俄、哈、吉、塔四国为一方与中国为一方正式进行边界谈判。在尊重历史、互谅互让等原则的指导下，中国与哈、吉、塔三国的边界划分顺利完成。为了促进中国同俄罗斯和中亚国家之间的合作，同时也为了延续和促进各国在边界划分中积累的信任，中俄哈吉塔五国于1996年建立了"上海五国"机制，这也是上合组织的前身。1996—2001年，"上海五国"共举行了六次元首级会晤，讨论了攸关各国共同安全的传统安全（如边界划分、裁减军事力量）与非传统安全问题（如打击极端主义、分裂主义、恐怖主义），并签署了《关于在边境地区加强军事领域信任的协定》《在边境地区相互裁减军事力量的协定》等重要文件，并于2000年7月以观察员身份吸收乌兹别克斯坦参与"上海五国"元首会议。[①] 2001年上合组织正式成立，成员国涵盖了中俄及其共同周边的哈吉塔乌四国。

上合组织的成立，对于中国的欧亚外交而言具有重要的意义。[②] 这首先意味着各国互信程度的提高。考虑俄罗斯在中亚地区的结构性优势以及中苏交恶的历史，中国与中亚国家顺利解决边界问题消除了一个可能导致中国与周边国家关系恶化的重要隐患。这也有助于缓解中亚国家对中国以大欺小的担心和疑虑，为中国巩固和发展与中亚国家之间的关系奠定了良好基础。其次，上合组织成立之初即通过了《打击恐怖主义、分裂主义和极端主义上海公约》，明确将打击"三股势力"作为组织运作的重要目标，这不仅有助于促进中亚地区的稳定，而且排除了其他成员国干预中国内部问题的可能，这对于维护中国西部边疆的安全问题意义非凡。再次，上合

[①] 参见肖斌《国际组织志·上海合作组织》，社会科学文献出版社2019年版，第49—53页；潘光主编：《稳步前进的上海合作组织》，时事出版社2014年版，第3—5页。

[②] 相关讨论可参见 Michael Fredholm, eds., *The Shanghai Cooperation Organization and Eurasian Geopolitics: New Directions, Perspectives, and Challenges*, Copenhagen: Nordic Institute of Asian Studies, 2013; L. C. Kumar, *Shanghai Cooperation Organisation: Eurasian Security Through Cooperation*, Delhi: Shipra Publicaitons, 2010; Weiqing Song, *China's Approach to Central Asia: The Shanghai Co-Operation Organisation*, New York: Routledge, 2018; Stephen Aris, *Eurasian Regionalism: The Shanghai Cooperation Organisation*, Basingstoke: Palgrave Macmillan, 2011; Oksan Antonenko, *The Shanghai Cooperation Organisation and Central Asia's Security Dilemmas*, New York: Routledge, 2008.

组织的存在及其运行为中俄管控分歧、解决矛盾提供了一个不可或缺的重要平台。考虑俄罗斯在中亚地区追求地区霸权国地位并宣称拥有"特权利益",中俄双方在上合组织框架内形成良性互动对于缓解俄方有关中国"在中亚地区挑战俄罗斯地位"的担忧至关重要。最后,在美国追求单极霸权的背景下,上合组织的成立及其运行对于中俄协调立场、联合抵御西方的压力以及推动世界多极化同样具有重要意义。得益于上合组织的存在,中俄双方在共同周边地位形成了良好的互动模式,并产生了广泛的地区和世界影响。2017年上合组织接纳印度与巴基斯坦为新的成员国,2018年上合组织青岛峰会提出构建上合组织命运共同体的倡议,均标志着上合组织在影响力辐射上不再局限于中俄双边和共同周边地区,而是已经成为一个具有世界意义的地区性组织。诚如习近平所指出的,上合组织"是国际关系理论和实践的重大创新,开创了区域合作新模式,为地区和平与发展作出了新贡献"。[1]

上合组织是中俄两国在中亚这一共同周边地区开展合作的主要平台。通过这一机制化平台,中国与俄罗斯开展了良好和稳定的合作,不仅可以就双方关心的问题频繁沟通、共同发起一系列有助于促进中亚地区稳定和发展的重大项目,而且在此过程中考虑到中亚成员国的关切,与各成员国就共同关心的问题进行有效协调。事实上,中俄构成了上合组织发展的"双引擎"。在上合组织框架内,中俄的协调和合作有利益和观念等诸多基础。就共同利益而言,中俄双方均希望打击"三股势力"、避免大国之间的恶性竞争危及中亚地区稳定、阻止阿富汗局势的动荡外溢至中亚地区、防范西方国家煽动"颜色革命"造成该地区局势动荡、通过加强经济合作以促进中亚成员国的经济发展等。就共同观念而言,中俄双方都坚持无论是在多边框架内还是在双边关系中,行为体都应该遵守和平共处五项原则与和平解决争端原则、积极支持和捍卫联合国的地位、不干涉他国内政、反对单边主义等规范。简而言之,上合组织坚持的"上海精神"——"互信、互利、平等、协商、尊重多样文明、谋求共同发展"和以主权平等为核心的相关国际法体系——构成了中俄及其他上合组织成员国开展合作的

---

[1] 习近平:《弘扬"上海精神"构建命运共同体——在上海合作组织成员国元首理事会第十八次会议上的讲话》,《人民日报》2018年6月11日。

规范基础。① 基于上述共同利益和共同观念，中俄双方共同为促进中亚地区的稳定和发展作出了贡献，如有效地抵御了西方煽动"颜色革命"的压力、在阿富汗局势动荡不安的背景下维护了中亚地区的稳定、通过军事演习和开展联合行动有效地打击了"三股势力"等。尽管西方观察家曾给上合组织贴上了"虚拟地区主义（virtual regionalism）""保护性一体化（protective integration）""昙花一现的地区主义（ephemeral regionalism）"等标签，② 并不时用"清谈馆""纸老虎""东方的北约"等话语来描述上合组织的发展状态，③ 但上合组织在中俄"双引擎"的协调下通过经济和安全"双轮驱动"而实现稳步发展却是不争的事实。④ 西方逐渐加大对上合组织的关注本身也侧面证明了上合组织国际影响力的扩大。

中俄两国在共同周边地区的合作还体现在双方合作倡议的对接上。2013年9月习近平在访问哈萨克斯坦时提出了"丝绸之路经济带"倡议（"一带"），2015年普京倡导的欧亚经济联盟正式运作（"一盟"）。由于"一带"与"一盟"均涵盖了中亚地区，按照西方的零和博弈思维，中俄各自出台了试图整合中亚地区的倡议或机制将不可避免地引发两国在共同周边地区的竞争。然而事实却并非如此，有西方研究者指出："两个大国在相同的空间推出两个不同的项目，看起来就像一副剑拔弩张甚至大打出手的架势。事实上发生的却是相反的局面。意识到地缘政治对抗的高风

---

① 《中华人民共和国和俄罗斯联邦关于促进国际法的声明（全文）》，http://www.xinhuanet.com/politics/2016-06/26/c_1119111900.html。

② Roy Allison, "Virtual Regionalism, Regional Structures and Regime Security in Central Asia", *Central Asian Survey*, Vol. 27, No. 2, 2008, pp. 185-202; Roy Allison, "Virtual Regionalism and Protective Integration in Central Asia", in Anita Sengupta and Suchandana Chatterjee, eds., *Eurasian Perspectives: in Search of Alternatives*, Kolkata: Shipra Publications, 2010, pp. 29-48; Niklas Wirminghaus, "Ephemeral Regionalism: The Proliferation of (Failed) Regional Integration Initiatives in Post-Soviet Eurasia", in Tanja A. Börzel, Lukas Goltermann and Kai Striebinger, eds., *Roads to Regionalism: Genesis, Design, and Effects of Regional Organizations*, New York: Routledge, 2012, pp. 25-44.

③ 西方学界围绕上合组织所展开的讨论，可参见 Thomas Ambrosio, "Catching the 'Shanghai Spirit': How the Shanghai Cooperation Organization Promotes Authoritarian Norms in Central Asia", *Europe-Asia Studies*, Vol. 60, No. 8, 2008, pp. 1321-1344; Stephen Aris, "The Shanghai Cooperation Organisation: 'Tackling the Three Evils' A Regional Response to Non-Traditional Security Challenges or an Anti-Western Bloc?", *Europe-Asia Studies*, Vol. 61, No. 3, 2009, pp. 457-482.

④ 有关中俄如何协调促进上合组织发展的最新讨论，可参见 Roy Allison, "Protective Integration and Security Policy Coordination: Comparing the SCO and CSTO", *The Chinese Journal of International Politics*, Vol. 11, No. 3, 2018, pp. 297-338.

险，无论是中国还是俄罗斯，自始至终都小心翼翼地试图避免冲突，双方尝试发展出一种合作性的框架，使各自的旗舰性欧亚倡议可以实现对接"。① 这一描述充分说明了中俄在共同周边地区行事方式与欧俄行事方式的巨大差异。正因中俄在共同周边地区有了协调和合作的丰富经历，双方都竭力避免使各自的共同周边合作计划走向冲突乃至对抗，如此才有 2015 年 5 月《中华人民共和国与俄罗斯联邦关于丝绸之路经济带建设和欧亚经济联盟建设对接合作的联合声明》的签署。根据该文件，中俄双方不仅对对方的相关倡议明确给予支持，如"俄方支持丝绸之路经济带建设""中方支持俄方积极推进欧亚经济联盟框架内一体化进程"，而且明确了推进这两个倡议对接的具体机制，包括中俄总理定期会晤机制、由外交部和有关部门代表组成的工作组等以及预计设立的"丝绸之路经济带建设与欧亚经济一体化对话机制"。② "一带一盟"的对接避免了中俄双方在共同周边地区走向对抗，有效地维护和促进了双方在冷战结束以来在中亚地区形成的合作模式。

乌克兰危机强化了中俄在全球、双边和在共同周边地区的合作态势。在共同周边地区，俄罗斯不仅在"大欧亚伙伴关系"中将中国视为优先合作伙伴，甚至从中国推动与相关国家共建"一带一路"的经历中汲取了经验，致力于在该伙伴关系计划中体现出开放、包容的合作精神。③ 换言之，中俄在中亚这一共同周边地区的合作超越了避免矛盾、维系稳定的功利考虑，体现了相互学习、彼此借鉴的深度学习模式。很难想象，中俄双方在共同周边地区基于零和博弈思维进行互动，双方能形成一种稳定的合作模式。

（二）中俄在共同周边地区形成的尊重—合作互动模式的主要原因

毋庸置疑，中国与俄罗斯在中亚地区各有关切，也有自己独特的利益。甚至可以说，双方对于地区发展态势和中亚各国政局的发展也有不同

---

① Nadège Rolland, "A China – Russia Condominium over Eurasia", p. 10.
② 《中华人民共和国与俄罗斯联邦关于丝绸之路经济带建设和欧亚经济联盟建设对接合作的联合声明（全文）》，http：//www.gov.cn/xinwen/2015 – 05/09/content_ 2859384. html。
③ Marcin Kaczmarski, "Non – Western Visions of Regionalism：China's New Silk Road and Russia's Eurasian Economic Union", *International Affairs*, Vol. 93, No. 6, 2017, pp. 1357 – 1376.

看法。如中国在中亚地区的比较优势是经济，而俄罗斯则在中亚国家安全、文化、社会和政治各领域均有传统影响；中国希望进口中亚国家的能源资源并修建进入中国的能源管线，而俄罗斯希望维持和巩固苏联时期建成的北向能源管线；中国希望上合组织成员国加快经济领域的合作，并多次提议组建上合组织开发银行和推动建立上合组织自贸区，而俄罗斯则强调拓展和强化上合组织的安全功能，以抵御西方在中亚地区扩大影响力的压力。或许更重要的是，俄罗斯在中亚地区享有结构性优势地位并自视为地区霸权国，中国积极参与中亚地区事务毕竟始自于中亚国家独立之后，而且中国在中亚地区影响力的迅速扩大的确引起了俄罗斯的警惕。在一定程度上，中国在中亚地区同样被俄罗斯视为"修正主义国家"。正因如此，西方充斥着有关中俄两国在中亚地区有可能走向竞争和冲突的预言。这种认识反映的并非中俄两国在中亚地区的实际互动过程，而是西方观察家透过零和博弈的逻辑期望中俄两国在中亚地区爆发冲突从而从中渔利的愿望思维（wishful think）。事实上，"中国对俄罗斯动机和不安全感的评估与西方的评估并无太大差别。然而，西方分析者经常得出中俄冲突不可避免的结论，而中国分析者则看到了互补性和共同努力实现共同目标的机遇"。[1]思维方式的差异带来行为方式的差异。西方观察家和决策者受到零和博弈思维的影响，罔顾俄罗斯在共同周边地区具有结构性优势并关心其"特权利益"的事实，以排他性的方式追求自身利益；而中国分析者和决策者则基于相互尊重、求同存异的思维，倾向于尊重俄罗斯在共同周边地区的关切和利益，选择通过低调、谨慎的方式推进双方的共同目标，从而形成了以合作为特征的互动模式。

换言之，中俄两国之所以能在周边地区形成合作的行为模式，深层原因在于中国愿意尊重并承认俄罗斯的渴求。在参与中亚事务的过程中，中国意识到俄罗斯对域外大国介入中亚等俄罗斯"近邻"地区的敏感，无论这种敏感是源自于俄罗斯的民族性格或俄罗斯对外部世界的强烈不安全和不信任感，还是基于历史联系而享有相对于其他大国不具备的特殊优势，亦或是国际或地区形势变化导致俄罗斯对"近邻"地区在俄追求世界大国地位过程中的日益重视，中国始终将尊重俄罗斯的核心关切作为参与共同

---

[1] Nadège Rolland, "A China – Russia Condominium over Eurasia", pp. 14 – 15.

周边事务的基本原则。正如习近平在2013年9月访问哈萨克斯坦纳扎尔巴耶夫大学时所说:"我们尊重各国人民自主选择的发展道路和奉行的内外政策,决不干涉中亚国家内政。中国不谋求地区事务主导权,不经营势力范围。我们愿同俄罗斯和中亚各国加强沟通和协调,共同为建设和谐地区作出不懈努力。"[1] 这一表态实际上已经充分说明了中俄之所以能形成合作性互动模式的深层根源。不干预他国内政、尊重各国选择自主发展道路意味着中国在主权原则问题上与俄罗斯的观点高度趋同,不谋求地区事务主导权、不经营势力范围则有助于缓解俄罗斯对中国在共同周边地区"挑战其主导地位""取而代之"的疑虑和警惕。或许这一表态仍不足以消除俄罗斯对中国在中亚地区影响力扩大的担心,但通过采取"同俄罗斯和中亚各国加强沟通和协调"的许多具体行动,如推动"一带一盟"的对接,接纳印度与巴基斯坦加入上合组织以及积极参与普京提出的"大欧亚伙伴关系"计划,中国有力地证明了这种言辞的可信性和真实性。[2] 事实上,中俄双方的"沟通和协调"行动涵盖双边、多边多个层面,包括国家元首会议、政府首脑会议和各部部长会议等诸多机制,这有助于中俄有效管理在中亚地区的互动、保障双方合作的平稳开展。有学者指出:"包容俄罗斯的利益,对俄罗斯与中亚国家之间的'特殊关系'表达正式的尊重,构成中国中亚战略的核心"。[3] 有鉴于此,中俄在共同周边地区形成尊重—合作的互动模式可谓顺理成章。

在中俄实力差距持续扩大的背景下,中国尊重俄罗斯在"近邻"地区的身份意义进一步凸显。乌克兰危机之前,俄罗斯在中亚地区的影响力虽持续遭遇挑战,但其在该地区仍具有重要的影响力,中国通过各种方式对俄罗斯在该地区的地位和身份予以了尊重;乌克兰危机之后,俄罗斯因遭遇西方的制裁国际处境变得艰难,经济各领域的发展面临强大压力,其在"近邻"地区的整合能力和向心力面临的挑战更为严峻。与此同时,有观点认为,自2012年中国共产党第十八届中央委员会选举产生以来,中国在

---

[1] 《习近平谈治国理政》,外文出版社2014年版,第288页。
[2] 顾炜:《地区等级体系与崛起国的介入战略——以中国介入后苏联空间为例》,《外交评论》2015年第4期。
[3] Alexander Gabuev, "Crouching Bear, Hidden Dragon: 'One Belt One Road' and Chinese - Russian Jostling for Power in Central Asia", p.62.

外交政策领域变得更加奋发有为，2013年提出"一带一路"倡议即为明证。[1] 在此背景下，俄罗斯对包括中国在内的域外大国趁机破坏俄罗斯整合"近邻"国家的计划、试图进一步削弱其影响力存在担忧。事实上，中国在提出"一带"之初，的确引发了俄罗斯对中国提出该倡议动机的猜疑，其中甚至不乏质疑之声。俄罗斯国内舆论的质疑主要集中在三个方面：一是认为"一带"建设的推进将与欧亚经济联盟构成竞争，削弱"一盟"的吸引力和凝聚力；二是担心"一带"倡导的加快中国—中亚—西亚—欧洲之间的互联互通，会削弱俄罗斯跨西伯利亚铁路的竞争力；三是顾虑中国通过加强与中亚国家在原材料、基础设施建设方面的合作会进一步削弱俄罗斯在中亚地区，尤其是在中亚各国经济领域的影响力。[2] 尽管这种质疑并非俄罗斯舆论的主流，但一旦得不到有效回应，还是有可能像欧盟的东部伙伴关系计划一样引发中俄双方在共同周边地方产生竞争螺旋，从而对尊重—合作互动模式产生冲击。因为"从反事实的角度而言，如果中国领导人对俄罗斯的敏感性漫不经心的话，这种根本性的地缘政治变迁很容易激发冲突"。[3] 事实上，与欧盟不同的是，中国并没有对俄罗斯的敏感性"漫不经心"；相反，针对俄罗斯国内部分舆论对"一带一路"倡议的质疑，双方通过元首对话、高层领导人之间的密切协调与学界的紧密沟通，成功化解了俄罗斯国内舆论对"一带"动机的疑惑，并推动了"一带一盟"的对接。[4] 在此过程中，中国对俄罗斯在共同周边地区的敏感性高度关注和通过切实行动对其特殊关切予以尊重发挥了不可或缺的作用。

中俄两国在共同周边地区甚至双方总体关系层面上形成尊重—合作的

---

[1] Alastair Iain Johnston, "How New and Assertive Is China's New Assertiveness?", *International Security*, Vol. 37, No. 4, 2013, pp. 7 – 48; Thomas J. Christensen, "The Advantages of an Assertive China: Responding to Beijing's Abrasive Diplomacy", *Foreign Affairs*, Vol. 90, No. 2, 2011, pp. 54 – 67; Björn Jerdén, "The Assertive China Narrative: Why It Is Wrong and How So Many Still Bought Into It", *The Chinese Journal of International Politics*, Vol. 7, Issue 1, 2014, pp. 47 – 88.

[2] Alexander Gabuev, "Crouching Bear, Hidden Dragon: 'One Belt One Road' and Chinese – Russian Jostling for Power in Central Asia", pp. 64 – 68.

[3] Vsevolod Samokhvalov, "Russia and Its Shared Neighbourhoods: A Comparative Analysis of Russia – EU and Russia – China Relations in the EU's Eastern Neighbourhood and Central Asia", p. 40.

[4] 可参见 Alexander Gabuev, "Crouching Bear, Hidden Dragon: 'One Belt One Road' and Chinese – Russian Jostling for Power in Central Asia", pp. 68 – 71.

互动模式并非偶然,它得益于双方在长达30年的时间里对相互尊重、合作共赢等原则的遵守以及为此付出的诸多努力。正如欧盟与俄罗斯在共同周边的互动过程中曾经出现过打破蔑视—反抗模式的机会窗口一样,中国与俄罗斯在共同周边也出现过可能导致尊重—合作模式破裂的事态。如"9·11"事件后俄罗斯为获得西方对其的支持,允许美国等西方国家进驻中亚;"一带一路"倡议的提出存在引发俄罗斯反制中国在中亚地区影响力拓展的可能性;中国至今没有承认南奥塞梯与阿布哈兹的独立等。然而,通过坚持不懈的努力,双方有效地克服了"战略互疑",[1]保障了尊重—合作互动模式的延续。尤其是乌克兰危机之后中俄在反对西方对俄制裁、国际秩序的维护和转型、叙利亚冲突、双边贸易以及南海等一系列问题上均坚持了相互尊重、合作共赢的原则,从而使双方关系达到了一个新的高度。中俄双方在俄罗斯"近邻"地区所开展的良性互动,对于巩固中俄友好关系、进一步促进它们在共同周边地区的合作具有重要意义。正是在乌克兰危机之后,中国依旧对俄罗斯在中亚地区的地位和关切给予了尊重,极大地缓解了地俄罗斯有关中国可能"趁人之危、落井下石"的担心,增进了俄方对中国的信任。如有西方学者注意到,在乌克兰危机之后,中国在中亚地区仍"对俄罗斯的利益包容且有所意识,避免滥用其优势地位",而且"正在做出显著的努力,以管理双方关系中的困难,避免被视为趁人之危",总体而言中国"无意挑战俄罗斯在后苏联空间国家作为首要安全提供者的角色";[2] "意识到俄方的敏感,中国行事谨慎……为了避免中俄对抗,中国精英愿意自我克制,对俄罗斯关于中亚地区的愿景展示认可……。"[3] 可以说,"中俄已经学会了如何共处和彼此包容对方的利益。这两个大国平等相待,优先推进互利共赢的互动。虽然它们之间存在着显著的(实力)失衡,但通

---

[1] 关于"战略互疑"的概念,可参见王缉思、李侃如《中美战略互疑:解析与应对》,社会科学文献出版社2013年版。

[2] 引言参见 Samuel Charap, John Drennan and Pierre Noël, "Russia and China: A New Model of Great - Power Relations", p. 27 - 28, 34.

[3] Nadège Rolland, "A China - Russia Condominium over Eurasia", p. 15.

过包容彼此的战略利益，它们成功地建立了一种有效的伙伴关系"。① 正是坚持了相互尊重、合作共赢的基本原则，才使得中俄关系发展顺畅，并成为新型大国关系的典范。

由于俄罗斯在中亚地区仍具有一定的结构性优势且自认为在该地区享有特殊地位，迄今为止有关中俄在共同周边地区为何能形成尊重—互动模式的讨论主要强调中国对俄罗斯的尊重。但显而易见，形成尊重—合作互动模式的前提是双方彼此尊重而非单方面的尊重。这是因为那些未受到相应对待的行为体很有可能会产生被蔑视感，不排除其将在某个时刻或特定场合为承认进行斗争，导致尊重—互动模式受到冲击。换言之，单方面的承认是不稳定的，唯有相互尊重才能有效维系彼此间的积极认同。事实上，无论是共同周边地区，还是在整体双边关系中，中俄大体形成了互相承认对方身份和地位的"地位互换（status exchange）"机制，即中俄寻求彼此在言辞和行动中承认对方所追求的身份，共同实现在国际地位等级阶梯上的提升。② 中俄寻求"地位互换"的主要平台是上合组织，主要行动是在双边、多边层面上相互支持对方的立场、倡议与行动。有西方学者赞赏地指出："中俄投入了相当的努力和政治资本有效地管理了双边关系。它们采取了一种实用性、幕后的途径解决争端，以突出双方关系中的积极成分。这种'关系管理（relationship management）'的努力，有助于缓解2014 年以来俄罗斯处于弱势地位可能带来的紧张，也让中国未去滥用其强势地位"。③ 换言之，"地位交换"既可以体现在仪式性的话语支持上，也可以体现在战略性的实际行动中，还可以体现为幕后的支持和沟通。在美国仍构成唯一超级大国这一国际体系结构背景下，中俄"通过对相互关系之'战略'价值的仪式性交换以寻求它们利益的满足，这些利益不仅涉及它们在国际关系中的位置，而且涉及它们的经济利益。就此而言，俄中既将彼此视为一种新的多极世界秩序的推动者，还互视为对方的包容者（vessel）"。对于中俄来说，彼此间关系不仅是各自转型的表征，而且潜在

---

① Samuel Charap, John Drennan and Pierre Noël, "Russia and China: A New Model of Great - Power Relations", p. 39.

② Geir Flikke, "Sino - Russian Relations Status Exchange or Imbalanced Relationship?", *Problems of Post - Communism*, Vol. 63, No. 3, 2016, pp. 159 - 170.

③ Samuel Charap, John Drennan and Pierre Noël, "Russia and China: A New Model of Great - Power Relations", p. 25.

地是一种相互赠予地位的关系"。① 地位赠予是中俄关系管理的核心机制，这对于维系中俄之间的友好关系至关重要，也为双方在共同周边地区形成尊重—互动模式奠定了坚实基础。

第五节 结论

相互尊重的确是大国构建新型伙伴关系的基本原则和重要前提。本章的研究首先证实了相互尊重对于大国在共同周边地区形成稳定、良好的合作所具有的重要意义。通过对俄罗斯与欧盟在东欧和高加索共同周边地区互动历程的回顾及关系反复恶化原因的讨论，可以发现双方已在共同周边地区形成了蔑视—反抗互动模式；而在中亚这一俄罗斯与中国的共同周边地区，中俄通过上合组织等多边平台、相互支持对方的倡议或机制等方式，形成了地位交换的机制，从而维系和巩固了尊重—合作互动模式。考虑大国在周边地区的互动不过是大国整体双边关系的缩影，因此相互尊重对于大国的整体互动可能同样重要。自冷战结束以来，俄罗斯同西方、中国之间的关系经历了迥然不同的发展轨迹。俄罗斯独立之前确立了与西方融合的方针，但经过 30 年的演变，俄罗斯与欧盟、美国之间的关系进入了"新冷战"的状态；② 与之相对，俄罗斯独立时中俄之间面临边界划分等一系列遗留问题，双方对彼此间关系的发展并未抱有过高期待，③ 但 30 年后，中俄已经达到了"新时代全面战略协作伙伴关系"的高度。为何俄罗斯与欧盟、中国之间关系的演变会经历巨大的反差？部分原因同样是因为两对关系在演变过程中形成了不同的互动模式。在俄罗斯与欧盟的互动中，反复出现俄罗斯追求欧盟的尊重与承认，欧盟或明确或隐含地拒绝给予俄罗斯相应的尊重和承认，令俄罗斯不得不采取更多的行动反击欧盟的

---

① Geir Flikke, "Sino‑Russian Relations Status Exchange or Imbalanced Relationship?", p. 168.
② 冯玉军、尚月：《美俄关系新发展与中国的政策选择》，《国际问题研究》2018 年第 4 期；Nicholas Ross Smith, *A New Cold War? Assessing the Current US‑Russia Relationship*, Gewerbestrasse：Palgrave Pivot, 2019.
③ 1992 年 11 月叶利钦在会见访俄的中国外交部部长钱其琛时谨慎地表示："中俄两国人民之间有着长期深厚的友谊，现在开始了中俄关系的新阶段，不应再回到过去几十年间那种疏远的状态。"参见《俄罗斯总统叶利钦会见钱其琛 指出俄外交优先方面是发展对华关系》，《人民日报》1992 年 11 月 26 日。

蔑视，双方陷入蔑视—反抗的恶性循环中，关系不断恶化。而在与中国的互动中，在俄罗斯独立之初中国并非其认同对象和"显著化他者"，俄罗斯未对中俄关系的发展抱有不切实际的期望，反而让双方在解决实际问题的过程中逐渐积累起越来越多的信任。当对方不断给予彼此期待的承认，中俄关系就得以不断改善，并逐渐形成了一种尊重—合作的互动模式。由此可见，中俄之所以是构建新型大国关系的典范，正是因为双方在互动过程中践行了相互尊重的原则，有效地维系和巩固了双方之间的尊重—合作互动模式。

就学理意义而言，本章的研究有助于强调大国互动中相互尊重和"互动"本身的重要性。长期以来，人们注意到大国对于地位、荣誉、声誉、声望、威望、承认和尊重等象征性内容的渴望和追求，而且有越来越多的成果来探讨这些内容对于国家间互动的意义。本章并不否认这些因素的重要性，只不过笔者坚持认为国家等行为体在互动过程中如何应对其他行为体的承认需求同样重要，应该严肃对待互动并在互动中坚持相互尊重的原则。长期互动可能形成互动模式，它可以相对独立地影响大国之间关系的演进轨迹甚至结果。尽管欧俄关系与中俄关系均不可避免地受到国际局势和双方国内政局发展等因素的影响，但蔑视—反抗、尊重—互动两种模式的形成和固化已成为影响俄欧、中俄关系演变的相对独立的动力。本章并非否认萨莫哈瓦罗夫所提及的观念、实力和环境等因素对于俄罗斯与其他大国在共同周边地区的互动中的影响。事实上，互动模式的前提的确会受到观念的影响，如欧盟在对俄关系上所持的零和博弈思维，尤其是波罗的海三国与波兰等中小成员国的"自由民主弥撒亚"情绪，加剧和固化了欧俄双方的蔑视—反抗互动模式；至于中国在对俄关系中奉行的开放、包容思维以及在外交实践中不断予以俄罗斯期待的承认，则有效缓解了俄罗斯对中俄实力差距不断扩大的担心，保障了双方在共同周边地区尊重—承认模式的延续。不过，互动模式一旦形成，便会在一定程度上能相对独立于观念调整、实力对比和外部环境等因素的变化发挥作用，这是欧盟与俄罗斯在共同周边地区屡次错过关系缓和机会的重要原因。

而就政策意义而言，除了确证相互尊重对于大国维系良好关系的重要性外，本章还发现大国在互动过程中要始终遵守相互尊重的原则是困难的。相互尊重是一个需要持续付出努力的过程，这需要对其他行为体的利益、诉求和渴望时刻保持敏感,并通过话语、行动(包括幕后)等诸多方式不断予以确认,以避免双方陷入蔑视—反抗的恶性循环之中。欧盟与俄罗斯的互动之所以陷入蔑视—反抗模式而难以自拔,就在于欧盟对于俄罗斯的承认诉求不够敏感,无法对其作出及时有效的回应。而固化蔑视—反抗模式则比较容易,只需互动双方或一方坚持零和博弈思维、保持甚至升级对对方的污名化即可。当前西方在与俄罗斯的互动中采取的就是这种思维和行为方式。特朗普政府上台之初虽有意打破这种模式,但由于美国内部存在强大的反对声音,使得美国尝试改善对俄关系的努力迄今收效甚微,这导致双方长期形成的蔑视—反抗模式得以延续。与此同时,随着西方对中国防范和打压措施的升级,西方与中国之间的蔑视—反抗模式已积重难返。而维系并巩固尊重—合作模式则明显不同,尽管该模式同样具有一定的自主效应,但它更需要互动双方付出长期、细致的努力以维系这种模式,否则,一方蔑视另一方很容易导致另一方采取行动追求承认,进而使双方的尊重—合作模式难以为继,甚至可能滑向蔑视—反抗模式。这也是大国关系难以长期维系尊重—合作模式的重要原因。尽管当前中俄关系是大国构建新型国家间关系的典范且已进入全新发展阶段,但双边关系中仍面临一定的不确定性,如俄方能否有效抵御西方分化中俄的诱惑、两国构建新型国家关系的民意基础有待进一步夯实等。中俄作为两个大国,在双边关系发展中存在一定的不确定性实属正常,尊重—合作模式会赋予双方合作以重要的内生动力。但是,两国需要竭力避免不和谐因素上升到蔑视对方的程度,进而冲击到既已形成的尊重—合作模式。

  需要指出,本章研究仍存在的两点局限或有待进一步予以说明之处。其一,是关于美国在俄欧、俄中形成不同互动模式中所扮演的角色或作用。毋庸置疑,作为一种体系性力量,美国的对俄、对中国政策能产生结构性影响,即能对欧俄关系、中俄关系的发展状态产生一定的框定或限制作用。不仅如此,在欧亚地区,美国同样是一种内生力量,因为其在该地区也有自身的关切和利益,其举动无疑也会影响俄欧、中俄在各自周边地区的互动。而在对俄欧、中俄在其共同周边地区形成不同互动模式的分析过程中,本章并未集中分析美国的影响,主要是为了凸显相互尊重在大国互动中所产生的内生作用。因为在有关俄欧、中俄两组关系的讨论中,人们往往会将中俄关系发展顺畅、欧俄关系曲折反复归结为美国产生的体系性压力，如美对俄、对华采取竞争性政策，促使中俄不得不抱团取暖共同应对美国的压力，进而使两国在互动中不得不相互尊重；而美国与欧盟的对俄政策则具有众多共同利益与价值观，加之美国裹挟欧盟对俄罗斯采取竞争性政策，从而导致欧俄之间形成并固化了蔑视—反抗模式。毋庸置疑，美国的压力与角色对两对双边关系的影响是客观存在的，这一点不容否认。

不过，将中俄、俄欧形成不同互动模式完全归结为美国的压力会带来两个方面的问题：一是忽视大国关系演变的内生动力。事实上，俄欧关系、中俄关系均有其内生发展动力，尽管这种动力与美国带来的外部压力难以完全剥离。遗憾的是，社会科学很难进行自然实验，故很难精确地判断外生压力和内生动力在两组关系演进中分别产生了多大程度的影响。但可以确定的是，无论是在整体关系中还是在共同周边地区，俄欧、中俄形成不同互动模式是一个事实，这是导致两对双边关系走上不同发展道路的重要原因。承认相互尊重在大国互动的作用，也有助于人们避免在讨论俄欧、中俄关系中犯下"单一归因偏差"——将一切归结于美国的影响——的错误。二是忽视大国或超国家行为体自身的能动性。尤其在考察俄欧关系的互动中，人们有可能会认为欧盟与俄罗斯关系的恶化，主要是受到美俄关系恶化的影响。显而易见，这种观点低估了欧盟对俄政策的自主性或独立性。我们并不否认，作为一个超国家行为体的欧盟在采取共同外交或安全政策上仍有相当长的一段路要走，但将其对俄政策完全视为美国对俄政策的附属物，无论是从事实还是逻辑上来讲都是值得商榷的。在事实层面，欧盟及其主要成员国法国、德国均作出不少努力，避免自身与欧盟对俄政策遭到美国的挟持。因为法德两国在对俄关系中有自身利益或诉求，如能源管线的建设、构建一个泛欧安全架构以及推动在裁军和气候变化等领域的合作等。换言之，在欧俄共同周边地区，欧美虽然有不少共同利益，但也存在一定的利益差异，这决定了欧美的对俄政策会有区别。从逻辑上说，如果完全忽视欧盟对俄政策具有的自主性，那么我们也就没有必要去研究欧盟的对俄政策，只须研究美国对俄政策即可。显而易见，这种处理方式过于简单也不现实。基于以上原因，本章认为，探讨相互尊重在俄欧、中俄在共同周边地区形成不同互动模式中的重要性是有其价值的，而且这一结论也适用于大国在双边和多边层面的互动。当然，美国在其中所发挥的作用也有必要予以关注，未集中对此予以讨论是本章的缺憾之一。

其二，本章集中比较俄欧、中俄在特定共同周边地区的互动，忽视了欧俄、欧中在其他周边地区的互动，而这也有可能构成双方出现不同互动模式的重要原因。举例来说，在俄欧关系中，属于它们共同周边的地区，除了欧亚区域内的东欧次区域和高加索次区域，还有北极次区域；而在中俄关系中，它们的共同周边地区，除了欧亚地区的中亚次区域，还有东北亚次区域甚至广袤的亚太地区。从逻辑上来讲，对两组双边关系在共同周边地区互动的讨论，还应将它们在北极次区域和东北亚次区域的互动历程纳入考虑。而本章之所以集中关注它们在欧亚区域而非北极次区域和东北亚次区域共同周边地区的互动，主要有三个原因：一是由于篇幅所限，不得不有所取舍。二是无论是外部行为体还是俄罗斯决策者均意识到，欧亚地区而非北极、东北亚或亚太更为显著地攸关俄罗斯的大国身份，故容易理解为什么俄罗斯将主要的外交资源和精力放在欧亚大陆上，竭力避免其他域外行为体对其在"近邻"地区的主导身份或地位构成挑战。因为一旦俄罗斯失去其在近邻地区的主导地位，那么其致力于维护的地区霸权国身份将成为无源之水，而追求世界性大国的雄心更是镜花水月。三是北极次区域和东北亚次区域涉及广阔的海域，而欧亚地区主要涉及陆权的竞争，或许大国在北极次区域和东北亚次区域等区域的互动机制与欧亚大陆上的互动机制存在一定的差异。鉴于本章并不是在相互尊重和大国互动模式之间建立起唯一或直接的因果关系，因此本章对大国在共同周边地区案例的选取或不会直接影响本章结论的成立。

当然，俄罗斯与中国之间尊重—合作互动模式的形成，或许的确离不开中国允许俄罗斯在亚太地区拓展其影响力以换取俄罗斯包容中国在中亚地区的利益这种可能。然而，按此逻辑，俄罗斯与西方国家本也可以通过利益交换推动双方在欧亚地区形成尊重—合作的互动模式，即俄罗斯在北极问题上作出必要让步以换取欧盟在其东部睦邻问题上尊重自身地区霸权国身份，从而实现双方在东欧与高加索次区域形成友好互动模式。然而，事实上，即便是在欧俄双方尝试加强合作的 20 世纪 90 年代，双方在北极地区的合作也是乏善可陈，以至于有学者将这种关系称之为"北极例外

(Arctic exception)"。① 时至今日，在北极问题上，俄罗斯与欧盟之间依旧是竞争多于合作，只不过与俄欧在欧亚共同周边更富攻击性的是欧盟不同，在北极问题上，俄罗斯被视为是更富进取性的一方。② 就此而言，如果说中俄可以通过在不同的共同周边地区实现利益置换，那么，俄欧却无法通过这种方式实现利益置换，依旧是一个有待解释的问题。对于这一困惑或许可以从多个方面回答，但就本章的讨论而言，一个相关的答案可能是：中俄之间的尊重—合作互动模式和俄欧之间的蔑视—反抗互动模式均具有一定的自主性，能够相对独立于美国等外部力量的影响而发挥内生作用，这不仅牵制它们在具体领域上或共同周边内的合作，而且会对它们的整体双边关系产生持久且显著的影响。不过，没有讨论其他共同周边地区对欧俄、中俄关系的影响还是在一定程度上削弱了本章逻辑的可信性。囿于篇幅，这只能留待未来的研究予以解决。

总而言之，本章的讨论具有一定的现实意义和学理价值。不过，社会科学研究的一个重要难点在于我们很难剥离各种因素对国家间关系发展的影响，或者精确测量各种影响的具体大小。正如本章在探讨俄欧、中俄在各自共同周边地区的互动模式时，它们可能会受到美国因素、其他共同周边地区互动过程等诸多因素的限制，这决定了本章的结论更多的是启发性的而非结论性的。我们唯一可以确定的是，相互尊重在大国互动中至关重要。这不仅适用于分析俄欧和中俄关系，同样适用于其他大国间关系。或许是因为这一判断过于平常，人们往往疏于对其进行学理分析。本章最大的价值或许就在于尝试性地通过案例比较的方式确证了相互尊重对于大国互动的重要性。至于相互尊重这一因素通过哪些具体的机制和条件对大国关系产生影响，还有待于开展更多的研究予以揭示。

在厘清了俄欧与中俄在共同周边地区所形成的不同互动模式及其影响之后，我们可从整体上直接且集中地思考大国在中亚地区究竟形成了何种互动模式。相较于第十章将不同行为体的互动纳入同一分析框架中说明不

---

① 参见 Pami Aalto, "Explaining the 'Arctic Exception' in European Union – Russia Relations: What is Missing?", *Northern Review*, No. 37, 2013, pp. 101 – 125.
② Marianne Riddervold and Maï'a K. Davis Cross, "Reactive Power EU: Russian Aggression and the Development of an EU Arctic Policy", *European Foreign Affairs Review*, Vol. 24, No. 1, 2019, pp. 43 – 60.

同次区域稳定程度的异同，第十一章讨论相互尊重对于大国在欧亚地区不同次区域形成不同的互动模式的重要性，第十二章则从大国互动模式的角度，直面中亚地区秩序维持有效稳定的原因。通过第十二章的研究，我们不仅能对中亚地区秩序能在长达近 30 余年的时间里保持整体稳定的原因有较为清晰的把握，而且对于我们理解中亚秩序的发展动力大有裨益，此外也有助于进一步把握大国互动在欧亚地区不同次区域所产生的不同影响。

第十二章 大国在中亚的互动模式

本章关注的问题是 30 年来参与中亚事务的主要域外大国形成了怎样的互动模式。这种互动模式与中亚形成的地区秩序类型及其稳定程度息息相关，并有助于说明中亚地区为何维持了近 30 年的整体稳定，从未爆发严重危及地区稳定和国家间和平的重大事件（1992—1997 年的塔吉克斯坦内战未产生严重的外溢效应）。

第一节 域外大国在中亚进行"无声的协调"

中亚在世界政治中具有重要的地缘政治地位。为了扩大自身在中亚的地缘政治影响，域外大国纷纷与独立后的中亚国家建交，并积极参与中亚事务。此外，里海沿岸地区（尤其是哈萨克斯坦和土库曼斯坦）蕴藏着丰富的石油和天然气资源，也让域外大国趋之若鹜。根据国际社会在 20 世纪 90 年代对里海沿岸地区能源资源储量的估算，中亚甚至被称为"第二个中东"或"第二个波斯湾"。[①] 中亚的地理位置以及该地区可观的能源储量令域外大国纷纷涌入中亚，试图扩大在该地区的影响力。积极参与中亚事务的行为体众多，既包括俄罗斯、美国、中国、日本、印度、韩国、土耳其和伊朗等主权国家，也包括欧盟等超国家行为体，

---

① 如 1997 年应美国国会的要求，美国国务院发布了《里海能源发展报告》。据该报告估计，里海地区潜在的能源资源储藏量达到 2000 亿桶，一旦被证实，其储量将仅次于中东。即使根据保守估计，里海石油也达到了 900 亿桶，这相当于伊朗的储量。参见 Eugene Rumer, "The United States and Central Asia: In Search of a Strategy", in Eugene Rumer, Dmitri Trenin and Huasheng Zhao, *Central Asia: Views from Washington, Moscow and Beijing*, New York and London: M. E. Sharpe, 2007, p. 33.

还包括联合国、世界银行、国际货币基金组织、上海合作组织和欧亚经济共同体（后来的欧亚经济联盟）等一系列国际组织，但它们对中亚局势所产生的影响存在程度上的差别。[1] 整体而言，在当前参与中亚事务的行为体中，俄罗斯、美国与中国得到的关注最多，这与它们在中亚地区的影响力相适应。

学界惯用"新大博弈"来描述中俄美等国参与中亚事务所形成的互动模式。"新大博弈"虽然对概括中亚复杂的地缘政治态势具有一定的启发，但也具有明显的误导性。[2] 因为与"大博弈"时期相比，国际形势和中亚形势均已发生巨大变化，而"新大博弈"之类的概念并不能充分反映这种变化。这种变化体现在五个方面：(1) 当今积极介入中亚事务的域外行为体已不再是传统帝国，而是主权国家。尤其是中亚各国已取得独立并成为积极参与国际事务的自主行为体；(2) 多种力量介入中亚的互动以追求影响力，基督教或欧洲等传统范畴无法概括这些力量；(3) 非国家行为体介入其中，如北约和欧安组织等；(4) 当前大国介入中亚事务的目标在于争夺影响力，而不是争夺领土和人口，更难以划分势力范围；[3] (5) 该术语主要强调各大国在中亚互动的地缘政治层面，而忽视了地缘经济与地缘文化层面。[4] 事实上，无论是"大博弈"还是"新大博弈"，西方均致力于

---

[1] 为了简化讨论，下文将欧盟这一超国家行为体视为一个单一的行为体，类似于一个大国。
[2] 对于这种观点的批评，参见 Richard Weitz, "Averting a New Great Game in Central Asia", *The Washington Quarterly*, Vol. 29, No. 3, 2006, pp. 155 – 167; Robert Legvold, "Great Power Stakes in Central Asia", in Robert Legvold, eds., *Thinking Strategically: The Major Powers, Kazakhstan, and the Central Asian Nexus*, Cambridge: American Academy of Arts and Sciences and the MIT Press, 2003; Matthew Edwards, "The New Great Game and the New Great Gamers: Disciples of Kipling and Mackinder", *Central Asian Survey*, Vol. 22, No. 1, 2003, pp. 83 – 102; Anita Sengupta, "9/11 and Heartland Debate in Central Asia", *Central Asia and the Caucasus*, Vol. 4, No. 34, 2005, pp. 8 – 20; Igor Torbakov, "The West, Russia, and China in Central Asia: What Kind of Game Is Being Played in the Region?", *Transition Studies Review*, Vol. 14, No. 1, 2007, pp. 152 – 162.
[3] Rajan Menon, "Introduction: Central Asia in the Twenty – First Century", in Eugene Rumer, Dmitri Trenin and Huasheng Zhao, *Central Asia: Views from Washington, Moscow and Beijing*, pp. 8 – 9; Stephen Blank, "The Influence of External Actors in Central Asia", in Emilian Kavalski, eds., *The New Central Asia: The Regional Impact of International Actors*, New Jersey and London: World Scientific Publishing Co. Pte. Ltd, 2010, p. 284.
[4] 参见 Petar Kurečić, "The New Great Game: Rivalry of Geostrategies and Geoeconomies in Central Asia", *Hrvatski Geografski Glasnik*, Vol. 72, No. 1, 2010, pp. 21 – 48; Paul Kellogg, "The Geo – Economics of the New Great Game", *Contemporary Politics*, Vol. 9, No. 1, 2003, pp. 75 – 82.

推广西方的文明和价值观,只不过在"新大博弈"中西方使用了"人权"与"民主"等话语①,看重的是里海能源,而在"大博弈"中,棉花是主要因素。②除了上述问题,"新大博弈"作为一种隐喻还存在一个重要缺失,即忽视了域外大国在中亚进行的合作。

为此,对"新大博弈"话语不满的学者尝试通过创新学术概念予以修正。如鲁思·杜耶蒙德(Ruth Deyermond)提出了"套娃霸权"的概念。③杜耶蒙德认为,全球霸权美国、地区霸权国俄罗斯、具有次地区霸权抱负的乌兹别克斯坦以及快速发展的中国同时积极参与和影响中亚事务,共同保障了中亚秩序的大体稳定。她指出,"套娃霸权的概念意味着不同层次的霸权国共存,且无显著竞争,甚至具备通过各种方式进行合作以加强各自霸权的潜力"。④然而,杜耶蒙德的"套娃霸权"概念在说明大国在中亚互动时至少存在两点缺陷:其一,"套娃霸权"虽然肯定了大国互动具有合作潜力,但除了简要提及中国与俄罗斯之间的合作,并未对美国等西方国家与中国或俄罗斯在该地区的具体合作展开深入讨论。其二,"套娃霸权"强调的是不同类型霸权在安全领域的共存,具有静态性,难以说明霸权互动的动态过程,也未将其拓展到安全领域之外的其他互动领域。就此而言,"套娃霸权"针对大国在中亚地区的互动仍存在一定缺失。为更准确全面地描述大国在中亚的互动,我们有必要另辟蹊径提出新的概念。

俄美等域外大国在中亚存在复杂的竞争与合作关系。中俄之间、美欧之间均存在一定的协调和明显的合作。以中俄为例,由于双方不存在

---

① 关于新旧"大博弈"中的文化与规范维度,参见 Rein Müllerson, *Central Asia: A Chessboard and Player in the Great Game*, London and New York: Routledge, 2007; Alexander Cooley, *Great Games, Local Rules: The New Great Power Contest in Central Asia*, Oxford: Oxford University Press, 2014.

② 关于"大博弈"的经济维度,参见 Dan Burghar, "The New Nomads? The American Military Presence in Central Asia", *China and Eurasia Quarterly*, Vol. 5, No. 2, 2007, p. 6; Seymour Becker, *Russia's Protectorates in Central Asia: Bukhara and Khiva, 1865—1924*, Cambridge: Havard University Press, 1968, p. 13.

③ Ruth Deyermond, "Matrioshka Hegemony? Multi-Levelled Hegemonic Competition and Security in Post-Soviet Central Asia", *Review of International Studies*, Vol. 35, No. 1, 2009, pp. 151-173.

④ Ruth Deyermond, "Matrioshka Hegemony? Multi-Levelled Hegemonic Competition and Security in Post-Soviet Central Asia", p. 170.

针锋相对的利益分歧，因此可通过双边和多边（主要是上合组织）渠道进行有效协调，从而在中亚地区形成了相互尊重—合作的互动模式。欧美在中亚的互动同样存在着一定的协调。整体而言，欧盟追随和支持美国在中亚提出的各项议程，而美国也能照顾欧盟的部分关切，如支持欧亚国家铺设联通中亚与欧洲的石油和天然气管线、协同推进在中亚的规范议程设置等。不过欧美与中俄之间以及这四方与其他积极参与中亚事务的中等国家（如土耳其、伊朗、印度、韩国）之间似乎缺乏明确协调，从而具有更多的竞争成分，这种竞争往往以悄无声息的方式展开。这也是"新大博弈"研究着重探讨的内容。如以中俄美三国在中亚地区的互动为例，自中亚国家独立以来，美国在中亚始终追求三方面战略目标：一是遏制俄罗斯、伊朗与中国；二是将包括中亚国家在内的欧亚国家整合进西方的政治、经济与价值体系中；三是塑造中亚国家的发展方向及地缘政治环境。① 显而易见，美国所追求的战略目标均有针对中俄的意图。尽管欧盟参与中亚事务的姿态更为温和低调，但其诉求与美国大体相似，这也意味着欧盟的中亚政策同样包含希望削弱中俄在中亚影响力的考虑。而其他行为体在参与中亚事务过程中的自行其是、彼此竞争同样导致它们之间协调有限。

由此，仅强调竞争不足以囊括大国在中亚的互动模式。事实上，除竞争外，协调也是大国在中亚的重要互动方式。在协调方面，除美欧、中俄这两对行为体之间存在明显的协调外，"无声的协调"也是大国进行协调的重要方式。所谓"无声的协调"，是指大国为追求自身在中亚的利益，经由相互试探、彼此适应、主动学习后进行的未言明的合作。这种合作类似于罗伯特·阿克塞尔罗德（Robert Axelrod）所说的敌对方形成的"没有友谊和预见的合作"。② 如果将以美国为首的西方国家视为互动的一方、将共属上合组织成员的中俄视为另一方，我们可以发现，尽管双方追求不少共同利益（如维护中亚国家的主权与独立、保障地区稳定与和平、加强对

---

① 更详细的讨论参见曾向红《遏制、整合与塑造：美国中亚政策的战略目标》，《俄罗斯研究》2013 年第 5 期。

② ［美］托马斯·谢林：《冲突的战略》，郑华等译，华夏出版社 2011 年版，第 48 页；［美］罗伯特·阿克塞尔罗德：《合作的进化》，吴坚忠译，上海人民出版社 2007 年版，第 51—60 页。

中亚非传统安全问题的治理、促进阿富汗局势的稳定等①），然而各方却拒绝开展联合治理行动，遑论建立一个囊括各主要大国的正式国际协调机制。与此并存的另一个现象是，各方均在通过自己的方式参与和支持中亚国家对这些问题的治理。各行其是、彼此竞争但相安无事。这从侧面佐证了大国在中亚的确存在"无声的协调"。

在中亚开展"无声的协调"意味着大国在互动中恪守一些基本的"潜规则"，这类似于林民旺所说的"默契的合作"，它具有以下特征："这种默契既没有正式协定的约束力，有时可能连道德上的约束力也没有，同时也没有进行过清晰的规则界定，更没有第三方监督和执行机制，然而它们却依然将各方合作自我实施。"② 在林民旺看来，"默契的合作"往往意味着国家在互动中遵循一些"潜规则"。至于国家为何会选择遵循"潜规则"，而不是将"潜规则"明确化、公开化和条文化，主要有四方面原因：一是避免与主流国际规范和价值体系相冲突；二是避免敏感议题公开化引发不必要的争议或政治斗争；三是为保持各方行为的行动灵活性，摆脱正式规则的束缚；四是规避因达成和执行正式规则带来的高昂交易成本。③除了这四个方面的原因外，最重要的原因或许在于中亚的权力结构——俄罗斯在该地区享有地区霸权国的地位——使得其他行为体尤其是美国等西方国家不愿与俄罗斯就如何推进在中亚的治理缔结正式的合作条约或建立正式的合作机制。因为一旦如此，这将被视为对俄罗斯在中亚特殊地位或利益的承认，并赋予俄罗斯渴求的主导中亚事务以合法性。就此而言，至少中亚，"潜规则"的缘起与大国对该地区的权力结构所做的反应密切相关。当然，除了这一核心因素，中亚其他方面的特征也带来了大国互动时"潜规则"的出现。

总而言之，我们可以认为"新大博弈""套娃霸权"等概念是对中亚局势发展的一种过分简化，阻碍了学者深入和细致考察中亚的内部发展动力和多样的发展趋势。本章认为，域外大国在中亚虽然存在竞争，但也存

---

① 邓铭江、龙爱华：《中亚各国在咸海流域水资源问题上的冲突与合作》，《冰川冻土》2011年第6期。
② 林民旺：《国际安全合作中的潜规则：一项研究议程》，《世界经济与政治》2013年第8期。
③ 林民旺：《国际安全合作中的潜规则：一项研究议程》，《世界经济与政治》2013年第8期。

在一定的协调,主要分为明确的协调与"无声的协调"两种类型。前者主要体现在欧美内部和中俄之间,后者则体现在欧美与中俄之间以及这些行为体与其他中等行为体之间。就这两种协调模式的缘起或出现的条件而言,它们大体反映了行为体之间竞争的强度,即如果大国之间在中亚的竞争较低,那么它们将采取明确的协调模式;如果行为体之间的竞争强度较高,那么"无声的协调"将成为主导性互动模式。明确的协调是相关方通过双边渠道或多边机制,经由拟定并遵循成文的规范或规则而展开的协调;"无声的协调"是相关方经由长期摸索或互动,通过遵循"潜规则"而推进的有默契的合作。"无声的协调"本身并非规则,而是相关方基于潜规则形成的互动模式或互动状态,它具有涌现性,无法还原到任何一个具体行为体。鉴于大国在中亚开展的"无声的协调"较少得到人们的关注,本章将着重讨论这种互动模式。

第二节 大国在中亚进行"无声的协调"的具体体现

"无声的协调"涵盖了多数行为体在中亚的互动,体现在行为体的日常外交实践中,故其构成大国在中亚开展日常互动的重要方式。大体来说,大国在中亚开展的"无声的协调"主要体现在四方面,这也是它们形成该互动模式时遵循的四个"潜规则"。

在论述这四个"潜规则"前有必要强调,本章对大国在中亚互动的讨论是有参照系的,即同属欧亚地区的高加索次区域(由阿塞拜疆、格鲁吉亚、亚美尼亚三国构成)与东欧次区域(涵盖乌克兰、白俄罗斯与摩尔多瓦)。这一参照系的存在使本章对"潜规则"的提炼和总结得以成立。举例来说,在四个"潜规则"中,第一个"潜规则"(大国不约而同尊重中亚国家的独立和领土完整)和第四个"潜规则"(各大国力促中亚的和平稳定)似乎是国际关系中的常识。然而,把大国在中亚次区域的互动与大国在高加索、东欧次区域的竞争进行比较即可发现,大国并不见得会恪守这两个规则。也正是在这个意义上,我们将这两个规则称为"潜规则"而不是"明规则"。下文将简要梳理大国在中亚开展"无声的协调"的具体表现。

(一) 域外大国在尊重中亚国家主权独立和领土完整上有重要共识[1]

中亚国家独立后立即开展了国家建设和民族建构历程。与其他欧亚国家相比，中亚国家有两个特点：其一，中亚国家在独立前并无建设现代意义上的民族国家的经历，它们独立开展国家建设和民族构建的历程是苏联解体后开始的。其二，不像波罗的海三国和斯拉夫国家（俄罗斯、白俄罗斯和乌克兰三国）是推动苏联解体的主导力量，中亚国家只是被动接受者，甚至在苏联解体过程中还希望保留苏联。中亚国家独立之初面临的优先任务是保障国家主权和确保领土完整，并通过加强与外部世界的联系获得国际社会的承认。中亚国家能顺利实现这两个目标在很大程度上得益于大国间"无声的协调"。世界各大国均迅速承认了中亚各国独立，中亚国家尽管对部分地区归属存在争议，但也达成了尊重苏联时期划定的边界的共识。这意味着中亚国家在独立后国家主权和领土完整得到了有效保障。

然而，大国在中亚形成"无声的协调"并非理所当然。高加索次区域和东欧次区域因为领土争议而爆发了多次地区冲突（如纳卡冲突、南奥塞梯与阿布哈兹问题、德涅斯特河左岸问题等）。即便是塔吉克斯坦在1992—1997年爆发了一场伤亡较大、影响深远的内战，但整体而言其国家独立并未遭遇质疑。就国际交往而言，尽管中亚各国独立之初缺乏外交经验，甚至连组建外交部和开展独立外交都颇费周折，[2] 但这并不影响各国获得国际社会的普遍承认，土库曼斯坦在1995年还获得了永久中立国的外交地位。此外，中亚国家独立之初，没有自己的国防军，某些国家的边界（如塔吉克斯坦）还要靠俄罗斯军队守卫。尽管中亚国家之间存在

---

[1] 需要特别说明的是，在当前国际社会，尊重国家主权与领土完整似乎是一个最典型、最明确的"明规则"，但在国际政治现实中，大国是否尊重小国的主权和领土完整并不是一个不言自明的问题，否则，史蒂芬·克拉斯纳也不会将主权规范称为"有组织的伪善"（参见Stephen D. Krasner, *Sovereignty: Organized Hypocrisy*, Princeton: Princeton University Press, 1999.）。具体到本文的讨论，正如大国在对待欧亚空间中中亚国家和高加索国家的国家主权和领土完整上存在截然不同的表现所展示的，这一规范在实际运作中并非一个"明规则"，而是具有更多的"潜规则"特征，因为它是否得到遵循完全依赖于相关行为体的共识与默契。

[2] Thomas J. C. Wood, *The Formation of Kyrgyz Foreign Policy (1991—2004)*, Ph. D. Dissertation, Boston: Tufts University, 2005.

纷争或摩擦（如围绕边界划分与水资源分配问题），但由于武装力量薄弱和忙于国家建设，因此中亚国家无意通过冲突的方式来解决纠纷。而当时俄罗斯在该地区的显赫地位压制了其他大国试图通过操纵中亚国家之间的矛盾以扩大其在该地区影响的动机。这种内外形势的叠加抑制了中亚国家间的矛盾上升为冲突。总而言之，大国对中亚国家独立地位和国家主权的迅速承认产生了重要的示范效应，直接带动了整个国际社会对中亚国家的承认。

然而，这种协调也有经受严峻考验的时候。2005年乌兹别克斯坦安集延骚乱事件是一个典型案例。事件发生后，美国等西方国家要求对乌兹别克斯坦在此事件中是否过度使用暴力和侵犯人权进行独立国际调查，此举被乌兹别克斯坦及上合组织其他成员国视为对乌兹别克斯坦国家主权的侵犯。为反击美试图干预乌兹别克斯坦内政的企图，上合组织在2005年7月召开的阿斯塔纳峰会上呼吁美国制定从中亚撤军的时间表。同年7月29日，乌兹别克斯坦照会美国政府，限其在180天内将其驻汗汉纳巴德军事基地的战斗机、人员和装备撤离本国领土。① 美国在安集延骚乱事件后的反应涉嫌侵犯中亚国家主权，其招致的反击削弱了美国在中亚的影响力与地位。美国在安集延骚乱事件中的反应及其后果部分说明了即使是世界霸权国家，当它打破大国间互动的"潜规则"时也可能面临战略损失或遭遇"战略惊诧"。②

事实上，安集延骚乱事件对于美国而言类似一次战略学习。通过这一事件，美国"习得"了在参与中亚事务的过程中必须遵守不侵犯中亚国家主权的"潜规则"。依据建构主义有关"潜规则"形成原因的解释，"学习过程带来认知上的演化，最终能够形成共同理解和认识"。③ 尽管美国与俄罗斯、中国并未发表有关彼此在互动中会尊重中亚国家主权和领土完整的联合声明，但经由长期的实践，相关"潜规则"已经内化到域外大国参与中亚事务的外交实践之中，甚至可能成为它们的"惯习（habitus）"或

---

① John Heathershaw, "World Apart: The Making and Remaking of Geopolitical Space in the US - Uzbekistani Strategic Partnership", *Central Asian Survey*, Vol. 26, No. 1, 2007, pp. 123 - 140.

② Stephen J. Blank, "Strategic Surprise? Central Asia in 2006", *China and Eurasia Forum Quarterly*, Vol. 4, No. 2, 2006, pp. 109 - 130.

③ 林民旺：《国际安全合作中的"潜规则"：一项研究议程》，《世界经济与政治》2013年第8期。

"习惯"。① 正因如此,自 2005 年至今,美国尽管依旧会在中亚国家的人权和选举等问题上进行说教,但整体而言未逾越尊重中亚国家主权和领土完整这一"潜规则"的界限,从而大体保障了各域外大国在此问题上形成了一种"无声的协调"态势。这一事例也说明,大国之间的竞争事实上构成了推动它们进行"无声的协调"的重要动力,因为一旦打破"潜规则",特定大国可能面临利益或战略上的损失。无论大国遵守"潜规则"是出于理性考虑还是对国际规范的恪守,大国在竞争时的彼此监督和相互牵制客观上促使它们在中亚形成了"无声的协调"互动模式。

此外,中亚国家对域外大国侵犯其国家主权与领土完整举动所进行的反击,同样是促使大国不得不进行"无声的协调"的动力。如 2014 年弗拉基米尔·弗拉基米罗维奇·普京在赞扬努尔苏丹·阿比舍维奇·纳扎尔巴耶夫(Nursultan Abishevich Nazarbayev)在哈萨克斯坦国家建设中所做的贡献时指出:"纳扎尔巴耶夫做了一件独一无二的事——在从来不曾有过国家的土地上建立起了一个国家。"② 普京的本意或许在于褒扬,但在俄罗斯"吞并"了克里米亚的关键时刻,普京的讲话被哈萨克斯坦部分精英看作对哈萨克斯坦国家独立性的质疑,从而引发了哈萨克斯坦民众的不满情绪。俄罗斯国内存在的部分极端民族主义情绪更激化了哈萨克斯坦民众的恐惧与愤怒。此后哈萨克斯坦采取的一系列举动,包括言辞激烈地反对推进欧亚经济联盟的政治一体化、加强爱国主义宣传教育以及宣布于 2015 年举办建国 550 年庆典活动等,均是哈萨克斯坦巩固国家主权、彰显维护国家领土完整决心的象征性举动。③ 尽管哈萨克斯坦的这些举动并未给俄哈关系带来明显的消极影响,但这种象征性姿态或许也是域外大国选择维护中亚国家主权和领土完整的重要原因。总而言之,大国的竞争压力与中亚国家的主动反抗共同使得域外大国在尊重中亚国家主权和领土完整上形成了"无声的协调"。

---

① Ted Hopf, "The Logic of Habit in International Relations", *European Journal of International Relations*, Vol. 16, No. 4, 2010, pp. 539 - 561.
② 《普京:哈萨克斯坦总统在不曾有过国家的土地上建国》,http://news.ifeng.com/a/20140901/41807415_0.html。
③ Marlene Laruelle, "Kazakhstan's Posture in the Eurasian Union: In Search of Serene Sovereignty", *Russian Analytical Digest*, No. 165, 2015, pp. 7 - 10.

（二）域外大国对俄罗斯在中亚特殊地位与利益的默认

迄今为止俄罗斯在中亚地区仍享有其他大国难以匹敌的地位。这首先得益于俄罗斯自 19 世纪后半叶到 1991 年苏联解体时对该地区的统治。一百多年的统治在俄罗斯与中亚国家之间留下了千丝万缕的历史与现实联系，这也决定了俄罗斯对中亚各国政局和地区局势具有其他域外大国难以比肩的重要影响力。尽管在中亚国家独立后，俄罗斯一度将中亚国家视为"包袱"，并采取了主动疏远中亚国家的政策，但相对于其他域外大国，俄罗斯对该地区的了解以及与该地区存在的诸多联系意味着其参与中亚事务具有先天优势。更何况在 20 世纪 90 年代中期之前，美国和中国等大国在中亚地区的诉求有限，对于参与中亚事务的兴趣并不大。至少在"9·11"事件发生之前，美国在中亚主要关注销毁哈萨克斯坦境内的核武器、鼓励西方跨国公司开发里海能源资源，中国则优先考虑解决与哈萨克斯坦、吉尔吉斯斯坦与塔吉克斯坦的边界划分问题并尝试参与中亚能源资源的开发。[1] 因此，土耳其、伊朗和巴基斯坦等中等国家更多地被视为 20 世纪 90 年代与俄罗斯展开竞争的主体。"9·11"事件后美国强势介入中亚事务与 2001 年上合组织成立后，中美在中亚的影响均有明显扩大，中美俄在中亚三足鼎立的态势持续至今。然而，俄罗斯在中亚的影响力仍在中美之上。对于其他域外大国而言，其参与中亚事务过程中面临的一个重要议题是如何应对和处理俄罗斯在该地区的影响力。

通过回顾域外大国参与中亚事务的过程，可以发现它们在这一问题上存在"无声的协调"，或明确或隐晦地默认了俄罗斯在该地区的特殊地位或利益。显而易见，美国等西方国家并不乐见俄罗斯在中亚享有的特殊地位，原因在于美国在中亚推进西方价值观和治理模式是以改造中亚国家和俄罗斯共享的诸多价值观念和制度体系为前提的。在俄罗斯与西方关系融洽时，俄罗斯可以对此视而不见（如 20 世纪 90 年代初期的情形），而当俄罗斯与西方关系恶化时，俄往往会作出反击（如 2003 年"颜色革命"兴起后俄罗斯的举动）。而且美国在中亚追求的遏制、整合与塑造三重战略目标决定了最符合美国利益的中亚治理格局是美国一家独大，底线则是

---

[1] 郑羽：《中俄美在中亚：合作与竞争》，社会科学文献出版社 2007 年版，第 16—32 页。

该地区格局实现"多极化"而非俄罗斯享有特权地位。然而俄罗斯在中亚的传统影响和实力决定了美国不得不承认其地位。如针对塔吉克斯坦内战,扮演主要调停者角色的是俄罗斯以及塔吉克斯坦的邻国乌兹别克斯坦和与美国关系处于僵局状态的伊朗,① 而由于"被前南斯拉夫、索马里、阿富汗和缅甸的问题所纠缠,西方既无能力也无意愿对塔吉克斯坦的混乱局势采取预防性外交"。② 美国在中亚影响力的缺失决定了其无意也无力参与塔吉克斯坦内战各方的调停。美国对塔吉克斯坦内战的冷漠,一方面说明美国无意用武力维护中亚的安全和稳定,另一方面也意味着20世纪90年代早期美国关注的仍是俄罗斯对美中亚政策的反应。③ 销毁或转移哈萨克斯坦的核武器则是双方进行"无声的协调"的典型案例。完成此项工作符合俄美两国的共同利益。但在苏联解体之初,俄罗斯没有资源和意愿处理这项工作,继承了苏联核武器的乌克兰、哈萨克斯坦和白俄罗斯拒绝将各自境内核武器的控制权转移给俄罗斯,于是美国顺理成章地承担了这一任务。④ 在该过程中,美俄的协调和分工是:美国出钱出力,俄罗斯不持异议。尽管双方在此问题上并无公开和明确的合作方案,但俄的"冷漠"为美国实现自身诉求提供了条件。

美国在"9·11"事件后成功入驻中亚,同样是大国在该地区进行"无声的协调"的具体体现。美国为了消灭阿富汗塔利班和"基地"组织,于2001年10月7日纠集其西方盟友入侵了阿富汗。为了推进在阿富汗的军事行动,同时实现将其军事触角延伸到中亚地区这一目标,美国积极寻

---

① Dov Lynch, *Russian Peacekeeping Strategies in the CIS: The Case of Moldova, Georgia and Tajikistan*, London: Macmillan Press, pp. 150 – 172; Dov Lynch, "The Tajik Civil War and Peace Process", *Civil Wars*, Vol. 4, No. 4, 2001, 2007, pp. 49 – 72; Stuart Horsman, "Uzbekistan's Involvement in the Tajik Civil War 1992 – 1997: Domestic Considerations", *Central Asian Survey*, Vol. 18, No. 1, 1999, pp. 37 – 48; Monika S. Shepherd, "The Effects of Russian and Uzbek Intervention in the Tajik Civil War", *The Soviet and Post – Soviet Review*, Vol. 23, No. 1, 1996, pp. 285 – 328.

② 参见 John Heathershaw, *Post – Conflict Tajikistan: The Politics of Peacebuilding and the Emergence of Legitimate Order*, London and New York: Routledge, 2009, pp. 26 – 27; Sumie Nakaya, *A Paradox of Peacebuilding Aid: Institutionalized Exclusion and Violence in Post – Conflict States*, Ph. D. Dissertation, New York: The City University of New York, 2009, p. 45.

③ Evgeny F. Troitskiy, "US Policy in Central Asia and Regional Security", *Global Society*, Vol. 21, No. 3, 2007, pp. 415 – 416.

④ 关于美国对哈萨克斯坦开展的弃核援助参见 Jonathan Aitken, *Nazarbayev and the Making of Kazakhstan from Communism to Capitalism*, New York: Continuum, 2009.

求中亚国家允许美国及其盟军进驻中亚。在美国进驻中亚的问题上，美国虽然强调中亚国家的独立性，但同时与俄罗斯进行了"无声的协调"，体现了对俄罗斯一定程度的尊重。据悉，吉尔吉斯斯坦与塔吉克斯坦向美国提供的支持是经过俄罗斯的允许甚至是鼓励的，但乌兹别克斯坦的决定似乎是其独立作出的。此外，俄罗斯在"9·11"事件之后主动寻求改善与美国的关系，也为美军入驻中亚奠定了基础。事实上，顾及俄罗斯对美国进驻中亚的忌惮，吉尔吉斯斯坦曾公开批评乌兹别克斯坦允许美军使用其军事基地。但普京2001年9月24日支持美国军事行动的声明，为吉尔吉斯斯坦突破困境打开了机会之门。此后，吉尔吉斯斯坦为获得俄罗斯的明确认可，开展了不少斡旋活动。① 由此可见，美国实现在中亚驻军或许并非俄美直接磋商的结果，而是美俄基于形势变化为加强国际反恐合作进行"无声的协调"所带来的效应。② 当然，中亚国家基于利益权衡而积极参与博弈，也是美国在中亚驻军问题上取得突破的重要环节。可以明确的是，美国之所以会在中亚国家驻军问题上寻求俄罗斯的谅解，主要是基于以下考虑：美国虽然认为没有理由在与独立的中亚国家磋商时先征求俄罗斯的意见，但美国领导者意识到仍有必要通过采取低姿态以示对俄罗斯在中亚地区影响力予以必要的尊重。

中国在参与中亚事务的过程中对俄罗斯的尊重具有更多更明显的体现。对于中国参与中亚事务的立场，习近平在2013年9月访问哈萨克斯坦纳扎尔巴耶夫大学时作出了明确的表述："我们尊重各国人民自主选择的发展道路和奉行的内外政策，决不干涉中亚国家内政。中国不谋求地区事务主导权，不经营势力范围。我们愿同俄罗斯和中亚各国加强沟通和协调，共同为建设和谐地区做出不懈努力。"③ 这充分展现了中国参与地区事务所坚持的基本原则：一方面明确了尊重中亚国家主权、领土完整及其自

---

① 相关情况参见 Alisher Khamidov, *The Base of Contention: Kyrgyzstan, Russia and the U.S. in Central Asia* (2001—2010), Ph.D. Dissertation, Maryland: John Hopkins University, 2011.

② 也有观点认为，在中亚驻军问题上，俄美有过明确的协调。如时任美国欧洲和欧亚事务助理国务卿史蒂文·皮弗（Steven Pifer）指出，美国在与中亚接触的同时也在与俄罗斯进行磋商。参见 Christian Thorun, *Explaining Change in Russian Policy: The Role of Ideas in Post-Soviet Russia's Conduct Towards the West*, New York: Palgrave Macmillan, 2009, pp. 117-118.

③ 《习近平在纳扎尔巴耶夫大学的演讲》，http://www.xinhuanet.com/world/2013-09/08/c_117273079_2.html。

主选择的发展道路；另一方面表达了对俄罗斯的尊重，这有助于缓解俄罗斯对中国在该地区影响力持续扩大的担忧。基于以上原则，中俄在中亚的互动形成了一种相互尊重—合作的良性互动模式。这种互动模式体现在中国与哈吉塔三国边界划分、上合组织的建立和运行、"一带一路"倡议与欧亚经济联盟的对接等具体行动中。由此可见，无论是出于何种具体动机，域外大国在参与中亚事务的过程中均不得不顾忌或尊重俄罗斯在该地区所具有的影响力。即便域外大国试图绕过俄罗斯推进自身议程，但由于它们不得不将俄罗斯在该地区的影响力纳入政策考虑，因此俄罗斯的反应无形之中成为各国进行互动时的"聚焦点"，进而促成各国在该地区的政策或行动形成一种"无声的协调"。

（三）域外大国往往会尊重和保障中亚国家奉行的多元平衡外交政策

为了维护自身国家主权和领土完整，中亚国家均奉行"多元平衡外交政策（foreign policy diversification/balanced foreign policy）"或"多角度外交政策（multi-vector foreign policy）"。这类外交政策指的是与多个国际行为体加强合作关系，同时又避免对任何一个大国产生过度依赖，避免危及本国独立和主权。如前所述，俄罗斯对地区局势仍具有高度影响力是各国奉行多元平衡外交政策的初衷，意在尝试对俄罗斯的影响力进行必要的制衡，同时避免触怒或冒犯俄罗斯。显而易见，这种政策成功的前提是其他大国与中亚国家发展友好关系。而美国、中国、欧盟、印度、日本、伊朗和土耳其等诸多行为体的存在以及各国竞相参与中亚事务，为中亚国家拓宽对外交流和联系提供了广阔空间。对于这些域外大国来说，鼓励甚至保障中亚国家始终奉行多元平衡外交政策是扩大自身在中亚影响力、抵御俄罗斯施加的强大地区压力的前提。因此，尊重中亚国家的外交政策取向构成各域外大国积极参与中亚事务的另一个"聚焦点"。一旦一个大国完全主导中亚事务，其他大国参与地区事务以维护自身利益的空间很可能会遭到压缩，这使得各大国在自身难以成为中亚主导性政治力量的背景下，不约而同地尝试对俄罗斯在中亚的影响力进行必要牵制，以保障中亚国家能持久贯彻多元平衡的外交政策。

域外大国尊重中亚国家的多元平衡外交政策有诸多体现。中亚国家独立之后才开始国家建设过程，国际形势变化的不确定性及经验欠缺客观上给巩固国家主权和提升国家治理能力带来了诸多挑战。域外大国支持多元平衡外交政策，向中亚国家提供必要的帮助，成为促进中亚各国经济发展、保障中亚各国走上相对稳定的发展道路的关键。鉴于中亚国家与俄罗斯的经济存在千丝万缕的联系，要提升中亚国家的"生存"能力，拓宽各国的对外经济联系、加速中亚与世界经济融合是首要任务，这被一些域外大国视为削弱俄罗斯影响力的重要方式。为此，域外大国构想并极力推动各种以自身为主的地区联通计划。例如，美国在20世纪90年代积极推动中亚国家加入欧盟提议和支持的路上联通计划和西向能源管线（向欧洲输送石油和天然气国家间项目和欧洲—高加索—亚洲运输走廊计划），同时还支持向土耳其输出里海石油和天然气的两条能源管线（巴库—第比利斯—杰伊汉石油管线和巴库—第比利斯—埃尔祖姆天然气管线）。"9·11"事件后，美国积极倡导中亚国家加入南向的地区联系倡议（如2005年的"大中亚计划"和2011年的"新丝绸之路"计划），试图以阿富汗为中心推动南亚与中亚之间的地区一体化。特朗普上台后虽然放弃了这一设想，但依旧延续了推动中亚间联系的既定路线。其他域外大国在参与中亚事务的过程中也在极力推动符合自身偏好的中亚联通方向。整体而言，域外大国所倡导的多方向经济联通方案更多地是出于各自战略考虑和经济利益作出的决定，彼此间几乎未进行协调，这恰恰说明它们在无形之中达成了"无声的协调"。

域外大国鼓励并吸引中亚国家积极参与不同大国主导的地区合作机制，同样在不知不觉中形成了"无形的协调"。当前还不存在涵盖所有中亚治理主体的国际机制，除了土库曼斯坦，其他中亚国家均参加了由不同大国主导的地区合作机制，如美国主导的北约"和平伙伴关系计划"和C5+1机制，俄罗斯主导的独联体、集体安全条约组织、欧亚经济共同体和2015年启动的欧亚经济联盟（乌兹别克斯坦于2020年成为观察员国，塔吉克斯坦迄今未加入）以及中国主导的上合组织和"一带一路"倡议等。除了正式的地区合作机制，中亚各国还参与了印度、日本、韩国等国发起的合作倡议。由于不同的机制或倡议规范不同、遵循的行为规则不同，因此中亚地区出现了明显的"规范竞争"现象。[①] 各大国主导的地区

---

① David Lewis, "Who's Socialising Whom? Regional Organisations and Contested Norms in Central Asia", *Europe - Asia Studies*, Vol. 64, No. 7, 2012, pp. 1219 - 1237; Emilian Kavalski, "Partnership or Rivalry Between the EU, China and India in Central Asia: The Normative Power of Regional Actors with Global Aspirations", *European Law Journal*, Vol. 13, No. 6, 2007, pp. 839 - 856.

合作机制或合作倡议之所以积极鼓励中亚国家参加,深层原因是借此向中亚传播自身所青睐的国际规范、塑造中亚国家的政治发展方向,进而扩大自身在中亚的影响。中亚国家对待多边机制或倡议所持的"多多益善"的态度,使得各种机制之间虽不乏竞争,但更多的时候是各行其是、相安无事。

俄罗斯则不愿中亚国家在疏远自己的道路上越走越远,故在介入中亚事务的过程中顾及中亚国家追求独立和主权、渴望获得尊重的心理,避免因强势介入而引发中亚国家的猜忌甚至怨恨。在中亚国家边界争端、水资源问题和族群冲突的问题上,俄罗斯一般不持偏袒立场,而是留给中亚国家自己去处理。对于吉尔吉斯斯坦多次发生政权非正常更迭、[①] 中亚国家采取"去俄化"等举措,[②] 俄罗斯也能保持自我克制。尽管俄罗斯在中亚仍具有重要的不对称优势,但它是以一种"谈判性霸权(negotiated hegemony)"的身份与中亚国家开展互动的,即俄罗斯不能随意将自身的意志灌输给中亚国家,而是以与中亚国家谈判和协调的方式来推进自身的议程,并且不排除中亚国家违背俄罗斯的意愿。[③] 总之,时势的变迁迫使俄罗斯不得不接受中亚国家已然独立的事实,并经由学习和磨合,成为中亚"无声的协调"的重要参与者。

(四) 域外大国均会为促进中亚的稳定与和平提供必要帮助

毋庸置疑,积极参与中亚事务的域外行为体各有各的诉求。如前所述,美国在中亚主要追求遏制、整合与塑造三重战略目标。与美国类似,其他行为体也在追求自身偏好的目标:欧盟试图向中亚扩散自由、人权、民主和善治等西方价值观,同时力推中亚与欧洲之间的互联互通;俄罗

[①] 有关俄罗斯对 2020 年吉尔吉斯斯坦政权更迭所做的谨慎回应,参见 Stephen Aris, "The Response of the Shanghai Cooperation Organisation to the Crisis in Kyrgyzstan", *Civil Wars*, Vol. 14, No. 3, 2012, pp. 451 – 476.

[②] 如中亚国家推动的将西里尔字母改为拉丁字母就是"去俄化"的具体体现。参见 Gaukhar Batyrbekkyzy, et. al. , "Latinization of Kazakh Alphabet: History and Prospects", *European Journal of Science and Theology*, Vol. 14, No. 1, 2018, pp. 125 – 134.

[③] Filippo Costa Buranelli, "Spheres of Influence as Negotiated Hegemony—The Case of Central Asia", *Geopolitics*, Vol. 23, No. 2, 2018, pp. 378 – 403; Mario Baumann, "Eurasianist Rhetoric in Russia and Kazakhstan. Negotiating Hegemony Through Different Visions of Society", *Central Asia and the Caucasus*, Vol. 20, No. 1, pp. 34 – 42.

斯致力于巩固在中亚的权力优势地位并确保中亚这一"软腹部"地区的安全;中国则希望通过发展与中亚国家之间的友好关系维护中国西部边疆的安全并促进与中亚国家之间的"五通"。显而易见,域外大国在中亚追求的优先目标并无太多交集,甚至有冲突之处;不过,它们要促进自身目标的实现,均须满足一个基本前提,即中亚的和平与稳定能够大致予以保障,否则任何一个域外大国对自身战略或政策目标的追求都会成为无源之水。因此,至少在话语上各域外行为体均高举促进中亚和平与稳定的旗帜,在行动上则向中亚国家提供必要的援助,通过双边或多边方式推进相关合作项目以促进中亚的稳定。虽然域外大国主要基于利己动机参与中亚事务,但其合作话语与合作活动客观上在中亚产生了一种"非意图"的系统效应(systemic effects)或称涌现效应(emergent effects),各国的自利行动在地区层面产生了一种利他的结果,即"无声的协调"。

以美国对中亚事务的参与为例。在苏联解体之初,美国希望包括中亚国家在内的欧亚新独立国家不要陷入国家崩溃,为此于1992年10月通过了"自由支持法案(FSA)",决定运用经济援助支持包括中亚国家在内的欧亚国家进行转型。这一时期美国提供的主要物品为人道主义援助物资,包括食品、燃料和药品等。为了避免激进推进西方式改革引发地区动荡以及减轻自身的负担,美国并不致力于推进中亚各国的全面转型与改革。[①] "9·11"事件发生之后,美国开始提升中亚在其全球战略中的地位。无论是小布什政府时期的"大中东计划",奥巴马政府时期的"新丝绸之路战略",还是美国与中亚国家的对话机制"C5+1",美国在其外交话语中均强调推进中亚五国之间或中亚国家与西方国家之间合作对于实现地区稳定与和平的重要意义,并采取各种措施,如强化与中亚国家的合作,促进地区稳定。

[①] 更详细的研究可参见 Anthony R. Bichel, *Contending Theories of Central Asia: The Virtual Reality of Realism, Critical IR and The Internet*, Ph. D. Dissertation, Honolulu: University of Hawaii, 1997, pp. 87 – 89; Zbigniew Brzezinski, "The Premature Partnership", *Foreign Affairs*, Vol. 73, No. 2, 1994, p. 68; Anthony R. Bichel, *Contending Theories of Central Asia: The Virtual Reality of Realism, Critical IR and The Internet*, Ph. D. Dissertation, University of Hawaii, 1997, pp. 91 – 92.

其他域外大国与美国类似，均为促进中亚的合作和稳定提出了各自的合作倡议或计划。以欧盟为例，在中亚国家独立之后，欧盟为促进欧亚新独立国家的转型设立了独联体国家技术援助项目（TACIS），尝试通过为欧亚国家的国家建设和社会转型提供资助，以扩大欧盟在该地区的影响力。截至2006年，欧盟共向中亚国家提供了13.8亿欧元的援助资金，并且启动与完成了一系列资助项目，其中TACIS援助资金达到6.5亿欧元。① 除TACIS计划外，还包括欧盟执委会人道主义办公室（ECHO）与食品安全计划（FSP）提供的人道主义援助与财政支持，欧盟提供的宏观金融贷款与赠款、复兴援助以及欧盟民主与人权倡议（EIDHR）提供的援助等。为了加强中亚国家的安全治理能力，欧盟在中亚启动了以下项目，如在边界管理方面资助中亚边界管理项目（BOMCA），在打击毒品走私方面提出中亚毒品行动计划（CADAP），在环境方面有"欧洲环境（EfE）"进程、欧盟东欧、高加索与中亚水资源倡议（EUWI-EECCA）等。2007—2013年，欧盟的中亚援助预算为7.19亿欧元；② 2014—2020年，欧盟的援助额达到11亿欧元。③ 2019年6月17日，欧盟理事会批准并通过了新版欧盟中亚战略——《欧盟与中亚：更坚实伙伴关系的新机遇》，取代了2007年6月的《欧盟与中亚：新伙伴关系战略》。④ 欧盟中亚战略具有延续性，有意支持和资助涵盖中亚五国的地区性合作项目。客观而言，这种项目的确在一定程度上有助于增进中亚国家间的相互了解和团结。

域外大国介入中亚事务的认知前提是有关中亚局势不稳、危险重重的"危险话语"。这与西方国家在冷战后迫切需要寻找介入中亚的理由和合法性密切相关。通过渲染中亚形势的"威胁"，西方决策者和学界精英不仅界定了中亚研究的核心主题，而且赋予了自身介入中亚事务的道德优越感

---

① "European Commission Regional Strategy for Central Asia 2007—2013", Brussels: EU, Annex 4, p.41, http://ec.europa.eu/external_relations/ceeca/c_asia/07_13_en.pdf.

② Jos Boonstra and Jacqueline Hale, "EU Assistance to Central Asia: Back to the Drawing Board?", EUCAM Working Paper 8, January 2010, p.13.

③ European Parliament, "The EU's New Central Asia Strategy", https://www.europarl.europa.eu/RegData/etudes/BRIE/2019/633162/EPRS_BRI(2019)633162_EN.pdf, p.3.

④ "The European Union and Central Asia: New Opportunities for a Stronger Partnership", European Commission, May 15, 2019, http://europa.eu/rapid/press-release_IP-19-2494_en.html.

和必要性。① 与欧美不同，中俄两国相邻意味着两国在安全、经济、社会和文化等领域的利益休戚相关，因而有更多现实和紧迫的理由加强与中亚国家的合作。因此，中俄往往会构建多边合作机制将中亚国家纳入其中，直接与各国进行沟通互动，以共商并推进解决彼此间或涉及整个中亚稳定的问题。俄罗斯在中亚有多个多边机制推进彼此间的合作，如安全领域有集体安全条约、经济领域有欧亚经济共同体/欧亚经济联盟、综合领域有独联体，中国则有上合组织这一抓手。上合组织对于增进中俄与中亚各国之间的相互了解、促进地区合作具有重要的意义。诚如习近平所指出的，上合组织"是国际关系理论和实践的重大创新，开创了区域合作新模式，为地区和平与发展做出了新贡献"。② 总之，自中亚国家独立以来，中亚在整体上保持了和平与稳定，并未爆发严重危及地区稳定的灾难性事件和国家间冲突。这种局面的形成既离不开中亚国家对国家间关系的主动管控，也离不开域外大国所开展的明确的协调（中俄之间、欧美之间）和"无声的协调"（中俄与欧美之间、其他行为体之间）。各方一致希望中亚能有效维持稳定，一般较少采取有损于这一目标实现的举动。

以上就域外大国在中亚进行"无声的协调"所遵守的四个"潜规则"做了简要分析。由此可见，尽管特定大国在参与中亚事务时往往缺乏与其他行为体就彼此的中亚政策或地区合作倡议进行公开和明确协调的动机，也缺乏进行这种协调的整合性地区合作机制，但这并不妨碍它们在互动过程中形成一种"无声的协调"模式。这得益于域外大国对"潜规则"的遵循。这些"潜规则"源自域外大国之间的相互磨合和彼此学习，而它们在该地区所进行的竞争，如围绕支持和反击"颜色革命"、保持和驱逐美国在中亚的驻军、优先建设何种方向的能源管线等问题上的博弈，则是磨合

---

① 如对西方的中亚研究进行过系统梳理的莱昂纳德·斯通曾表示，中亚地区的大国竞争与各国的国家建设构成了西方中亚学术共同体的核心关切（core concerns）。由此生产出的各种文本即诸多研究成果又形成了文本共同体（community of texts），这是一种通过文本的核心假定和假设进行相互沟通的文本间事实（inter-texual reality）。它们在相当大的程度上塑造了西方世界看待中亚国家的主要方式：大国竞争涉及的是地缘政治视角，而中亚的国家建设则与转型学的视角相关。参见 Leonard A. Stone, "Central Asian Studies", *Journal of Third World Studies*, Vol. 29, No. 1, 2012, p. 194.

② 习近平：《弘扬"上海精神"构建命运共同体——在上海合作组织成员国元首理事会第十八次会议上的讲话》，《人民日报》2018 年 6 月 11 日第 3 版。

的具体过程和学习的重要时机。值得肯定的是，域外大国之间的竞争或龃龉并未演变成为不可调和的矛盾。各方的自我克制为它们在中亚形成"无声的协调"作出了贡献。

第三节　大国在中亚开展"无声的协调"的主要原因

"无声的协调"之所以会成为域外大国在中亚的重要互动模式，这主要源于中亚地理环境的三重"二元性"、大国在该地区的权力与历史心态结构分布、域外大国积极配合和支持中亚国家对其外交目标的追求三个层面因素的影响。

（一）中亚的地缘政治环境具有多重"二元性"

中亚的地理位置非常独特，兼具封闭性与开放性。中亚五国均为内陆国家，乌兹别克斯坦还是世界上仅有的两个双重内陆国之一。就此而言，中亚具有显而易见的封闭性。在陆上交通不畅的年代，中亚的封闭性极大地限制了该地区的对外交往。就其毗邻地区而言，中亚北面与俄罗斯接壤，东面与中国相邻，南面与巴基斯坦、阿富汗和伊朗比邻而居，东面则与高加索地区隔里海相望。通过与这些毗邻地区及国家加强联系，中亚国家可以融入多个安全复合体中，如以俄罗斯为主导的独联体安全复合体、以中日韩为首的东亚安全复合体，以印度为主导（包括阿富汗在内）的南亚安全复合体、没有单一主导大国的高加索安全复合体和中东安全复合体等不同安全复合体。当中亚与毗邻地区之间的互联互通得到有效推进时，中亚即可南上北下、东进西出，从而极富机动性和灵活性。正是因为中亚处于欧亚大陆的"通衢之地"，因此被视为世界地缘政治的"心脏地带"或"历史的枢纽"，从而成为大国必争之地。事实上，中亚既可以成为东西方、南北向进行文化交流和商贸往来的陆上大通道，如历史上"丝绸之路"的繁荣；也可能成为阻断各方联系和交流的重要障碍，如阿拉伯力量统治中亚后导致"丝绸之路"衰落和英俄"大博弈"所带来的消极后果。

中亚同时具有封闭性和开放性决定了该地区在世界大国开展地缘政治博弈时既中心又边缘的双重性。中亚客观上是欧亚大陆的通衢之地，然而当特定的政治势力完全主导中亚时，该地区就会丧失开放性。例如，中亚被沙俄和苏联控制时期，其外部交往受到严重制约，中心地位也随之消逝。事实上，至少在19世纪下半叶至1991年中亚国家独立以前，中亚在世界体系中是以"边缘地区"的身份而存在的，它在很大程度上是沙俄或苏联为追求西方承认而构建的内部他者，并以此来凸显俄罗斯的"文明"身份。① 当中亚国家重获"自由"或处于"无主"状态时，该地区在世界政治的"中心"地位又重新得到域外大国的重视。然而，其处于世界体系中"边缘"位置这一认知却往往得到固化。这种地缘地位既体现在世界体系的经济分工中，因为中亚国家向国际社会提供的更多是能源、矿产等原材料或初级产品，这种状态有其客观性；同时又体现在域外人群对该地区充满异域想象的认知中，并且这种认知具有建构色彩。正如国外学术界所盛行的"危险话语"所表明的，人们一方面会强调中亚在世界地缘政治中的重要地位及其意义，另一方面也因为对该地区的陌生感转而认为该地区是"模糊的""东方化的"和"难以控制的"。②

中亚在域外大国及国际社会中这种既"中心"又"边缘"的地位使得域外大国在参与中亚事务时产生了非常矛盾的心态：一方面，域外大国迫不及待地投入对该地区的"争夺"之中；另一方面，又因对该地区发展动力的不了解而导致其难以实现预期目标，进而导致参与意愿和兴趣受挫。如果将中亚视为一个地缘政治场域，那么该场域具有四个特征：第一，参与"游戏"的行为主体没有明确的准入资格，故参与中亚事务的行为主体繁多。无论是民族国家还是各类非国家行为体，无论是大国还是中等国家亦或小国，无论是中亚的邻国还是相距遥远的国家，均可参与到中亚事务中来，以致对中亚事务产生影响的行为主体数量相当丰富。第二，中亚的边界虽然相对稳定，但人们对中亚的认识及其可被纳入的地缘政治或地缘经济空间却是变化的，如中亚可被视为分属北亚、南亚、中东和东亚的一部分，各行为体可根据自身需要将中亚整合进相应的地缘政治板块。第三，指导大国参与中亚地区事务的互动规则不够清晰和明确。中亚国家独

---

① Filippo Costa Buranelli, "Knockin' on Heaven's Door: Russia, Central Asia and the Mediated Expansion of International Society", *Millennium: Journal of International Studies*, Vol. 42, No. 3, 2014, pp. 817 – 836.

② 参见 John Heathershaw and Nick Megoran, "Contesting Danger: A New Agenda for Policy and Scholarship on Central Asia", *International Affairs*, Vol. 87, No. 3, 2011, pp. 594 – 604.

立之后，除不得侵犯中亚国家的主权与领土完整，域外大国均可凭自身拥有的各种资源自主进行不受约束的竞争和没有定规的合作。第四，影响中亚局势演变的力量错综复杂，大体而言包括域外行为体彼此间的竞争与合作，也包括中亚国家自身的行为选择和发展态势以及与内外行为体之间的复杂互动，还包括中亚作为物理空间所出现的环境变迁和生态变化（如咸海危机的演变态势）等。上述特征共同导致了一个结果，即中亚作为一个地缘政治场域，其演变方向是不确定的，从而决定了该场域具有世界上其他区域所不具备的开放性、丰富性、复杂性与可塑性。

中亚作为一个地缘政治场域具有的各种特征为域外大国在参与中亚事务的过程中摸索出了一套潜规则并为形成"无声的协调"提供了地域空间。由于世界"心脏地带""历史枢纽"的说法广为流传，中亚国家独立后，诸多域外行为体试图进入中亚，这是中亚在世界地缘政治中的"中心性"的典型体现。除俄罗斯外，其他域外行为体对于独立后中亚国家的具体情况大多一知半解，甚至可以说不少行为体对该地区的认知是一厢情愿的想象。这意味着它们对参与中亚事务具有一定的盲目性，并且受到传统偏见和自身意愿的强烈影响。[①] 中亚形势的复杂导致各国对独自改变这一地区在世界经济体系中的客观边缘地位有心无力。而中亚所具有的封闭性和开放性特征一方面加大了域外国家进入中亚的成本，另一方面则令该地区易受到来自东南西北四个方向形势变化的影响，尤其是阿富汗局势对中亚产生了持久的负面影响，因此中亚的"中心地位"始终与该地区难以进入且难以控制相伴随，这加剧了中亚地区的边缘性。

中亚的地理和地缘政治特征意味着域外大国开展"无声的协调"是一种较为稳定的互动模式。中亚的地理和地缘政治特征不仅吸引了众多行为体参与其中，更重要的是，其地理位置衍生的封闭性与开放性兼具、中心性与边缘性并存、客观性和建构性互构的多重双重特性[②]决定了域外大国为获得中亚各国的青睐而不得不彼此牵制，从而导致任何一个大国都难以

[①] 比较典型的是土耳其和伊朗，在早期它们高估了自身的实力和对中亚国家的影响力，认为俄罗斯从中亚地区退却，为它们成为中亚地区的"老大哥"提供了千载难逢的机会。然而事实证明，尝到独立后当家作主甜头的中亚国家再不愿成为其他国家的"小兄弟"。

[②] 参见袁剑《寻找"世界岛"：近代中国中亚认知的生成与流变》，社会科学文献出版社2020年版，第23—25页。

实现主宰中亚这一"心脏地带"的目标。在此背景下,各大国只能退而求其次,满足于尽可能推进自身偏好的政策议程的同时,也不得不包容其他域外大国的目标追求并对自身行为构成牵制的行为。此外,由于在中亚这一地缘政治场域缺乏明确的互动规则,导致诸多域外行为体在互动中不得不摸索出一些"潜规则",以避免彼此之间的竞争失去控制。基于对该地区重要性的认知,一旦中亚被某个大国或大国集团所控制,那么具有敌意的其他大国或集团很有可能会不惜代价来挑起事端,从而破坏"潜规则",激化地区矛盾甚至导致战争。如此一来,作为场域的中亚将演变成为大国的战场,不仅中亚各国将沦为牺牲品,大国也将会因此而深受其害。就此而言,中亚易于进入但难以控制、既中心又边缘的地理位置既造成了域外大国在该地区形成了"无声的协调"的互动模式,也意味着该模式或许是域外大国在该地区最为稳定的相处模式。

(二) 大国在中亚的权力与历史心态结构分布

在中亚形成"无声的协调"互动模式的过程中,域外大国的权力与历史心态结构的分布也至关重要。在中亚地区,各大国依靠自身所拥有的各类资本在场域内互动,并致力于成为修改场域互动规则的优胜者。各方拥有的资本类型及其多寡在很大程度上决定了各方所具有的比较优势或劣势,但场域内各方经由互动实践积累的不同性情倾向或习惯也会影响它们参与博弈时的技巧与所偏好的行为方式。这无疑会影响其他各方对特定参与者行动作出相应反应的方式和策略。换言之,场域中行为体互动模式的形成会受到场域中行为体资本构成和习惯构成的影响,这是皮埃尔·布尔迪厄有关社会场域理论的核心观点。[1] 从国际政治角度来讲,域外大国在中亚形成何种互动模式与它们在该地区形成的权力结构和历史心态结构息息相关。相对于权力结构的概念,大国针对特定地区或域内国家所持有的心态结构较少得到关注。由于大国在国际社会中处于特殊的位置、承担特定的责任,它们在处理国际事务或在与特定地区的国家交往时,会潜意识或不自觉地将这种心态反映在交往关系之中。这在老牌殖民主义国家对外

---

[1] Pierre Bourdieu, *Distinction*: *A Social Critique of Judgment of Tastes*, Cambridge: Cambridge University Press, 1984, p. 101.

交往中体现得尤为明显。① 心态结构往往是权力结构的反映，不同的心态结构自然会影响权力主体对客体的认知。域外大国行为体在面对中亚国家时其外交行为或心态具有一定的模式化特征，而它们之间的互动也会因此而呈现出特定的互动模式。例如，中俄美三方在中亚权力结构中居于不同位置，面对中亚国家时会产生不同的心态，三国的互动会衍生出"无声的协调"互动模式。下文就大国在中亚形成的权力结构与历史心态结构何以对它们形成"无声的协调"进行简要分析。

杜耶蒙德的"套娃霸权"概念对中亚的权力结构分布作出了较为准确和形象的说明。在杜耶蒙德看来，中俄美这些不同类型的霸权国在中亚同时存在，平时相安无事，类似俄罗斯套娃一样井然排列。② 就美国与俄罗斯的关系而言，在全球层面，美国是守成国、俄罗斯是挑战国；在地区层面，双方角色则发生了逆转。在俄罗斯看来，作为全球霸权的美国在欧亚地区是一个"修正主义大国"和挑战者。因为欧亚地区原本是由苏联加盟共和国组成的，苏联解体后，基于历史联系和现实利益，该地区理应构成俄罗斯的"势力范围"和优先利益区。而美国在该地区影响力的逐步增大，似乎是以牺牲俄罗斯的影响力为代价的。如此，俄罗斯与美国在全球层面的角色结构在欧亚地区出现了一种转换，即在欧亚地区，俄罗斯是守成国、美国是挑战国。乌兹别克斯坦与哈萨克斯坦基于各自的理由争当中亚地区的次区域霸权国，前者的实力基础是位于中亚中心的地理位置、最大的人口规模和最强的军事实力，而后者争雄的基础是丰富的能源资源、相对稳定的国内政局和平稳发展的国内经济。无论是俄美在中亚的互动，还是哈乌在该地区的竞逐，背后也许刀光剑影，但表面呈现风平浪静的状态。自20世纪90年代以来，中国在中亚的影响力稳步扩大，而无论是俄罗斯还是美国对此均有所担心和警惕。不过，通过与俄罗斯的直接沟通，尤其是通过上合组织这一多边机制向俄罗斯和四个中亚成员国对自身活动予以说明和约束，中国在中亚影响力的扩大至少迄今为止未遭到中亚各国和俄罗斯不加掩饰的反击。就整体的实力分布而言，即便俄罗斯在中亚贯

---

① Christopher Murray, "Imperial Dialectics and Epistemic Mapping: From Decolonisation to Anti-Eurocentric IR", *European Journal of International Relations*, Vol. 26, No. 2, 2020, pp. 419-442.

② Ruth Deyermond, "Matrioshka Hegemony? Multi-Levelled Hegemonic Competition and Security in Post-Soviet Central Asia", pp. 151-173.

彻自身意志的能力遭到削弱，但其拥有的丰富的资本类型和数量及其对中亚事务的熟稔和高超的外交技巧决定了它在中亚的霸权地位短期内很难被域内外其他行为体超越。在俄罗斯无意侵犯中亚国家主权和领土完整且无意将其他霸权国驱逐出"新大博弈"的情况下，其他类型的霸权国整体安于当前的权力分配状态，从而为它们之间出现"无声的协调"奠定了必要的权力基础。

然而，将大国在中亚的心态结构纳入考虑，可以发现"无声的协调"互动模式具有内在的不稳定性。如前文所述，大国对特定区域的参与既会考虑该地区客观的自然地理环境，也会出于各种原因建构关于该地区的各种图景或地缘政治想象，而这种地缘政治想象即各大国针对该地区历史心态的具体反映。中俄美在参与中亚事务的过程中均构建了关于中亚的地缘政治想象，而且这种想象具有一定的延续性。如美国由于与中亚相距遥远、历史联系较少，且不涉及美国的核心利益（除了"9·11"事件的发生导致美国在中亚设立军事基地以打击塔利班与"基地"组织），因此美国对于中亚的认知一直都比较模糊，并且认为该地区会带来许多现实和潜在的麻烦和危险。基于这种地缘政治想象，美国对待中亚国家的历史心态具有两重性：一方面，美国自视为"仁慈的霸权"，是中亚国家应该"效仿的榜样"，并且是一种能将中亚国家从各种危险中拯救出来的力量；另一方面，因为中亚的危险并不构成对其核心利益的根本威胁，美国又试图做一个各国"独立与国家主权的保障者"和"中立的介入者"。俄罗斯对中亚的地缘政治想象至少涉及三个层面：其一，中亚属于俄罗斯的"近邻"，根据俄罗斯的理解，"近邻"地区是其势力范围或至少自己在该地区具有特殊利益。其二，中亚是俄罗斯的"软腹部"，因为该地区很容易成为外部动荡因素进入俄罗斯的通道，进而威胁俄罗斯的国家安全和国内稳定。其三，基于俄罗斯与中亚国家之间拥有千丝万缕的传统联系以及双方实力对比悬殊，俄罗斯往往会将中亚国家视为"小兄弟"或"小伙伴"，甚至是俄罗斯的"一部分"。基于这三重想象，俄罗斯对待中亚国家的历史心态混杂了"特权者""保护者或监护人""老大哥"等角色身份。中国因历史上的"丝绸之路"和现实中积极推动中亚国家共建"一带一路"倡议，对待中亚国家的历史心态同样较为复杂，兼具"历史上的好邻居"

和"现实中的合作者"等身份。①

显而易见,美国和俄罗斯对中亚的地缘政治想象均有浓郁的等级制色彩,这反映了它们针对中亚的历史心态具有居高临下且颐指气使的特征。这种历史心态至少通过两种方式影响"无声的协调"互动模式的稳定性及其维持:其一,对于渴求捍卫国家主权和得到国际承认的中亚国家而言,居高临下的历史心态很容易产生蔑视中亚国家身份和主权的效应,会激发中亚国家"为承认而斗争",即抵制或反抗大国的中亚政策或倡议。② 其二,自视为"拯救者"和"保障者"的美国与自视为"特权者"和"保护者"的俄罗斯之间存在难以调和的角色矛盾。当美国赋予自身"拯救者"的角色时,意味着不可能承认俄罗斯作为"保护者"和"特权者"的角色,两国之间的角色冲突一旦失控,"无声的协调"也将烟消云散。值得庆幸的是,域外大国在中亚历史心态结构具有的不稳定性受到该地区权力结构的压制,因为当前俄罗斯在中亚依旧拥有不容否认的权力优势,而且具有通过运用这种优势捍卫自身主导地位的意愿。各行为体之间的相互牵制,为大国在中亚无形之中形成"无声的协调"提供了重要条件。

(三) 中亚国家对自身目标的追求得到了域外大国的积极响应

大国尊重和保障中亚国家奉行的多元平衡外交政策。在中亚国家中,执行多元平衡外交政策较为典型和成功的案例是哈萨克斯坦。北达科他州立大学政治学教授托马斯·安布罗西奥(Thomas Ambrosio)等人认为,纳扎尔巴耶夫"推行的是一种双重政策,一种是多角度的外交政策,另一种是全球经济整合,以此加强和保障哈萨克斯坦的独立及其长期发展"。③ 而就乌兹别克斯坦来说,尽管在伊斯兰·卡里莫夫(Islam Karimov)执政时期乌兹别克斯坦的外交政策经过一定的变迁,且体现出较强的单边主义色

---

① 有关中美俄对于中亚地区的地缘政治想象及其差异,参见曾向红《"一带一路"的地缘政治想象与地区合作》,《世界经济与政治》2016 年第 1 期。

② 关于中亚国家"为承认而斗争"的研究成果,参见 Bernardo Teles Fazendeiro, *Uzbekistan's Foreign Policy: The Struggle for Recognition and Self-Reliance Under Karimov*, London and New York: Routledge, 2018.

③ Thomas Ambrosio and William A. Lange, "Mapping Kazakhstan's Geopolitical Code: An Analysis of Nazarbayev's Presidential Addresses, 1997—2014", *Eurasian Geography and Economics*, Vol. 55, No. 5, 2014, p. 538.

彩，但乌兹别克斯坦整体希望能在中俄美等大国间维持一种相对平衡的关系。① 继任的米尔济约耶夫政府主动改善与邻国之间的关系、积极深化与诸大国之间的合作、重启中亚五国的地区合作进程，从而使乌兹别克斯坦的外交政策与哈萨克斯坦越来越相似。② 塔吉克斯坦与吉尔吉斯斯坦因国力弱小，因此维持与诸大国之间的友好关系成为其既定的外交方针。土库曼斯坦虽然奉行名义上的"积极中立"政策，但其初衷同样是为了积极发展与世界上主要大国的友好关系，以实现其外交政策目标。③ 中亚国家奉行多角度外交政策具有合理性，因为中亚地理空间封闭性和开放性并存的特征既要求各国与周边国家均保持良好关系，以获得进入国际体系和发展对外经济联系的通道（封闭性所致），也使该地区各国易受外部冲击的影响，增大了各国捍卫自身独立和主权、保障社会稳定与民族和谐的难度（开放性所致）。对此，土库曼斯坦在很大程度上选择了紧闭国门、尽可能地减少对外联系，而其他中亚四国则选择了增进与多个域外国家联系的同时坚持自身独立的外交方式。

中亚国家之所以不约而同地采取多元平衡外交政策，离不开各国对三个外交政策目标的追求。大体而言，中亚国家采取多元平衡外交政策主要有三个方面的考虑：一是保障国家主权，二是维护政权生存，三是尽可能地获益。尽管苏联解体并非中亚五国所愿，但一旦国家独立既成事实，尤其是当各国享受到获得国家主权所带来的各种益处时，中亚国家就会倍加珍视其国家主权。而中美俄和欧盟等主要行为体是否积极承认和尊重中亚各国主权具有显著的示范效应和风向标意义，因此中亚国家希望积极发展与这些行为体之间的友好关系，因为这是保障国家主权的重要方式。除了

---

① Bernardo Teles Fazendeiro, "Uzbekistan's Defensive Self–Reliance：Karimov's Foreign Policy Legacy", *International Affairs*, Vol. 93, No. 2, 2017, pp. 409–427.

② Timur Dadabaev, "Uzbekistan as Central Asian Game Changer? Uzbekistan's Foreign Policy Construction in the Post–Karimov Era", *Asian Journal of Comparative Politics*, Vol. 4, No. 2, 2019, pp. 162–175；焦一强：《"继承"还是"决裂"？——"后卡里莫夫时代"乌兹别克斯坦外交政策调整》，《俄罗斯研究》2017年第3期；周明：《乌兹别克斯坦新政府与中亚地区一体化》，《俄罗斯研究》2018年第3期。

③ Luca Anceschi, *Turkmenistan's Foreign Policy：Positive Neutrality and the Consolidation of the Turkmen Regime*, New York：Routledge, 2009；Utku Yapıcı, "From Positive Neutrality to Silk Road Activism? The Continuities and Changes in Turkmenistan's Foreign Policy", *Journal of Balkan and Near Eastern Studies*, Vol. 20, No. 3, 2018, pp. 293–310.

国家主权，政权生存也是中亚五国开展对外交往的重要动机。甚至可以认为，该动机与国家主权是合二为一的。对政权生存的威胁往往被中亚国家执政精英视为对各国国家主权的侵犯。这种状况主要受中亚国家独立时间不长和各国国家建设过程尚未完成等现实的影响，再加上各国统治者致力于维护自身统治，这就决定了政权生存——首先是政治精英的生存——是影响中亚国家内政外交政策的重要因素。[1] 除非政权可能遭遇外部势力的直接干预或颠覆的风险（如"颜色革命"、安集延骚乱事件），否则中亚国家不愿意得罪任何一个积极活跃于"新大博弈"中的行为体，以避免域外大国质疑各国精英统治的合法性，进而危及政权生存。保障国家主权和维护政权生存从消极意义上界定了中亚国家奉行多元平衡外交政策的战略诉求，尽可能地获益则是积极意义上各国外交政策的重要诉求。这里所说的获益既包括物质收益，如援助、贷款、基础设施建设和经贸合作的推进等，也包括各种象征性收益，如外交承认、国际声誉和国际形象的改善等。[2] 推进并拓展与主要大国之间的合作是中亚国家获得各种物质和象征性收益的重要渠道。

中亚国家的政策取向与域外大国迫切进入中亚参与"新大博弈"角逐的心理符合，共同促成了中亚作为地缘政治场域的喧嚣与拥挤。尽管中亚国家在区域权力结构中不占优势，且面临主要域外大国对该地区持有或多或少居高临下的历史心性的态势，但它们并非"新大博弈"中的逆来顺受者。相反，中亚国家在与大国的互动中具有丰富的能动性。这种能动性最为典型的体现是它们会利用大国之间的矛盾，以促进自身目标的实现。以中亚国家与俄罗斯之间的关系为例。在独立之初，中亚国家在各领域均高度依赖俄罗斯，而俄罗斯针对欧亚新独立国家采取的"甩包袱"政策客观

---

[1] 有关政权生存这一诉求对中亚各国外交政策的影响，参见 Leila Kazemi, "Domestic Sources of Uzbekistan's Foreign Policy, 1991 to the Present", *Journal of International Affairs*, Vol. 56, No. 2, 2003, pp. 258 – 259; Luca Anceschi, "Integrating Domestic Politics and Foreign Policy Making: The Cases of Turkmenistan and Uzbekistan", *Central Asian Survey*, Vol. 29, No. 2, 2010, p. 146; Kirill Nourzhanov, "Changing Security Threat Perceptions in Central Asia", *Australian Journal of International Affairs*, Vol. 63, No. 1, 2009, p. 85; Matteo Fumagalli, "Alignments and Realignments in Central Asia: The Rationale and Implications of Uzbekistan's Rapprochement with Russia", *International Political Science Review*, Vol. 28, No. 3, 2007, p. 254.

[2] 参见周明《地缘政治想象与获益动机——哈萨克斯坦参与丝绸之路经济带构建评估》，《外交评论》2014 年第 3 期。

上逼迫中亚国家不得不拓展对外联系的渠道，主动与世界上其他国家发展关系。直至 20 世纪 90 年代中期俄罗斯重新发现中亚的价值，并致力于恢复和巩固俄罗斯在包括中亚等近邻地区的传统影响力时，中亚国家因实施多元平衡的外交政策获益良多，因此无意修改这种政策。与此同时，中亚国家也意识到俄罗斯在地区权力结构之中占据重要优势和域外大国介入中亚事务时具有居高临下的历史心态等事实，因此它们一方面在依靠俄罗斯的同时也会借助其他域外大国来牵制俄罗斯，另一方面也会加强与俄罗斯的关系，避免其他域外大国坐大。近年来，中亚国家还通过"制衡性地区主义（balancing regionalism）"来削弱俄罗斯的霸权地位，具体包括三种机制：一是在由不同大国主导的合作机制间搭桥（bridging），二是推进各种机制实现对接（dovetailing），三是推进仅由中亚五国组成的地区磋商平台以塑造一种地区身份（branding）。① 由此可见，尽管中亚国家并未对域外大国尤其是地区霸权国俄罗斯采取强硬制衡措施，但其渴望维护国家主权、政权生存和获益这三重动机决定了它们一方面拥有适应甚至依附强者以助其实现预期政治目标的弱者心态，另一方面也具有反抗压制、希望维护国家主权和独立的"后殖民心态"。在这种复杂心态的影响下，中亚国家奉行的多元平衡外交政策犹如一种精致的平衡游戏，致力于促进并维系域外大国在实力与行动中的微妙平衡。

域外大国对中亚国家的对外交往诉求予以积极回应，这是中亚各国多元平衡外交政策取得成效的重要原因。这主要归功于中亚国家在对外交往中积累的经验及其所具有的灵活性，而域外大国为满足中亚国家的多种诉求而采取的积极配合行动同样助力甚多。由于域外大国对中亚国家在对外交往中所追求的三重目标心知肚明，且见证了中亚国家在"新大博弈"中展现出的丰富能动性，因此它们只能接受中亚国家维护和拓展利益，但不能指望成为中亚的绝对主导力量。为此，在尊重中亚国家主权和政权生存的基础上，域外大国会想方设法地拉拢中亚国家，如提供对外援助、提出有助于促进中亚各国发展或维护该地区稳定的各种倡议、组建吸纳中亚国家的合作机制等，以尽可能地满足中亚国家对获益动机的需求。如此一

---

① Aliya Tskhay and Filippo Costa Buranelli, "Accommodating Revisionism Through Balancing Regionalism: The Case of Central Asia", Europe – Asia Studies, Vol. 72, No. 6, 2020, pp. 1033 – 1052.

来，除特定行为体有所协调（如欧美之间、中俄之间）外，其他行为体在中亚虽然各行其是，几乎不与其他大国进行沟通或协调，但客观上形成了"无声的协调"互动模式。这种互动模式的形成对中亚国家的意义在于，它们消极意义上的待价而沽、择"优"而从和积极意义上的左右逢源、纵横捭阖，使得大国只能通过竞价、模仿和学习等间接方式进行博弈，从而失去了通过联合和直接沟通实现对中亚进行"共管"的可能。

这里需要说明的是，为何欧亚空间中的高加索次区域和东欧次区域国家同样追求国家主权、政权生存和获益这三重动机，但未能使大国在这两个地区形成"无声的协调"这一互动模式？除了这三个次区域地理位置所具有的特征、权力结构的分布（中亚地区的权力结构因中国的积极参与，进而使中俄美在该地区形成"三足鼎立"的权力格局，高加索次区域和东欧次区域则是二元对立的格局）有所不同外，域外大国是否不约而同地对域内国家追求的外交政策目标进行积极回应至关重要。在高加索次区域和东欧次区域，即便是在尊重区域内各国主权的问题上，域外大国都很难达成共识，如2008年俄格战争、2014年的乌克兰危机以及俄乌战争。但在中亚次区域，域外大国都主动选择了更为尊重主权原则的做法，没有利用国际规范的争论（如以保护人权为由）来干预他国内政，从而缓解了中亚国家和其他域外大国的担忧。[①] 这也从侧面说明，尽管主权规范被普遍视为国际社会的基础性规范，但依旧不能排除大国选择性或工具性运用主权规范的倾向。[②] 这也是本章将域外大国是否尊重中亚国家的主权视为一个"潜规则"的主要原因。至少在欧亚空间的中亚次区域，域外大国并未明确违反中亚国家的主权，它们整体能在尊重中亚各国主权和政权生存的框架下，通过满足中亚国家的获益动机以扩大自身影响而竞争，但又不能期望完全主导中亚地区的事务，从而促成了"无声的协调"互动模式的出现。

总而言之，中亚作为一个场域具有开放性与封闭性、中心性与边缘性、客观性与建构性兼具等多重特性，为域外大国积极参与中亚事务提供

[①] 更详细的讨论参见 George Gavrilis, "Why Central Asia is More Stable than Eastern Europe: The Domestic Impact of Geopolitics", *PONARS Eurasia Policy Memo*, No. 368, July 2015, pp. 1 - 6.

[②] Ruth Deyermond, "The Uses of Sovereignty in Twenty - First Century Russian Foreign Policy", *Europe - Asia Studies*, Vol. 68, No. 6, 2016, pp. 957 - 984.

了便利，同时也设置了障碍。尤其是该地区易于进入但难以控制、既中心又边缘的地缘特征决定了域外大国虽然重视该地区，但是难以下定决心进行大规模的实质性投入。如此，各国乐见"无声的协调"成为一种稳定的互动模式，以免其他大国主导该地区致使自身利益受损。中亚为大国开展"无声的协调"提供了行动空间，而大国在该地区形成的权力结构与心态结构为"无声的协调"奠定了权力基础和情感基础。中亚"套娃霸权"的权力结构模式意味着各国一方面需要尊重俄罗斯在该地区的权力优势和特殊诉求，另一方面由于各大国之间的合纵连横，使得任何大国均难以完全主导中亚事务。域外大国对中亚国家追求国家主权、政权生存与各种利益等方面的对外交往动机予以积极回应，也增进了"无声的协调"互动模式的稳定程度。尤其是主要大国在参与中亚事务时未明显违反主权规范，给它们在中亚的竞争施加了重要的规范限制，同时也保障了中亚国家可安心地与诸大国进行周旋，以捍卫其政权生存，并尽可能地逐利。这些因素共同促成了"无声的协调"成为大国在中亚进行互动的重要方式。

第四节 结论

本章就中亚国家独立以来在该地区形成的大国互动模式的特征、体现与原因等问题做了初步探索。展望未来，主要大国在中亚形成的"无声的协调"互动模式短期内仍将有效维持，因为导致该模式出现的原因在一定时期内似乎很难改变。首先，就中亚地理位置的特征而言，地理位置一般会维持不变，而该地区同时具备的封闭性与开放性、中心性与边缘性、客观性与建构性的特性仍将维持。其次，该地区存在的"套娃霸权"结构尤其是俄罗斯对中亚国家局势发展具有其他大国难以匹敌的影响力，同样难以在短期内发生根本性的变化。哈萨克斯坦在2022年年初发生骚乱后，俄罗斯及其主导的集安组织出兵有效地稳定了哈萨克斯坦的局势，这很可能会强化俄罗斯在该地区具有强大影响力的态势。最后，中亚国家在对外交往中主要追求国家主权、维护政权生存和获得各类收益这三重目标，且在与域外大国的互动中展现了丰富的能动性。为了巩固和扩大在中亚的影响，域外大国往往会支持中亚国家对其战略目标的追求。由于中亚地理位置的特征、中亚权力结构、中亚国家所追求的外交政策目标均有稳定性，因此可以判断，"无声的协调"仍将是大国在中亚进行互动的重要模式。

在以上三个因素中，最为可能在短期内出现变动进而对"无声的协调"互动模式产生冲击的是大国在中亚地区形成的权力结构与心态结构的变动。事实上，近年来大国对中亚政策所做的调整已经预示了这种可能性的存在，其中主要变数来自美国与欧盟等西方的中亚政策。例如，2020年美国公布了其新中亚战略，给"无声的协调"互动模式的延续蒙上了阴影。2020年2月5月，特朗普政府公布了题为《美国的中亚战略（2019—2025）：加强主权和促进经济繁荣》的新战略文件。[1] 与本章讨论密切相关的是，美国政府将中俄和伊朗称为"邪恶势力（malign actors）"，并明确表示将致力于排斥"邪恶势力"在中亚的影响。根据该文件的解读，美国认为中俄伊"威胁"到了中亚国家的主权和经济繁荣。显而易见，将中俄伊妖魔化已经逾越了大国在中亚开展"有默契的合作"的界线。结合美国强调在贯彻新中亚战略的过程中需要加强与欧盟的协调，可以预料，如果基于这种认知介入中亚事务，那么美国将会颠覆大国在中亚的"无声的协调"互动模式。但因受到新冠疫情和2020年美国总统大选的影响，特朗普政府在公开新中亚战略后并未采取太多的实质性举动来破坏中俄伊在中亚的合理利益，然而美国的举动毕竟开了一个危险的先例。

对于中国来说，特朗普政府试图拉拢中亚国家就涉疆议题向中国施压，是美国干预中国内政和分化中国与中亚国家之间友好关系的伎俩。虽然中亚国家并未接受美国的提议，但这种倾向有可能会导致大国在中亚地区形成的默契被打破。就目前来看，拜登政府暂时偏离了特朗普政府在中亚采取的冒险态度，使"无声的协调"继续得以维持。不过，仍需高度警惕在中亚形成欧美联手与中俄对抗的极化局面。一旦欧美与中俄在中亚形成明确的"二元对抗"格局，那么中亚形势的演变就有可能和欧亚空间的高加索次区域与东欧次区域类似，"无声的协调"将不复存在，国家间互动将呈现明确的竞争态势。不过，2022年年初哈萨克斯坦骚乱始料未及的发生似乎再次证明了"无声的协调"互动模式的稳定性。针对俄罗斯1月6日支持集安组织组建并派遣维和部队干预哈萨克斯坦骚乱，美国虽然对

---

[1] "United States Strategy for Central Asia 2019—2025：Advancing Sovereignty and Economic Prosperity"，https：//www.state.gov/wp-content/uploads/2020/02/United-States-Strategy-for-Central-Asia-2019-2025.pdf.

第十二章　大国在中亚的互动模式

俄罗斯与集安组织行动的合法性有所质疑，但并没有采取激烈行动予以反击。这与美俄在高加索和东欧次区域的互动模式截然不同。这不仅说明美国默认俄罗斯在中亚具有特殊影响，而且不得不为了维护中亚的和平稳定保持克制。当然，至于集安组织的行动是否构成对哈萨克斯坦国家主权的侵犯、哈萨克斯坦骚乱之后是否会改变其多元平衡的外交政策等问题，需要学界进一步的深入研究。

本章对国际关系研究中"潜规则"在当代国际关系中的运用进行了拓展，并提炼出一种用于描述大国互动的新模式。正如林民旺所指出的，虽然国际关系中"潜规则"层出不穷，但其研究仍处于初级阶段。而大国在中亚互动时的"无声的协调"模式，就是它们在缺乏明确沟通的背景下，不约而同地遵守一定的"潜规则"而形成的。不过，本章发现，"潜规则"的出现和维持既与权力结构息息相关，也与国际规范的变迁关系密切，同时还与行为体所持有的历史心态和地理环境的特征密不可分。就此而言，布尔迪厄的场域理论或许相较于国际关系理论中的理性主义与反思主义更有助于人们分析"潜规则"的出现、维持与变迁。事实上，场域理论认为，参与场域竞争中的行为体更为关心规则的构建或修正，这或许意味着它能为国际关系者"潜规则"的生存、变迁与衰亡等问题提供诸多启示。而就"无声的协调"这一大国互动模式提出的意义而言，尽管其适用范围相对有限，但它毕竟丰富了人们对大国互动模式的认识，有助于人们更为准确地把握特定地区为何在大国未开展明确协调行动的背景下出现秩序得以维持的现象。

之所以说"无声的协调"互动模式适用范围有限，主要是因为其出现有特定的结构背景，如地理位置具有开放性与封闭性并存的特点、特定大国在该地区享有较为明显的权力优势地位、大国配合域内国家对主权等外交目标的追求等。按此标准，当前世界上同时具备这几方面特征的区域似乎比较有限。在一定程度上，2003年"玫瑰革命"发生前的高加索地区同样存在大国间的"无声的协调"。随着格鲁吉亚在2003年的"玫瑰革命"后改变了此前的平衡政策，使得高加索地区的这一模式已不复存在。这也导致了该地区矛盾不断，秩序屡受冲击，同时也由此说明了大国协调对于地区稳定的重要性，即便这种协调是"无声的"。

结　　语

当前,区域国别研究构成国内学术界研究的一股热潮。随着 2022 年 9 月 13 日国务院学位委员会、教育部印发《研究生教育学科专业目录(2022 年)》,正式宣布将区域国别学增设为国家交叉学科学位授权点,[①]相信区域国别研究的热潮将持续下去,而且还将获得新的发展动力。对于国内中亚研究而言,这应该是一件好事。事实上,自 2013 年"一带一路"倡议提出以来,学术界对中亚地区的关注呈现明显的上升势头,与中亚相关的研究成果数量迅速增多。随着区域国别学成为新的一级交叉学科,预计这一发展势头将得到延续。

不过,需要明确的是,中亚研究仍任重道远。即便当前中亚研究成果的数量始终呈增多之势,但相较于国内的美国研究、欧洲研究、日本研究等涉及发达国家的研究,甚至相较于非发达地区的东南亚研究、中东研究等,中亚研究始终都是一个相对边缘的研究领域。这一状态,似乎与人们往往将中亚视为世界政治的"心脏地带"或"地理枢纽"的地位并不相称。更加令人不安的是,尽管近些年来中亚研究的学理水平在迅速提升,不过相较于其他区域国别的研究,中亚研究成果与主流学科之间的相互借鉴、彼此融合的状态仍不乐观,这既限制中亚研究贡献普遍性知识的能力,也维持了主流学科理论对中亚研究的相对疏离状态。从长远来看,这对中亚研究的整体进步是不利的。不是说普遍性知识一定比区域国别研究中产生的特殊性知识高明,不过,过于关注某一特殊领域的知识,往往会导致该领域的视野变得狭隘,无法与其他领域或学科知识进行有效的对

[①] 教育部:《国务院学位委员会 教育部关于印发〈研究生教育学科专业目录(2022 年)〉〈研究生教育学科专业目录管理办法〉的通知》,2022 年 9 月 13 日,http://www.moe.gov.cn/srcsite/A22/moe_833/202209/t20220914_660828.html.

话，进而陷入画地为牢或孤芳自赏的境地。显而易见，这并非我们推动或加强中亚研究的初衷。

因此，我们有必要设法提升中亚研究的学理水平及与其他研究领域进行学术对话的能力。本书算是循此方向所做的一点努力和尝试。为此，本书首先在第一部分回顾国内30年中亚研究状况的基础上，就未来中亚研究需要努力的方向提供了几点粗浅建议；其次，探讨了两种或许有助于促进中亚学理化水平提高的研究路径：开展跨区域比较、尝试进行中层概念的创新。而第二部分、第三部分、第四部分则基于第一部分的探讨，分别就涉及中亚国家发展和地区稳定的三个重要议题——"颜色革命"、地区治理、地区秩序——进行了尝试性的讨论，初步展示从不同的理论视角出发研究中亚议题所能带给我们的启发。这三部分研究的具体议题虽然有所差异，但从内容上来看，均属于议题拓展的范畴。而第一部分与第二、第三、第四部分之间的主要关联在于：第一部分的理论探讨为余下三个部分的议题拓展必要的理论或方法指导，在某种程度上来说第一部分为后者奠定了必要的学理基础；而后续三部分的具体讨论一方面有助于尝试突破第一部分对现有研究成果所作诊断的局限，另一方面也贯彻了第一部分对创新型研究路径的运用。

在具体研究中，本书尽量尝试做到两部分能有效衔接。如第四章对"颜色革命"衰落路径和机制的讨论，主要运用了比较研究路径中的区域间和跨区域比较的研究方法；在第六章尝试解释"颜色革命"为何在吉尔吉斯斯坦和乌兹别克斯坦遭遇不同的政治命运时，则主要运用了区域内比较的方法；在第十一章讨论俄罗斯与欧盟和俄罗斯与中国在不同的共同周边地区为何形成不同互动模式的过程中，则综合使用了跨区域与区域间的研究方法；在第四部分有关中亚地区秩序的讨论中，较为集中地尝试根据形势的发展进行中层概念的创新。如在第十章中，根据欧亚地区三个次区域——东欧次区域、高加索次区域、中亚次区域——不同的发动动力和发展模式，尝试提炼了欧亚秩序的"套娃模式"这一概念；在第十二章中，则根据中俄美等域外大国在参与中亚事务的过程中通过遵循部分"潜规则"而形成的并未爆发激烈冲突的互动模式总结为"无声的协调"，均属于通过观察中亚地区行为体的关系及其互动所提炼出的中层概念。尽管"套娃模式"或"无声的协调"一旦超出中亚区域，很可能会难以推广。

不过，从中亚地区挖掘出具有一定解释力的概念是第一步，接下来才有可能推进概念验证或观点推广的过程。就此而言，本书所作的尝试虽初显稚嫩，但如果中亚研究者不仅能在概念创新的基础上作出更多努力，而且也能从中亚的案例中提出更多可验证的理论假设，或者开展理论创新的工作，那么中亚研究与其他学科或领域进行有效对话的能力将令人刮目相看，从而得到人们的充分尊重和高度认可。

当然，需要承认，本书并未就研究中亚国家的国家建设或中亚的地区形势提出一个一以贯之且有机连贯的理论体系。毫无疑问，这是一个极大的遗憾。不过，囿于以下三个方面的理由，本书只能接受这一缺憾：本书致力于推进的目标、本书尝试讨论的议题以及作者的能力。其一，如序言所说，本书致力于实现三个方面的结合：实践与理论的结合、历史与现实的结合、"内""外"之间的结合。尽管并不是每个章节都实现了这三种结合，但本书整体的确体现了这种努力。换言之，本书的目标并不在于构建一个全新的理论来解释三个方面的研究议题，也无意针对特定议题提出新的理论范式。就文章的主体内容——围绕三个议题展开研究的九章——来说，更多的是理论运用或理论修正，间或有概念创新的尝试，但笔者并无能力提出新的系统理论。其二，本书的重点，即对"颜色革命"、中亚地区治理、中亚地区秩序的分析，议题较为分散，而且在分析层面来说涉及国家、地区、国际体系不同的分析层次，故我们对构建一个整合性的、能同时阐明中亚国家发展道路的选择、域外大国介入中亚事务的方式与成效、中亚地区稳定与秩序发展等不同分析层次问题的理论信心不足。尽管这不是本书为未能构建一个统一连贯的区域研究理论辩解的适当理由，正如新古典现实主义在综合体系和国家层面的变量构建理论方面取得了重大进展一样。不过，在区域国别学成为一级交叉学科的背景下，此或许是该学科应该努力的方向，但这不是本书所能完成的任务。其三，作者能力有限，见识浅陋，学科背景依旧以国际关系学的些许积累为主，甚至对于涉及中亚各国国家建设和社会稳定的诸多重大问题也关注不多，更谈不上有什么独到的见解。如在关于中亚各国转型研究的部分，本书之所以集中讨论"颜色革命"，一是对此有过一定的关注，二来是对其他重大议题所知有限，难以提出有启发性的见解，故只能作此选择。综上所述，尽管作者呼吁在中亚研究中加强学科对话，推崇理论创新的重要性，但本书在理论

结　语 | *423*

构建方面乏善可陈，只能寄希望于其他的中亚研究者能尽快地取得更多突破。

毋庸置疑，除了未能构建创新性的理论，本书仍存在其他一些缺失。其中最为突出的不足包括议题的选择偏差、资料的丰富程度、部分内容的重复等。就议题的选择而言，本书着重讨论了中亚国家出现的"颜色革命"、中亚地区治理、中亚地区秩序这三个议题，但忽视了其他同等重要的议题，如中亚各国的族群政策和族群冲突、权力交接机制、外交政策的决策机制等；在地区层面，则未对中亚各国的地区合作进程，围绕水资源、边界划分、环境治理等问题开展的互动，"三股势力"的活动态势等攸关地区稳定的问题进行分析。好在关于这些问题学术界已有不少的研究成果，或许可弥补此不足。关于参考文献，本书的缺失是显而易见的。时至今日，俄语在中亚国家的生活中依旧扮演了重要的角色，用俄语研究中亚问题的成果也难以胜数，不过，由于笔者并未掌握俄语，而是着重参考了中英文文献，这极有可能会影响观点或结论的正确性。好在随着进入信息化时代，使得俄语并非是了解中亚动态和学术前沿的唯一渠道，更何况中英文世界均涌现了不少具有创新性的中亚研究成果，这或许能够部分弥补本书极少参考俄语文献带来的不足。此外，本书在研究中，由于每部分集中关注一个议题，虽然对每个议题的分析尽量从不同的角度切入，但议题的一致毕竟会导致部分材料或表述会多次出现，这无疑会影响读者的阅读体验。虽然作者尽可能地删除某些冗余或重复的表述，但囿于视野和资料，依旧无法全然避免部分重复内容的出现。对此，笔者同样只能深表歉意。

行文至此，本书的些许贡献和诸多不足似乎均已一目了然。最后，本书发出一个吁求，希望有更多的有志之士加入中亚研究的队伍中来。回顾中亚国家独立30年和新形势下中亚地区所具有的地缘政治地位，我们比以往更加需要加大对中亚地区的研究力度，并力促中亚研究成果的丰富和创新。就前者而言，中亚国家独立和发展30年的过程中，产生了不少有待学术界深入研究的议题。事实上，从区域内比较而言，中亚五国此前长期共处一个主权国家内的经历，以及独立后五国的发展呈现出越来越多的差异这一事实，为社会科学研究提供了一个类似于天然的实验室，使得研究者可对此进行深入的比较研究；从区域间比较而言，苏联解体之后，新独立的15个原加盟共和国，除波罗的海之外的其余国家构成了欧亚地区，而欧亚地区不同次区域内发展动力、互动模式、稳定程度均有所差异，这同样为研究者提供了不少可供研究的学术议题；从跨区域比较的角度而言，中亚地区与南亚、中东甚至非洲从发展水平、宗教成分、资源禀赋等方面也有可取之处，如"颜色革命"和"阿拉伯之春"中的特定国家其抗争政治演变轨迹和政治效果的比较能带来诸多启发。换言之，中亚研究是一座潜力尚未得到充分挖掘的富矿，有待研究者们通过深入探究将这种潜力转变为中亚研究成果的不断涌现和学理水平的不断提高，如此中亚研究在整体区域研究中的地位有望得到显著提高。事实上，相对于其他区域或国别研究领域，当代的中亚研究由于只需着重关注中亚国家独立30年来的历史，时间较短、成果相对较少，事实上意味着中亚的研究门槛较低，这为初学者或爱好者开展中亚问题的研究并产生高水平的研究成果提供了良好的条件。这也是我们认为中亚研究大有可为的一个重要原因。关键在于，我们能够找到或掌握适合中亚研究的议题和方法，通过理论创新、观点创新实现对中亚地区更为真切和深入的了解。

而就后者而言，新形势下，中亚地区对于中国应对主要来自西方战略压力的价值进一步凸显，故加强对中亚地区的了解刻不容缓。近年来，美国对中国的态度日趋敌对，美向中国施加的战略压力与日俱增；而随着俄乌冲突的爆发和久拖不决，大国竞争似乎成为了主导国际政治发展方向的重要力量。更令人忧虑的是，为强化自身的竞争力，美国开始加速重构其盟友体系，并乐衷组建以遏制中俄为目的的"小集团""小圈子"，这种行为客观加剧了国际政治的阵营化和集团化的趋势。在美国加速实施其所谓的"印太战略"并极力操弄中国台湾问题的背景下，中国的周边环境似乎趋于严峻。其中，美国及其盟友正加紧实施试图从中国东部和南部方向围堵中国的部署。而在中国西部和北部，由于美国仓皇从阿富汗撤军、中俄战略协作进入新阶段、中国与中亚国家之间的关系稳步发展，中国在此方向上面临的战略压力相对较轻。从这个角度而言，中亚地区构成了中国应对美国战略压力的"战略后方"或"战略支撑地带"。然而，美国也意识到了这一点，故近年来加大了对中亚的关注和投入。尤其是俄乌冲突以来，美国不仅派遣高官密集访问中亚、与中亚各国开展规模庞大的联合军演，而且还对中亚国家的政治改革说三道四，甚至还频繁的就涉疆问题向中亚各国施加压力、反复向各国表达美军希望重返中亚的意愿。由此可见，巩固和发展中亚国家与中国之间的友好关系，不仅是确保"一带一路"建设在中亚地区持续推进和保障中国西部边疆安全的重要路径，而且也是应对美国战略压力、助力中国复兴的战略需要。基于此，我们迫切需要更多更新且更深入的中亚知识，以为国家的中亚决策提供必要的智力支持。当此之时，中亚研究者有必要作出更多贡献。

后　　记

当前，中亚研究是区域国别研究中的热门领域。这种"热"，首先是由于2013年"一带一路"倡议的提出，哈萨克斯坦是该倡议的首倡之地。"一带一路"首先涉及中亚，此倡议带动了不少研究者进入中亚研究中来。其次是区域国别学成为一级交叉学科，这激励了更多人投身区域国别研究中，其中也包括中亚研究。对于中亚研究的发展来说，这都是好消息。事实上，中亚研究相较于其他区域国别研究领域门槛较低，这自然为许多研究者参与中亚问题研究提供了难得的机会。而中亚研究门槛"低"并非始自今日。十余年前，中亚研究无疑是"冷"研究领域，国内涉及中亚研究的成果不多。由此带来的结果是，研究者所能参考的资料较少，研究的学理化程度更低。不过，其好处是有助于激励研究者敢于就中亚问题发表看法。我本人当时也是受此激励，所以我也算是中亚研究的获益者。中亚研究呈现出一番繁荣景象，对此我是非常乐见的。

不过，需要承认，研究议题的"冷""热"与研究水平之间并无因果关系。研究的"热"并不代表成果质量令人满意。十年前，中国与英语世界的中亚研究大致处于同一水平，然而，近些年来，英语世界的中亚研究进步迅速，并涌现出一批高水平的研究者和研究成果。如玛丽娜·劳瑞尔（Marlene Laruelle）、约翰·希瑟肖（John Heathershaw）、尼克·摩根兰（Nick Megoran）、爱德华·史查兹（Edward Schatz）、凯瑟林·科林斯（Kathleen Collins）、萨利·N.昆明斯（Sally N. Cummings）、玛丽亚·Y.奥梅利切娃（Mariya Y. Omelicheva）等均属于学术造诣较高、学术成果丰硕的中生代中亚研究者。反观中国，中亚研究者仍将相当多的注意力放在了大国博弈上，而对中亚各国国家建设和社会转型的研究明显不足。不仅如此，"门槛"较低虽然有助于激励更多的研究者参与中亚研究，但也导致研究队伍不太稳定,有志于长期从事中亚研究的学者不多。据粗略统计,国内专门从事中亚问题的学者可能不会超过100人。就此而言,中亚研究的"热潮"能否带来中亚研究的繁荣,仍是一个有待观察的问题。

个人希望,在中亚国家独立40年之际,中国的中亚研究能成功构建起一套具有中国特色,同时能与世界对话的话语体系和学术体系。而要达至此目标,首先,有赖形成一支成规模、稳定的研究队伍;其次,需要研究者拓宽研究议题,超越主要关注大国在中亚地区博弈的倾向,更为广泛地关注涉及中亚社会稳定和国家建设的丰富议题;再次,研究者要注意与国外学术界和主流学科之间的对话,尝试运用多种研究方法,致力于推进相关议题研究的理论创新;最后,条件具备时,可增强与包括中亚、俄罗斯等国家或地区在内的中亚研究者之间的学术交流和合作研究,扩大中国中亚研究的影响力、传播中亚研究的成果。当然,这仅仅是个人的一孔之见,并不见得正确。无论如何,个人认为,在中亚研究中推进理论探讨和议题拓展的工作,有其必要性和重要性。这种尝试多多益善,当蔚为大观之时,或许也就是中亚研究繁盛之刻。

本书题为《中亚研究:理论基础与研究议题》,其意同样是希望能在促进中亚研究学理化方面作些许贡献。由于水平有限,本书很难说实现了预期目标。不过,作为阶段性思考的结果,尽管不失错漏,但仍不揣冒昧出版,希望能起到抛砖引玉的作用。每个阶段的学者有他们各自的使命。在中亚研究界,赵常庆、杨恕、石泽、潘志平、赵华胜等前辈老师们给我们树立了榜样,我们后辈学者唯有学习他们锲而不舍的探索精神,继续为中亚研究添砖加瓦,夯实中亚研究的基础,以便为后者提供批判的材料。本书的完成,或多或少得到了这些前辈的指引和勉励,在此衷心感谢。

本书的写作和编辑得到了许多人的帮忙。首先要感谢的是我的导师杨恕教授。杨恕老师的悉心栽培和指引让我踏入中亚研究领域。从学习到工作,杨恕老师始终关注我的成长,并给予各方面的帮助。师恩深重,无以为报,只能继续做好相关的研究工作,以不辜负他的信任和支持。其次,要感谢我的几位学生。庄宏韬、尉锦菠、张峻溯三位同学参与了第二部分三章的写作,而王子寒则帮我校对了全书。再次,感谢我的单位——兰州大学政治与国际关系学院、兰州大学中亚研究所的领导和同事们,他们的厚爱和支持为完成此书营造了良好的写作环境,提供了诸多便利条件。还需要感谢愿意刊发本书阶段性成果的各位编辑老师，包括郭树勇老师、张玉老师、庄俊举老师、王海媚老师、张萍老师、邹春萌老师、崔珩老师、许佳老师、孟祥臣老师、宋晓敏老师、张海洋老师、袁正清老师、徐进老师、杨原老师、主父笑飞老师、郭枭老师等。他们对作为阶段性成果的论文字斟句酌、细致修改，付出了很多，在此一并致谢。最后需要感谢的是中国社会科学出版社的编辑赵丽老师。此前与赵丽老师有过多次合作，每次合作都是一次愉快的经历，也是一次次学习的过程。此书的成功出版，同样有赖于赵老师一如既往的细致和高水准的指导。没有赵老师的帮助，此书将逊色不少，在此向赵老师表示诚挚的谢意。

最后感谢我的家人和学生。学问很苦，但苦中有乐，也就不以为苦。其实，作为教师和研究者，多数时刻是平淡和乏味的，甚至是枯燥和苦闷的。尤其是疫情以来，生活更是艰难。然而，有家人和学生在，苦闷和枯燥的生活才有生出希望与乐趣。家人给以支撑，让我没有后顾之忧地开展科研，同时也让我有责任完成日常工作，以养家糊口；学生给以温暖，让我觉得作为一介书生依旧有其价值，包括在我低落之时通过授课获得些许慰藉，教学互长的要求激励我持续前行。既然如此，那就继续苦中作乐吧。